PROJETO AMARO:
UM RESGATE HISTÓRICO DA VIDA E DA OBRA DE AMARO CAVALCANTI

Dados Internacionais de Catalogação na Publicação (CIP)
(Câmara Brasileira do Livro, SP, Brasil)

Projeto Amaro : um resgate histórico da vida e da obra de Amaro Cavalcanti / Robson Maia Lins...[et al.]. -- 1. ed. -- São Paulo : Editora Noeses, 2025.

Vários autores.
Outros coordenadores: Marcelo Navarro Ribeiro Dantas, Marco Bruno Miranda Clementino, Edilson Pereira Nobre Junior.
Bibliografia.
ISBN 978-85-8310-258-8

1. Cavalcanti, Amaro, 1849-1922 2. Direito - Coletâneas 3. Direito público - Brasil 4. Juristas - Biografia I. Lins, Robson Maia. II. Dantas, Marcelo Navarro Ribeiro. III. Clementino, Marco Bruno Miranda. IV. Nobre Junior, Edilson Pereira.

25-268120 CDU-34(082)

Índices para catálogo sistemático:

1. Direito : Coletâneas 34(082)

Eliete Marques da Silva - Bibliotecária - CRB-8/9380

Coordenação
Edilson Pereira Nobre Junior
Marcelo Navarro Ribeiro Dantas
Marco Bruno Miranda Clementino
Robson Maia Lins

PROJETO AMARO:
UM RESGATE HISTÓRICO DA VIDA E DA OBRA DE AMARO CAVALCANTI

2025

editora e livraria
NOESES

Fundador e Editor-chefe: Paulo de Barros Carvalho
Gerente de Produção Editorial: Rosangela Santos
Arte e Diagramação: Renato Castro
Revisão: Microart
Designer de Capa: Aliá3 - Marcos Duarte

2025

editora e livraria
NOESES

Editora Noeses Ltda.
Tel/fax: 55 11 3666 6055
www.editoranoeses.com.br

APRESENTAÇÃO

Há uns dois anos, o amigo José Roberto Castro Neves – que tanto tem contribuído para o Direito e a literatura em nosso país, com suas obras maravilhosas – convidou-me para escrever um capítulo num livro, posteriormente publicado em 2024, *Os juristas que formaram o Brasil.*

Coube-me escrever sobre meu conterrâneo Amaro Cavalcanti, o que fiz com Tatiana Barroso de Albuquerque, que realizou um levantamento bibliográfico inédito das obras e de outros escritos do mestre potiguar.

O advento dessa biografia coincidiu com o relançamento, também no ano passado, pelo Instituto Histórico e Geográfico do Rio Grande do Norte, em conjunto com o Tribunal de Justiça do Estado, a Escola da Magistratura deste e a seccional norte-rio-grandense da Ordem dos Advogados do Brasil, do mais importante trabalho doutrinário de Amaro, sua *Responsabilidade civil do Estado,* escrita em 1896 e editada pela primeira vez em 1905.

Esses fatores, em sinergia, levaram ao surgimento – no Rio Grande do Norte e fora dele[1] – de uma onda de

1. Outro fato que demonstra o despertar do interesse pela obra de Amaro em todo o país é o Instituto de Direito Público de Brasília estar incluindo, na pauta de publicações de sua coleção *Constitucionalismo brasileiro*, dirigida pelo Ministro Gilmar Mendes, decano do Supremo Tribunal e um dos colaboradores da presente

interesse por Amaro Cavalcanti e sua obra, e à formação de um grupo de juristas, coordenado por mim, pelo Desembargador Federal Edilson Pereira Nobre, pelo Juiz Federal Marco Bruno Miranda Clementino e pelo advogado Robson Maia Lins, para reunir artigos acerca dele ou que com ele ou seus estudos se relacionassem.

A junção dessas várias dezenas de contribuições resultou neste livro, o qual esperamos possa fazer jus à grandeza de Amaro e, mercê de sua divulgação tanto em formato físico como eletrônico, da maneira mais ampla possível, não deixe que sua vida, seu labor e suas variadas incursões jurídico-intelectuais – muitas das quais pioneiras – sejam esquecidas.

Porque ele merece nossa lembrança permanente e nossa perene reverência.

Brasília, abril de 2025.

Marcelo Navarro Ribeiro Dantas

Ministro do Superior Tribunal de Justiça.

---

coletânea, uma reedição de *O regime federativo: a República brasileira*, mais uma obra-prima do imortal jurista rio-grandense do norte

SUMÁRIO

HOMENAGENS À MEMÓRIA DE AMARO CAVALCANTI E ÀS SUAS RELEVANTES CONTRIBUIÇÕES PARA A SISTEMATIZAÇÃO DO DIREITO TRIBUTÁRIO BRASILEIRO E O FORTALECIMENTO DO FEDERALISMO

Afrânio Vilela[1]

Resumo: O texto homenageia o Ministro Amaro Cavalcanti, com breve levantamento bibliográfico e enfoque especial nas suas relevantes contribuições para a sistematização do Direito Tributário brasileiro e o fortalecimento do federalismo, concluindo pela atualidade das lições do homenageado.

Palavras-chave: Amaro Cavalcanti; sistematização do direito tributário brasileiro; federalismo.

Keywords: Amaro Cavalcanti; systematization of brazilian tax law; federalism.

1. Introdução

As homenagens à trajetória e ao legado de Amaro Bezerra Cavalcanti de Albuquerque, destacado jurista

---

1. Ministro do Superior Tribunal de Justiça. mahegiav@gmail.com

potiguar que, entre outras funções, exerceu o cargo de Ministro do Supremo Tribunal Federal, inspiraram a elaboração desta obra, da qual tenho a honra de participar, e o farei com ênfase às relevantes contribuições do homenageado para a sistematização do Direito Tributário brasileiro e o fortalecimento do federalismo.

2. Breve levantamento biográfico

Nascido em Caicó, Rio Grande do Norte, em 15 de agosto de 1849, faleceu no Rio de Janeiro, em 28 de janeiro de 1922. Iniciou a carreira como professor e advogado, após ser provisionado pela Relação do Ceará, ganhando destaque na política local ao escrever para jornais e publicar livros, especialmente sobre questões educacionais.

Seu amigo e compadre Augusto Tavares de Lyra assim escreveu sobre os primeiros anos de vida de Amaro, entre o Rio Grande do Norte e o Ceará:

> A princípio, a sorte não lhe sorriu. Tinha a sede de saber e a falta de recursos paternos não lhe permitira que, ultimado seu curso de primeiras letras, fizesse estudos regulares e sistematizados de humanidade. Apenas teve o auxílio de um ou outro professor particular. As dificuldades, porém, nunca o intimidaram. Fez-se autodidata, devorando os livros que lhe caíam a mãos por aquisição ou empréstimo e, aos poucos, por si mesmo, foi cultivando como pôde sua poderosa inteligência.[2]

Amaro Cavalcanti iniciou os estudos com seu genitor em sua cidade natal, tendo ingressado no seminário de São Luís do Maranhão. Ainda adolescente deixou o sertão e mudou-se para o Recife, onde concluiu o curso de humanidades.

---

2. Lyra, 1951 *apud* LYRA, Anderson Tavares de. *Dr. Amaro Cavalcanti*: história e genealogia. Natal, 9 nov. 2016. Disponível em: https://www.historiaegenealogia.com.br/2016/11/dr-amaro-cavalcanti.html. Acesso em: 13 maio 2024.

Vale ressaltar que, à época, além do ensino primário, os colégios ministravam os cursos secundários de Letras e Humanidades – em abrangiam gramática latina, humanidades e retórica – e de Artes, cujas principais disciplinas eram lógica, metafísica, matemática, ética, ciências físicas e naturais e filosofia.

Amaro Cavalcanti transferiu-se para o Maranhão e passou a ensinar latim no Colégio Nossa Senhora da Conceição. Em 1872 foi aprovado em concurso público em Baturité, importante cidade do Ceará.

Por indicação de Pedro Leão Veloso, Presidente da Província, viajou para os Estados Unidos da América com o objetivo de estudar um programa de reformas da instrução pública, a ser implementado no Ceará. Nessa oportunidade, inscreveu-se na *Union University,* em *Albany*, Nova Iorque, e graduou-se em Direito, em 1881, tendo sido agraciado com láurea acadêmica em seu curso. Para obter o título superior na área jurídica daquela Universidade, defendeu a tese *É a educação uma obrigação legal*? (ou, em outra tradução: *É a educação uma obrigação jurídica*?), pela qual conquistou o primeiro lugar na turma.

Em seu retorno, foi nomeado diretor do Liceu de Humanidade e Inspetor-Geral da Instrução Pública do Ceará. Em 1883 foi aprovado em concurso para a cadeira de latim do Colégio Pedro II, transferindo-se para o Rio de Janeiro.

Foi presidente da Companhia Viação Central do Brasil, procurador do Banco da República e um dos fundadores da Companhia de Navegação do Rio das Velhas, cargos em que aprofundou seu interesse sobre economia e dedicou-se ao estudo dos problemas nacionais.

Em 1889 foi nomeado pelo governo provisório um dos vice-governadores do Rio Grande do Norte, estado que o elegeria senador para a Assembleia Constituinte (1890-1891), tendo integrado a chamada Comissão dos 21, encarregada de dar parecer sobre a Constituição provisória, composta por um representante de cada Estado. Assumiu a legislatura ordinária como senador (1891-1893), e elegeu-se uma vez mais como deputado federal (1897).

Renunciou ao mandato de deputado federal ao ser indicado para Ministro da Justiça e Negócios Interiores (1897-1898) no governo do primeiro presidente civil, Prudente de Morais (1894-1898). Foi nomeado pelo Presidente Francisco de Paula Rodrigues Alves, em 1902, para o cargo de Consultor Jurídico do Ministério das Relações Exteriores, sob a direção de José Maria da Silva Paranhos Júnior, o Barão do Rio Branco, permanecendo até 1906, quando foi nomeado Ministro do Supremo Tribunal Federal, cargo que ocupou até sua aposentadoria em 1914.

No STF, foi relator, em 1909, de um dos *habeas corpus* impetrados pelos intendentes municipais do Distrito Federal, impedidos de entrar no prédio do Conselho por ato do governo da União. De grande repercussão na época, convencionou-se atribuir a esse processo judicial, e a outros impetrados por outros intendentes, a base jurisprudencial para a "doutrina brasileira do *habeas corpus*", na medida em que esse instrumento jurídico tornava-se remédio para qualquer violação ao direito individual por autoridade constituída, segundo interpretação abrangente do art. 72 da Constituição de 1891.

Cavalcanti foi relator de outro *habeas corpus* de grande repercussão, impetrado por José Eduardo Macedo Soares, oficial de Marinha, preso durante estado de sítio decretado pelo Presidente Hermes da Fonseca ao final de seu governo em 1914. Foi vencido na demanda, porquanto entendeu que a ordem em favor de Macedo Soares merecia ser concedida e julgada procedente, ao passo que a maioria dos ministros entendiam que o STF sequer tinha competência para examinar a matéria.

Deixou-nos inúmeras obras sobre uma variedade de temas como educação, indústria nacional, políticas financeiras, história, direito, direito internacional e federalismo.

Sobre Amaro Cavalcanti, o historiador Ledson Marcos Souza da Silva destaca o ensaio biográfico elaborado por Floriano Cavalcanti de Albuquerque, com o título *O homem e o jurista*, apontando para uma dualidade existencial, levando a pensar em duas dimensões separadas – sujeito e sua profissão –, mas que são inexoravelmente a composição de Amaro Cavalcanti:

> Não nos moveu, portanto, outro intuito, que não o de chamar a atenção dos conterrâneos para esse paradigma de homem, que Juvenal Lamartine classifica "a maior figura intelectual do Rio Grande do Norte, em todos os tempos", Eduardo Espínola chama de "conspícuo jurista o sociólogo" e Anibal Freire, de "tipo representativo de nossa raça e um dos símbolos de nossa elevação jurídica". Mui modesto, sabemos, o nosso subsídio, mas é fruto de profunda admiração [...].[3]

Dessarte, como bem reconhece Ledson Marcos Souza da Silva, o Ministro Amaro Cavalcanti torna-se um paradigma, o exemplo, o modelo a ser seguido, desde a humildade, na qual forjou seus valores quando jovem, até o aguerrimento no mundo jurídico e intelectual.

O historiador destaca, ainda, as seguintes palavras de Nestor Lima:

> Tantos e tão valiosos serviços prestou ele à sua pátria e à sua gente, tão altos méritos demonstrou em todos os setores, em que foi chamado a intervir, com a clareza de sua mentalidade, o seu alto espírito científico, o acervo dos seus abalizados conhecimentos e a aguda percepção analítica das realidades, que não seria possível compendiar, num só esforço, toda a gama de seus trabalhos, realizações e benemerências, e certo não seria eu, um de

3. ALBUQUERQUE, Floriano Cavalcanti de. Amaro Cavalcanti: o homem e o jurista. *RIHGRN*, Natal, v. 54, p. 66-73, 1961.

> seus mais humildes conterrâneos e admiradores, ainda que sertanejo como ele era, o intérprete hábil e capaz de exalçar lhe a vida e traçar-lhe o perfil de um dos maiores filhos do Rio Grande do Norte e do Brasil.[4]

Consoante bem lembrado pelo Procurador-Geral da República Luiz Gallotti, em 1949, por ocasião da homenagem ao centenário do nascimento do saudoso Ministro Amaro Cavalcanti, dele diria o Ministro Pires e Albuquerque, seu saudoso colega:

> Filho do seu próprio esforço, galgando, a poder de talento, de tenacidade e de trabalho, todos os graus de uma brilhante e fecunda carreira – professor, advogado, político, administrador, diplomata, jurisconsultor e magistrado do Supremo Tribunal da República –, o Dr. Amaro Cavalcanti foi um raro e nobre exemplo do poder da inteligência quando servido pelo amor ao trabalho e pela dedicação à causa pública. Não conheço outro que se lhe avantage.

3. Relevantes contribuições de Amaro Cavalcanti para a sistematização do Direito Tributário brasileiro e o fortalecimento do federalismo

Segundo Edilson Pereira Nobre Junior, em artigo intitulado *Amaro Cavalcanti, formulador do direito público brasileiro*, desperta atenção o papel de Amaro Cavalcanti como um sistematizador, a partir do conhecimento do vivenciado alhures, das premissas tendentes a sintonizar o desempenho do poder nos trilhos da legalidade. Singular o desenvolvimento que fez o jurista sobre a admissibilidade do *habeas corpus* para a defesa de direitos individuais conexos com a liberdade de locomoção, bem como sobre a

4. SILVA, Ledson Marcos Sousa da. Quando o anjo da História sobrevoa as terras sertanejas: usos e representações da noção de sertão na Casa da Memória Potiguar. 2021. Dissertação (Mestrado em História dos Sertões) – Centro de Ensino Superior do Seridó, Universidade Federal do Rio Grande do Norte, Natal, 2021.

autonomia municipal e o controle judicial dos atos políticos. Cavalcanti lançou balizas para o futuro desenvolvimento do Estado de Direito entre nós, realçando os contornos entre o exercício lícito do poder, o qual não se pode desprender dos trilhos da legalidade, atualmente conformada pela lei e o Direito, e da garantia da liberdade dos cidadãos.[5]

De fato, em sua obra *Elementos de finanças: estudo teórico-prático* (1896), ficaram documentados a sua análise aprofundada das finanças e da tributação e o seu pensamento sistematizador do direito tributário no Brasil, disciplina que, à época, não possuía autonomia científica. A título ilustrativo, vejamos os seguintes excertos da citada obra:

> Com efeito, quem compulsar os annaes do segundo reinado verá, que o estudo e a discussão das rendas públicas, e nestas, a matéria dos impostos, fizeram a preoccupação constante dos seus legisladores e homens de governo; mas verá também, que apezar de tantos trabalhos e esforços, – o Imperio chegou ao seu termo, sem ter podido fundar um *systema tributário*, – que, ao menos, satisfizesse a estes dous fins: – 1) uma distribuição e arrecadação, conscientemente baseadas nas condições economicas do paiz; 2) uma divisão razoavel das contribuições publicas, entre a receita geral do Imperio e a receita particular das provincias. [...] Alludindo no momento a essas circumstancias, queremos apenas deixar bem claro, que os differentes impostos adoptados pelas administrações provinciaes não obedeceram a um *systema* ou plano, convenientemente *assentado* ou *reflectido*, em vista das condições economicas das mesmas províncias ou do paiz em geral; pelo contrário, sendo na sua maioria encargos pesados sobre a *producção* e *circulação* da riqueza, haviam sido creados, como meios imprescindiveis, ou únicos possiveis, às condições da economia provincial.[6]

5. NOBRE JÚNIOR, Edilson Pereira. Amaro Cavalcanti, formulador do Direito Público brasileiro. *Revista Acadêmica da Faculdade de Direito do Recife*, Recife, v. 95, p. 170-181, 2023.

6. CAVALCANTI, Amaro. *Elementos de finanças*: estudo theorico-pratico. Rio de Janeiro: Imprensa Nacional, 1896. p. 282, 312.

Os professores Arnaldo Sampaio de Moraes Godoy, Júlio Edstron Secundino Santos e José Eduardo Sabo Paes, em artigo intitulado *Tributação e História*, demonstram como Amaro Cavalcanti revela-se um jurista de algum modo bem à frente de seu tempo. Para tanto, analisam a supracitada obra *Elementos de finanças: estudo teórico-prático*, na qual Amaro Cavalcanti fez uma exposição dos pontos centrais do direito tributário, então substancialmente incipiente entre nós. Não havia exatidão conceitual e epistemológica de áreas hoje singularmente consideradas, a exemplo da ciência das finanças, do direito tributário, do direito financeiro e da economia política. Cavalcanti sintetizou a história dessas disciplinas, no direito estrangeiro e no direito nacional. Elencou os autores mais importantes. Estudou de modo inovador a teoria do mínimo tributável, a resistência cultural à cobrança de tributos, intuiu de algum modo a curva de Láfer, discorreu, com base em Adam Smith, sobre as melhores fórmulas de tributação, enunciou princípios gerais de direito tributário, a exemplo de translação, repercussão e evasão. Classificou impostos e fixou uma visão panorâmica da tributação no século XIX. Explicou pioneiramente o princípio da seletividade, sem utilizar-se dessa expressão. Tratou do imposto de renda, quando ainda não conhecíamos essa exação.[7]

Assim, Amaro Cavalcanti é reconhecido como um dos pais fundadores do Direito Tributário brasileiro. A Seção V da citada obra, que trata sobre os impostos, é o núcleo do livro em que Cavalcanti dá início a essa seção definindo impostos. Em seguida, discorre sobre os fundamentos da tributação, suas qualidades, incidência, classificação e sistema. Disserta sobe a legalidade da tributação, fixando um

---

7. GODOY, A. S. M.; SECUNDINO, J. E.; PAES, J. E. S. Tributação e história: Amaro Cavalcanti, o mínimo tributável e a resistência cultural ao recolhimento de tributos. *Revista de Estudos e Pesquisas Avançadas do Terceiro Setor*, Brasília, v. 9, n. 1, jan./jun. 2022.

ponto de partida para o estudo desse importante princípio no direito tributário brasileiro. Cavalcanti, em seguida, sintetiza o regime tributário então vigente no Brasil. Trata dos impostos sobre a posse e produção de riquezas, bem como sobre a circulação e o consumo. Contribuições especiais, ao lado dos impostos provinciais e municipais, completam a sessão.

Amaro Cavalcanti definiu *imposto* como "contribuição pecuniária (ou suscetível de estimação pecuniária), arrecadada dos habitantes do país, para o fim de ocorrer as despesas do serviço público",[8] o que guarda alguma semelhança com a definição de *tributo* encontrada no Código Tributário Nacional. Afirmava que havia significados equivalentes entre expressões como impostos, contribuições, direitos, tributos e taxas, reconhecendo que a expressão "*tributos* não tem entre nós nenhuma aplicação especial [...] não é reservada a este ou aquele ramo de contribuição".[9] Percepções particulares de várias espécies tributárias, e mesmo de um conceito de tributo enquanto gênero, é resultado dos debates que levaram ao CTN, desde o anteprojeto de Rubens Gomes de Sousa.

Quanto à classificação dos impostos, segundo Amaro Cavalcanti, eram pecuniários ou *in natura*. O pecuniário era recolhido em dinheiro. O imposto *in natura*, então permitido, consistia na entrega, por parte do contribuinte, de certa quantidade de objetos ou bens. Cavalcanti também dividia os impostos em ordinários e extraordinários. Aqueles se repetiam em cada exercício. Incidiriam sobre a propriedade predial, sobre o selo, sobre indústrias e profissões e sobre a transmissão da propriedade. Os impostos extraordinários eram eventuais, a exemplo de

---

8. CAVALCANTI, Amaro. *Elementos de finanças*: estudo theorico-pratico. Rio de Janeiro: Imprensa Nacional, 1896. p. 169.

9. CAVALCANTI, Amaro. *Elementos de finanças*: estudo theorico-pratico. Rio de Janeiro: Imprensa Nacional, 1896. p. 169.

contribuições que foram lançadas ao longo da Guerra do Paraguai e das dízimas da Chancelaria. De acordo com Cavalcanti, os impostos também poderiam ser proporcionais ou progressivos. Os proporcionais eram calculados mediante tarifas uniformes. Os progressivos seriam cobrados de forma progressiva, como o nome sugere. A classificação também dividia e identificava os impostos em diretos e indiretos, segundo o modo pelo qual se ordenava ou praticava a incidência. Impostos diretos, prossegue, recairiam diretamente sobre a pessoa do contribuinte. Era a exação que incidia, por exemplo, sobre os ganhos de indústria e de profissões. Impostos indiretos incidiam sobre certas circunstâncias, de aquisição, de transferência de bens, atingindo o contribuinte de modo transitório. Amaro Cavalcanti também dividia os impostos em reais e pessoais, embora esta sua última classificação seja distinta do modelo atual, quando se considera que os impostos reais incidam sobre as coisas, e os pessoais sobre as pessoas.

Lucivanda Serpa Gomes e Patrícia Moura Monteiro, em seu artigo intitulado *Federalismo republicano e tributação: a contribuição de Amaro Cavalcanti para pensamento constitucional brasileiro*, escrevem que a dimensão da doutrina de Amaro Cavalcanti sobre o regime federativo na República e suas críticas ao modelo fiscal adotado representa uma das mais sólidas contribuições ao Direito Constitucional e Tributário brasileiro em todos os tempos. Em um período de muita expectativa e pouco conhecimento jurídico sobre os novos paradigmas da Constituição Republicana de 1889, o jurista potiguar elabora uma teoria do federalismo brasileiro, suas características, condição jurídica, as relações, as vantagens e os erros de percurso para institucionalizar a nova forma de Estado.[10]

10. GOMES, Lucivanda Serpa Gomes; MONTEIRO, Patrícia Moura. Federalismo republicano e tributação: a contribuição de Amaro Cavalcanti para pensamento constitucional brasileiro. *In*: ENCONTRO NACIONAL DO CONPEDI, 21., 2012,

Com efeito, as considerações de Amaro Cavalcanti sobre a necessidade de dotar os entes políticos com recursos para que possam manter sua autonomia, via repartição de receitas, ainda ecoam no presente. Não se pode conceber um federalismo equilibrado se a distribuição de competência não for rígida e proporcional às atribuições dos Estados e da União. Cavalcanti adverte sobre os cuidados que o Poder Público deve ter ao criar novos impostos, taxas ou contribuições, em face das distorções fiscais, políticas e sociais que podem causar.

Ao refletir sobre as obras de Amaro Cavalcanti e as que analisam seu pensamento, é forçoso reconhecer que a lição de Cavalcanti continua atualíssima.

Recentemente, quando do Seminário Internacional de Alta Formação sobre Segurança Jurídica e Tributação, realizado em Madrid, Espanha, inspirei-me nas lições de Amaro Cavalcanti sobre a tributação, o federalismo e os direitos dos cidadãos ao proferir palestra no Painel sobre Tributação, Federalismo Participativo e Direitos Fundamentais.

Na ocasião, ressaltei que a Constituição Federal de 1988, especialmente em seus arts. 5º a 17, estabeleceu direitos fundamentais que a sociedade deve receber da Administração Pública, de forma contínua. São eles: educação, saúde, trabalho, lazer, segurança, previdência social, proteção à maternidade e à infância, assistência aos carentes, dentre outros, cuja função é a de prover as necessidades humanas e efetivar a proteção ao cidadão em face de atitudes do Estado, e que lhe sejam garantidas condições dignas de vida. Há um custo para a concretização desses direitos fundamentais, a ser suportado principalmente com o produto da arrecadação dos tributos.

Uberlândia. *Anais do...* Disponível em: http://www.publicadireito.com.br/artigos/?cod=04ecb1fa28506ccb. Acesso: 13 maio 2024.

A tributação pode ser entendida como o conjunto de atividades do Estado que consubstanciam o *exercício da competência tributária,* inclusive a legislativa, abrangendo a instituição dos tributos, fiscalização, lançamento, cobrança, arrecadação e recolhimento, bem como a execução de leis, serviços, atos e decisões administrativas em matéria tributária.

No Brasil, a Emenda Constitucional 18, de 1º de dezembro de 1965, instituiu o Sistema Tributário Nacional, no qual as regras gerais encontram-se previstas na Lei 5.172, de 25 de outubro de 1966, denominada Código Tributário Nacional (CTN), cujo anteprojeto citou a contribuição de Amaro Cavalcanti.

A Constituição Federal de 1967, em seu Capítulo V, dispôs sobre o Sistema Tributário Nacional, com poucas modificações em relação à Emenda Constitucional 18/ 1965.

A Constituição Federal de 1988 é mais minuciosa, dedicando o Capítulo I de seu Título VI ao Sistema Tributário Nacional, alterado por várias emendas constitucionais.

A Reforma Tributária – aprovada pela Emenda Constitucional 132, de 20 de dezembro de 2023 – esperada por mais de 30 anos, alterou o Sistema Tributário Nacional, principalmente no que concerne à tributação sobre o consumo.

Os tributos podem exercer três funções, sendo a primeira – a *fiscal* – que tem por objetivo arrecadar receitas para custear as atividades do Estado. A *extrafiscal* – concretiza-se quando o tributo é utilizado como incentivo ou desincentivo às ações dos contribuintes. Por fim, a terceira – a *parafiscal* –, quando o tributo visa ao financiamento de atividades exercidas por entidades paraestatais, como os serviços sociais autônomos integrantes do Sistema "S".

Neste texto em homenagem a Amaro Cavalcanti, interessa realçar a função *fiscal* dos tributos porque, na atualidade, constituem a principal fonte de receitas para o custeio das atividades do Estado voltadas para a garantia e a efetividade dos direitos fundamentais insertos como regramento fundantes da Carta e do próprio Estado, verdadeiras cláusulas pétreas.

Nas discussões que antecederam a promulgação da recente Reforma Tributária objeto da Emenda Constitucional 132/2023, que altera o Sistema Tributário Nacional, as lições de Amaro Cavalcanti foram recorrentemente citadas.

Isso porque, em sua obra *Regime federativo e a República Brasileira* (1900), Amaro Cavalcanti analisou com profundidade o federalismo, com preocupação voltada, inclusive, para a adequada distribuição de competências e rendas tributárias.[11]

Com efeito, o Brasil adota a forma de estado federal desde a Proclamação da República. As relações constitutivas do Pacto Federativo, variáveis na evolução do constitucionalismo brasileiro, foram disciplinadas nas Constituições que se sucederam durante a história do nosso período republicano.

Federalismo cooperativo, também chamado federalismo participativo, considera-se o modelo de federalismo em que ocorre a cooperação entre os entes da federação.

Com preocupação semelhante à de Amaro Cavalcanti, no sentido da adoção de um modelo de federalismo equilibrado, a professora Ana Maria Brasileiro, ainda antes da Carta Política de 1988, nos idos de 1974, pregava:

> [...] fala-se atualmente em novo federalismo, *federalismo cooperativo*, *federalismo criativo*, *federalismo participativo*, para retratar a situação em que se reconhece que o processo governamental não pode mais ser visualizado como produto da atuação isolada de três distintos níveis de governos. Atualmente se reconhece

---

11. CAVALCANTI, Amaro. *Regimen federativo e a Republica Brazileira*. Rio de Janeiro: Imprensa Nacional, 1900.

> que todas as três esferas estão intimamente relacionadas e não são mutuamente exclusivas. A competição intergovernamental cede o passo à *cooperação*. E os esforços que se processam nessa área são no sentido de imprimir maior racionalidade e ativar a *participação* de cada unidade nas relações entre União, Estado e Município.[12]

Embora possam ser destacadas algumas disposições sobre *cooperação* entre os entes federados nas Constituições pretéritas, o federalismo de cooperação ou participativo fortaleceu-se a partir da Constituição de 1988 que adotou um modelo de federalismo participativo, pelo qual algumas receitas devem ser compartilhadas entre União, Estados e Municípios.

O § 3º do art. 145 da Constituição de 1988, incluído pela recente Emenda Constitucional 132/2023, explicitou o princípio da cooperação, que reforça o modelo de federalismo fiscal cooperativo, ao consignar que "o Sistema Tributário Nacional deve observar os princípios da simplicidade, da transparência, da justiça tributária, da *cooperação* e da defesa do Meio Ambiente".

Também foi acrescentado à vigente Constituição Federal o art. 156-A – o qual prevê que "lei complementar instituirá imposto sobre bens e serviços de competência *compartilhada* entre Estados, Distrito Federal e Municípios". O art. 156-B – institui o Comitê Gestor do Imposto sobre Bens e Serviços, dispondo que os Estados, o Distrito Federal e os Municípios serão representados, de forma paritária, na instância máxima de deliberação do referido Comitê Gestor.

Parece-me que o principal efeito da Emenda Constitucional 132/2023 será a unificação, a partir de 2033, de cinco tributos – ICMS, ISS, IPI, PIS e Cofins – em uma cobrança única, que será dividida entre os níveis federal (CBS:

---

12. BRASILEIRO, Ana Maria. O federalismo cooperativo. *Revista Brasileira de Estudos Políticos*, Belo Horizonte, n. 39, jul. 1974.

Contribuição sobre Bens e Serviços, com alíquota de 8,8%). Já no âmbito estadual/municipal (IBS: Imposto sobre Bens e Serviços, alíquota de 17,7% chegando a 26,5% de IVA).

Crível que essa divisão de receitas busque fortalecer o federalismo participativo, inclusive para o custeio dos direitos fundamentais.

A meu ver, a esperada Reforma Tributária, trazida pela Emenda Constitucional 132/2023, atende o modelo de federalismo participativo, ao prever a criação do Comitê Gestor do Imposto sobre Bens e Serviços – que será responsável pela regulamentação, bem como pela gestão da arrecadação centralizada e pela distribuição da receita do Imposto sobre Bens e Serviços (IBS) – reforçando o caráter nacional desse imposto de competência compartilhada entre Estados, Distrito Federal e Municípios e buscando restabelecer o equilíbrio da estrutura federativa brasileira na repartição das receitas tributárias.

O Comitê Gestor será responsável também pela coordenação da atuação dos fiscos federal, estaduais e municipais na fiscalização e na cobrança do Imposto sobre Bens e Serviços (IBS) e da Contribuição sobre Bens e Serviços (CBS), assim como pela representação judicial e extrajudicial dos três níveis de governo nas questões relativas a esses tributos previstos nos arts. 156-A e 195, V, da Constituição Federal.

A Reforma Tributária pretende eliminar desacertos e guerras fiscais fratricidas entre Estados e entre Municípios, sem reduzir a autonomia dos entes federativos na gestão de suas receitas.

Então, ao meu sentir, e para reflexão, há uma correlação entre tributação, federalismo cooperativo e direitos fundamentais, revestidos pela jurisprudência do STF e do STJ, isso porque a ordem constitucional estabelece, dentre os objetivos da República Federativa do Brasil, a construção de uma sociedade livre, justa e solidária, assim como a erradicação da pobreza e da marginalização, e a redução das desigualdades sociais e regionais. Para tanto, a Carta foi generosa na previsão de direitos individuais, sociais, econômicos e culturais para o cidadão. Ocorre que, correlatos a esses direitos, existem também deveres, cujo atendimento é condição *sine qua non* para a realização do projeto de sociedade esculpido na Carta Federal. Entre esses deveres, consta o dever fundamental de pagar tributos, visto que são estes que, majoritariamente, financiam as ações estatais voltadas à concretização dos direitos do cidadão (ADI 2.859/DF, relator Ministro Dias Toffoli).

4. Considerações finais

Finalizando, como demonstram as obras analisadas, o Ministro Amaro Cavalcanti revela-se um jurista de algum modo bem à frente de seu tempo. Em uma época na qual a tributação era destituída de qualquer forma de sistematização, Amaro Cavalcanti cogitou um modelo no qual se percebe uma certa lógica. Em seu tempo, o Direito Tributário ainda não se mostrava como um campo teórico e prático autônomo. Estudada como apêndice da ciência das finanças, a disciplina do Direito Tributário tem em Amaro Cavalcanti um de seus primeiros teóricos na doutrina brasileira.

A partir das obras do homenageado, conclui-se que a essência dos sistemas federativos é sua natureza não centralizada, na qual o poder ou a autoridade é compartilhado entre as unidades que compõem a União. O conjunto é mais que o somatório de seus membros, visto que só a União possui soberania. Cada parcela de poder corresponde ao plexo de competências legislativas e tributárias conferidos pela Constituição. São, portanto, pessoas políticas que detém autonomia administrativa e financeira, cada uma exercendo um importante papel na manutenção do todo. É necessário a todo custo que os entes políticos da Federação compreendam isso, para que não se repitam os erros do passado.

Refletindo sobre as obras de Cavalcanti, penso que a tributação, agora referendada pelo § 3º do art. 145 da Constituição Federal de 1988, incluído pela recente Emenda Constitucional 132/2023, será melhor distribuída entre os entes da Federação, cumprindo com o princípio da cooperação entre União, Estados, Distrito Federal e Municípios (federalismo participativo).

Tributação, federalismo participativo e direitos fundamentais estão conectados parcialmente à Reforma Tributária, objeto da Emenda Constitucional 132/2023, que previu a criação do imposto sobre bens e serviços de competência compartilhada entre Estados, Distrito Federal e Municípios, inclusive com a instituição de seu Comitê Gestor, responsável pela coordenação da atuação dos fiscos federal, distrital, estaduais e municipais na fiscalização e na cobrança do Imposto sobre Bens e Serviços (IBS) e da Contribuição sobre Bens e Serviços (CBS). O Comitê Gestor também representará judicial e extrajudicialmente os três níveis de governo nas questões relativas a esses tributos previstos nos arts. 156-A e 195, V, da Constituição Federal, de modo a tornar o Sistema Tributário Nacional mais simples e eficiente, garantindo que os Estados, o Distrito Federal e os Municípios participem da gerência da tributação sob competência compartilhada.

Os direitos fundamentais, entendidos como direitos humanos positivados na Constituição, têm seus custos financiados, principalmente pelo produto da arrecadação de tributos, em sua função fiscal. Assim, a tributação, justa e equânime, aliada ao federalismo participativo em sua gestão são importantes definidores da maior efetividade desses direitos a serem entregues à sociedade.

Enfim, o saudoso Ministro Amaro Cavalcanti, por suas valorosas contribuições para a sistematização do Direito Tributário brasileiro e o fortalecimento do federalismo, deixa-nos importantes lições para alcançarmos um federalismo cooperativo e equilibrado, uma tributação justa e uma sociedade solidária.

Referências

ALBUQUERQUE, Floriano Cavalcanti de. Amaro Cavalcanti: o homem e o jurista. *RIHGRN*, Natal. v. 54, p. 66-73, 1961.

BRASILEIRO, Ana Maria. O federalismo cooperativo. *Revista Brasileira de Estudos Políticos, Universidade Federal de Minas Gerais*, Belo Horizonte, n. 39, jul. 1974.

CABRAL, Dilma. Amaro Cavalcanti Bezerra de Albuquerque. *In*: BRASIL. Arquivo Nacional. *MAPA*: Memória da Administração Pública Brasileira. Brasília: Arquivo Nacional, 2021. Disponível em: https://mapa.arquivonacional.gov.br/index.php/publicacoes2/70-biografias/544-amaro-bezerra-cavalcanti-de-albuquerque. Acesso em: 13 maio 2024.

CAVALCANTI, Amaro. *Dicionário histórico-biográfico da Primeira República*: 1889-1930. Fundação Getulio Vargas. Disponível em: https://bit.ly/3cg6sgr. Acesso em: 13 maio 2024.

CAVALCANTI, Amaro. *Elementos de finanças*: estudo theorico-pratico. Rio de Janeiro: Imprensa Nacional, 1896.

CAVALCANTI, Amaro. *Regimen federativo e a Republica brazileira*. Rio de Janeiro: Imprensa Nacional, 1900.

CAVALCANTI, Amaro. Tributação constitucional. *O Direito*: Revista Mensal de Legislação, Doutrina e Jurisprudência. Rio de Janeiro, v. 31, n. 91, p. 219-259, maio/ago. 1903.

GODOY, A. S. M.; SECUNDINO, J. E.; PAES, J. E. S. Tributação e história: Amaro Cavalcanti, o mínimo tributável e a resistência cultural ao recolhimento de tributos. *Revista de Estudos e Pesquisas Avançadas do Terceiro Setor*, Brasília, v. 9, n. 1, jan./jun. 2022.

GOMES, Lucivanda Serpa Gomes; MONTEIRO, Patrícia Moura. Federalismo republicano e tributação: a contribuição de Amaro Cavalcanti para pensamento constitucional brasileiro. *In*: ENCONTRO NACIONAL DO CONPEDI, 21., 2012, Uberlândia. *Anais do...* Disponível em: http://www.publicadireito.com.br/artigos/?cod=04ecb1fa28506ccb. Acesso: 13 maio 2024.

LYRA, Anderson Tavares de. *Dr. Amaro Cavalcanti*: história e genealogia. Natal, 9 nov. 2016. Disponível em: https://www.historiaegenealogia.com.br/2016/11/dr-amaro-cavalcanti.html. Acesso em: 13 maio 2024.

NOBRE JÚNIOR, Edilson Pereira. Amaro Cavalcanti, formulador do Direito Público brasileiro. *Revista Acadêmica da Faculdade de Direito do Recife*, Recife, v. 95, p. 170-181, 2023.

SILVA, Ledson Marcos Sousa da. *Quando o anjo da História sobrevoa as terras sertanejas*: usos e representações da noção de sertão na Casa da Memória Potiguar. 2021. Dissertação (Mestrado em História dos Sertões) – Centro de Ensino Superior do Seridó, Universidade Federal do Rio Grande do Norte, Natal, 2021.

AMARO CAVALCANTI E O REGIME FEDERATIVO - RESENHA DA OBRA "REGIME FEDERATIVO E A REPÚBLICA BRASILEIRA"[1]

Ana Beatriz Ferreira Rebello Presgrave[2]

1 Introdução; 2 Regime federativo e República brasileira; 3 Considerações finais; Referências.

1. Introdução

O seridoense Amaro Cavalcanti, nascido em 15 de agosto de 1849 no município de Caicó, graduou-se em Direito nos Estados Unidos, na universidade de Albany[3] fato

1. O nome e referência da obra em sua redação original é: *Regimen federativo e a Republica brazileira*, publicada pela Imprensa Nacional do Rio de Janeiro em 1900 e disponível em http://www.dominiopublico.gov.br/download/texto/bd000136.pdf.

2. Professora do Curso de Graduação e do Programa de Pós-graduação em Direito da UFRN; Doutora em Direito Constitucional pela UFPE; Mestre em Direito Processual Civil pela PUC-SP; Estágio pós-doutoral na Universidade de Münster; Presidente da Comissão de Direito Internacional do Conselho Federal da OAB; Diretora Jurídica da ANNEP; Membro do IBDP; Membro da ABPC; membro da ABDPRO; Diretora Regional do IPDP; Membro do IBDFAM; Membro do CEAPRO e Membro da ABEP. Advogada.

3. Teve, posteriormente, seu diploma revalidado pela Universidade de Recife – informações extraídas da seguinte fonte: BRASIL. Ministério da Gestão e Inovação

É justamente essa obra que será abordada neste texto, com uma análise suscinta de todos os tópicos escritos com profundidade por Amaro Cavalcanti. Na obra, dividida em duas partes, ele traça uma teoria geral do regime federativo e posteriormente aborda especificamente a então recém-criada República Federativa do Brasil em sua estrutura geral.

Escrita nos primeiros anos da República, o livro demonstra o cuidado de Amaro Cavalcanti com a disseminação do conhecimento angariado nos anos de estudo naquele que foi o primeiro modelo federativo mundial – os Estado Unidos. O estudo traz inclusive comparação das decisões brasileiras comas das cortes americanas sobre casos análogos.

Compreendendo que a mudança de regime instaurado com a República teve como consequência uma reorganização dos poderes públicos, a partir de dinâmicas de relação entre os órgãos federais entre si e com os estaduais, procedeu a corajosa análise da situação por que passava o Estado brasileiro naquele momento. Em suas palavras originais, assim descreve seu texto:

> A linguagem franca, talvez mesmo, rude ou severa, que empregamos, obedece, apenas, a dous sentimentos da maior sinceridade: o amor, que consagramos ás instituições vigentes, e o receio, de que, pela mà fé ou incapacidade dos indivíduos, se mostrem ellas, menos dignas da confiança de todos. O que deveras queremos, é cumprir um dever de *lealdade* e *franqueza*, confessando os grandes males existentes, e insistindo pela *urgência de remzdio efficaz* contra os seus damnosos effeitos.

Amaro Cavalcanti demonstra, nesse livro, ser verdadeiro defensor do regime federativo ao fazer sua análise crítica dos dez primeiros anos de vida do Brasil República, conforme se constata das suas palavras iniciais da obra, destinadas ao leitor, datadas de 15 de novembro de 1899.

2. Regime federativo e República brasileira

No primeiro capítulo, Cavalcanti trata daquilo que chama de "noções preliminares", definindo o conceito de Estado e abordando detalhadamente como deve ser exercida a soberania estatal.

Aborda com maestria a intrincada questão colocada no início dos Estados Federados relativa a quem caberia o exercício da soberania: se à União ou aos Estados Federados. Parte então para a distinção entre Estado unitário e Estado federado.

Destaca que há exemplos de Estados Federados desde a antiguidade, mas que seu estudo e classificação somente tomaram corpo naquele século, assim:

> Exemplos de associações da espécie encontram-se desde a antiguidade. Mas, ou porque muitas delias, consideradas como *ligas temporárias*, não offerecessem azado ensejo para indagações de natureza especulativa, ou porque as mais importantes fossem de qualidade e condições, em que continuava a predominar o *Principio unitário* em sua inteira feição e rigor; a verdade é que, só no presente século, foi emprehendido, de modo àccentuado, o estudo e a classificação das *uniões de Estados ou* do *Estado composto*, como parte integrante da sciencia do direito publico (p. 12).

Demonstrando vasto conhecimento da doutrina francesa e alemã, aborda com propriedade a evolução da compreensão dos termos *Confederação* e *Federação*, atribuindo à rica terminologia da língua alemã a fixação do seu significado atual.

> Quando Estados soberanos se ligam para a defesa de seus territórios ou fronteiras, para um fim de ordem publica, ou para a gestão de certos interesses communs, conservando não obstante, cada um delles *inteira* autonomia administrativa, militar, judiciaria e diplomática, isto é, a soberania própria, – a união effectuada é uma confederação.

> [...]
>
> Quando, porém, os Estados soberanos, que se ligam, querem dar-se uma *cohesão* e *homogeneidade*, renunciando em favor do poder federal a *maior ou melhor parte* das suas prerrogativas, a união, ora instituída, é uma *federação* ou *Estado-federal*. Este pressupõe não um simples *pacto*, mas uma *constituição federal*, com um governo, dotado de todos os poderes, legislativo, executivo e judiciário, cuja acção estende-se, em maior ou menor escala, sobre os próprios negócios e interesses de cada um dos Estados federados.

O capítulo II trata das indicações históricas do federalismo, remontando à Grécia Antiga para trazer exemplo de uma associação que poderia ser caracterizada como um antecedente da federação, uma vez que cada um dos 12 membros da união conservava sua independência e tinham igual número de voto no Grande Conselho Federal – que tinha poder ilimitado para propor tudo o que fosse necessário para a felicidade comum da Grécia (p. 16-18).

Depois o autor aborda a federação suíça, destacando que o regime federativo naquele país surgiu em 1291, com a junção dos cantões Uri, Unterwalden e Schwytz, uma união inicialmente provisória, mas que se tornou permanente com a celebração da liga de Brunnen, após a Batalha de Morgarten em 1315. Apesar de a união suíça ter passado por diversas lutas internas e ter sofrido intervenção do governo francês, em 1848 os cantões se uniram de modo verdadeiramente federativo (p. 20).

Segue no capítulo fazendo alusão à federação que serviu de modelo para a transformação da confederação suíça em federação, os Estados Unidos da América, organizados pouco mais de um século antes de Amaro Cavalcanti escrever a obra.

Reunidas por duas vezes na Filadelfia em Congresso Continental, as 13 colônias britânicas da américa romperam definitivamente seus laços com a metrópole em 4 de julho de

1776, publicando a sua Declaração de Independência. Cavalcanti destaca que, mesmo antes da formalização do Estado em sua forma federada, é fato que as colônias já haviam adotado a forma federativa desde a primeira reunião do Congresso Continental, pois reconheciam nele a autoridade central para os negócios de interesse geral (p. 22).

Os artigos da Confederação já traziam ajustes próprios de uma federação, que foi formalizada anos depois, com a adoção da Constituição Federal da República Americana em 1787, posteriormente ratificada pelos Estados e representantes do povo. Esclarece Amaro Cavalcanti que o documento foi primeiramente adotado pela *Confederação*, que após a ratificação foi transformada em um verdadeiro Estado-Federal (p. 23).

Criou-se, então, um sistema federal investido de todas as atribuições necessárias para constituir o governo federal como autoridade soberana da nação. Foi instituído o poder legislativo bicameral – câmara e senado –, confiou-se o poder executivo ao presidente eleito juntamente a vice-presidente, mediante sufrágio de dois graus, e o poder judiciário foi confiado a uma Suprema Corte, sendo as cortes inferiores criadas por lei. Os Estados federados mantiveram sua autonomia nas matérias de legislação, administração e justiça dos assuntos locais (p. 24).

Segue o autor, no segundo capítulo, trazendo o exemplo da República Argentina, proclamada independente em 1816 e regida por um estatuto provisional em que predominavam leis de caráter federativo. Organizada a estrutura estatal com a primeira Constituição em 1826, a prevalência, entretanto, era de um estado unitário centrado em Buenos Aires, o que gerou a repulsa das demais províncias. Após muitos conflitos internos, em 1852, reuniu-se o Congresso em Santa-Fé para votar a Constituição da Confederação Argentina, elaborada à luz da Constituição americana e votada em 1853 (p. 26).

Após a anexação da província de Buenos Aires, foi solenemente proclamada, em 1860, a Constituição que instituiu efetivamente o Estado federado argentino, tendo como base o modelo federativo americano (p. 27).

Amaro Cavalcanti passa, então, a tratar do Império alemão, destacando que a formação de um Estado distinto para os povos da Alemanha teve lugar em 962, no reinado de Otto, o Grande, fundador do Santo Império Romano da Nação Alemã, que tinha diversos elementos de Federação e se estendeu até 1806, com a chegada de Napoleão (p. 28).

Com o Congresso de Viena, em 1815, a Alemanha se reorganizou politicamente, passando a ser composta pelos Estados Alemães e também por outros reinos estrangeiros, como Países Baixos, Luxemburgo, Dinamarca e a Áustria, que passou a ser o Estado superintendente da Confederação. Os Estados ainda eram soberanos, reservando à Dieta (Congresso comum para negócios federais) o direito de Declarar Guerra (p. 32).

A situação interna, entretanto, era muito conflituosa, o que levou até mesmo a uma reunião de Assembleia Nacional Constituinte em Frankfurt, em 1848, para a elaboração de uma Constituição que nunca entrou em vigor (p. 33).

Com a guerra entre a Áustria e a Prussia iniciada em 1866, foi dissolvida a Confederação Germânica, tendo a Áustria, vencida, sido obrigada a renunciar a qualquer união com a Alemanha (Tratado de Paz de Praga – 1866). Formou-se, então, a Confederação da Alemanha do Norte (p. 33).

Ressalta o autor que em 1866 os delegados dos Estados se reuniram em Berlim e lá discutiram e aceitaram o projeto constitucional da Federação da Alemanha do Norte, que entrou em vigor em 1867, definindo a criação do Conselho Federal (*Bundesrat*) composto por representantes dos Estados e sob a presidência do *Chanceller* nomeado pelo rei da Prússia. Para os assuntos deliberativos, havia também a Câmara Nacional (*Reichstag*). Todos os conflitos entre os Estados Federados deveriam ser resolvidos pela Corte Suprema, instituída pela Federação (p. 34).

Com a vitória alemã na guerra franco-prussiana, em 1870 foi criado o Império Alemão, a partir da celebração de tratados em Versalhes entre o Chanceller da Federação da Alemanha do Norte e os Estados do sul (Baviera, Wurtenberg, Baden e Hesse) e organizados a partir de uma lei fundamental que entrou em vigor em 1º de janeiro de 1871, constituindo uma verdadeira federação (p. 36).

O autor termina o capítulo abordando a federação brasileira, iniciando sua narrativa a partir da Proclamação da República em 1889 e da promulgação do primeiro decreto pelo Governo Provisório, em que se declarou a forma de República Federativa para a organização das províncias do Brasil (p. 38).

Relata Cavalcanti que, a partir da necessidade, foram sendo proclamados outros decretos, como o Decreto 7, de 1889, que extinguiu as assembleias provinciais e fixou provisoriamente as atribuições dos governadores dos Estados, conferindo-lhes poderes para prover e regular os diversos serviços da administração local (p. 39-40).

Destaca ainda, o autor, o Decreto 802, de 1890, que abordou as eleições das Assembleias Legislativas dos Estados, e os Decretos 848 e 1.030, também de 1890, que organizaram a Justiça Federal e a Justiça do Distrito Federal, estabelecendo a dualidade de jurisdição (p. 40).

O Congresso Constituinte, diz Cavalcanti, foi eleito em 15 de setembro de 1890 e teve sua abertura em 15 de novembro de 1890 para discutir o projeto de Constituição elaborado pelo governo provisório.

Tendo se autodeclarado republicano pouco antes da chamada “Revolução” de 1889, em junho daquele ano,

Amaro Cavalcanti foi nomeado por decreto do governo provisório como um dos vice-governadores do Rio Grande do Norte, seu Estado natal, tendo sido eleito Senador do Congresso Constituinte por esse Estado e atuado como constituinte da primeira Constituição da República em 1891, promulgada em 24 de fevereiro de 1891.

Na obra, entretanto, ele narra em terceira pessoa os fatos ocorridos, esclarecendo que competiu aos membros do Congresso Nacional eleger, no mesmo dia da promulgação da Constituição, o primeiro Presidente e Vice-Presidente da República, tendo sido eleito o Marechal Deodoro da Fonseca, então Chefe do Governo Provisório, o primeiro presidente dos "Estados-Unidos do Brazil", e o Marechal Floriano Peixoto como seu vice-presidente (p. 41).

Quatro dias depois foi instalado o Supremo Tribunal Federal, estabelecendo-se todos os poderes da então recém-criada República Federativa do Brasil.

O capítulo III da obra é dedicado a tratar da Confederação de Estados, ressaltando o autor que se trata de "uma associação de Estados soberanos, na qual existe um poder central, dotada de personalidade jurídica, e servido por órgãos permanentes". Por ser formada a partir de Estados Soberanos, não possui a Confederação soberania (p. 43).

A grande diferença entre federação e a confederação, afirma o autor com suporte das lições de Louis Le Fur, é que no Estado Federal o poder central tem o poder de alargar sua própria competência, enquanto na Confederação o círculo de atribuições é confiado pela livre vontade dos Estados confederados (p. 44).

Esclarece que a confederação depende das delegações recebidas dos Estados soberanos, que podem livremente estipular condições mútuas para entrar ou não na confederação, fixar prazo de duração, precisar e definir os limites e regras a que se submetem (p. 45). Não obstante não se constituir em Estado soberano, a confederação não deixa de ter personalidade jurídica (p. 48).

Cavalcanti enfrenta os argumentos de que a Confederação seria uma contradição de *per si* com a manutenção da soberania dos Estados, por não se tratar de submissão do Estado a uma autoridade superior, mas sim de compromisso tomado de livre e espontânea vontade do Estado, que mantém intacta sua soberania, apesar de aceitar restrições voluntárias decorrentes da atribuição de alguns de seus direitos a um ente distinto (p. 50).

Conclui o autor que as Confederações, embora não sejam, elas próprias, Estados soberanos, são pessoas de direito internacional, citando como exemplos a República das Províncias Unidas, a Confederação Suíça anterior a 1848 e a Alemanha de 1815 a 1866, além dos Estados Unidos antes de 1787 (p. 53).

Segue, no capítulo, abordando a condição jurídica dos Estados confederados, destacando que uma característica marcante é o direito de secessão e de anulação como essenciais e inalienáveis dos Estados soberanos participantes da confederação (p. 55).

Destacando as demais características da confederação, como a vedação da guerra entre os membros, Amaro Cavalcanti finaliza o capítulo abordando os defeitos da confederação, que decorrem justamente das suas características fundamentais, tornando o governo central demasiadamente fraco (p. 57-58).

No capítulo IV Cavalcanti aborda o Estado-Federal (ou Federação), esclarecendo que o regime federativo apareceu bem definido e caracterizado pela primeira vez nos Estados Unidos da Norte-américa (p. 60).

Examina as divergências doutrinárias sobre a caracterização da federação, passando para a análise das formas de estabelecimento de um Estado Federado: por decisão interna de um Estado até então unitário, que se reorganiza a partir de uma constituição, ou a partir de uma união pacífica de Estados até então soberanos (p. 65).

Ao analisar a condição jurídica da federação, segue no capítulo afirmando que no Estado Federado não há divisão da soberania – que é una –, mas sim uma atribuição constitucional de competências aos entes federados, de modo que, em suas palavras:

> Os Estados concorrem ao facto, não, como poderes independentes, mas, apenas como órgãos parciaes da própria Federação, ou como partes integrantes da Nação. Como Estados, nada podem elles impor ou impedir ao *Estado-federal*, porque as attribuições deste vêem *directamente* da vontade da Nação inteira, cuja *soberania* ele *Personifica* nas relações internas e externas da mesma (p. 73).

O autor faz importante assertiva no sentido de que:

> não se pôde deixar de reconhecer, que os Estados-federaes existentes, foram instituídos e subsistem, não, em virtude de quaesquer *pactos* ou *tratados*, anteriores á sua formação, — mas, *positivamente*, em virtude de *leis fundamentaes* (constituições federaes), votadas ou acceitas expressamente pelos legítimos representantes do povo ou nação (p. 76).

Nesse capítulo, também aborda o caráter jurídico dos Estados federados, trazendo importante distinção entre a substância da soberania – una, única e indivisível – e o exercício da soberania, este sim perfeitamente divisível, fazendo analogia com a repartição das funções estatais de um estado unitário (p. 81). O autor define, ainda que sem empregar expressamente o termo, o conceito de autonomia necessária aos entes que compõem um Estado Federado.

Afirma Cavalcanti que "os membros da Federação, não sendo soberanos, participam apenas do *exercício* do poder soberano" (p. 82), de acordo com o previsto em cada

Constituição, pois cada Constituição Federal deverá estabelecer a organização que for mais conveniente ao respectivo Estado, reservando, entretanto, espaço necessário ao livre exercício das competências pelos entes federados (p. 84).

A repartição de competências, estabelecida na Constituição Federal aos Estados e à União, é que definirá se essencialmente o Estado é composto pela dualidade necessária à composição da coletividade na organização política do Estado (p. 86).

Constata o autor, a partir das experiências até então existentes, que uma característica comum dos Estados Federais é a presença, como representantes de toda a nação, do Presidente e de uma Câmara Nacional, e, como representantes dos Estados federados, de um Senado ou Conselho de Estados. Somente a Alemanha seria um modelo, naquele momento, de Estado Federado sob regime monárquico (p. 87).

A partir das federações até então existentes, analise, nesse capítulo, as condições do poder estadual, destacando que nenhum Estado-membro poderá: a) declarar nula ou inexequível uma lei federal; b) exercer a secessão – a união federal é perpétua e indissolúvel; c) fazer pacto ou convenção política entre si; e d) fazer guerra entre si (p. 89).

Afirma, ainda, ser direito da União fazer respeitar a lei, atos e decisões em todos os Estados federados, intervindo com força, se for o caso, sendo de competência dos Estados, como regra, as atribuições de interesse local, devendo adotar a mesma forma de governo que a União (p. 90). A União, por sua vez, tem o dever de respeitar os atos e leis dos Estados, cujas atribuições e competências estão delimitadas pela Constituição Federal (p. 91).

Finaliza o capítulo IV abordando as relações internacionais da Federação, afirmando desde logo que, em teoria, seria apenas a União soberana capaz de ter personalidade de direito internacional (p. 92). Porém, ressalva o autor, essa definição depende do quanto estabelecido na Constituição Federal de cada Estado (p. 93).

Há certos direitos, entretanto, que, no entender de Amaro Cavalcanti, devem ser resguardados exclusivamente à União, como o direito de declarar guerra, organizar as forças armadas e guardar as fronteiras (p. 94).

O capítulo V é dedicado ao que o autor denominou "Questões Complementares", nas quais aborda o confronto entre as duas formas federativas (Confederação e Federação), os defeitos do regime federativo e as vantagens da federação – ocasião em que faz notável elogio ao modelo norte-americano, concluindo aquilo que chamou de "teoria geral".

Na parte especial, o capítulo I é dedicado à União Federativa do Brasil, instaurada a partir da promulgação da Constituição de 1891, que criou os Estados Unidos do Brasil (*Estados-Unidos do Brazil*, em sua redação original) (p. 126).

Cavalcanti destaca, logo no início da parte especial, que a federação brasileira nasce já como verdadeira federação – ao contrário da americana, da suíça, da alemã e até mesmo da argentina –, não tendo sido originada por tratados entre Estados Soberanos ou continuação de uma Confederação de Estados (p. 128-129). Diz, com certo ar de orgulho, que a federação brasileira "é, talvez, mesmo, o único exemplo de uma união federativa, cujos membros nunca tivessem tido em dado momento, ao menos de facto, a qualidade de *soberanos*." (p. 131).

Segue no capítulo destacando as principais dificuldades do novo regime, deixando claro que houve uma oposição radical ao regime federal, proveniente, ao seu ver, da novidade ou desconhecimento relacionado ao regime federativo, mas também por força de disposições desacertadas ou inoportunamente adotadas pela Constituição e das pretensões descabidas de indivíduos e autoridades. Foi uma mudança súbita de um Estado simples, unitário, parlamentar e monárquico para um sistema composto, presidencial e federativo – tudo o que se ensinou de direito constitucional até então foi radicalmente alterado (p. 133).

Assevera o autor que, a partir da prosperidade americana, houve um sincero empenho de patriotas brasileiros em transplantar um regime idêntico para o Brasil, acreditando que tal alteração resultaria na grandeza de nossa pátria (p. 134). Entretanto, havia, efetivamente, um desconhecimento a respeito do funcionamento do sistema federativo, e as ambições despertadas nos indivíduos e no próprio povo a respeito do novo regime causaram embaraços frequentes e tormentosos nos primeiros anos da República (p. 136).

O segundo capítulo da parte especial aborda o poder federal – união perpétua e indissolúvel, constituída pelo direito e que se retrata como uma associação política com plenitude de direitos (p. 137).

Amaro Cavalcanti destaca os poderes atribuídos pelo constituinte à União, tanto na ordem interna quanto externa, conferindo-lhe competência exclusiva para o exercício dos direitos do Estado soberano. A União detém, ainda, seus próprios poderes – Legislativo, Executivo e Judiciário – organizados de forma independente e com aparato governamental próprio (p. 140).

Na sequência, o autor faz uma "vista comparativa com outras federações", dizendo expressamente que a Constituição de 1891 "imitou" a Constituição americana em diversos pontos (p. 143). Ressalta, entretanto, que nenhuma experiência federativa anterior tinha previsto a eleição direta para os membros da Câmara e do Senado, permitindo que cada senador votasse singularmente, conforme o seu modo de ver a matéria, e não em efetiva representação do Estado que o elegeu (p. 145-146).

Com relação ao Executivo, após abordar as diversas formas de eleição nas federações então existentes, constata que a eleição direta, adotada no Brasil, é a melhor escolha (p. 148). Nesse ponto, faz severa crítica ao modelo norte-americano (p. 149), tecendo rasgado elogio ao sistema brasileiro, assim:

> Além disso, o suffragio popular directo, systema adoptado pela Constituição Brasileira, tem ainda em seu favor, uma razão fundamental, decorrente da própria organisação dos poderes públicos nas federações republicanas, a que nos temos referido.
>
> Em todas ellas foi consagrado o principio da *divisão* e *independência* desses poderes; e si o poder judiciário, pelo seu caracter e destinação especial, nada perde da sua importância, por serem os seus membros nomeados por outro poder, o mesmo já não seria licito affirmar, com relação aos dous poderes, propriamente politico ou governamentaes da Nação. Ao nosso ver, nenhuma garantia maior de reciproca independência se pôde dar ao poder que faz a lei, e ao poder que a executa, do que fazendo-os ambos derivar a sua existência da mesma fonte — o voto popular directo. Só assim, um e outro recebem a sua investidura *de primeira mão,* como órgãos *independentes* da soberania nacional (p. 151).

Ao aborda o Judiciário, destaca que a Constituição brasileira também fez uma escolha mais interessante que as suas antecessoras americanas – a dos Estados Unidos e da Argentina –, pois que garantiu aos seus membros vitaliciedade ao invés da garantia de estabilidade “enquanto bem servir”, o que lhes permite maior independência (p. 153).

Segue o comparativo do direito positivo das federações abordando temas como competências tributárias (p. 156), relação de tratados internacionais com a ordem jurídica interna (p. 158), possibilidade de admissão de novos entes federados (p. 158), solução de conflitos entre os entes federados (p. 159), separação de poderes públicos (p. 160) e revisão constitucional (p. 161).

Ao fazer o comparativo relacionado aos poderes da união com relação à ordem externa, Cavalcanti já estabelece que muito pouco há a dizer, pois as disposições das federações analisadas são idênticas ou muito semelhantes à brasileira (p. 165).

O capítulo III trata do poder estadual, destacando que na visão do autor os Estados federados foram bem contemplados na repartição de competências e poderes constitucionais (p. 169). Esclarece que o Congresso Constituinte, talvez por receio de estabelecer competências amplas demais aos Estados, houve por bem fazê-lo de uma forma genérica, prescrevendo que cada Estado deveria ser regido pela Constituição e pelas leis que adotarem, respeitando-se os princípios constitucionais da União (p. 170-171).

De maneira bastante simples, a Constituição estabeleceu que o Estado teria, na ordem interna, competências expressas e exclusivas para tributar bens e direitos relativos ao seu território, proibindo-os expressamente de recusar fé aos documentos públicos legislativos, administrativos ou judiciários da União ou dos outros Estados. Na ordem externa, o ente federado carece de qualquer competência (p. 173).

Esclarece o autor que a maioria dos Estados federados, no uso de suas amplas faculdades, acabou por replicar internamente a organização do poder, fazendo prever três ramos distintos do poder estadual: legislativo, executivo e judiciário (p. 174). Destaca que houve Estados que fizeram prever em suas Constituições estaduais a declaração de "soberania" do Estado federado e outras que previam competência para dispor sobre o comércio interestadual ou ainda para celebrar tratados internacionais, em franca ofensa à Constituição Federal (p. 176).

Afirma Cavalcanti que muitos Estados preconizaram disposições ilusórias ou ineficazes sobre a autonomia dos municípios, pois previram competências inexequíveis ante a concessão precária de poderes aos municípios. Em diversos casos, concedia-se aos Estados a possibilidade de anular leis e atos do poder municipal, exceção feita ao Amazonas e Rio Grande do Sul, que desde logo previram a possibilidade de os municípios se organizarem a partir de uma lei orgânica (p. 178-180).

Sem se alongar na discussão, Amaro Cavalcanti faz importante alerta, assim:

> E agora, sem o propósito, nem espaço bastante, para entrar em discussão larga deste assumpto, não queremos, todavia, passar adiante sem accrescentar o seguinte: – "que a verdade do próprio systema adoptado na Constituição de 24 de fevereiro, impõe ao poder federal o dever consequente de, por lei *ordinária*, ou *constitucional*, si assim fôr mister, – assentar regras uniformes e obrigatórias em toda a União, a respeito do que devem os Estados federados entender e guardar "por autonomia municipal" em obediência ao preceito expresso do art. 68 da mesma.
>
> Ao nosso ver, é urgente a satisfação desse dever, e o qual decorre incontestavelmente, para o Congresso, da faculdade geral, que lhe foi conferida pelo art. 34 n. 34 da referida Constituição (p. 181).

Segue no capítulo sustentando ser absolutamente inadmissível a pretensão de soberania estadual afirmada por algumas Constituições dos Estados federados, por força da já destacada diferença entre confederação e federação (p. 182).

No tópico seguinte o autor trata do tormentoso tema da subordinação dos Estados ao poder federal, e defende, mais uma vez, que a "superintendência" ou "supremacia" do poder federal sobre o estadual é uma condição do sistema da federação, no sentido de que é a União quem tem a competência de evitar a desagregação e agir em defesa da federação (p. 191-192).

Para defender sua teoria, utiliza mais uma vez o modelo da América ao abordar a chamada Teoria dos Poderes Implícitos, afirmando que:

> A declaração, mais explicita, deste instrumento, da qual resulta a *supremacia* do poder federal sobre os Estados! é a constante do art. VI – «que a Constituição e as leis dos Estados-Unidos, feitas em virtude delia, e todos os tratados feitos sob a autoridade dos Estados-Unidos, serão a *lei suprema* do paiz»; donde a sequencia obrigada, que qualquer disposição de constituição ou lei dos Estados é *nulla* e *insubsistente,* toda vez que se achar em contradição ou collisão com o texto supra-mencionado (p. 196).

Nesse ponto Amaro Cavalcanti parece atribuir à União uma espécie de "controle de constitucionalidade" a partir da intervenção federal, identificando a existência de uma hipótese implícita e "aberta" de intervenção da União dos Estados-federados, fundada em "negócios peculiares da União", que seria uma espécie de controle de constitucionalidade. Essas são as palavras do autor:

> Sim: com relação aos *negócios peculiares* aos Estados, o governo federal *só poderá* intervir para os casos especificados no I art. 6° da Constituição; mas, com relação aos *negócios peculiares á União,* que são todos do interesse geral da própria Nação Brasileira, na sua accepção lata, o mesmo governo poderá intervir sem outras restricções, que as da opportunidade e conveniência, *dedutíveis* da mesma Constituição. Semelhante intervenção importa mesmo um dever do poder federal, como primeiro responsável, que é, pelo bom andamento e direcção dos negócios públicos perante o paiz e diante do estrangeiro.
>
> Supponha-se, por exemplo, que um Estado da Federação *legisla* sobre matérias da *competência privativa* da União ; que celebra tratados com outros ou com as nações estrangeiras, favorecendo pretenções ou actos contra a Republica; que consagra praticas *immoraes* ou manifestamente *abusivas* sobre a constituição legal da família; que, mesmo em assumptos locaes, legisla ou dispõe contra as *liberdades* e *direitos* individuaes, garantidos na Constituição federal,— ou que em seus actos *contraria,* ainda que, de modo negativo e indirecto, os intuitos e fins da administração federal... Não será o direito e o dever do Governo Federal intervir, para garantir a effectividade dos seus actos ou para restabelecer as normas indispensáveis á verdade do próprio regimen instituído? Certo, que sim (p. 201).

O capítulo IV é dedicado ao funcionamento dos poderes: o legislativo, o executivo e o Judiciário, destacando a necessidade de sua atuação independente e, ao mesmo tempo, harmônica, em razão da identidade de intuito de todos eles: o bem público (p. 204).

Esclarece o autor que o regime anterior, ao prever a figura do poder moderador acima dos três outros e confiado exclusivamente ao imperador, acabava por negar a independência dos três poderes públicos, que funcionavam sempre sob a dependência do Imperador (p. 207).

Amaro Cavalcanti destaca que foi justamente na necessidade de manutenção da independência e harmonia que começaram as dificuldades, pois exigiam boas práticas mútuas e leis orgânicas bem refletidas, que regulasse os negócios públicos sem dar margem para discórdia ou conflitos entre os poderes (p. 209).

O segundo tópico do capítulo trata do Poder Legislativo e suas funções, em que o autor afirma ser descabida a prática abusiva de o legislador se arrogar na qualidade de censor dos demais poderes, o que negaria a independência assegurada constitucionalmente (p. 210).

Segue a análise com o Poder Executivo, relembrando que o Presidente da República é eleito diretamente pela vontade soberana do povo, sendo de sua atribuição exclusiva a escolha do pessoal de seu ministério (p. 210). Cabe-lhe, ainda, legislar em caráter facultativo, quando assim autorizado pelo legislativo, e o poder de regulamentar as leis, não podendo ir além do quanto estabelecido pelo legislador (p. 212).

Acerca do veto, Cavalcanti afirma ser um dos meios diretos de contrapeso e fiscalização recíproca, tornando o executivo um coparticipante do legislativo, sendo um "poder enorme", de sorte que seu abuso dá razão à desarmonia entre os poderes (p. 213).

Na sequência, aborda as relações entre o legislativo e o executivo, esclarecendo as possibilidades de interferência constitucionalmente previstas de um poder no outro, justamente para gerar equilíbrio e harmonia (p. 223).

Ao tratar do Judiciário, o autor adverte que inobstante serem seus membros nomeados pelos outros poderes, e não eleitos diretamente pelo povo, não há qualquer prejuízo à sua independência no exercício de suas atribuições (p. 228). Enfatiza, entretanto, que nos atos de ordem puramente política ou discricionária não cabe ao Judiciário intervir, o que pode gerar desarmonia entre os poderes (p. 229).

Reconhecendo a competência outorgada pela Constituição para que o Judiciário realize o controle de constitucionalidade das leis, alerta que o exercício de tal encargo deve ser feito com cautela e a partir de criterioso julgamento, atendo-se a critérios eminentemente jurídicos, sem entrar no mérito de sua justiça ou correção (p. 233-235).

Acerca da forma de julgar, Cavalcanti faz importante alerta – que até os dias de hoje se mostram um grande desafio ao judiciário – acerca da necessidade de uniformidade das decisões. Assim afirma o autor:

> Sobretudo, é indispensável, e importa ao próprio decoro do judiciário, que o mesmo tenha, como *regra constante* de proceder, a *uniformidade jurídica* das suas decisões. Porquanto nada contribue, talvez, mais para perturbar as boas relações com os outros poderes, e mesmo, para tornar a marcha da administração publica, incerta e inefficaz, do que a *inconstância* das decisões judiciaes.
>
> Hoje *sim*, e amanhã *não*, ditos sobre idêntica matéria pelo poder, que tem o *encargo privativo* de dizer *o que é a lei*, para ser ou não applicada ás *espécies* determinadas, – é o peor dos males para o bem publico e particular ! Onde o *direito* não tem significado *certo, uno,* e *sempre o mesmo,* o Estado é o primêiro, que carece de garantia real para a sua própria existência (p. 243).

Finaliza a análise do judiciário tratando sobre o Supremo Tribunal Federal, versão brasileira da Suprema Corte norte-americana. Citando Bryce, o autor afirma que "a Suprema Corte é a própria voz da Constituição *(the living voice of the Constitution)*, isto é, a voz da vontade do povo expressa na lei fundamental que elle estatuio." E continua: "para desempenhar tão tormentosas funções a Corte deve ser estável, como a Constituição é." (p. 244).

O capítulo V trata da administração da justiça, fazendo referência à dualidade da justiça prevista na Constituição Federal. A curiosidade – que é bastante diversa da situação atual – é que naquele momento se optou pela existência da dualidade da lei processual também, apesar da unidade do direito civil, penal e comercial (p. 251).

Cavalcanti faz, então uma crítica à dualidade de jurisdição e de legislação processual, ressaltando os embaraços e dificuldades decorrentes dos conflitos de competência, bem como a ocorrência de julgamentos que consideram as conveniências políticas locais (p. 252). A crítica ganha robustez, ao afirmar que:

> O que queremos, é insistir sobre a grave inconveniência dessa *dualidade de magistrados*, constitucionalmente *independentes* na *applicaçâo* e *interpretacão* das leis, tratando-se, aliás, de um só povo, regido pelo mesmo direito; e bem assim, reclamar contra as condições, às vezes, ate aviltantes da vida politica nos Estados federados, pretendendo-se substituir a missão imparcial de garantia e de bem, confiada ao juiz, pela acção malfazeja da perseguição e do mal de um simples *beleguim* da tyrania partidária!... (p. 253).

O autor assevera que a disparidade de remuneração dos magistrados dos diversos Estados gera distorções na aplicação da lei e interfere na própria independência judicial, uma vez que, nas suas palavras, "o salário bastante é, incontestavelmente, uma condição assaz importante, para a independência do respectivo funcionário, qualquer que seja a escala da sua posição ou hierachia" (p. 254).

Amaro Cavalcanti defende textualmente a unificação do poder judiciário, regido exclusivamente pela lei federal, como um remédio eficaz para as mazelas da jurisdição, de modo a viabilizar a uniformidade das decisões judiciais (p. 263). Como medidas paliativas, em se mantendo a dualidade da jurisdição, o autor entende serem necessárias três medidas para assegurar a uniformidade do direito nacional: a) alargar a jurisdição do Supremo Tribunal Federal; b) adoção de uma lei orgânica federal; e c) a permissão de avocação pela justiça federal de causas e a possibilidade de revisão dessas mesmas causas pelo Supremo Tribunal Federal – uma espécie de *removal of causes* da justiça norte-americana (p. 263-264).

No Capítulo VI Cavalcanti trata da divisão das rendas públicas, abordando as competências tributárias da União e dos Estados. Logo no início, esclarece que nem as distinções feitas na constituição relativa à divisão das rendas e nem o histórico do sistema tributário foram suficientes para impedir a existência de numerosos pleitos e decisões judiciais sobre o tema (p. 267).

Passa então a analisar as diversas espécies tributárias e a sua competência constitucional, destacando as questões envolvendo imposto de importação, navegação e exportação, de competência exclusiva do poder federal – investigando inclusive os problemas decorrentes da tributação interestadual e as decisões do Supremo Tribunal Federal sobre elas (p. 280-302).

Com relação aos outros impostos e taxas, afirmou que até aquele momento não havia grandes controvérsias jurídicas a respeito (p. 311), apesar de fazer expressa crítica com relação à competência exclusiva da união para lançar e cobrar as taxas do selo e do correio (p. 311).

Prossegue no capítulo tratando da uniformidade e isenção dos impostos, revelando que a previsão é idêntica à da Constituição norte-americana, baseada na premissa de que todos são iguais perante a lei (p. 315). Finaliza o tópico expressando sua preocupação com o tema, assim;

> Ao terminar estas breves reflexões sobre os artigos da Constituição Federal, que estatuem sobre o poder tributário da União e dos Estados, não seria, talvez, mister accrescentar, que essa matéria é uma das que mais reclamam a attenção vigilante do legislador, não só, a fim de obstar a continuação de males, já bem graves para a vida económica e financeira do paiz, como também o apparecimento de outros, *quiçá*, de peiores consequências...
>
> Reconhecendo, muito embora, os sinceros esforços do legislador constituinte para bem desempenhar-se do seu dever sobre este tão importante capitulo do direito constitucional, a verdade é, que o contexto das disposições adoptadas não parece ter sido o mais conveniente: por um lado, não correspondeu devidamente, quer ás condições financeiras do paiz, quer aos grandes encargos reservados á União; e por outro, a *própria redacção* dos dispositivos constitucionaes foi feita de fórma, que já tem dado occasião para numerosos pleitos judiciaes e até conflictos entre os poderes públicos, acarretando juntamente vexames para os contribuintes e detrimento certo para a fazenda federal (p. 320).

O último tópico trata da deficiência financeira da União, em que o autor ressalta que a repartição de receitas feita pela Constituição representou injustiça financeira para com a União (p. 321), pois se passou para os Estados os próprios nacionais, ao passo que se manteve com a União o total do encargo da dívida pública interna e externa (p. 322).

Na sequência do texto, entretanto, pondera que as receitas tributárias podem trazer grandes rendimentos à União, apesar de sua incerteza, destacando a necessidade de uma lei especial que fosse capaz de acautelar os direitos fiscais da União (p. 324-325).

O capítulo VII, trata dos dois governos e de suas relações, iniciando a abordagem pelas condições teóricas e abusos da prática. Acertadamente, na visão de Amaro Cavalcanti, a Constituição Federal não enumerou especificadamente as obrigações dos governos estaduais para com a União, tendo apenas estabelecido a vedação da prática de certos atos (p. 329).

Entretanto, afirma o autor que no primeiro decênio da federal, os estados já haviam caminhado demais para fora de círculo em que deveriam se manter como membros da federação (p.330). Desde a interferência no funcionamento da justiça federal até o verdadeiro sentimento de desobrigação dos Estado em prestar informações aos poderes federais sobre os atos de governo, fez com que a União se sentisse "verdadeiro estranho dentro de sua própria casa" (p. 334).

Cavalcanti analisa, com perceptível insatisfação, as razões que a seu ver levaram a essa situação, destacando, entre tais fatos, a possibilidade de os Estados emitirem títulos da dívida pública estadual, que acabou sendo uma verdadeira "emissão de papel moeda" em concorrência com a moeda corrente nacional (p. 337). Nem mesmo as decisões do Supremo Tribunal Federal os Estados cumpriam (p. 338).

Com certo pessimismo, conclui que foram suprimidos em alguns Estados a verdade das eleições, enviando os governos deputados e senadores que melhor lhes convêm aos interesses pessoais ou partidários (p. 339) Clama, então, pela efetiva atuação da União para impedir a continuidade da fraude arvorada no sistema, lembrando que "a verdade da eleição popular é própria da República: se aquela não existe, esta também não é, apesar do nome que se lhe dá" (p. 339).

O capítulo VIII, último da obra, trata dos maiores males da República, destacando os abusos dos poderes federais como um dos grandes problemas vivenciados nos primeiros anos da República, em especial a dissolução do Congresso Nacional no primeiro ano de governo do Presidente da República – Decreto de 03 de novembro de 1891, a que Amaro Cavalcanti nomina "acto dictarial" (p. 349).

Sobre esse ponto, Serpa e Monteiro afirmam que

> Amaro Cavalcanti ilustra por meio de fatos as manobras e manejos da politicagem, dos excessos, as tramas que perturbaram a ordem pública, deixando claro que o início da República brasileira não foram tempos de bonanças, tudo foi feito para desacreditar o novo regime: destruição de topografias, abusos, assassinatos. Ressalta a participação dos militares e sua ação decisiva na proclamação da República, e, diz que seu mérito está em servir com patriotismo na defesa das instituições.[5]

Cavalcanti fez severas críticas aos abusos dos poderes instituídos pela República, em especial o descumprimento pelo executivo do quanto estabelecido pela Constituição, ressaltando mais uma vez a necessidade de uniformidade dos julgamentos do Supremo Tribunal Federal, a quem ele reconhece a função de intérprete da Constituição.[6]

3. Considerações finais

Nota-se claramente que Amaro Cavalcanti, ao escrever a obra, trouxe à lume "a voz do constituinte", ou seja, a vivência e o conhecimento de quem participou ativamente

---

5. SERPA, Lucivanda; MONTEIRO, Patrícia Moura. *Federalismo republicano e tributação*: a Contribuição de Amaro Cavalcanti para o pensamento constitucional brasileiro. Disponível em www.publicadireito.com.br/artigos/?cod=04ecb1fa28506ccb. Acesso em: 1 jun. 2024.

6. Nesse sentido também afirma Edilson Pereira Nobre Junior (2023), ao abordar a resposta de Amaro Cavalcanti em face da recusa do então Presidente da República Hermes da Fonseca a cumprir a decisão proferida pelo STF no HC 2990: "Ao fazê-lo, não descurou de traçar uma comparação útil e funcional com inspirador modelo constitucional estadunidense. Assim, acentuou que, muito embora seja admissível que o Legislativo e o Executivo possam interpretar a constituição, não se poderia reputar correta que tal interpretação possa ser tida por final, competência que enfeixa o Judiciário."

na elaboração e nos primeiros anos da prática da então nova Constituição.

Sua relevância e reconhecimento enquanto autoridade sobre o tema alçou novo patamar com a publicação de suas obras, tidas ainda como como referência sobre federalismo e tributação. Nesse sentido afirmou Godoy:

> Amaro Bezerra Cavalcanti de Albuquerque (1849-1922) entre vários livros escritos em longa trajetória intelectual, publicou, em 1896, Elementos de Finanças-Estudo Teórico Prático. Expôs pontos centrais do direito tributário, então substancialmente incipiente entre nós. Amaro Cavalcanti esforçou-se para sistematizar aspectos de uma também rudimentar ciência financeira. Não havia exatidão conceitual e epistemológica de áreas hoje singularmente consideradas, a exemplo da ciência das finanças, do direito tributário, do direito financeiro e da economia política.[7]

Assim como um pai que fala sobre o filho, ao tratar da República Federativa brasileira, Amaro Cavalcanti reconhece orgulhosamente suas virtudes, tenta de toda forma justificar suas deficiências e se coloca como um atento professor para disseminar o conhecimento acerca do novo sistema federal implantado pela primeira Constituição da República brasileira, sem descuidar das suas mazelas e distorções práticas.

Referências

BRASIL. Ministério da Gestão e Inovação em Serviços Públicos. Arquivo Nacional. *Amaro Bezerra Cavalcanti de Albuquerque*. Brasília, maio 2020. Disponível em: https://mapa.arquivonacional.gov.br/index.php/

---

7. GODOY, Arnaldo Sampaio de Moraes. Os pais fundadores do Direito Tributário brasileiro (3): Amaro Cavalcanti. *Revista Eletrônica Conjur*, 7 abr. 2024. Disponível em https://www.conjur.com.br/2024-abr-07/os-pais-fundadores-do-direito-tributario-parte-iii-amaro-cavalcanti/. Acesso em: 26 jun. 2024.

assuntos/79-producao/70-biografias/544-amaro-bezerra-cavalcanti-de-albuquerque. Acesso em: 20 jun. 2024.

CAVALCANTI, Amaro. *Regimen federativo e a Republica brazileira*. Rio de Janeiro: Imprensa Nacional, 1900. Disponível em http://www.dominiopublico.gov.br/download/texto/bd000136.pdf. Acesso em: 1 jun. 2024.

GODOY, Arnaldo Sampaio de Moraes. Os pais fundadores do Direito Tributário brasileiro (3): Amaro Cavalcanti. *Revista Eletrônica Conjur*, 7 abr. 2024. Disponível em https://www.conjur.com.br/2024-abr-07/os-pais-fundadores-do-direito-tributario-parte-iii-amaro-cavalcanti/. Acesso em: 26 jun. 2024.

NOBRE JÚNIOR, Edilson Pereira. Amaro Cavalcanti, formulador do direito público brasileiro. *Revista Acadêmica da Faculdade de Direito do Recife*, Recife, v. 95 n. 1, 2023. Disponível em: https://periodicos.ufpe.br/revistas/index.php/ACADEMICA/article/view/258169. Acesso em: 1 jun. 2024.

SERPA, Lucivanda; MONTEIRO, Patrícia Moura. *Federalismo republicano e tributação*: a contribuição de Amaro Cavalcanti para o pensamento constitucional brasileiro. Disponível em www.publicadireito.com.br/artigos/?cod=04ecb1fa28506ccb. Acesso em: 1 jun. 2024.

REVISITANDO O PRINCÍPIO DA NEUTRALIDADE TRIBUTÁRIA E SUA RELAÇÃO COM A REGULAÇÃO ECONÔMICA

André Elali[1]

Pierre Franklin[2]

1 Revisitando a neutralidade tributária a propósito da homenagem a Amaro Cavalcanti; 2 A tributação como fator de decisão dos agentes econômicos e o Princípio da Neutralidade Tributária; 3 Estado regulador, uso de mecanismos financeiros e fiscais e proteção da concorrência. 4 Considerações finais; Referências.

Resumo: O estudo se propõe a revisitar o princípio da neutralidade tributária e sua relação com as formas de intervenção do Estado à correção de falhas dos mecanismos de mercado quando implementados, sob variados rótulos, mecanismos financeiros e fiscais de regulação econômica.

Palavras-chave: Neutralidade tributária; regulação econômica; falhas de mercado; liberdade econômica; concorrência.

---

1. Professor Associado do Departamento de Direito Público da UFRN com Estágios de Pesquisa de Pós-Doutoramento no Max-Planck-Institüt für Steuerrecht, na Queen Mary University of London e na Faculdade de Direito da Universidade de Lisboa.

2. Advogado, Graduado, Pós-graduado em Direito Tributário e Mestrando em Direito Constitucional pela Faculdade de Direito da UFRN.

Abstract: The study aims to reexamine the principle of tax neutrality and its relationship to the economic regulation when financial and fiscal vehicles and instruments, under different regimes, are granted in order to solve market failures.

Keywords: Tax neutrality; regulation; market failures; economic freedom; competition.

1. Revisitando a neutralidade tributária a propósito da homenagem a Amaro Cavalcanti

Nos modelos de Estado de Direito, os sistemas tributários são estruturados a partir de competências e limites ao poder de tributar. É o caso do Brasil, cujo sistema concretiza diferentes espécies normativas que visam a equilibrar a tributação, seja em face do federalismo fiscal,[3] seja em decorrência da necessidade de sustentação financeira da estrutura política, seja, ainda, para implementar os objetivos constitucionais, entre os quais a ordem econômica teorizada a partir do art. 170 da Carta Magna e os direitos fundamentais.

Entre os variados princípios tributários, muitos deles aplicados em numerosos Estados Fiscais, destaca-se a igualdade, que se manifesta por meio de outros subprincípios. Aqui, pretende-se revisitar um desses subprincípios corolários da igualdade: a neutralidade da tributação. A respeito do tema, sempre surgem diferentes questões – todas de difícil resposta: i) a tributação há de ser neutra?; ii) existe tributo neutro ou norma tributária neutra?; iii) como deve o Estado regular o mercado, por meio de tributos, com vistas ao desenvolvimento e à correção de falhas de mercado?

Este estudo, com o objetivo de responder a tais questões, revisita o conceito de neutralidade tributária à luz da obra do jurista Amaro Cavalcanti, cujo legado é significativo para o direito público e as finanças públicas.

3. Cf. ELALI, André. *O federalismo fiscal brasileiro e o Sistema Tributário Nacional.* São Paulo: APET-MP, 2005. p. 18.

O homenageado defendia que os tributos devem ser utilizados como ferramenta estratégica para a promoção do desenvolvimento e da industrialização do Brasil. Nesse contexto, sua obra se conecta às preocupações com os mecanismos fiscais de regulação, uma vez que, no sistema vigente, o tributo não pode se caracterizar como sanção por ato ilícito (art. 3º do CTN). Daí por que o regime da norma tributária – com função regulatória – será sempre indutor.

Ressalte-se que, da obra do jurista aqui celebrado, infere-se a preocupação com o ambiente da economia nacional, que deveria ser harmônica para garantir a eficiência alocativa dos recursos e estimular investimentos produtivos.[4] Um dos pontos enfrentados pelo ilustre professor foi a utilização das alíquotas de tributos no ambiente de regulação do sistema de impostos interestaduais, concluindo que o método estatal deveria facilitar a liberdade econômica para fins de integração do mercado interno. E esse ambiente de equilíbrio do mercado, destacado por Amaro Cavalcanti, exige que o Estado intervenha sempre que houver falhas e distorções. Deve-se, em termos de regulação, promover o equilíbrio no mercado.[5]

As falhas de mercado, portanto, precisam ser controladas[6] para evitar um processo de deterioração econômica, que seria o inverso do que o constituinte teorizou no nível da ordem econômica. Valores como concorrência e liberdade devem andar em conjunto com a igualdade. Esta deve garantir que a liberdade de acesso e de permanência no

4. Cf. FERNANDES, Suzana Cristina. *Amaro Cavalcanti e a luta pela industrialização brasileira*. 2001. Dissertação (Mestrado) – Universidade Estadual de Campinas, Instituto de Economia. Campinas, 2001. p. 37. Disponível em: https://hdl.handle.net/20.500.12733/1589721. Acesso em: 23 maio 2024.

5. Cf. DOURADO, Ana Paula. *Governação fiscal global*. Lisboa: Almedina, 2017. p. 191.

6. "*Externalities arise whenever an individual or firm undertakes an action that has an effect on another individual or firm, for which the latter does not pay or is not paid.*" Cf. STIGLITZ, Joseph. *Economics of the public sector*. 3rd. New York: W.W. Norton & Company, 2000. p. 18.

mercado possibilite a existência de um ambiente concorrencial, que visa a proteger o seu destinatário maior, em termos jurídicos e econômicos: o consumidor.

Muito embora Amaro Cavalcanti consigne, em sua vasta obra, que a liberdade de iniciativa e a liberdade de concorrência são premissas do ordenamento jurídico e econômico, devem-se estabelecer limites para que haja uma proteção da indústria nacional e da economia em face de eventuais ingerências estrangeiras. Citando Adam Smith, assim se manifestou o ilustre professor potiguar:

> Há dois casos nos quais seria geralmente vantajoso estabelecer algum encargo sobre a indústria estrangeira, para o fim de encorajar a indústria nacional. O primeiro é, quando uma espécie de indústria particular é necessária à defesa do país. [...] O segundo, no qual será vantajoso em geral – lançar algum tributo sobre a indústria estrangeira para encorajar a indústria nacional, é quando o produto d'esta está carregado com algum imposto interno. Neste caso, parece razoável estabelecer um imposto equivalente sobre o produto da mesma espécie, que vem fabricado do estrangeiro.[7]

Do ponto de vista da neutralidade tributária, observa-se que a política estatal serve para regular o ambiente econômico de maneira que incentiva, dentro de suas diretrizes, o investidor estrangeiro, mas estabelecendo balizas claras da atuação dos agentes econômicos.

Nesse contexto, Amaro Cavalcanti reconhecia a importância de se criar um ambiente tributário estável e previsível, que não penalizasse atividades econômicas estratégicas para o desenvolvimento do país. Ele acreditava que os tributos deveriam ser utilizados de forma inteligente,

---

7. Citação de Adam Smith do livro *Richesse des Nations*, tradução A. Blanqui, livro IV, transcrita por Amaro Cavalcanti em artigo publicado em 1903. CAVALCANTI, Amaro. Taxas protectoras nas tarifas aduaneiras. *Boletim da Sociedade Auxiliadora da Indústria Nacional*, p. 8-9, jan./jun. 1903.

incentivando setores-chave da economia e promovendo a competitividade das empresas nacionais.

2. A tributação como fator de decisão dos agentes econômicos e o princípio da neutralidade tributária

Com um simples questionamento feito por Reunven S. Avi-Yonah – "Should corporations pay tax?" – nota-se a interferência da tributação nas escolhas privadas e no equilíbrio das políticas públicas.[8] Na lição clássica de Nicholas Kaldor, no campo das finanças públicas, a tributação representa o mecanismo de financiamento do governo e, principalmente, uma das armas primárias para o governo promover a estabilidade econômica e monetária[9]. Em outros dizeres, a quantidade de recursos advindos da tributação não se limita às necessidades do governo, mas varia a partir das condições econômicas,[10] devendo, nas economias modernas, garantir um alto e estável grau de emprego da população, a estabilidade de preços e uma adequada acumulação do capital.[11]

Nessa linha, políticas reguladoras diretas, no Brasil ou no exterior, são substituídas por políticas de indução, notadamente na seara tributária, através do que, como apontou Luís Eduardo Schoueri[12] no trabalho clássico que se tornou

---

8. Cf. AVI-YONAH, Reuven S. Corporate social responsabilty and strategic tax behavior. *In:* SCHÖN, Wolfang (ed.). *Tax and corporate governance*. Berlin: Springer, 2008. p. 197-198.

9. Cf. KALDOR, Nicholas. *An expenditure tax*. Oxon: Routledge, 2003. p. 173. Reimpressão da 1. ed. de 1955. No original: "The 'Keynesian revolution' has meant, in the field of public finance, that taxation is no longer looked upon as a means of 'finding the money' for expenditure of the Government, but as one of the primary weapons in the Government's armoury for ensuring general economic and monetary stability".

10. Cf. KALDOR, Nicholas. *An expenditure tax*. Oxon: Routledge, 2003. p. 173.

11. Cf. KALDOR, Nicholas. *An expenditure tax*. Oxon: Routledge, 2003. p. 174.

12. Cf. SCHOUERI, Luís Eduardo. *Normas tributárias indutoras e intervenção econômica*. Rio de Janeiro: Forense, 2005. p. 4.

a maior referência no país do tema, criam-se estímulos ou desestímulos para os comportamentos socialmente e economicamente desejáveis. Nas palavras do autor, referindo-se ao agente econômico, "recebe ele estímulos e desestímulos que, atuando no campo de sua formação de vontade, levam-no a se decidir pelo caminho proposto pelo legislador", assegurando-se ao agente a "possibilidade de adotar comportamento diverso, sem que por isso recaia no ilícito".[13]

Dessa forma, fala-se em extrafiscalidade, uma das facetas da tributação, vinculadas à regulação do sistema por parte do Estado, e que pode ser concretizada através das chamadas normas tributárias indutoras, por meio de incentivos ou agravamentos tributários, os primeiros por intermédio de medidas como isenções e reduções tributárias, atribuição de créditos tributários, de regimes especiais e/ou preferenciais, entre outras.[14] Pode-se, também, empregar subvenções diretas, correntemente denominadas de subsídios.[15]

Nos primórdios do regime capitalista, sob a influência da teoria econômica clássica, tentou-se consolidar, nos países que adotaram tal modelo, a noção da máxima da liberdade econômica, seja das empresas, seja dos consumidores. Partindo dessa premissa, as finanças liberais foram dominadas por alguns princípios, como: i) a privatização da economia; ii) a redução do setor público; iii) a menor participação possível do Estado na economia; e iv) a simplicidade

---

13. Cf. SCHOUERI, Luís Eduardo. *Normas tributárias indutoras e intervenção econômica.* Rio de Janeiro: Forense, 2005. p. 59.

14. Cf. CAMPOS, Diogo Leite de; CAMPOS, Mônica Horta Neves. *Direito tributário.* Belo Horizonte: Del Rey, 2001. p. 39.

15. Disso decorre a existência de numerosos conceitos, todos vagos diante da imprecisão terminológica e da confusão que impõem (incentivos fiscais, financeiros, monetários, ajudas de Estado, auxílios de Estado, promoções indiretas – *Indirekte Förderungen*, benefícios ou vantagens fiscais etc. Impõe-se, para o exame de qualquer dessas figuras, a consideração da despesa pública/fiscal.

das finanças públicas.[16] Nessa ideologia, o tributo sempre era entendido como um mal necessário.[17]

Como consequência da teoria econômica clássica, muitos governos passaram a empregar a separação entre finanças públicas e economia, a abstenção econômica do Estado e, relacionando-se mais especificamente à tributação, a neutralidade das finanças como um todo. Como ressalta Sousa Franco, "Quer isto dizer que a actividade financeira deve ser organizada de forma a não perturbar (ou perturbar no mínimo) a actuação livre dos sujeitos econômicos",[18] derivando da neutralidade dois pontos importantes, quais sejam:

> a actividade financeira deve decorrer de forma que não cause distorsões da actividade económica privada (deve "deixar a economia como estava antes" de pagar o imposto ou suportar a despesa, ou o mais perto possível...); – as instituições e actividade financeira não devem propor-se qualquer finalidade de alteração ou comando da actividade económica privada (a única "política financeira" é que não deve haver *políticas financeiras*, no sentido intervencionista e voluntarista.[19]

A tese liberal, portanto, era a de que a tributação deveria manter inalteráveis os preços do mercado, a produção, a distribuição de riqueza e a alocação de recursos.[20]

---

16. Cf. FRANCO, António L. de Souza. *Finanças públicas e direito financeiro*. 4. ed. Coimbra: Almedina, 2007. p. 52.

17. Cf. SANTOS, António Carlos dos. *Auxílios de Estado e fiscalidade*. Coimbra: Almedina, 2003. p. 358.

18. Cf. FRANCO, António L. de Souza. *Finanças públicas e direito financeiro*. 4. ed. Coimbra: Almedina, 2007. p. 54.

19. Cf. FRANCO, António L. de Souza. *Finanças públicas e direito financeiro*. 4. ed. Coimbra: Almedina, 2007. p. 55.

20. "Um imposto pode influenciar de vários modos a eficiência económica, nomeadamente quanto à oferta e procura de trabalho, à poupança e sua utilização produtiva, à afectação de recursos em geral. É que o imposto é algo que se impõe aos agentes econômicos e pode, por isso, modificar os preços relativos das variáveis económicas directa ou indirectamente relacionadas com a sua incidência. Dessa modificação de preços relativos pode resultar ineficiência econômica, que os

A neutralidade da tributação significaria para essa corrente teórica, então, que a tributação não deveria influenciar os comportamentos dos sujeitos econômicos, em nome da maior liberdade do mercado e a menor participação do Estado na condução do processo econômico.[21]

Com a crise do liberalismo clássico, porém, o papel do Estado passou a ser enfatizado, para controlar e fiscalizar os agentes econômicos e para proteger os direitos socialmente relevantes, fazendo ressurgir a discussão em torno da neutralidade da tributação, pois, com a adoção de políticas fiscais, *i. e.*, por meio da concessão de auxílios fiscais, ficaria ilógico falar-se em neutralidade. Em outros dizeres, passou a ser aceitável a intervenção do Estado no mercado para evitar as chamadas falhas de seus mecanismos e para a promoção do *Social Welfare*.[22]

---

economistas costumam analisar através da chamada 'carga excedentária'. O objectivo é, assim, minimizar esta, ou seja, assegurar que os impostos sejam o menos distorcionários possível. O que, dito de outro modo, implica a neutralidade do imposto. Importa a este propósito ter em conta que os efeitos do imposto são de dois tipos: efeito rendimento (*income effect*) e efeito substituição (*substitution effect*). O efeito rendimento resulta do facto de a criação de um imposto ou a sua subida diminuir o rendimento disponível, o poder de compra do contribuinte, na pessoa que o suporta. Em si mesmo um efeito rendimento não produz ineficiência econômica. Mas a alteração fiscal acima mencionada pode levar o contribuinte a substituir uma actividade por outra, o consumo de um bem por outro e até, em última análise, se o imposto em causa onerar o rendimento que se obtém do trabalho, levar o trabalhador a preferir o ócio. É o efeito substituição. Deste pode resultar ineficiência econômica se desta interferência nas escolhas individuais resultar uma perda de bem estar para o contribuinte que não se traduza em aumento de recursos para o Estado ou para o outro ente público destinatário da receita do imposto" (Cf. PEREIRA, Manuel Henrique de Freitas. *Fiscalidade*. 2. ed. Coimbra: Almedina, 2007. p. 69-70).

21. Cf. ELALI, André. Incentivos fiscais, desenvolvimento econômico e neutralidade da tributação: a questão da redução das desigualdades regionais. *In:* MARTINS, Ives Gandra da Silva; ELALI, André; PEIXOTO, Marcelo Magalhães (coord.). *Incentivos fiscais*: questões pontuais nas esferas federal, estadual e municipal. São Paulo: MP, 2007. p. 56.

22. "No intervencionismo '*stricto sensu*' o funcionamento da economia continua a basear-se essencialmente no livre comportamento dos sujeitos econômicos; mas, no caso de não resultar da sua actuação o progresso e o bem-estar geral, o Estado intervém correctivamente, alargando consequentemente as suas formas de actuação e assumindo objectivos próprios" (Cf. FRANCO, António L. de Souza. *Finanças públicas e direito financeiro*. 4. ed. Coimbra: Almedina, 2007. p. 62).

As políticas públicas, nesse contexto, passaram a visar a alguns fins emergenciais: i) redistribuição da renda e da riqueza; ii) estabilização da economia; iii) busca do desenvolvimento econômico, concluindo-se, com a lição de Manuel Pereira, "que a neutralidade do imposto seja agora aferida face aos objectivos visados pela política fiscal. Isto é, deixa de ser absoluta para passar a ser relativa: a não ser na exacta medida em que tal seja necessário para prosseguir os fins visados, o imposto deve ser neutro, ou seja, não deve ter influência no comportamento e nas decisões dos agentes econômicos".[23]

De qualquer forma, questiona-se: como é possível conceber a neutralidade da tributação se por definição a fiscalidade é uma forma de intervenção do Estado? Aliás, nas economias de mercado, a fiscalidade é uma condição de existência do próprio Estado, já que se trata de algo imanente ao seu funcionamento.[24]

Partindo-se da premissa adotada por Santos, nota-se que existem dois sentidos para a neutralidade da tributação: i) o primeiro, influenciado pela ciência das finanças, que sustenta que os tributos não devem prejudicar ou favorecer grupos específicos dentro da economia – os tributos, por isso mesmo, devem ser neutros quanto a produtos de

---

23. Cf. PEREIRA, Manuel Henrique de Freitas. *Fiscalidade*. 2. ed. Coimbra: Almedina, 2007. p. 356.

24. Comenta António Carlos dos Santos, a propósito, o seguinte: "Neste sentido, não se pode estar mais de acordo com a afirmação de Annie VALLÉE de que, em bom rigor, a neutralidade fiscal não existe: um sistema que se limitasse a arrecadar impostos sem modificar os comportamentos dos operadores económicos e, consequentemente, sem atingir o funcionamento da economia do mercado não seria concebível. Nem os impostos são neutros, nem a escolha dos impostos ou do sistema fiscal o é. Todas as formas de tributação provocam distorções. O mesmo acontece com as exclusões, benefícios e incentivos fiscais. Numa primeira aproximação, a questão da neutralidade será assim a da escolha dos impostos (e das técnicas tributárias) que menos distorções provoquem. A neutralidade é um conceito relativo, não um conselho absoluto" (Cf. SANTOS, António Carlos dos. *Auxílios de Estado e fiscalidade*. Coimbra: Almedina, 2003. p. 354-355).

natureza similar, processos de produção, formas de empresas, evitando influenciar de forma negativa na concorrência;[25] ii) o segundo, alicerçado na idéia inversa: a tributação deve "intervir para suprimir ou atenuar as imperfeições", falando-se em "neutralidade activa".[26]

Assim sendo, existe a corrente dos que criticam a doutrina da neutralidade fiscal ou tributária, já que seria verdadeira falácia. Klaus Vogel, sobre o assunto, adverte que a neutralidade significa falta de todas (ou quase todas) as influências externas, consistindo num princípio que, em direito internacional, representaria uma proteção para os sistemas tributários dos países mais fortes.[27] Em matéria de tributação internacional, por exemplo, a neutralidade tem sido vinculada a dois métodos utilizados para evitar-se a dupla tributação da renda ou para compensá-la, através de isenções e de créditos tributários,[28] visando-se a uma menor distorção da tributação sobre as decisões dos agentes econômicos.

No âmbito internacional,[29] a preocupação com menores distorções da tributação sempre orientaram os trabalhos

25. Cf. DOURADO, Ana Paula. *A tributação dos rendimentos de capitais*: a harmonização na comunidade europeia. Lisboa: DGCI/CEF, 1996. p. 266.

26. Cf. SANTOS, António Carlos dos. *Auxílios de Estado e fiscalidade*. Coimbra: Almedina, 2003. p. 356.

27. Cf. VOGEL, Klaus. Which method should the european community adopt for the avoidance of doublé taxation? *Bulletin for International Fiscal Documentation*, [*s. l.*], p. 4-10, 2002.

28. Cf. VOGEL, Klaus. *Taxation of cross-border income, harmonization, and tax neutrality under european comunity law*. The Netherlands: Kluwer Academic Publishers, 1994. p. 21.

29. Cf. RAAD, Kees van. *Issues in the application of tax treaty non-discrimination clauses*. Amsterdam: IBFD, 1988. p. 347; BRUNS, Silke. Taxation and non-discrimination: clarification and reconsideration by the OECD. *European Taxation*: Official Journal of the Confédération Fiscale Européenne, Amsterdam, v. 48, p. 15, 2008; BAKER, Philip. *Double taxation conventions*. London: Sweet & Maxwell, 2014.

e estudos da OCDE. Teses recentes[30], no Brasil, demonstram a complexidade da neutralidade da tributação, seja em matéria de tributação internacional e seus acordos bilaterais ou multilaterais, seja com relação a regimes tributários e/ou tributos específicos, como o imposto sobre a renda, especialmente das pessoas jurídicas.

O fato é que se, por natureza, os incentivos fiscais visam a promover mudanças no *status quo* dos sistemas econômicos, com elas não combina a tese da neutralidade.[31] De fato, a ideia da neutralidade é mais uma ilusão do que uma realidade.[32] Ou seja, a neutralidade da tributação se

---

30. Cf., especialmente, Heron Charneski. *Função simplificadora das regras tributárias e o lucro como base de cálculo do Imposto de Renda das Pessoas Jurídicas*. São Paulo: IBDT, 2024; Victor Lyra Guimarães Luz. *O ajuste a valor justo no imposto de renda:* natureza jurídica e impactos fiscais. São Paulo: IBDT, 2024; Gabriel BEZ-BATTI, G. *A regra de não discriminação em função da residência dos titulares do capital nos acordos para evitar a bitributação*. São Paulo: IBDT, 2024.

31. "*Neutrality of taxation – as in non-interference with normal company policy and competitive behavior – can not be easily combined with the concept of tax incentives. By definition, trade related tax expenditure is not neutral. Such incentives try to stimulate certain behaviour that would not occur under normal market conditions. In my opinion, it is impossible to bring behavioural elements of a tax system within the logic of its primary, classical purpose namely (neutral) revenue collection. Whenever the tax system is used to influence certain behavior of taxpayers, there will be tension between the instrument used and the nature of the system. One cannot neglect that the concept of neutrality has been consistently infringed during the last decades by using the tax system as an instrument to achieve other policy goals than revenue collection*" (Cf. LUJA, Raymond H. C. *Assessment and recovery of tax incentives in the EC and the WTO*: a view on state aids, trade subsidies and direct taxation. Oxford: Intersentia, 2003. p. 12).

32. "*Our paper has highlighted that the idea of income tax neutrality is more often an illusion than reality. It has produced results which carry a frustrating message for tax economists not to mention policy-makers. This papers has shown that a number of well-known neutral systems of taxing income from existing corporations with little expansion prospects typically distorts the economic decisions both at the start-up and at the liquidation stage. In our view, the trouble with previous tax analyses has been that they have been based on overly simplified models focusing on long-term equilibrium. Enterprises, however, typically have a life-cycle. No enterprise can be created as a mature company. Each enterprise has a beginning and may have a death. Furthermore, given the high heterogeneity of entry and exit costs among countries, we can say that the implementation of a given tax system may have an impact that dramatically differs from one country to another. It is not of secondary importance to understand in what way is the life of cycle of enterprises affected by business and labor taxation*"

apresenta de forma evidentemente restrita, pois ainda não se constatou, mesmo hipoteticamente, um tributo (e em especial um imposto) completamente neutro, uma vez que toda e qualquer obrigação de cunho tributário, como lembra Santos, atinge e modifica a ordem preestabelecida das coisas, exercendo efeitos sobre a produção e o consumo, a circulação e sobre o rendimento e a propriedade, resultando até mesmo em reações psicológicas.

Em outros termos, "um imposto integralmente neutro não existe. Depois da sua incidência, só por milagre a situação tributada poderia permanecer a mesma".[33] Daí por que a neutralidade é sempre relativa, pois pode influenciar mais num contexto do que em outro de escolha.[34]

Mais ainda se observa quando se encara um incentivo tributário, que, por definição, serve de mecanismo regulatório, induzindo, evidentemente, os agentes econômicos a determinados comportamentos desejáveis do ponto de vista da coletividade. Pondere-se, ainda com António Carlos dos Santos, que a neutralidade deve ser concebida com racionalidade do sistema tributário analisado, ao mesmo

(Cf. KANNIAINEN, Vesa; PANTEGHINI, Paolo M. Tax neutrality: illusion or reality? The case of entrepreneurship. *CESifo Working Paper*, [*s. l.*], n. 2306, p. 17, 2008).

33. Cf. SANTOS, António Carlos dos. *Auxílios de Estado e fiscalidade*. Coimbra: Almedina, 2003. p. 359.

34. É importante, nesse ponto, a seguinte advertência: "[...] a perda de recursos/esforços representa custo social, indesejável sob qualquer perspectiva que se empregue para avaliar os efeitos. Seria impossível transpor a idéia de mercado, estrutura que define preços ou da qual resultam preços como preferem alguns, para o campo do Direito? A resposta é negativa. Exemplo é a denominada guerra fiscal. Visando a atrair agentes produtivos (indústria, comércio, serviços), alguns governantes oferecem benefícios tributários (econômicos) sob a forma de renúncia fiscal. Tal renúncia representa redução do custo de produção, portanto não se deve estranhar a migração de atividades produtivas de um para outro local. Algum agente econômico perderá a oportunidade de obter a vantagem se tiver a possibilidade de optar por ela? [...]" (Cf. ZYLBERSZTAJN, Decio; SZTAJN, Rachel. Análise econômica do direito e das organizações. *In:* ZYLBERSZTAJN, Decio; SZTAJN, Rachel (org.). *Direito & economia:* análise econômica do direito e das organizações. Rio de Janeiro: Elsevier, 2005. p. 81).

tempo em que se considera a racionalidade das atividades econômicas. Deve-se levar em conta, então, todas as funções das atividades econômicas e o orçamento público na sua integralidade.[35]

Nem sempre será a neutralidade da tributação benéfica à sociedade e ao sistema econômico. Deve, antes, ser analisada para dar margem à idéia inversa em alguns momentos: a "não neutralidade". Como aduz Santos, há dois tipos de "não neutralidade" no campo da tributação: a positiva e a negativa, a primeira representando a facilitação da consecução dos objetivos econômicos, e a segunda, o inverso.[36] Um efeito da neutralidade, portanto, pode ser justamente inverso aos objetivos da ordem econômica. O tributo, em muitos momentos, deve corrigir as distorções, tratando de forma desigual algumas atividades, determinados grupos de agentes econômicos.

No caso brasileiro, pode-se dizer que a neutralidade representa a regra geral: a tributação deve tratar todos igualmente, admitindo a circulação de capital e o desenvolvimento econômico de forma imparcial, ou seja, sem beneficiar agentes econômicos especificamente. Constitui-se, então, em corolário da igualdade, do princípio da isonomia.[37] Nesse sentido, observa-se a lição de Sven-Erik Johansson, para quem um sistema de tributação neutra, em verdade, diz respeito à não discriminação, ou seja, à aplicação da igualdade da tributação.[38]

---

35. Cf. SANTOS, António Carlos dos. *Auxílios de Estado e fiscalidade*. Coimbra: Almedina, 2003. p. 361.

36. Cf. SANTOS, António Carlos dos. *Auxílios de Estado e fiscalidade*. Coimbra: Almedina, 2003. p. 361.

37. "Portanto, deve-se ver o direito material e o direito procedimental como uma unidade" (TIPKE, Klaus; YAMASHITA, Douglas. *Justiça fiscal e princípio da capacidade contributiva*. São Paulo: Malheiros, 2002. p. 25).

38. "*The basic condition for neutral and hence in a basic sense equitable taxation, that equals should be treated equally, will take on another, deeper meaning, in as much as*

Concorda-se, também, com a teoria de Humberto Ávila, para quem são várias as significações para a neutralidade da tributação, entre as quais: i) proibição de se influir de qualquer modo no exercício das atividades econômicas do contribuinte; ii) proibição de se influir de modo injustificado ou arbitrário no exercício das atividades econômicas do contribuinte; iii) proibição da influência excessiva no exercício das atividades econômicas do contribuinte.[39]

Enfatiza Ávila que a neutralidade da tributação diz respeito ao não exercício de "influência *imotivada*" na atividade dos contribuintes, já sendo os limites desse sentido normativo fornecidos pela própria igualdade da tributação no seu aspecto geral, isto é, "que impede o tratamento injustificável, assim considerado aquele decorrente de uma medida de comparação que não mantenha relação de pertinência fundada e conjugada com a finalidade que justifica sua utilização, ou o tratamento baseado em medida de comparação ou finalidade cujo uso seja vedado pela Constituição".[40]

Desse modo, consoante conclui Humberto Ávila, a neutralidade da tributação diz respeito a "uma manifestação estipulada da própria igualdade na sua conexão com o princípio da liberdade de concorrência, notadamente no aspecto

---

we evaluate what is equal [...] in terms os economic equivalents, where yield is yield, regardless of under what label it is realized... Once we arrive at this type of sophistication, if we are successful, the tax system will be neutral vis-à-vis different investments with equal yield. This sounds like Utopia. Perhaps it is" (Cf. JOHANSSON, Sven-Erik. The utopia of neutral taxation. *In:* LINDENCRONA, Gustaf; LODIN, Sven-Olof; Bertil WIMAN (ed.). *International studies in taxation*: law and economics. London: Kluwer Law International, 1999. p. 186).

39. Cf. ÁVILA, Humberto. *Teoria da igualdade tributária*. São Paulo: Malheiros, 2008. p. 97-99. Em sentido análogo, v. ELALI, André. *Tributação e regulação econômica:* um exame da tributação como instrumento de redução das desigualdades regionais. São Paulo: MP, 2007. p. 166-171.

40. Cf. ÁVILA, Humberto. *Teoria da igualdade tributária*. São Paulo: Malheiros, 2008. p. 98.

negativo da atuação estatal",[41] consistindo o dever de neutralidade um elemento em favor da concorrência, que acaba garantindo a igualdade de oportunidades no mercado.[42]

Por outro lado, compreende-se a não discriminação, na ordem internacional, como o princípio que impede a irrelevância e/ou arbitrariedade na discriminação comercial e fiscal. Ou seja, a não discriminação acaba sendo uma variação da própria isonomia[43] e da neutralidade, aplicando-se por meio da celebração de tratados fiscais e de livre comércio. Dessa forma, a discriminação fiscal existe quando se emprega uma discriminação pejorativa e irrelevante, isto é, desproporcional e arbitrária.[44] Caracteriza-se como uma variação da igualdade de tratamento, aplicando-se a partir dos sistemas jurídicos, como as Constituições que tutelam a igualdade, e dos tratados internacionais, que evitam as distorções no livre mercado. Ou seja, o que visa o citado princípio, principalmente em termos de tributação internacional, é a liberdade e igualdade econômicas, evitando-se distorções nos comportamentos e decisões dos sujeitos econômicos.

Comparadas as teorias da neutralidade e da não discriminação em matéria tributária, evidencia-se que se trata,

---

41. Cf. ÁVILA, Humberto. *Teoria da igualdade tributária*. São Paulo: Malheiros, 2008. p. 99.

42. No mesmo sentido: ZILVETI, Fernando Aurélio. Variações sobre o princípio da neutralidade no direito tributário internacional. *Direito Tributário Atual*, São Paulo, n. 19, p. 24-25, 2005; ELALI, André. *Tributação e regulação econômica:* um exame da tributação como instrumento de redução das desigualdades regionais. São Paulo: MP, 2007. p. 166-171.

43. "Generally speaking, it means treating similar situations differently, but also treating different situations in the same manner" (Cf. DAHLBERG, Mathias. *Direct taxation in relation to the freedom of establishment and the free market movement of capital*. The Netherlands: Kluwer Law International, 2005. p. 65).

44. Cf. RAAD, Kees Van. *Nondiscrimination in international tax law*. The Netherlands: Kluwer Law and Taxation, 1986. p. 7-15. De acordo com o autor, "Nondiscrimination clauses pertaining to taxation of transnational cases are, as a rule, provided in treaties (tax treaties and commercial treaties)" (RAAD, Kees Van. *Nondiscrimination in international tax law*. The Netherlands: Kluwer Law and Taxation, 1986. p. 15).

ambas, de corolários da isonomia, que obriga o Estado a tratar igualmente agentes econômicos em situação símile. São, pois, diferentes manifestações da igualdade, que podem, caso a caso, se confundir. Neutralidade diz respeito à noção de não intervir; não discriminação equivale a tratar igualmente, sem privilégios desproporcionais. Visam a proteger um mercado marcado por liberdades.

No campo da tributação, a neutralidade serve para evitar uma interferência desmotivada no sistema econômico, mas nunca ocorrerá em sua forma plena, porquanto a tributação (em suas facetas fiscal e extrafiscal) é, *per se*, uma forma de intervenção. No âmbito da extrafiscalidade em especial, afasta-se a ideia da neutralidade, uma vez que se propõe a uma mudança do sistema, do *status quo*, com a concessão de incentivos ou agravamentos. O que não se permite, em uma aplicação pragmática, é a discriminação arbitrária, que acabará tornando incoerente a função estatal com a ordem econômica teorizada na Constituição, consistindo em possível desvio de finalidade.

3. Estado regulador, uso de mecanismos financeiros e fiscais e proteção da concorrência

Os denominados princípios da ordem econômica devem ser interpretados e aplicados conjuntamente, de forma sistemática, porque influenciam o modo de atuação do Estado regulador e dos agentes econômicos, tutelando tanto os elementos vinculados ao regime de produção capitalista, como aqueles socialmente relevantes, numa escala de conciliação que tende a permanecer. Isso se reitera no momento em que se confirma a noção de que sem Estado inexistirá mercado. E isso em função dos efeitos nocivos da concentração econômica.

Nesse sentido, o Estado Regulador[45] deve garantir a liberdade através da sua própria regulação. É, pois, um meio-termo: nem só liberdade; nem só regulação, porquanto o mercado não é um estado de conflitos entre todos contra todos.[46] Para esse modelo de Estado, é fundamental a implementação de condições estruturais que permitam a livre-iniciativa e a livre concorrência dos agentes econômicos, afastando-se, pois, as falhas de mercado. Nesse contexto, a doutrina de Amaro Cavalcanti deve ser destacada, pois coincide com os objetivos do Estado em termos da ordem econômica, que prioriza, de modo expresso, a defesa da concorrência.

Como se sabe, o conceito de concorrência vem da economia, consistindo numa adaptação do signo latino *concurrentia*, que representa a ideia de rivalidade entre várias pessoas e/ou forças, perseguindo-se um único espaço/objetivo.[47] Nesse contexto, refere-se a concorrência a uma situação em que os agentes econômicos buscam, livremente, fornecer seus produtos aos consumidores num processo regular e sem restrições. Trata-se a liberdade da concorrência de uma premissa fundamental do livre mercado.[48]

Argumenta-se, também, que a concorrência aumenta o bem-estar social, gerando comportamentos econômicos que beneficiam o sistema social, "porque o medo de ser excluído pelos concorrentes obriga o agente a alocar recursos eficientemente, assim como promover a inovação e o desenvolvimento

---

45. Cf. CARBAJALES, Mariano. *El Estado regulador*: hacia un nuevo modelo de Estado. Buenos Aires: Abaco, 2006. p. 21.

46. Cf. CABRAL DE MONCADA, Luís S. *Direito econômico*. 4. ed. Coimbra: Coimbra, 2003. p. 33.

47. Cf. CUNHA, Ricardo Thomazinho da. *Direito de defesa da concorrência*: Mercusol e União Europeia. São Paulo: Manole, 2003. p. 17; MARQUES, Frederico do Valle Magalhães. *Direito internacional da concorrência*. Rio de Janeiro: Renovar, 2006. p. 105-108.

48. Cf. WEINRAUCH, Roland. *Competition law in the WTO*: the rationale for a framework agreement. Wien: BWV-Berliner Wissenschafts-Verlag, 2004. p. 17.

tecnológico".[49] E num mercado competitivo aumenta-se o número de empregos e desenvolve-se a qualidade de vida social.[50] As políticas de defesa da concorrência acabam constituindo mecanismos usados por governos para estabelecer as condições da competição regular no mercado, criando-se "pré-condições que garantam o efetivo funcionamento da concorrência, assim como com a imposição de sanções pelas suas violações".[51] E isso porque o mercado, por ele mesmo, não funciona perfeitamente, exigindo a intervenção do Estado, que deve garantir a liberdade daquele.[52]

Em consequência, as políticas de defesa da concorrência são instrumentos necessários em economias cada vez mais abertas e integradas,[53] para que se evitem as chamadas falhas de mercado, que acabam distorcendo a alocação, coordenação e distribuição dos fatores de produção, manipulando-se os preços e reduzindo-se o bem-estar do consumidor. Na prática, criou-se um paradoxo, pois a liberdade do mercado acaba dependendo da sua própria regulação.[54]

---

49. Cf. WEINRAUCH, Roland. *Competition law in the WTO*: the rationale for a framework agreement. Wien: BWV-Berliner Wissenschafts-Verlag, 2004. p. 17. Tradução livre.

50. V. OECD; WORLD BANK. *A Framework for the design and implementation of competition law and policy 1*. Paris: OECD/World Bank, 1998. p. 22.

51. Cf. HOEKMAN, Bernd; HOLMES, Peter. *Competition policy, developing countries, and the world trade organization*. Washington: WB, [2004]. p. 2-3, 12. Disponível em: http://www.worldbank.org. Acesso em: 14 jul. 2008, às 9:45h. Tradução livre.

52. Cf. YOUNG, David; METCALFE, Stan. *Competition policy in the economics of the european union*: policy and analysis. [S. l.]: UNCTAD: World Investment Report 1997. p. 119.

53. Cf. OLIVEIRA, Gésner; RODAS, João Grandino. *Direito e economia da concorrência*. Rio de Janeiro: Renovar, 2004.

54. "As a consequence, monopolies and cartels contradict the essence of free competition and government intervention becomes necessary. Competition policy and law are designed to promote competition and to prevent monopolization and cartelization. This creates a paradox according to which free competition is promoted and limited by competition law and policy at the same time" (Cf. WEINRAUCH, Roland. *Competition law in the WTO*: the rationale for a framework agreement. Wien: BWV-Berliner Wissenschafts-Verlag, 2004. p. 19).

Ademais, a defesa da concorrência tem como objetivos maiores proteger a competição, maximizar a riqueza econômica do consumidor, distribuir melhor a renda, estabilizar a economia e promover a idéia de justiça. Em outros termos, sem uma concorrência verdadeira, o sistema econômico fica sujeito às manipulações por parte dos agentes econômicos e às deficiências de políticas públicas inadequadas, não se limitando os danos aos consumidores e agentes prejudicados, porquanto influenciam nas estruturas do próprio Estado.

O direito concorrencial, dada a importância que alcançou, tornou-se instrumento central da política econômica tanto dos países desenvolvidos quanto dos em desenvolvimento. Assim, afigura-se correta a afirmação de que a concorrência se tornou uma dimensão essencial do mercado, resultando a liberalização do mercado na necessidade de serem postas em prática políticas e leis da concorrência sólidas e eficazes, já que constituem os instrumentos essenciais para se assegurar o bom funcionamento do mercado e a proteção dos consumidores.[55]

O mercado, ademais, para evitar distorções em face dos valores propostos pela ordem econômica, deve ser protegido das práticas abusivas do poder econômico, já que estas criam disfunções ao impedir que o sistema econômico seja atendido corretamente. Por tais fundamentos, tem o Estado o papel de regular -- no sentido de "normalizar" – a liberdade absoluta de atuação dos agentes econômicos, evitando, pois, as concentrações, representadas por monopólios. Como ensinam Cooter e Ulen, o mercado tem estruturas diferentes quando há competitividade real e quando existem monopólios, surgindo duas estruturas diferenciadas: i) o equilíbrio do mercado, com a competição perfeita;

55. Cf. ROQUE, Ana. *Regulação do mercado*: novas tendências. Lisboa: Quid Júris, 2004. p. 33-35.

e ii) o mercado monopolístico (*Monopolistic Market*), no qual há apenas um fornecedor, então a firma e a indústria são idênticas, porque estão no mesmo elo da cadeia.[56]

O que leva, então, o Estado a regular a economia é a existência de falhas de mercado ou, em casos específicos, a própria ausência de mercado.[57] E falha de mercado, para a doutrina jurídico-econômica, consiste na alocação ineficiente de recursos, surgindo ineficiências como: i) o controle insuficiente sobre bens e serviços; ii) custos excessivos de informação; e iii) inviabilidade de formalização de contratos.[58] As falhas de mercado, ou dos chamados mecanismos de mercado, são assim classificadas na doutrina: i) mobilidade dos fatores; ii) acesso à informação; iii) concentração econômica; e iv) externalidades.[59]

Na doutrina econômica clássica, entende-se que o mercado é a instituição mais eficiente para a alocação de recursos disponíveis numa comunidade. Por meio dele, pois, produtores e consumidores podem determinar, com liberdade, as perspectivas das atividades econômicas, com questionamentos como: i) o que produzir?; ii) quem deve produzir?; e iii) para quem devem ser produzidos os bens e serviços?[60]. De qualquer sorte, é necessário distinguir entre o mercado com concorrência perfeita e com concorrência imperfeita. Apesar de ser a primeira expressão uma utopia, é o objetivo da maioria dos sistemas econômicos contemporâneos,

---

56. Cf. COOTER, Robert; ULEN, Thomas. *Direito e economia: instituições para a liberdade.* 2. ed. São Paulo: C.H. Beck, 2011. p. 33 *et seq.*

57. Cf. CARBAJALES, Mariano. *El Estado regulador*: hacia un nuevo modelo de Estado. Buenos Aires: Abaco, 2006. p. 112.

58. Cf. CARBAJALES, Mariano. *El Estado regulador*: hacia un nuevo modelo de Estado. Buenos Aires: Abaco, 2006. p. 113.

59. Cf. SCHOUERI, Luís Eduardo. *Normas tributárias indutoras e intervenção econômica.* Rio de Janeiro: Forense, 2005. p. 74-78.

60. Cf. CARBAJALES, Mariano. *El Estado regulador*: hacia un nuevo modelo de Estado. Buenos Aires: Abaco, 2006. p. 113.

consistindo um mercado competitivo aquele em que há muitos vendedores no mercado em que atuam e o produto colocado nesse mercado é homogêneo (mesmas características essenciais, com a informação disseminada entre os consumidores e com a liberdade de entrada e saída no mercado).

Em outros termos, diz-se que há uma competição perfeita, no plano teórico, quando a atuação dos agentes econômicos visa ao atendimento dos interesses do consumidor. Ocorre, em tal situação, a produção dos bens e serviços necessários ao consumidor, pelo melhor preço possível.[61] Já a competição será imperfeita quando há o domínio dos mercados, caracterizado quando um único ou poucos agentes ocupem todo o mercado, quando o seu produto e/ou serviço é único e quando as barreiras impedem a entrada, no mercado, de outros agentes.

Em sentido oposto, fala-se em concorrência imperfeita para definir um mercado no qual os agentes econômicos influenciam os preços dos produtos oferecidos, razão pela qual se utiliza a expressão 'poder econômico de mercado'. Ademais, nos mercados de concorrência imperfeita, o principal problema é a limitação de acesso de novos agentes econômicos, provocando um número reduzido de concorrentes, o que acaba impossibilitando a mobilidade dos fatores de geração (a terra, o trabalho e o capital).[62]

---

61. Enumera Ernest Gellhorn cinco condições que caracterizam a existência da denominada competição perfeita: 1) quando há um grande número de compradores e de vendedores de produtos e serviços; 2) quando a quantidade de produtos e serviços adquiridos por cada comprador e vendida por cada vendedor é tão pequena relativamente ao total que mudanças não imporão mudanças nos preços; 3) o produto é homogêneo, não havendo razão para um comprador preferir um vendedor específico ou vice-versa; 4) todos os compradores e vendedores têm perfeita informação sobre os preços de mercado e sobre a natureza das coisas vendidas; e 5) há uma efetiva liberdade para a entrada e a saída do mercado (Cf. GELLHORN, Ernerst. *Antitrust law and economics*. St. Paul: West Publishing, 1986. p. 55).

62. Cf. CARBAJALES, Mariano. *El Estado regulador*: hacia un nuevo modelo de Estado. Buenos Aires: Abaco, 2006. p. 114.

Por outro lado, se consideram externalidades os custos e os ganhos da atividade privada que, por uma falha do mercado, são suportados ou fruídos pela coletividade, no lugar de quem os causou. São, pois, efeitos positivos e/ou negativos que passam a ser computados por agentes diferentes dos que os geram. A importância das externalidades se dá na necessidade de intervenção estatal para corrigir as consequências de determinado fato que modifica o modo de se exercerem as atividades, muitas vezes inviabilizando determinadas atividades econômicas por fatores estranhos aos mecanismos que configuram a livre concorrência.[63]

Pelo exposto, tem-se a noção de que a concorrência é um dos fundamentos do Estado regulador, que deve empregar políticas adequadas na condução da liberdade do mercado, liberdade que, paradoxalmente, depende da regulação econômica, por meio da direção e da indução, esta última por meio do que se denomina, no Brasil, de normas tributárias indutoras.

A liberdade de concorrência, nessa modelagem estatal de regulação do mercado, deve ser entendida como a estruturação de condições iguais para os sujeitos econômicos, com um ambiente de lealdade entre eles, que devem exercer seus papéis em busca da maximização de riqueza, mas sem manipulações. As manipulações, entendidas como práticas desleais, constituem no ordenamento brasileiro infrações à ordem econômica. Já no âmbito internacional, são compreendidas como práticas contrárias à integração econômica e, em algumas situações, com a previsão em tratados e acordos de livre comércio, também podem constituir ilicitudes.

63. Cf. BIX, Brian H. *A dictionary of legal theory*. New York: Oxford University Press, 2004. p. 65.

4. Considerações finais

A contribuição de Amaro Cavalcanti para o debate sobre a neutralidade tributária no Brasil é de grande relevância, especialmente em um contexto de globalização e acirramento da concorrência internacional. Suas ideias continuam a influenciar juristas, economistas e formuladores de políticas públicas, que reconhecem a importância de um sistema tributário que não apenas arrecade recursos, mas que também promova o desenvolvimento econômico de forma equilibrada e sustentável, de maneira a proteger e incentivar a economia nacional.

Amaro Cavalcanti foi um verdadeiro visionário que compreendia a complexa relação entre tributação, desenvolvimento econômico e industrialização. Sua defesa da neutralidade tributária como instrumento para impulsionar o crescimento do país tem relevância até os dias atuais, servindo de inspiração para a construção de políticas tributárias mais eficientes e alinhadas com os interesses nacionais. É valioso que suas ideias continuem a ser estudadas e debatidas, a fim de promover um ambiente tributário mais justo e favorável ao progresso econômico e social do Brasil.

Finalmente, tem-se que a neutralidade tributária há de ser entendida como um reflexo da igualdade e da não discriminação. O tributo influencia as decisões dos agentes econômicos *per se*. Entretanto, a tributação, como um todo, não pode piorar o sistema econômico, criando ainda mais falhas de mercado do que as existentes. Por isso, deve-se tutelar a igualdade em suas variadas manifestações.

A própria reforma tributária, em fase de implementação legislativa, valoriza a neutralidade com mudanças nos regimes de determinados tributos sobre o consumo e na tentativa de reduzir o uso de incentivos fiscais.

Ocorre que em situações de falhas dos mecanismos de mercado e de distorções sociais, a tributação há de ser implementada em seu viés regulatório, por meio de um regime de indução econômica, posto que assim se respeita o regime jurídico do tributo, ao mesmo tempo em que se implementa a ordem econômica teorizada na Constituição Federal. E quando há falhas e distorções, a neutralidade passa a ser excepcionada para garantir justamente que o mercado se torne menos desigual. Incentivar ou desincentivar atividades econômicas é excepcionar a neutralidade para, ao final, manter a igualdade. Paradoxalmente, prioriza-se outros valores, com o objetivo macroeconômico de equilibrar os problemas do mercado.

Em outros dizeres, um sistema de tributação neutra, em verdade, diz respeito à não discriminação, ou seja, à aplicação da igualdade da tributação.[64] Comparadas as teorias da neutralidade e da não discriminação em matéria tributária, evidencia-se que se trata, ambas, de corolários da isonomia, que obriga o Estado a tratar igualmente agentes econômicos em situação símile. São, pois, diferentes manifestações da igualdade, que podem, caso a caso, se confundir. Neutralidade, portanto, diz respeito à noção de não intervir; não discriminação equivale a tratar igualmente, sem privilégios desproporcionais. Visam a proteger um mercado marcado por liberdades.

Mas quando necessário, o Estado há de ser "não neutro", justamente para permitir a correção do *status quo ante*,

---

64. "*The basic condition for neutral and hence in a basic sense equitable taxation, that equals should be treated equally, will take on another, deeper meaning, in as much as we evaluate what is equal [...] in terms os economic equivalents, where yield is yield, regardless of under what label it is realized [...] Once we arrive at this type of sophistication, if we are successful, the tax system will be neutral vis-à-vis different investments with equal yield. This sounds like Utopia. Perhaps it is*" (Cf. JOHANSSON, Sven-Erik. The utopia of neutral taxation. *In:* LINDENCRONA, Gustaf; LODIN, Sven-Olof; WIMAN, Bertil (ed.). *International studies in taxation*: law and economics. London: Kluwer Law International, 1999. p. 186).

desde que motivado por regular positivamente o ambiente social. Ou seja, a neutralidade serve para evitar uma interferência desmotivada no sistema econômico, mas nunca ocorrerá em sua forma plena, porquanto a tributação (em suas facetas fiscal e extrafiscal) é, *per se*, uma forma de intervenção, afastando-se a aplicação de normas indutas da concepção de neutralidade, uma vez que propõe-se a uma mudança do sistema, do *status quo*, com a concessão de incentivos ou agravamentos.

O estudo do tema se revela importante na conformação adequada dos mecanismos de intervenção econômica pela tributação, ressaltando-se que a intervenção indireta, pela via dos mecanismos fiscais e financeiros, há de respeitar cumulativamente as limitações do regime tributário, da ordem econômica e das finanças públicas.

Referências

ALBUQUERQUE, Fredy José Gomes de. Tributação como instrumento de regulação econômica e indução do desenvolvimento humano. *Direito Tributário Atual*, São Paulo, n. 54, p. 147–179, 2023.

ALBUQUERQUE, Fredy José Gomes de. O dever fundamental de pagar (legalmente) tributos: significado, alcance e análise de precedentes do Carf. *Direito Tributário Atual*, São Paulo, v. 40, n. 51, p. 197-224, set./dez. 2022. Disponível em: https://revista.ibdt.org.br/index.php/RDTA/article/view/1209/2014. Acesso em: 11 jun. 2024.

ÁVILA, Humberto. *Teoria da igualdade tributária*. São Paulo: Malheiros, 2008.

AVI-YONAH, Reuven S. Corporate social responsabilty and strategic tax behavior. *In:* SCHÖN, Wolfang (ed.). *Tax and corporate governance*. Berlin: Springer, 2008.

BAKER, Philip. *Double taxation conventions*. London: Sweet & Maxwell, 2014.

BEZ-BATTI, G. *A regra de não discriminação em função da residência dos titulares do capital nos acordos para evitar a bitributação*. São Paulo: IBDT, 2024.

BIX, Brian H. *A dictionary of legal theory*. New York: Oxford University Press, 2004.

BRUNS, Silke. Taxation and non-discrimination: clarification and reconsideration by the OECD. *European Taxation*: Official Journal of the Confédération Fiscale Européenne, Amsterdam, v. 48, 2008.

CABRAL DE MONCADA, Luís S. *Direito econômico*. 4. ed. Coimbra: Coimbra, 2003.

CALIENDO, Paulo. *Direito tributário e análise econômica do direito*: uma visão crítica. Rio de Janeiro: Elsevier, 2009.

CAMPOS, Diogo Leite de; CAMPOS, Mônica Horta Neves. *Direito tributário*. Belo Horizonte: Del Rey, 2001.

CARBAJALES, Mariano. *El Estado regulador*: hacia un nuevo modelo de Estado. Buenos Aires: Abaco, 2006.

CAVALCANTI, Amaro. Taxas protectoras nas tarifas aduaneiras. *Boletim da Sociedade Auxiliadora da Indústria Nacional*, p. 3-39, jan./jun. 1903

CHARNESKI, Heron. *Função simplificadora das regras tributárias e o lucro como base de cálculo do Imposto de Renda das Pessoas Jurídicas*. São Paulo: IBDT, 2024.

COOTER, Robert; ULEN, Thomas. *Direito e economia:* instituições para a liberdade. 2. ed. São Paulo: C.H. Beck, 2011.

CUNHA, Ricardo Thomazinho da. *Direito de defesa da concorrência*: Mercusol e União Europeia. São Paulo: Manole, 2003.

DAHLBERG, Mathias. *Direct taxation in relation to the freedom of establishment and the free market movement of capital*. The Netherlands: Kluwer Law International, 2005.

DOURADO, Ana Paula. *A tributação dos rendimentos de capitais*: a harmonização na comunidade europeia. Lisboa: DGCI/CEF, 1996.

DOURADO, Ana Paula. *Governação fiscal global*. Lisboa: Almedina, 2017.

ELALI, André. Incentivos fiscais, desenvolvimento econômico e neutralidade da tributação: a questão da redução das desigualdades regionais. *In:* MARTINS, Ives Gandra da Silva; ELALI, André; PEIXOTO, Marcelo Magalhães (coord.). *Incentivos fiscais*: questões pontuais nas esferas federal, estadual e municipal. São Paulo: MP, 2007.

ELALI, André. *O federalismo fiscal brasileiro e o Sistema Tributário Nacional*. São Paulo: APET: MP, 2005.

ELALI, André. *Tributação e regulação econômica:* um exame da tributação como instrumento de redução das desigualdades regionais. São Paulo: MP, 2007.

FERNANDES, Suzana Cristina. *Amaro Cavalcanti e a luta pela industrialização brasileira*. 2001. Dissertação (Mestrado) – Universidade Estadual de Campinas, Instituto de Economia. Campinas, 2001. p. 37 Disponível em: https://hdl.handle.net/20.500.12733/1589721. Acesso em: 23 maio 2024.

FRANCO, António L. de Souza. *Finanças públicas e direito financeiro*. 4. ed. Coimbra: Almedina, 2007. v. 1 e 2.

GELLHORN, Ernerst. *Antitrust law and economics*. St. Paul: West Publishing, 1986.

GONÇALVES, Oksandro. A ordem econômica no Estado Democrático de Direito e a teoria de Martha Nussbaum:

entre o crescimento econômico e o desenvolvimento humano. *Revista Jurídica Luso-Brasileira*, Lisboa, ano 4, n. 5, 2018.

GUIMARÃES LUZ, Victor Lyra. *O ajuste a valor justo no imposto de renda:* natureza jurídica e impactos fiscais. São Paulo: IBDT, 2024.

HOEKMAN, Bernd; HOLMES, Peter. *Competition policy, developing countries, and the world trade organization.* Washington: WB, [2004]. Disponível em: http://www.worldbank.org. Acesso em: 14 jul. 2008.

JENNY, Frédéric. Prefácio *In*: OLIVEIRA, Gésner; RODAS, João Grandino. *Direito e economia da concorrência.* Rio de Janeiro: Renovar, 2004.

JOHANSSON, Sven-Erik. The utopia of neutral taxation. *In:* LINDENCRONA, Gustaf; LODIN, Sven-Olof; WIMAN, Bertil (ed.). *International studies in taxation*: law and economics. London: Kluwer Law International, 1999.

KALDOR, Nicholas. *An expenditure tax*. Oxon: Routledge, 2003. Reimpressão da 1. ed. de 1955.

KANNIAINEN, Vesa; PANTEGHINI, Paolo M. Tax neutrality: illusion or reality? the case of entrepreneurship. *CESifo Working Paper,* [s. l.], n. 2306, p. 17, 2008.

LUJA, Raymond H. C. *Assessment and recovery of tax incentives in the EC and the WTO*: a view on state aids, trade subsidies and direct taxation. Oxford: Intersentia, 2003.

MARQUES, Frederico do Valle Magalhães. *Direito internacional da concorrência*. Rio de Janeiro: Renovar, 2006.

MARQUES, Renê Iarley da Rocha. O custo dos direitos diante do crescimento econômico e desenvolvimento humano no Brasil em Sustein e Holmes. *Pensar*, Fortaleza, v. 27, n. 3, p. 1-12, jul./set. 2022.

MOTTA, Fabrício; OLIVEIRA, Antônio Flávio de. Sustentabilidade econômica e políticas públicas. *A&C: Revista de Direito Administrativo & Constitucional*, Belo Horizonte, ano 19, n. 78, p. 87-113, out./dez. 2019. DOI: 10.21056/aec.v19i78.1249.

OECD; WORLD BANK. *A Framework for the design and implementation of competition law and policy 1*. Paris: OECD/World Bank, 1998.

OKUMA, Alessandra. Princípio da não-discriminação e a tributação das rendas dos não-residentes no Brasil. *In:* TORRES, Heleno Taveira (coord.). *Direito Tributário Internacional Aplicado*. São Paulo: Quartier Latin, 2003.

OLIVEIRA, Gésner; RODAS, João Grandino. *Direito e economia da concorrência*. Rio de Janeiro: Renovar, 2004.

PEREIRA, Manuel Henrique de Freitas. *Fiscalidade*. 2. ed. Coimbra: Almedina, 2007.

RAAD, Kees van. *Issues in the application of tax treaty non-discrimination clauses*. Amsterdam: IBFD, 1988.

RAAD, Kees Van. *Nondiscrimination in international tax law*. The Netherlands: Kluwer Law and Taxation, 1986.

ROQUE, Ana. *Regulação do mercado*: novas tendências. Lisboa: Quid Júris, 2004.

SANTOS, António Carlos dos. *Auxílios de Estado e fiscalidade*. Coimbra: Almedina, 2003.

SCHOUERI, Luis Eduardo. *Direito tributário*. 14. ed. São Paulo: SaraivaJur, 2023.

SCHOUERI, Luís Eduardo. *Normas tributárias indutoras e intervenção econômica*. Rio de Janeiro: Forense, 2005.

SCHREIBER, Ulrich. Consolidation, Allocation and International Aspects. *In:* SCHÖN, Wolfgang; SCHREIBER, Ulrich; SPENGEL, Christoph (ed.). *A common consolidated corporate tax base for Europe* – Eine einheitiliche Körperschaftsteuerbemessungs-grundlage für Europa. Berlin: Springer, 2008.

STIGLITZ, Joseph. *Economics of the public sector*. 3rd. New York: W.W. Norton & Company, 2000.

TEODOROVICZ, Jeferson. O direito tributário brasileiro e a interdisciplinaridade: perspectivas, possibilidades e desafios. *Direito Tributário Atual*, São Paulo, ano 39, n. 48, p. 568-637, set./dez. 2021.

TIPKE, Klaus; YAMASHITA, Douglas. *Justiça fiscal e princípio da capacidade contributiva*. São Paulo: Malheiros, 2002.

VASCONCELOS, Antônio Gomes de. *A* "Constituição Econômica" do Estado Democrática de Direito: direito e economia, uma questão epistemológico-ideológica. *Revista Jurídica Luso-Brasileira*, Lisboa, ano 6, n. 5, 2020.

VOGEL, Klaus. *Taxation of cross-border income, harmonization, and tax neutrality under european comunity law*. The Netherlands: Kluwer Academic Publishers, 1994.

VOGEL, Klaus. Which method should the european community adopt for the avoidance of doublé taxation? *Bulletin for International Fiscal Documentation*, [*s. l.*], p. 4-10, 2002.

WEINRAUCH, Roland. *Competition law in the WTO*: the rationale for a framework agreement. Wien: BWV-Berliner Wissenschafts-Verlag, 2004.

YOUNG, David; METCALFE, Stan. *Competition policy in the economics of the european union*: policy and analysis. [*S. l.*]: UNCTAD: World Investment Report 1997.

ZILVETI, Fernando Aurélio. Variações sobre o princípio da neutralidade no direito tributário internacional. *Direito Tributário Atual*, São Paulo, n. 19, 2005.

ZYLBERSZTAJN, Decio; SZTAJN, Rachel. Análise econômica do direito e das organizações. *In:* ZYLBERSZTAJN, Decio; SZTAJN, Rachel (org.). *Direito & economia:* análise econômica do direito e das organizações. Rio de Janeiro: Elsevier, 2005.

O LEGADO DO MINISTRO AMARO CAVALCANTI NO DIREITO FINANCEIRO

Augusto Neves Dal Pozzo[1]

Bruno José Queiroz Ceretta[2]

Vinicius Siqueira[3]

1 Introdução; 2 Resgatando as lições de Amaro Cavalcanti; 2.1 Crédito público e confiança; 2.2. Paradigma de desenvolvimento; 2.3. Empréstimo; 4 Conclusão; Referências.

Resumo: Verifica-se, na obra *Elementos de finanças: estudo theorico-pratico*, de 1896, a evidente atualidade de muitos conceitos formulados pelo jurista potiguar Amaro Cavalcanti. Seus entendimentos podem ser conectados com

---

1. Professor de Direito Administrativo e Fundamentos de Direito Público da Pontifícia Universidade Católica de São Paulo (PUC-SP). Doutor e Mestre pela PUC-SP. Research Assistant do Professor Mangabeira Unger na Harvard Law School. Presidente do Instituto Brasileiro de Estudos Jurídicos da Infraestrutura (IBEJI). Visiting professor na Universidade de Roma I – "La Sapienza". Sócio fundador do Dal Pozzo Advogados. augusto@dalpozzo.com.br

2. Doutor em Direito Público pela Universidade de Roma I – "La Sapienza". Doutor em Direito do Estado pela Universidade de São Paulo. Mestre em Direito na Universidade Federal do Rio Grande do Sul. Advogado no Dal Pozzo Advogados. bqueiroz@dalpozzo.com.br

3. Graduando em Direito pela PUC-SP. Estagiário no Dal Pozzo Advogados. vsiqueira@dalpozzo.com.br

temas contemporâneos, como o financiamento dos projetos de infraestrutura, por exemplo. O elo entre panoramas completamente diversos, seja do ponto de vista cronológico quanto contextual, permite-nos sugerir, enquanto problema, e reconhecer, a título de conclusão, a comunicabilidade entre as bases do publicismo brasileiro e algumas das discussões atuais. O método de análise utilizado é doutrinário.

Palavras-chave: Direito financeiro; infraestrutura; crédito público; desenvolvimento; empréstimo.

Keywords: Financial law; infrastructure; public credit; development; loan.

1. Introdução

Esta pesquisa retoma a obra *Elementos de finanças: estudo theorico-pratico*, de Amaro Cavalcanti, datada de 1896 – ou seja, do final do século XIX –, e demonstra como seus conceitos guardam atualidade, tendo pertinência com elementos hoje presentes nas discussões jurídicas de infraestrutura. O fato de que as definições constantes na publicação possam ser aplicadas em cenários contemporâneos atesta a vitalidade das lições do ministro potiguar.

Em específico, este trabalho utiliza noções presentes no Título Sexto do livro mencionado, na seção que trata do crédito público. Nele, são discutidas questões como a natureza do crédito público e sua utilidade (§I e §II), os empréstimos públicos (§III), as espécies de dívida pública (§IV) e a dívida pública do Brasil (§V).[4] Todos os temas estão relacionados ao financiamento de projetos de infraestrutura e, portanto, ao desenvolvimento, duas necessidades do passado brasileiro e, de forma ainda mais acentuada, da atualidade.

4. CAVALCANTI, Amaro. *Elementos de finanças:* estudo theorico-pratico. Rio de Janeiro: Imprensa Nacional, 1896. p. 319-344.

2. Resgatando as lições de Amaro Cavalcanti

Para organizar as ideias, secciona-se a exposição conforme alguns eixos temáticos. Sem surpresas, expõem-se primeiramente os entendimentos do autor. Na sequência, elencam-se alguns comentários comparativos que estabelecem aproximações com o seu pensamento. Todas as citações foram atualizadas de acordo com as regras de ortografia contemporânea.

2.1. Crédito público e confiança

Na abertura do capítulo, Cavalcanti assevera: "Crédito público é a confiança de solvabilidade que um Estado inspira aos possuidores de capitais".[5] E acrescenta: "Confiança de um lado, e capitais disponíveis de outro, são, conseguintemente, os dois elementos ou condições essenciais do crédito".[6] Com isso, ele enuncia duas teses bastante abrangentes, de fato, mas corretas e atuais. Ora, a confiança é uma das bases que asseguram a sustentabilidade das operações dependentes de recursos.

À medida que, na maior parte das vezes, os Governos precisam do mercado de créditos para viabilizar os projetos de infraestrutura, a confiança, presente na relação com os financiadores, demonstra ser essencial. Na realidade, o sucesso ou o fracasso de muitos projetos depende, umbilicalmente, das expectativas dos investidores. Em resumo, a confiança desempenha uma função central nos cenários de escassez de capital.

---

5. CAVALCANTI, Amaro. *Elementos de finanças:* estudo theorico-pratico. Rio de Janeiro: Imprensa Nacional, 1896. p. 319.

6. CAVALCANTI, Amaro. *Elementos de finanças:* estudo theorico-pratico. Rio de Janeiro: Imprensa Nacional, 1896.

Portanto,

> [...] é fundamental que o investidor que pretende alocar recursos em ativos de infraestrutura tenha uma compreensão diferenciada acerca desse mercado; é necessário que sua visão ultrapasse uma política corporativa meramente especulativa, sobrepujando-a. O investimento em infraestrutura tem uma dimensão qualificada, ele transforma a realidade econômica e social, altera vivamente o entorno coletivo. Não se trata, portanto, de uma simples aplicação financeira pela ótica rentista; aqueles que se amesquinham nessa visão (que nada tem de romântica, diga-se de passagem, ela é absolutamente real e pragmática e deve permear o capitalismo na maioria das atividades econômicas), não conseguem obter os resultados granjeados. A cultura empresarial dos investidores em infraestrutura deve estar minimamente afeta a esse espírito público, exige-se uma vitalidade diferenciada, uma postura corporativa singular, um conhecimento inequívoco desse complexo e intrigante fenômeno das contratações públicas, manejada para o fim de atender a um número altamente expressivo de beneficiários.[7]

Cavalcanti, sem analisar a figura do investidor, reitera a ênfase na confiança na obra *A reforma monetária*, de 1891, ao afirmar que "há uma coisa, de que não podemos prescindir nas circunstâncias: é o restabelecimento da confiança geral".[8] Não à toa, o termo "crédito" tem origem etimológica em *credere*, que significa confiar, crer, acreditar. Esse atributo remete à sua natureza jurídica contratual. Na mesma linha, o termo subsequente ("público") refere-se aos contratos de Direito Público.[9] A presença da Administração Pública na relação jurídica relacionada ao crédito público atrai a incidência de seus princípios estruturantes. O regime de Direito Público – regido pela supremacia e

---

7. DAL POZZO, Augusto Neves. *O direito administrativo da infraestrutura*. São Paulo: Contracorrente, 2020. p. 111.

8. CAVALCANTI, Amaro. *A reforma monetária*. Rio de Janeiro: Imprensa Nacional, 1891. p. V.

9. ABRAHAM, Marcus. *Curso de direito financeiro brasileiro*. 6. ed. Rio de Janeiro: Forense, 2021. p. 201-202.

pela indisponibilidade do interesse público – faz-se presente, como amplamente registrado.[10]

2.2. Paradigma de desenvolvimento

O ministro fornece outra lição, revelando, também, parte de seu pensamento econômico:

> Para que o Estado funde ou realize empresas [empreendimentos] e obras com capitais, vindos exclusivamente do crédito, e sem que o seu procedimento incorra em censura, é mister que tais obras ou empresas sejam, nas circunstâncias, inteiramente indispensáveis ao Estado, ou de máxima utilidade para toda a Nação. Manter empresas industriais que não rendem, sequer, para as despesas do próprio custeio, quando estas possam ser exercidas, talvez melhor, pelos indivíduos ou associações privadas; é um erro grave, e que não se justificaria, mesmo se a elas somente se aplicassem os saldos disponíveis da receita, quanto mais, sendo totalmente alimentadas pelos recursos do crédito.[11]

O trecho demonstra paralelos com os postulados do modelo econômico liberal.[12] Cavalcanti fixa dois pressupos-

---

10. MARTINS, Ricardo Marcondes. Conceito de Ato Administrativo. *In*: BACELLAR FILHO, Romeu Felipe; MARTINS, Ricardo Marcondes. *Tratado de direito administrativo*: volume 5: ato administrativo e procedimento administrativo. 2. ed. São Paulo: Revista dos Tribunais, 2019. cap. 1, p. 39.

11. CAVALCANTI, Amaro. *Elementos de finanças:* estudo theorico-pratico. Rio de Janeiro: Imprensa Nacional, 1896. p. 324. É diferente da posição desenvolvimentista de Roberto Mangabeira Unger, por exemplo, para quem "um Estado esvaziado de recursos para investir em pessoas e em educação, como também em transporte, comunicações e infraestrutura de energia, desencorajam o movimento em direção à vanguarda" (UNGER, Roberto Mangabeira. *A economia do conhecimento*. São Paulo: Autonomia Literária, 2018. p. 161). Na mesma linha, quando defende o desenvolvimento baseado na inovação: "Qualquer desenvolvimento de nossas capacidades práticas – dos quais o crescimento econômico e o aumento da produtividade são apenas um subtipo – exige que cooperemos e também inovemos. Inovação requer cooperação para formulá-la, para implementá-la e para desenvolvê-la, seja ela tecnológica, organizacional, institucional ou conceitual. Entretanto, toda inovação também causa perturbação do regime de cooperação estabelecido" (Ibidem, p. 108).

12. "Com relação à intervenção direta do Estado nas explorações industriais, Amaro Cavalcanti, adepto da teoria liberal de Adam Smith e Stuart Mill, admitia uma

tos para que se recorra ao crédito: a necessidade vital do empreendimento para o Estado e, de forma adicional, a sua utilidade efetiva para o funcionamento do país.

Os elementos dizem respeito às hipóteses em que os empreendimentos são cruciais para a operação e a provisão dos serviços públicos básicos, por exemplo. As referidas iniciativas devem constituir um caminho para a concretização das diretrizes de desenvolvimento socioeconômico.

Constata-se a preocupação do autor quanto aos efeitos decorrentes do alto grau de endividamento público. "Esquece-se com facilidade que o crédito só afasta um perigo, só realiza um progresso, deixando atrás de si um estorvo perpétuo, uma fonte de dificuldades e embaraços".[13]

Entre os reflexos mais evidentes e impactantes do uso reiterado do crédito público, destaca-se a repartição de seus custos no decorrer do tempo.[14] Trata-se de consequência inerente às modalidades em que se fragmentam as responsabilidades da operação original ao longo de muitos anos, como é comum no financiamento dos projetos de infraestrutura. As contratações dessa natureza requerem estudos técnicos rigorosos que respaldem as decisões administrativas. No caso, é crucial dar especial atenção ao princípio do planejamento estratégico.[15]

---

intervenção direta do Estado em áreas ou setores essenciais onde a iniciativa privada não quisesse ou não pudesse investir" (SILVA, Ligia Osório; FERNANDES, Suzana Cristina. Amaro Cavalcanti e os caminhos da industrialização brasileira. *História Econômica & História de empresas*, v. 6, n. 1, p. 52, 2003).

13. CAVALCANTI, Amaro. *Elementos de finanças:* estudo theorico-pratico. Rio de Janeiro: Imprensa Nacional, 1896. p. 325.

14. ABRAHAM, Marcus. *Curso de direito financeiro brasileiro*. 6. ed. Rio de Janeiro: Forense, 2021. p. 232.

15. DAL POZZO, Augusto Neves. *O direito administrativo da infraestrutura*. São Paulo: Contracorrente, 2020. p. 179-183. Conforme o art. 174 da CF/1988: "Art. 174. Como agente normativo e regulador da atividade econômica, o Estado exercerá, na forma da lei, as funções de fiscalização, incentivo e planejamento, sendo este determinante para o setor público e indicativo para o setor privado" (BRASIL.

Com sabedoria, o ministro Amaro Cavalcanti alertou sobre os riscos atinentes à contratação desmedida de crédito. A praxe pública brasileira, até os dias de hoje, lamentavelmente, não atribui a importância devida ao planejamento, atributo ínsito a qualquer sociedade organizada. Ao revés, prevalece uma mentalidade voltada para políticas populistas e imediatistas, que prejudicam a estabilidade econômica em prol de uma artificial governabilidade e, consequentemente, comprometem as gerações vindouras. O que se perpetua, a partir dessas práticas, é um ciclo vicioso de endividamento.

A Lei de Responsabilidade Fiscal – Lei Complementar n. 101, de 4 de maio de 2000 –, foi promulgada somente no final do século XX, como resposta à necessidade de estabelecer um arcabouço apto a disciplinar a gestão fiscal dos Entes federativos. O referido diploma dedicou parte dos seus dispositivos para tratar do endividamento estatal, estabelecendo diretrizes e mecanismos de controle das despesas públicas.

No contexto de busca pelo desenvolvimento, "o planejamento estatal para a criação, ampliação, manutenção ou atualização da infraestrutura é, portanto, essencial. A infraestrutura não é um fim em si mesma, é um meio para o cumprimento de algum objetivo estatal".[16] Três fatores essenciais não podem ser separados: infraestrutura, desenvolvimento e crédito público. Todos devem ser coordenados com base no princípio do planejamento, fator de organização.

Não se nega a existência de muitas transformações quanto ao conceito de desenvolvimento. Certamente, a perspectiva do final do século XIX é diferente de hoje.

[Constituição (1988)]. *Constituição da República Federativa do Brasil de 1988*. Brasília: Senado Federal, 1988. Disponível em: https://planalto.gov.br/ccivil_03/constituicao/constituicao.htm. Acesso em: 11 jun. 2024).

16. BERCOVICI, Gilberto. Infraestrutura e desenvolvimento. *In*: BERCOVICI, Gilberto; VALIM, Rafael (coord.). *Elementos de direito da infraestrutura*. São Paulo: Contracorrente, 2015. p. 22.

Muitos aspectos foram acrescentados ao escopo estatal, condicionando a sua atuação de forma concreta. Hoje, desenvolver o país perpassa por uma preocupação profunda com o meio ambiente – em enfoque ainda mais amplo, com a sustentabilidade –, garantindo a atenção entre os diferentes riscos presentes. Além disso, desenvolver é, sobretudo, promover a inclusão daqueles que estão ainda marginalizados na sociedade.

Roberto Mangabeira Unger – cujas compreensões desenvolvimentistas, possivelmente, ensejariam divergências com Amaro Cavalcanti – tece importantes considerações sobre a questão, propondo aquilo que chama de "vanguardismo includente". Aventa, para isso, transformações fragmentadas e graduais:

> O outro lado do dilema – a reinvenção do vanguardismo includente no contexto de um país em desenvolvimento – é, apesar de sua dificuldade, a única alternativa realista. A chave para sua implementação é quebrar a tarefa aparentemente impossível em elementos menores e implementá-la em estágios. Como sugerido quando da descrição dos requisitos legais e institucionais do vanguardismo includente, ela não é como um sistema que precisamos aplicar. É um caminho que precisamos desbravar, revisando o mapa ao longo do percurso. O desenvolvimento combinado e desigual ao longo dessa trajetória não é somente uma maneira possível de fazer essa caminhada; deve ser possivelmente a única.[17]

De acordo com o autor, o caminho do desenvolvimento comporta fases e diferentes graus de amadurecimento dentro do processo. Ele não é homogêneo e unitário. Tem-se considerações que não foram vislumbradas por Cavalcanti, e que, vale ressaltar, possivelmente entrariam em conflito com a rigidez de sua perspectiva, mas que contribuem para uma compreensão mais atualizada do tema.

---

17. UNGER, Roberto Mangabeira. *A economia do conhecimento*. São Paulo: Autonomia Literária, 2018. p. 169.

Podemos afirmar que existe um escopo teleológico presente, inevitavelmente, na discussão. Os elementos não se estruturam em abstrato, mas, sobretudo, à luz de certos pressupostos mínimos, que correspondem, com precisão, à busca pelo desenvolvimento. Afinal de contas, o capital – por natureza escasso – demanda uma direção concreta.

2.3. Empréstimo

Também permanece atual a definição de empréstimo utilizada por Cavalcanti, nada obstante as numerosas transformações perpassadas pelo conceito no decorrer dos tempos, com a diversificação de suas modalidades ou produtos, por exemplo:

> Empréstimo é a operação, pela qual o Estado usa do crédito público; em outros termos: é o ato pelo qual o Estado recorre ao crédito, a fim de obter os capitais necessários na ocasião, – estipulando ou aceitando as condições e encargos respectivos. O compromisso, resultante do empréstimo tomado pelo Estado, é o que constitui a "dívida pública".[18]

É a acepção que prevalece, inclusive, na doutrina contemporânea. Conforme leciona Marcus Abraham: "costuma-se tratar o crédito público como sinônimo de empréstimo público, e, em especial, aquele em que figura o Estado como o tomador do empréstimo. O somatório dos valores contabilizados a serem restituídos é denominado dívida pública".[19] Em sentido semelhante, Para Régis Fernandes de Oliveira, "genericamente, empréstimo público é o contrato administrativo pelo qual o Estado recebe determinado valor que se obriga a pagar, na forma por ele

---

18. CAVALCANTI, Amaro. *Elementos de finanças:* estudo theorico-pratico. Rio de Janeiro: Imprensa Nacional, 1896. p. 326.

19. ABRAHAM, Marcus. *Curso de direito financeiro brasileiro.* 6. ed. Rio de Janeiro: Forense, 2021. p. 196.

estipulada".[20] O apontamento de Amaro Cavalcanti não se encontra deslocado da realidade factual hodierna. Mais uma vez, os elementos demonstram pertinência com discussões desenvolvidas na atualidade, em particular, no campo da infraestrutura.

Os ensinamentos de Cavalcanti também possuem paralelo na legislação. A Lei de Responsabilidade Fiscal, antes mencionada, em seu art. 29, I, conceitua a dívida pública consolidada como o montante total oriundo das obrigações financeiras de um Ente da Federação, incluindo aquelas assumidas em virtude da realização de operações de crédito, entre outras possibilidades.[21]

Cavalcanti trata, ainda, da possibilidade de venda de títulos da dívida pública.[22] Contemporaneamente, E. R. Yescombe assinala algumas vantagens da modalidade em relação ao financiamento de projetos de infraestrutura. Sublinha o autor: "A diferença fundamental entre financiamento e títulos de dívida é que estes últimos são instrumentos negociáveis e, portanto, possuem, ao menos, liquidez teórica, coisa que falta aos financiamentos".[23]

---

20. OLIVEIRA, Regis Fernandes de. *Curso de direito financeiro*. 3. ed. São Paulo: Revista dos Tribunais, 2010. p. 632. E quanto à natureza jurídica: "As opiniões a respeito do empréstimo, sem embargo de pequenas divergências, podem ser sumariadas entre as que entendem ser ele obrigação unilateral autônoma de direito público ou contrato, seja de direito privado ou de direito público" (Ibidem, p. 633).

21. BRASIL. Lei Complementar nº 101, de 4 de maio de 2000. "Art. 29. Para os efeitos desta Lei Complementar, são adotadas as seguintes definições: I – dívida pública consolidada ou fundada: montante total, apurado sem duplicidade, das obrigações financeiras do ente da Federação, assumidas em virtude de leis, contratos, convênios ou tratados e da realização de operações de crédito, para amortização em prazo superior a doze meses; [...]".

22. CAVALCANTI, Amaro. *Elementos de finanças:* estudo theorico-pratico. Rio de Janeiro: Imprensa Nacional, 1896. p. 327.

23. YESCOMBE, E. R. *Princípios do project finance*. Tradução Augusto Neves Dal Pozzo. 2. ed. São Paulo: Contracorrente, 2022. p. 150.

Mais adiante, salienta o Ministro Amaro Cavalcanti: "Mas, tratando-se de um país novo, ainda carecedor de capitais disponíveis, ser-lhe-á de grande conveniência, ou talvez inevitável, recorrer às praças estrangeiras, sobretudo, em sobrevindo a necessidade de grandes somas".[24] O termo de "país novo" pode ser contextualizado como a incapacidade de determinado Estado nacional em levantar recursos em seu próprio território, em razão da escassez de credores aptos para tanto.

Novamente, Yescombe – autor situado em outro contexto histórico, social e econômico – aduz uma ponderação semelhante:

> Em países em desenvolvimento, muitos projetos foram financiados pelo governo por meio de empréstimos obtidos junto ao mercado bancário internacional, a instituições financeiras de desenvolvimento, tais como o Banco Mundial, ou por meio de concessão de créditos à exportação.[25]

Recorrendo-se à pessoa jurídica estrangeira, dá-se origem a certo grau de endividamento externo. O conceito remete a tema espinhoso no campo do desenvolvimento. Mais uma vez, tem-se uma problemática de longo prazo: um ganho imediato atenua a percepção dos efeitos nocivos de longo prazo. Não à toa, alertou Cavalcanti: "verifica-se que a única vantagem do empréstimo externo é liquidar uma situação financeira difícil, pelo contraimento (*sic*) [pela contração] de novos encargos, que poderão criar no futuro uma situação ainda pior".

Somente em 1944 a comunidade global tomou medidas concretas com relação ao assunto. Durante a Conferência

---

24. CAVALCANTI, Amaro. *Elementos de finanças:* estudo theorico-pratico. Rio de Janeiro: Imprensa Nacional, 1896. p. 329-330.

25. YESCOMBE, E. R. *Princípios do project finance*. Tradução Augusto Neves Dal Pozzo. 2. ed. São Paulo: Contracorrente, 2022. p. 2.

de Bretton Woods, realizada nos Estados Unidos, concebeu-se o Fundo Monetário Internacional (FMI), instituindo-se um patrimônio teoricamente acessível aos países em momentos de crise econômica. A instituição, ao longo de sua história, procurou adotar políticas de disponibilização de créditos multilaterais capazes de mitigar os efeitos do endividamento externo nos países devedores.

O conceito de dívida amortizável também não passou despercebido por Amaro Cavalcanti: "Quando a dívida fundada consiste em titulas *amortizáveis*, isto quer dizer, que ela deve ser forçosamente reembolsada, ao fim de um certo número de anos guardada a regra estabelecida da amortização".[26] O jurista acrescenta,

> [...] para que a amortização da dívida fundada seja efetivamente vantajosa, é preciso que ela seja feita com o produto bastante ou crescente das rendas do Estado. Se para operá-la, for mister aumentar as tarifas dos impostos de maneira prejudicial ao desenvolvimento da riqueza pública, ou recorrer a um novo empréstimo, às vezes, de soma maior e em condições menos favoráveis; então já não vale a pena fazer a amortização; porque os seus efeitos, em vez de benéficos, podem ser, no todo, contraproducentes.[27]

Nota-se a preocupação com a sustentabilidade das contas públicas. O argumento reitera as passagens anteriores em que manifesta a sua preocupação com o déficit fiscal. Em outras palavras, a manipulação das políticas fiscais, tendo em vista interesses imediatistas, pode custar caro para o país, conforme argumento igualmente exposto. Por isso, o pagamento da dívida não é suficiente. Para o autor, ele não pode criar dificuldades maiores nas estruturas

---

26. CAVALCANTI, Amaro. *Elementos de finanças:* estudo theorico-pratico. Rio de Janeiro: Imprensa Nacional, 1896. p. 331.

27. CAVALCANTI, Amaro. *Elementos de finanças:* estudo theorico-pratico. Rio de Janeiro: Imprensa Nacional, 1896. p. 338.

do Estado, prejudicando o desenvolvimento econômico de modo geral. Tamanha percepção – no final do século XIX – é extremamente meritória.

Tracemos, novamente, um comparativo com o que afirma hoje Yescombe acerca do financiamento dos projetos de grande escala, direcionando as considerações de Cavalcanti para o terreno concreto: "Tradicionalmente, projetos de grande escala do setor público em países desenvolvidos foram financiados por emissão de dívida pública; projetos do setor privado foram financiados por grandes empresas por meio de empréstimos bancários convencionais".[28] E ele acrescenta uma alternativa com relação à estruturação financeira de projetos que pode guardar paralelo com a categoria dos "países novos", mencionada, antes, por Cavalcanti:

> Para países em desenvolvimento, o *project finance* oferece um modo de gerar investimentos em projetos de infraestrutura financiados pelo mercado para os quais a economia local talvez não tenha os recursos nem as competências necessárias para sua implementação.[29]

O *project finance* baseia-se na própria estruturação e nos futuros fluxos de caixa gerados por ele, não dependendo apenas, portanto, do balanço patrimonial.[30] Cabe reiterar, mais uma vez, por questão de cuidado metodológico, os contextos histórico e socioeconômico rigorosamente diversos dos autores. Mesmo assim, a possibilidade de diálogo entre as suas categorias atesta a relevância e a profundidade das ideias presentes. Elas transcendem as mencionadas barreiras e corroboram a vitalidade do pensamento de Amaro Cavalcanti.

---

28. YESCOMBE, E. R. *Princípios do project finance*. Tradução Augusto Neves Dal Pozzo. 2. ed. São Paulo: Contracorrente, 2022. p. 1.

29. YESCOMBE, E. R. *Princípios do project finance*. Tradução Augusto Neves Dal Pozzo. 2. ed. São Paulo: Contracorrente, 2022. p. 43.

30. YESCOMBE, E. R. *Princípios do project finance*. Tradução Augusto Neves Dal Pozzo. 2. ed. São Paulo: Contracorrente, 2022. p. 12.

4. Conclusão

O exercício de aproximação de conceitos antigos e contemporâneos requer alguns cuidados mínimos. Sem receio de soar insistente, procurou-se salientar o uso de entendimentos pertencentes a cenários distintos. Justamente, a comparação atesta a riqueza e a consistência do pensamento de Amaro Cavalcanti. Suas definições de crédito público, desenvolvimento e empréstimo permanecem atuais, nada obstante as atualizações e transformações perpassadas em aspectos que lhe são circundantes.

Sendo assim, recuperar autores que integram o passado do juspublicismo nacional não constitui um mero exercício de curiosidade histórica. Trata-se, na verdade, do resgate de nossos cânones científicos. A existência de uma possível linha de continuidade entre autores, em diferentes temas, demonstra a solidez da doutrina. Quando exploramos o terreno do Direito Comparado, muitas vezes admiramos a continuidade entre as fontes doutrinárias, como ocorre no Direito de matiz saxã, por exemplo. Guardados os referidos cuidados, podemos proceder da mesma forma no Brasil, recuperando e valorizando aqueles que legaram contribuições efetivas à trajetória jurídica nacional.

O tema do desenvolvimento permanece aberto a muitas discussões. Naquela circunstância histórica, o Brasil já possuía, também em razão de seu imenso território, desafios no campo da infraestrutura. Hoje, à luz dos desafios de sustentabilidade, no contexto das mudanças climáticas, os antigos problemas, não resolvidos, passam a ser tratados juntamente com outros, cujas consequências são, ainda, parcialmente desconhecidas. Não por acaso, discussões sobre investimentos são cruciais.

O Direito Financeiro tem aplicações muito concretas e dialoga com diferentes campos do saber jurídico. Não se pode trabalhar com as suas conceitualizações sem considerar a intersecção com outras disciplinas e a realidade socioeconômica. Temas como o endividamento público, por exemplo, transcendem a esfera técnica e requerem uma abordagem multifacetada. Buscou-se, assim, construir uma argumentação que forneça maiores subsídios, com respaldo histórico, para o avanço das discussões científicas da infraestrutura.

Como demonstrado, é impossível desenvolver a discussão sem considerar o Estado. Todas as digressões efetuadas têm o Poder Público como ponto de referência. Ele e a infraestrutura são meios e não fins, já que o desenvolvimento social e a melhoria das condições de vida, apontados no decorrer do texto, constituem o objetivo final.

Referências

ABRAHAM, Marcus. *Curso de direito financeiro brasileiro*. 6. ed. Rio de Janeiro: Forense, 2021.

BERCOVICI, Gilberto; VALIM, Rafael (coord.). *Elementos de direito da infraestrutura*. São Paulo: Contracorrente, 2015.

BRASIL. [Constituição (1988)]. *Constituição da República Federativa do Brasil de 1988*. Brasília: Senado Federal, 1988. Disponível em: https://planalto.gov.br/ccivil_03/constituicao/constituicao.htm. Acesso em: 11 jun. 2024.

BRASIL. Lei Complementar n° 101, de 4 de maio de 2000. Estabelece normas de finanças públicas voltadas para a responsabilidade na gestão fiscal e dá outras providências. *Diário Oficial da União*, Brasília, 5 maio 2000. Disponível em: https://www.planalto.gov.br/ccivil_03/leis/lcp/lcp101.htm. Acesso em: 10 jun. 2024.

CAVALCANTI, Amaro. *A reforma monetária*. Rio de Janeiro: Imprensa Nacional, 1891.

CAVALCANTI, Amaro. *Elementos de finanças:* estudo theorico-pratico. Rio de Janeiro: Imprensa Nacional, 1896.

DAL POZZO, Augusto Neves. *O direito administrativo da infraestrutura.* São Paulo: Contracorrente, 2020.

MARTINS, Ricardo Marcondes. Conceito de ato administrativo. *In*: BACELLAR FILHO, Romeu Felipe; MARTINS, Ricardo Marcondes. *Tratado de direito administrativo*: volume 5: ato administrativo e procedimento administrativo. 2. ed. São Paulo: Revista dos Tribunais, 2019.

OLIVEIRA, Regis Fernandes de. *Curso de direito financeiro.* 3. ed. São Paulo: Revista dos Tribunais, 2010.

SILVA, Ligia Osório; FERNANDES, Suzana Cristina. Amaro Cavalcanti e os caminhos da industrialização brasileira. *História Econômica & História de Empresas*, v. 6, n. 1, 2003.

UNGER, Roberto Mangabeira. *A economia do conhecimento.* São Paulo: Autonomia Literária, 2018.

YESCOMBE, E. R. *Princípios do Project Finance.* Tradução Augusto Neves Dal Pozzo. 2. ed. São Paulo: Contracorrente, 2022.

RESPONSABILIDADE CIVIL DO ESTADO - ESTUDO EM HOMENAGEM A AMARO CAVALCANTI

Benedito Gonçalves[1]

Camile Sabino Bezerra Corrêa[2]

1. Introdução

O tema responsabilidade civil do Estado é, indubitavelmente, um dos mais atuais no universo jurídico, sobretudo por envolver diversos aspectos de abordagem.

---

1. Formado em Ciências Jurídicas e Sociais pela Faculdade Nacional de Direito, da Universidade Federal do Rio de Janeiro (UFRJ). Especialista em Direito Processual Civil. Mestre em Direito. Ministro do Superior Tribunal de Justiça (STJ).

2. Formada em Ciência Política pela Universidade de Brasília. Formada em Direito pelo Centro Universitário Unieuro. Pós-Graduada em Contratos e Responsabilidade Civil pelo Instituto de Desenvolvimento e Pesquisa – IDP. Especialização em Governo e Direito na Universidad Autonoma de Madrid. Especialização em Administração Pública na École Nationale D'administration – L'ENA, em Paris. Assessora de Gabinete do Ministro Benedito Gonçalves.

Apesar dessa contemporaneidade, a responsabilidade civil do Estado desperta o interesse dos estudiosos há muitos anos, considerando as inúmeras perspectivas de abordagem. O presente artigo, ao prestigiar o hercúleo trabalho dos Amaro Cavalcanti, traz à baila a contribuição do ilustre jurista sobre o tema, fazendo uma comparação de suas observações com a interpretação jurisprudencial do Superior Tribunal de Justiça (STJ).

A responsabilidade civil do Estado é, de fato, um tema desafiador e fascinante, sob a ótica das diversas interpretações teóricas ou jurisprudenciais e considerando que o princípio da proteção implica ao Estado a obrigação de agir de forma cada vez mais proporcional e qualificada.

A análise da obra de Amaro Cavalcanti permite constatar que a relação entre Estado e cidadãos vem se tornando menos autoritária com o passar dos anos, marcando o progresso da responsabilidade civil, não apenas no que concerne à ampliação dos danos indenizáveis pelo Estado, mas também em relação à diminuição das lacunas de omissão do Estado.

Assim como Amaro Cavalcanti deu, à sua época, a melhor contribuição sobre o tema, é importante frisar que o advento de novas questões e interpretações sobre os seus deveres demonstram que situações que hodiernamente não implicam responsabilidade civil ao Estado podem vir, em um breve, a ensejá-la. Nessa esteira, conclui-se que, atualmente, o Estado não permite omissões que, nos tempos do jurista homenageado nunca seriam contestadas.

2. Quem foi Amaro Cavalcanti

Amaro Bezerra Cavalcanti[3] nasceu em 15 de agosto de 1849, no município de Caicó, Rio Grande do Norte.

3. BRASIL. Justiça do Trabalho. Tribunal Regional do Trabalho da 21ª Região. *Quem foi Amaro Cavalcanti*. Disponível em: https://www.trt21.jus.br/pagina_institucional/quem_foi_amaro_cavalcanti. Acesso em: 26 jun. 2024.

Foi escritor, industrial, professor e advogado. Autodidata, aprendeu a ler com seu pai, Amaro Soares Cavalcanti.

Em 1872, passou a lecionar o idioma aprendido com o pai no estado do Ceará. Após se tornar inspetor geral da Instrução Pública, foi indicado pelo Presidente da Província para estudar nos Estados Unidos, com o objetivo de aprender sobre o sistema e a organização do ensino público norte-americano, onde graduou-se em Direito pela Escola de Direito da Union University, na capital do estado de Nova Iorque. Dos 58 alunos graduandos da turma de 1880-1881, Amaro Cavalcanti foi o único estrangeiro a obter o título.

Sua história foi marcada pela defesa dos ideais abolicionistas e republicanos, dedicando-se à carreira política. Atuou como vice-governador do Rio Grande do Norte em 1889 e, mais tarde, como senador pelo Estado em 1891, opondo-se ao movimento contra Deodoro da Fonseca. No Rio Grande do Norte, foi eleito deputado federal em 1917, porém não chegou a assumir o cargo. Em 1894, foi designado como ministro plenipotenciário no governo do Paraguai e posteriormente atuou como ministro da Justiça de 1897 a 1898, sendo o primeiro potiguar a ocupar essa posição no governo republicano.

No, então, Distrito Federal, onde hoje se situa o município do Rio de Janeiro, Amaro Bezerra Cavalcanti foi prefeito em 1911, destacando-se pela criação da escola Normal Profissional Wenceslau Braz e pela realização de diversas obras nas áreas financeira e educacional. Em reconhecimento ao seu trabalho, recebeu homenagens, incluindo a atribuição do nome a um logradouro público e a uma escola técnica secundária.

Durante sua trajetória jurídica, atuou como juiz do Tribunal Arbitral de Haia (Holanda), consultor jurídico do Ministério das Relações Exteriores (1905-1906) e foi o fundador da Sociedade Brasileira de Direito Internacional.

Demonstrando sua habilidade como poliglota, dominava os idiomas francês, espanhol, inglês e italiano, traduzia textos em alemão, entendia russo e lia em grego. Suas valiosas contribuições, publicadas em livros, abrangem áreas como direito, política, educação e religião.

Amaro Cavalcanti atuou como Ministro do Supremo Tribunal Federal (STF), designado em 11 de maio de 1906 pelo presidente Rodrigues Alves. Durante seu tempo no STF, juntamente com Alberto Torres, concedeu um *habeas corpus* a favor de D. Luís, filho da Princesa Isabel.[4] D. Luís buscava retornar ao Brasil, porém estava impedido devido ao decreto de exílio da família imperial, emitido após a Proclamação da República.

Naquela ocasião, Amaro Cavalcanti destacou que a Constituição da República não poderia justificar restrições aos direitos garantidos por ela, considerando incompatíveis quaisquer medidas discriminatórias. Apesar disso, o pedido foi negado pela maioria do STF. Aposentou-se de sua posição em 30 de dezembro de 1914.

Durante sua carreira jurídica, dedicou-se ao estudo do federalismo, um conceito então recente no país, que gerava desafios no âmbito tributário ao definir as competências entre os diversos entes federativos. Destaca-se que o federalismo, na época algo inovador no Brasil, se tratava de uma circunstância institucional que gerava diversos questionamentos no âmbito tributário, especialmente em relação à definição das competências entre as diferentes entidades.

O homenageado é conhecido por várias obras, incluindo "Regime federativo e República brasileira" (1900),[5] onde critica a estrutura constitucional de 1891, por estabelecer

---

4. ARCHIVO JUDICIÁRIO. Recife: Jornal do Commercio, v. XCI, 20 ago. 1949. p. 32. Publicação quinzenal do *Jornal do Commercio*.

5. CAVALCANTI, Amaro. *Regimen federativo e a Republica brazileira*. Rio de Janeiro: Imprensa Nacional. 1900.

um sistema judiciário dual em contraste com um sistema jurídico unitário, uma abordagem incomum para os padrões das nações mais desenvolvidas daquele tempo. Também é o autor da obra "Responsabilidade Civil do Estado" (1905)[6], tema abordado no presente artigo.

Faleceu em sua residência no bairro de Botafogo, no Rio de Janeiro, aos 72 anos, em 28 de janeiro de 1922.

3. A responsabilidade civil do Estado sob a ótica de Amaro Cavalcanti

Na obra *Responsabilidade civil do Estado*, publicada em 1905, Amaro Cavalcanti afirmou não ser mais possível admitir, "*sem protesto, a velha doutrina da irresponsabilidade absoluta do Estado*", justificando a sua nova teoria sobre responsabilidade civil do Estado no fato de que, embora mantidas todas as prerrogativas do poder soberano, o Estado não deveria sacrificar os direitos individuais, ao memos de modo ilimitado ou incondicional, como outrora se pretendia. Desse modo, o Estado deveria ser responsável pelos atos de seus representantes ou, à época, de seus funcionários.

Os sistemas deveriam diferenciar os atos legais e ilegais; lícitos e ilícitos; de império e de gestão; ou ainda, sem culpa ou com culpa ou dolo por parte do agente público.

Amaro Cavalcanti afirma que, a princípio, a única tese, possível de ser afirmada, é a seguinte: "*dada a lesão de um direito objetivo, efetivamente adquirido pelo indivíduo, – do próprio ato lesivo resulta a obrigação de prestar ao lesado uma reparação equivalente*".[7]

---

6. CAVALCANTI, Amaro. *Responsabilidade civil do Estado*. Rio de Janeiro: Laemmert & C., 1905.

7. Adaptação do texto original de acordo com as novas regras da língua portuguesa.

Na referida obra, Amaro Cavalcanti analisa o tema da responsabilização do Estado por danos causados a terceiros. O autor aborda os principais fundamentos e evolução histórica dessa teoria, explorando questões teóricas, legislativas e jurisprudenciais.

Cavalcanti introduz o conceito de responsabilidade civil do Estado, que surge como forma de garantir a reparação de danos causados por ações ou omissões do poder público. Ele destaca a importância de tratar o Estado como um sujeito responsável, para evitar abusos e negligências.

Em seguida, explora os fundamentos da responsabilidade civil do Estado, dividindo-os em três teorias principais: teoria da culpa administrativa, teoria do risco administrativo e teoria do risco integral. Ele discute suas vantagens e desvantagens, bem como sua aplicação na realidade brasileira à época.

Além de abordar as teorias sobre a responsabilidade civil do Estado, Cavalcanti analisa a história da responsabilidade civil do Estado no direito brasileiro, considerando a influência das legislações estrangeiras, especialmente o Código Civil francês de 1804. Ele examina a evolução legislativa e jurisprudencial desse tema no Brasil, abordando casos emblemáticos e decisões judiciais relevantes.

No último capítulo da festejada obra, o autor discute a relação da responsabilidade civil do Estado com outros ramos do direito, como direito administrativo, direito constitucional e direito processual. Ele ressalta a importância da harmonização dessas áreas para uma aplicação adequada da responsabilidade civil do Estado.

Em suma, Amaro Cavalcanti, em *Responsabilidade civil do Estado*, demonstra uma de suas principais características: a de ser um jurista visionário, capaz de produzir um estudo extremamente abrangente sobre as questões teóricas, legislativas e jurisprudenciais envolvendo a responsabilidade civil do Estado no Brasil. O autor homenageado explora os fundamentos, a evolução histórica e a relação desse tema com outros ramos do direito, fornecendo uma base sólida para compreender e analisar essa área do direito público.

4. Conceito de responsabilidade civil do Estado

No artigo "Responsabilidade civil do Estado",[8] afirma-se que a responsabilidade civil do Estado consiste na ideia de imposição do dever de reparar, de algum modo, eventuais danos ou prejuízos oriundos de atos ilícitos, pois não se pode lesar o interesse ou o direito de outrem, de forma irresponsável.

Ressalta-se, ainda, o entender de Stoco:[9]

> A noção da responsabilidade pode ser haurida da própria origem da palavra, que vem do latim *respondere*, responder a alguma coisa, ou seja, a necessidade que existe de responsabilizar alguém pelos seus atos danosos. Essa imposição estabelecida pelo meio social regrado, através dos integrantes da sociedade humana, de impor a todos o dever de responder por seus atos, traduz a própria noção de justiça existente no grupo social estratificado. Revela-se, pois, como algo inarredável da natureza humana.

A ação ou omissão ilícita do Estado, no exercício de suas atividades, gera ao Estado a responsabilidade civil de ressarcimento por danos, morais ou materiais, causados a terceiros. Por conseguinte, não há de se falar em responsabilidade civil do Estado quando há legitimidade legítima atividade do Poder Público, como ocorre com as

---

8. GONÇALVES, Benedito. Responsabilidade civil do estado. *In:* TESOLIN, Fabiano da Rosa; MACHADO, André de Azevedo (coord.). *Direito federal brasileiro*: 15 anos de jurisdição no STJ dos Ministros Og Fernandes, Luis Felipe Salomão e Mauro Campbell Marques. Londrina: Editora Thoth, 2023. p. 479-502.

9. STOCO, R. *Tratado de responsabilidade civil*: doutrina e jurisprudência. 7. ed. São Paulo: Revista dos Tribunais, 2014. p. 114.

indenizações devidas nos casos de desapropriação ou de execução compulsória de medidas sanitárias.

A distinção é primordial, haja vista a doutrina distinguir o ressarcimento e a indenização. Enquanto o ressarcimento concerne à hipótese de danos provocados a direitos dos particulares de forma legítima, uma das faculdades do Poder Público mencionadas no ordenamento jurídico, o ressarcimento está destinado aos cenários nos quais o prejuízo resultou de uma ação ilícita do Estado, seja por sua ação positiva, seja por sua inação.

Sob a perspectiva da responsabilidade civil, a obrigação de ressarcir os danos a terceiros só é válida quando houver uma relação de causa e efeito entre a conduta lesiva e a atividade administrativa. Logo, o mero surgimento de um prejuízo individual a um terceiro não implica necessariamente na responsabilidade civil do Estado e na obrigação de reparar os danos.

Embora sejam termos técnicos, as palavras ressarcimento e indenização são usadas de forma intercambiável, apesar dos esforços da doutrina em distingui-las.

Três elementos são cruciais para configurar a responsabilidade civil: o dano, a responsabilidade do Estado pelo dano e, por fim, a necessidade de reparação. Uma vez que o dano é fundamental para a responsabilidade civil, é importante defini-lo, explicando seus aspectos e sua lógica e sequência temporal em cada situação.[10]

A Constituição Federal de 1988,[11] no art. 37, § 6º, assim dispõe:

---

10. HENAO, Juan Carlos. *Le dommage*: analyse à partir de la responsabilité civile extracontratuelle de lÉtat em droit colombien et em droit français. 2007. 756 f. Thése (Doctorat em Droit Public) – Université Panthéon-Assas, Paris II, Droit Economie- Sciences Sociales. 2007.

11. BRASIL. [Constituição (1988)]. *Constituição da República Federativa do Brasil de 1988*. Brasília: Presidência da República, [2022]. Disponível em: http://www.planalto.gov.br/ccivil_03/constituicao/constituicao.htm. Acesso em: 6 set. 2022.

> Art. 37. A administração pública direta e indireta de qualquer dos Poderes da União, dos Estados, do Distrito Federal e dos Municípios obedecerá aos princípios de legalidade, impessoalidade, moralidade, publicidade e eficiência e, também, ao seguinte:
>
> [...]
>
> § 6º As pessoas jurídicas de direito público e as de direito privado prestadoras de serviços públicos responderão pelos danos que seus agentes, nessa qualidade, causarem a terceiros, assegurado o direito de regresso contra o responsável nos casos de dolo ou culpa.

Nesse sentido, as decisões judiciais evidenciam a importância de examinar com atenção se houve ou não quebra do elo do ente público com o exercício da função. Permitir a realização de ações que não estejam em conformidade com as obrigações legais dos servidores públicos é, sem dúvida, contrariar os princípios fundamentais que sustentam uma gestão pública eficaz e, consequentemente, a proteção daqueles cujos interesses legais são prejudicados por condutas danosas do Estado. Além disso, é essencial para a democracia evitar a responsabilização civil indevida do Estado em situações em que não há culpa.

5. O STJ e a responsabilidade civil do Estado

No REsp 1.383.776/AM,[12] de relatoria do Ministro Og Fernandes, a Segunda Turma condenou o Estado do Amazonas a pagar indenização por danos morais no valor de 30 salários mínimos pela demora injustificada na prestação jurisdicional em ação de execução de alimentos.

---

12. BRASIL. Superior Tribunal de Justiça. Segunda Turma. Recurso Especial n. 1383776/AM. Acórdão. Responsabilidade Civil. Recurso Especial. Razoável Duração do Processo. Lesão. Despacho de Citação. Demora de dois anos e seis meses. Insuficiência dos recursos humanos e materiais do poder judiciário. Não isenção da responsabilidade estatal. Condenações do estado brasileiro na Corte Interamericana de Direitos Humanos. Ação de indenização por danos morais. Responsabilidade Civil do Estado caracterizada. Relator: Ministro Og Fernandes. *DJe*, Brasília, 17 set. 2018. Disponível em: https://processo.stj.jus.br/SCON/pesquisar.jsp. Acesso em: 6 set. 2022.

No caso em comento, restou nítida a responsabilidade civil estatal pela "inaceitável morosidade" da Justiça, vez que a ação de execução de alimentos, por sua natureza, exige maior celeridade.

O entendimento do Supremo Tribunal Federal (STF) é de que a responsabilidade pelos eventuais prejuízos decorrentes da prestação jurisdicional é exclusiva do Estado, e não da autoridade judiciária. Para o Ministro Relator, "a demora na entrega da prestação jurisdicional, assim, caracteriza uma falha que pode gerar responsabilização do Estado, mas não diretamente do magistrado atuante na causa".

Ainda de acordo com o Ministro Og Fernandes, a administração pública está obrigada a garantir a tutela jurisdicional em tempo razoável, mesmo que existam carências estruturais no Poder Judiciário.

Ao modo de Amaro Cavalcanti, o Ministro Relator trouxe à baila o direito internacional, ao apresentar em seu voto julgados do Tribunal Constitucional da Espanha, afirmando não ser possível restringir o alcance e o conteúdo desse direito, dado o lugar que a reta e eficaz prestação da tutela jurisdicional ocupa em uma sociedade democrática. A insuficiência dos meios disponíveis ou o imenso volume de trabalho que pesa sobre determinados órgãos judiciais isenta os juízes de responsabilização pessoal pelos atrasos, mas não priva os cidadãos de reagir frente a tal demora, nem permite considerá-la inexistente.[13]

---

13. BRASIL. Superior Tribunal de Justiça. Segunda Turma. Recurso Especial n. 1383776/AM. Acórdão. Responsabilidade Civil. Recurso Especial. Razoável Duração do Processo. Lesão. Despacho de Citação. Demora de dois anos e seis meses. Insuficiência dos recursos humanos e materiais do poder judiciário. Não isenção da responsabilidade estatal. Condenações do estado brasileiro na Corte Interamericana de Direitos Humanos. Ação de indenização por danos morais. Responsabilidade Civil do Estado caracterizada. Relator: Ministro Og Fernandes. *DJe*, Brasília, 17 set. 2018. Disponível em: https://processo.stj.jus.br/SCON/pesquisar.jsp. Acesso em: 6 set. 2022.

O Ministro relator, no caso em tela, reafirma ser essencial um posicionamento do STJ sobre o assunto, ainda mais quando o Estado brasileiro tem sido, reiteradas vezes, questionado perante as comunidades nacional e internacional sobre a demora injustificada na tramitação dos processos.[14]

> Não é mais aceitável hodiernamente pela comunidade internacional que se negue ao jurisdicionado a tramitação do processo em tempo razoável, e também se omita o Poder Judiciário em conceder indenizações pela lesão a esse direito previsto na Constituição e nas leis brasileiras. As seguidas condenações do Brasil perante a Corte Interamericana de Direitos Humanos por esse motivo impõem que se tome uma atitude também no âmbito interno, daí a importância de este Superior Tribunal de Justiça posicionar-se sobre o tema.

Não obstante a ampla variedade de desafios que precisam ser enfrentados sob o ponto de vista jurídico, é evidente a extensão da responsabilidade civil neste Tribunal da Cidadania, refletindo as situações do dia a dia dos cidadãos e a notória a contribuição inestimável das lições de Amaro Cavalcanti para o tema.

Decerto, é importante levar em consideração que a percepção pública dos problemas sociais muda quase que diariamente, conforme os desafios e questões enfrentadas. As ameaças atuais trazem casos cada vez mais complexos a esse Tribunal, diante da velocidade da informação e da diversidade de ações a serem tomadas.

---

14. BRASIL. Superior Tribunal de Justiça. Segunda Turma. Recurso Especial n. 1383776/AM. Acórdão. Responsabilidade Civil. Recurso Especial. Razoável Duração do Processo. Lesão. Despacho de Citação. Demora de dois anos e seis meses. Insuficiência dos recursos humanos e materiais do poder judiciário. Não isenção da responsabilidade estatal. Condenações do estado brasileiro na Corte Interamericana de Direitos Humanos. Ação de indenização por danos morais. Responsabilidade Civil do Estado caracterizada. Relator: Ministro Og Fernandes. *DJe*, Brasília, 17 set. 2018. Disponível em: https://processo.stj.jus.br/SCON/pesquisar.jsp. Acesso em: 6 set. 2022.

Portanto, o Estado assume múltiplas responsabilidades, das quais decorrem diversas implicações que podem resultar na obrigação de indenizar. Esses conflitos vêm sendo corajosamente solucionados pelo Superior Tribunal de Justiça.

6. A responsabilidade civil caracterizada pela omissão do Estado

A responsabilidade civil do estado não se cinge à ação do agente público. A inércia também implica responsabilização, vez que a omissão também constitui crime. No Recurso Especial n. 1.708.325/RS[15], o Ministro Og Fernandes manifestou-se acerca da responsabilidade civil do estado por omissão, em acórdão assim ementado:

> ADMINISTRATIVO. RECURSO ESPECIAL. RESPONSABILIDADE CIVIL DO ESTADO POR OMISSÃO. MORTE EM DECORRÊNCIA DE DISPARO DE ARMA DE FOGO NO INTERIOR DE HOSPITAL PÚBLICO. AUSÊNCIA DE VIGILÂNCIA. FALHA ESPECÍFICA NO DEVER DE AGIR. EXCLUDENTE DE ILICITUDE. NÃO OCORRÊNCIA.
>
> 1. A responsabilidade civil estatal é, em regra, objetiva, uma vez que decorre do risco administrativo, em que não se exige perquirir sobre existência de culpa, conforme disciplinado pelos arts. 14 do Código de Defesa do Consumidor; 186, 192 e 927 do Código Civil; e 37, § 6º, da Constituição Federal.
>
> 2. O Superior Tribunal de Justiça, alinhando-se ao entendimento do Excelso Pretório, firmou compreensão de que o Poder Público, inclusive por atos omissivos, responde de forma objetiva quando constatada a precariedade/vício no serviço decorrente da falha no dever legal e específico de agir.

15. BRASIL. Superior Tribunal de Justiça. Segunda Turma. Recurso Especial n. 1.708.325/RS. Acórdão. Administrativo. Recurso Especial. Responsabilidade Civil do Estado por omissão. Morte em decorrência de disparo de arma de fogo no interior de hospital público. ausência de vigilância. Falha específica no dever de agir. excludente de ilicitude. Não ocorrência. Relator: Ministro Og Fernandes. *DJe*, Brasília, 24 junho 2022. Disponível em: https://processo.stj.jus.br/SCON/pesquisar.jsp. Acesso em: 6 set. 2022.

> 3. A atividade exercida pelos hospitais, por sua natureza, inclui, além do serviço técnico-médico, o serviço auxiliar de estadia e, por tal razão, está o ente público obrigado a disponibilizar equipe/pessoal e equipamentos necessários e eficazes para o alcance dessa finalidade.
>
> 4. A análise da responsabilidade civil, no contexto desafiador dos tempos modernos, em que se colocam a julgamento as consequências impactantes das omissões estatais, impõe ao julgador o ônus preponderante de examinar os dispositivos civis referidos, sob o olhar dos direitos e garantias fundamentais do cidadão.
>
> 5. Logo, é de se concluir que a conduta do hospital que deixa de fornecer o mínimo serviço de segurança e, por conseguinte, despreza o dever de zelar pela incolumidade física dos pacientes, contribuiu de forma determinante e específica para o homicídio praticado em suas dependências, afastando-se a alegação da excludente de ilicitude, qual seja, fato de terceiro.
>
> 6. Recurso especial provido para restabelecer a indenização, pelos danos morais e materiais, fixada na sentença.
>
> (REsp 1.708.325/RS, relator Ministro Og Fernandes, Segunda Turma, julgado em 24/5/2022, *DJe* de 24/6/2022).

Trata-se de pedido de indenização de uma mãe, em desfavor de um hospital público, sob a alegação de que seu filho foi vítima de homicídio nas dependências do nosocômio. De acordo com a autora, o jovem de 26 anos estava internado e dormindo, em condição estável, quando, repentinamente, por volta das 4 horas da manhã, foi baleado. A morte do paciente teria sido causada pela falta de vigilância por parte do hospital.

O Juiz de primeiro grau julgou parcialmente procedente o pedido para condenar o hospital réu ao pagamento de R$ 35.000,00 (trinta e cinco mil reais) a título de danos morais, como também ao ressarcimento das despesas de sepultamento.

Em sede de recurso de apelação manejado, o Tribunal *a quo* deu provimento ao recurso do hospital e tornou sem efeito a sentença, sob a justificativa de que o evento morte decorreu de fato de terceiro.

Em voto com entendimento contrário ao das instâncias ordinárias, o Ministro Relator consignou que a responsabilidade civil estatal é, em regra, objetiva e decorre do risco administrativo, a respeito da qual não se exige perquirir sobre existência de culpa.

Forte no entendimento de que "não é dado ao intérprete restringir onde o legislador não restringiu, sobretudo em se tratando de legislador constituinte", o STJ, em muitos julgados, tem corroborado com o entender do Excelso Pretório de que, inclusive por atos omissivos, o Poder Público responde de forma objetiva, uma vez constatada a precariedade no serviço decorrente da falha no dever legal e específico de ação do Estado.

Destaca-se do referido voto o seguinte entendimento:

> A inação estatal, a meu ver, está atrelada ao mau funcionamento dos trabalhos auxiliares e estruturas operacionais do nosocômio (ausência de serviço/pessoal de vigilância), razão pela qual entendo que o ente público, em virtude da natureza da atividade pública exercida, responde de forma objetiva, uma vez que, inegavelmente, tem o dever de atuar, ao menos minimamente, para impossibilitar a ocorrência do evento nocivo.
>
> Adianto que a omissão do Estado no presente feito revela-se específica e contribuiu decisivamente para a morte da vítima, pois o hospital público não ofereceu nenhuma ou sequer a mínima garantia de integridade aos que se utilizam do serviço e pela qual, em razão do risco da atividade prestada, tem o dever de zelo e proteção.
>
> Sem paroxismos, a falta do aparelhamento e precaução do hospital para garantir a incolumidade dos pacientes demonstra a mácula no dever específico de proteção não somente à vítima, como também aos médicos, profissionais de saúde e demais cidadãos que transitam e exercem seu ofício naquele ambiente.
>
> Ocorre que a responsabilidade civil do Estado, todavia – seja de ordem subjetiva, seja objetiva –, depende, para a configuração da ocorrência de seus pressupostos, do ato ilícito, do dano

sofrido e do nexo de causalidade entre o evento danoso e a ação ou omissão do agente público.

No caso, o ápice da divergência entre a sentença e o acórdão está na existência ou não do nexo causal entre o dano (evento morte) e a conduta do hospital, visto que em análise a ocorrência da excludente de responsabilidade civil: fato de terceiro.

Esclareço que, para o exame de tais temas, não é necessário estudo probatório algum a atrair a Súmula n. 7/STJ, pois as circunstâncias fáticas estão precisamente expressas tanto no acórdão quanto na decisão de primeiro grau, o que autoriza a revaloração. Elas estão descritas na sentença e no acórdão, a saber: (a) o hospital não possui nenhum serviço de vigilância; e (b) o evento morte decorreu de um disparo com arma de fogo contra a vítima dentro do hospital.

Com efeito, de acordo com a sentença, o hospital réu não possui equipe para supervisionar a entrada e saída de pessoas, o que, por óbvio e a toda evidência, possibilitou o ingresso de terceiros sem identificação no recinto, inclusive do homicida que efetuou os disparos e pôs fim à vida do jovem de apenas 26 anos.

[...]

O Tribunal regional, por sua vez – a despeito de a vítima ter sido baleada e o óbito ter ocorrido no interior do hospital –, não considerou o fato de não existir serviço de vigilância; ao contrário, a Corte local afirma, categoricamente, que o serviço do hospital é somente o atendimento médico, razão pela qual estaria desobrigado de prestar segurança aos pacientes.

Concluiu-se, assim, que a morte da vítima deu-se por fato de terceiro.

[...]

Acaso estivéssemos diante de um atentado de grandes proporções, não seria difícil concluir que, não obstante todo o empenho, o ente público não poderia, de fato, impedir o resultado. Essa, entretanto, não é a situação narrada no acórdão, que traz, ao contrário, contexto e narrativa simples e bem menos eloquente.

Neste caso, a causalidade decorre da própria lógica hermenêutica e análise holística das disposições civis e constitucionais mencionadas, devendo ser examinada à luz dos referidos dispositivos.

Deveras, a causalidade no âmbito da responsabilidade civil objetiva deve ser entendida de forma normativa, uma vez que a relevância jurídica do não fazer está inserida na própria norma e – diante do seu malferimento –, caso dos autos, encontra-se perfectibilizado o liame subjetivo entre a conduta omissa do hospital e o evento morte.

Há de se ressaltar, contudo, que esse entendimento não se aplica indistintamente a qualquer ato derivado de conduta omissiva da administração pública. Neste feito, sob as lentes do bom senso, o não fazer do ente público no seu dever de cuidado é sobremaneira significativo. Mostra-se lógico concluir que uma mínima ação de vigilância e cuidado poderia efetivamente ter evitado a morte do filho da autora.

Essa é a compreensão e posicionamento que também se observa na doutrina, confira-se:

A omissão específica é aquela em que há participação do Estado, um não agir diante de um dever legal, para a ocorrência do ato ilícito. Giro outro, na omissão genérica não qualquer participação do Estado. Exemplificando: Haverá omissão específica quando o Estado, por omissão sua, crie a situação propícia para a ocorrência do evento em situação em que tinha o dever de impedi-lo. Assim, por exemplo, se o motorista embriagado atropela e mata pedestre que estava na beira da estrada, a Administração (entidade de trânsito) não poderá ser responsabilizada pelo fato de estar ao volante sem condições. Isso seria responsabilizar a Administração por omissão genérica. Mas se esse motorista, momentos antes, passou por uma patrulha rodoviária, teve o veículo parado, mas os policias, por alguma razão, deixaram-no prosseguir viagem, aí já há omissão específica que se erige em causa adequada do não impedimento do resultado. Nesse segundo caso haverá responsabilidade objetiva do Estado. (FILHO, Sérgio Cavalieri, Programa de Responsabilidade Civil. 7. ed. Atlas, 2007. p. 231).

De fato, no caso, as premissas adotadas pelo Colegiado local, para afastar a responsabilidade civil pelo amargo acontecimento, revelam-se pouco condizentes com o dever legal assumido pelo hospital, ao manter o paciente sob seus cuidados.

Faz-se relevante pontuar que, assim como os problemas mudam e se intensificam no continente da esperança, ao julgador incumbe análise e resposta mais coerentes a respeito da responsabilidade civil do Poder Público, notadamente diante da violência urbana dos tempos atuais. Não lhe conferir importância significa relegar os serviços estatais, notadamente, os de saúde pública, à mínima eficácia e subjugar os usuários do serviço a viverem e morrerem com a precariedade da atividade pública e sem cidadania.

> A análise da responsabilidade civil, no contexto desafiador dos tempos modernos, em que se colocam a julgamento as consequências tão impactantes das omissões estatais, impõe o ônus, indispensável, de que os exames dos dispositivos civis referidos ocorram sob o olhar dos direitos e garantias fundamentais do cidadão.
>
> Logo, é de se concluir que a conduta do hospital que deixa de fornecer o mínimo serviço de segurança e, por conseguinte, despreza o dever de zelar pela incolumidade física dos seus pacientes contribuiu de forma determinante e específica para o homicídio praticado em suas dependências, afastando-se a alegação da excludente de ilicitude, qual seja, fato de terceiro.

O Ministro Og Fernandes destacou robusta jurisprudência do STJ no sentido de que, em se tratando de conduta omissiva do Estado, a responsabilidade é subjetiva e, nesse caso, foi dado provimento ao recurso especial para cassar o acórdão recorrido e restabelecer a indenização pelos danos morais e materiais fixados na sentença, inclusive, quanto aos consectários da sucumbência.

7. Conclusão

A finalidade precípua da responsabilidade civil do Estado é ressarcir os danos, inclusive os morais, efetivamente causados por ato dos agentes estatais ou pela sua inadequada prestação de serviços públicos, decorrente do artigo 37, § 6º, da Constituição Federal de 1988.[16]

A trajetória acadêmica e profissional de Amaro Cavalcanti e a sua colaboração inestimável ao tema abordado neste artigo demonstram que, ainda no período imperial, no ano de 1905, a obra *Responsabilidade civil do Estado*, trouxe à baila a preocupação do homenageado em estabelecer

16. BRASIL. [Constituição (1988)]. Constituição da República Federativa do Brasil de 1988. Brasília, DF: Presidência da República, [2022]. Disponível em: http://www.planalto.gov.br/ccivil_03/constituicao/constituicao.htm. Acesso em: 06 set. 2022.

diretrizes para a efetiva concretização da responsabilidade civil no Direito brasileiro.

Hodiernamente, os julgados neste STJ demonstram a preocupação deste Tribunal sobre responsabilidade civil do Estado, o que demonstra a gradual evolução histórica do tema.

De um estágio inicial, no qual prevalecia uma completa ausência de responsabilidade estatal, sistema dominante nas monarquias europeias há alguns séculos, evoluiu-se para uma doutrina que pregava a responsabilização do Estado com severas limitações, atingindo o ápice desse processo evolutivo com a objetivação da responsabilidade da administração, o que significa dizer que, ocorrendo o dano e estabelecido o nexo causal com a atuação da Administração ou dos seus agentes, nasce a responsabilidade civil do Estado e, nesses casos, o dever de ressarcir.

Nesse sentido, o entendimento de Amaro Cavalcanti corresponde ao desenvolvimento da premissa de que a existência do nexo de causalidade entre a conduta e o dano causado por agente público a terceiros é fundamental.

A responsabilidade civil do Estado pressupõe, portanto, a interligação de três elementos, quais sejam: ação ou omissão, dano e nexo de causalidade. A contribuição doutrinária de Amaro Cavalcanti e a construção jurisprudencial do Colendo Superior Tribunal de Justiça, no que concerne à responsabilidade civil do Estado, demonstra a incessante busca pela proteção dos direitos dos cidadãos, do alcance de um equilíbrio social, com vistas a uma administração pública proba, eficiente, que respeite a legalidade e demais princípios que devem ser observados no exercício da atividade administrativa[17].

---

17. PEDREIRA, Ana Maria. *Responsabilidade Civil do Estado por omissão*: prevenção, precaução e controle como meios de evitar a ocorrência do dano. 2013. 254 f. Dissertação (Mestrado em Direito) – Universidade de São Paulo, Faculdade de

Por fim, demonstra-se a necessidade de proteger o cidadão ante a dificuldade em demonstrar a culpa ou dolo do agente público. Há, de certo, um longo caminho a ser trilhado, o qual requer constante fomento de discussões e debates.

Referências

ARCHIVO JUDICIÁRIO. Recife: Jornal do Commercio, v. XCI, 20 ago. 1949. p. 32. Publicação quinzenal do *Jornal do Commercio*.

BRASIL. [Constituição (1988)]. *Constituição da República Federativa do Brasil de 1988*. Brasília: Presidência da República, [2022]. Disponível em: http://www.planalto.gov.br/ccivil_03/constituicao/constituicao.htm. Acesso em: 6 set. 2022.

BRASIL. Superior Tribunal de Justiça. Segunda Turma. Recurso Especial n. 1383776/AM. Acórdão. Responsabilidade Civil. Recurso Especial. Razoável Duração do Processo. Lesão. Despacho de Citação. Demora de dois anos e seis meses. Insuficiência dos recursos humanos e materiais do poder judiciário. Não isenção da responsabilidade estatal. Condenações do estado brasileiro na Corte Interamericana de Direitos Humanos. Ação de indenização por danos morais. Responsabilidade Civil do Estado caracterizada. Relator: Ministro Og Fernandes. *DJe*, Brasília, 17 set. 2018. Disponível em: https://processo.stj.jus.br/SCON/pesquisar.jsp. Acesso em: 6 set. 2022.

BRASIL. Superior Tribunal de Justiça. Segunda Turma. Recurso Especial n. 1.708.325/RS. Acórdão. Administrativo. Recurso Especial. Responsabilidade Civil do Estado por omissão. Morte em decorrência de disparo de arma de fogo no interior de hospital público. ausência de vigilância.

Direito. São Paulo, 2013. Disponível em: https://www.teses.usp.br/teses/disponiveis/2/2134/tde-11082014-143202/pt-br.php. Acesso em: 23 ago. 2022.

Falha específica no dever de agir. excludente de ilicitude. Não ocorrência. Relator: Ministro Og Fernandes. *DJe*, Brasília, 24 junho 2022. Disponível em: https://processo.stj.jus.br/SCON/pesquisar.jsp. Acesso em: 6 set. 2022.

BRASIL. Justiça do Trabalho. Tribunal Regional do Trabalho da 21ª Região. *Quem foi Amaro Cavalcanti*. Disponível em: https://www.trt21.jus.br/pagina_institucional/quem_foi_amaro_cavalcanti. Acesso em: 26 jun. 2024.

CAVALCANTI, Amaro. *Regimen federativo e a Republica brazileira*. Rio de Janeiro: Imprensa Nacional. 1900.

CAVALCANTI, Amaro. *Responsabilidade civil do Estado*. Rio de Janeiro: Laemmert & C., 1905.

GONÇALVES, Benedito. Responsabilidade civil do estado. *In:* TESOLIN, Fabiano da Rosa; MACHADO, André de Azevedo (coord.). *Direito federal brasileiro*: 15 anos de jurisdição no STJ dos Ministros Og Fernandes, Luis Felipe Salomão e Mauro Campbell Marques. Londrina: Thoth, 2023. p. 479-502.

HENAO, Juan Carlos. Le dommage: analyse à partir de la responsabilité civile HENAO, Juan Carlos. *Le dommage*: analyse à partir de la responsabilité civile extracontratuelle de lÉtat em droit colombien et em droit français. 2007. 756 f. Thése (Doctorat em Droit Public) – Université Panthéon--Assas, Paris II, Droit Economie- Sciences Sociales. 2007.

PEDREIRA, Ana Maria. *Responsabilidade Civil do Estado por omissão*: prevenção, precaução e controle como meios de evitar a ocorrência do dano. 2013. 254 f. Dissertação (Mestrado em Direito) – Universidade de São Paulo, Faculdade de Direito. São Paulo, 2013. Disponível em: https://www.teses.usp.br/teses/disponiveis/2/2134/tde-11082014-143202/pt-br.php. Acesso em: 23 ago. 2022.

STOCO, R. *Tratado de responsabilidade civil*: doutrina e jurisprudência. 7. ed. São Paulo: Revista dos Tribunais, 2014.

AMARO CAVALCANTI: A FUNÇÃO DUAL DA UNIÃO E A ATUALIDADE DAS IDEIAS DE UM PATRIARCA DO FEDERALISMO BRASILEIRO

Bianor Arruda Bezerra Neto[1]

1. Introdução

Oswaldo Trigueiro, Ministro do STF entre 1965 e 1975, certa feita advertiu[2] que o maior problema do federalismo brasileiro era o fato de que a autonomia dos estados, reforçada em nome do pacto federalista, sempre esteve capturada por indivíduos e grupos políticos, que a exerceram

1. Doutor pela PUC/SP. Juiz Federal na 5.ª Região. Professor do IBET – Instituto Brasileiro de Estudos Tributários.

2. TRIGUEIRO, Oswaldo. *Problemas do governo democrático*. Brasília: Senado Federal, 1976. p. 125.

fraudulentamente em nome do povo, mas efetivamente com o objetivo de atingir seus próprios interesses.

Como na canção de Luiz Gonzaga:

♪ Uma pra mim, uma pra mim, uma pra tu, uma pra mim ♫

♫ Uma pra mim, uma pra tu, outra pra mim, outra pra mim ♪

♫ Uma pra mim, uma pra tu, uma pra mim, outra pra mim ♫

♪ Outra pra mim, outra pra tu, outra pra mim

O regime federativo é uma invenção dos norte-americanos.[3] Quando as treze colônias reagiram ao autoritarismo do Rei George III e se tornaram independentes da Coroa Britânica, elas inicialmente tinham a pretensão de se desenvolver como Estados independentes e soberanos. Essa foi a decisão tomada durante a reunião do segundo Congresso Continental, espécie de parlamento colonial, ocorrida em 1776.

Por meio do Pacto Confederativo, foram aprovados os "Artigos de Confederação e União Perpétua". Por meio dele, as antigas colônias se organizaram em forma de confederação, que é arranjo político com o objetivo de fixar um pacto de cooperação e ajuda mútua para os desafios do desenvolvimento político (liberdade e democracia), do desenvolvimento econômico-financeiro (prosperidade e justiça social) e, sobretudo, para os desafios das relações internacionais e da guerra.

A confederação americana, contudo, durou menos de 10 anos. Os treze estados independentes que, com exceção de Connecticut e Rhode Island, chegaram a elaborar suas próprias constituições, logo concluíram que haveria mais

3. TOCQUEVILLE, Alexis de. *A democracia na América*: leis e costumes. Tradução Eduardo Brandão. São Paulo: Martins Fontes, 2005.

efetividade em um arranjo político de "união plena" do que em um sistema de cooperação.

Por intermédio da Convenção da Filadélfia de 1787, os treze estados independentes e confederados, então, decidiram constituir um só Estado, independente e soberano, amalgamado pelo desejo de união e pactuado mediante uma Constituição.

O desenho político passou da confederação para a ederação. Nesta, os estados federados mantêm a autonomia política, porém renunciam à soberania em favor de um Estado único, formado pela união de todos os estados constituintes.

Além disso, aceitam a criação de uma instância de poder central, que é sobreposta[4] aos governos dos estados constituintes e é destinada a decidir questões de interesse de toda a união.

Importante perceber: união é a palavra-chave na federação. A principal característica de uma federação é ter um governo central, que tenha poder político para administrar um grupo de estados unidos que nele depositam todas as suas esperanças de desenvolvimento político e econômico.

Em razão disso, convencionou-se chamar de União esse governo central. Alguns chamam apenas de ente político central. Seja como for, o certo é que esse governo central existe para exercer poder político em nome e no interesse dos estados membros.

Em decorrência desse arranjo, passam a existir três esferas de poder político: 1) internamente, no âmbito de cada estado membro; 2) nacionalmente, a partir do governo central, que coordenará o desenvolvimento conjunto dos estados membros e dos municípios; 3) nacionalmente, porém

4. TOCQUEVILLE, Alexis de. *A democracia na América*: leis e costumes. Tradução Eduardo Brandão. São Paulo: Martins Fontes, 2005.

no interesse específico da União, que cuidará de seus próprios negócios e interesses, como superente da federação.[5]

Esse modelo serviu de inspiração ao Brasil e ao mundo. Os americanos foram pioneiros na construção da primeira federação que o mundo conheceu,[6] desenhada na primeira constituição escrita aprovada no mundo e administrada pelo também inédito sistema presidencialista.

Por aqui, contudo, essas ideias somente floresceram depois de 74 anos de monarquia. A nossa primeira Constituição, a de 1824, foi inspirada na experiência dos franceses. Somente em 1889, o Brasil dá um "cavalo de pau" em sua história política, golpeia a monarquia, proclama a República e resolve constituir-se em federação.

Deu certo para o Brasil?

No ano da proclamação da República, enquanto Rui Barbosa tecia os fios da nossa nascente Constituição federalista, o jovem Amaro Cavalcanti[7] foi para os Estados Unidos da América, estudar na Albany Law School. De lá, volta dois anos depois, com uma tese de doutorado e fervilhando de ideias políticas. Ele publica, em 1900 pela Imprensa Nacional, *Regimen federativo: a Republica brazileira*.

Nessa obra, Amaro apresenta as bases do federalismo como ideologia política e a estrutura federalista como arranjo jurídico-político. Sobretudo, ele adverte que a adoção pelo Brasil do modelo norte-americano exigiria atenção às

---

5. Kelsen, em seu Teoria Geral do Direito e do Estado, faz essa diferença. Ele diz que, em uma federação, há três níveis de ordens jurídicas: 1) o nível local, formado pelas normas dos estados federados; 2) o nível central total, formado pelas normas nacionais aplicáveis a toda federação; 3) o nível central parcial, formado pelas normas federais, aplicável apenas a toda federação.

6. CAVALCANTI, Amaro. *Regimen federativo e a Republica brazileira*. Rio de Janeiro: Imprensa Nacional, 1900. p. 60.

7. NOBRE JR., Edilson Pereira. CARVALHO, Ivan Lira. MENDONÇA, Fabiano André. *Amaro Cavalcanti*: vida e obra. Indaiatuba: Foco, 2022.

que talvez tenha cunhado a sua trajetória na política e na atuação acadêmica, pois teve a oportunidade de verificar, *in loco*, a realidade da primeira experiência efetivamente federalista do mundo.

Ao retornar, exerceu diversos cargos públicos, incluindo o de Senador Federal Constituinte pelo Estado do Rio Grande do Norte. Como estudioso e defensor do federalismo, regime até então pouco conhecido, compreendendo a necessidade de difundir o conhecimento a respeito do sistema federalista e de apresentar soluções para as diversas questões surgidas com a instauração da República Federativa no Brasil, debruçou-se a escrever obras sobre o tema.

Muitas de suas ideias, críticas e concepções sobre o federalismo foram pensadas a partir da experiência americana. Tal fato se mostra evidente a começar da leitura de suas obras, em que são feitas referências históricas, políticas e jurídicas sobre os temas mais tormentosos da implantação da federação norte-americana.

Tendo atuado como Presidente do Banco da República em 1896, e sabedor das questões complexas a respeito da repartição de competências tributárias na federação, escreveu sobre os aspectos mais tormentosos da tributação no regime federativo, um dos capítulos mais densos de sua célebre obra "Regime federativo e República brasileira",[4] publicada em 1900, na qual elogia alguns aspectos do desenho constitucional do Texto de 1891 e critica alguns de seus pontos, como o sistema judiciário dual.

---

em Serviços Públicos. Arquivo Nacional. *Amaro Bezerra Cavalcanti de Albuquerque*. Brasília, maio 2020. Disponível em: https://mapa.arquivonacional.gov.br/index.php/assuntos/79-producao/70-biografias/544-amaro-bezerra-cavalcanti-de-albuquerque. Acesso em: 20 jun. 2024.

4. Todas as referências feitas no texto são das páginas do livro "Regime federativo e República brasileira", sendo as citações diretas feitas exatamente da forma como redigidas pelo autor, com as regras ortográficas da época.

nossas peculiaridades, sendo a principal delas a nossa tendência centralista, oriunda da experiência monárquica, e a possível captura das províncias pelas oligarquias.

Curiosamente, quando Oswaldo Trigueiro faz a advertência mencionada no início desse texto, ele cita, exatamente, a obra de Amaro:

> Quando escreveu seu livro o Regime Federativo, dez anos após a proclamação da República, Amaro Cavalcanti expressou uma decepção generalizada ao admitir o malogro da experiência brasileira. Não repudiou o federalismo, mas lhe reconheceu o insucesso prático, ao afirmar que o governo das antigas províncias não era, de maneira alguma, a delegação da vontade popular, mas uma espécie de patrimônio ou a presa exclusiva de certos indivíduos ou de um grupo, que o explora irresponsavelmente, em nome de sua autonomia de estado federado.

Aqui, portanto, inicia-se a narrativa que dá liga a este texto e que tem três perguntas a serem respondidas: a) Como Amaro Cavalcante via a federação desenhada para o Brasil por seus líderes políticos e intelectuais e criada pela Constituição de 1891? b) Que federação ele gostaria de ver implantada no Brasil? c) O que ele diria acerca da federação em que se converteu o Brasil em 2024, após a EC n.º 132/2024?

2. Conceito de federação e a visão de Amaro Cavalcanti acerca do papel União

Amaro Cavalcanti define a federação como uma forma de governo em que o poder é dividido entre governo central e governos regionais e locais (estados e municípios), com ambos possuindo autonomia política em suas esferas de competência.

Ele destaca a importância dessa divisão para garantir a descentralização do poder e promover a diversidade administrativa e legislativa.

Cavalcanti analisa a transição do Brasil do regime monárquico centralizado para a república federativa, ressaltando os desafios e resistências enfrentados nesse processo. Ele observa que a adoção do federalismo foi uma resposta às demandas por maior autonomia regional e por uma administração pública mais eficiente e responsiva.

O autor aponta várias vantagens do federalismo, incluindo:[8]

a) Descentralização do poder: A divisão de competências permite uma administração mais próxima dos cidadãos, o que pode resultar em políticas públicas mais adequadas às necessidades locais;

b) Inovação e experimentação: estados podem atuar como "laboratórios de democracia", testando diferentes políticas e soluções para problemas sociais e econômicos;

c) *Checks and balances*: A existência de múltiplos níveis de governo cria um sistema de freios e contrapesos, prevenindo a concentração excessiva de poder.

Amaro Cavalcanti também reconhece vários desafios associados ao federalismo brasileiro:[9]

a) Desigualdade regional: a diversidade econômica e social entre os estados pode levar a disparidades significativas em termos de desenvolvimento e qualidade de vida;

b) Coordenação entre governos: a necessidade de coordenação entre os diferentes níveis de governo

---

8. CAVALCANTI, Amaro. *Regimen federativo e a Republica brazileira*. Rio de Janeiro: Imprensa Nacional, 1900. p. 119 e seguintes.

9. CAVALCANTI, Amaro. *Regimen federativo e a Republica brazileira*. Rio de Janeiro: Imprensa Nacional, 1900. p. 133.

pode resultar em conflitos de competência e dificuldades administrativas;

c) Complexidade legal: a coexistência de múltiplas legislações pode criar um ambiente jurídico complexo e, por vezes, contraditório.

Amaro Cavalcanti discute o papel crucial do governo federal na manutenção da unidade nacional, especialmente em um país de dimensões continentais como o Brasil.

Ele argumenta que, embora os estados devam ter autonomia política, é fundamental que o governo central possua poderes suficientes para garantir a coesão e a estabilidade do país.

Nesse ponto, ele afirma sem rodeios que: "Em theoria, a superintendência ou supremacia do poder federal sobre o poder estadoal é uma condição, uma necessidade, do próprio systema da Federação, e facilmente demonstrável",[10] concluindo que, na Federação, o poder estadual é institucionalmente subordinado ao poder federal (p.191).

Apesar dessa conclusão forte, no sentido da supremacia do poder da União como regente da federação, Amaro é enfático sobre a ideia de que a federação precisa ser equilibrada, garantindo aos entes federados a manutenção da sua autonomia administrativa, legislativa e financeira; do contrário ela deixa de existir como tal.

Todavia, como exposto no item anterior, a tendência centrípeta de sua visão decorre do assombro com a possibilidade de captura dos estados pelas oligarquias.

O autor sugere várias reformas para aprimorar o funcionamento da federação brasileira:

---

10. CAVALCANTI, Amaro. *Regimen federativo e a Republica brazileira.* Rio de Janeiro: Imprensa Nacional, 1900. p. 191.

a) Redistribuição de Competências: revisar e clarificar as competências exclusivas e concorrentes dos diferentes níveis de governo;

b) Reforço da Justiça Federal: fortalecer o papel do Judiciário na resolução de conflitos federativos;

c) Incentivo à Cooperação Interestadual: promover mecanismos de cooperação entre estados para enfrentar problemas comuns e reduzir desigualdades regionais.

Do ponto de vista da ideologia política, Cavalcanti destaca em seu livro a relação intrínseca entre federalismo, liberdade e democracia, argumentando que um sistema federativo bem estruturado pode fortalecer a participação cidadã e a representatividade política. Ele vê o federalismo como um meio para promover a pluralidade e a inclusão, essenciais para uma democracia forte e dinâmica.[11]

Em suma, para Amaro, a federação é um regime que depende do delicado equilíbrio entre a autonomia dos entes federados e o poder da União, que existe justamente para manter todos os entes unidos, mas politicamente autônomos ao mesmo tempo.

Esse equilíbrio é fundamental para garantir que os estados ou províncias possam tomar decisões independentes que melhor atendam às suas necessidades locais, sem, contudo, comprometer a unidade do país como um todo. O poder da União existe justamente para manter todos os entes federados unidos, mas politicamente autônomos, garantindo que nenhuma região se torne isolada ou desconectada das demais.

Dessa forma, a falta de equilíbrio entre centralização e descentralização é o mais difícil problema a ser equacionado em uma federação, pois a União deve ter autoridade

---

11. CAVALCANTI, Amaro. *Regimen federativo e a Republica brazileira*. Rio de Janeiro: Imprensa Nacional, 1900. p. 122.

suficiente para manter a unidade nacional e garantir a observância das leis constitucionais, enquanto os Estados devem ter autonomia para gerenciar seus próprios assuntos dentro dos limites estabelecidos pela Constituição.

Por fim, uma lição irretorquível do mestre: nenhuma autonomia se justifica se ela gerar desequilíbrio para a nação. Era preciso estar de olho nos "barões da federação"; nada adiantaria substituir os "barões do império".[12]

3. A disputa com Rui Barbosa

Enquanto Rui Barbosa, em 1890, aos 41 anos, como Ministro da Justiça do Governo provisório e Senador constituinte, revisava o anteprojeto da nova Constituição, Amaro Cavalcanti, também aos 41 anos, estava em Nova Iorque, fazendo doutorado e estudando a cultura política norte-americana.

Rui seria lembrado como aquele que introduziu o "habeas corpus" na Constituição e que foi o grande entusiasta da construção do federalismo brasileiro. Amaro também foi um entusiasta do federalismo e da democracia. A liberdade que o "habeas corpus" vinha reforçar era antes de tudo produto da democracia. E ambos acreditavam que a República somente entregaria democracia e liberdade se o Brasil se organizasse na forma federativa.

Mas em que esses dois grandes juristas divergiam?

12. Em seu livro 1889, Laurentino Gomes anota: "No fundo, o novo sistema era muito semelhante ao dos velhos tempos da Monarquia. Em vez de um imperador vitalício, governava o país um presidente da República eleito ou reeleito a cada quatro anos, mas a diferença era apenas nominal e de aparência. Os agentes mudavam de nome, mas os papéis permaneciam os mesmos. No lugar da antiga aristocracia escravagista do açúcar e do café, figuravam os grandes fazendeiros do oeste paulista e de Minas Gerais. Onde antes havia barões e viscondes, entravam os caciques políticos locais, muitos deles, curiosamente, antigos coronéis da Guarda Nacional, dando origem à expressão 'coronelismo'" (GOMES, Laurentino. *1889*. Rio de Janeiro: Globolivros, 2013).

Ambos se preocupavam com o equilíbrio federativo. Porém, enquanto Rui tinha uma visão mais centrípeta e era preocupado em fortalecer o papel da União como superente da federação, Amaro preocupava-se em alcançar o máximo equilíbrio entre o papel da União como regente da federação e o papel dos Estados como gestores dos interesses regionais.

O federalismo de Rui era fortemente centralizado na União.[13] Ele tinha preocupação com a autonomia dos Estados, pois essa era base do arranjo federalista, porém acreditava que o fortalecimento do Governo Central era o caminho mais indicado para a realidade brasileira, que exigia a construção de um governo capaz de coordenar o desenvolvimento político, harmonizar o sistema jurídico e equilibrar o desenvolvimento econômico, dando coesão à nação. Rui se preocupava com os coronéis e suas oligarquias, os "barões do império".

Amaro, por sua vez, embora atento às oligarquias estaduais, era mais preocupado com o equilíbrio. Para ele, a federação é um regime que depende do delicado e sutil equilíbrio entre a autonomia dos entes federados e o poder da União, que existe justamente para manter todos os entes unidos, mas politicamente autônomos.

Antes de ser Ministro do Supremo Tribunal Federal (STF), Amaro Cavalcanti, em 1896, polemizou com Rui

13. "Na visão centrípeta de Rui Barbosa, deveria ser entregue à União a competência exclusiva para legislar sobre Direito Civil, Direito Comercial e Direito Penal. No campo fiscal, propugnava parcela maior da receita tributária. Com relação à proprietária das terras, atribuía à União sua propriedade. E não só isso. Também defendia a propriedade da União sobre toda a riqueza do subsolo. No campo da segurança pública, Rui defendia que a União poderia mobilizar e utilizar a força policial dos estados em casos determinados pela Constituição, e que o presidente da República teria o comando supremo das forças de terra, mar e polícia local quando chamadas às armas em defesa interna ou externa da União. Finalmente, Rui defendia a ampla intervenção federal da União nos Estados para manter plenas a lei e a ordem" (SUGAHARA, Henrique. *Assembleia Nacional Constituinte de 1891*. Disponível em: chrome-extension://efaidnbmnnnibpcajpcglclefindmkaj/https://cpdoc.fgv.br/sites/default/files/verbetes/primeira-republica/CONSTITUI%C3%87%C3%83O%20DE%201891.pdf. Acesso em: 14 jul. 2024).

Barbosa a respeito de um imposto de estatística criado pelo estado da Bahia. Esse imposto incidia sobre o comércio internacional e interestadual.

O imposto de estatística criado pelo estado da Bahia gerou controvérsia por ser visto como barreira ao comércio interestadual e usurpação da competência da União para tributar o comércio internacional.

O STF decidiu que o imposto era uma violação da Constituição, que garantia a livre circulação de mercadorias entre os estados e proibia a criação de barreiras comerciais internas que pudessem prejudicar o mercado nacional. Além disso, o Tribunal reconheceu a usurpação da competência da União para tributar o comércio exterior. Em suma, a Bahia desrespeitava duplamente o papel da União, como coordenadora da política fiscal e tributária da federação e também usurpava sua competência tributária exclusiva sobre o comércio exterior.

Amaro Cavalcanti comentou essa decisão em três artigos no *Jornal do Comércio*, defendendo parcialmente a posição do STF. Nos textos, ele argumentava que tal imposto realmente violava a competência tributária da União no tocante à tributação do comércio exterior. Porém, não violava a competência da União como coordenadora da federação, pois não havia qualquer dispositivo constitucional que impedisse os estados de tributarem o comércio interestadual.

Amaro defendeu sua posição dizendo que a inconstitucionalidade quanto à tributação do comércio interestadual foi declarada acertadamente, mas por razões erradas, uma vez que o caso nada tinha a ver com questão federativa: "A Constituição Brasileira não contém disposição alguma, que prive a um Estado de tributar a importação, proveniente de outro da mesma Federação".[14]

---

14. CAVALCANTI, Amaro. *Regimen federativo e a Republica brazileira*. Rio de Janeiro: Imprensa Nacional, 1900. p. 274.

Segundo a visão de Amaro, a inconstitucionalidade deveria ser declarada apenas porque não havia proibição expressa na Constituição, no sentido que os estados também não poderiam instituir imposto sobre o comércio interestadual. Os dispositivos em questão eram os seguintes: "Art. 7º É da competência exclusiva da União decretar: 1º) impostos sobre a importação de procedência estrangeira; 2º) direitos de entrada, saída e estadia de navios, sendo livre o comércio de cabotagem às mercadorias nacionais, bem como às estrangeiras que já tenham pago impostos de importação".

Ele desenvolveu seu raciocínio apenas com base em argumentos lógico-formais[15], sem qualquer fundamentação de ordem jurídica fundada no princípio federativo. Ora, a Constituição, ao destacar que era livre o comércio de cabotagem para as mercadorias nacionais, não impedia que os estados tributassem o comércio interestadual.

Rui Barbosa criticou duramente a decisão do STF e os artigos de Amaro Cavalcanti. Ele argumentava que os Estados não tinham o direito de criar impostos fora de sua competência constitucionalmente prevista e que a decisão do STF foi ruim, porque, apesar de haver declarado a inconstitucionalidade, o fez por motivos meramente formais. Rui via os argumentos de Amaro como superficiais e equivocados,[16] pois não respeitaram a competência da União em seu

15. "A disposição constitucional, que foi transcripta, encerra uma proposição principal, modificada por uma proposição *subordinada* da espécie, que os grammaticos chamam *oração participai*, e ao legislador, como ao jurisperito, não é licito ignorar, que uma proposição subordinada, formada por um participio *verbal*, é, forçosamente, *explicativa* ou *restrictiva* da proposição principal, a que a mesma se refere. 'Ora, a proposição principal do texto è: 'é da competência exclusiva da União decretar direitos de entrada, sahida e estada de navios', e a subordinada — 'sendo livre o commercio de cabotagem, etc....'. Que concluir dahi? Que os Estados não podem tributar o commercio interestadoal das mercadorias nacionaes? Lógica e grammaticalmente, nada autorisa a semelhante conclusão. 'Seria forçar as palavras a dizer o que ellas não dizem, e torturar as leis da grammatica de maneira cruel'".

16. GODOY, Arnaldo Sampaio de Moraes. Os pais fundadores do direito tributário brasileiro (3): Amaro Cavalcanti. *Consultor Jurídico*, São Paulo, 7 abr. 2024.

papel de gestora da federação. Segundo Rui, a Constituição era expressa: "Art. 63. Cada Estado reger-se-á pela Constituição e pelas leis que adotar respeitados os princípios constitucionais da União".

Uma das lições retiradas desse episódio é que o federalismo brasileiro sempre teve tendência centralizadora, e a razão disso é que a visão política predominante é no sentido de que o país ainda não havia amadurecido suficientemente para construir uma federação com mais autonomia para os estados.

O temor de Rui, assim como o de Amaro e Oswaldo, era de que as antigas províncias, agora estados federados, fossem capturadas pelas oligarquias locais, representadas pelos antigos coronéis, muitos deles conhecidos como "barões do império".

A segunda lição é: prestar atenção ao papel de gestora ou coordenadora da federação que a União exerce no desenho brasileiro. Se ele for maior que o necessário, é sinal de avanço sobre a autonomia dos Estados e quebra da federação.

Porém, a preservação da autonomia dos estados e municípios jamais poderá ser justificada se isso prejudicar o todo. Esse é o desafio.

Enfim, vem a derradeira lição: se não houver confiança na maturidade política da nação, com Rui, mais vale interpretar e decidir por princípios do que com base em formalismos. Se houver essa confiança, com Amaro, é possível fazer interpretações a partir da lógica e das regras gramaticais.

Disponível em: https://www.conjur.com.br/2024-abr-07/os-pais-fundadores-do-direito-tributario-parte-iii-amaro-cavalcanti/. Acesso em: 14 jul. 2024.

4. O papel dual da União – regente e superente

Na federação, o arranjo político objetiva definir dois tipos de competência para os estados: a **competência legislativa** e a **competência administrativa ou material**, que é o poder de formular e executar políticas públicas. Na competência administrativa, também se inclui o poder de polícia, a capacidade de prestar serviços e a capacidade para exercer atividade econômica.

Competência é um nome que se dá à medida do poder. Quanto mais competência, mais poder. Se o poder fosse pleno, não haveria a necessidade de se falar em competência. Se há essa necessidade, é porque o poder é limitado e essa definição precisa seguir regras e princípios constitucionalmente estabelecidos.

A definição constitucional de competências em um modelo federativo leva em conta dois pressupostos essenciais: o primeiro deles é o pressuposto da *autonomia* que cada ente federativo possui e conserva para se conduzir segundo seus interesses e necessidades.

O segundo pressuposto é o seguinte: sem quebrar a autonomia política dos estados e municípios, tem que haver um *poder central* com prerrogativa para coordená-los rumo aos objetivos comuns da nação, bem como para evitar conflitos entre eles. Na federação, vige o lema: "cada um por si e todos pela União". É um arranjo delicado, porque a autonomia induz a competição e a competição pode facilmente desbordar para conflitos desagregadores ou que prejudiquem o desenvolvimento do todo, ou seja, da nação.

Em tais termos, é correto afirmar que a competência para coordenação do governo central pode ser entendida como uma supercompetência, pois seu objetivo é coordenar as competências distribuídas aos entes federados. Com isso, o poder pleno, ou seja, a soberania interna fica totalmente distribuída. Nos termos desse segundo pressuposto, o governo central não deve receber mais competência do que a necessária para coordenar os entes federados.

No momento de distribuir essas competências, os constituintes, que não são representantes dos estados, dos municípios nem da União, mas de todos eles juntos, decidem quais devem ser entregues aos estados e aos municípios e qual competência deve ser entregue ao governo central, para que este exerça seu papel de regência ou coordenação da federação.

Com essa consciência federativa, os constituintes começam a definir as competências: legislativa e administrativa.

Como se percebe, dividir competências em uma federação envolve um delicado jogo que exige coerência e igualdade, pois nenhum ente federado de mesmo nível pode receber mais poderes que outros. Um estado não pode receber competência fiscal, administrativa ou legislativa que não seja entregue a todos os outros. Eventuais desigualdades, decorrentes da realidade socioeconômica, somente podem ser equalizadas pelo governo central através de sua competência de coordenador da federação. Isso é feito por meio de fundos financeiros com essa específica finalidade: Fundo Constitucional de Financiamento do Nordeste – FNE, Fundo de Desenvolvimento do Centro-Oeste (FDCO) e Fundo Constitucional de Financiamento do Norte – FNO, previstos no art. 159 da Constituição Federal.

A rigor, importante frisar, a União somente deve receber poderes necessários para exercer seu papel de coordenadora da federação. Os demais poderes devem todos ser entregues aos estados e municípios. Esse é o pressuposto da autonomia política e do equilíbrio federativo.

Como adverte José Afonso da Silva, a União é "entidade federativa, mas não entidade federada".[17]

---

17. SILVA, José Afonso. *Curso de direito constitucional*. São Paulo: Malheiros, 2015. p. 493.

Quanto de poder é necessário ser entregue à União para que ela exerça seu papel de coordenadora da federação?

É aqui o ponto nevrálgico da questão federativa. Se a União tem poderes que vão além do necessário para exercer sua função de coordenadora ou regente, ela assume outra função. Ela passa a falar e agir em nome próprio.[18]

Quando a União assume mais competências legislativas do que ela precisa para ser a regente da federação, então ela passa a cumprir um papel dual. Além de regente, passa a ser também ente da federação concorrente dos estados e dos municípios.

Nesse caso, aí sim, a União pode ser também entidade federada, concorrendo com estados e municípios.[19] A União começa a jogar de acordo com o lema "cada um por si e todos pela nação", de maneira que o governo central passa a disputar poder com os estados.

A prova dessa afirmação está na circunstância de que, na federação, há três ordens jurídicas que se entrelaçam:[20] (i) a ordem nacional total, quando a União legisla e age como coordenadora da federação; (ii) a ordem nacional

---

18. BASTOS, Celso Ribeiro. *Curso de direito constitucional*. São Paulo: Malheiros, 2010.

19. José Afonso da Silva é enfático quanto a dois pontos: 1) não considera a União ente federado. Ele diz que "ela é unidade federativa, mas não ente federado" (op. cit., p. 493). 2) também não considerada os municípios como entes federados, mas divisões dos Estados com alguma autonomia. Segundo ele, não existe federação de municípios, mas apenas de estados (op. cit., p. 474). Contudo, ousamos divergir e considerar a União como ente federado quando ela está na condição de superente. Concordamos com o mestre, ou seja, que a União é apenas ente federativo quando ela está na função de regente da federação. Por sua vez, também concordamos com o mestre quando ele diz que os municípios não são exatamente membros integrantes da federação. Essa opinião contrasta com o entusiasmo da federação municipal defendido por Paulo Bonavides (cf. BONAVIDES, Paulo. *Curso de direito constitucional*. São Paulo: Malheiros, 1997. p. 316).

20. Paulo de Barros Carvalho fala em uma quarta ordem, a dos municípios (cf. CARVALHO, Paulo de Barros. *Curso de direito tributário*. São Paulo: Saraiva, 2020).

parcial, quando a União legisla e age como superente federado e; (iii) a ordem estadual.[21]

Como consequência, a União, que deveria representar o interesse de todos os estados, contribuindo para o desenvolvimento deles, passa a ser um superente que com eles disputa.

Em tais circunstâncias, o jogo de poder fica ainda mais complexo.

5. Conclusões

Em suas reflexões, na obra *Regime federativo: a República brasileira*, bem como em sua disputa com Rui Barbosa, mesmo atento às necessidades locais por um federalismo centrípeto, Amaro sempre se preocupou com o equilíbrio na distribuição de competências.

Dessa forma, a contenda entre Rui e Amaro muito serviu ao amadurecimento político do país, pois foi nela que dois juristas de alto gabarito revelaram a necessidade de adaptar as ideias dos federalistas norte-americanos à realidade sociopolítica do Brasil: federalismo centrípeto em vez de centrífugo, para evitar a captura coronelista.

Por outro lado, revelou o grau de desconfiança que se tinha na elite política brasileira, mais Rui do que Amaro, e na importância da conclusão final: nenhuma autonomia estatal se justifica em prejuízo da nação.

---

21. Geraldo Ataliba distingue esse papel dual da União, mas ele o faz de forma incompleta. Ele diz que a União age em nome próprio quando se dirige apenas àqueles jurisdicionados da União e isso não é verdade, uma vez que ela se dirige a toda a federação. Segundo Michel Temer: "Geraldo Ataliba precisou essa distinção ao salientar que as leis nacionais são as que alcançam todos os habitantes do território nacional (leis processuais, civis, penais, trabalhistas etc.) e as federais são aquelas que incidem apenas sobre os jurisdicionados da União (são aquelas que dizem respeito aos servidores da União e ao seu aparelho administrativo)" (TEMER, Michel. *Elementos de direito constitucional*. São Paulo: Malheiros, 1997).

O que Amaro diria sobre a EC n. 132 e a reforma tributária que redesenhou a federação brasileira: correta, pois não há autonomia estadual nem municipal que possa ser defendida em prejuízo da nação.

Especificamente sobre o papel dual da União e a reforma tributária, remeto o leitor para a segunda parte deste artigo, publicado em coletânea da Fundação Getúlio Vargas, sob a coordenação de seu Núcleo de Estudos Fiscais – NEF.

Amaro começou a identificar o papel dualista da União, como coordenadora da federação e superente federado, mas não conclui o raciocínio; nem Rui. E foi justamente essa falta de clareza que os levou à refrega. Que façam as pazes!

Referências

BASTOS, Celso Ribeiro. *Curso de direito constitucional.* São Paulo: Malheiros, 2010.

BONAVIDES, Paulo. *Curso de direito constitucional.* São Paulo: Malheiros, 1997.

CARVALHO, Paulo de Barros. *Curso de direito tributário.* São Paulo: Saraiva, 2020.

CAVALCANTI, Amaro. *Regimen federativo e a Republica brazileira.* Rio de Janeiro: Imprensa Nacional, 1900.

GODOY, Arnaldo Sampaio de Moraes. Os pais fundadores do direito tributário brasileiro (3): Amaro Cavalcanti. *Consultor Jurídico*, São Paulo, 7 abr. 2024. Disponível em: https://www.conjur.com.br/2024-abr-07/os-pais-fundadores-do-direito-tributario-parte-iii-amaro-cavalcanti/. Acesso em: 14 jul. 2024.

GOMES, Laurentino. *1889.* Rio de Janeiro: Globolivros, 2013.

KELSEN, Hans. *Teoria do direito e do Estado*. Tradução de Luís Carlos Borges. São Paulo: Martins Fontes, 2000.

NOBRE JR., Edilson Pereira. CARVALHO, Ivan Lira. MENDONÇA, Fabiano André. *Amaro Cavalcanti*: vida e obra. Indaiatuba: Foco, 2022.

SILVA, José Afonso. *Curso de direito constitucional*. São Paulo: Malheiros, 2015.

SUGAHARA, Henrique. *Assembleia Nacional Constituinte de 1891*. Disponível em: chrome-extension://efaidnbmnnnibpcajpcglclefindmkaj/https://cpdoc.fgv.br/sites/default/files/verbetes/primeira-republica/CONSTITUI%C3%87%C3%83O%20DE%201891.pdf. Acesso em: 14 jun. 2024.

TEMER, Michel. *Elementos de direito constitucional*. São Paulo: Malheiros, 1997.

TOCQUEVILLE, Alexis de. *A democracia na América*: leis e costumes. Tradução Eduardo Brandão. São Paulo: Martins Fontes, 2005.

TRIGUEIRO, Oswaldo. *Problemas do governo democrático*. Brasília: Senado Federal, 1976.

AMARO CAVALCANTI: MUITAS VIDAS EM UMA

Cibele Benevides Guedes da Fonseca[1]

Resumo: O presente artigo tem por objetivo analisar a vida de Amaro Cavalcanti, exemplo modelar de jurista e homem público. O texto é construído a partir de fontes doutrinárias, inclusive da época e, em seu desenvolvimento, serão abordados a sua formação cultural e o exercício dos cargos da mais alta relevância, entre os quais o de Constituinte da primeira República, Ministro do STF e juiz da Corte Internacional de Haia.

Palavras-chave: Amaro Cavalcanti; Padre João Maria; Rio Grande do Norte; Ministro; Supremo Tribunal Federal.

Keywords: Amaro Cavalcanti; Father João Maria; Rio Grande do Norte; justice; Supreme Court of Brazil.

---

1. Mestre em Direito pela Universidade Católica de Brasília. Doutoranda em Direito pela Universidad de Salamanca. Membro da Academia de Letras Jurídicas do Estado do Rio Grande do Norte (Cadeira 02 Patrono Amaro Cavalcanti). Desembargadora do Tribunal Regional Federal da 5ª Região. cibele.benevides@trf5.jus.br

1. Introdução

Um casal, num sítio simples e sem recursos no sertão nordestino brasileiro, no final do século XIX, teve cinco filhos: dois meninos e três meninas. Os dois meninos eram considerados prodígios: um deles chegou ao posto de Ministro do Supremo Tribunal Federal, enquanto o outro, Padre, foi proclamado santo pelo povo[2] e reconhecido "servo de Deus" pela Igreja Católica. Pois assim ocorreu com Amaro Soares Cavalcanti de Brito e Anna Barros Cavalcanti, casal pobre da pequena fazenda Logradouro do Barro, em Caicó (Hoje Jardim de Piranhas), Rio Grande do Norte, Brasil.

Em 1848 nasceu o filho mais velho, João Maria, que desde cedo revelou sua vocação religiosa e viria se tornar o Padre João Maria, conhecido como "o Santo de Natal",[3] em processo de beatificação pelo Vaticano.[4] Em 1849 nascia

---

2. NOBRE JÚNIOR, Edilson Pereira; MENDONÇA, Fabiano André de Souza; CARVALHO, Ivan Lira de. Amaro Cavalcanti: vida e obra. *In*: MONTEIRO FILHO, Carlos Edison do Rêgo; MORSELLO, Marco Fábio; ROSENVALD, Nelson (coord.). *Protagonistas da responsabilidade civil*. Indaiatuba-SP: Foco, 2022. p. 34.

3. Há registros, ainda, dos seguintes epítetos atribuídos ao Padre João Maria: "Santo do Seridó", "João de Deus", "Anjo da Caridade", "Pai dos pobres e dos órfãos", "Grande benfeitor da pobreza", "Sacerdote de Cristo", "Virtuoso Apóstolo da caridade", "Apóstolo de Natal", dentre outros (CAMPOS, José Freitas. *Padre João Maria, o Santo de Natal*. CAMPOS, José Freitas. Padre João Maria, o Santo de Natal. Disponível em: https://www.arquidiocesedenatal.org.br/post/padre-jo%C3%A3o-maria-o-santo-de-natal. Acesso em: 26 maio 2024).

4. Em 2002 iniciou-se o processo em busca da beatificação do Padre João Maria. No dia 28 de abril de 2024 a Arquidiocese de Natal instalou o Tribunal para a Causa de Beatificação e de Canonização do Servo de Deus Padre João Maria Cavalcanti de Brito, na Igreja Matriz de Nossa Senhora de Lourdes, no bairro de Petrópolis, na capital potiguar. São muitos os relatos sobre a caridade e devoção aos mais humildes por parte do sacerdote, que faleceu de varíola ao cuidar dos pobres vitimados pela epidemia em Natal. Nas palavras de Monsenhor Landim: *"o coração do padre João Maria era um tesouro de bondade"* e sua caridade, *"completamente cega"*, de tal modo que *"pedir-lhe era ter a certeza de ser atendido"*, conforme registrado por: MELO JUNIOR, Antônio Ferreira de. Um Sacerdote integral: o Padre João Maria na narrativa do Monsenhor Alves Landim. *Revista Espacialidades [online]*, Natal, v. 6, n. 5, 2013. Disponível em: https://periodicos.ufrn.br/espacialidades/article/view/17610/11478. Acesso em: 26 maio 2024.

seu irmão, Amaro, que recebeu o mesmo nome de seu pai e que, em uma vida, foi professor, advogado formado em Universidade americana, Constituinte da primeira Carta republicana, Embaixador, Ministro da Justiça, Ministro do Supremo Tribunal Federal, Prefeito da Capital da República, Ministro da Fazenda e juiz da Corte de Haia, além de renomado doutrinador com obras de relevo.

É sobre essa vida rica de experiências que trata este artigo.

2. Amaro, o menino potiguar: poderosa inteligência

Amaro Cavalcanti Soares de Brito nasceu em 15 de agosto de 1849,[5] em casa, na Fazenda Logradouro do Barro, em Caicó, na região do Seridó da então Província do Rio Grande do Norte.

Era filho de Amaro e de Anna e, como já dito, tinha um irmão mais velho (João Maria) e três irmãs (Militana, Josefina e Ana). Seu pai era, além de pequeno proprietário rural, professor primário ("mestre-escola"). Era uma família simples e sem recursos, mas que investiu o pouco que tinha na educação dos dois filhos, que desde cedo demonstraram enorme inteligência e sede de conhecimentos.

De fato, os dois irmãos, "com diferença de quase quatorze meses de idade, apresentavam surpreendente rendimento nos estudos".[6] João Maria "externava o desejo de seguir a carreira religiosa. Queria ser padre. O outro, também revelado um aplicado estudante de língua latina, preferia, inicialmente, as atividades mercantis. Ambos eram filhos prodígios".[7]

---

5. GOSSON, Eduardo Antonio. *Ministros potiguares*. Natal: Natal Gráfica, 2005. p. 39.

6. SOUZA, Carlos Adel Teixeira de. *Amaro Cavalcanti*: pequena história sobre o mais notável norte-riograndense na fase da transição do Império para a República brasileira. Natal: Sebo Vermelho, 2009. p. 231.

7. SOUZA, Carlos Adel Teixeira de. *Amaro Cavalcanti*: pequena história sobre o

O irmão mais velho, João Maria, foi encaminhado para estudar no Seminário em Olinda, Pernambuco, e seguiu o caminho clerical, sua grande vocação, "sendo pela história consagrado como santo popular de Natal",[8] pela sua "fé inabalável, pelo seu espírito de renúncia, pelas suas peregrinas virtudes cristãs".[9] Amaro não pôde continuar os estudos formalmente, por falta de recursos, mas não se intimidou diante da carência financeira: queria estudar e, para tanto, "fez-se autodidata, devorando os livros que lhe caiam em mãos por aquisição ou empréstimo e, aos poucos, por si mesmo, foi cultivando como pôde sua poderosa inteligência".[10]

3. Amaro na Paraíba, em Pernambuco e no Maranhão: trabalho e estudos

Em 1861 o irmão de Amaro, João Maria, fora estudar no Seminário de Olinda, Pernambuco, seguindo sua vocação sacerdotal. Amaro ficou na fazenda com os pais e as irmãs, pois não ostentava qualquer desejo de se tornar padre, e não tinha recursos para estudar em outro lugar.

A falta de vocação sacerdotal se mostra em trechos de artigos que sempre remetem a amores de Amaro quando jovem. Ao estudar com um professor particular em Caicó (Professor Joaquim Apolinar), Amaro teria se apaixonado

---

mais notável norte-riograndense na fase da transição do Império para a República brasileira. Natal: Sebo Vermelho, 2009. p. 32.

8. NOBRE JÚNIOR, Edilson Pereira; MENDONÇA, Fabiano André de Souza; CARVALHO, Ivan Lira de. Amaro Cavalcanti: vida e obra. *In*: MONTEIRO FILHO, Carlos Edison do Rêgo; MORSELLO, Marco Fábio; ROSENVALD, Nelson (coord.). *Protagonistas da responsabilidade civil.* Indaiatuba-SP: Foco, 2022. p. 34.

9. LYRA, Tavares de. Amaro Cavalcanti. *Revista do Instituto Histórico e Geográfico Brasileiro,* Rio de Janeiro, v. 204, p. 335-342, jul./set. 1949. p. 335.

10. LYRA, Tavares de. Amaro Cavalcanti. *Revista do Instituto Histórico e Geográfico Brasileiro,* Rio de Janeiro, v. 204, p. 335-342, jul./set. 1949. p. 335.

por sua filha, e as aulas cessaram pois o mestre não aprovava o relacionamento, em virtude da condição social simples do jovem rapaz.[11] Segundo Juvenal Lamartine, Amaro teria deixado Caicó "para esquecer uma paixão".[12] De fato, "apaixonou-se por uma moça de família abastada, que criou forte oposição ao casamento por ser Amaro pobre".[13]

Impelido pela necessidade de ajudar no sustento da família, por volta de 1865 começou a trabalhar no comércio de gado, viajando pelo interior do Rio Grande do Norte e províncias próximas.[14] A convite de um comerciante amigo da família, passou a trabalhar na cidade de Itabaiana, no agreste da Paraíba.[15] Diante da proximidade com Recife, decidiu conhecer a cidade, que era na época o segundo mais importante polo cultural e político do nordeste do Brasil Imperial,[16] aproveitando para também visitar seu irmão em Olinda.

Aos ares de Pernambuco logo se adaptou, e o contato com o Seminário em Olinda o encantou, diante da possibilidade de estudar e ampliar seus conhecimentos. Em não

---

11. NOBRE JÚNIOR, Edilson Pereira; MENDONÇA, Fabiano André de Souza; CARVALHO, Ivan Lira de. Amaro Cavalcanti: vida e obra. *In*: MONTEIRO FILHO, Carlos Edison do Rêgo; MORSELLO, Marco Fábio; ROSENVALD, Nelson (coord.). *Protagonistas da responsabilidade civil.* Indaiatuba-SP: Foco, 2022. p. 34.

12. NOBRE JÚNIOR, Edilson Pereira; MENDONÇA, Fabiano André de Souza; CARVALHO, Ivan Lira de. Amaro Cavalcanti: vida e obra. *In*: MONTEIRO FILHO, Carlos Edison do Rêgo; MORSELLO, Marco Fábio; ROSENVALD, Nelson (coord.). *Protagonistas da responsabilidade civil.* Indaiatuba-SP: Foco, 2022. p. 34.

13. LAMARTINE DE FARIA, Juvenal. *Amaro Cavalcanti*: homem de pensamento e de ação. Natal: Academia norte-rio-grandense de Letras, 1939. p. 19. Discurso de recepção a 15 de agosto de 1939.

14. LYRA, Tavares de. Amaro Cavalcanti. *Revista do Instituto Histórico e Geográfico Brasileiro,* Rio de Janeiro, v. 204, p. 335-342, jul./set. 1949. p. 335.

15. SOUZA, Carlos Adel Teixeira de. *Amaro Cavalcanti*: pequena história sobre o mais notável norte-riograndense na fase da transição do Império para a República brasileira. Natal: Sebo Vermelho, 2009. p. 32-33.

16. SOUZA, Carlos Adel Teixeira de. *Amaro Cavalcanti*: pequena história sobre o mais notável norte-riograndense na fase da transição do Império para a República brasileira. Natal: Sebo Vermelho, 2009. p. 33.

havendo vagas para que pudesse estudar em Olinda, foi orientado pelo seu Bispo a procurar o Seminário de São Luiz, capital da província do Maranhão, cidade que também era importante centro político e econômico da época.[17]

Assim, Amaro, na companhia de seu pai, empreendeu a cansativa viagem por terra até São Luiz (mais de 1800 km distante de Recife), numa jornada difícil, sem estradas, e que levou no mínimo cerca de noventa dias ininterruptos de viagem, "se presentes estivessem boas montarias de troca, além do alto custo da alimentação e esquecendo-se o desgaste físico".[18]

Amaro foi aceito no Seminário em São Luiz, destacando-se como excelente aluno, especialmente de latim. Lá, era popular. Segundo Carlos Adel Teixeira de Souza, Amaro era um jovem "dotado de boa conversa, falante, envolvente, despido de timidez",[19] que logo fazia amizades. Seu brilho era tanto que, mesmo recusando-se a fazer os votos solenes da vida celibatária, já que "não sentia vocação para a vida eclesiástica",[20] foi autorizado a continuar seus estudos no Seminário.

O jovem Amaro "logo fazia amizades e mostrava ser capaz de expor e defender ideias junto aos dirigentes da

---

17. SOUZA, Carlos Adel Teixeira de. *Amaro Cavalcanti*: pequena história sobre o mais notável norte-riograndense na fase da transição do Império para a República brasileira. Natal: Sebo Vermelho, 2009. p. 33.

18. SOUZA, Carlos Adel Teixeira de. *Amaro Cavalcanti*: pequena história sobre o mais notável norte-riograndense na fase da transição do Império para a República brasileira. Natal: Sebo Vermelho, 2009. p. 35.

19. SOUZA, Carlos Adel Teixeira de. *Amaro Cavalcanti*: pequena história sobre o mais notável norte-riograndense na fase da transição do Império para a República brasileira. Natal: Sebo Vermelho, 2009. p. 36.

20. LIMA, Nestor. Amaro Cavalcanti, o educador. *Revista do IHGRN*, Natal, v. XLV–XLVII, de 1948 a 1850, citado por SOUZA, Carlos Adel Teixeira de. *Amaro Cavalcanti*: pequena história sobre o mais notável norte-riograndense na fase da transição do Império para a República brasileira. Natal: Sebo Vermelho, 2009. p. 36.

Província",[21] e essa personalidade lhe abriu muitas portas. Foi aprovado muito cedo para a função de professor de retórica, o que lhe rendeu respeito, admiração e a possibilidade de se sustentar em São Luiz do Maranhão.[22] Mas não tardou a que a vida fizesse o jovem Amaro mudar, novamente, de cidade.

4. Amaro no Ceará: professor de latim e defensor da educação básica

O irmão João Maria fora transferido de Olinda para o Seminário da Prainha, em Fortaleza, onde foi ordenado Sacerdote em 1871, aos 23 anos de idade, poucos meses antes da ordenação do Padre Cícero Romão Batista, o "santo de Juazeiro".[23] A família inteira, inclusive Amaro, viajou para assistir a prestigiada solenidade, presidida pelo Dom Luiz Antônio dos Santos, primeiro Bispo da cidade de Fortaleza, e contou, inclusive, com a presença do Presidente da Província.[24]

O brilho e a inteligência de Amaro logo conquistaram os professores e amigos cearenses do seu irmão, agora já ordenado Padre, e foi por todos do Seminário da Prainha estimulado a se submeter a uma seleção para a função de professor de latim na Escola Apostólica e Noviciato de Baturité, cidade distante cerca de 100 km de Fortaleza, com

21. SOUZA, Carlos Adel Teixeira de. *Amaro Cavalcanti*: pequena história sobre o mais notável norte-riograndense na fase da transição do Império para a República brasileira. Natal: Sebo Vermelho, 2009. p. 36.

22. SOUZA, Carlos Adel Teixeira de. *Amaro Cavalcanti*: pequena história sobre o mais notável norte-riograndense na fase da transição do Império para a República brasileira. Natal: Sebo Vermelho, 2009. p. 36.

23. SOUZA, Carlos Adel Teixeira de. *Amaro Cavalcanti*: pequena história sobre o mais notável norte-riograndense na fase da transição do Império para a República brasileira. Natal: Sebo Vermelho, 2009. p. 37.

24. SOUZA, Carlos Adel Teixeira de. *Amaro Cavalcanti*: pequena história sobre o mais notável norte-riograndense na fase da transição do Império para a República brasileira. Natal: Sebo Vermelho, 2009. p. 37.

estrada de ferro ligando as duas cidades. Concorreu e passou em primeiro lugar no concurso, e "ali se estabeleceu, ensaiando suas primeiras armas na imprensa, familiarizando-se com o foro, publicando seus primeiros trabalhos, granjeando relativa notoriedade".[25]

Amaro então passou a lecionar e a difundir, por meio de artigos em jornais, suas ideias modernas sobre acesso amplo à educação. Seu talento autodidata o fez rábula, passando a atuar perante o Judiciário local. Sua fama em Fortaleza como defensor de ideias modernas para a educação fez com que o Presidente da Província do Ceará o convidasse para viajar aos Estados Unidos da América, com "a finalidade de recolher subsídios destinados à elaboração de um programa educacional a ser adotado pelo governo cearense".[26] Mais uma vez, então, a vida convidou Amaro a viajar.

5. Amaro nos Estados Unidos da América

Amaro agarrou a oportunidade única e, aproveitando a chance de ir aos Estados Unidos estudar sobre o sistema de ensino norte-americano, decidiu, paralelamente, cursar Direito na *Albany Law School University*, em Nova York, buscando obter, de modo definitivo, o título formal de bacharel em Direito. Queria também advogar no Brasil quando retornasse.

Novamente o jovem Amaro se destacou, tornando-se laureado e o orador de sua turma, mesmo sendo estrangeiro. É o que nos conta novamente Tavares de Lyra: "se graduou em direito, cabendo-lhe, embora estrangeiro, o

---

25. LYRA, Tavares de. Amaro Cavalcanti. *Revista do Instituto Histórico e Geográfico Brasileiro,* Rio de Janeiro, v. 204, p. 335-342, jul./set. 1949. p. 335.

26. SOUZA, Carlos Adel Teixeira de. *Amaro Cavalcanti*: pequena história sobre o mais notável norte-riograndense na fase da transição do Império para a República brasileira. Natal: Sebo Vermelho, 2009. p. 39.

primeiro lugar entre os seus 58 companheiros de formatura e sendo por isso escolhido para orador de sua turma".[27]

Seu trabalho de conclusão de curso, em 1881, intitulado *"É a educação uma obrigação legal?"*, defendia que toda criança tem direito à educação, e que o Governo tem o dever de garantir escolas públicas e gratuitas, acessíveis a todos. [28] Seu destaque foi tamanho que obteve as credenciais para advogar perante a Suprema Corte americana, recebendo o título de *Counsellor at law*. Foi o primeiro advogado brasileiro a obter essa condição.[29] Figura, até hoje, como o único Ministro do Supremo Tribunal Federal graduado em Direito por uma universidade americana.[30]

6. O retorno ao Ceará: abolicionista e republicano

Ao retornar ao Ceará, Amaro publicou o trabalho *"Educação elementar nos Estados Unidos da América"*, a título de compilado sobre sua experiência no exterior. Foi, então, convidado pelo então Presidente da Província, Pedro Leão Veloso, para exercer a função de Diretor do Liceu, e, em seguida, para ser Inspetor Geral de Ensino.

Nos Estados Unidos, Amaro pôde absorver, mais ainda, os ideais de igualdade e abolicionistas que foram ali construídos e aprimorados, bem como fortalecer suas ideias

---

27. LYRA, Tavares de. Amaro Cavalcanti. *Revista do Instituto Histórico e Geográfico Brasileiro*, Rio de Janeiro, v. 204, p. 336, jul./set. 1949.

28. SOUZA, Carlos Adel Teixeira de. *Amaro Cavalcanti*: pequena história sobre o mais notável norte-riograndense na fase da transição do Império para a República brasileira. Natal: Sebo Vermelho, 2009. p. 163.

29. SOUZA, Carlos Adel Teixeira de. *Amaro Cavalcanti*: pequena história sobre o mais notável norte-riograndense na fase da transição do Império para a República brasileira. Natal: Sebo Vermelho, 2009. p. 40.

30. MELLO FILHO, José Celso de. *Notas sobre o Supremo Tribunal (Império e República)*. 4. ed. Brasília: Supremo Tribunal Federal, 2014. p. 28.

republicanas.[31] Mas não falava expressamente em Estado laico. Defendia o ensino religioso na grade curricular das escolas públicas, para estimular valores morais e éticos nos jovens. Essa ligação com a religião se devia, também, à forte conexão de Amaro com seu irmão mais velho.

Em sua temporada no Ceará, Amaro publicou trabalhos relacionados ao tema, como *"A Religião"*, de 1874 e *"A meus discípulos (Polêmica religiosa)"*, de 1875. Mesmo já no Rio de Janeiro, chegou a publicar, em 1883, *"Ensino Moral e religioso nas escolas públicas"*. Não se dedicou, contudo, apenas a esse assunto, escrevendo também o *"Livro popular (Miscelânea de conhecimentos úteis)"*, que publicou em 1879 no Ceará e, em 1881, em Nova York.

No efervescente cenário da capital do Ceará, Amaro se destacava como abolicionista. Além de ser uma convicção fruto da leitura e do período em que viveu nos Estados Unidos, o pensamento abolicionista de Amaro foi também fortemente influenciado por seu irmão, responsável pela primeira associação em prol da libertação dos escravizados no Rio Grande do Norte, juntamente a Pedro Velho e Alberto Maranhão, políticos potiguares,[32] e por isso era chamado "O pai dos negros forros".[33]

O discurso abolicionista de Amaro encontrava eco nos movimentos locais, angariando também a simpatia de pessoas próximas à Princesa Isabel.[34] Foi, então, escolhido para repre-

31. AMARO Cavalcanti: mais um grande centenário este ano. *Archivo Judiciário*, Recife, v. XCI, jul./set. 1949. Editorial publicado pelo *Jornal do Commercio*.

32. RN1. *Fez História aqui*: Padre João Maria. Disponível em: https://globoplay.globo.com/v/11527472/. Acesso em: 26 maio 2024.

33. Conforme afirma o historiador MELO JUNIOR, Antônio Ferreira de. Um Sacerdote integral: o Padre João Maria na narrativa do Monsenhor Alves Landim. *Revista Espacialidades [online]*, Natal, v. 6, n. 5, 2013. Disponível em: https://periodicos.ufrn.br/espacialidades/article/view/17610/11478. Acesso em: 26 maio 2024.

34. NOBRE JÚNIOR, Edilson Pereira; MENDONÇA, Fabiano André de Souza; CARVALHO, Ivan Lira de. Amaro Cavalcanti: vida e obra. *In*: MONTEIRO FILHO,

sentar a Província do Ceará no primeiro Congresso de Instrução no Rio de Janeiro, capital do Império, evento presidido pelo Príncipe Consorte Gastão d´Orleans, o Conde D´Eu. Era interesse da Monarquia em crise reagir às críticas que vinha sofrendo, e para tanto promoveu algumas reformas, entre as quais a *Reforma Leôncio de Carvalho de 1879*, que formulou diretrizes que impulsionaram ainda mais a necessidade de ampliar a rede de ensino.[35] Nesse contexto estava muito à vontade Amaro Cavalcanti, que cada dia se notabilizava mais como um especialista no tema da educação.

Sua participação foi de tamanho destaque que foi nomeado pelo mesmo Conde D´Eu, em março de 1883, para a cadeira do segundo ano de latim no Colégio Pedro II, no Rio de Janeiro.[36] Mesmo morando na capital do Império, foi eleito Deputado Provincial pelo Ceará, no ano seguinte, mas seu diploma foi anulado diante do fato de que não mais residia na Província cearense.[37]

Amaro cada vez mais se destacava como defensor da República, chegando a travar embates, por meio dos jornais da época, com os monarquistas, entre os quais o pernambucano Joaquim Nabuco (que era fervoroso abolicionista como Amaro, porém monarquista).[38] Sancionada a Lei Áurea em

---

Carlos Edison do Rêgo; MORSELLO, Marco Fábio; ROSENVALD, Nelson (coord.). *Protagonistas da responsabilidade civil.* Indaiatuba-SP: Foco, 2022. p. 36.

35. SILVA, Andréa Martins Alves. Educar a mulher para civilizar a nação: os projetos educacionais de Rui Barbosa e José Veríssimo no Rio de Janeiro no final do século XIX e início do século XX. In: ENCONTRO REGIONAL DE HISTÓRIA DA ANPUH-RIO, 15., 2012, Rio de Janeiro. *Anais do*... Rio de Janeiro: [S.n.], 2012. Disponível em: https://www.encontro2012.rj.anpuh.org/resources/anais/15/1337815856_ARQUIVO_trabalhoanpuh2012. pdf. Acesso em: 13 jun. 2024.

36. SOUZA, Carlos Adel Teixeira de. *Amaro Cavalcanti*: pequena história sobre o mais notável norte-riograndense na fase da transição do Império para a República brasileira. Natal: Sebo Vermelho, 2009. p. 43.

37. LYRA, Tavares de. Amaro Cavalcanti. *Revista do Instituto Histórico e Geográfico Brasileiro,* Rio de Janeiro, v. 204, p. 336, jul./set. 1949.

38. SOUZA, Carlos Adel Teixeira de. *Amaro Cavalcanti*: pequena história sobre o

1888, Amaro passou, então, a focar seus esforços na disseminação da ideia em defesa da proclamação da República.[39] Escrevia em jornais mas também se destacava como articulador discreto, atuando "muito bem nos bastidores, articulando, convencendo e convertendo possíveis opositores".[40]

Já mais maduro, aos 40 anos de idade, boa parte dos cabelos perdidos para a calvície,[41] a experiência de vida acumulada e a sabedoria advinda de anos de leitura instalaram de vez um estilo que o acompanharia para o resto da vida: atuação perspicaz, habilidosa, firme, discreta e conciliatória. E esse tipo de figura era necessária nos primeiros anos da República brasileira, época, como se sabe, de imensas hostilidades.

Esse perfil estadista, conciliador e sempre elogiado ("Não repetia uma frase convencional. Dizia o que sentia. Era sincero."[42]) aparece de forma clara na abertura do seu livro *Regime federativo e República brasileira*, quando conclamou a todos para que parassem de reclamar que "não era essa a república que sonhávamos", e para que passassem a "dar-lhe o melhor do nosso saber e esforços, para que a mesma se torne, o quanto antes, verdadeiramente digna, verdadeiramente grande, verdadeiramente próspera".[43]

---

mais notável norte-riograndense na fase da transição do Império para a República brasileira. Natal: Sebo Vermelho, 2009. p. 44.

39. SOUZA, Carlos Adel Teixeira de. *Amaro Cavalcanti*: pequena história sobre o mais notável norte-riograndense na fase da transição do Império para a República brasileira. Natal: Sebo Vermelho, 2009. p. 45.

40. SOUZA, Carlos Adel Teixeira de. *Amaro Cavalcanti*: pequena história sobre o mais notável norte-riograndense na fase da transição do Império para a República brasileira. Natal: Sebo Vermelho, 2009. p. 51.

41. SOUZA, Carlos Adel Teixeira de. *Amaro Cavalcanti*: pequena história sobre o mais notável norte-riograndense na fase da transição do Império para a República brasileira. Natal: Sebo Vermelho, 2009. p. 40.

42. LYRA, Tavares de. Amaro Cavalcanti. *Revista do Instituto Histórico e Geográfico Brasileiro,* Rio de Janeiro, v. 204, p. 342, jul./set. 1949.

43. SOUZA, Carlos Adel Teixeira de. *Amaro Cavalcanti*: pequena história sobre o

7. Rio de Janeiro: principal cenário de seus triunfos

7.1 Professor e advogado

Amaro iniciou sua vida no Rio de Janeiro, como já dito, como professor de latim do Colégio Pedro II, passando a atuar, também, como advogado.[44] A capital da República, a partir daí, passou a ser, nas palavras de Tavares de Lyra, o "principal cenário de seus triunfos".[45] Dedicou-se a estudar, além das questões referentes à educação, aspectos relativos às finanças públicas, culminando na publicação do livro *Finances du Brésil*, em 1889, bem como a *Resenha Financeira do Ex-Império*, em 1890, obra que foi premiada na Exposição Internacional de Trabalhos Jurídicos de 1894, além de *A Reforma Monetária*, de 1894.[46]

Decretada a República, Amaro foi nomeado pelo Presidente Marechal Deodoro da Fonseca Vice-Governador do Estado do Rio Grande do Norte. Contudo, mais uma vez não pôde exercer a função em razão de sua residência fora do domicílio eleitoral. Foi, então, indicado como representante do seu Estado na condição de parlamentar Constituinte.

7.2 Constituinte: membro da Comissão dos 21

O Governo Provisório do Marechal Deodoro da Fonseca apresentou uma minuta de projeto de Constituição

---

mais notável norte-riograndense na fase da transição do Império para a República brasileira. Natal: Sebo Vermelho, 2009. p. 52/53.

44. LYRA, Tavares de. Amaro Cavalcanti. *Revista do Instituto Histórico e Geográfico Brasileiro,* Rio de Janeiro, v. 204, p. 336, jul./set. 1949.

45. LYRA, Tavares de. Amaro Cavalcanti. *Revista do Instituto Histórico e Geográfico Brasileiro,* Rio de Janeiro, v. 204, p. 336, jul./set. 1949.

46. SOUZA, Carlos Adel Teixeira de. *Amaro Cavalcanti*: pequena história sobre o mais notável norte-riograndense na fase da transição do Império para a República brasileira. Natal: Sebo Vermelho, 2009. p. 47-48.

(decorrente dos trabalhos da "Comissão dos Cinco", revisada e, em parte, alterada por Rui Barbosa[47]), que foi analisada por uma Comissão composta por 21 membros, cada um representando uma unidade da federação, o que demonstra um *"claro indício do zelo federativo tão influente"*.[48]

A chamada "Comissão dos 21" era composta por alguns dos melhores juristas e intelectuais do Brasil,[49] e Amaro a integrava, representando o Estado do Rio Grande do Norte. Teve, assim, participação direta na elaboração da primeira Constituição da República, "que assegurou alguns avanços políticos, embora apresentasse limitações, pois preponderava em seu contexto os interesses das elites agrárias do país".[50]

A Comissão dos 21 analisou o projeto ofertado por Deodoro da Fonseca, e apresentou um trabalho revisado ao plenário, para debates, emendas e votações dos demais constituintes. Amaro foi um dos muitos membros da Comissão que apresentaram voto em separado, uma vez que "as discrepâncias internas foram tantas que o parecer da comissão só se veio a aprovar com restrições da quase totalidade dos seus membros".[51]

---

47. BONAVIDES, Paulo; ANDRADE, Paes de. *História constitucional do Brasil*. 2. ed. Brasília: Paz e Terra, 1990. p. 218.

48. BONAVIDES, Paulo; ANDRADE, Paes de. *História constitucional do Brasil*. 2. ed. Brasília: Paz e Terra, 1990. p. 224.

49. A Comissão dos 21 membros era composta pelos seguintes membros: Francisco Machado (Amazonas), Lauro Sodré (Pará), Casimiro Júnior (Maranhão), Teodoro Pacheco (Piauí), Joaquim de Oliveira Catunda (Ceará), Amaro Cavalcanti (Rio Grande do Norte), João Neiva (Paraíba), José Higyno (Pernambuco), Sabino Besouro (Alagoas), Oliveira Valadão (Sergipe), Virgílio Damásio (Bahia), Gil Goulart (Espírito Santo), Bernardino de Campos (São Paulo), João Batista Láper (Rio de Janeiro), Ubaldino do Amaral (Paraná), Lauro Müller (Santa Catarina), Júlio de Castilhos (Rio Grande do Sul), João Pinheiro (Minas Gerais), Lopes Trovão (Capital Federal), Leopoldo de Bulhões (Goiás) e Aquilino do Amaral (Mato Grosso). SOUZA, Carlos Adel Teixeira de. *Amaro Cavalcanti*: pequena história sobre o mais notável norte-riograndense na fase da transição do Império para a República brasileira. Natal: Sebo Vermelho, 2009. p. 55.

50. SOUZA, Carlos Adel Teixeira de. *Amaro Cavalcanti*: pequena história sobre o mais notável norte-riograndense na fase da transição do Império para a República brasileira. Natal: Sebo Vermelho, 2009. p. 55.

51. BONAVIDES, Paulo; ANDRADE, Paes de. *História constitucional do Brasil*. 2. ed. Brasília: Paz e Terra, 1990. p. 224.

Os debates foram intensos, e consta sua transcrição nos Anais da primeira Constituinte República. O próprio Amaro falou sobre o trabalho elaborado no período "patrioticamente limitado de 58 dias de suas sessões, aliás interrompidas por frequentes discussões e objetos e matérias estranhas".[52] Foi eleito Terceiro Secretário da Constituinte, e também escolhido para fazer o discurso de saudação, em nome de todos os parlamentares, ao novo Presidente da República.

O projeto submetido aos Constituintes adotava a República, o sistema presidencialista, o regime federativo, o Estado laico e o voto universal e aberto, de acordo com o pensamento da época de que "o voto às claras endireita o caráter".[53]

A liberdade política dos religiosos foi defendida por Amaro na Constituinte, quanto apresentou, já na fase dos debates, Emenda à Constituição quanto à capacidade política do cidadão, no sentido de que "ninguém será considerado incompatível por ser crente ou ministro de uma religião".[54] Mais uma vez a proximidade com o irmão sacerdote influenciava suas convicções.

7.2.1 Voto feminino: silêncio estratégico de Amaro?

Como já dito, a Constituição de 1891 trouxe o voto aberto e o sufrágio universal. Mas não era, de fato, universal. Em sua versão final, o art. 70 da Constituição previa que eram eleitores os cidadãos maiores de 21 anos que se alistassem na forma da lei, e vedava o alistamento, para as

---

52. BONAVIDES, Paulo; ANDRADE, Paes de. *História constitucional do Brasil*. 2. ed. Brasília: Paz e Terra, 1990. p. 225.

53. HOLLANDA, Cristina Buarque de. Heróis ou protegidos? Cidadania e voto na cena intelectual-parlamentar da Primeira República. *Caderno CRH*, Salvador, v. 29, n. 77, p. 349-361, maio/ago. 2016.

54. BRASIL. Congresso Nacional. *Anais da Constituinte de 1891*. Rio de Janeiro: Congresso Nacional, 1891. Disponível em: https://www.senado.leg.br/publicacoes/anais/pdf-digitalizado/Anais_Republica/1890/1890%20CN%20Hist%C3%B3rico.pdf. Acesso em: 26 maio 2024.

eleições federais e estaduais, dos *mendigos*, dos *analfabetos*, das *praças de pret*, excetuados os alunos das escolas militares de ensino superior. Vedava, ainda, o alistamento dos religiosos de ordens monásticas, companhias, congregações, ou comunidades de qualquer denominação, sujeitas a voto de obediência, regra, ou estatuto, que importasse a renúncia da liberdade individual.

Esse era basicamente o texto inicial apresentado pelo Governo provisório e acatado, com ressalvas, pela Comissão dos 21. No plenário, porém, alguns parlamentares apresentaram emendas a favor do voto dos analfabetos, do voto feminino e da capacidade política dos religiosos (nesse último caso, o próprio Amaro).

Em consulta às mais de mil páginas dos Anais da Constituinte de 1891, não se encontra uma só palavra de Amaro a favor do voto feminino. Também não há nenhuma palavra contra, como tantos parlamentares se sentiram à vontade para fazer. No texto final, "às mulheres, aos analfabetos e aos militares de baixa patente foi negada a plenitude da cidadania, pois estavam excluídos do exercício do direito de votar".[55]

Na verdade, o texto final do art. 70 da Constituição Republicana de 1891 dava azo a duas interpretações. Ao não falar nas mulheres, expressamente teria negado às mulheres o direito de votar (e de serem votadas).[56] Outra corrente

55. SOUZA, Carlos Adel Teixeira de. *Amaro Cavalcanti*: pequena história sobre o mais notável norte-riograndense na fase da transição do Império para a República brasileira. Natal: Sebo Vermelho, 2009. p. 56.

56. Para Uchôa Cavalcanti, ao não fazer a previsão expressa, a Constituição findou por proibir o voto das mulheres: *"Além das exclusões expressas na Constituição, subsiste a das mulheres, visto não ter sido aprovada nenhuma das várias emendas que lhes atribuíam o direito de voto político. Os anais guardam a interessante discussão havida e na qual se exibiram argumentos de toda a ordem, sustentados de parte a parte com maestria e talento e que revelam o incremento que tem tomado entre nós a ideia"* (CAVALCANTI, João Barbalho Uchôa Cavalcanti. *Constituição Federal Brasileira (1891)*: comentada. Prefácio de Walter Costa Porto. Brasília: Senado Federal, Conselho Editorial, 2002. p. 291).

entendia que, em não havendo vedação expressa, teria o Constituinte deixado em aberto a possibilidade aos Estados, para que fizessem essa previsão expressamente em suas leis locais.[57] O federalismo ali previsto, tão defendido por Amaro, teria sido, então, ao fim e ao cabo, o grande viabilizador do voto feminino no Brasil, ao permitir a sua regulamentação por leis estaduais.

Defenderam expressamente que o projeto de Constituição, ao prever que a palavra "todos" incluía as mulheres, parlamentares como Almeida Nogueira, que dizia que "um direito não se restringe por indução (é princípio de hermenêutica), senão por expressa declaração da lei. Como se poderia, pois, contestar a capacidade das mulheres?"[58]

Durante os debates, houve constituintes que lutaram para que a Constituição previsse expressamente a igualdade entre homens e mulheres, inclusive no âmbito eleitoral, como os Deputados Cezar Zama, Lopes Trovão, Costa Machado, L. de Bulhões, Casimiro Júnior, entre outros,[59] que inclusive apresentaram emenda a fim de que fosse expressamente acrescentado, onde conviesse: "Fica garantida às mulheres a plenitude dos direitos civis, nos termos do art.

57. Agenor de Roure, por exemplo, entendia que o fato de não ter sido aprovada qualquer das emendas dando o direito de voto às mulheres não as excluía, eis que o texto aprovado (*"São eleitores os cidadãos maiores de 21 anos"*) não utilizava, como em outras Constituições, a expressão *"cidadãos do sexo masculino"*. Concluía que *"os Constituintes quiseram deixar a solução à lei ordinária porque, se não deram logo o direito de voto às mulheres, também não declararam que elas não se poderiam alistar, nem as incluíram entre os inelegíveis"* (ROURE, Agenor de. *A Constituinte Republicana*. Brasília: Senado Federal, 1979. 2 v. p. 288).

58. BRASIL. Congresso Nacional. *Anais da Constituinte de 1890*. Rio de Janeiro: Congresso Nacional, 1890. v. 2, p. 50. Disponível em: https://www.senado.leg.br/publicacoes/anais/pdf-digitalizado/Anais_Republica/1890/1890%20Livro%202.pdf. Acesso em: 26 maio 2024.

59. BRASIL. Congresso Nacional. *Anais da Constituinte de 1890*. Rio de Janeiro: Congresso Nacional, 1890. v. 2, p. 439. Disponível em: https://www.senado.leg.br/publicacoes/anais/pdf-digitalizado/Anais_Republica/1890/1890%20Livro%202.pdf. Acesso em: 26 maio 2024. Epitácio Pessoa depois voltou atrás e retirou seu nome da emenda (Anais da Constituinte de 1890. p. 470 do v. 2.

72; Fica conferido o direito eleitoral às mulheres diplomadas com títulos científicos e de professora, às que estiverem na posse de seus bens e às casadas, nos termos da lei eleitoral".

Mas houve também os que subiram ao púlpito para execrar essa ideia considerada *"imoral e anárquica"*, como o Deputado Moniz Freire, que disse que no dia em que fosse convertido em lei o direito de votar das mulheres, "teríamos decretado a dissolução da família brasileira".[60] O Deputado Lauro Sodré, ao tempo em que defendia o voto dos analfabetos, reputava que a ideia do voto feminino era "anárquica, desastrada, fatal".[61] Lacerda Coutinho defendeu que

> o organismo da mulher é muito diverso; ela tem funções que o homem não tem, essas funções são tão delicadas, tão melindrosas, que basta a menor perturbação nervosa, um susto, um momento de excitação, para que se pervertam, e as consequências sejam, muitas vezes, funestas.

O Deputado Lopes Trovão refutou o argumento: *"Isso vem da educação."*, ao que Lacerda Coutinho disse que não haveria educação que mudasse a natureza da mulher.[62]

Não há uma só palavra registrada de Amaro Cavalcanti, nos Anais da Constituinte, sobre o assunto. Não se envolveu nessa discussão. A conclusão esperançosa dessa articulista é que a perspicácia política de Amaro anteviu que o tema era polêmico demais para a

---

60. BRASIL. Congresso Nacional. *Anais da Constituinte de 1890*. Rio de Janeiro: Congresso Nacional, 1890. v. 2, p. 456. Disponível em: https://www.senado.leg.br/publicacoes/anais/pdf-digitalizado/Anais_Republica/1890/1890%20Livro%202.pdf. Acesso em: 26 maio 2024.

61. BRASIL. Congresso Nacional. *Anais da Constituinte de 1891*. Rio de Janeiro: Congresso Nacional, 1891. Disponível em: https://www.senado.leg.br/publicacoes/anais/pdf-digitalizado/Anais_Republica/1890/1890%20CN%20Hist%C3%B3rico.pdf. Acesso em: 26 maio 2024.

62. BRASIL. Congresso Nacional. *Anais da Constituinte de 1891*. Rio de Janeiro: Congresso Nacional, 1891. v. 2, p. 544. Disponível em: https://www.senado.leg.br/publicacoes/anais/pdf-digitalizado/Anais_Republica/1890/1890%20CN%20Hist%C3%B3rico.pdf. Acesso em: 26 maio 2024.

sociedade brasileira da época, e jamais seria aprovado pela maioria dos colegas, cabendo-lhe adotar a solução de deixar aos Estados a tarefa de prever o voto sem distinção de gênero. Essa conclusão é reforçada pelo Parecer da Comissão dos 21, integrada por Amaro, onde consta expressamente que "Vingou perante a Comissão a ideia de deixar para a lei ordinária as incompatibilidades eleitorais, por não serem matéria constitucional".[63]

Reforça essa ideia o fato de que Amaro não se manifestou expressamente contra o voto feminino. Sabe-se que ele participou da discussão sobre o art. 70 da Constituição, pois apresentou emenda referente ao voto das praças (mas uma emenda meramente de corrigenda de erro material), bem como a emenda favorável à capacidade política dos sacerdotes.

Talvez Amaro tivesse uma postura mais conservadora nos costumes e fosse, de fato – ainda que silenciosamente – contra o voto feminino. Melhor pensar que, por astúcia, preferiu deixar a possibilidade do voto feminino em aberto e, ao defender o federalismo, tenha possibilitado que os Estados regulamentassem o alistamento das mulheres. Não por acaso, foi exatamente o seu Estado de nascença, o Rio Grande do Norte, o pioneiro ao prever na sua Lei Eleitoral (Lei 660, de 25 de outubro de 1927), que poderiam votar e ser votados, *sem distinção de sexos*, todos os cidadãos que ostentassem as condições exigidas pela lei.

A partir dessa permissão legislativa, em 1927, a potiguar Celina Guimarães Viana foi a primeira mulher a se alistar eleitora no Brasil, na cidade de Mossoró/RN, fato que repercutiu mundialmente, eis que foi a primeira mulher a se alistar eleitora em toda a América Latina.[64] Nas

63. BRASIL. Congresso Nacional. *Anais da Constituinte de 1890*. Rio de Janeiro: Congresso Nacional, 1890. v. 2, p. 361. Disponível em: https://www.senado.leg.br/publicacoes/anais/pdf-digitalizado/Anais_Republica/1890/ 1890%20Livro%202.pdf. Acesso em: 26 maio 2024.

64. BRASIL. Superior Tribunal Eleitoral. *Professora Celina Guimarães Viana, primeira eleitora do Brasil*. Brasília: TSE, [2024]. Disponível em: https://www.tse.jus.br/

eleições de 1928 Celina exerceu efetivamente o direito ao voto. Também a primeira Deputada Estadual do Brasil era potiguar (Maria do Céu Fernandes[65]), e também potiguar era a primeira Prefeita eleita do país (Alzira Soriano, eleita Prefeita em Lajes/RN em 1928[66]).

O que se sabe é que Amaro admitia a possibilidade de que as mulheres trabalhassem fora. No Plano de Trabalho que futuramente apresentaria como Ministro da Fazenda, previa a criação de lei regulando o trabalho nacional, especialmente com relação às mulheres (e às crianças).[67]

É preciso avaliar as circunstâncias daquela época. Criticar uma suposta omissão de Amaro quanto ao voto feminino seria olhar o tema sob uma perspectiva anacrônica. Não se pode observar o passado com as lentes do presente, sem fazer os ajustes da temporalidade. De mais a mais, bem ou mal, não ocupou jamais a tribuna para lutar contra o direito das mulheres.

Em verdade, como Constituinte Amaro se preocupou mais em garantir o federalismo, unindo-se ao grupo de Rui Barbosa, chamado de constituintes "unionistas", que visavam a criação de uma federação centrípeta, "com o poder central provido dos meios indispensáveis a gerir sem

---

imagens/fotos/professora-celina-guimaraes-vianna-primeira-eleitora-do-brasil. Acesso em: 26 maio 2024.

65. BRASIL. Superior Tribunal Eleitoral. *TRE-RN – Primeira deputada estadual eleita pelo voto popular (Maria do Céu Fernandes)*. Brasília: TSE, [2024]. Disponível em: https://www.tse.jus.br/imagens/imagens/tre-rn-primeira-deputada-estadual--eleita-pelo-voto. Acesso em: 26 maio 2024.

66. BRASIL. Superior Tribunal Eleitoral. *Semana da mulher*: primeira prefeita eleita no Brasil foi a potiguar Alzira Soriano. Brasília: TSE, 2013. Disponível em: https://www.tse.jus.br/comunicacao/noticias/2013/ Marco/semana-da-mulher-primeira-prefeita-eleita-no-brasil-foi-a-potiguar-alzira-solano. Acesso em: 26 maio 2024.

67. SOUZA, Carlos Adel Teixeira de. *Amaro Cavalcanti*: pequena história sobre o mais notável norte-riograndense na fase da transição do Império para a República brasileira. Natal: Sebo Vermelho, 2009. p. 120.

problemas a comunhão federativa".[68] A eles se opunham os federalistas radicais, encabeçados pelo gaúcho Júlio de Castilhos, que buscavam maior autonomia e recursos aos Estados, com menos competências da União. Para Amaro, a federação pressupunha autonomia, não soberania dos Estados, tendo a União o papel de força coordenadora entre unidades federais autônomas.[69]

Destacou-se em discussões sobre questões orçamentárias, financeiras, econômicas, reorganização dos serviços públicos, discriminação de rendas, estado de sítio, bancos de emissão, sobressaindo-se por seu "brilho e operosidade".[70]

7.3 Deputado Federal

Amaro não foi reeleito Senador na segunda legislatura, apesar do apoio do Presidente Floriano Peixoto, que lhe era grato pelo "sopro no ouvido" por ocasião da saída de Deodoro da Fonseca da Presidência: enquanto uns interpretavam que deveria haver novas eleições, Amaro sutilmente fez valer a interpretação em favor da constitucionalidade da sucessão de Deodoro na pessoa de seu vice, Floriano Peixoto. Tal entendimento, como se sabe, prevaleceu.[71]

Pedro Velho, líder local no Rio Grande do Norte, todavia, apoiou a candidatura de Almino Afonso no lugar de Amaro Cavalcanti, de maneira que ele obteve baixa votação

68. BONAVIDES, Paulo; ANDRADE, Paes de. *História constitucional do Brasil.* 2. ed. Brasília: Paz e Terra, 1990. p. 226-227.

69. MEDEIROS, José Augusto Bezerra de. *Amaro Cavalcanti.* Rio de Janeiro: Departamento Administrativo do Serviço Público (DASP), 1956. p. 26. (Pequenos estudos sobre grandes administradores do Brasil).

70. LYRA, Tavares de. Amaro Cavalcanti. *Revista do Instituto Histórico e Geográfico Brasileiro,* Rio de Janeiro, v. 204, p. 336, jul./set. 1949.

71. SOUZA, Carlos Adel Teixeira de. *Amaro Cavalcanti:* pequena história sobre o mais notável norte-riograndense na fase da transição do Império para a República brasileira. Natal: Sebo Vermelho, 2009. p. 67.

e não se reelegeu Senador. Amaro conseguiu, contudo, ser eleito Deputado Federal na terceira legislatura (1897/1899), representando o Rio Grande do Norte. Nas palavras de Cosme Lemos, "a pequenina terra era ouvida, honrada e respeitada por todos os Estados, atendendo ao valor irradiante de seu grande filho".[72]

O Amaro Cavalcanti parlamentar, na visão de Tavares de Lyra, detinha dotes superiores de orador que, "sem pretensões acadêmicas, conseguira impressionar e convencer o auditório pela clareza com que focalizava os diferentes aspectos dos assuntos em debate e pela dialética segura de sua cerrada argumentação".[73]

7.4 Ministro Plenipotenciário no Paraguai

Quando estava sem mandato parlamentar, no Rio de Janeiro, o Marechal Floriano Peixoto designou Amaro Cavalcanti, em 7 de fevereiro de 1894, Ministro Plenipotenciário na Missão Diplomática junto ao Paraguai. Segundo Carlos Adel Teixeira de Souza,

> Algumas delicadas questões ainda pendentes desde a maior das guerras do continente sul-americano, a Guerra do Paraguai, exigiam a presença de um capacitado representante brasileiro nas intensas negociações. E Amaro foi o indicado para essa importantíssima missão diplomática.[74]

72. Pronunciamento do Deputado Cosme Lemos na Sessão Solene realizada no dia 15 de agosto de 1949, na Assembleia Legislativa do Rio Grande do Norte, quando do centenário de Amaro Cavalcanti (SOUZA, Carlos Adel Teixeira de. *Amaro Cavalcanti*: pequena história sobre o mais notável norte-riograndense na fase da transição do Império para a República brasileira. Natal: Sebo Vermelho, 2009. p. 238).

73. LYRA, Tavares de. Amaro Cavalcanti. *Revista do Instituto Histórico e Geográfico Brasileiro*, Rio de Janeiro, v. 204, p. 336-337, jul./set. 1949.

74. SOUZA, Carlos Adel Teixeira de. *Amaro Cavalcanti*: pequena história sobre o mais notável norte-riograndense na fase da transição do Império para a República brasileira. Natal: Sebo Vermelho, 2009. p. 71.

O principal objetivo de sua missão era minimizar a influência do governo da Argentina sobre o Paraguai,

> inclusive com o uso de força militar se necessário fosse, tendo habilmente trabalhado na deposição do Presidente Gonzalez e, segundo Francisco Doradioto, 'teve parte ativa nos acontecimentos, apresentando-se, nos seus ofícios à Chancelaria brasileira, como mentor intelectual e financiador do golpe.[75]

Como se vê, desempenhou, com êxito, sua missão.[76] Com a morte de Floriano Peixoto, em 1895, não foi renovada sua permanência no Paraguai, e Amaro continuou trabalhando como advogado no Rio de Janeiro. Juvenal Lamartine diz, porém, que ao retornar da missão no Paraguai, Floriano Peixoto teria oferecido a Amaro as legações de Buenos Aires e de Viena, recusadas, pois Amaro queria, de fato, viver no Brasil.[77]

7.5 Ministro da Justiça

O terceiro Presidente da jovem República, Prudente de Morais – o primeiro civil –, tinha sido constituinte ao lado de Amaro Cavalcanti, e o nomeou em substituição ao então Ministro da Justiça, Alberto Torres. A nomeação se deu em 18 de janeiro de 1897, e ele ocupou o cargo até 15 de novembro de 1898.[78]

---

75. NOBRE JÚNIOR, Edilson Pereira; MENDONÇA, Fabiano André de Souza; CARVALHO, Ivan Lira de. Amaro Cavalcanti: vida e obra. *In*: MONTEIRO FILHO, Carlos Edison do Rêgo; MORSELLO, Marco Fábio; ROSENVALD, Nelson (coord.). *Protagonistas da responsabilidade civil*. Indaiatuba-SP: Foco, 2022. p. 36.

76. LYRA, Tavares de. Amaro Cavalcanti. *Revista do Instituto Histórico e Geográfico Brasileiro*, Rio de Janeiro, v. 204, p. 335-342, jul./set. 1949. p. 336.

77. LAMARTINE DE FARIA, Juvenal. *Amaro Cavalcanti*: homem de pensamento e de ação. Natal: Academia norte-rio-grandense de Letras, 1939. p. 19. Discurso de recepção a 15 de agosto de 1939. p. 25.

78. SOUZA, Carlos Adel Teixeira de. *Amaro Cavalcanti*: pequena história sobre o mais notável norte-riograndense na fase da transição do Império para a República brasileira. Natal: Sebo Vermelho, 2009. p. 73.

Foi durante esse período que Amaro escreveu sua importante obra *Responsabilidade civil do Estado.*[79] Organizado e extremamente dedicado ao trabalho, Amaro realizou, enquanto Ministro da Justiça, o primeiro cadastramento dos servidores públicos federais.[80] Também nessa época Amaro se dedicou bastante ao estudo do direito internacional, no afã de lidar com a questão Cisplatina, bem como com as situações envolvendo o Acre, a Guiana Francesa e o Amapá.[81]

Integrou a Comitiva de recepção aos soldados que retornavam da Guerra de Canudos, em 5 de novembro de 1897, quando testemunhou o soldado Marcelino Bispo atentar contra a vida do Presidente Prudente de Morais, mas que findou atingindo com golpes fatais, pelas costas, o Ministro da Guerra, Marechal Carlos Machado Bitencourt. Amaro acompanhou de perto as investigações, com a prisão do agressor e sua confissão de que tinha agido a mando do Capitão Deocleciano Mártir e do dono do jornal *O Jacobino*, José de Souza Veloso. O agressor, contudo, apareceu morto na prisão: supostamente teria se suicidado.

O clima era de ideias golpistas, muitas alimentadas por antigos seguidores de Floriano Peixoto. Apesar de sua amizade com Floriano, Amaro foi enérgico ao conter os insurgentes, "com muitas prisões e deportações [...]. Pregava e defendia, por convicção, acima de tudo, a prevalência das garantias constitucionais republicanas, dentre as quais a

79. NOBRE JÚNIOR, Edilson Pereira; MENDONÇA, Fabiano André de Souza; CARVALHO, Ivan Lira de. Amaro Cavalcanti: vida e obra. *In*: MONTEIRO FILHO, Carlos Edison do Rêgo; MORSELLO, Marco Fábio; ROSENVALD, Nelson (coord.). *Protagonistas da responsabilidade civil.* Indaiatuba-SP: Foco, 2022. p. 39.

80. SOUZA, Carlos Adel Teixeira de. *Amaro Cavalcanti*: pequena história sobre o mais notável norte-riograndense na fase da transição do Império para a República brasileira. Natal: Sebo Vermelho, 2009. p. 79.

81. SOUZA, Carlos Adel Teixeira de. *Amaro Cavalcanti*: pequena história sobre o mais notável norte-riograndense na fase da transição do Império para a República brasileira. Natal: Sebo Vermelho, 2009. p. 80.

alternância de poder".[82] Encerrava-se, assim, de vez, o período da *República da Espada*, com papel determinante de Amaro, que foi, assim, um Ministro da Justiça enérgico e eficiente, "na defesa da autoridade legalmente constituída, por vezes ameaçada numa quadra de acentuadas discórdias partidárias [...]".[83]

7.6 Consultor Jurídico do Ministério das Relações Exteriores

Em 1905, após ter sido Ministro da Justiça, Amaro foi nomeado para o cargo de Consultor Jurídico do Ministério das Relações Exteriores.[84] George Galindo destaca dois importantes pareceres elaborados por Amaro, elogiando-os como sintéticos e bem escritos mas, principalmente, precisos do ponto de vista do aconselhamento jurídico: um parecer privilegia a solução judiciária sobre pedidos de indenização feitos por cidadãos franceses por conta da grande greve geral em Porto Alegre em 1906, assegurando o acesso à justiça aos estrangeiros do mesmo modo que os nacionais.[85]

Outro relevante parecer citado por Galindo foi precursor do princípio do paralelismo das formas no que toca às Convenções Internacionais, e tratava da necessidade de

---

82. SOUZA, Carlos Adel Teixeira de. *Amaro Cavalcanti*: pequena história sobre o mais notável norte-riograndense na fase da transição do Império para a República brasileira. Natal: Sebo Vermelho, 2009. p. 77.

83. LYRA, Tavares de. Amaro Cavalcanti. *Revista do Instituto Histórico e Geográfico Brasileiro*, Rio de Janeiro, v. 204, p. 337, jul./set. 1949.

84. SOUZA, Carlos Adel Teixeira de. *Amaro Cavalcanti*: pequena história sobre o mais notável norte-riograndense na fase da transição do Império para a República brasileira. Natal: Sebo Vermelho, 2009. p. 83/84.

85. GALINDO, George Rodrigo Bandeira. Um cauteloso jurista: Amaro Cavalcanti e sua Obra Internacionalista. *In:* GALINDO, George Rodrigo Bandeira (org.). *Direito internacional no Brasil*: pensamento e tradição. Rio de Janeiro: Lumen Juris, 2021. v. 1, p. 274.

aprovação parlamentar de modificações propostas em uma convenção multilateral, a Convenção Sanitária de Paris.[86]

Ainda na condição de Consultor Jurídico do Ministério das Relações Exteriores, integrou a Comissão que representou o Brasil na Convenção Internacional para Fixação da Condição dos Cidadãos Naturalizados que renovam a sua Residência no País de Origem, em 1906, no Rio de Janeiro.[87] Permaneceu como Consultor até 27 de junho de 1906, quando foi nomeado pelo Presidente da República Rodrigues Alves para ocupar o cargo de Ministro do Supremo Tribunal Federal.

7.7 Ministro do Supremo Tribunal Federal

Em 1906 Amaro foi nomeado Ministro do Supremo Tribunal Federal, ocupando a vaga decorrente da aposentadoria do pernambucano Uchôa Cavalcanti. Como apontou Cosme Lemos, "o modesto provisionado de Baturité, que não conseguira se formar nas faculdades nacionais era nomeado ministro do Supremo Tribunal de Justiça de seu país. A culminância, enfim".[88]

O ápice da vida profissional veio após um momento de enorme tristeza em sua vida pessoal, pois se deu poucos meses após a morte de seu irmão, Padre João Maria,

86. GALINDO, George Rodrigo Bandeira. Um cauteloso jurista: Amaro Cavalcanti e sua Obra Internacionalista. *In:* GALINDO, George Rodrigo Bandeira (org.). *Direito internacional no Brasil*: pensamento e tradição. Rio de Janeiro: Lumen Juris, 2021. v. 1, p. 274.

87. SOUZA, Carlos Adel Teixeira de. *Amaro Cavalcanti*: pequena história sobre o mais notável norte-riograndense na fase da transição do Império para a República brasileira. Natal: Sebo Vermelho, 2009. p. 71-72.

88. Pronunciamento do Deputado Cosme Lemos na Sessão Solene realizada no dia 15 de agosto de 1949, na Assembleia Legislativa do Rio Grande do Norte, quando do centenário de Amaro Cavalcanti. SOUZA, Carlos Adel Teixeira de. *Amaro Cavalcanti*: pequena história sobre o mais notável norte-riograndense na fase da transição do Império para a República brasileira. Natal: Sebo Vermelho, 2009. p. 240.

em 16 de outubro de 1905, "na incansável tarefa de assistir aos mais necessitados de Natal na epidemia de varíola",[89] que também o vitimou. A cidade de Natal se comovia com a partida de seu "Santo", e meses após comemorava a nomeação de seu irmão como Ministro do STF.

Na Suprema Corte, Amaro se destacou quanto ao alcance do *Habeas Corpus.90* Como lembrou Tavares de Lyra:

> Na Suprema Corte teve atuação de brilho, a exemplo da relatoria do habeas corpus impetrado por intendentes municipais que estavam impedidos de entrar no prédio do Conselho por ato do Governo da União, isso em 1909, emprestando ao remédio heroico a dimensão que transcendia a mera devolução do ir e vir dos cidadãos.[91]

Para J. M. de Carvalho Santos, Amaro no Supremo "destacava-se pela erudição de seus votos e pelo desassombro de suas atitudes. Profundo conhecedor de Direito Constitucional, teve oportunidade de proferir magistrais votos sempre que vítimas de abusos do poder batiam às portas do excelso tribunal".[92] De fato, Seabra Fagundes registra importantes votos e decisões de Amaro, fazendo cessar a incomunicabilidade de preso político; assegurando ao pai o direito de guarda dos filhos contra mandado ilegal de apreensão; garantindo a entrada e saída de jornalistas da

89. NOBRE JÚNIOR, Edilson Pereira; MENDONÇA, Fabiano André de Souza; CARVALHO, Ivan Lira de. Amaro Cavalcanti: vida e obra. *In*: MONTEIRO FILHO, Carlos Edison do Rêgo; MORSELLO, Marco Fábio; ROSENVALD, Nelson (coord.). *Protagonistas da responsabilidade civil.* Indaiatuba-SP: Foco, 2022. p. 39.

90. SOUZA, Carlos Adel Teixeira de. *Amaro Cavalcanti*: pequena história sobre o mais notável norte-riograndense na fase da transição do Império para a República brasileira. Natal: Sebo Vermelho, 2009. p. 90.

91. NOBRE JÚNIOR, Edilson Pereira; MENDONÇA, Fabiano André de Souza; CARVALHO, Ivan Lira de. Amaro Cavalcanti: vida e obra. *In*: MONTEIRO FILHO, Carlos Edison do Rêgo; MORSELLO, Marco Fábio; ROSENVALD, Nelson (coord.). *Protagonistas da responsabilidade civil.* Indaiatuba-SP: Foco, 2022. p. 37.

92. SANTOS, J. M. de Carvalho. Amaro Cavalcanti: (notas e comentários). *Revista Forense*, Rio de Janeiro, v. CXXV, ano XLVI, n. 555, p. 297-302, set. 1949. p. 298.

redação de jornal, bem como autorizando a sua livre circulação, sem qualquer censura prévia.[93]

Durante o período em que foi Ministro, Amaro teve alta produção intelectual, especialmente na seara do Direito Internacional. Publicou, em 1911, estudo sobre "O Poder Judiciário Federal no Brasil e nos Estados Unidos da América", na *Revista da Universidade de Pensylvania*. Em 1913, publicou as "Pan American Questions", e, em 1914 publicou, na *Revue Générale de Droit Internationale Public de Paris*, trabalho sobre *"La Codification du Droit International Americain"*.[94]

Aos 65 anos de idade, após oito anos e meio como Ministro, optou pela aposentadoria, em 31 de dezembro de 1914. Foi sucedido por Augusto Olympio Viveiros de Castro, que era Ministro do Tribunal de Contas da União.[95]

7.8 Prefeito da capital da República: "*Seu Amaro quer*"

Amaro foi convidado pelo Presidente Wenceslau Braz para assumir a Prefeitura do Rio de Janeiro, capital da República (chamado "Município neutro"), em 12 de janeiro de 1917.[96] A escolha foi muitíssimo bem recebida pela imprensa carioca, potiguar e nacional, com elogios ao aspecto

---

93. SEABRA FAGUNDES, Miguel. *Amaro Cavalcanti e as liberdades públicas*. Jornal do Commercio, Rio de Janeiro, v. XCI. n. 1, 5 jul. 1949. p. 67. Conferência pronunciada no Tribunal de Justiça do Rio Grande do Norte.

94. ESPÍNDOLA, Eduardo. Amaro Cavalcanti: (notas e comentários). *Revista Forense*, Rio de Janeiro, v. CXXV, ano XLVI, n. 555, p. 291-297, set. 1949. p. 295.

95. SOUZA, Carlos Adel Teixeira de. *Amaro Cavalcanti*: pequena história sobre o mais notável norte-riograndense na fase da transição do Império para a República brasileira. Natal: Sebo Vermelho, 2009. p. 93.

96. SOUZA, Carlos Adel Teixeira de. *Amaro Cavalcanti*: pequena história sobre o mais notável norte-riograndense na fase da transição do Império para a República brasileira. Natal: Sebo Vermelho, 2009. p. 99.

técnico da escolha, por meio de expressões tais quais "excepcional e confortadora felicidade" na indicação do "nome ilustre e consagrado" do "zeloso administrador, político sagaz", "culto à competência", "sagrado como um homem de governo, pois havia revelado a qualidade fundamental para o exercício das funções públicas: a decisão".[97]

E seria, de fato, necessária a capacidade de tomar decisões para governar o Rio de Janeiro em meio à epidemia de gripe espanhola, à ocorrência de greves na rudimentar indústria e à falta crônica de recursos. Amaro então, extremamente organizado e meticuloso, organizou um programa de governo municipal. A ele dedicou-se com afinco,[98] focando na construção de estradas, especialmente nos subúrbios e zonas rurais, motivo pelo qual ficou conhecido no Rio como o "Prefeito das Estradas de Rodagem".[99]

Ao que se sabe, Amaro foi reconhecido também, por ter sido um Prefeito conservador nos costumes. Na primeira biografia de Amaro Cavalcanti, escrita por Pelino Guedes, em agradecimento ao fato de que ele, enquanto Ministro da Justiça, o havia reintegrado aos quadros do Ministério em dois dias, coisa que seu antecessor não teria feito em dois anos, o autor enfatizou que "O Sr. Dr. Amaro Cavalcanti é conservador na República como o foi no império".[100]

Um exemplo desse conservadorismo foi o Decreto que Amaro baixou, em 1º de maio de 1917, regulamentando o

---

97. SOUZA, Carlos Adel Teixeira de. *Amaro Cavalcanti*: pequena história sobre o mais notável norte-riograndense na fase da transição do Império para a República brasileira. Natal: Sebo Vermelho, 2009. p. 101-105.

98. SOUZA, Carlos Adel Teixeira de. *Amaro Cavalcanti*: pequena história sobre o mais notável norte-riograndense na fase da transição do Império para a República brasileira. Natal: Sebo Vermelho, 2009. p. 106.

99. LYRA, Tavares de. Amaro Cavalcanti. *Revista do Instituto Histórico e Geográfico Brasileiro,* Rio de Janeiro, v. 204, p. 338, jul./set. 1949.

100. GUEDES, Pelino. *Biographia de Amaro Cavalcanti.* Rio de Janeiro: Typ. Leuzinger, 1897. p. 28.

banho de mar nas praias do Leme e Copacabana. Instituiu "mastros especiais" e regulamentação dos sinais de banho permitido por meio da bandeira branca, e banho proibido, por meio da bandeira vermelha. O objetivo maior era proteger a vida dos banhistas das ressacas do mar, e por isso proibia o banho em determinados horários. Aproveitou, todavia, a oportunidade, para regulamentar o "vestuário apropriado" nas praias, que guardasse a *"necessária decência e compostura"*. Proibia, ainda, quaisquer ruídos e vozerias na praia ou no mar, durante todo o período de banho.

A reação popular não tardou: a marchinha de carnaval de maior sucesso no ano de 1918 foi a música intilulada *"Seu Amaro quer"*,[101] uma crítica ao "Seu Amaro", que queria "tributar cebolas com feijão e queria também a bebida Vermutin, para ter forças na exportação".[102] Segundo a escritora potiguar Leide Câmara, a música era uma crítica à atuação de Amaro Cavalcanti que, para fazer valer o decreto, instalou seis postos de observação nas praias (de Copacabana ao Leme), e a intenção era a melhor possível: evitar afogamento dos banhistas: "A numeração tornou-se popularmente conhecida como Posto 1, Posto 2, Posto 3, Posto 4, Posto 5 e Posto 6".[103] Para a escritora, "coube a

101. Parte da letra do Tango Carnavalesco, de F. Soriano Robert, "Seu Amaro quer": *"Venha cá, Venh' olhar, Que seu Amaro quer Tributar As cebolas com feijão... Venha cá, Venh' a mim, Que seu Amaro quer Vermutin, P'ra ter força na exportação! Vamos todos dançar, Vamos todos sambar, Que... seu Amaro quer, O Vermutin... Assim... assim...Assim... Assim... Ay! Como é bom beber! Ay! Venham todos, Venham ver, Que seu Amaro vae Recorrer Aos juízes de Berlim..."* (CÂMARA, Leide. Meu encontro com Amaro Cavalcanti. *Revista da Academia Norte-rio-grandense de Letras*, Natal, n. 53, out./dez. 2017. p. 59-64. Disponível em: https://anrl.org.br/wp-content/uploads/2021/11/anl-53.pdf. Acesso em: 10 jun. 2024).

102. SOUZA, Carlos Adel Teixeira de. *Amaro Cavalcanti*: pequena história sobre o mais notável norte-riograndense na fase da transição do Império para a República brasileira. Natal: Sebo Vermelho, 2009. p. 195-196.

103. CÂMARA, Leide. Meu encontro com Amaro Cavalcanti. *Revista da Academia Norte-rio-grandense de Letras*, Natal, n. 53, out./dez. 2017. p. 59-64. Disponível em: https://anrl.org.br/wp-content/uploads/2021/11/anl-53.pdf. Acesso em: 10 jun. 2024.

Amaro estimular a criação do profissional salva-vidas", serviço que foi oficializado em 1º de junho de 1917.[104]

Assim, foi o potiguar Amaro Cavalcanti que criou os famosos "postos" das praias cariocas, que existem até hoje, e estimulou a criação da profissão de salva-vidas no Rio de Janeiro. Ele foi prefeito até 15 de novembro de 1918, quando foi substituído por Manoel Cícero Peregrino. Em seguida, tomou posse como Ministro da Fazenda.[105]

7.9 Ministro da Fazenda

Amaro Cavalcanti foi Ministro da Fazenda por curtíssimo período: de novembro de 1918 a 17 de janeiro de 1919, nomeado por Rodrigues Alves, que logo faleceu em razão da gripe espanhola. Delfim Moreira, o vice, assumiu, e nomeou Amaro Ministro da Justiça. Com novas eleições, Epitácio Pessoa foi eleito Presidente, ocasião em que Amaro foi substituído por Alfredo Pinto Vieira de Melo.[106]

O que se sabe é que, mesmo por pouquíssimo tempo, Amaro conseguiu elaborar um requintado Plano de Trabalho, com metas para reconstrução econômica do país, englobando os temas das relações de trabalho, bem como:

> o desenvolvimento de todos os setores da economia primária, secundária, terciária, indústria naval, ferrovias, estradas, nacionalização da exploração portuária, subsídios agrícolas, incentivos

---

104. CÂMARA, Leide. Meu encontro com Amaro Cavalcanti. *Revista da Academia Norte-rio-grandense de Letras*, Natal, n. 53, out./dez. 2017. p. 59-64. Disponível em: https://anrl.org.br/wp-content/uploads/2021/11/anl-53.pdf. Acesso em: 10 jun. 2024.

105. NOBRE JÚNIOR, Edilson Pereira; MENDONÇA, Fabiano André de Souza; CARVALHO, Ivan Lira de. Amaro Cavalcanti: vida e obra. *In*: MONTEIRO FILHO, Carlos Edison do Rêgo; MORSELLO, Marco Fábio; ROSENVALD, Nelson (coord.). *Protagonistas da responsabilidade civil*. Indaiatuba-SP: Foco, 2022. p. 37.

106. SOUZA, Carlos Adel Teixeira de. *Amaro Cavalcanti*: pequena história sobre o mais notável norte-riograndense na fase da transição do Império para a República brasileira. Natal: Sebo Vermelho, 2009. p. 120.

> aos vários setores produtivos, controle, fiscalização e cobrança de investimentos sociais bancários etc.[107]

Na visão de Tavares de Lyra, o programa era, claramente, "*de um estadista de visão clara, consciente de suas responsabilidades e com poderosos instintos de criação e realização*".[108]

Ao sair do Ministério da Fazenda, Amaro Cavalcanti

> era quase setuagenário. Sentia-se cansado e seu estado de saúde reclamava prolongado repouso. Mas a providência não quis que o tivesse. Reservava-lhe ainda um lugar de juiz na mais elevada corte de Justiça do Mundo, o Tribunal Arbitral de Haia.[109]

8. Juiz da Corte Internacional de Haia

Em maio de 1917, Amaro Cavalcanti foi nomeado para o alto cargo de Juiz da Corte Internacional de Haia, na Holanda, com renovação da designação até 1923. Assim, após sua saída do Ministério da Fazenda, permaneceu como Juiz da Corte de Haia, período em que publicou seu livro *A Sociedade das Nações*, em 1920, com a idealização do que posteriormente seria a Organização das Nações Unidas.[110]

Sua indicação para a Corte de Haia não surpreendeu, uma vez que sempre foi ouvido em questões relevantes

---

107. SOUZA, Carlos Adel Teixeira de. *Amaro Cavalcanti*: pequena história sobre o mais notável norte-riograndense na fase da transição do Império para a República brasileira. Natal: Sebo Vermelho, 2009. p. 122.

108. LYRA, Tavares de. Amaro Cavalcanti. *Revista do Instituto Histórico e Geográfico Brasileiro,* Rio de Janeiro, v. 204, p. 338, jul./set. 1949.

109. LYRA, Tavares de. Amaro Cavalcanti. *Revista do Instituto Histórico e Geográfico Brasileiro,* Rio de Janeiro, v. 204, p. 338, jul./set. 1949.

110. SOUZA, Carlos Adel Teixeira de. *Amaro Cavalcanti*: pequena história sobre o mais notável norte-riograndense na fase da transição do Império para a República brasileira. Natal: Sebo Vermelho, 2009. p. 127.

quanto ao cenário do Direito Internacional, fosse como Consultor do Ministério das Relações Exteriores, fosse em razão da experiência diplomática no Paraguai, ou fosse, ainda, por ter sido fundador, junto a outros internacionalistas brasileiros, em 1914, da Sociedade Brasileira de Direito Internacional, da qual foi seu primeiro presidente.[111]

Nessa condição, produziu escritos que se concentravam nas principais questões de seu tempo: guerra e paz, arbitragem internacional e codificação do direito internacional. Sua produção ocasionou sua projeção fora do Brasil, com publicações no *American Journal of International Law* e também na *Revue Génerale de Droit International Public.*[112]

Amaro foi Juiz em Haia até sua morte, em 28 de janeiro de 1922.

9. Vida pessoal

Amaro era filho de um casal modesto e feliz, ambos com alguma instrução.[113] Ele e seu irmão mais velho, João Maria, eram ambos inteligentíssimos, mas com estilos diferentes. Apesar das diferenças, foram sempre extremamente unidos "*por uma amizade que só a morte extinguiria*".[114]

---

111. GALINDO, George Rodrigo Bandeira. Um cauteloso jurista: Amaro Cavalcanti e sua Obra Internacionalista. *In:* GALINDO, George Rodrigo Bandeira (org.). *Direito internacional no Brasil*: pensamento e tradição. Rio de Janeiro: Lumen Juris, 2021. v. 1, p. 237.

112. GALINDO, George Rodrigo Bandeira. Um cauteloso jurista: Amaro Cavalcanti e sua Obra Internacionalista. *In:* GALINDO, George Rodrigo Bandeira (org.). *Direito internacional no Brasil*: pensamento e tradição. Rio de Janeiro: Lumen Juris, 2021. v. 1, p. 234.

113. MEDEIROS, José Augusto Bezerra de. *Amaro Cavalcanti.* Rio de Janeiro: Departamento Administrativo do Serviço Público (DASP), 1956. p. 8. (Pequenos estudos sobre grandes administradores do Brasil).

114. LAMARTINE DE FARIA, Juvenal. *Amaro Cavalcanti*: homem de pensamento e de ação. Natal: Academia norte-rio-grandense de Letras, 1939. p. 19. Discurso de recepção a 15 de agosto de 1939. p. 17.

João Maria tinha as características da mãe: "piedoso, dócil, compadecendo-se até às lágrimas da dor alheia",[115] enquanto Amaro herdara "a energia, a tenacidade e a coragem do pai e dos Cavalcantis".[116] Era vivo, irrequieto, impetuoso, "vibrando, desde criança, diante dos lances arriscados que os vaqueiros ágeis e robustos praticavam nos dias de vaquejada".[117]

Além de seu irmão João Maria, Amaro teve também três irmãs: Josefina, Militana e Ana.[118] Pouco ou nada se sabe sobre as três, apenas que Josefina Umbilina Cavalcanti (1835-1886) casou com Gedian Euflozino e tiveram um filho, também de nome Amaro; que Emilitana Maria Cavalcanti (1840-1879), a "Militana", casou com Esmeraldo Rodolfo de Castilho e tiveram duas filhas: Maria e Anna. Sobre a terceira irmã, Ana, não há maiores informações.

Como bem apontam Edilson Nobre, Fabiano Mendonça e Ivan Lira, "Desse núcleo familiar alçaram destaque os varões, certamente pelo desenho patriarcal da sociedade de

---

115. LAMARTINE DE FARIA, Juvenal. *Amaro Cavalcanti*: homem de pensamento e de ação. Natal: Academia norte-rio-grandense de Letras, 1939. p. 19. Discurso de recepção a 15 de agosto de 1939. p. 17.

116. LAMARTINE DE FARIA, Juvenal. *Amaro Cavalcanti*: homem de pensamento e de ação. Natal: Academia norte-rio-grandense de Letras, 1939. p. 19. Discurso de recepção a 15 de agosto de 1939. p. 17.

117. LAMARTINE DE FARIA, Juvenal. *Amaro Cavalcanti*: homem de pensamento e de ação. Natal: Academia norte-rio-grandense de Letras, 1939. p. 19. Discurso de recepção a 15 de agosto de 1939. p. 17.

118. Há alguns registros no sentido de que o casal Anna e Amaro teriam tido, na verdade, 13 (treze) filhos no total, mas só teriam sobrevivido e crescido (05) cinco deles João Maria, Amaro, Josefina, Militana e Ana. Segundo o site www.familysearch.org, o casal teria tido os seguintes filhos: Josefina Umbilina Cavalcante (1835-1886), Emilitana Maria Cavalcante (1840-1879), Virgílio Soares de Brito (1841-falecido), Juvenal Soares de Brito (1842-falecido), Elpídio Soares de Brito (1843-falecido), Luciana Maria da Conceição (1844-falecida), Joaquim Soares de Brito (1845-falecido), Maria (1847-falecida), João Maria Cavalcante de Brito (1848-1905), Amaro Cavalcante Soares de Brito (1849-1922), Antonio Soares de Brito (1854-falecido), Gabriel Soares de Brito (1857-falecido), Ana (1862-falecida). No *site* a grafia do sobrenome Cavalcanti está com a letra *E* no final (https://www.familysearch.org/tree/pedigree/landscape/LZF1-LYD. Acesso em: 26 abr. 2024).

então, onde às mulheres eram reservados papeis ocultos ou de coadjuvantes".[119] Carlos Adel lembra que, na época, ao nascer o bebê, se fosse menino, os familiares sonhavam que viesse a ser fazendeiro, comerciante, médico ou advogado, mas "se fosse fêmea, que Deus lhe desse um bom marido".[120]

O mesmo autor enfatiza que, das irmãs,

> não localizamos roteiros de suas vidas. Esse não é um fato incomum, pois (...) predominava o caráter patriarcal da sociedade sertaneja nordestina, onde as "mininu fêmea" seriam, quando muito, educadas para as prendas domésticas e atividades afins.[121]

Amaro, como se sabe, não tinha vocação religiosa e, ao que parece, nutriu algumas paixões antes de se casar com Henriqueta Ferreira Catão, a filha do juiz de Direito de Baturité, Dr. Ferreira Catão, que conheceu quando lá residia. Casou-se, assim, com Henriqueta, em novembro de 1881, e tiveram uma filha, Luzia Cavalcanti, nascida em 1879. Henriqueta veio a falecer em 1888. Amaro, então viúvo, e com a filha Luzia pequena, casou-se, em 1890, já no Rio de Janeiro, com Eponina de Souza Ferreira, com quem teve as filhas Vera Cavalcanti de Caracas e Orminda (ou Arminda) Cavalcanti Taylor ("Mindinha").[122]

---

119. NOBRE JÚNIOR, Edilson Pereira; MENDONÇA, Fabiano André de Souza; CARVALHO, Ivan Lira de. Amaro Cavalcanti: vida e obra. *In*: MONTEIRO FILHO, Carlos Edison do Rêgo; MORSELLO, Marco Fábio; ROSENVALD, Nelson (coord.). *Protagonistas da responsabilidade civil*. Indaiatuba-SP: Foco, 2022. p. 34.

120. SOUZA, Carlos Adel Teixeira de. *Amaro Cavalcanti*: pequena história sobre o mais notável norte-riograndense na fase da transição do Império para a República brasileira. Natal: Sebo Vermelho, 2009. p. 24.

121. SOUZA, Carlos Adel Teixeira de. *Amaro Cavalcanti*: pequena história sobre o mais notável norte-riograndense na fase da transição do Império para a República brasileira. Natal: Sebo Vermelho, 2009. p. 30.

122. Disponível em: https://www.familysearch.org/tree/pedigree/landscape/L6YK-659. Acesso em: 26. abr. 2024.

Amaro, assim, viveu rodeado de mulheres: sua mãe, suas irmãs, sua esposa, suas filhas. As filhas tiveram acesso à boa educação. Vera casou com o engenheiro Raul de Caracas, e Mindinha, com o diplomata Carlos Taylor, e morava na Espanha. A mais velha, Luzia, casou-se com o cearense José Linhares: Ministro do Supremo Tribunal Federal, como fora seu pai.

Viveu para o trabalho e para a família. Juvenal Lamartine atestou que "era um encanto vê-lo em seu lar, cercado da esposa amantíssima e das filhas queridas".[123] Em Natal, conta-se que ajudava religiosamente seu irmão, Padre João Maria, enviando-lhe mensalmente roupas e dinheiro, que o irmão prontamente repartia entre os pobres da região.

Era amigo leal, sincero,[124] de reconhecido caráter, homem de palavra. Civilizado, conciliador, pacífico, conseguia dialogar com todos, capaz de persuadir com bons argumentos, sem nunca partir para o destempero. Segundo Juvenal Lamartine, Amaro tinha "um coração de ouro, uma alma sensível e pura, tratando com inexcedível carinho aos humildes e aos pobres".[125]

Faleceu em razão de repentino problema cardíaco, no Rio de Janeiro, em 28 de janeiro de 1922. Ainda era juiz da Corte Internacional de Haia. Tinha 72 anos. Segundo Juvenal Lamartine, a morte chegou para Amaro após perder sua filha "Mindinha", em maio de 1919,[126] que era a que com ele

---

123. LAMARTINE DE FARIA, Juvenal. *Amaro Cavalcanti*: homem de pensamento e de ação. Natal: Academia norte-rio-grandense de Letras, 1939. p. 19. Discurso de recepção a 15 de agosto de 1939. p. 27.

124. LYRA, Tavares de. Amaro Cavalcanti. *Revista do Instituto Histórico e Geográfico Brasileiro,* Rio de Janeiro, v. 204, p. 342, jul./set. 1949.

125. LAMARTINE DE FARIA, Juvenal. *Amaro Cavalcanti*: homem de pensamento e de ação. Natal: Academia norte-rio-grandense de Letras, 1939. p. 19. Discurso de recepção a 15 de agosto de 1939. p. 27.

126. Disponível em: https://www.familysearch.org/tree/pedigree/landscape/LY-16-9G5 Acesso em: 26. abr. 2024.

mais se parecia "pela inteligência, pela cultura e pelo caráter".[127] Após o falecimento da filha, em segundo Lamartine, "o riso lhe foi rareando, tornou-se menos comunicativo e o organismo robusto foi cedendo rapidamente, até que a 28 de janeiro de 1922 morreu inesperadamente, quando, sentado em uma cadeira, conversava com pessoas da família".[128]

Deixou imensa saudade, como enfatizou o grande amigo Tavares de Lyra, que mesmo figurando inicialmente em lados opostos na política local do Rio Grande do Norte, findou dando o testemunho da "boa, confiante e afetuosa amizade"[129] construída com esse grande homem que foi Amaro Cavalcanti.

10. Considerações finais

O legado de Amaro Cavalcanti é considerável. Não se pode negar sua grande contribuição para a história do Direito brasileiro, especialmente o Direito Administrativo, com obras como *Responsabilidade civil do Estado*, e para o Direito Internacional, com publicações tais quais *A sociedade das nações*.

Originalmente um nordestino simples, embora com grande interesse pelas causas públicas mais caras à nação, seu papel como homem público, republicano e abolicionista, marcou os primeiros passos do Brasil na transição da Monarquia para a primeira República.

127. LAMARTINE DE FARIA, Juvenal. *Amaro Cavalcanti*: homem de pensamento e de ação. Natal: Academia norte-rio-grandense de Letras, 1939. p. 19. Discurso de recepção a 15 de agosto de 1939. p. 27.

128. LAMARTINE DE FARIA, Juvenal. *Amaro Cavalcanti*: homem de pensamento e de ação. Natal: Academia norte-rio-grandense de Letras, 1939. p. 19. Discurso de recepção a 15 de agosto de 1939. p. 27.

129. LYRA, Tavares de. Amaro Cavalcanti. *Revista do Instituto Histórico e Geográfico Brasileiro*, Rio de Janeiro, v. 204, p. 342, jul./set. 1949.

Destacou-se, especialmente, por seu papel como constituinte, que o elevou à proeminência nacional, a partir do qual seguiram-se designações para as mais elevadas funções da nova República, que ele abraçou como missões que exerceu sempre com excelência: Ministro da Justiça, Ministro Plenipotenciário no Paraguai, Ministro do Supremo Tribunal Federal, Prefeito da capital federal, Ministro da Fazenda, culminando com a designação como Juiz da Corte Internacional de Haia.

Árduo defensor das liberdades civis e da República, Amaro foi um "raro e nobre exemplo de poder da inteligência" dedicado à causa pública".[130] Um grande *self made man*, "em seu tempo e sem favor, uma das mais culminantes expressões da intelectualidade brasileira".[131]

Seu legado estende-se muito mais longe: a idealizada República de Amaro Cavalcanti, 165 anos após a sua morte, permanece viva, sob o mesmo regime federativo, sem que tenha havido qualquer secessão desde então. E mais: rege a República uma Constituição que consagrou um regime democrático que resiste, de pé, a todas as intempéries, forte como o caráter do sertanejo Amaro Cavalcanti.

Referências

AMARO CAVALCANTI. *Portal do Senado Federal*. Disponível em: https://bit.ly/2Wgkn09. Acesso em: 25 abr. 2024.

AMARO Cavalcanti: mais um grande centenário este ano. *Archivo Judiciário*, Recife, v. XCI, jul./set. 1949. Editorial publicado pelo Jornal do Commercio.

---

130. LYRA, Tavares de. Amaro Cavalcanti. *Revista do Instituto Histórico e Geográfico Brasileiro*, Rio de Janeiro, v. 204, p. 337, jul./set. 1949.

131. LYRA, Tavares de. Amaro Cavalcanti. *Revista do Instituto Histórico e Geográfico Brasileiro*, Rio de Janeiro, v. 204, p. 341, jul./set. 1949.

BONAVIDES, Paulo; ANDRADE, Paes de. *História constitucional do Brasil*. 2. ed. Brasília: Paz e Terra, 1990.

BRASIL. Congresso Nacional. *Anais da Constituinte de 1890*. Rio de Janeiro: Congresso Nacional, 1890. v. 2, p. 50. Disponível em: https://www.senado.leg.br/publicacoes/anais/pdf-digitalizado/Anais_Republica/1890/1890%20Livro%202.pdf. Acesso em: 26 maio 2024

BRASIL. Superior Tribunal Eleitoral. *Professora Celina Guimarães Viana, primeira eleitora do Brasil*. Brasília: TSE, [2024]. Disponível em: https://www.tse.jus.br/imagens/fotos/professora-celina-guimaraes-vianna-primeira-eleitora-do-brasil. Acesso em: 26 maio 2024.

BRASIL. Superior Tribunal Eleitoral. *Semana da mulher*: primeira prefeita eleita no Brasil foi a potiguar Alzira Soriano. Brasília: TSE, 2013. Disponível em: https://www.tse.jus.br/comunicacao/noticias/2013/Marco/semana-da-mulher-primeira-prefeita-eleita-no-brasil-foi-a-potiguar-alzira-solano. Acesso em: 26 maio 2024.

BRASIL. Superior Tribunal Eleitoral. *TRE-RN – Primeira deputada estadual eleita pelo voto popular (Maria do Céu Fernandes)*. Brasília: TSE, [2024]. Disponível em: https://www.tse.jus.br/imagens/imagens/tre-rn-primeira-deputada-estadual-eleita-pelo-voto. Acesso em: 26 maio 2024.

CÂMARA, Leide. *Memória acadêmica*. Natal: IFRN, 2017.

CÂMARA, Leide. Meu encontro com Amaro Cavalcanti. *Revista da Academia Norte-rio-grandense de Letras*, Natal, n. 53, out./dez. 2017. p. 59-64. Disponível em: https://anrl.org.br/wp-content/uploads/2021/11/anl-53.pdf. Acesso em: 10 jun. 2024.

CAMPOS, José Freitas. *Padre João Maria, o Santo de Natal.* CAMPOS, José Freitas. Padre João Maria, o Santo de Natal. Disponível em: https://www.arquidiocesedenatal.org.

br/post/padre-jo%C3%A3o-maria-o-santo-de-natal. Acesso em: 26 maio 2024.

CAVALCANTE. Disponível em: https://www.familysearch.org/tree/pedigree/landscape/ L6YK-659. Acesso em: 26. abr. 2024.

CAVALCANTI, Amaro. *In*: ABREU, Alzira Alves de. *Dicionário histórico-biográfico da Primeira república: 1889-1930.* Rio de Janeiro: Fundação GetUlio Vargas. Disponível em: https://bit.ly/3cg6sgr. Acesso em: 25 abr. 2024.

CAVALCANTI, João Barbalho Uchôa Cavalcanti. *Constituição Federal Brasileira (1891): comentada.* Prefácio de Walter Costa Porto. Brasília: Senado Federal, Conselho Editorial, 2002.

ESPÍNDOLA, Eduardo. Amaro Cavalcanti: (notas e comentários). *Revista Forense*, Rio de Janeiro, v. CXXV, ano XLVI, n. 555, p. 291-297, set. 1949.

FERNANDES, Suzana Cristina. *Amaro Cavalcanti e a luta pela industrialização brasileira.* 2001. Dissertação (Mestrado) – Universidade Estadual de Campinas, Instituto da Economia, Campinas, São Paulo, 2012.

GALINDO, George Rodrigo Bandeira. Um cauteloso jurista: Amaro Cavalcanti e sua Obra Internacionalista. *In:* GALINDO, George Rodrigo Bandeira (org.). *Direito internacional no Brasil*: pensamento e tradição. Rio de Janeiro: Lumen Juris, 2021. v. 1.

GOSSON, Eduardo Antonio. *Ministros potiguares.* Natal: Natal Gráfica, 2005.

GUEDES, Pelino. *Biographia de Amaro Cavalcanti.* Rio de Janeiro: Typ. Leuzinger, 1897.

HOLLANDA, Cristina Buarque de. Heróis ou protegidos? Cidadania e voto na cena intelectual-parlamentar da

Primeira República. *Caderno CRH*, Salvador, v. 29, n. 77, p. 349-361, maio/ago. 2016.

LAMARTINE DE FARIA, Juvenal. *Amaro Cavalcanti*: homem de pensamento e de ação. Natal: Academia norte-rio-grandense de Letras, 1939. p. 19. Discurso de recepção a 15 de agosto de 1939.

LYRA, Tavares de. Amaro Cavalcanti. *Revista do Instituto Histórico e Geográfico Brasileiro,* Rio de Janeiro, v. 204, p. 335-342, jul./set. 1949.

MARINHO NETO, Anísio (org.). *Patronos, fundadores e sucessores da Academia de Letras Jurídicas do Rio Grande do Norte*. Natal: Offset, 2023.

MEDEIROS, José Augusto Bezerra de. *Amaro Cavalcanti.* Rio de Janeiro: Departamento Administrativo do Serviço Público (DASP), 1956. p. 26. (Pequenos estudos sobre grandes administradores do Brasil).

MELLO FILHO, José Celso de. *Notas sobre o Supremo Tribunal (Império e República)*. 4. ed. Brasília: Supremo Tribunal Federal, 2014.

MELO JUNIOR, Antônio Ferreira de. Um Sacerdote integral: o Padre João Maria na narrativa do Monsenhor Alves Landim. *Revista Espacialidades [online],* Natal, v. 6, n. 5, 2013. Disponível em: https://periodicos.ufrn.br/espacialidades/article/view/17610/11478. Acesso em: 26 maio 2024.

NOBRE JÚNIOR, Edilson Pereira; MENDONÇA, Fabiano André de Souza; CARVALHO, Ivan Lira de. Amaro Cavalcanti – Vida e Obra. *In*: MONTEIRO FILHO, Carlos Edison do Rêgo; MORSELLO, Marco Fábio; ROSENVALD, Nelson (coord.). *Protagonistas da responsabilidade civil.* Indaiatuba-SP: Foco, 2022.

PINTO, Almir Pazzianotto. Amaro Cavalcanti. *Correio Braziliense*, Brasília, n. 13.068, 1º mar. 1999. Caderno Direito e

Justiça, p. 6. Disponível em: https://bit.ly/3fpEQHs. Acesso em: 26 abr. 2024.

RN1. *Fez História aqui*: Padre João Maria. Disponível em: https://globoplay.globo.com/v/11527472/. Acesso em: 26 maio 2024.

ROURE, Agenor de. *A Constituinte Republicana*. Brasília: Senado Federal, 1979. 2 v.

SANTOS, J. M. de Carvalho. Amaro Cavalcanti: (Notas e Comentários). *Revista Forense*, Rio de Janeiro, v. CXXV, ano XLVI, n. 555, p. 297-302, set. 1949.

SEABRA FAGUNDES, Miguel. *Amaro Cavalcanti e as liberdades públicas*. Jornal do Commercio, Rio de Janeiro, v. XCI. n. 1, 5 jul. 1949. p. 67. Conferência pronunciada no Tribunal de Justiça do Rio Grande do Norte.

SILVA, Andréa Martins Alves. Educar a mulher para civilizar a nação: os projetos educacionais de Rui Barbosa e José Veríssimo no Rio de Janeiro no final do século XIX e início do século XX. In: ENCONTRO REGIONAL DE HISTÓRIA DA ANPUH-RIO, 15., 2012, Rio de Janeiro. *Anais do...* Rio de Janeiro: [S.n.], 2012. Disponível em: https://www.encontro2012.rj.anpuh.org/resources/anais/15/1337815856_ARQUIVO_trabalhoanpuh2012.pdf. Acesso em: 13 jun. 2024.

SOUZA, Carlos Adel Teixeira de. *Amaro Cavalcanti*: pequena história sobre o mais notável norte-riograndense na fase da transição do Império para a República brasileira. Natal: Sebo Vermelho, 2009.

AMARO CAVALCANTI E A RESPONSABILIDADE CIVIL DO ESTADO POR ERRO JUDICIAL

Daniela Teixeira[1]

Caio Leonardo[2]

Resumo: Qual a relevância, hoje, dos estudos de Amaro Cavalcanti sobre responsabilidade civil do Estado por erro judicial? O artigo analisa dois escritos de sua autoria sobre o tema e os contrasta com a evolução histórica do tratamento constitucional do tema no Brasil. A conclusão é de que Amaro Cavalcanti esgotou o tema já em 1906, operando todas as abordagens possíveis sobre a matéria e mantendo-se como fonte histórica, mas também dogmática.

1. O homem e seu tempo

Amaro Cavalcanti nasceu no meio do século XIX, num Brasil que dava os primeiros passos em direção ao

1. Ministra do Superior Tribunal de Justiça. Mestra em Direito pelo Instituto Brasileiro de Ensino, Desenvolvimento e Pesquisa.

2. Assessor. Bacharel em Direito pela Universidade de São Paulo.

capitalismo, com a acumulação de capital derivada da ascensão do café no Vale do Ribeira e pelo Oeste Paulista combinada com a redução do custo da aquisição de escravos para a mão de obra e o início do processo de incentivo à imigração.

Jardim de Piranhas, onde nasceu, distrito de Caicó, no sertão do Rio Grande do Norte, viu pouco do menino que foi educado em casa e aprendeu latim com o pai, para logo se tornar professor pelos interiores do Nordeste. O jovem, além de dominar o latim, falava inglês, francês e italiano; lia alemão; e fez de seu mergulho nas letras, aliado a enorme senso de oportunidade e tino político, instrumentos para levá-lo a ocupar cargos da mais variada natureza e importância.

Cedo na vida, foi chamado a propor reforma do ensino pelo então presidente do Estado do Ceará. Para tanto, recebeu incentivo para ir aos Estados Unidos, onde se esperava que absorvesse conhecimento sobre o sistema de ensino de lá. Pois fez mais do que isso: cursou direito na Union University, em Albany, capital do Estado de Nova Iorque, e saiu de lá bacharel e *counsellor at law* – do que muito se orgulhava.

O Brasil ao qual voltou era imensamente analfabeto, contava com apenas 8 mil pessoas letradas, formadas em Coimbra, nas faculdades de Direito de São Paulo ou Olinda, e nos cursos de engenharia e cirurgia que Dom João VI havia legado ao País. A elite intelectual se conhecia e se frequentava. Eram magistrados, advogados, jornalistas, médicos e engenheiros. Ocupavam as estruturas da burocracia do Império. Conheciam as entranhas do Poder e suas necessidades. Sua carreira na educação levou-o à capital do Império, onde lecionou no prestigioso Colégio Pedro II.

Abertamente republicano e abolicionista num Império que se distanciava de uma história escravista de quase quatro séculos, foi com esse ideário, e as circunstâncias históricas favoráveis, que Amaro Cavalcanti galgou degraus dos mais altos no que veio a ser a Primeira República.

Nela, Amaro ocupou cargos nos três Poderes. Foi Senador Constituinte em 1990, década em que lança seus primeiros trabalhos sobre Finanças Públicas, matérias sem literatura à época, o que fez da sua obra instrumento para a organização tributária da incipiente República, em que o Estado começava a arrecadar mais e melhor por conta do crescimento econômico extraordinário que o Brasil vinha experimentando no extinto Segundo Reinado.

O interesse do autor em Responsabilidade Civil do Estado teve início em sua época de consultor do Itamaraty. A Revolução Federalista (1893/1894) gerou controvérsia entre cidadãos franceses e o Estado brasileiro, aqueles demandando indenização deste pelos prejuízos causado pelo conflito. Amaro foi buscar na própria doutrina francesa a solução para o conflito, segundo a qual guerra não gera dever de indenização.

Sua atividade intelectual seguiu em paralelo à sua carreira política meteórica. Em 1897 é eleito deputado federal e, no mesmo ano, é nomeado Ministro da Justiça de Prudente de Morais, cargo que ocupa até fim de 1898.

Nos anos seguintes, entre 1900 e 1904, afirma-se como jurista de peso em matéria tributária, direito das obrigações, finanças públicas e direito internacional com obras publicadas sobre todos esses temas.

No mesmo ano de 1904, surgirá um artigo na revista Die Woche, em Berlim, que o fará comentar com seus leitores de *O Direito*, que sua mente estava concentrada no tema Responsabilidade Civil do Estado. A revista *O Direito* tinha em seu corpo de "Redactores" um ministro aposentado do Supremo Tribunal Federal, o então presidente dessa Corte, um terceiro membro dela e três advogados, dentre eles o proprietário da revista. Dois anos depois, em 1906, o próprio Amaro Cavalcanti passaria a ser Ministro do Supremo

Tribunal Federal, nomeado por Rodrigues Alves, cargo em que se aposentaria em 1914, aos sessenta e quatro anos.

A vida pública de Amaro Cavalcanti não se encerra aí,[3] mas vamos aqui, no entanto, nos fixar em sua produção intelectual dos anos de 1904 e 1905, que é quando ele trata de Responsabilidade Civil do Estado.

2. Um artigo em 1904: presos podem ser indenizados por erro judicial?

No 94º volume, do XXXII Anno, edição de Maio a Agosto de 1904 da já referida *O Direito*, publicava Amaro Cavalcanti o artigo intitulado "Indemnisação aos Injustamente Presos". O autor indica, logo na abertura, que o jornal *A Notícia* havia publicado "telegramma" que dava conta de o Reichstag ter aprovado lei que assegurava indenização aos presos ou processados injustamente. A novidade anima o autor, que anuncia estar, como sabemos, estudando Responsabilidade Civil do Estado.

Amaro não teve acesso ao texto da lei alemã, mas no artigo faz referência a uma famosa revista, *Die Woche*, em que autor relevante falava do tema. Pesquisamos as edições de *Die Woche* de 1901, mas não encontramos registro de publicação da revista em 20 de julho daquele ano. Tampouco encontramos referência ao professor I. Kohler, nem na revista, nem na abrangente obra que é *Responsabilidade civil do Estado*, que Cavalcanti viria a publicar em 1905. De toda forma, o fato é que os argumentos atribuídos a Kohler são dignos de registro, porque irrebatíveis.

3. Depois de se aposentar da Suprema Corte, Amaro Cavalcanti ainda foi prefeito do Distrito Federal, o atual município do Rio de Janeiro, e Ministro da Fazenda sob Delfim Moreira, o breve.

Amaro assim o cita:

> E' para admirar que ainda se considere ponto questionável o direito de indemnisação dos indivíduos injustamente presos e a necessidade de uma regra geral sobre semelhante material quando, pelo contrário, se sente que o estabelecimento deste instituto é uma das mais palpitantes exigências do momento. Com effeito, emquanto se considera extremamente irregular – o deixar de indemnisar – um simples páo de cerca ou mesmo uma vassoura velha – ninguém entretanto se apressa a declarar com direito a indemnização – o indivíduo a quem a sociedade tenha privado do mais custoso dos bens – a sua liberdade (*sic*).

Amaro então comenta que, segundo Kohler, a jurisprudência das décadas então recentes ocupava-se do *Vermogensrecht* (direito das coisas, dos bens, das obrigações), sem dar atenção ao que não fossem *"bens, a sua producção e ao movimento comercial"*. Seguem-se breves considerações sobre o Direito Romano, que se encerram com a asserção potente de que *"era duvidoso si' o homem tinha per se um direito á integridade do corpo e da propria vida [...]"(sic).*

No contraste com o direito civil então vigente, que ainda não era o de Clóvis, comenta Amaro que

> temos chegado a esta situação jurídica: ficaremos furiosos a mais não poder se nos vierem dizer que o Estado se apoderou de um canteiro de batatas sem prestar a respectiva indemnização; – mas acharemos razoável, inteiramente correcto, se virmos o Estado, depois de deter na prisão a um innocente durante longos mezes,- mandal-o em paz, sem cogitar de dar-lhe a menor indenização (*sic*).

O artigo prossegue com um elenco vasto de hipóteses de negativa do direito à indenização, elenco talhado na propensão enciclopédica de esgotamento de temas, que se pode dizer que define o método de Amaro Cavalcanti.

Diz ele, por fim:

> – Para concluir, entendemos que entre as exigências instantes do presente, sobresahe a de uma lei federal, reconhecendo e regulando o princípio da indemnisação dos injustamente presos--da maneira a mais ampla e completa (*sic*).[4]

3. O Tratado de 1905

Amaro Cavalcanti retornará ao tema ***Responsabilidade civil do Estado*** numa obra em dois tomos que podemos dizer que esgota o tema. Aborda todas as vertentes e conceitos, todos os argumentos a favor e contra cada uma das escolas que se debruçaram sobre a matéria. Amaro vai ao Direito Romano, ao Direito Alemão, ao Direito Francês, ao Direito Belga e ao Direito Italiano e transcreve, no original, entendimentos de autores de destaque à época.

Atravessar esse verdadeiro Tratado é prestar homenagem a um cultor do Direito que se ombreia com os maiores que o Brasil já teve.

A evolução do debate ao longo dos quase 120 que nos separam dessa publicação oferece pouca novidade. Amaro não teria como antever o advento de uma lei como a de proteção de dados e o consequente debate sobre o direito à intimidade, mas, tirante isso, essa obra centenária ainda oferece elementos sólidos para a compreensão de toda a problemática da Responsabilidade Civil do Estado.

E o que impressiona mais o leitor é que tudo o que propõe, as conclusões a que chega, são *de lege ferenda*. Não havia nada de concreto no ordenamento jurídico brasileiro

---

4. O autor não teve tempo de ler a lei alemã cuja aprovação ocasionou o artigo, mas nós a encontramos, e aproveitamos a ocasião para registrar, aqui, que ela era, sim, ampla e completa, como queria Amaro: Anexo A – (N. 3.069.) Lei relativa à indenização por prisão preventiva sofrida inocentemente. Datado de 14 de julho de 1904.

que indicasse o caminho para um desenho legal adequado para a matéria – com exceção, propriamente, da lei alemã citada no artigo. Aparentemente, Amaro não teve mesmo acesso ao texto dessa lei durante o preparo de sua obra, porque, no tomo 2, ao discorrer detalhadamente sobre a jurisprudência alemã, o que encontramos é apenas uma nota de rodapé que faz referência à notícia de que uma nova lei havia sido aprovada,[5] o que é uma perda enorme para o peso do debate, porque essa norma teria servido de guia para o direcionamento das convicções do autor

4. Indenização ao preso por erro judiciário hoje no Brasil

A Alemanha, hoje, paga uma indenização de 25 euros por dia a quem tenha sido preso injustamente. O debate atual está em que esse valor é muito baixo. Neste *artigo da International Bar Association*[6] encontram-se referências ao tratamento do tema pela Europa.

No Brasil de hoje, vige o inciso LXXV do art. 5º da Constituição Federal, que dispõe que "*o Estado indenizará o condenado por erro judiciário, assim como o que ficar preso além do tempo fixado na sentença*". Esse dispositivo é combinado com o art. 630 do Código de Processo Penal, *verbis:*

> Art. 630. O tribunal, se o interessado o requerer, poderá reconhecer o direito a uma justa indenização pelos prejuízos sofridos.
>
> § 1º Por essa indenização, que será liquidada no juízo cível, responderá a União, se a condenação tiver sido proferida pela

5. CAVALCANTI, Amaro. *Responsabilidade civil do Estado.* Rio de Janeiro: Borsoi, 1956. p. 516. Ou seja, as revisões ao texto não ousaram incluir a norma alemã, porque implicaria redirecionar muito da obra.

6. PÉREZ-LLORCA, Lidia González; PÉREZ-LLORCA, Alba Hernández. *The price of freedom*: compensation for unjustified detention across the European Union. Disponível em: https://www.ibanet.org/article/C92B648D-5C33-418C-A087-FF4001C95815. Acesso em: 3 jun. 2024.

> justiça do Distrito Federal ou de Território, ou o Estado, se o tiver sido pela respectiva justiça.
>
> § 2 A indenização não será devida:
>
> a) se o erro ou a injustiça da condenação proceder de ato ou falta imputável ao próprio impetrante, como a confissão ou a ocultação de prova em seu poder;
>
> b) se a acusação houver sido meramente privada.

Não obstante a clareza desses dispositivos, há quem recorra contemporaneamente a argumentos que Amaro Cavalcanti espancou em sua obra um século atrás, como o de que essa indenização tornaria inviável o exercício da judicatura, porque todo juiz passaria a temer cometer um erro.[7]

Em decisão recente,[8] no entanto, as normas vigentes mostraram-se bastantes para que a juíza Patrícia Persicano Pires, da 16ª Vara da Fazenda Pública de São Paulo, condenasse o *governo estadual a indenizar um homem que ficou dois anos preso por erros sucessivos do Poder Judiciário.*

Disse a juíza: "A prisão é sempre ofensiva, degradante e, no mínimo, ofende o direito de liberdade. Nos casos em que essa ofensa a um direito fundamental ocorre de forma injusta e por falha do serviço público, o Estado tem o dever de indenizar".

Eis uma assertiva com que o grande Amaro Cavalcanti teria concordado.

---

7. ALMEIDA, Vitor Luís De. A responsabilidade civil do Estado por erro judiciário sob a ótica do sistema lusófono. *Revista de Informação Legislativa*, Brasília, v. 49, n. 196, p. 259-281, out./dez. 2012 Disponível em: https://www2.senado.leg.br/bdsf/bitstream/handle/id/496627/000967069.pdf?sequence=1&isAllowed=y. Acesso em: 3 jun. 2024.

8. SANTOS, Rafa. Juíza condena estado de SP a indenizar homem preso injustamente em R$ 150 mil. *Consultor Jurídico*, São Paulo, 2 mar. 2024. Disponível em: https://www.conjur.com.br/2024-mar-02/juiza-condena-estado-de-sp-a-indenizar-homem-preso-injustamente-em-r-150-mil/#:~:text=A%20pris%C3%A3o%20%C3%A9%20sempre%20ofensiva,tem%20o%20dever%20de%20indenizar. Acesso em: 27 maio 2024.

Referências

ALMEIDA, Vitor Luís De. A responsabilidade civil do Estado por erro judiciário sob a ótica do sistema lusófono. *Revista de Informação Legislativa*, Brasília, v. 49, n. 196, p. 259-281, out./dez. 2012 Disponível em: https://www2.senado.leg.br/bdsf/bitstream/handle/id/496627/000967069.pdf?sequence=1&isAllowed=y. Acesso em: 3 jun. 2024.

BUNDESVERFASSUNGSGERICHT. Disponível em: https://www.bundesverfassungsgericht. de/DE/Homepage/homepage_node.html. Acesso em: 3 jun. 2024.

CANOTILHO, J. J. Gomes; MENDES, Gilmar Ferreira; SARLET, Ingo Wolfgang; STRECK, Lenio Luiz (coord.). *Comentários à Constituição do Brasil*. 2. ed. São Paulo: SaraivaJur, 2018. (Série IDP).

CAVALCANTI, Amaro. Indemnisação aos injustamente presos. *O Direito*: Revista Mensal de Legislação, Doutrina e Jurisprudência, Rio de Janeiro, n. 94, p. 476-482, maio/ago. 1904.

CAVALCANTI, Amaro. *Responsabilidade civil do Estado*. Rio de Janeiro: Borsoi, 1956.

DIE WOCHE. Berlim, 1901.

FAUSTO, Boris. *História do Brasil:* (segundo reinado e Primeira República). 11. ed. São Paulo: Edusp, 2003.

PÉREZ-LLORCA, Lidia González; PÉREZ-LLORCA, Alba Hernández. *The price of freedom*: compensation for unjustified detention across the European Union. Disponível em: https://www.ibanet.org/article/C92B648D-5C33-418C-A087-FF4001C95815. Acesso em: 3 jun. 2024.

SANTOS, Rafa. Juíza condena estado de SP a indenizar homem preso injustamente em R$ 150 mil. *Consultor Jurídico*, São Paulo, 2 mar. 2024. Disponível em: https://www.conjur.com.br/2024-mar-02/juiza-condena-estado-de-sp-a-indenizar-homem-preso-injustamente-em-r-150-mil/. Acesso em: 27 maio 2024.

ANEXO A - (N. 3.069) LEI RELATIVA À INDENIZAÇÃO POR PRISÃO PREVENTIVA SOFRIDA INOCENTEMENTE. DATADO DE 14 DE JULHO DE 1904.[9]

***Nós**, Guilherme, pela graça de Deus, Imperador Alemão, Rei da Prússia, etc.*

decretamos em nome do Reich, após a aprovação do Bundesrat e do Reichstag, o seguinte:

§ 1. As pessoas que tenham sido absolvidas em processo penal ou que tenham sido isentas de processo por ordem judicial podem reclamar ao erário público uma indemnização pela sua prisão preventiva se o processo demonstrar que são inocentes ou que não há suspeita razoável contra elas.

Além do preso, têm direito à indenização aqueles de quem ele era dependente legalmente.

§ 2. O direito à indemnização está excluído se a pessoa detida tiver causado a prisão preventiva intencionalmente ou por negligência grave. A não apresentação de recurso não será considerada negligência.

A reclamação pode ser excluída se o acto da pessoa detida sob investigação envolver desonestidade grave ou imoralidade ou tiver sido cometido num estado de embriaguez que exclua o livre arbítrio ou se ficar claro pelas circunstâncias do crime que a pessoa detida cometeu um crime ou contravenção havia preparado.

---

9. GESETZ, betreffend die Entschädigung für unschuldig erlittene Untersuchungshaft. Disponível em: https://de.wikisource.org/wiki/Gesetz,_betreffend_die_Entsch%C3%A4digung_f%C3%BCr_unschuldig_erlittene_Untersuchungshaft. Acesso em: 3 jun. 2024.

A reclamação também pode ser excluída se a pessoa detida não gozava de direitos civis no momento da detenção ou estava sob supervisão policial ou se a pessoa detida foi condenada com base no [***322*** *] § 181 a ou no § 362 do Código Penal nos últimos dois anos após o reconhecimento legal do encaminhamento à autoridade policial estadual. O mesmo se aplica se o detido tiver sido punido com pena de prisão e ainda não tiverem decorrido três anos desde o cumprimento da pena.*

§ 3.O objeto da indenização a ser paga ao preso é o prejuízo financeiro que lhe for causado em decorrência da prisão preventiva. Se a apresentação ou a detenção preliminar tiver ocorrido antes da emissão do mandado de detenção, o pedido de indemnização estende-se também ao período de detenção anterior ao mandado de detenção.

As pessoas com direito a alimentos devem receber uma indemnização na medida em que os seus alimentos tenham sido retirados em consequência da detenção.

§ 4. A obrigação do erário estadual de pagar indenização é determinada pelo tribunal por meio de resolução especial concomitante ao veredicto de absolvição do preso.

Se um recurso contra a sentença for novamente considerado absolvido, o tribunal que proferiu a sentença deve tomar uma nova decisão nos termos do n.º 1.

A decisão não deve ser anunciada, mas sim divulgada através de entrega assim que o veredicto de absolvição se tornar definitivo e vinculativo. Não está sujeito a contestação legal. Caso a Fazenda Pública seja obrigada ao pagamento de indenização, a decisão deverá ser comunicada também aos dependentes que não pertençam ao domicílio do preso, desde que seu paradeiro seja do conhecimento do tribunal.

Estas disposições aplicam-se mutatis mutandis *se a pessoa detida for afastada da acusação por ordem do tribunal.*

§ 5. A decisão que impõe a obrigação de o erário público pagar uma indemnização será inválida se o processo for reaberto em detrimento do absolvido ou se o processo principal for instaurado contra aquele que foi afastado do processo após a retomada da ação. Caso a indenização já tenha sido paga, o que foi pago poderá ser reclamado de volta.

§ 6. Qualquer pessoa que reivindique um pedido com base na decisão que executa a obrigação do Tesouro do Estado de pagar uma indemnização deve, a fim de evitar a perda, prosseguir esse pedido no prazo de seis meses a contar da prolação da decisão [***323*** *] , apresentando um pedido ao Ministério Público estava pendente o escritório do tribunal regional em cuja comarca será realizado o processo em primeira instância.*

A autoridade máxima da administração judiciária estadual decide sobre o pedido. Uma cópia da decisão deve ser notificada ao requerente nos termos do disposto no Código de Processo Civil.

Um recurso contra a decisão é permitido através de ação judicial. O recurso deve ser interposto no prazo preclusivo de três meses após a prolação da decisão. As câmaras cíveis dos tribunais regionais têm competência exclusiva para apreciar os pedidos de indemnização, independentemente do valor do objeto do litígio.

O crédito não é transferível até que seja tomada uma decisão final sobre o pedido.

§ 7. A indenização será paga pelo erário do Estado em cujos tribunais o processo penal estava pendente em primeira instância.

Até o valor da indenização paga, o fundo assume os direitos que o indenizado tem contra terceiros porque suas ações ilegais causaram a prisão preventiva.

§ 8º. Se tiver sido solicitada a retomada do processo em detrimento do absolvido ou se a ação tiver sido reaberta contra o afastado do processo, a decisão da autoridade máxima da administração judiciária estadual (artigo 6º, § 2º) bem como o pagamento de indenização (artigo 7º § 1º) serão suspensos.

§ 9. Em questões da competência do Tribunal de Primeira Instância do Reich, o Tesouro do Reich é responsável pelo pagamento de uma indemnização em vez do Tesouro do Estado.

Nestes casos, o Ministério Público do tribunal regional é substituído pelo Ministério Público do Tribunal do Reich, e a autoridade suprema da administração judicial do Estado é substituída pelo Chanceler do Reich.

§ 10. Esta lei aplica-se em conformidade às pessoas absolvidas em processos militares. No exército, o tesouro do contingente em cujos tribunais o processo penal estava pendente em primeira instância substitui o tesouro do Estado, na Marinha, é substituído pelo tesouro do Reich; Em vez do Ministério Público do tribunal regional, é responsável o tribunal de primeira instância e, em vez da autoridade máxima da administração judicial do Estado, é responsável a autoridade máxima administrativa judicial militar ou naval.

§ 11. Nas matérias da competência dos tribunais consulares, aplica-se esta lei com as seguintes disposições:

O cônsul assume o lugar do procurador do tribunal distrital. O Tribunal do Reich tem jurisdição de primeira e última instância sobre pedidos de indemnização.

§ 12. As disposições desta lei só se aplicam aos cidadãos de um Estado estrangeiro na medida em que a reciprocidade seja garantida pela legislação deste Estado ou por um tratado internacional de acordo com um anúncio contido no Diário Jurídico do Reich.

Documentado sob nossa maior assinatura e selo imperial impresso.

Dado Aalesund, a bordo do MY Hohenzollern, 14 de julho de 1904.

(LS) *Guilherme.*

Conde von Bülow.

AMARO CAVALCANTI E A CODIFICAÇÃO DO DIREITO INTERNACIONAL PRIVADO NO CONTINENTE AMERICANO

Débora Medeiros Teixeira de Araújo[1]

1 Introdução; 2 Processo de codificação do direito internacional; 3 Desenvolvimento do direito internacional privado no continente americano; 4 Atuação de Amaro Cavalcanti como Delegado do Brasil; 5. Conclusão; Referências.

Resumo: O presente artigo visa analisar o posicionamento adotado por Amaro Cavalcanti, delegado do Brasil, no processo de codificação do direito internacional privado do continente americano, mediante revisão bibliográfica e adoção do método teórico-descritivo. Ao final, registrou-se o vanguardismo da opinião do jurista potiguar quanto à metodologia sugerida para tal empreendimento, a qual foi confirmada como sendo a mais adequado com o passar dos anos.

Palavras-chave: Amaro Cavalcanti; codificação; direito internacional privado.

Keywords: Amaro Cavalcanti; codification; private international law (Conflict of law).

1. Doutoranda em Direito pela USP. Mestre em Direito pela UFRN. Especialista em Direito Processual pela PUC Minas. Graduada em Direito pela UFRN. Professora orientadora da linha de pesquisa "Direito internacional privado" do grupo OBDI/UFRN. Advogada. debora.medeiros@ufrn.br

1. Introdução

Amaro Cavalcanti, jurista potiguar, natural da região do Seridó, teve grande proeminência no contexto jurídico nacional, principalmente durante o período em que exerceu as funções de Ministro de Estado e, posteriormente, de Ministro do Supremo Tribunal Federal.

Foram muitas as suas contribuições doutrinárias, entre as quais se destacam os estudos pertinentes ao regime federativo, direito financeiro e tributário, direito das obrigações, responsabilidade civil do Estado e desenvolvimento da política externa brasileira.

Com efeito, Amaro Cavalcanti sempre buscou o diálogo entre as experiências estrangeiras com o que se estava em discussão no Brasil, e essa forma de pensar marcou sua atuação profissional. Tal postura vanguardista ficou evidente, por exemplo, no exercício da função de consultor jurídico do Ministério das Relações Exteriores, quando, em diversos pareceres, propunha soluções inovadoras para a época – e, por vezes, vistas como opinião minoritária –, totalmente justificadas nos valores atualmente consolidados como fundamentais do direito internacional.

Isso posto, objetiva-se com o presente artigo analisar o posicionamento adotado por Amaro Cavalcanti enquanto delegado do Brasil durante o processo de codificação do direito internacional privado no continente americano, assunto em voga na sociedade internacional no início do Século XX.

Para tanto, é proposto estudo teórico-descritivo, a partir de revisão bibliográfica, fazendo-se necessário discorrer brevemente sobre o processo de codificação do direito internacional e contextualizar como os trabalhos desenvolvidos na América se posicionaram no plano global à época. Ao final, analisar-se-á a posição de Amaro Cavalcanti sobre o tema e o que ela representa.

Tal proposição se justifica no necessário resguardo da memória das personalidades jurídicas de nosso país, e no entendimento de como o direito internacional foi tratado e incorporado ao sistema jurídico brasileiro.

2. Processo de codificação do direito internacional

O processo de codificação do Direito está intimamente ligado à formação e ao desenvolvimento dos Estados nacionais. Para regular as novas relações sociais entre os indivíduos e entre estes e o próprio Estado, não bastava tornar escritas as regras até então costumeiras. Era preciso codificá-las, isto é, sistematizar e agrupar as normas num corpo de regras coerente com pretensão de regulamentar exaustivamente uma dada matéria,[2] o que "logrou estabelecer uma nova forma de encarar o Direito e a produção normativa".[3]

Tal processo foi viável em razão do contexto filosófico, político e científico vigente na Europa, principalmente nos séculos XVII e XVIII.[4]

Do ponto de vista filosófico, as codificações surgiram sob a égide do jusracionalismo, escola do pensamento que acreditava na construção racional do Direito baseado no conceito de sistema como estrutura ideal a ordenação social, pois dotado de coerência e unicidade.[5] Quanto ao

2. RODAS, João Grandino; MONACO, Gustavo Ferraz de Campos. *A Conferência da Haia de direito internacional privado:* a participação do Brasil. Brasília: Fundação Alexandre de Gusmão, 2007. p. 43.

3. RODAS, João Grandino; MONACO, Gustavo Ferraz de Campos. *A Conferência da Haia de direito internacional privado:* a participação do Brasil. Brasília: Fundação Alexandre de Gusmão, 2007. p. 45.

4. RODAS, João Grandino; MONACO, Gustavo Ferraz de Campos. *A Conferência da Haia de direito internacional privado:* a participação do Brasil. Brasília: Fundação Alexandre de Gusmão, 2007.

5. RODAS, João Grandino; MONACO, Gustavo Ferraz de Campos. *A Conferência da Haia de direito internacional privado:* a participação do Brasil. Brasília: Fundação Alexandre de Gusmão, 2007.

contexto político, vivenciava-se o absolutismo, o qual "[...] soube se valer dos ideais iluministas de racionalidade para embasar o exercício do poder, indicando a necessidade e a conveniência de se editar normas jurídicas certas, precisas, perfeitas, homogêneas, sem particularismos e que espelhassem o direito natural".[6] Ademais, a codificação se mostrou um mecanismo apto a romper com as instituições jurídicas vigentes, exprimindo uma vontade política de afirmar a independência ou estabelecer um novo regime econômico ou uma nova ordem social.[7] Por fim, do ponto de vista científico, tinha-se o processo de tecnização do Direito, que demarcou a separação da política da atividade jurídica.[8] Daí a adesão necessária ao que estava disposto na lei.

Nomeadamente no âmbito do direito internacional, o processo de codificação representou a operação de substituição dos costumes internacionais, fonte primária do direito internacional, formados espontaneamente ao longo dos séculos através da interação entre os membros da Sociedade internacional, por um direito de formação voluntária, consagrado em textos escritos adotados pelos referidos membros, ou por parte deles.[9]

A urgência de se proceder esta codificação estava relacionada à necessidade de modificação do direito internacional em vigor, não se tratando, portanto, de mera compilação das normas já existentes. Em verdade, o surgimento

---

6. RODAS, João Grandino; MONACO, Gustavo Ferraz de Campos. *A Conferência da Haia de direito internacional privado:* a participação do Brasil. Brasília: Fundação Alexandre de Gusmão, 2007. p. 46.

7. WATT, Horatia Muir. La codification en droit international privé. *Droits:* Revue Française de Théorie, de Philosophie et de Culture Juridiques, Paris, n. 27, p. 152, 1998.

8. RODAS, João Grandino; MONACO, Gustavo Ferraz de Campos. *A Conferência da Haia de direito internacional privado:* a participação do Brasil. Brasília: Fundação Alexandre de Gusmão, 2007. p. 47-48.

9. AGO, Roberto. Nouvelles réflexions sur la codification du droit international. *Revue Générale de Droit Internationale Public*, [*s. l.*], p. 539-576, 1988. p. 539.

de novos Estados no cenário internacional – a partir da independência das ex-colônias do Imperialismo Europeu –, imprimiu novos contornos à Sociedade internacional, a qual passou a conviver com maior diversidade de paradigmas políticos, econômicos e sociais.[10]

De início, alguns Estados propuseram, entre si, tratados internacionais sobre matérias determinadas, sem, entretanto, obedecerem a um plano sistemático.[11] Foi o caso das declarações de 1780 e de 1800 sobre o direito de neutralidade marítima, no âmbito europeu; o *Règlement de Vienne* de 1815, em que ficou regulamentado o direito fluvial internacional e a classificação dos agentes diplomáticos; as Convenções de Genebra da Cruz Vermelha, iniciadas em 1864, que dispunham sobre o tratamento conferido a feridos, doentes e mortos em guerras terrestres; e as Conferências da Paz da Haia de 1988 e 1907, onde foram tratados assuntos de paz e de guerra.[12]

A proposição de uma codificação sistemática do direito internacional adveio de iniciativa dos Estados americanos, ao implementarem, ainda no início do século XIX, o desenvolvimento de estudos conjuntos de temáticas desse ramo do Direito como uma forma de estreitar os vínculos existentes entre os países da região.[13] Cita-se, de antemão, o Tratado de Lima de 1877 sobre regras uniformes de

10. AGO, Roberto. Nouvelles réflexions sur la codification du droit international. *Revue Générale de Droit Internationale Public*, [s. l.], p. 539-576, 1988. p. 542.

11. VIEIRA MACABU, Adilson. A soberania dos Estados na codificação e desenvolvimento do Direito internacional. *Revista de Ciência Política*, Rio de Janeiro, v. 6, n. 2, p. 14, abr./jun. 1972.

12. VIEIRA MACABU, Adilson. A soberania dos Estados na codificação e desenvolvimento do Direito internacional. *Revista de Ciência Política*, Rio de Janeiro, v. 6, n. 2, p. 14-15, abr./jun., 1972.

13. VIEIRA MACABU, Adilson. A soberania dos Estados na codificação e desenvolvimento do Direito internacional. *Revista de Ciência Política*, Rio de Janeiro, v. 6, n. 2, p. 15, abr./jun., 1972.

direito internacional privado,[14] e o Tratado de Montevidéu de 1889, o qual abordou de diversas matérias como direito processual, propriedade intelectual, patentes, marcas e direito penal internacional.[15]

Esforços para a codificação das normas internacionais com abrangência global, por seu turno, foram empenhados no âmbito da Liga das Nações e, posteriormente, da Organização das Nações Unidas (ONU), sendo as Convenções de Viena[16] grande marco dessa tentativa. Não obstante tratarem de temas específicos, tais documentos fornecem soluções para problemas genéricos da Sociedade internacional, fixando parâmetros comuns e, de certa forma, sistemáticos, o que proporciona uma melhor interação entre seus membros.

Atualmente, pode-se afirmar haver proeminência das normas escritas no direito internacional, resguardada a relevância dos costumes internacionais e demais fontes desse ramo do Direito.[17] De fato, o movimento de codificação do direito internacional, independentemente de maior ou menor sucesso ou da forma como implementado, teve por objetivo precípuo certificar as normas e aumentar a segurança nas relações, o que, em última análise, favorece e promove a segurança jurídica no ambiente internacional.[18]

14. Tido como primeira tentativa de codificação da matéria, não obstante ter registrado a adesão apenas do Peru. Vide: RAMOS, André de Carvalho. Evolução histórica do direito internacional privado e a consagração do conflitualismo. *Revista de la Secretaría del Tribunal Permanente de Revisión*, año 3, n. 5, p. 442, mar. 2015.

15. TENÓRIO, Oscar. *Direito internacional privado*. 11. ed. Rio de Janeiro: Freitas Bastos, 1976. v. 1, p. 124-125.

16. Convenção de Viena de 1961 sobre relações e imunidades diplomáticas, Convenção de Viena de 1963 sobre relações consulares, e Convenção de Viena de 1969 sobre o direito dos tratados.

17. RODAS, João Grandino; MONACO, Gustavo Ferraz de Campos. *A Conferência da Haia de direito internacional privado:* a participação do Brasil. Brasília: Fundação Alexandre de Gusmão, 2007. p. 80.

18. DÍAZ BARRADO, Castor M. La necesidad de la codificacion en el Derecho Internacional Publico. *Revista Española de Derecho Internacional*, [s. l.] v. 47, n. 1, p. 45, jan./jun. 1995.

3. Desenvolvimento do direito internacional privado no continente americano

O processo de codificação do direito internacional privado teve início no âmbito interno dos Estados, uma vez se tratar de normas de direito público interno.[19]

Apesar de os diversos sistemas de direito internacional privado não se mostrarem díspares em sua essência, havendo certa convergência nas escolhas, pelos legisladores nacionais, dos elementos de conexão aplicáveis em cada uma das situações,[20] à medida que as relações transnacionais entre os indivíduos foram se pluralizando, viu-se a necessidade de empreender a codificação desse ramo do Direito também na espera internacional, a fim de proporcionar harmonização das regras de conflito de leis.

Na Europa, o jurista italiano Pasquale S. Mancini foi pioneiro na busca pela uniformização do direito internacional privado entre os Estados quando, em 1861, sugeriu ao governo da Itália a promoção de estudos tendentes à criação de "meios adequados para diminuir ou extinguir conflitos de leis pertinente às pessoas, aos bens e aos atos jurídicos, quer de italianos no estrangeiro, quer de estrangeiros na Itália".[21] Essa ação, porém, não foi abraçada pelo governo italiano à época.[22]

---

19. RODAS, João Grandino; MONACO, Gustavo Ferraz de Campos. *A Conferência da Haia de direito internacional privado:* a participação do Brasil. Brasília: Fundação Alexandre de Gusmão, 2007. p. 87.

20. RODAS, João Grandino; MONACO, Gustavo Ferraz de Campos. *A Conferência da Haia de direito internacional privado:* a participação do Brasil. Brasília: Fundação Alexandre de Gusmão, 2007. p. 88.

21. TENÓRIO, Oscar. *Direito internacional privado*. 11. ed. Rio de Janeiro: Freitas Bastos, 1976. v. 1, p.119.

22. RODAS, João Grandino; MONACO, Gustavo Ferraz de Campos. *A Conferência da Haia de direito internacional privado:* a participação do Brasil. Brasília: Fundação Alexandre de Gusmão, 2007. p. 98-99.

Sem sucesso em sua iniciativa no plano interno estatal, Mancini se une a outros dez juristas e funda, em 1873, o Instituto de Direito Internacional, o qual tinha por finalidade idealizar

> [...] um cronograma e uma metodologia que possa *[pudesse]* levar à elaboração de projetos de tratados internacionais a serem discutidos pelos países civilizados – leia-se, soberanos – de então, com o objetivo de garantir a tomada de decisões uniformes em sede de conflitos de leis, por meio da uniformização dos elementos de conexão escolhidos pelos diversos legisladores nacionais, a respeito de certas e determinadas matérias.[23]

Oportunamente nomeou-se uma comissão para esse fim, a qual publicou relatório indicando que os anteprojetos de convenções seriam elaborados pelo próprio Instituto e levados a discussões e negociações dos Estados interessados em conferências diplomáticas, convocadas para tanto.[24]

A realização da primeira conferência diplomática, que a priori teria por sede a Itália, ocorreu na Holanda, sob a presidência de Tobias Michael C. Asser, em 1893, nomeada I Conferência da Haia.[25] A pretensão dessa reunião e das seguintes, as quais contam com a participação de delegados de diversos Estados, é elaborar projetos autônomos de codificação parcial, sem se ater a fórmulas preestabelecidas. Dessarte, renunciou-se, desde o início, a um trabalho global, optando-se por analisar, em sucessivas conferências, questões pontuais envolvendo conflitos de leis.[26]

---

23. RODAS, João Grandino; MONACO, Gustavo Ferraz de Campos. *A Conferência da Haia de direito internacional privado:* a participação do Brasil. Brasília: Fundação Alexandre de Gusmão, 2007. p. 100.

24. MOURA RAMOS, Rui Manuel Gens de. A Conferência da Haia de direito internacional privado: a participação de Portugal e o papel da organização: documentação e direito comparado. *Boletim do Ministério da Justiça*, Lisboa, n. 59/60, p. 619, 1994.

25. RODAS, João Grandino; MONACO, Gustavo Ferraz de Campos. *A Conferência da Haia de direito internacional privado:* a participação do Brasil. Brasília: Fundação Alexandre de Gusmão, 2007. p. 101-102.

26. TENÓRIO, Oscar. *Direito internacional privado*. 11. ed. Rio de Janeiro: Freitas Bastos, 1976. v. 1, p. 122.

Como dito em capítulo anterior, foi no continente americano que tomou força a proposição de uma codificação sistemática geral do direito internacional. Isso porque, uma vez firmadas as respectivas soberanias, as nações latinas buscaram manter as relações próximas a fim de promover o desenvolvimento regional. Tal intenção pode ser verificada, por exemplo, no Congresso do Panamá de 1826, quando se determinou a elaboração de estudos conjuntos para resolução de conflitos de leis entre os Estados americanos.[27]

Alguns anos depois, em 1877, como resultado dos estudos desenvolvidos, realizou-se o Congresso de Lima visando tornar harmônicas, dentro do possível, as legislações internas dos Estados interessados, em matéria de direito internacional privado e extradição.[28] Tais documentos, porém, não foram ratificados pelos Estados congressistas, resultando a iniciativa em fracasso.[29]

Em 1889, contando com a participação de alguns Estados sul-americanos, foram celebrados os Tratados de Montevidéu, os quais dispunham sobre temas de direito internacional privado, a fim de propor soluções convergentes para conflitos de leis que prejudicavam o livre desenvolvimento das relações regionais. Entretanto, a adesão a estes compromissos internacionais também não teve grande expressividade.[30]

Diferentemente das tentativas anteriores, as Conferências Internacionais Americanas, também denominadas Conferências Panamericanas, de âmbito continental,

---

27. VIEIRA MACABU, Adilson. A soberania dos Estados na codificação e desenvolvimento do Direito internacional. *Revista de Ciência Política*, Rio de Janeiro, v. 6, n. 2, p. 15, abr./jun., 1972.

28. TENÓRIO, Oscar. *Direito internacional privado*. 11. ed. Rio de Janeiro: Freitas Bastos, 1976. v. 1, p. 124.

29. TENÓRIO, Oscar. *Direito internacional privado*. 11. ed. Rio de Janeiro: Freitas Bastos, 1976. v. 1, p. 125.

30. TENÓRIO, Oscar. *Direito internacional privado*. 11. ed. Rio de Janeiro: Freitas Bastos, 1976. v. 1.

caracterizaram-se por propiciarem o ambiente de debates necessário e adequado ao desenvolvimento de projetos de codificação geral do direito internacional na América.

No total, aconteceram dez Conferências Internacionais Americanas,[31] antes de a União Panamericana ser sucedida pela Organização dos Estados Americanos (OEA). E, apesar da pretensão de elaboração de um código único de direito internacional privado ter sido suscitada desde o primeiro encontro e tantos projetos terem sido apresentados a cada edição, foi somente na Sexta Conferência Internacional Americana, realizada em Havana em 1928, que a Convenção de Direito Internacional Privado ou Convenção de Havana, mais conhecida como Código de Bustamante, foi celebrada com grande número de ratificações.

De fato, o Código de Bustamante de 1928 discorre, em seus 437 artigos, sobre temas pertinentes ao conflito de leis no espaço, assim como direito processual e direito penal.[32]

Além disso, sua celebração somente foi possível graças ao disposto no artigo terceiro das disposições preambulares, o qual atribui a cada Estado, ao ratificar a convenção, o poder de fazer reservas quanto à aceitação de um ou vários artigos do Código,[33] o que pode ter desnaturalizado a finalidade primária de sua elaboração, qual seja, a unificação das regras de conflito em âmbito continental.

Dessa forma, os Estados americanos passaram a conviver com dois sistemas diferentes de direito internacional

---

31. Nos anos de 1889, 1901, 1906, 1910, 1923, 1928, 1938, 1948 e 1954. Além da Conferência interamericana de Consolidação da Paz de 1936, Conferência Interamericana sobre Problemas da Guerra e da Paz de 1945 e Conferência Interamericana para manutenção da paz e segurança no continente de 1947.

32. TENÓRIO, Oscar. *Direito internacional privado*. 11. ed. Rio de Janeiro: Freitas Bastos, 1976. v. 1, p. 129.

33. TENÓRIO, Oscar. *Direito internacional privado*. 11. ed. Rio de Janeiro: Freitas Bastos, 1976. v. 1.

privado, o nacional e o internacional, e cada um à sua maneira, observadas as respectivas reservas feitas quando da ratificação do Código.

Interessante observar que o jurista homenageado nesta obra, Amaro Cavalcanti, publicou, em 1914, o artigo intitulado "La Codification du Droit Internacional Américain" no renomado periódico *Revue Générale de Droit Internacional Public*,[34] no qual discorreu sobre os trabalhos empreendidos em âmbito americano para elaboração de um código geral de direito internacional, revisitando as quatro primeiras Conferências Internacionais Americanas e os trabalhos desenvolvidos pelo Comitê internacional de jurisconsultos nomeados para esse fim desde a Terceira Conferência, em 1906. Em sua conclusão, ele retoma sua opinião expressada na Terceira Conferência Internacional Americana, esmiuçada no capítulo seguinte, de que o processo de codificação é sim importante, mas que deve se dar de maneira gradual, diferentemente do que se pretendia alcançar no contexto americano.[35]

Com a sucessão da União Panamericana pela OEA, em 1948, o desenvolvimento dos estudos para elaboração de novas codificações regionais ficou a cargo do Conselho Interamericano de Jurisconsultos, assessorado pela Comissão Jurídica Interamericana. Em 1967, com a reforma da Carta da OEA, o protocolo de Buenos Aires, o referido Conselho foi substituído pelo Comitê Jurídico Interamericano.[36]

De acordo com o artigo 105 do Protocolo de Buenos Aires, compete ao referido Comitê "[...] promover o desenvolvimento progressivo e a codificação do direito

34. CAVALCANTI, Amaro. La codification du droit internacional américain. *Revue Générale de Droit International Public*, [s. l.], v. 21, p. 183-204, 1914.

35. CAVALCANTI, Amaro. La codification du droit internacional americain. *Revue Générale de Droit International Public*, [s. l.], v. 21, p. 204, 1914.

36. VIEIRA MACABU, Adilson. A soberania dos Estados na codificação e desenvolvimento do Direito internacional. *Revista de Ciência Política*, Rio de Janeiro, v. 6, n. 2, p. 18, abr./jun. 1972.

internacional; e estudar os problemas jurídicos referentes à integração dos países em desenvolvimento do Continente, bem como a possibilidade de uniformizar suas legislações no que parecer conveniente".[37]

Percebeu-se, contudo, que as iniciativas regionais não eram mais suficientes para solucionar questões de conflito de leis de caráter cada vez mais universal.[38] A criação da ONU, em 1945, e, mais especificamente da Uncitral[39] – agência especializada da ONU para tratar da elaboração de regras uniformes sobre comércio internacional –, conduziram à reunião dos esforços de codificação do direito internacional privado para o âmbito da Conferência da Haia,[40] a qual passou a agregar Estados não membros em suas sessões de trabalho.[41]

Tal integração influenciou a metodologia de desenvolvimento de trabalhos no âmbito das Conferências Especializadas Interamericanas de Direito Internacional Privado

---

37. BRASIL. *Decreto Legislativo nº 2, de 29 de janeiro de 1968*. Aprova o texto do Protocolo de Reforma da Carta da Organização dos Estados Americanos, denominado "Protocolo de Buenos Aires", assinado em Bueno Aires, em 27 de fevereiro de 1967. Disponível em: https://www2.camara.leg.br/legin/fed/decleg/1960-1969/decretolegislativo-2-29-janeiro-1968-349852-protocolo-1-pl.html. Acesso em: 16 maio 2024.

38. VIEIRA MACABU, Adilson. A soberania dos Estados na codificação e desenvolvimento do Direito internacional. *Revista de Ciência Política*, Rio de Janeiro, v. 6, n. 2, p. 18, abr./jun. 1972.

39. Em sede de reunião plenária da UNCITRAL, havida em junho de 1981, recomendou-se aos Estados membros que aderissem aos trabalhos preparatórios da segunda sessão extraordinária da Conferência da Haia de Direito Internacional Privado, marcada para 1985, o que conduziu Estados não membros da Conferência a integrá-la. Vide: RODAS, João Grandino; MONACO, Gustavo Ferraz de Campos. *A Conferência da Haia de direito internacional privado:* a participação do Brasil. Brasília: Fundação Alexandre de Gusmão, 2007. p. 145.

40. O Brasil, por exemplo, participou pela primeira vez de uma sessão extraordinária da Conferência da Haia de Direito Internacional Privado em 1966.

41. RODAS, João Grandino; MONACO, Gustavo Ferraz de Campos. *A Conferência da Haia de direito internacional privado:* a participação do Brasil. Brasília: Fundação Alexandre de Gusmão, 2007. p. 144.

(CIDIP),[42] levando-as a abandonar a tendência generalista até então em voga no continente americano, e a optarem pela discussão e unificação de matérias específicas, úteis ao contexto regional[43].

Atualmente, a Conferência da Haia de Direito Internacional Privado é uma das organizações internacionais que conta com o maior número de integrantes, sendo noventa Estados e uma Organização de integração econômica regional – no caso, a União Europeia.[44] As convenções originárias de trabalhos desenvolvidos por ela também foram amplamente recepcionadas em âmbito global, fazendo da Conferência da Haia o grande polo de produção de normas internacionais de direito internacional privado.

4. Atuação de Amaro Cavalcanti como Delegado do Brasil

Amaro Cavalcanti teve grande importância no desenvolvimento do direito internacional no Brasil. Pertinentes às funções políticas que exerceu no recém instaurado Governo republicano, o eminente jurista homenageado nesta obra contribuiu, em meados do século XX, com estudos detalhados em matéria de arbitragem internacional e com o processo de codificação do direito internacional, além da promoção de debates acerca da guerra e paz, bem como de meios alternativos de resolução de conflitos.[45]

---

42. Conferência substituta das Conferências Internacionais Americanas para tratar Direito Internacional Privado.

43. RODAS, João Grandino; MONACO, Gustavo Ferraz de Campos. *A Conferência da Haia de direito internacional privado:* a participação do Brasil. Brasília: Fundação Alexandre de Gusmão, 2007. p. 154-155.

44. Informação disponível no site da referida organização internacional: https://www.hcch.net/pt/states/hcch-members. Acesso em: 16 maio 2024.

45. GALINDO, George Rodrigo Bandeira. Um cauteloso jurista: Amaro Cavalcanti e sua Obra internacionalista. *In*: GALINDO, George Rodrigo Bandeira (org.). *Direito*

De fato, após ter exercido a função de Ministro da Justiça no governo de Prudente de Morais, nos anos de 1897 e 1898, afastou-se dos cargos públicos, retornando apenas em 1905, quando foi nomeado, pelo então Presidente da República Rodrigues Alves, consultor jurídico do Ministério das Relações Exteriores. Permaneceu nesse cargo até 1906, quando foi indicado para Ministro do Supremo Tribunal Federal.[46]

Durante o período em que exerceu a função de Consultor Jurídico do Itamaraty, Amaro Cavalcanti foi nomeado Delegado do Brasil para participar da Terceira Conferência Internacional Americana, realizada no Rio de Janeiro em 1906. Na ocasião, colaborou substancialmente para as discussões sobre a possibilidade de codificação do direito internacional público e privado,[47] propondo inclusive um anteprojeto de codificação parcial desses ramos do Direito. Além disso, discorreu sobre a arbitragem internacional como meio compulsório para resolução de controvérsias entre Estados soberanos. Ambas as exposições estão disponíveis na obra *Trabalhos do Dr. Amaro Cavalcanti – Delegado do Brasil*, publicada naquele mesmo ano.[48]

Tratando especificamente sobre o processo de codificação do direito internacional, ele inicia sua exposição celebrando os avanços ocorridos no campo das relações internacionais entre os Estados, apontando, como sinal

---

internacional no Brasil: Pensamentos e tradição. Rio de Janeiro: Lumen Iures, 2021. v. 1, p. 233-235.

46. BRASIL. Supremo Tribunal Federal. *Amaro Cavalcanti*. Brasília: STF, [2024]. Disponível em: https://portal.stf.jus.br/ostf/ministros/verMinistro.asp?periodo=STF&id=200#:~:text=Amaro%20Cavalcanti%2C%20entre%20outras%2C%20escreveu,1883%3B%20Ensino%20Moral%20e%20Religioso. Acesso em: 29 abr. 2024. Ainda: TAVARES DE LYRA, Ministro. A. Amaro Cavalcanti. *Revista do Instituto Histórico e Geográfico Brasileiro*, Rio de Janeiro, v. 204. p. 337, jul./set. 1949.

47. Além de ter discorrido também sobre o arbitramento internacional.

48. Obra rara digitalizada disponível em: https://bibliotecadigital.stf.jus.br/xmlui/handle/123456789/729. Acesso em: 29 abr. 2024.

destes, o tratamento jurídico conferido ao estrangeiro, que "já goza e tem os mesmos direitos civis que nacionais em quase todo o mundo civilizado".[49] Talvez por isso, defende Amaro Cavalcanti, "muitos juristas acreditam ter chegado o momento de se codificar o direito internacional, isto é, de formar um código único de leis aplicáveis às relações internacionais dos vários Estados civilizados".[50] Ele, porém, não concorda totalmente com esse posicionamento.

O notável jurista potiguar pensa ainda não ser viável tornar realidade tamanha aspiração, apesar de reconhecer ser algo possível futuramente e de grande utilidade. Isso porque os diversos ordenamentos jurídicos envolvidos no diálogo se encontravam em diferentes estágios de consciência jurídica naquele momento.[51]

Amaro Cavalcanti acredita que o Direito de cada Estado se desenvolve como resultado do alargamento das relações sociais, políticas e econômicas deste, tanto no âmbito nacional quanto no âmbito internacional. Somado a isso, quando se trata da criação de instituições ou entidades jurídicas internacionais, há o envolvimento de diversas vontades soberanas, cada qual guiada pela consciência esclarecida de seus próprios direitos e interesses enquanto Estados nação. Assim, a tentativa de convergência de interesses soberanos para conformação de normas internacionais comuns pressupõe o estabelecimento de regras e princípios gerais "sobre os quais se deve assentar o edifício", o que,

---

49. CAVALCANTI, Amaro. *Trabalhos do Dr. Amaro Cavalcanti, Delegado do Brasil*: Terceira Conferência Internacional Americana. Rio Janeiro: Imprensa Nacional, 1906. p. 63.

50. CAVALCANTI, Amaro. *Trabalhos do Dr. Amaro Cavalcanti, Delegado do Brasil*: Terceira Conferência Internacional Americana. Rio Janeiro: Imprensa Nacional, 1906.

51. CAVALCANTI, Amaro. *Trabalhos do Dr. Amaro Cavalcanti, Delegado do Brasil*: Terceira Conferência Internacional Americana. Rio Janeiro: Imprensa Nacional, 1906.

ao seu ver, não era possível extrair das relações entre as Repúblicas americanas.[52]

Ele verifica, por exemplo, haver divergência de como os Estados conferencistas entendem a própria natureza das normas de direito internacional, sua coercibilidade e fontes.[53] Ademais, acredita ser necessário limitar os destinatários do eventual código para o âmbito dos Estados americanos, uma vez que seriam estes os agentes de elaboração das normas, participando de sua construção e aperfeiçoamento. Isso, porém, sem olvidar a possibilidade de se aplicar esse mesmo corpo normativo também às relações com Estados de outros continentes, pela simples adesão e estabelecimento de cláusulas de reciprocidade.[54]

Ressalta, ainda, que para uma uniformização é imprescindível a ação do tempo. Pois o direito internacional nasce como resultado das necessidades das nações e como meio de representar os interesses comuns delas, impondo obrigações recíprocas sem limitar suas soberanias. Nesse contexto, apenas o passar do tempo é capaz de criar as condições necessárias à mobilização dos Estados na busca de um fim comum.[55]

Refletindo sobre a criação de eventual Código único e completo, o qual abarcasse diversas matérias de direito internacional, a ser aplicado em todo o Continente

---

52. CAVALCANTI, Amaro. *Trabalhos do Dr. Amaro Cavalcanti, Delegado do Brasil*: Terceira Conferência Internacional Americana. Rio Janeiro: Imprensa Nacional, 1906. p. 64.

53. CAVALCANTI, Amaro. *Trabalhos do Dr. Amaro Cavalcanti, Delegado do Brasil*: Terceira Conferência Internacional Americana. Rio Janeiro: Imprensa Nacional, 1906. p. 65.

54. CAVALCANTI, Amaro. *Trabalhos do Dr. Amaro Cavalcanti, Delegado do Brasil*: Terceira Conferência Internacional Americana. Rio Janeiro: Imprensa Nacional, 1906. p. 65-68.

55. CAVALCANTI, Amaro. *Trabalhos do Dr. Amaro Cavalcanti, Delegado do Brasil*: Terceira Conferência Internacional Americana. Rio Janeiro: Imprensa Nacional, 1906. p. 72.

americano, Amaro Cavalcanti considera que fazê-lo seria uma atividade hercúlea e provavelmente ineficaz, dada a grande variedade de instituições jurídicas e modos de entender o Direito vigentes nas vinte e uma nações reunidas na Conferência[56]. A exemplo da dificuldade de progresso na norma, cita os Tratados de Montevideo celebrados em 1889, os quais não tiveram adesão significativa de Estados.[57]

Em razão desse quadro, o então Delegado do Brasil opina que a construção normativa se dê gradualmente, através de projetos sobre temas pontuais, a serem elaborados de maneira sistemática, viabilizando a troca de ideias entre comissões dos respectivos países ainda no momento da escrita da norma – e antes do documento ser posto em votação.[58] Relata, inclusive, que é o que está acontecendo no contexto europeu, no âmbito das Conferências da Haia.[59]

E vai além, defende que inicialmente se busque desenvolver um tratado cujo finalidade seja a fixação de regras e princípios comuns admitidos pelos usos e costumes internacionais ou já declaradamente aceitos por tratados celebrados entre os países participantes da Conferência Americana, o qual facilitaria a criação de normas futuras.[60]

---

56. CAVALCANTI, Amaro. *Trabalhos do Dr. Amaro Cavalcanti, Delegado do Brasil*: Terceira Conferência Internacional Americana. Rio Janeiro: Imprensa Nacional, 1906. p. 73-74.

57. CAVALCANTI, Amaro. *Trabalhos do Dr. Amaro Cavalcanti, Delegado do Brasil*: Terceira Conferência Internacional Americana. Rio Janeiro: Imprensa Nacional, 1906. p. 78.

58. CAVALCANTI, Amaro. *Trabalhos do Dr. Amaro Cavalcanti, Delegado do Brasil*: Terceira Conferência Internacional Americana. Rio Janeiro: Imprensa Nacional, 1906. p. 79.

59. CAVALCANTI, Amaro. *Trabalhos do Dr. Amaro Cavalcanti, Delegado do Brasil*: Terceira Conferência Internacional Americana. Rio Janeiro: Imprensa Nacional, 1906. p. 80.

60. CAVALCANTI, Amaro. *Trabalhos do Dr. Amaro Cavalcanti, Delegado do Brasil*: Terceira Conferência Internacional Americana. Rio Janeiro: Imprensa Nacional, 1906. p. 79.

Todavia, essa ideia de uma codificação gradual e sistemática não foi recepcionada naquela ocasião, decidindo os Estados conferencistas em proceder com a nomeação de uma Junta de Jurisconsultos para elaborar um projeto único de codificação.[61]

Amaro Cavalcanti faleceu em janeiro de 1922, portanto, antes de o Código de Bustamante ter sido apresentado às nações americanas. Entretanto, apesar do sucesso inicial do Código de 1928, o tempo mostrou que a metodologia proposta por Amaro Cavalcanti seria a mais adequada à dinâmica das relações interestatais, por possibilitar a convergência de posicionamentos e, por conseguinte, melhor adesão dos Estados.

5. Conclusão

Ante o exposto, restou evidenciado que o processo de codificação do direito internacional passou por muitas fases e seu empreendimento se deu sob diferentes metodologias, até a identificação daquela tida como mais adequada à dinâmica da Sociedade Internacional.

Da exposição de Amaro Cavalcanti durante a Terceira Conferência Internacional Americana é possível extrair a lucidez de sua visão sobre o direito internacional e o substrato que este requer para o pleno desenvolvimento.

Partindo da ideia de que a codificação do direito internacional passa, necessariamente, pelo voluntarismo dos Estados soberanos, Amaro Cavalcanti observa a dificuldade de se propor um documento único que se adeque às diversidades jurídicas dos Estados, o que levaria,

61. GALINDO, George Rodrigo Bandeira. Um cauteloso jurista: Amaro Cavalcanti e sua Obra internacionalista. *In*: GALINDO, George Rodrigo Bandeira (org.). *Direito internacional no Brasil:* Pensamentos e tradição. Rio de Janeiro: Lumen Iures, 2021. v. 1, p. 268.

inevitavelmente, ao insucesso dessas iniciativas. Ressalta também que a coercibilidade das normas de direito internacional deriva da expressão dessa vontade soberana de vinculação e não pela imposição de um poder supraestatal.

Ademais, fica evidenciada sua atenção constante ao que temas discutidos fora do Brasil, citando os trabalhos e a metodologia adotada pela Conferência da Haia ainda em momento embrionário dessa organização internacional. Afirma, por fim, a necessidade de si estabelecer parâmetros comuns capazes de viabilizar o diálogo entre os ordenamentos jurídicos e, dessa forma, a própria elaboração de normas uniformes.

Dessarte, resta clara que, embora suas ideais não tenham sido acatadas ao tempo em que propostas, estas se revelaram, com o passar dos anos, acertadas e indispensáveis à evolução das relações internacionais dos Estados.

Referências

AGO, Roberto. Nouvelles réflexions sur la codification du droit international. *Revue Générale de Droit Internationale Public*, [*s. l.*], p. 539-576, 1988.

BRASIL. *Decreto legislativo nº 2, de 29 de janeiro de 1968.* Aprova o texto do Protocolo de Reforma da Carta da Organização dos Estados Americanos, denominado "Protocolo de Buenos Aires", assinado em Bueno Aires, em 27 de fevereiro de 1967. Disponível em: https://www2.camara.leg.br/legin/fed/decleg/1960-1969/decretolegislativo-2-29-janeiro-1968-349852-protocolo-1-pl.html. Acesso em: 16 maio 2024.

CAVALCANTI, Amaro. La codification du droit internacional américain. *Revue Générale de Droit International Public,* [*s. l.*], v. 21, p. 183-204, 1914.

CAVALCANTI, Amaro. *Trabalhos do Dr. Amaro Cavalcanti, Delegado do Brasil:* Terceira Conferência Internacional Americana. Rio Janeiro: Imprensa Nacional, 1906.

DÍAZ BARRADO, Castor M. La necesidad de la codificacion en el Derecho Internacional Publico. *Revista Española de Derecho Internacional*, [*s. l.*] v. 47, n. 1, p.33-53, jan./jun. 1995.

GALINDO, George Rodrigo Bandeira. Um cauteloso jurista: Amaro Cavalcanti e sua Obra internacionalista. *In*: GALINDO, George Rodrigo Bandeira (org.). *Direito internacional no Brasil:* Pensamentos e tradição. Rio de Janeiro: Lumen Iures, 2021. v. 1, p.231-278.

HCCH. *Membros da HCCH*. Disponível em: https://www.hcch.net/pt/states/hcch-members. Acesso em: 16 maio 2024.

MOURA RAMOS, Rui Manuel Gens de. A Conferência da Haia de direito internacional privado: a participação de Portugal e o papel da organização: documentação e direito comparado. *Boletim do Ministério da Justiça*, Lisboa, n. 59/60, p. 617-640, 1994.

RAMOS, André de Carvalho. Evolução histórica do Direito internacional privado e a consagração do conflitualismo. *Revista de la Secretaría del Tribunal Permanente de Revisión*, [*s. l.*], año 3, n. 5, p.423-446, mar. 2015.

RODAS, João Grandino; MONACO, Gustavo Ferraz de Campos. *A Conferência da Haia de Direito Internacional Privado:* a participação do Brasil. Brasília: Fundação Alexandre de Gusmão, 2007.

SUPREMO TRIBUNAL FEDERAL. *Amaro Cavalcanti*. Brasília: STF, [2024]. Disponível em: https://portal.stf.jus.br/ostf/ministros/verMinistro.asp?periodo=STF&id=200#:~:text=Amaro%20Cavalcanti%2C%20entre%20outras%2C%20escreveu,1883%3B%20Ensino%20Moral%20e%20Religioso. Acesso em: 29 abr. 2024.

TAVARES DE LYRA, Ministro. A. Amaro Cavalcanti. *Revista do Instituto histórico e geográfico brasileiro*. Rio de Janeiro, v. 204, p. 335-342, jul./set. 1949.

TENÓRIO, Oscar. *Direito internacional privado*. 11. ed. Rio de Janeiro: Freitas Bastos, 1976. v. 1.

VIEIRA MACABU, Adilson. A soberania dos Estados na codificação e desenvolvimento do Direito internacional. *Revista de Ciência Política*, Rio de Janeiro, v. 6, n. 2, p. 3-33, abr./jun. 1972.

WATT, Horatia Muir. La codification en droit international privé. *Droits*: Revue Française de Théorie, de Philosophie et de Culture Juridiques, Paris, n. 27, p. 149-160, 1998.

AMARO CAVALCANTI E A DIMENSÃO TRIBUTÁRIA DO PACTO FEDERATIVO NA CONSTITUIÇÃO DE 1891

José Antonio Dias Toffoli [1]

Lucilene Rodrigues Santos[2]

Resumo: Amaro Cavalcanti ocupou cargos e funções das mais altas envergaduras. Participou ativamente do Congresso Constituinte de 1890-1891, do qual adveio a primeira Constituição Republicana, revelando preocupações a respeito da formação de uma base econômica para sustentar a forma federativa do estado. Como Cavalcanti influenciou a elaboração das normas da Constituição de 1891 que tangenciaram o pacto federativo em matéria tributária? Para responder a essa pergunta, foi adotado o método histórico, com a análise de

1. Ministro do Supremo Tribunal Federal; Ex-Presidente do Supremo Tribunal Federal e do Conselho Nacional de Justiça (2018-2020); Ex-Presidente do Tribunal Superior Eleitoral (2014-2016); Ex-Advogado-Geral da União (2007-2009); Ex-Subchefe para Assuntos Jurídicos da Casa Civil da Presidência da República (2003-2005).

2. Procuradora da Fazenda Nacional. Especialista em Direito Tributário pela PUC/COGEAE e Mestre em Direito Empresarial na Universidade Nove de Julho. É Chefe de Gabinete de Ministro do Supremo Tribunal Federal.

documentos relativos ao Congresso Constituinte de 1890/1891; de duas importantes obras de Amaro Cavalcanti próximas àquela época, que tangenciam o assunto e são esclarecedoras do entendimento do jurista potiguar; e de obras a respeito do contexto socioeconômico do país na mesma época, a fim de melhor entender as apreensões de Cavalcanti durante aquele Congresso Constituinte. O viés do jurista foi o de distribuir as rendas públicas de maneira proporcional entre as unidades federadas, considerando os ônus que pesavam sobre elas e as possibilidades fáticas então existentes. Nesse contexto, Cavalcanti muito influiu nas normas que asseguraram aos estados o imposto predial, o imposto sobre indústrias e profissões e a supressão do termo do imposto sobre exportação de mercadorias neles produzidas.

1. Introdução

Foi com muita alegria que recebi o honroso convite para participar da obra coletiva em homenagem à trajetória e ao legado de Amaro Cavalcanti, jurista brasileiro de *escol*.

Nascido no Rio Grande do Norte em 1848, na região do Seridó, em modesta fazenda, Amaro Cavalcanti trilhou belíssima jornada até alcançar funções e cargos de cúpula dos três poderes da República, incluindo o cargo de Ministro do Supremo Tribunal Federal, como demonstram os fatos a seguir narrados extraídos de diversas fontes.[3]

Aprendeu latim quando jovem e, no Ceará, passou a ensinar a língua e a escrever para jornais. Nessa província, filiou-se ao Partido Conservador. Há notícias de que Amaro Cavalcanti lá exerceu advocacia como advogado provisionado. Designado pelo Presidente da Província para ir aos

3. LYRA, A. Tavares de. Amaro Cavalcanti. *Revista do Instituto Histórico e Geográfico Brasileiro*, Rio de Janeiro, v. 204, jul./set. 1951.
AUGUSTO, José. *Pequenos estudos sobre grandes administradores do Brasil*: Amaro Cavalcanti. Rio de Janeiro: Departamento Administrativo do Serviço Público (DASP), 1956.
MELLO FILHO, José Celso de. *Notas sobre o Supremo Tribunal*: (Império e República). 5. ed. Brasília: Supremo Tribunal Federal, 2014.
BRASIL. Supremo Tribunal Federal. *Ministros do Supremo Tribunal Federal:* Amaro Cavalcanti. Supremo Tribunal Federal, 2024. Disponível em: https://portal.stf.jus.br/ostf/ministros/verMinistro.asp?periodo=STF&id=200. Acesso em: 30 abr. 2024.

Estados Unidos, uma de suas missões foi estudar a organização do ensino primário na América do Norte.

Já nos Estados Unidos, Cavalcanti matriculou-se na Faculdade de Direito da Union University, em Albany, conseguindo a graduação em Direito com admirável aproveitamento (1880/1881). A Suprema Corte dos Estados Unidos lhe concedeu o título de *Consellor at Law*, permitindo-lhe exercer a profissão jurídica naquele país.

De volta ao Brasil, ocupou, no Ceará, os cargos de diretor-geral da instrução pública – equivalente hoje ao de secretário de educação – e de diretor do Liceu. Mudou-se para o Rio, onde abriu escritório de advocacia e se imiscuiu no campo da indústria.

Em 1884, foi eleito deputado-geral pela província do Ceará pelo Partido Conservador. Contudo, não tomou posse, em razão de seu diploma ter sido anulado.

Era abolicionista e partidário da causa republicana. No Período Republicano, foi nomeado pelo Governo Provisório como 2º vice-governador do Rio Grande do Norte. E foi eleito senador pelo referido estado, tendo participação relevante no Congresso Constituinte de 1890/1891.

Nesse Congresso, fez parte da comissão encarregada de saudar o Chefe do Governo Provisório, ressaltando ter sido esse "o primeiro e maior colaborador da obra patriótica da nossa reconstrução política, encetada pela grandiosa revolução de 15 de novembro".[4] Manifestou-se, além disso, pela continuidade do Chefe do Governo Provisório até a aprovação do texto constitucional e a eleição do primeiro presidente.

Também, naquele Congresso Constituinte, Amaro Cavalcanti fez parte da comissão especial constituída para

---

4. BRASIL. Câmara dos Deputados. *Anais do Congresso Constituinte da República*. 2. ed. Rio de Janeiro: Imprensa Nacional, 1924. v. 1. p. 219. Disponível em: https://www25.senado.leg.br/web/atividade/anais/anais-da-republica. Acesso em: 6 jul. 2024.

proferir parecer sobre o projeto de Constituição do Brasil publicado no Decreto nº 914-A/1890,[5] conhecida como Comissão dos 21 (um representante por estado e mais um do Distrito Federal). Um dos grandes temas que tomou a atenção de Cavalcanti foi a questão da distribuição das rendas, na qual se incluem os debates sobre competências tributárias.

De que maneira Amaro Cavalcanti influenciou a elaboração das normas da Constituição de 1981 que tangenciaram o pacto federativo em matéria tributária? Esse é o questionamento sobre o qual o presente artigo se debruça. Para respondê-lo, foi adotado o método histórico.

Nesse contexto, foram i) analisadas as manifestações do jurista sobre o assunto durante o Congresso Constituinte de 1890/1891 publicadas no Livro I (não foram encontradas manifestações relevantes sobre a questão nos Livros II e III), o qual pode ser acessado no portal eletrônico do Senado Federal; ii) consultadas duas das mais importantes obras do autor, intituladas *Regimen financeiro e a República Brazileira* (1900)[6] e *Elementos de finanças*: estudo theorico-prático (1896),[7] a fim de se compreenderem melhor aquelas suas manifestações durante o Congresso Constituinte; e, ainda, iii) consultados, entre outros estudos, a obra de Boris Fausto, advogado e historiador pioneiro no estudo sobre o Período Republicano[8], e os dados do IBGE[9], a fim de se

5. BRASIL. *Decreto n. 914-A, de 23 de outubro de 1890*. Publica a Constituição dos Estados Unidos do Brazil, submettida pelo Governo Provisorio ao Congresso Constituinte. Disponível em: https://www2.camara.leg.br. Acesso em: 8 maio 2024.

6. CAVALCANTI, Amaro. *Regimen federativo e a República Brazileira*. Rio de Janeiro: Imprensa Nacional, 1900.

7. CAVALCANTI, Amaro. *Elementos de finanças:* estudo theorico-prático. Rio de Janeiro: Imprensa Nacional, 1896.

8. OLIVEIRA, Fabiane Costa. *Boris Fausto:* história e historiografia: o fazer-se de um historiador da República em interlocução com as ciências sociais. 2016. Tese (Doutorado em História, área de concentração: História Social) – Programa de pós-graduação em História (PPGHIS), Universidade de Brasília (UnB). Brasília, 2016.

9. IBGE. *Estatísticas Históricas do Brasil*: séries econômicas, demográficas e sociais de 1550 a 1988. 2. ed. Rio de Janeiro: IBGE, 1990. Disponível em: https://biblioteca.

entender o quadro socioeconômico do País no período de 1889 a 1900, que vai da Proclamação da República até o ano da última obra estudada de Cavalcanti no presente artigo (*Regimen financeiro e a República Brazileira*, de 1900). O entendimento desse quadro facilita a compreensão de suas apreensões durante aquele Congresso Constituinte.

Como se verá, o viés de Amaro Cavalcanti era o de distribuir as rendas de maneira proporcional entre as unidades federadas, considerando os ônus que pesavam sobre cada uma delas, em especial sobre a União e os Estados. É preciso lembrar que acabávamos de sair do Império, no qual vigorava o estado unitário, e havíamos ingressado na República, em forma federativa. Nesse contexto, alertava o jurista que cumpriria fazer uma partilha razoável das fontes de rendas, a qual, "não desatendendo aos serviços, nem desconhecendo os encargos, que ficam com a União, habilit[asse] igualmente os estados[,] que ora se organizam, a manter-se de um modo condigno aos seus importantes fins".[10]

2. A influência de Amaro Cavalcanti na distribuição de rendas entre União e estados durante o Congresso Constituinte de 1890/1891

Nos debates durante o Congresso Constituinte, Amaro Cavalcanti lembrou que a discussão acerca da divisão das rendas já era antiga, tendo sido levantada inclusive na época do Império, no qual os agora estados assumiam forma de províncias. Segundo ele, documentos de tal época evidenciavam a dificuldade de se encontrar uma solução satisfatória para a questão.

---

ibge.gov.br/index.php/biblioteca-catalogo?view=detalhes&id=221431. Acesso em: 30 abr. 2024.

10. BRASIL. Câmara dos Deputados. *Anais do Congresso Constituinte da República*. 2. ed. Rio de Janeiro: Imprensa Nacional, 1924. v. 1. Disponível em: https://www25.senado.leg.br/web/atividade/anais/anais-da-republica. Acesso em: 6 jul. 2024.

Consoante Cavalcanti, a nova divisão das rendas, na reconfiguração da pátria, poderia ser feita por abstração e levando-se em conta somente os princípios, distribuindo-se aos estados "porção igual ou equivalente [...] quanto possível de território, de população e mais elementos de riquezas".[11] Ainda de acordo com o jurista, embora essa maneira de se distribuir a renda fosse justa conforme a razão, "não [lhe] parec[ia] dentro da possibilidade actual de nossas condições".[12] Sendo assim, na impossibilidade de se adotar, em termos práticos, aquela compreensão erigida em campo abstrato, seria premente realizar aquela partilha razoável das rendas públicas entre as unidades federadas.

Os debates em torno dessa questão envolveram, em boa medida, três artigos do projeto de Constituição publicado no Decreto 914-A/1890.[13]

Previa esse projeto ser competência exclusiva da União (art. 6º) decretar *impostos sobre importação de procedência estrangeira*; direitos de entrada, saída e estada de navios, sendo livre o comércio de cabotagem às mercadorias nacionais, bem como às estrangeiras que já tivessem pagado imposto de importação; *taxas de selo*; e contribuições postais e telegráficas. No mesmo dispositivo, também se estipulou que a União poderia criar e manter alfândegas e instituir bancos emissores.

Aos estados (art. 8º) estavam previstos, com exclusividade, os *impostos sobre a exportação de mercadorias* (que

11. BRASIL. Câmara dos Deputados. *Anais do Congresso Constituinte da República*. 2. ed. Rio de Janeiro: Imprensa Nacional, 1924. v. 1, p. 532. Disponível em: https://www25.senado.leg.br/web/atividade/anais/anais-da-republica. Acesso em: 6 jul. 2024.

12. BRASIL. Câmara dos Deputados. *Anais do Congresso Constituinte da República*. 2. ed. Rio de Janeiro: Imprensa Nacional, 1924. v. 1, p. 532. Disponível em: https://www25.senado.leg.br/web/atividade/anais/anais-da-republica. Acesso em: 6 jul. 2024.

13. BRASIL. *Decreto nº 914-A, de 23 de outubro de 1890*. Publica a Constituição dos Estados Unidos do Brazil, submettida pelo Governo Provisorio ao Congresso Constituinte. Disponível em: https://www2.camara.leg.br. Acesso em: 8 maio 2024.

não fossem de outros Estados); *a propriedade territorial;* e *a transmissão de propriedade*. Ademais, estabelecia o projeto que cessariam os direitos de exportação em 1898, ou antes, se o Congresso assim deliberasse.

O projeto ainda preconizava que a União e o estados (art. 12º), além de terem essas competências, poderiam, cumulativamente ou não, *criar outras fontes de receita*, observados alguns parâmetros (como a impossibilidade de a União criar distinções e preferências em favor de portos de uns contra outros estados).

Amaro Cavalcanti registrou que, na Comissão dos 21, votou favoravelmente a essa divisão e às emendas que foram por ela aprovadas.

Segundo ele, as fontes de rendas destinadas à União seriam, preferencialmente, reguladas por lei federais, o que estaria em harmonia com as constituições de outros países, como a dos Estados Unidos e da Argentina. Ademais, consignou Cavalcanti que as fontes de renda reservadas ao ente federado central seriam "aquel[]as de que prov[é]m a quas[e] totalidade da receita geral do pa[ís]"[14]. Lembrou que a União ainda teria o imposto de indústrias e profissões, não estando disposta a abrir mão dele.

Contudo, comparando estimativas das receitas (rendas da importação; rendimento dos bens e serviços industriais, no qual se incluíam o Correio e o Telégrafo; impostos de indústrias e profissões; e outros "impostos de menor importância") e despesas federais (excluindo as atinentes a serviços que passariam a ser de outras unidades federadas), vislumbrou Cavalcanti que aquelas fontes de renda da União não seriam suficientes para cobrir todos os encargos a ela atribuídos. De um lado, a estimativa das receitas

14. BRASIL. Câmara dos Deputados. *Anais do Congresso Constituinte da República*. 2. ed. Rio de Janeiro: Imprensa Nacional, 1924. v. 1, p. 532. Disponível em: https://www25.senado.leg.br/web/atividade/anais/anais-da-republica. Acesso em: 6 jul. 2024.

estava entre 136 e 138 mil contos de réis; do outro, a das despesas girava em torno de 143 mil contos de réis. O cenário já revelaria um grande déficit. Além disso, percebeu ele que havia a possibilidade de aumento de despesas, como no campo do Exército e da Marinha.

De sua óptica, seria preciso que um dos estados cedesse à União recursos e meios para que ela satisfizesse suas despesas. E complementou asseverando que, se as rendas a ela reservadas não bastassem, as dificuldades poderiam ser solvidas, no momento, mediante o uso do crédito, com a ressalva de, "quanto ao futuro, não admitir [o Parlamento] despe[s]a ou encargo ordinário sobre o [T]esouro Federal, desde que passe além das forças orçamentárias".[15]

Quanto aos estados, relatou Amaro Cavalcanti que a Comissão dos 21 se investiu no dever de também fixar parte certa para eles.

A respeito das rendas exclusivas dessas unidades subnacionais, destacou o jurista que o Projeto de Constituição previa, entre tais rendas, o imposto sobre propriedade. Cavalcanti narrou que a Comissão dos 21 fez por bem sugerir acrescentar, em emenda aprovada, o imposto sobre prédios. Disse, de outro giro, que a comissão rejeitou sugestão sua de acrescer à competência dos estados o imposto de indústrias e profissões. Insta relembra, ainda, que outra emenda aprovada pela referida comissão previa suprimir o termo do imposto de exportação dos estados (pelo projeto de Constituição, esse tributo estava programado para ser extinto em 1898, ou antes, se o Congresso assim deliberasse).

Mais à frente, Cavalcanti alertou: "as fontes de renda para os estados são por demais insignificantes, ao mesmo

15. BRASIL. Câmara dos Deputados. *Anais do Congresso Constituinte da República*. 2. ed. Rio de Janeiro: Imprensa Nacional, 1924. v. 1, p. 535. Disponível em: https://www25.senado.leg.br/web/atividade/anais/anais-da-republica. Acesso em: 6 jul. 2024.

presentemente".[16] Quanto ao imposto territorial, alegou ele que, na prática, não existia. O imposto sobre transmissão de propriedade é que geraria renda geral de cerca de 5 mil contos de réis, sendo essa "a primeira concessão feita aos estados"[17]. Em relação ao imposto predial, que geraria cerca de 3 mil contos de réis ao todo, indicou o jurista que esse tributo em nada aumentaria a fonte de renda dos estados, na medida em que já pertencia às antigas províncias.

Sobre o imposto de exportação, que só existiria até 1898 ou até que o Congresso o extinguisse, declarou Cavalcanti que não saberia como "o Governo [...] supôs-se no direito de fixar um semelhante termo"[18] e que seria incompreensível que esse imposto, embora reservado aos estados, ficasse sujeito à possibilidade se ser extinto pela União "quando a vida financeira dos estados deve continuar fora do seu conhecimento e competência".[19] Esse tributo seria responsável por gerar receita de 17 mil contos de réis em todo o país.

A soma dos impostos de exportação, de transmissão e sobre prédios chegaria a 25 mil contos de réis. De outro giro, anotou o jurista que as despesas provinciais em 1888-1889 chegavam no total a quase 33 mil contos de réis, conforme tabela apresentada no Congresso Constituinte. Quanto a outros tributos menores que os estados teriam, relevou ele que o produto deles seria relativamente insignificante.

---

16. BRASIL. Câmara dos Deputados. *Anais do Congresso Constituinte da República*. 2. ed. Rio de Janeiro: Imprensa Nacional, 1924. v. 1, p. 536. Disponível em: https://www25.senado.leg.br/web/atividade/anais/anais-da-republica. Acesso em: 6 jul. 2024.

17. BRASIL. Câmara dos Deputados. *Anais do Congresso Constituinte da República*. 2. ed. Rio de Janeiro: Imprensa Nacional, 1924. v. 1, p. 536. Disponível em: https://www25.senado.leg.br/web/atividade/anais/anais-da-republica. Acesso em: 6 jul. 2024.

18. BRASIL. Câmara dos Deputados. *Anais do Congresso Constituinte da República*. 2. ed. Rio de Janeiro: Imprensa Nacional, 1924. v. 1, p. 536. Disponível em: https://www25.senado.leg.br/web/atividade/anais/anais-da-republica. Acesso em: 6 jul. 2024.

19. BRASIL. Câmara dos Deputados. *Anais do Congresso Constituinte da República*. 2. ed. Rio de Janeiro: Imprensa Nacional, 1924. v. 1, p. 536. Disponível em: https://www25.senado.leg.br/web/atividade/anais/anais-da-republica. Acesso em: 6 jul. 2024.

Da perspectiva de Amaro Cavalcanti, talvez os estados poderiam galgar rendas mais adequadas com o desenvolvimento das indústrias. Entretanto, segundo ele, "a vida econômica de todos os estados, salvo um ou outro, [era] simplesmente rudimentar".[20] Uma saída para se superar a falta de recursos condizentes com as despesas seria facilitar aos estados (de modo análogo a uma das medidas imaginadas para a União) o uso do crédito. Entretanto, ponderou o seguinte: "crédito fornece meios provisórios, recursos temporários".[21] Ele advertia, portanto, para o perigo do uso de créditos sem que houvesse novas fontes de rendas para os honrar, contraindo-se novos empréstimos para saldar os anteriores.

Embora certo da insuficiência das fontes de rendas, o jurista não deixou de subscrever a nova distribuição, "como necessidade imposta pelas nossas condições".[22] Em relação à União, esclareceu que, quando chegasse a vez de debater o orçamento federal, ele deveria ser estudado "verba por verba, e então saberemos cumprir a nossa obrigação acerca da economia e aplicação dos dinheiros públicos".[23]

Ainda vendo a falta de recursos para os estados, Cavalcanti sugeriu que parte do imposto de importação da União deveria ser a eles repassada.

As considerações levantadas por Amaro Cavalcanti durante o Congresso Constituinte foram bastante proveitosas,

---

20. BRASIL. Câmara dos Deputados. *Anais do Congresso Constituinte da República*. 2. ed. Rio de Janeiro: Imprensa Nacional, 1924. v. 1, p. 537. Disponível em: https://www25.senado.leg.br/web/atividade/anais/anais-da-republica. Acesso em: 6 jul. 2024.

21. BRASIL. Câmara dos Deputados. *Anais do Congresso Constituinte da República*. 2. ed. Rio de Janeiro: Imprensa Nacional, 1924. v. 1, p. 537. Disponível em: https://www25.senado.leg.br/web/atividade/anais/anais-da-republica. Acesso em: 6 jul. 2024.

22. BRASIL. Câmara dos Deputados. *Anais do Congresso Constituinte da República*. 2. ed. Rio de Janeiro: Imprensa Nacional, 1924. v. 1, p. 537. Disponível em: https://www25.senado.leg.br/web/atividade/anais/anais-da-republica. Acesso em: 6 jul. 2024.

23. BRASIL. Câmara dos Deputados. *Anais do Congresso Constituinte da República*. 2. ed. Rio de Janeiro: Imprensa Nacional, 1924. v. 1, p. 537. Disponível em: https://www25.senado.leg.br/web/atividade/anais/anais-da-republica. Acesso em: 6 jul. 2024.

servindo ao menos, como importante força para a alteração do rol de rendas exclusivas dos estados. Repare-se que, ao cabo, a Constituição de 1891 estabeleceu ser competência exclusiva desses entes (art. 9º) decretar impostos sobre a exportação de mercadorias de sua própria produção (sem o termo previsto no projeto); sobre a propriedade de imóveis rurais e urbanos; sobre a transmissão de propriedade e sobre indústrias e profissões. Também foi previsto que os estados poderiam decretar taxas de selos quanto aos atos emanados de seus respectivos governos e negócios de sua economia. Afora isso, preconizou a Carta de 1891 (diferentemente do projeto) que os estados poderiam decretar contribuições concernentes a seus telégrafos e correios.

A União, por seu turno, ficou (art. 7º) com aquelas competências exclusivas previstas no projeto, mas com algumas modificações: no caso das taxas de selo, ficou ressalvada a competência dos estados para a cobrança do mesmo tributo; quanto aos correios e telégrafos, ficou estabelecido que a competência da União seria atinente às taxas dos correios e telégrafos federais.

É verdade, contudo, que os debates acerca do equilíbrio entre os encargos e a necessidade de recursos de cada unidade federada continuaram em outras oportunidades.

Logo que foi proclamada a República, surgiu uma política expandindo a oferta da moeda, levando-se em conta, entre outros fatores, a nova realidade de trabalho assalariado (insta recordar que, em 1888, a escravatura havia sido abolida), o advento de imigrantes e o incentivo à criação de sociedades anônimas. A ideia era promover o crescimento econômico do país. Mas, segundo o historiador Boris Fausto, muito por conta dessa política adveio, em 1891, a crise do encilhamento, com inflação e desvalorização da moeda frente à libra inglesa.[24]

24. FAUSTO, Boris *et al.* *História do Brasil*. 12. ed. São Paulo: Editora da Universidade de São Paulo (EDUSP), 2006.

Some-se a esse quadro o fato de que a República havia herdado do Império grande dívida externa. Aliás, no Congresso Constituinte, Londres era referida em cálculos para o dimensionamento das despesas gerais. Boris Fausto acrescenta ainda que, na década de noventa do século XIX, o déficit público aumentou, havendo muitas despesas com "operações militares naquele incerto período. O apelo ao crédito externo foi utilizado com frequência e a dívida cresceu em cerca de 30% entre 1890 e 1897, gerando novos compromissos de pagamento".[25] Outrossim, ressalta Boris Fausto que, entre 1896 e 1897, a grande oferta de café no cenário internacional ensejou queda de ingressos de moeda estrangeira forte no país.

Em 1898, o Governo brasileiro precisou firmar o *funding loan*: uma espécie de empréstimo de consolidação, assinado em Londres, dando certa flexibilidade (como, *v.g.*, suspensão temporária do pagamento de juros, por três anos, e de prestações, por dez anos) para o país pagar o total da dívida, incluindo as anteriores.[26] Como contrapartidas, o país teve, por exemplo, de dar como garantia aos credores as rendas advindas da alfândega do Rio de Janeiro e de se comprometer com a retirada de circulação de quantidade relevante de papel-moeda, a fim de controlar a inflação.

Como se vê, foram quase que preditivas aquelas preocupações de Amaro Cavalcanti durante o Congresso Constituinte de 1890-1891 quanto à distribuição de rendas entre as unidades federadas e ao uso do crédito para se superarem as dificuldades referentes à insuficiência de recursos para se cobrirem as despesas. Especificamente em relação

---

25. FAUSTO, Boris *et al. História do Brasil*. 12. ed. São Paulo: Editora da Universidade de São Paulo (EDUSP), 2006. p. 260.

26. FAUSTO, Boris *et al. História do Brasil*. 12. ed. São Paulo: Editora da Universidade de São Paulo (EDUSP), 2006 e ALMEIDA, Carmem Lícia Palazzo. A renegociação da dívida externa e os fatores condicionantes do empréstimo de consolidação de 1898. *História Econômica & História de Empresas*, [*s. l.*], v. 2, n. 1, 1999.

ao crédito, chegou ele a mencionar, em 1896, que "o mal não está no uso do crédito, mas no seu abuso somente".[27]

Alguns anos depois do advento da Constituição de 1891, o jurista ainda repercutia, em sua obra *Regimen federativo e a República Brazileira*, de 1900, a deficiência financeira da União decorrente daquela distribuição de rendas. Relembrava ele que, durante o Império, as províncias muito sofriam com a partilha de recursos e, tendo sido elevadas à condição de estados, suas despesas aumentaram, sendo necessária uma nova divisão de rendas. Mas realçou que, com a União, ficou "o encargo total da dívida pública, interna e externa, sem embargo de se lhe haver reduzido ao extremo a fonte dos próprios rendimentos, pela divisão feita com os mesmos Estados".[28]

Além de criticar a questão da transferência das terras devolutas para os Estados (o que, de sua óptica, foi injusto), destacou que, na prática, teria sobrado para a União, como competência exclusiva, apenas o imposto sobre importação de procedência estrangeira. A taxa do selo e a taxa dos correios e telégrafos haviam sido repartidas com os estados. E, em relação à competência para criar outras fontes (art. 12), ressaltou ele que tal competência era cumulativa com os Estados.

Questionou, então, quais seriam as fontes que a União poderia, com base nessa competência, criar para aumentar suas rendas. Imaginou ele que poderia o ente federal central instituir ou o imposto de renda ou o de consumo interno. De acordo com o jurista, "ambos [seriam] susceptíveis de grande desenvolvimento".[29]

---

27. CAVALCANTI, Amaro. *Elementos de finanças*: estudo theorico-prático. Rio de Janeiro: Imprensa Nacional, 1896. p. 325.

28. CAVALCANTI, Amaro. *Regimen federativo e a república brazileira*. Rio de Janeiro: Imprensa Nacional, 1900. p. 322.

29. CAVALCANTI, Amaro. *Regimen federativo e a república brazileira*. Rio de Janeiro: Imprensa Nacional, 1900. p. 324.

Contudo, quanto ao imposto de renda, aduziu Cavalcanti que as características da sociedade da época – como o fato de a população, além de pouca, ser pobre – dificultavam não só a instituição desse tributo, mas também sua própria arrecadação. Desse modo, registrou que "não se pod[ia] af[]irmar que a cr[i]ação do imposto de renda fosse op[]ortuna, isto é, capaz de constituir desde já verdadeira fonte de receita".[30] Em relação ao imposto de consumo, cumpre anotar que ele foi previsto pela primeira vez na Lei 25/1891.[31] Para Cavalcanti, o produto da arrecadação desse imposto dependia muito do desenvolvimento da indústria nacional, e sua incidência, de sério juízo de ponderação. Afinal, por consistir em encargo sobre a indústria, poderia o imposto, se não houvesse prudência e critério, se transformar em ruína da própria fonte.

De todo modo, reiterou ele que os Estados, em razão do art. 12, também teriam competência para criar esses e outros impostos, de modo que seria incerta a receita a ser auferida pela União. Lembrou também que não poderia o ente federado central arrecadar seus impostos sem levar em conta essa concorrência dos Estados.

Segundo o pensamento de Amaro Cavalcanti, houve erro na divisão dos bens nacionais e das rendas públicas entre União e Estados, o qual foi sucedido por outros. Defendeu, por isso, valendo-se da experiência, que a União fosse dotada das rendas adequadas a suas atribuições.

Cumpre realçar que, somente em 1922,[32] foi instituído o imposto de renda no âmbito federal nos moldes mais

---

30. CAVALCANTI, Amaro. *Regimen federativo e a república brazileira*. Rio de Janeiro: Imprensa Nacional, 1900. p. 324.

31. BRASIL. *Lei nº 25, de 30 de dezembro de 1891*. Orça a receita geral da República dos Estados Unidos do Brazil para o exercicio de 1892, e dá outras providencias. Disponível em: https://www2.camara.leg.br. Acesso em: 8 maio 2024.

32. BRASIL. *Lei nº 4.625, de 31 de dezembro de 1922*. Orça a Receita Geral da República dos Estados Unidos do Brasil para o exercicio de 1923. Disponível em: https://

próximos do que conhecemos hoje (há notícias de que, no Império, cobrou-se imposto sobre vencimentos de quem recebia dos cofres públicos).[33]

No que diz respeito ao imposto de consumo (predecessor do imposto sobre produtos industrializados), cumpre anotar que, no final do Império e início da República, estima-se que o país contava com cerca de apenas 600 estabelecimentos industriais.[34] No inquérito industrial de 1907, previu-se que havia 3.258 desses estabelecimentos. Já no censo de 1920, ano-base 2019, estipulou-se que existiam mais de treze mil.[35] Como se nota, Cavalcanti estava, mais uma vez, certo ao dizer que a renda decorrente do imposto de consumo muito dependia do desenvolvimento da indústria nacional, sendo que, na época, pouco podia esse tributo contribuir para superar as dificuldades financeiras da União.

3. A visão de Amaro Cavalcanti a respeito da imunidade recíproca

Outro ponto intimamente relacionado com o pacto federativo em matéria tributária diz respeito à imunidade tributária recíproca.

Foi a Comissão dos 21 que propôs modificação do projeto de Constituição apresentado no Decreto 914-A/1890,[36]

---

www.planalto.gov.br/ccivil_03/leis/1901-1929/l4625.htm. Acesso em: 8 maio 2024.

33. NÓBREGA, Cristóvão Barcelos da. *História do Imposto de Renda no Brasil, um enfoque da pessoa física:* (1922-2013). Brasília: Receita Federal do Brasil, 2014.

34. SILVEIRA, Eujácio Roberto. Indústria e pensamento industrial na Primeira República. *Perseu*: História, Memória e Política: Revista do Centro Sérgio Buarque de Holanda da Fundação Perseu Abramo, São Paulo, n. 17, 2019.

35. IBGE. *Estatísticas Históricas do Brasil*: séries econômicas, demográficas e sociais de 1550 a 1988. 2. ed. Rio de Janeiro: IBGE, 1990. Disponível em: https://biblioteca.ibge.gov.br/index.php/biblioteca-catalogo?view=detalhes&id=221431. Acesso em: 30 abr. 2024.

36. BRASIL. *Decreto n. 914-A, de 23 de outubro de 1890*. Publica a Constituição dos Estados Unidos do Brazil, submettida pelo Governo Provisorio ao Congresso Constituinte. Disponível em: https://www2.camara.leg.br. Acesso em: 8 maio 2024.

trazendo a primeira disciplina mais próxima do que se conhece hoje por tal espécie de imunidade.

Com efeito, o projeto de constituição constante do Decreto 914-A/1890 preconizava (art. 9º) que era proibido aos estados tributar de qualquer modo, ou embaraçar com qualquer dificuldade ou gravame, regulamentar ou administrativo, atos, instituições ou serviços estabelecidos pelo Governo da União. Como se nota, a imunidade em questão, segundo a literalidade do texto, era simplesmente unilateral, isto é, beneficiava apenas o ente federativo central. A redação, em seu sentido literal, não previa a proibição de tributar atos, instituições ou serviços estabelecidos pelos governos dos Estados.

Já a Comissão dos 21, por meio daquela emenda, sugeriu adotar, no lugar de tal redação, o seguinte texto: "é proibido aos Estados tributar bens e rendas federa[i]s, ou serviços a cargo da União[,] e *reciprocamente*".[37] Foi essa a disciplina que passou a constar da Constituição de 1891 (art. 10).

O jurista potiguar, em sua obra *Regimen federativo*, aplaudia essa disciplina, registrando que ela era "de manifesta conveniência e acerto".[38] Contudo, ele anteviu alguns impasses que ainda precisariam ser resolvidos. Entre as diversas indagações, vale destacar aquela na qual Cavalcanti perguntou se tal reciprocidade em favor dos estados abrangeria os municípios.

Segundo ele, as várias questões levantadas sobre a imunidade tributária recíproca precisariam ser, o quanto antes, "previstas e discriminadas pelo legislador ordinário".[39]

---

37. BRASIL. Câmara dos Deputados. *Anais do Congresso Constituinte da República*. 2. ed. Rio de Janeiro: Imprensa Nacional, 1924. v. 1, p. 375. Disponível em: https://www25.senado.leg.br/web/atividade/anais/anais-da-republica. Acesso em: 6 jul. 2024.

38. CAVALCANTI, Amaro. *Regimen federativo e a república brazileira*. Rio de Janeiro: Imprensa Nacional, 1900. p. 318.

39. CAVALCANTI, Amaro. *Regimen federativo e a república brazileira*. Rio de Janeiro: Imprensa Nacional, 1900. p. 318.

Isso possibilitaria ao Poder Judiciário construir adequada jurisprudência sobre o beneplácito constitucional.

Na sequência, Cavalcanti destacou que a jurisprudência norte-americana já havia definido algumas questões. Nessa toada, relembrou que, segundo a Suprema Corte dos Estados Unidos, os meios e os instrumentos da União e dos Estados não poderiam ser tributados reciprocamente, na medida em que a tributação poderia (reciprocamente) impedir ou destruir suas funções.

De acordo com o jurista, embora fosse difícil precisar o que seriam tais meios e instrumentos, seria possível compreender, à luz dos julgados daquela Corte, que estaria abrangida pela imunidade recíproca, *v.g.*, a municipalidade e suas rendas, por ser ela "um poder público no Estado".[40]

Como se sabe, embora, na época, a questão pudesse ser controversa, hoje é praticamente inequívoco que municípios também têm direito à imunidade tributária recíproca. Cavalcanti foi um dos que anteciparam esse entendimento, que é um dos pilares do pacto federativo.

4. Considerações finais

Amaro Cavalcanti desenvolveu, durante sua trajetória profissional, olhar ao mesmo tempo zeloso e encorajador a respeito da forma de governo republicana e da forma de estado federativa.

Guiado pelo republicanismo e pelo federalismo, Amaro Cavalcanti defendeu duramente que a distribuição das rendas públicas entre as unidades federadas – e, nesse contexto, a distribuição das competências tributárias – se desse de maneira mais condizente com os ônus que pesavam

---

40. CAVALCANTI, Amaro. *Regimen federativo e a república brazileira*. Rio de Janeiro: Imprensa Nacional, 1900. p. 319.

sobre cada uma delas. Essencialmente, o pacto federativo na dimensão fiscal deveria ser razoável o suficiente para que a União e os Estados não ficassem em dificuldades financeiras. Ademais, os tributos não poderiam ser usados pelas unidades federadas para, reciprocamente, destruir os meios e instrumentos de governo ou obstar seu acesso.

Contudo, a realidade socioeconômica da época não era tão favorável para o melhor desenho da distribuição das rendas públicas. O que era ideal tinha de ser ponderado com as possibilidades fáticas então existentes. Sem deixar de tecer as críticas quanto à insuficiência de recursos, seja para o ente federado central, seja para aquelas unidades subnacionais, Cavalcanti foi, no Congresso Constituinte de 1890-1891, um dos grandes defensores da primeira Carta Republicana, embora com as falhas relativas que ela tinha quanto à distribuição das rendas públicas, inclusive em matéria tributária.

Foi com esse viés que o jurista influenciou o desenho da dimensão fiscal do pacto federativo da Constituição de 1891.

Especificamente em favor dos estados, os debates provocados por Cavalcanti no Congresso Constituinte de 1890-1891 foram de muita serventia para que a Constituição previsse que eles detinham as competências tributárias do imposto predial e do imposto sobre indústrias e profissões, bem como para que fosse suprimido o termo da tributação sobre exportação de mercadorias neles produzidas.

Cavalcanti deixou um importante legado para o direito brasileiro, que resiste ao tempo.

Exemplo disso foi o julgamento da ACO 2.897/AL,[41] de minha relatoria. Na linha das preocupações que teve

41. BRASIL. Supremo Tribunal Federal. Tribunal Pleno. *ACO n. 2.897*. Relator: Min. Dias Toffoli, 11 de outubro de 2021. Disponível em: https://portal.stf.jus.br/processos/detalhe.asp?incidente=5020121. Acesso em: 8 maio 2024.

Amaro Cavalcanti quanto aos estados, chamei a atenção, nesse julgado, para a necessidade de se garantir às referidas unidades federadas recursos razoáveis para contrabalançar as incumbências que sobre si recaem pelo pacto federativo. Nesse precedente, a Corte concluiu que pertence aos estados e ao Distrito Federal o produto da arrecadação do imposto de renda incidente na fonte sobre os pagamentos feitos por eles, por suas autarquias ou pelas fundações que instituírem ou mantiverem a pessoas físicas ou jurídicas em razão do fornecimento de bens ou serviços.

Em relação à imunidade tributária recíproca, debates ainda travados na atualidade se ligam ao que Cavalcanti defendia naquela época: tributos não podem ser usados para, reciprocamente, destruir os meios e instrumentos dos entes federados ou obstar seu acesso. É com base nesse ideal que a Corte, por exemplo, tem aplicado o beneplácito constitucional em favor de empresas públicas ou sociedades de economia mista que, não distribuindo lucros a acionistas privados nem oferecendo risco ao equilíbrio concorrencial, prestem serviço público de caráter essencial.

A feliz influência de Amaro Cavalcanti na elaboração da dimensão fiscal do pacto federativo contido na Constituição de 1891 repercute, ainda hoje, no direito constitucional brasileiro.

Referências

ALMEIDA, Carmem Lícia Palazzo. A renegociação da dívida externa e os fatores condicionantes do empréstimo de consolidação de 1898. *História Econômica & História de Empresas*, [*s. l.*], v. 2, n. 1, 1999.

AUGUSTO, José. *Pequenos estudos sobre grandes administradores do Brasil*: Amaro Cavalcanti. Rio de Janeiro: Departamento Administrativo do Serviço Público (DASP), 1956.

BRASIL. Câmara dos Deputados. *Anais do Congresso Constituinte da República*. 2. ed. Rio de Janeiro: Imprensa Nacional, 1924. v. 1. Disponível em: https://www25.senado.leg.br/web/atividade/anais/anais-da-republica. Acesso em: 6 jul. 2024.

BRASIL. *Decreto n. 914-A, de 23 de outubro de 1890*. Publica a Constituição dos Estados Unidos do Brazil, submettida pelo Governo Provisorio ao Congresso Constituinte. Disponível em: https://www2.camara.leg.br. Acesso em: 8 maio 2024.

BRASIL. *Lei n. 25, de 30 de dezembro de 1891*. Orça a receita geral da República dos Estados Unidos do Brazil para o exercicio de 1892, e dá outras providencias. Disponível em: https://www2.camara.leg.br. Acesso em: 8 maio 2024.

BRASIL. *Lei n. 4.625, de 31 de dezembro de 1922*. Orça a Receita Geral da República dos Estados Unidos do Brasil para o exercicio de 1923. Disponível em: https://www.planalto.gov.br/ccivil_03/leis/1901-1929/l4625.htm. Acesso em: 8 maio 2024.

BRASIL. Supremo Tribunal Federal. *Ministros do Supremo Tribunal Federal:* Amaro Cavalcanti. Supremo Tribunal Federal, 2024. Disponível em: https://portal.stf.jus.br/ostf/ministros/verMinistro.asp?periodo=STF&id=200. Acesso em: 30 abr. 2024.

BRASIL. Supremo Tribunal Federal. Tribunal Pleno. *ACO n. 2.897*. Relator: Min. Dias Toffoli, 11 de outubro de 2021. Disponível em: https://portal.stf.jus.br/processos/detalhe.asp?incidente=5020121. Acesso em: 8 maio 2024.

CAVALCANTI, Amaro. *Elementos de finanças:* estudo theorico-prático. Rio de Janeiro: Imprensa Nacional, 1896.

CAVALCANTI, Amaro. *Regimen federativo e a República Brazileira*. Rio de Janeiro: Imprensa Nacional, 1900.

FAUSTO, Boris *et al. História do Brasil*. 12. ed. São Paulo: EDUSP, 2006.

IBGE. *Estatísticas Históricas do Brasil*: séries econômicas, demográficas e sociais de 1550 a 1988. 2. ed. Rio de Janeiro: IBGE, 1990. Disponível em: https://biblioteca.ibge.gov.br/index.php/biblioteca-catalogo?view=detalhes&id=221431. Acesso em: 30 abr. 2024.

LYRA, A. Tavares de. Amaro Cavalcanti. *Revista do Instituto Histórico e Geográfico Brasileiro*, Rio de Janeiro, v. 204, jul./set. 1951.

MELLO FILHO, José Celso de. *Notas sobre o Supremo Tribunal*: (Império e República). 5. ed. Brasília: Supremo Tribunal Federal, 2014.

NÓBREGA, Cristóvão Barcelos Da. *História do Imposto de Renda no Brasil, um enfoque da pessoa física:* (1922-2013). Brasília: Receita Federal do Brasil, 2014.

OLIVEIRA, Fabiane Costa. *Boris Fausto:* história e historiografia: o fazer-se de um historiador da República em interlocução com as ciências sociais. 2016. Tese (Doutorado em História, área de concentração: História Social) – Programa de pós-graduação em História (PPGHIS), Universidade de Brasília (UnB). Brasília, 2016.

SILVEIRA, Eujácio Roberto. Indústria e pensamento industrial na Primeira República. *Perseu*: História, Memória e Política: Revista do Centro Sérgio Buarque de Holanda da Fundação Perseu Abramo, São Paulo, n. 17, p. 259-277, 2019.

AMARO CAVALCANTI E O SISTEMA DE GARANTIAS DE DIREITOS NO BRASIL. A IDEALIZAÇÃO DE UM MODELO DE JURISDIÇÃO ADMINISTRATIVA

Edilson Pereira Nobre Júnior[1]

> "A organização da garantia dos direitos e interesses legítimos dos particulares é, inquestionavelmente, o ponto essencial do Direito Administrativo: sem ela não existem relações jurídicas, porque não haverá possibilidade de obrigar a Administração a cumprir os deveres assumidos segundo a lei" (Marcelo Caetano).[2]

---

1. Professor Titular da Faculdade de Direito do Recife - Universidade Federal de Pernambuco. Desembargador do Tribunal Regional Federal da Quinta Região. Membro do Instituto Internacional de Derecho Administrativo - IIDA e do Instituto de Direito Administrativo Sancionador - IDASAN. http://orcid.org/0000-0003-1808-0275. epnobre@outlook.com

2. CAETANO, Marcelo. *Princípios fundamentais do direito administrativo.* Rio de Janeiro, 1977. p. 476.

Resumo: O presente texto teve por objetivo analisar o papel de Amaro Cavalcanti na elaboração de um modelo para o de controle jurisdicional dos atos da Administração no Brasil, mediante a disciplina da ação sumária especial prevista pelo art. 13 da Lei 221 de 1894. O método será o da pesquisa doutrinária, nacional e estrangeira.

Palavras-chave: Jurisdição administrativa; Justiça Federal; ação sumária especial; controle judicial de constitucionalidade; ilegalidade de regulamentos.

Keywords: Administrative jurisdiction; Federal Court; special summary action; judicial review; ilegality of rules.

1. Introdução

Observando-se o período que mediou entre o *Ancien Régime* e o turbilhão provocado pelas revoluções liberais, com ênfase à Revolução dos Franceses, é possível se perceber que o Judiciário porventura foi o segmento das funções estatais que passou mais despercebido. Outra não foi a constatação de Cassese,[3] para quem, até o século XVIII, o que havia era a função judicial, mas não uma ordem judiciária e, em continuidade, assistiu-se ao desenvolvimento de uma lógica revolucionária de negativa do Poder Judiciário em favor de uma centralidade legislativo-parlamentar.

O passar dos anos até o presente – observa o autor[4] – fomentou uma revolução "clandestina", produzindo no Judiciário uma transformação, levando-o, de um poder invisível e frágil, para um poder pleno, habilitando-o, além do julgamento dos conflitos entre particulares, à competência para julgar as decisões administrativas e as leis.

Por essa razão, optou-se neste escrito, destinado a homenagear Amaro Cavalcanti, exemplo modelar de homem público e jurista, pelo enfoque da sua contribuição para a

3. CASSESE, Sabino. *Il governo dei guidici*. Roma: Laterza & Figli, 2022. p. 15-18.

4. CASSESE, Sabino. *Il governo dei guidici*. Roma: Laterza & Figli, 2022. p. 13, 21-26.

formatação de um modelo de jurisdição, visando à solução das contendas entre o cidadão e o Poder Público, o qual, mesmo com o passar do tempo, ainda se evidencia de uma inconteste atualidade.

Antes, porém, faz-se necessário discorrer sobre o estado da arte até então alcançado pela proteção jurisdicional dos direitos dos administrados, tanto no seu desenvolvimento no estrangeiro, quanto durante os nossos tempos monárquicos.

2. A jurisdição no desenvolvimento do direito administrativo

É de se notar que a sistematização do direito administrativo, para a qual se aponta a iniciativa dos franceses nos albores do século XIX,[5] é coincidente com o surgimento da jurisdição administrativa.

O traço essencial do Estado de Direito, que estava vindo à tona, não tolerava uma Administração Pública como um instrumento pessoal do poder, de modo a serem indispensáveis mecanismos de controle do poder. Se assim não fosse, não se poderia cogitar da afirmação da vinculação daquela à lei.

É sabido que singularidades do contexto sociopolítico fizeram com que os franceses receassem entregar o julgamento da obra e das ações revolucionárias aos juízes, tendo em vista as fortes ligações destes com os aristocratas.[6]

---

5. A certidão de nascimento do direito administrativo recai na lei de organização administrativa francesa de 28 de fevereiro de 1800 (pluviose do ano VII), conforme se pode ver de TÁCITO, Caio. Evolução histórica do direito administrativo (notas de aula). *In*: TÁCITO, Caio. *Temas de Direito Público*: (estudos e pareceres). Rio de Janeiro: Renovar, 1997. v. 1, p. 2 e de ABERASTURY, Pedro. La influencia del derecho continental en el derecho administrativo argentino. *Revista CEJ*, Brasília, v. 8, n. 27, p. 39, out./dez. 2004.

6. Marcelo Caetano nos fornece uma síntese desses motivos de matiz histórica: "Havia, para mais, a necessidade de confiar as funções públicas a partidários da

Daí a Lei da Assembleia Constituinte de 16-24 de agosto de 1790, cuja redação, no particular, foi ratificada pela Constituição de 1791 (Título III, Capítulo V, art. 3)[7], haver proclamado que as funções judiciais são separadas das funções administrativas, de sorte que aos juízes é defeso interferir nas operações dos corpos administrativos, não lhes cabendo processar os administradores em face de suas funções.

Consoante García de Enterría,[8] estabeleceu-se uma interpretação à francesa da divisão de poderes, mediante a exclusão dos juízes do controle da Administração e, por conseguinte, a concepção de que julgar a Administração é também administrar (*juger l'Administration c'est encore administrer*) passa a ser um princípio dominante.

Afirmava-se, assim, o modelo do contencioso administrativo, gravitando em torno do Conselho de Estado como seu órgão de cúpula. Inicialmente tal sucedeu sob a modalidade jurisdição reservada (*justice retenue*), pois, não possuindo o juiz administrativo um poder próprio, os pareceres dos conselheiros precisaram ser submetidos à aprovação do Chefe de Estado, para serem executáveis. Essa situação cessou durante a Terceira República, de maneira

---

Revolução, sem os tropeços de uma legalidade ultrapassada e que agissem como um só corpo em comunhão com os órgãos políticos a quem se reservava exclusiva competência para julgar da regularidade do procedimento das autoridades e dos funcionários" (CAETANO, Marcelo. *Princípios fundamentais do direito administrativo*. Rio de Janeiro, 1977. p. 487).

7. "Artigo 3. Os tribunais não podem interferir no exercício do poder legislativo, ou se apropriar das funções administrativas, ou convocar os administradores em razão do exercício de suas funções" (Article 3. Les tribunaux ne pevent, ni s'immiscer dans l'exercice du pouvoir législatif, ou suspendre l'exécution des lois, ni entreprendre sur les fonctions administratives, ou citer devant eux les administrateurs pour raison de leurs fonctoins" (FRANCE. *Les constitutions de la France de la Révolution à la IV^{a} République*. Apresentação de Ferdinand Mélin- Soucramanien. Paris: Dalloz, 2009. p. 38).

8. ENTERRÍA, Eduardo García de. *La justicia administrativa en el cambio de siglo*. Santiago de Querétaro: Fundación Universitaria de Derecho y Administración y Política, 2003. p. 31-32.

que, a partir da Lei de 1872, passaram aqueles a decidir mediante autoridade própria, dispensando-se a intervenção do Poder Executivo para que as suas decisões fizessem coisa julgada, de sorte a se ter uma justiça delegada (*justice déléguée*).[9]

Outros experimentos podem ser revelados. Posteriormente à segunda metade do século XIX sobreveio aquele que passou a ser conhecido como o modelo belga, com repercussão na Itália, Espanha e Alemanha, mediante o qual a jurisdição, para a soluções das contendas entre o cidadão e o Estado, paulatinamente, foi sendo atribuída aos juízes.

Anotou Oswaldo Aranha Bandeira de Mello[10] que, para os belgas, fazia-se a distinção entre atos de império, ou de coerção pública, de gestão na administração do patrimônio e dos serviços públicos. É que, sendo o litígio pertinente aos primeiros, não poderia ser processado perante os tribunais comuns, deles cabendo conhecer os próprios órgãos administrativos. Para afastar esse inconveniente, até porque estava em jogo lesão a direito subjetivo, foram criados com o tempo tribunais especializados em matéria administrativa, sistemática que prevaleceu na Alemanha.

Antes ainda, na Grã-Bretanha, a partir do *Act of Settement* (1701), afirmou-se, no dizer de Marcelo Caetano, o modelo, transplantado para os países que sofreram a influência britânica, entre os quais os Estados Unidos, no sentido de reconhecer a competência dos juízes comuns para julgar os administradores em nome do governo do Direito

---

9. Instigante a anotação de Grazier, ao apontar que a atividade do contencioso administrativo, à frente o Conselho de Estado, expandiu-se bastante durante o governo de Napoleão III. É que este, para fazer fosse olvidada a supressão das liberdades políticas, proporcionou aos seus súditos, que se achavam impedidos de criticar o regime, a faculdade de protestar contra os excessos do administrador, ativando-se o controle exercido sobre os serviços públicos (GRAZIER, François. O Conselho de Estado francês. *Cadernos de Administração Pública*, Rio de Janeiro, v. 29, 1955. p. 7).

10. BANDEIRA DE MELLO, Oswaldo Aranha. *Princípios gerais de direito administrativo*. 3. ed. São Paulo: Malheiros, 2010. p. 126-127.

(*rule of law*), de maneira que "ninguém pode decidir seja o que for contra a lei e quem possui o poder de exprimir a vontade contida nas leis, são os juízes".[11]

É possível, numa síntese, a contar do desenvolvimento de tais padrões de controle jurisdicional da Administração Pública, classificá-los, bipartindo-os entre o contencioso administrativo e o judicialista. Quanto a este, interessante uma nova divisão, abarcando os sistemas onde tal competência é exercida pela ordem judiciária comum ou por tribunais especializados em matéria administrativa.

3. A jurisdição administrativa e o império

Um ponto que, de logo, não pode passar despercebido é o de que o direito administrativo sofre, em alguma medida, a influência da constituição vigente no respectivo Estado.

Desse modo, tem-se que, independente de Portugal, o Brasil, pela Constituição de 25 de março de 1824, outorgada pelo Imperador D. Pedro I – que, de forma semelhante a Luís XVIII, não considerava o documento em elaboração pela Assembleia Constituinte digno dele e da nação – adotou um modelo de divisão de poderes singular, de feição quadripartite (art. 10[12]). Nele, o monarca, numa busca de preponderância, especialmente frente ao Parlamento, acumulava os Poderes Moderador e Executivo.

---

11. CAETANO, Marcelo. *Princípios fundamentais do direito administrativo*. Rio de Janeiro, 1977. p. 485.

12. "Art. 10. Os Poderes Politicos reconhecidos pela Constituição do Imperio do Brazil são quatro: o Poder Legislativo, o Poder Moderador, o Poder Executivo, e o Poder Judicial". Disponível em: www.planalto.gov.br. De logo adverte o autor que foi preservada, quando da transcrição dos preceitos normativos que vigoraram durante o Império e nos primeiros tempos republicanos, preservou-se a ortografia da época, tal como ainda constante da fonte indicada" (BRASIL. Constituição (1824). Constituição Politica do Imperio do Brazil. *Coleção das Leis do Império do Brasil*, Rio de Janeiro, v. 1, p. 7, 1824. Disponível em: https://www.planalto.gov.br/ccivil_03/constituicao/constituicao24.htm. Acesso em: 27 maio 2024).

No que concerne ao Judiciário, o seu art. 151[13] circunscrevia a sua atuação para a resolução dos litígios entre os particulares e para o julgamento dos crimes.

Daí que, conforme frisou Paulino José Soares de Souza,[14] Visconde do Uruguai, teria surgido o primeiro ensaio do contencioso administrativo com a Lei de 27 de agosto de 1830, ao prever que as reclamações que competiam tanto aos coletores como aos coletados contra o lançamento da décima seriam protocoladas perante o Juízo de Paz, mas decididas por árbitros com recurso para as juntas ou administrações da Fazenda, tendo o Decreto de 7 de outubro do mesmo ano disciplinado a forma do correspondente processo.

Esse cenário veio a ser expandido pelas leis posteriores, as quais, esparsamente, transferiram do Judiciário para o contencioso-administrativo a competência para o exame de questões administrativas, tais como, exemplificativamente, os Decretos de 28 de janeiro de 1832 (art. 11) e de 31 de março do mesmo ano (art. 18), os quais estenderam tal modelo quanto às imposições das casas de leilão e de modas, à cobrança dos dízimos e às apreensões de gêneros realizadas pelos conferentes das mesas de administração das diversas rendas.

Verificou-se, então, o desenvolvimento de um contencioso-administrativo tendo como órgão de cúpula o Conselho de Estado, à feição de uma jurisdição reservada,[15] tal

13. "Art. 151. O Poder Judicial independente, e será composto de Juizes, e Jurados, os quaes terão logar assim no Civel, como no Crime nos casos, e pelo modo, que os Codigos determinarem" (BRASIL. Constituição (1824). Constituição Politica do Imperio do Brazil. *Coleção das Leis do Império do Brasil*, Rio de Janeiro, v. 1, p. 7, 1824. Disponível em: https://www.planalto.gov.br/ccivil_03/constituicao/constituicao24.htm. Acesso em: 27 maio 2024).

14. SOUZA, Paulino José Soares de. *Ensaios sobre o direito administrativo*. Brasília: Ministério da Justiça, 1997. p. 94. A publicação original recua a 1862.

15. A disciplina do funcionamento do Conselho de Estado se deu pela Lei 234, de 23 de novembro de 1841, cujo regulamento adveio com o Decreto 124, de 05 de fevereiro de 1842. O art. 45 deste dispunha: "Art. 45. Das resoluções dos Presidentes das Provincias

como nos primórdios da experiência francesa, de modo que a última palavra sobre a questão submetida pertencia ao imperador.[16] Prevaleceu o modelo de contencioso administrativo sob a forma de jurisdição reservada.[17]

Observando-se o modelo sob uma perspectiva crítica, o Visconde de Uruguai[18] advertia sobre os inconvenientes que poderiam advir caso o legislador conferisse à Administração a atribuir de decidir as questões contenciosas. Por

---

em negocios contenciosos poderão as partes interpor recurso dentro de dez dias por petição munida dos precisos documentos, que manifeste as razões do gravame soffrido; e os Presidentes a remetterãõ com informação, ou seis ella, á respectiva Secretaria de Estado" (BRASIL. Regulamento n. 124, de 5 de fevereiro de 1842. *Coleção de Leis do Império do Brasil*, Rio de Janeiro, v. 1, t. 2, p. 148, 1842. Disponível em: https://www2.camara.leg.br/ legin/fed/regula/1824-1899/regulamento-124-5-fevereiro-1842-560844-publicacaooriginal-84051-pe.html. Acesso em: 27 maio 2024).

16. Nesse sentido, dispunha o artigo subsequente: "Art. 46. Tambem terá lugar recurso das decisões dos Ministros de Estado em materia contenciosa, e tanto este como o do artigo antecedente, poderá ser decidido por Decreto Imperial, sem se ouvir, ou ouvindo-se as respectivas secções, e o Conselho de Estado" (BRASIL. Regulamento n. 124, de 5 de fevereiro de 1842. *Coleção de Leis do Império do Brasil*, Rio de Janeiro, v. 1, t. 2, p. 148, 1842. Disponível em: https://www2.camara.leg.br/legin/fed/regula/1824-1899/regulamento-124-5-fevereiro-1842-560844-publicacaooriginal-84051-pe.html. Acesso em: 27 maio 2024).

17. Eis, na atualidade, a percepção de Francisco Cavalcanti: "Já quanto ao controle jurisdicional sobre os atos administrativos, o Estado brasileiro encontrava-se fortemente influenciado pelo modelo francês clássico. [...] Adotou-se, nessa trilha, a figura do contencioso administrativo, fundado nos argumentos clássicos da independência dos Poderes, com a existência de tribunais administrativos integrantes do próprio Executivo, tendo como órgão superior o Conselho de Estado. Esse padrão possibilitava que os tribunais administrativos interferissem com maior intensidade nos atos da Administração graciosa, pois a Administração contenciosa também era Administração" (CAVALCANTI, Francisco. *O novo regime do mandado de segurança*. São Paulo: MP, 2009. p. 13).

18. Enumerou o autor as que seguem: a) não competir ao agente administrativo, responsável pela prática do ato questionado, apreciar da sua legalidade; b) a audiência da parte, de um conselho, e o exame de um tribunal administrativo; c) uma forma de processo administrativo que estatua formalidades substanciais, para a defesa e a descoberta da verdade; d) a publicidade das discussões e das decisões contenciosas administrativas; e) a hierarquia, os recursos e novo exame por um tribunal administrativo superior; f) a reunião, publicidade, e conhecimento das tradições e dos precedentes, ou seja, a organização da jurisprudência administrativa (SOUZA, Paulino José Soares de. *Ensaios sobre o direito administrativo*. Brasília: Ministério da Justiça, 1997. Edição fac-similar. p. 85-86).

isso, enfatizou que, para que aqueles sejam contrabalanceados, torna-se indispensável a adoção de certas garantias, as quais enumerou e das quais não era inteiramente dotado o nosso contencioso administrativo.

É preciso, no entanto, que não se olvide, como faz Francisco Cavalcanti,[19] que nem todas as manifestações oriundas da função administrativa se achavam inseridas no âmbito do contencioso-administrativo. Desse modo, enfatiza que, quando o Estado atuava desprovido das prerrogativas de autoridade, sujeito ao direito privado, como se verificava por ocasião das contratações, as controvérsias destas resultantes eram da alçada do Judiciário, conforme a resposta pelo Conselho de Estado a consulta de 22 de dezembro de 1866.

4. A República e a justiça administrativa. o contributo de Amaro Cavalcanti

Proclamada a República em 15 de novembro de 1889, as linhas estruturais do Estado brasileiro são alteradas. A monarquia e a forma estatal unitária cederam lugar à República e à Federação. O contencioso-administrativo é substituído pelo sistema de jurisdição una, a cargo do Poder Judiciário.[20]

---

19. CAVALCANTI, Francisco. *O novo regime do mandado de segurança*. São Paulo: MP, 2009. p. 13-14.

20. Essa mudança de modelo, operada constitucionalmente, mediante a qual o direito brasileiro assimilou o modelo norte-americano no tocante à tutela do administrado, fez-se, na observação de Francisco Antônio de Barros e Silva Neto, a despeito da cultura do nosso direito administrativo haver prosseguido o seu desenvolvimento sob a influência nítida do direito francês (SILVA NETO, Francisco Antônio de Barros e. *A improbidade processual da administração pública e sua responsabilidade objetiva pelo dano processual*. Rio de Janeiro: Lumen Juris, 2010. p. 178). Uma tendência em direção ao modelo administrativo norte-americana – assinala Tácito – coincide com o início da regulamentação dos serviços públicos, especialmente a partir do aproveitamento industrial da energia elétrica, sendo exemplo o Código de Águas de 1934 (TÁCITO, Caio. Presença norte-americana no direito

O modelo judicialista, por sua vez, não veio acompanhado pela criação, na ordem judiciária, de tribunais especializados. Prevaleceu a dualidade da justiça[21] e da lei processual,[22] porém sob o influxo federalista, o que parece ter sido imposto pela necessidade de afirmar a autonomia política das então províncias, transformadas em Estados.[23]

Desse modo, com a aproximação ao modelo estadunidense, pulverizou-se, entre os diversos juízes e tribunais, a competência para o processo e julgamento de litígios entre o cidadão e o Estado.

---

administrativo brasileiro. *In*: TÁCITO, Caio. *Temas de direito público*: (estudos e pareceres). Rio de Janeiro: Renovar, 1997. v. 1. p. 17). Essa aproximação ganhou mais robustez a partir de 1995, com o Plano Diretor da Reforma do Aparelho de Estado, seguida da implantação do modelo de agências reguladoras.

21. "Art. 59. [...] § 1º Das sentenças das justiças dos Estados em ultima instancia haverá. recurso para o Supremo Tribunal Federal: *a)* quando se questionar sobre a validade ou applicação de tratados e leis federaes, e a decisão do tribunal do Estado for contra ella; *b)* quando se contestar a validade de leis ou de actos dos governos dos Estados em face da Constituição, ou das leis federaes, e a decisão do Tribunal do Estado considerar validos esses actos, ou essas leis impugnadas. § 2º Nos casos em que houver de applicar leis dos Estados, a justiça federal consultará a jurisprudencia dos tribunaes locaes, e vice-versa, as justiças dos Estados consultarão a jurisprudencia dos Tribunaes Federaes, quando houverem de interpretar leis da União" (BRASIL. [Constituição (1891)]. Constituição da República dos Estados Unidos do Brasil. *Diário Oficial da União*, Rio de Janeiro, 24 fev. 1891. Disponível em: https://www.planalto.gov.br/ ccivil_03/constituicao/constituicao91.htm. Acesso em: 27 maio 2024).

22. "Art. 34. Compete privativamente ao Congresso Nacional: [...] 23. Legislar sobre o direito civil, commercial e criminal da Republica e o processual da justiça federal [...]" (BRASIL. [Constituição (1891)]. Constituição da República dos Estados Unidos do Brasil. *Diário Oficial da União*, Rio de Janeiro, 24 fev. 1891. Disponível em: https://www.planalto.gov.br/ccivil_03/constituicao/ constituicao91.htm. Acesso em: 27 maio 2024).

23. Anota Amaro Cavalcanti, em livro que veio à luz do público em 1900, que, à época, sensibilizou a muitos, "que os Estados federados não teriam *existência* condigna ao *título* se na própria organização não tivessem os três poderes distintos, o legislativo, o executivo e o judiciário, com atribuições, relativamente completas para os negócios estaduais" (CAVALCANTI, Amaro. *Regime federativo e a república brasileira*. Brasília: UnB, 1983. p. 22). Porém, salienta o autor a presença na constituinte de opinião diversa, especialmente a do Senador José Hygino, de Pernambuco, no sentido de que o Poder Judiciário deveria corresponder unicamente à União, bem como a de uma lei processual única, a qual também compreendera como a mais acertada (CAVALCANTI, Amaro. *Regime federativo e a República brasileira*. Brasília: InB, 1983. p. 22, p. 232-235).

Compulsando-se o texto da Constituição de 1891, é possível se visualizar, preponderantemente, a competência da Justiça Federal como segmento judicial destinado à composição de litígios que resulta de liames de direito público. Isso se depreende, em grande parte, com a redação original do texto sobranceiro,[24] ou com indiscutível ênfase a partir da Emenda Constitucional 3/1926.[25]

A organização da Justiça Federal, por sua vez, adveio inicialmente com a promulgação do Decreto 848, de 11 de outubro de 1890, sendo complementada pela Lei 221, de 20 de novembro de 1894.

---

24. "Art. 60. Compete aos juizes ou Tribunaes Federaes processar e julgar: *a)* as causas em que alguma das partes fundar a acção, ou a defesa, em disposição da Constituição Federal; *b)* todas as causas propostas contra o Governo da União ou Fazenda Nacional, fundadas em disposições da Constituição, leis e regulamentos do Poder Executivo, ou em contractos celebrados com o mesmo Governo; *c)* as causas provenientes de compensações, reivindicaçoes, indemnização de prejuízos ou quaesquer outras, propostas pelo Governo da União contra particulares ou vice-versa; *d)* os litigios entre um Estado e cidadãos de outro, ou entre cidadãos de Estados diversos, diversificando as leis destes; *e)*os pleitos entre Estados estrangeiros e cidadãos brazileiros; *f)* as acções movidas por estrangeiros e fundadas, quer em contractos com o Governo da União, quer em convenções ou tratados da União com outras nações; g) as questões de direito maritimo e navegação, assim no oceano como nos rios e lagos do paiz; h) as questões de direito criminal ou civil internacional;i) os crimes políticos" (BRASIL. [Constituição (1891)]. Constituição da República dos Estados Unidos do Brasil. *Diário Oficial da União*, Rio de Janeiro, 24 fev. 1891. Disponível em: https://www.planalto.gov.br/ ccivil_03/constituicao/constituicao91.htm. Acesso em: 27 maio 2024).

25. "Art 60 – Aos juizes e Tribunaes Federaes: processar e julgar: a) as causas em que alguma das partes fundar a acção, ou a defesa, em disposição da Constituição Federal; b) todas as causas propostas contra o Governo da União ou Fazenda Nacional, fundadas em disposições da Constituição, leis e regulamentos do Poder Executivo, ou em contractos celebrados com o mesmo Governo; c) as causas provenientes de compensações, reivindicações, indemnização de prejuizos, ou quaesquer outras, propostas pelo Governo da União contra particulares ou vice-versa; d) os litigios entre um Estado e habitantes de outro; e) os pleitos entre Estados estrangeiros e cidadãos brasileiros; f) as acções movidas por estrangeiros e fundadas, quer em contractos com o Governo da União, quer em convenções ou tratados da União com outras nações; g) as questões de direito maritimo e navegação, assim no oceano como nos rios e lagos do paiz; h) os crimes políticos" (BRASIL. [Constituição (1891)]. Emenda Constitucional de 3 de setembro de 1926. *Diário Oficial da União*, Rio de Janeiro, 24 set. 1926. Disponível em: https://www.planalto.gov.br/ ccivil_03/ constituicao/Emendas/Emc_anterior1988/emc%20de%203.9.26.htm#art4. Acesso em: 27 maio 2024).

Compulsando-se o último dos diplomas acima referidos, é possível se visualizar a ação sumária especial (art. 13),[26] a qual, no dizer de Seabra Fagundes, trouxe uma

---

26. "Art. 13. Os juizes e tribunaes federaes processarão e julgarão as causas que se fundarem na lesão de direitos individuaes por actos ou decisão das autoridades administrativas da União. § 1º As acções desta natureza sómente poderão ser propostas pelas pessoas offendidas em seus direitos ou por seus representantes ou successores. § 2º A autoridade administrativa, de quem emanou a medida impugnada, será representada no processo pelo ministerio publico. Poderão tomar parte no pleito os terceiros que tiverem um interesse juridico na decisão da causa. § 3º A petição inicial conterá, além dos nomes das partes, a exposição circumstanciada dos factos e as indicações das normas legaes ou principios juridicos, de onde o autor conclua que um seu direito subjectivo foi violado por acto, medida ou decisão da autoridade administrativa. § 4º A petição inicial indicará tambem as testemunhas e as demais provas em que o autor se basêa e deverá,ser desde logo instruida com a prova documental, salvo demora imputavel ás partes interessadas. § 5º A acção poderá ser desprezada in limine si for manifestamente infundada, si não estiver devidamente instruida, si a parte for illegitima, ou si houver decorrido um anno da data da intimação ou publicação da medida que for objecto do pleito. Desta decisão caberá o recurso de agravo. § 6º Admittida a acção, serão citados o competente representante do ministerio publico e mais partes interessadas, assignando-se-lhes o prazo de dez dias para contestação. Este prazo poderá ser prorogado até ao dobro, a requerimento de qualquer dos interessados. § 7º A requerimento do autor, a autoridade administrativa que expediu o acto ou medida em questão suspenderá a sua execução, si a isso não se oppuzerem razões de ordem publica. § 8º Findo o prazo, de que trata o § 6º, observar-se-ha o processo descripto nos arts. 183 a 188 do decreto n. 848 de 11 de outubro de 1890. § 9º Verificando a autoridade judiciaria que o acto ou resolução em questão é illegal, o annullará no todo ou em parte, para o fim de assegurar o direito do autor. a) Consideram-se illegaes os actos ou decisões administrativas em razão da não applicação ou indevida applicação do direito vigente. A autoridade judiciaria fundar-se-ha em razões juridicas, abstendo-se de apreciar o merecimento de actos administrativos, sob o ponto de vista de sua conveniencia ou opportunidade; b) A medida administrativa tomada em virtude de uma faculdade ou poder discricionario sómente será havida por illegal em razão da incompetencia da autoridade respectiva ou do excesso de poder. § 10. Os juizes e tribunaes apreciarão a validade das leis e regulamentos e deixarão de applicar aos casos occurrentes as leis manifestamente inconstitucionaes e os regulamentos manifestamente incompativeis com as leis ou com a Constituição. § 11. As sentenças judiciaes passarão em julgado e obrigarão as partes e a administração em relação ao caso concreto que fez objecto da discussão. § 12. A violação do julgado por parte da autoridade administrativa induz em responsabilidade civil e criminal. § 13. Decahindo o autor da acção e verificando-se ter sido esta maliciosamente intentada, poderá ser condemnado nas custas em dobro ou tresdobro a arbitrio da autoridade judiciaria. § 14. A Fazenda Nacional terá direito regressivo contra o funccionario publico para haver as custas que pagar. § 15. Nas causas de que trata a presente lei, bem como em todas aquellas em que forem decididas questões constitucionaes, não haverá alçada. § 16. As disposições da presente lei não alteram o direito vigente quanto; a) ao

série de normas para o exercício do controle das leis e dos atos administrativos pelo Poder Judiciário, em cujos parágrafos se "constrói todo um adiantado sistema protetor do indivíduo contra os abusos de poder e as ilegalidades administrativas em geral".[27]

A elaboração do texto que se transformara em lei coube a Amaro Cavalcanti, conforme afirmação deste,[28] confirmada por Viveiros de Castro[29]. E não só. A Amaro Cavalcanti é de se tributar o legado de uma organização legal em tom de completude da Justiça Federal, mediante a elaboração a Consolidação das Leis referentes à Justiça Federal, a qual, aprovada pelo Presidente da República, sobreveio com a edição do Decreto 3.084, de 5 de novembro de 1898. Em 1909, quando Amaro Cavalcanti já se encontrava no Supremo Tribunal Federal, a disciplina da ação sumária especial veio a sofrer alterações pelo Decreto 1.939, de 28 de agosto de 1908.[30]

---

habeas-corpus; b) ás acções possessorias; c) ás causas fiscaes" (BRASIL. Lei 221, de 20 de novembro de 1894. *Diário Oficial da União*, Rio de Janeiro, 25 nov. 1894. Disponível em: https://www.planalto.gov.br/ccivil_03/leis/1851-1900/l0221-1894.htm. Acesso em: 27 maio 2024).

27. FAGUNDES, Miguel Seabra. A evolução do sistema de proteção jurisdicional dos direitos no Brasil republicano. *Revista de Direito da Procuradoria Geral, Rio de Janeiro*, v. 25, p. 64, 1971.

28. CAVALCANTI, Amaro. *Responsabilidade civil do Estado*. Edição atualizada por José de Aguiar Dias. Rio de Janeiro: Borsoi, 1957. t. 2, p. 787, nota de rodapé 191.

29. Com efeito, narra o autor que o art. 13 da Lei 221, de 1894, resultou de emenda do Deputado José Hygino, mas que recolhera a inovação que já constava do Projeto Amaro Cavalcanti, apresentado perante o Senado (CASTRO, Augusto Olympio Viveiros de. *Tratado de sciencia da administração e direito administrativo*. 3. ed. Rio de Janeiro: Jacintho Ribeiro dos Santos, 1914. p. 679).

30. Entre as principais modificações, são alinhadas: a) o cabimento da ação sumária especial para impugnar atos ou decisões das autoridades estaduais e municipais, sempre que haja a competência da Justiça Federal por a pretensão fundar-se em dispositivo da Constituição de 1891 (art. 6º); b) a previsão de apelação com eficácia suspensiva, interposta pela parte ou de ofício, quanto às sentenças que julgarem procedente o pedido de anulação (art. 7º); c) instituição de quórum especial para a declaração de inconstitucionalidade pelo Supremo Tribunal Federal de atos administrativos ou leis (art. 8º); d) aplicação em favor da Fazenda Federal da prescrição quinquenal com relação a qualquer pretensão contra si deduzida, cujo termo

A abordagem, que terá como epicentro a ação sumária especial, prosseguirá no tópico seguinte.

5. A ação sumária especial

A instituição da ação sumária especial, tal como arquitetada por Amaro Cavalcanti, representou, indiscutivelmente, um arquétipo de justiça administrativa, voltado à modernidade, o que restou desfigurado com a superveniência do modelo processual unitário advindo com Código de Processo Civil de 1939, mais afeito à solução dos litígios entre os particulares.

Isso por razões de inúmeras ordens. A primeira – e maior delas – está na circunstância de que o modelo delineado por Amaro Cavalcanti, à moda do seu tempo, muito se aproxima dos traços que, na atualidade, são tidos como essenciais à jurisdição administrativa no âmbito do Estado social democrático de Direito.[31] Acrescente-se ainda que aquele portou componentes que, diante do regime anterior, apresentaram-se como revolucionários.

Da disciplina da ação sumária especial é de se destacar os aspectos que seguem. O primeiro deles, enunciado pelo art. 13, *caput*, da Lei 221, de 1894, é o de que se destina à defesa dos direitos individuais dos administrados, lesados por atos ou decisões das autoridades administrativas da União.

Vê-se, portanto, pelo emprego da expressão "actos", distinguindo-os das decisões, estas revestidas de um

---

inicial, fluente a partir do ato ou fato que a originar, é suscetível de interrupção nos termos da lei (art. 9º).

31. A esse propósito, sistematiza Vieira de Andrade tais características, enunciando-as com base nos seguintes pontos: a) a compreensão de uma clara divisão de poderes e funções entre a Administração e os Tribunais; b) o tipo e o grau de vinculação jurídica da atividade administrativa; c) o conceito de interesse público; d) garantias dos administrados (ANDRADE, José Carlos Vieira de. *A justiça administrativa*. 17. ed. Coimbra: Almedina, 2019. p. 13).

colorido formal e, com isso, afirmava que se protegiam as chamadas "vias de fato", caracterizadas por comportamentos materiais de agentes públicos capazes de atingir direitos dos cidadãos.

É certo que, diante da evolução constitucional de então, não se cogitava da defesa de interesses nem, igualmente, dos hoje consagrados direitos coletivos e difusos. Os direitos fundamentais, ao quais se reportava a Constituição de 1891, influenciados pelo liberalismo individualista, eram voltados, preponderantemente, à tutela da liberdade e da propriedade.

Ao depois, o legislador circunscreveu a atuação do juiz da Administração Pública às hipóteses nas quais, em se encontrando vinculada ao sistema jurídico, aquela desborda de tais limites.

Prova disso é o § 9º do art. 13, que condiciona a intervenção judicial às situações nas quais o ato ou comportamento impugnado é ilegal, devendo-se se respeitar as opções da autoridade, manifestas no espaço de liberdade confirmativa de que dispõe de acordo com a ordem jurídica. Assim, a medida administrativa, uma vez tomada diante de uma faculdade discricionária, somente poderia ser tida por ilegal em virtude de incompetência ou excesso de poder[32] (art. 13, § 9º, *b*).

32. Há aqui uma tentativa de aproximação com o modelo francês do recurso por excesso de poder (*recours por excès de pouvoir*) que, no dizer de Rivero, tem por finalidade o reconhecimento da ilegalidade de um ato administrativo pela jurisdição administrativa, prestando-se ao questionamento da incompetência, do vício de forma, do desvio de poder (e de procedimento) e da violação da lei (RIVERO, Jean. *Direito administrativo*. Tradução Rogério Ehrhardt Soares. Coimbra: Almedina, 1981. p. 273, 286-292).

Essa restrição, que ainda se mantém atual no plano da legislação da jurisdição administrativa,[33] recolhia o seu embasamento na divisão de poderes.[34]

E não somente. De maior relevo é que, ao se cogitar do conceito de ilegalidade, um laivo de inspiração norte-americana fez que com à ação sumária especial não se passasse despercebida a ideia da constituição como lei fundante do Estado, acentuando-se o seu caráter normativo, à época pouco valorizada no continente europeu.

Isso porque, ao aludir, às voltas com a caracterização de atos ou decisões ilegais, à não aplicação ou aplicação indevida do direito vigente (art. 13, § 9º, *a*), dispôs o legislador, logo em seguida (art. 13, §10), que os juízes estão habilitados a apreciar a validade das leis, deixando de aplicá-las quanto for o caso.

Desenvolvia-se, assim, a concepção, já constante do Decreto 848, de 11 de outubro de 1890, o qual, antes mesmo da

33. Nesse sentido, ver, em mais de uma passagem, o Código de Processo dos Tribunais Administrativos português, aprovado pela Lei 15, de 22 de fevereiro de 2002, a saber: "Artigo 3.º Poderes dos tribunais administrativos 1 – No respeito pelo princípio da separação e interdependência dos poderes, os tribunais administrativos julgam do cumprimento pela Administração das normas e princípios jurídicos que a vinculam e não da conveniência ou oportunidade da sua atuação. [...] Artigo 71.º Poderes de pronúncia do tribunal [...] 2 – Quando a emissão do ato pretendido envolva a formulação de valorações próprias do exercício da função administrativa e a apreciação do caso concreto não permita identificar apenas uma solução como legalmente possível, o tribunal não pode determinar o conteúdo do ato a praticar, mas deve explicitar as vinculações a observar pela Administração na emissão do ato devido" (PORTUGAL. Lei n. 15/2002, de 22 de fevereiro. *Diário da República*, Lisboa, n. 45/2002, Série I-A de 2002-02-22, p. 1422-1457. Disponível em: https://diariodarepublica.pt/dr/detalhe/lei/15-2002-280920. Acesso em: 27 maio 2024).

34. Explicitou Amaro Cavalcanti a seguinte preocupação: "Mas, em respeito à independência do poder administrativo, e dos fins, que igualmente se propõem os atos do mesmo, é preciso *aguardar a oportunidade* da intervenção judiciária, e impor-lhe limites certos, isto é, a autoridade judiciária se deve restringir a assegurar a reparação dos direitos lesados, sem jamais *impedir a ação administrativa*, nem querer *dar ordens* ao outro poder *igualmente* independente, ou *ditar-lhe obrigações*, que importem a usurpação de faculdades, que não estão na sua índole, nem lhe foram conferidas pela '*Lei Fundamental*' do Estado" (CAVALCANTI, Amaro. *Responsabilidade civil do Estado*. Edição atualizada por José de Aguiar Dias. Rio de Janeiro: Borsoi, 1957. t. 2, p. 790).

Constituição de 1891, ao instituir a Justiça Federal, assinava-lhe a competência (arts. 3º e 9º, parágrafo único, *b*[35]) para, quando da apreciação dos casos concretos, realizar o juízo de sua compatibilidade vertical das leis ao texto sobranceiro.[36]

É indiscutível que, cônscio da viragem patrocinada pela República, da qual resultou a ampliação da competência jurisdicional, Amaro Cavalcanti já se manifestava em favor de uma cultura para o controle judicial da constitucionalidade das leis (*judicial review*).[37]

---

35. "Art. 3º Na guarda e applicação da Constituição e das leis nacionaes a magistratura federal só intervirá em especie e por provocação de parte. [...] Art. 9º Compete ao Tribunal: [...] Paragrapho unico. Haverá tambem recurso para o Supremo Tribunal Federal das sentenças definitivas proferidas pelos tribunaes e juizes dos Estados: [...] b) quando a validade de uma lei ou acto de qualquer Estado seja posta em questão como contrario á Constituição, aos tratados e ás leis federaes e a decisão tenha sido em favor da validade da lei ou acto; c) quando a interpretação de um preceito constitucional ou de lei federal, ou da clausula de um tratado ou convenção, seja posta em questão, e a decisão final tenha sido contraria, á validade do titulo, direito e privilegio ou isenção, derivado do preceito ou clausula" (BRASIL. Decreto n. 848, de 11 de outubro de 1890. *Coleção de Leis do Brasil*, Rio de Janeiro, p. 2744, 31 dez. 1890. Disponível em: https://www.planalto.gov.br/ccivil_03/decreto/1851-1899/d848.htm. Acesso em: 27 maio 2024).

36. O reconhecimento da magistratura federal como juízes da lei foi enfatizado pela Exposição de Motivos do Decreto 848, de 1890, da lavra do então Ministro da Justiça, Campos Sales, nas passagens seguintes: "Não se trata de tribunaes ordinarios de justiça, com uma jurisdicção pura e simplesmente restricta á applicação das leis nas multiplas relações do direito privado. A magistratura que agora se installa no paiz, graças ao regimen republicano, não é um instrumento cego ou mero interprete na execução dos actos do poder legislativo. Antes de applicar a lei cabe-lhe o direito de exame, podendo dar-lhe ou recusar-lhe sancção, si ella lhe parecer conforme ou contraria á lei organica. O poder de interpretar as leis, disse o honesto e sabio juiz americano, envolve necessariamente o direito de verificar si ellas são conformes ou não á Constituição, e neste ultimo caso cabe-lhe declarar que ellas são nullas e sem effeito. Por este engenhoso mecanismo consegue-se evitar que o legislador, reservando-se a faculdade da interpretação, venha a collocar-se na absurda situação de juiz em sua propria causa" (SALES, Campos. Exposição de motivos. *In*: BRASIL. Decreto n. 848, de 11 de outubro de 1890. *Coleção de Leis do Brasil*, Rio de Janeiro, 31 dez. 1890. Anexo. Disponível em: https://www.planalto.gov.br/ccivil_03/decreto/1851-1899/d848.htm. Acesso em: 27 maio 2024).

37. A sólida influência que a doutrina do controle de constitucionalidade, à feição norte-americana, produziu em Amaro Cavalcanti é explicitada em trabalho no qual este examina o direito de revisão das decisões das justiças estaduais pela Suprema Corte dos Estados Unidos (CAVALCANTI, Amaro. Revisão das sentenças dos tribunaes estadoaes, *O Direito*, ano XXXVIII, v. 112, p. 529-547, maio/ago. 1910).

Nesse diapasão, mesmo compreensivo da impossibilidade de se precisar, previamente, as diferentes situações nas quais se fizesse cabível reconhecimento da intervenção judiciária para dizer da constitucionalidade das leis, sustentou Amaro Cavalcanti[38] haverem de ser atendidas, como preceitos de geral aplicação, os que seguem: a) a competência do Judiciário há que se referir a casos ou controvérsias particulares e às partes interessadas; b) o direito de resolver sobre a constitucionalidade de uma lei tanto compete ao Supremo Tribunal Federal quanto aos tribunais e juízes inferiores; c) a importância da decisão faz recomendável que uma lei não possa ser julgada inconstitucional senão pela maioria de todo o tribunal de justiça;[39] d) o Judiciário, em regra, não deverá se pronunciar contra a validade de uma lei, sem que tal postura se imponha como indispensável para a solução da causa; e) o Judiciário não deverá se inclinar pelo argumento da inconstitucionalidade, quando invocado por uma parte cujos direitos não sejam

38. CAVALCANTI, Amaro. *Regime federativo e a república brasileira*. Brasília: UnB, 1983. p. 203-208.

39. A observação repercutiu no sistema jurídico pátrio, ainda durante a vigência da Constituição de 1891. Prova disso é que, quando a composição do Supremo Tribunal Federal era de quinze juízes (art. 5º do Decreto 848 de 1890), o Decreto 1.939 de 1908 estatuiu: "Art. 8º Quando contra os actos ou decisões das autoridades administrativas fôr allegada a inconstitucionalidade de taes actos ou decisões, não obstante serem os mesmos conformes com as leis ou regulamentos em vigor, a decisão final do Supremo Tribunal Federal deverá ser proferida estando presentes, pelo menos, 10 de seus membros desimpedidos" (BRASIL. Decreto n. 1.939, de 28 de agosto de 1908. *Diário Oficial da União*, Rio de Janeiro, 30 ago. 1908. Disponível em: https://www.planalto.gov.br/ccivil_03/decreto/historicos/ dpl/DPL1939-1908.htm. Acesso em: 27 maio 2024). Por sua vez, a Constituição de 1934 (art. 179) inaugurou o que se denomina reserva de plenário, exigindo a maioria absoluta dos votos dos integrantes do tribunal para que possa ser declarada a inconstitucionalidade de lei ou ato do poder público, exigência que, com pequeníssimas variações, foi mantida pelas constituições de 1937 (art. 96, *caput*), 1946 (art. 200) e de 1967-69 (art. 116). A constituição de 1988 (art. 97) não se evadiu da diretriz, reforçada pela Súmula Vinculante 10, assim redigida: "Viola a cláusula de reserva de plenário (CF, artigo 97) a decisão de órgão fracionário de tribunal que, embora não declare expressamente a inconstitucionalidade de lei ou ato normativo do Poder Público, afasta sua incidência, no todo ou em parte".

ofendidos pelo dispositivo inquinado de inconstitucional; f) o tribunal não poderá declarar inconstitucional uma lei sob o único fundamento de que ela é injusta e opressiva; g) uma lei não pode ser declarada inconstitucional porque, no entender do tribunal, viola um ou mais princípios da liberdade republicana, salvo se demonstrado que tais princípios se acham fora da competência legislativa por força de preceito da própria constituição; h) a dúvida sobre a validade constitucional de uma lei jamais constituirá motivo bastante para autorizar a declaração de sua insubsistência; i) a inconstitucionalidade da legislação não deverá ser aferida pelos motivos que justificaram a sua adoção; j) uma lei pode ser válida somente em parte; k) a decisão judicial contra a constitucionalidade de uma lei torna-a inválida e nula, isto é, sem qualquer efeito para o caso julgado; l) quando as razões, tidas por inconstitucionais, encontram-se na exposição de motivos ou preâmbulo, e não no próprio corpo da lei, não há fundamento para a inconstitucionalidade; m) as palavras da constituição devem ser tomadas no seu sentido natural e comum, enquanto os termos das artes ou ciência na sua significação técnica;[40] n) a constituição há que ser interpretada de modo a dar eficácia à intenção do povo que a adotou;[41] o) a interpretação dos dispositivos constitucionais deve ser uniforme.[42]

Visionário, Amaro Cavalcanti, numa mescla dos sistemas norte-americano e francês, previu, além do controle

---

40. Recentemente, essa baliza interpretativa foi realçada pela doutrina. SLAIBI FILHO, Nagib. *Direito constitucional.* Rio de Janeiro: Forense, 2004. p. 134.

41. Essa regra de prudência persiste na atualidade, enfatizando a doutrina o princípio da máxima efetividade, vinculado à força normativa da constituição (COELHO, Inocêncio Mártires. *Interpretação constitucional.* 2. ed. Porto Alegre: Sergio Antonio Fabris, 2003. p. 137).

42. Quase cinco décadas mais tarde, várias dessas recomendações constaram das regras de bom aviso que, segundo Lúcio Bittencourt, devem ser observadas pelos tribunais no juízo de constitucionalidade (BITTENCOURT, Carlos Alberto Lúcio. *Controle de constitucionalidade.* Brasília: Ministério da Justiça, 1997. p. 111-129. A obra teve sua publicação primeira em 1949).

de constitucionalidade, a positivação do controle judicial de legalidade dos regulamentos, em face de colisão com a correspondente lei de habilitação. Se mantida, a previsão poderia, na atualidade, desaguar num procedimento de aferição dessa possibilidade com força obrigatória geral, tal como se vê na jurisdição administrativa europeia.[43]

Ao depois de expor que aquele que for lesado por ato praticado por funcionário público, mas que não preferir levar a sua reclamação à própria autoridade administrativa, há de acorrer ao Judiciário. Amaro Cavalcanti[44] aponta que a ação sumária especial é a via destinada para que se possa obter a declaração da invalidade da postura da Administração Pública. Esse o traço distintivo que aquela mantém com a ação ordinária, prevista no art. 117 do Decreto 848 de

43. Assim prevê o Código de Processo nos Tribunais Administrativos português: "Artigo 2º Tutela jurisdicional efetiva [...] 2 – A todo o direito ou interesse legalmente protegido corresponde a tutela adequada junto dos tribunais administrativos, designadamente para o efeito de obter: [...] d) A declaração de ilegalidade de normas emitidas ao abrigo de disposições de direito administrativo; [...] Artigo 76º Efeitos da declaração de ilegalidade com força obrigatória geral 1 – A declaração com força obrigatória geral da ilegalidade de uma norma, nos termos previstos neste Código, produz efeitos desde a data da entrada em vigor da norma, salvo no caso de ilegalidade superveniente. 2 – O tribunal pode, no entanto, determinar que os efeitos da decisão se produzam apenas a partir da data do trânsito em julgado da sentença quando razões de segurança jurídica, de equidade ou de interesse público de excecional relevo, devidamente fundamentadas, o justifiquem. 3 – Nos processos intentados por quem tenha sido diretamente prejudicado pela vigência de norma imediatamente operativa, a aplicação do disposto no número anterior não prejudica a eliminação dos efeitos lesivos causados pela norma na esfera jurídica do autor. 4 – A retroatividade da declaração de ilegalidade não afeta os casos julgados nem os atos administrativos que entretanto se tenham tornado inimpugnáveis, salvo decisão em contrário do tribunal, quando a norma respeite a matéria sancionatória e seja de conteúdo menos favorável ao particular. 5 – A declaração a que se refere o presente artigo implica a repristinação das normas revogadas, salvo quando estas sejam ilegais ou tenham deixado por outro motivo de vigorar" (PORTUGAL. Lei n. 15/2002, de 22 de fevereiro. *Diário da República*, Lisboa, n. 45/2002, Série I-A de 2002-02-22, p. 1422-1457. Disponível em: https://diariodarepublica.pt/dr/detalhe/ lei/15-2002-280920. Acesso em: 27 maio 2024).

44. CAVALCANTI, Amaro. *Responsabilidade civil do Estado*. Rio de Janeiro: Borsoi, 1957. Tomo II, p. 753-754.

1890,[45] a qual se volta exclusivamente à obtenção de perdas e danos.

Outro aspecto – ressalta o autor[46] – é o da possibilidade de se cumular ao pedido de anulação, formulada nos termos do art. 13 da Lei 221 de 1894, com o de indenização pelos prejuízos causados pelo ato ou fato administrativo.[47]

Dispôs o § 5º do art. 13 da Lei 221 de 1894 que a ação sumária especial poderia ser "desprezada" se decorrido um ano da data da intimação ou publicação da medida que for objeto do pleito. Essa espécie de decadência ou caducidade, segundo Amaro Cavalcanti,[48] não eliminava o direito do interessado de vir a juízo. Apenas e somente tornava impossível o prosseguimento daquela ação específica, de forma a lhe remanescer a possibilidade de ajuizamento da ação ordinária, unicamente para pleitear

---

45. "Art. 117. A acção ordinaria é competente em todas as causas de valor excedente a um conto de réis, quando a estas não for assignada acção especial" (BRASIL. Decreto n. 848, de 11 de outubro de 1890. *Coleção de Leis do Brasil*, Rio de Janeiro, 31 dez. 1890. Disponível em: https://www.planalto.gov.br/ ccivil_03/decreto/1851-1899/ d848.htm. Acesso em: 27 maio 2024). É de se esclarecer, para uma melhor compreensão, que, antes do art. 13 da Lei 221 de 1894, a jurisdição não criminal no âmbito da Justiça Federal se manifestava nos termos do art. 116 do Decreto n. 848 de 1890, assim redigido: "Art. 116. Todas as questões de natureza civil e commercial serão propostas no juizo federal, quando recaiam sob sua jurisdicção, por meio de acção ordinaria, summaria e executiva". A ação sumária, nos termos do art. 181 do Decreto n. 848 de 1890, era, tal como a ação ordinária, direcionada à exigibilidade patrimonial, desde que o valor perseguido não superasse um conto de réis.

46. CAVALCANTI, Amaro. *Responsabilidade civil do Estado*. Rio de Janeiro: Borsoi, 1957. t. 2, p. 755.

47. É de se recordar as palavras de Amaro Cavalcanti: "A indenização é uma simples sequência lógica da anulação do ato administrativo, que lesara o direito individual. Nem de outro modo se daria inteiro cumprimento ao disposto no art. 13, § 9º, da Lei, onde se declara expressamente, que o fim da sua anulação pela autoridade judiciária é o de *assegurar* o direito do autor. Como *assegurar* um direito, que foi lesado, senão dando-se a devida reparação ao seu titular?" (CAVALCANTI, Amaro. *Responsabilidade civil do Estado*. Rio de Janeiro: Borsoi, 1957. t. 2, p. 755).

48. CAVALCANTI, Amaro. *Responsabilidade civil do Estado*. Rio de Janeiro: Borsoi, 1957. t. 2, p. 754-755.

indenização, cujo prazo prescricional era trintenário, nos termos do direito comum.

É certo que se pode objetar que a ação sumária especial carecia de um mecanismo de pronta reação, capaz de inibir a prática de comportamentos administrativos lesivos ao cidadão, ou de conjurar os seus efeitos. Isso porque, numa respeitosa deferência à divisão de poderes, o § 7º do art. 13 da Lei 221 de 1894 dispunha competir ao autor requerer à autoridade que expediu o ato ou medida sob impugnação a sua suspensão, desde que não se opuserem razões de ordem pública.

O preceito, suprimido pelo Decreto 1.939 de 1908, não impediu que o Judiciário proferisse decisões inibindo a própria atuação administrativa ou afastando os efeitos desta.

Assim, restava ao administrado valer-se, inicialmente, dos interditos possessórios. Atento à linguagem dos acórdãos preponderantes, especialmente do Supremo Tribunal Federal, a qual se contrapunha ao emprego dos interditos possessórios para a defesa de direitos pessoais, é certo haver sustentado Amaro Cavalcanti[49] que aqueles não poderiam ser utilizados como regra ou meio ordinário contra os atos da Administração Pública. A própria Lei 221 de 1894 (art. 13, § 16) assim conspirava, ao dispor que a ação especial não alterava o direito então aplicável às ações possessórias.

Porém, esclareceu Amaro Cavalcanti[50] que, em casos excepcionais, pudessem direitos pessoais ter a seu favor, por força de lei, a mesma tutela de que goza a posse dos direitos reais, havendo inclusive autorização legal para tanto, tal como previa o Decreto 1.185, de 11 de junho de1904, no

---

49. CAVALCANTI, Amaro. *Responsabilidade civil do Estado*. Rio de Janeiro: Borsoi, 1957. t. 2, p. 772-783, 788-789.

50. CAVALCANTI, Amaro. *Responsabilidade civil do Estado*. Rio de Janeiro: Borsoi, 1957. t. 2, p. 788.

que concerne aos tributos devidos nas operações de comércio internacional.[51]

Demais disso, Amaro Cavalcanti descortinou, em texto específico,[52] elaborado posteriormente à edição da Lei 221 de 1894, ser cabível, para que pudessem eficazmente serem conjuradas lesões iminentes de direito, o ajuizamento do *habeas corpus*.

O tema veio à baila em cenário no qual – tal como antes e, ao que parece, ainda nos dias que correm – verificaram-se colisões entre o Poder Executivo, representado pelo Presidente da República, e o Supremo Tribunal Federal, cabendo relevo especial para o julgamento do HC 2.990, realizado em 25 de janeiro de 1911, em cuja concessão, reconheceu-se a competência do Conselho Municipal para a realização da verificação de poderes, assegurando-se aos intendentes eleitos salvo-conduto para que fossem empossados e pudessem exercer os seus mandatos livres de qualquer embaraço, coação ou constrangimento.[53]

Diante disso, o Presidente da República, Hermes R. da Fonseca, em mensagem de 22 de fevereiro de 1911, comunica ao STF o não cumprimento do julgado, por considerá-lo ilegal, para tanto apoiando-se, entre outros, no argumento

---

51. Dispunha o art. 5º do Decreto n. 1.185: "Art. 5º Compete aos juizes federaes conceder mandado de manutenção ou prohibitorio em favor do possuidor de mercadorias estrangeiras ou nacionaes, que for turbado ou ameaçado na sua posse, em consequencia de dispositivo da lei estadual ou municipal que estabeleça impostos fóra das condições da presente lei". BRASIL. Decreto n. 1.185, de 11 de junho de 1904. *Diário Oficial da União*, Rio de Janeiro, Seção 1, p. 2799, 15 jun. 1904.

52. CAVALCANTI, Amaro. Conceito constitucional de "habeas corpus" (Crônica). *Revista Forense*, Rio de Janeiro, v. XV, n. 85-90, p. 330-362, jan./jun. 1911.

53. Analisamos os contornos jurídicos do episódio em texto anterior: NOBRE JÚNIOR, Edilson Pereira. Amaro Cavalcanti, um formulador do direito público brasileiro. *Revista Acadêmica*, [*s. l.*], v. 95, n. 1, p. 170-181, 2023. O atrito também foi lembrado – e com ênfase –, em conferência proferida por Seabra Fagundes no Tribunal de Justiça do Rio Grande do Norte, por ocasião das comemorações do centenário de Amaro Cavalcanti (FAGUNDES, Miguel Seabra. Amaro Cavalcanti e as liberdades públicas. *Archivo Judiciário*, Rio de Janeiro, v. XCI, p. 29-35, jul./set. 1949).

consoante o qual, nos termos do art. 358 da Parte Segunda, Título VI, da Consolidação das Leis da Justiça Federal (Decreto 3.084, de 5 de novembro de 1898[54]), constata-se o realce legislativo de que o alcance do *habeas corpus* é o de libertar o indivíduo de uma prisão ou ameaça de prisão ilegal.

Quanto à crítica ao âmbito da proteção veiculada pela via do *habeas-corpus*, que teria se destinado a assunto não relativo à prisão ilegal ou sua ameaça, realçou Amaro Cavalcanti que a opção pelo manejo da garantia se apresentou aconselhável, para a proteção de um direito individual, o qual poderia dizer respeito com as leis de direito administrativo ou, como no caso analisado, em disposições do direito político. Para que restasse ultrapassado o óbice da restrição da eficácia do *writ* perfilhou, tal como no ensinamento de Pedro Lessa,[55] a convicção que sustenta o seu cabimento quando, não obstante a pretensão verse sobre direito diverso da liberdade física, de locomoção, a salvaguarda desta se evidenciasse como uma condição necessária, situação que se encontrava presente na espécie, pois a concessão da ordem viabilizava a que os pacientes pudessem, livres de coação, ingressar nas dependências do Conselho Municipal.

6. Palavras finais

O Estado material de Direito se notabiliza pela substituição, na regência da sociedade, da vontade do governante

---

54. "Art. 358. A petição para uma tal ordem deve designar: a) o nome da pessoa que soffre a violencia ou é ameaçada, e o de quem é della causa ou autor; b) o conteudo da ordem por que foi mettido em prisão, ou declaração explicita de que, sendo requerida, foi denegada, e, em caso de ameaça, simplesmente as razões em que o peticionario se funda para temer o protesto de lhe ser infligido o mal; c) os motivos da persuasão da illegalidade da prisão ou do arbitrio da ameaça" (BRASIL. Decreto n. 3.084, de 5 de novembro de 1898. *Coleção de Leis do Brasil*, Rio de Janeiro, p. 779, 31 dez. 1898. Disponível em: https://legis.senado.leg.br/norma/399352/publicacao/15685152. Acesso em: 27 maio 2024).

55. LESSA, Pedro. *Do poder judiciário*. Ed. Fac-similar. Brasília: Senado Federal, 2003. p. 286-287.

pela elaboração de uma lei geral e abstrata por representantes eleitos. Assenta-se, pois, na superioridade de uma ordem jurídica, elaborada a partir e com fundamento nos valores democráticos consagrados na Constituição.

É de importância crucial para a afirmação do Estado de Direito a limitação do elemento político e administrativo pela divisão dos poderes e pela consagração, cada vez mais expansiva, dos direitos fundamentais.

Nesse contexto, essencial se apresenta a tutela jurisdicional dos direitos dos cidadãos diante dos abusos do Poder Público, escopo para cuja consecução se devotou, integralmente, Amaro Cavalcanti, fazendo-o mediante a estruturação, no âmbito jurisdicional, do mecanismo da ação sumária especial, a servir de um fecundo embrião para um modelo pátrio de jurisdição administrativa.

A ousadia transformadora não foi em vão, à medida que fincou bases para um controle da legitimidade jurídica dos atos estatais.

Referências

ABERASTURY, Pedro. La influencia del derecho continental en el derecho administrativo argentino. *Revista CEJ*, Brasília, v. 8, n. 27, out./dez. 2004.

ANDRADE, José Carlos Vieira de. *A justiça administrativa*. 17. ed. Coimbra: Almedina, 2019.

BANDEIRA DE MELLO, Oswaldo Aranha. *Princípios gerais de direito administrativo*. 3. ed. São Paulo: Malheiros, 2010.

BITTENCOURT, Carlos Alberto Lúcio. *Controle de constitucionalidade*. Brasília: Ministério da Justiça, 1997.

BRASIL. [Constituição (1824)]. Constituição Politica do Imperio do Brazil. *Coleção das Leis do Império do Brasil*,

Rio de Janeiro, v. 1, p. 7, 1824. Disponível em: https://www.planalto.gov.br/ccivil_03/constituicao/constituicao24.htm. Acesso em: 27 maio 2024.

BRASIL. [Constituição (1891)]. Constituição da República dos Estados Unidos do Brasil. *Diário Oficial da União*, Rio de Janeiro, 24 fev. 1891. Disponível em: https://www.planalto.gov.br/ccivil_03/constituicao/constituicao91.htm. Acesso em: 24 fev. 2024.

BRASIL. [Constituição (1891)]. Emenda Constitucional de 3 de setembro de 1926. *Diário Oficial da União*, Rio de Janeiro, 24 set. 1926. Disponível em: https://www.planalto.gov.br/ccivil_03/constituicao/Emendas/Emc_anterior1988/emc%20de%203.9.26.htm#art4. Acesso em: 27 maio 2024.

BRASIL. Decreto n. 848, de 11 de outubro de 1890. *Coleção de Leis do Brasil*, Rio de Janeiro, 31 dez. 1890. Disponível em: https://www.planalto.gov.br/ccivil_03/decreto/ 1851-1899/d848.htm. Acesso em: 27 maio 2024.

BRASIL. Decreto n. 1.185, de 11 de junho de 1904. *Diário Oficial da União*, Rio de Janeiro, Seção 1, p. 2799, 15 jun. 1904.

BRASIL. Decreto n. 1.939, de 28 de agosto de 1908. *Diário Oficial da União*, Rio de Janeiro, 30 ago. 1908. Disponível em: https://www.planalto.gov.br/ccivil_03/ decreto/historicos/dpl/DPL1939-1908.htm. Acesso em: 27 maio 2024.

BRASIL. Decreto n. 3.084, de 5 de novembro de 1898. *Coleção de Leis do Brasil,* Rio de Janeiro, p. 779, 31 dez. 1898. Disponível em: https://legis.senado.leg.br/norma/ 399352/publicacao/15685152. Acesso em: 27 maio 2024.

BRASIL. Lei 221, de 20 de novembro de 1894. *Diário Oficial da União*, Rio de Janeiro, 25 nov. 1894. Disponível em: https://www.planalto.gov.br/ccivil_03/leis/1851-1900/l0221-1894.htm. Acesso em: 27 maio 2024.

BRASIL. Regulamento n. 124, de 5 de fevereiro de 1842. *Coleção de Leis do Império do Brasil*, Rio de Janeiro, v. 1, t. 2, p. 148, 1842. Disponível em: https://www2.camara.leg.br/legin/fed/regula/1824-1899/regulamento-124-5-fevereiro-1842-560844-publicacaooriginal-84051-pe.html. Acesso em: 27 maio 2024.

CAETANO, Marcelo. *Princípios fundamentais do direito administrativo*. Rio de Janeiro, 1977.

CASSESE, Sabino. *Il governo dei guidici*. Roma: Laterza & Figli, 2022.

CASTRO, Augusto Olympio Viveiros de. *Tratado de sciencia da administração e direito administrativo*. 3. ed. Rio de Janeiro: Jacintho Ribeiro dos Santos, 1914.

CAVALCANTI, Amaro. *Regime federativo e a República brasileira*. Brasília: UnB, 1983.

CAVALCANTI, Amaro. *Responsabilidade civil do Estado*. Edição atualizada por José de Aguiar Dias. Rio de Janeiro: Borsoi, 1957. t. 2.

CAVALCANTI, Amaro. Conceito constitucional de "habeas corpus" (Crônica). *Revista Forense*, Rio de Janeiro, v. XV, n. 85-90, jan./jun. 1911.

CAVALCANTI, Amaro. Revisão das sentenças dos tribunaes estadoaes. *O Direito*, ano XXXVIII, v. 112, maio/ago. 1910.

CAVALCANTI, Francisco. *O novo regime do mandado de segurança*. São Paulo: MP, 2009.

COELHO, Inocêncio Mártires. *Interpretação constitucional*. 2. ed. Porto Alegre: Sergio Antonio Fabris, 2003.

ENTERRÍA, Eduardo García de. *La justicia administrativa en el cambio de siglo*. Santiago de Querétaro: Fundación Universitaria de Derecho y Administración y Política, 2003.

FAGUNDES, Miguel Seabra. A evolução do sistema de proteção jurisdicional dos direitos no Brasil republicano. *Revista de Direito da Procuradoria Geral*, Rio de Janeiro, v. 25, 1971.

FAGUNDES, Miguel Seabra. Amaro Cavalcanti e as liberdades públicas. *Archivo Judiciário*, Rio de Janeiro, v. XCI, jul./set. 1949.

FRANCE. *Les constitutions de la France de la Révolution à la IVª République*. Apresentação de Ferdinand Mélin- Soucramanien. Paris: Dalloz, 2009.

GRAZIER, François. O Conselho de Estado francês. *Cadernos de Administração Pública*, Rio de Janeiro, v. 29, 1955.

LESSA, Pedro. *Do Poder Judiciário*. Ed. Fac-similar. Brasília: Senado Federal, 2003.

NOBRE JÚNIOR, Edilson Pereira. Amaro Cavalcanti, um formulador do direito público brasileiro. *Revista Acadêmica*, [s. l.], v. 95, n. 1, 2023.

PORTUGAL. Lei n. 15/2002, de 22 de fevereiro. *Diário da República*, Lisboa, n. 45/2002, Série I-A de 2002-02-22, p. 1422-1457. Disponível em: https://diariodarepublica.pt/dr/detalhe/lei/15-2002-280920. Acesso em: 27 maio 2024.

RIVERO, Jean. *Direito administrativo*. Tradução de Rogério Ehrhardt Soares. Coimbra: Almedina, 1981.

SALES, Campos. Exposição de Motivos. *In*: BRASIL. Decreto n. 848, de 11 de outubro de 1890. *Coleção de Leis do Brasil*, Rio de Janeiro, 31 dez. 1890. Anexo. Disponível em: https://www.planalto.gov.br/ccivil_03/decreto/1851-1899/d848.htm. Acesso em: 27 maio 2024.

SILVA NETO, Francisco Antônio de Barros e. *A improbidade processual da administração pública e sua responsabilidade objetiva pelo dano processual*. Rio de Janeiro: Lumen Juris, 2010.

SLAIBI FILHO, Nagib. *Direito constitucional.* Rio de Janeiro: Forense, 2004.

SOUZA, Paulino José Soares de. *Ensaios sobre o direito administrativo.* Brasília: Ministério da Justiça, 1997. Edição fac-similar.

TÁCITO, Caio. Evolução histórica do direito administrativo (notas de aula). *In*: TÁCITO, Caio. *Temas de direito público*: (estudos e pareceres). Rio de Janeiro: Renovar, 1997. v. 1.

TÁCITO, Caio. Presença norte-americana no direito administrativo brasileiro. *In*: TÁCITO, Caio. *Temas de direito público*: (estudos e pareceres). Rio de Janeiro: Renovar, 1997. v. 1.

A CONTRIBUIÇÃO DE AMARO CAVALCANTI PARA A FORMAÇÃO DO DIREITO CONSTITUCIONAL BRASILEIRO

Eduardo Sousa Dantas[1]

Resumo: O presente artigo busca analisar a contribuição de Amaro Cavalcanti para a formação do direito constitucional brasileiro com base na reconstrução de seu pensamento constitucional e na avaliação de suas principais ideias no âmbito do controle de constitucionalidade, da garantia das liberdades fundamentais e no estabelecimento da responsabilidade civil do Estado. A partir da pesquisa exploratória e da revisão da literatura, concluiu-se que há muitos dispositivos constitucionais e teorias atuais que encontram amparo em sua obra.

Palavras-chave: Direito constitucional; Amaro Cavalcanti; controle de constitucionalidade; direitos e garantias fundamentais; responsabilidade civil do estado.

Keywords: Constitutional law; Amaro Cavalcanti; judicial review; civil rights; state liability.

---

1. Doutorando em Direito pela USP. Mestre em Direito Público pela UERJ. Professor do IDP. Juiz Federal. eduardodantas@jfrn.jus.br

1. Introdução

Todo trabalho sobre a vida e obra de Amaro Cavalcanti está fadado ao casuísmo, tamanha é a riqueza, a importância e a magnitude da história desse ilustre cidadão de origens caicoenses, tal como o autor deste texto, para a vida política, social e jurídica do Brasil.

Amaro Cavalcanti nasceu em meados do século XIX[2] na Fazenda Logradouro, em Jardins de Piranhas, à época pertencente à Vila do Príncipe, nome atribuído à atual cidade de Caicó/RN.[3] Mesmo nascendo em um local sujeito a longas estiagens e em condições humildes, recebeu os primeiros ensinamentos do próprio pai e, posteriormente, aprendeu latim em um curso que havia sido criado em Caicó/RN pelo governo federal.[4]

Ainda durante a adolescência, trabalhou com o comércio na Paraíba e Pernambuco. Ensinou latim no Maranhão e passou em concurso para ministrar a mesma disciplina na cidade de Baturité/CE, local em que se estabelece após se casar com Henriqueta Catão Cavalcanti, filha do Juiz de Direito daquela cidade.[5]

2. José Augusto Bezerra de Medeiros afirma que Amaro Cavalcanti teria nascido em 15 de agosto de 1848, enquanto a informação constante do sítio eletrônico oficial do Senado Federal aponta para a data de 15 de agosto de 1849. Cf.: MEDEIROS, José Augusto Bezerra de. *Amaro Cavalcanti*. Rio de Janeiro: Dasp, 1956. p. 7 (Pequenos estudos sôbre grandes administradores do Brasil); BRASIL. Senado Federal. *Senador Amaro Cavalcanti*. Disponível em: https://www25.senado.leg.br/web/senadores/senador/-/perfil/1400. Acesso em: 2 jul. 2024.

3. NOBRE JÚNIOR, Edilson Pereira; MENDONÇA, Fabiano André de Souza; CARVALHO, Ivan Lira. Amaro Cavalcanti: vida e obra. *In*: MONTEIRO FILHO, Carlos Edison do Rêgo; MORSELLO, Marco Fábio; ROSENVALD, Nelson (ed.). *Protagonistas da responsabilidade civil*. Indaiatuba: Foco, 2022. p. 34.

4. NOBRE JÚNIOR, Edilson Pereira; MENDONÇA, Fabiano André de Souza; CARVALHO, Ivan Lira. Amaro Cavalcanti: vida e obra. *In*: MONTEIRO FILHO, Carlos Edison do Rêgo; MORSELLO, Marco Fábio; ROSENVALD, Nelson (ed.). *Protagonistas da responsabilidade civil*. Indaiatuba: Foco, 2022. p. 34; MEDEIROS, José Augusto Bezerra de. *Amaro Cavalcanti*. Rio de Janeiro: Dasp, 1956. p. 7-9. (Pequenos estudos sôbre grandes administradores do Brasil).

5. NOBRE JÚNIOR, Edilson Pereira; MENDONÇA, Fabiano André de Souza; CARVALHO, Ivan Lira. Amaro Cavalcanti: vida e obra. *In*: MONTEIRO FILHO, Carlos

No final do século XIX, o então Presidente da Província do Ceará, Pedro Leão Veloso, concedeu uma comissão a Amaro Cavalcanti para que ele fosse estudar a organização do ensino primário na América do Norte. Nesse período, além da missão que lhe havia sido incumbida, ele se matricula na Faculdade de Direito da Universidade de Albany, forma-se como o primeiro aluno e orador da sua turma, obtém o título de doutor em Direito e a habilitação para advogar nos Estados Unidos, sendo levado à Corte Suprema pelo Reitor da Universidade.[6]

Ao retornar ao Brasil, Amaro se muda para o Rio de janeiro e passa a exercer diversas funções públicas de relevo, como professor de latim do colégio Pedro II, Senador Constituinte pelo Estado do Rio Grande do Norte, Ministro Plenipotenciário na República do Paraguai, Ministro da Justiça, Ministro do Supremo Tribunal Federal (STF), Prefeito do Distrito Federal, representante do Brasil na Corte Permanente de Arbitragem em Haia e Ministro da Fazenda.[7]

Este brevíssimo resumo de sua vida já corrobora a advertência feita na abertura deste trabalho. Mesmo diante deste risco, o objetivo deste artigo é analisar a contribuição de Amaro Cavalcanti para a formação do direito constitucional brasileiro, a partir da reconstrução de trechos de sua

---

Edison do Rêgo; MORSELLO, Marco Fábio; ROSENVALD, Nelson (ed.). *Protagonistas da responsabilidade civil.* Indaiatuba: Foco, 2022. p. 37; MEDEIROS, José Augusto Bezerra de. *Amaro Cavalcanti.* Rio de Janeiro: Dasp, 1956. p. 9. (Pequenos estudos sôbre grandes administradores do Brasil).

6. NOBRE JÚNIOR, Edilson Pereira; MENDONÇA, Fabiano André de Souza; CARVALHO, Ivan Lira. Amaro Cavalcanti: vida e obra. *In*: MONTEIRO FILHO, Carlos Edison do Rêgo; MORSELLO, Marco Fábio; ROSENVALD, Nelson (ed.). *Protagonistas da responsabilidade civil.* Indaiatuba: Foco, 2022. p. 35; MEDEIROS, José Augusto Bezerra de. *Amaro Cavalcanti.* Rio de Janeiro: Dasp, 1956. p. 10. (Pequenos estudos sôbre grandes administradores do Brasil).

7. NOBRE JÚNIOR, Edilson Pereira; MENDONÇA, Fabiano André de Souza; CARVALHO, Ivan Lira. Amaro Cavalcanti: vida e obra. *In*: MONTEIRO FILHO, Carlos Edison do Rêgo; MORSELLO, Marco Fábio; ROSENVALD, Nelson (ed.). *Protagonistas da responsabilidade civil.* Indaiatuba: Foco, 2022. p. 36-37.

obra sobre as linhas gerais do sistema constitucional e o controle de constitucionalidade, os direitos e garantias fundamentais e a responsabilidade civil do Estado.

A metodologia de pesquisa adotada é de natureza exploratória, com a revisão bibliográfica das principais obras, ideias e contribuições do autor sobre os objetos de análise. Além disso, serão consideradas as decisões proferidas por Amaro Cavalcanti no STF em relação aos temas acima indicados e a sua participação política na elaboração da Constituição de 1981 e como parlamentar.

Ao final, serão apresentadas conclusões sobre a influência e a repercussão da obra de Amaro Cavalcanti para o direito constitucional brasileiro.

2. O pensamento constitucional de Amaro Cavalcanti e a formação do controle de constitucionalidade no Brasil

Antes de ingressar na análise das principais ideias e contribuições de Amaro Cavalcanti no âmbito do controle de constitucionalidade, entende-se ser importante contextualizar a sua linha de pensamento e as diretrizes gerais do autor no âmbito do direito constitucional, as quais servirão de subsídio não só para a análise deste tópico, mas também para os demais.

Em termos gerais, Amaro Cavalcanti possuía um amplo conhecimento e a formação no âmbito do direito norte-americano, o qual era pouco usual para a época.[8] Essa in-

8. Aliomar Baleeiro ressalta que, em sua primeira fase, o STF era fortemente influenciado pelos bacharéis formados de acordo com a tradição de Coimbra, a qual foi transplantada para as Faculdades de Olinda, de Recife e de São Paulo. Ainda de acordo com o autor, os juristas da época eram fortes na legislação portuguesa, faziam algumas incursões na literatura jurídica francesa, um pouco da alemã, mas tinham pouca familiaridade com a norte-americana, que era conhecida apenas por Rui Barbosa, por Amaro Cavalcanti e alguns outros iniciados. Cf.: BALEEIRO,

fluência do sistema político-constitucional estadunidense e a ocorrência de episódios específicos que provocaram o descontentamento do jurista com as práticas monarquistas[9] o levaram a se associar ao liberalismo republicano que influenciou a promulgação da Constituição de 1891, da qual se destacou como Senador Constituinte ao lado de outros grandes nomes da época, como Ruy Barbosa.[10]

Nesse sentido, é possível afirmar que Amaro estava em sintonia com as inspirações do novo arranjo constitucional de 1891 que era fundado nos ideais republicanos, federalistas e liberais, os quais se concretizaram em princípios de representação política e da separação de poderes, em regras claras de repartição de competências e em uma declaração de direitos e garantias fundamentais.[11]

No que se refere ao princípio republicano, Amaro Cavalcanti defendia que eles não deveriam ser compreendidos como um conjunto de regras inflexíveis previstas pela Constituição, pois estariam sujeitos à variação e à

Aliomar. *O Supremo Tribunal Federal, esse outro desconhecido*. Rio de Janeiro: Forense, 1968. p. 23.

9. Edilson Pereira Nobre Júnior, Fabiano Mendonça e Ivan Lira de Carvalho fazem referência, com base em registros de Tavares de Lyra, à eleição de 1884, em que Amaro Cavalcanti se elegeu Deputado Federal pelo Estado do Ceará, mas acabou sendo depurado pelo chamado "terceiro escrutínio" na Câmara, como um evento que teria provocado profundo desgosto contra as práticas monarquistas e levado Amaro a se associar às correntes liberais e republicanas da época. Cf.: NOBRE JÚNIOR, Edilson Pereira; MENDONÇA, Fabiano André de Souza; CARVALHO, Ivan Lira. Amaro Cavalcanti: vida e obra. *In*: MONTEIRO FILHO, Carlos Edison do Rêgo; MORSELLO, Marco Fábio; ROSENVALD, Nelson (ed.). *Protagonistas da responsabilidade civil*. Indaiatuba: Foco, 2022. p. 36.

10. NOBRE JÚNIOR, Edilson Pereira; MENDONÇA, Fabiano André de Souza; CARVALHO, Ivan Lira. Amaro Cavalcanti: vida e obra. *In*: MONTEIRO FILHO, Carlos Edison do Rêgo; MORSELLO, Marco Fábio; ROSENVALD, Nelson (ed.). *Protagonistas da responsabilidade civil*. Indaiatuba: Foco, 2022. p. 36; MACIEL, Adhemar Ferreira. O acaso, John Marshall e o controle de constitucionalidade. *Revista de Informação Legislativa*, Brasília, v. 43, n. 172, p. 42, 2006.

11. SILVA, Virgílio Afonso da. *Direito constitucional brasileiro*. São Paulo: Universidade de São Paulo, 2021. p. 70.

modificação por motivos de política pública e necessidade que seriam submetidos à discricionariedade do governo e das casas legislativas.[12]

Dessarte, o autor era contrário a qualquer pretensão de aplicação fixa e abstrata de princípios republicanos por parte dos tribunais, os quais deveriam avaliar a constitucionalidade das leis sob a perspectiva de eventual violação à competência legislativa ou a direitos constitucionais expressos, e não pelo mérito político, pela oportunidade, conveniência ou senso de justiça das leis que não encontrasse amparo explícito na Constituição,[13] já que "o judiciário não pode ditar as suas opiniões ao legislador sobre pontos de direito, de razão, ou de conveniência, que as leis devam ter".[14]

Ainda no que se refere às relações entre os poderes, embora Amaro reconhecesse como prerrogativa do poder judiciário o "*direito máximo*" de interpretar e decidir sobre a validade dos atos dos demais poderes, nos termos do art. 59, §1º, da Constituição de 1891, havia no autor a preocupação de resguardar a legítima esfera de atuação das instâncias políticas, razão pela qual ele reconhecia a independência desses poderes para decidir sobre a constitucionalidade dos próprios atos em questões políticas e discricionárias, de forma semelhante às ideias defendidas pelos autores da denominada corrente departamentalista nos Estados Unidos, que compreendiam caber a cada um dos poderes a promoção de sua própria interpretação sobre o conteúdo e o sentido das normas constitucionais.[15]

---

12. CAVALCANTI, Amaro. *Regimen federativo e a republica brazileira*. Rio de Janeiro: Imprensa Nacional, 1900. p. 236.

13. CAVALCANTI, Amaro. *Regimen federativo e a republica brazileira*. Rio de Janeiro: Imprensa Nacional, 1900. p. 235-236.

14. CAVALCANTI, Amaro. *Regimen federativo e a republica brazileira*. Rio de Janeiro: Imprensa Nacional, 1900. p. 235.

15. CAVALCANTI, Amaro. *Regimen federativo e a republica brazileira*. Rio de Janeiro: Imprensa Nacional, 1900. p. 228-229. Sobre o departamentalismo, Cf.: FISHER,

Registre-se que o autor compreendia ser normal e até mesmo salutar em termos de resultados a existência de atritos entre os poderes no regime de divisão constitucional estabelecido, o que demonstra a sua familiaridade com uma perspectiva mais dinâmica e moderna de freios e contrapesos (*checks and balances*) típica do constitucionalismo norte-americano, ao contrário das perspectivas liberais clássicas e europeias de separação estanque ou estática dos poderes e das funções estatais.[16]

Em relação ao princípio federativo, Amaro Cavalcanti se alinhou a Ruy Barbosa na defesa de um federalismo mais centralizado que não reconhecia a condição de Estados independentes ou de quaisquer prerrogativas para além daquelas expressamente previstas na Constituição para as antigas províncias, razão pela qual se contrapôs à corrente dos ultrafederalistas que buscavam ampliar a autonomia estadual.[17]

Amaro também foi um forte defensor da proteção dos direitos fundamentais de natureza liberal da Carta de 1981, tendo inclusive proferido um discurso contundente contra a inefetividade constitucional e os arroubos autoritários do governo de Floriano Peixoto a partir da decretação do

---

Louis. *Constitutional dialogues*: interpretation as a political process. Princeton: Princeton University Press, 1988. p. 238-239; WHITTINGTON, Keith E. *Political foundations of judicial supremacy*: the President, the Supreme Court, and constitutional leadership in U.S. history. Princeton: Princeton University Press, 2007. p. 248.

16. CAVALCANTI, Amaro. *Regimen federativo e a republica brazileira*. Rio de Janeiro: Imprensa Nacional, 1900. p. 245-247; BRANDÃO, Rodrigo. *Supremacia judicial versus diálogos constitucionais*: a quem cabe a última palavra sobre o sentido da Constituição? Rio de Janeiro: Lumen Juris, 2012. p. 41-49, 217-223.

17. CAVALCANTI, Amaro. *Regimen federativo e a republica brazileira*. Rio de Janeiro: Imprensa Nacional, 1900. p. 131; SOUZA NETO, Cláudio Pereira de; SARMENTO, Daniel. *Direito constitucional*: teoria, história e métodos de trabalho. 2. ed. Belo Horizonte: Forum, 2014. p. 110; LYNCH, Christian Edward Cyril; SOUZA NETO, Cláudio Pereira de. O constitucionalismo da inefetividade: a Constituição de 1891 no cativeiro do estado de sítio. *Quaestio Iuris*, Rio de Janeiro, v. 5, n. 2, p, 108, 2012.

primeiro estado de sítio, um ano após a promulgação da nova Constituição.[18]

No que se refere especificamente ao controle de constitucionalidade, é importante pontuar que Amaro Cavalcanti defendia a aplicação de um sistema difuso e concreto de fiscalização de constitucionalidade das leis por parte do Poder Judiciário, ao qual caberia declarar a invalidade ou a nulidade de uma lei ou ato administrativo em casos de conflito com a Constituição, com efeitos restritos ao caso concreto.[19]

Nas palavras do próprio autor, a "competência do judiciário refere-se a casos ou controvérsias particulares e às partes interessadas nos mesmos; isto é, não pode tomar conhecimento ou resolver questões genéricas e abstratas, mas, somente, questões *in specie*, que lhes sejam apresentadas em devida forma de processo",[20] sendo tal prerrogativa atribuída tanto ao Supremo Tribunal Federal "como aos tribunais e juízes inferiores, dentro da respectiva jurisdição".[21]

Ele admitia a aplicação do princípio da divisibilidade da lei, tal como aplicado nos dias de hoje, com a possibilidade de declaração da inconstitucionalidade de trechos da norma impugnada, bem como uma espécie de inconstitucionalidade por conexão ou arrastamento para a invalidação de todos os dispositivos normativos que se mostrassem

---

18. LYNCH, Christian Edward Cyril; SOUZA NETO, Cláudio Pereira de. O constitucionalismo da inefetividade: a Constituição de 1891 no cativeiro do estado de sítio. *Quaestio Iuris*, Rio de Janeiro, v. 5, n. 2, p, 87, 2012; FAGUNDES, M. Seabra. Amaro Cavalcanti e as liberdades públicas. *Archivo Judiciario*, v. XCI, p. 71, 1949.

19. CAVALCANTI, Amaro. *Regimen federativo e a republica brazileira*. Rio de Janeiro: Imprensa Nacional, 1900. p. 239.

20. CAVALCANTI, Amaro. *Regimen federativo e a republica brazileira*. Rio de Janeiro: Imprensa Nacional, 1900. p. 232.

21. CAVALCANTI, Amaro. *Regimen federativo e a republica brazileira*. Rio de Janeiro: Imprensa Nacional, 1900. p. 232-233.

dependentes dos trechos considerados incompatíveis com a Constituição.[22]

Amaro também tinha uma significativa preocupação com a interpretação constitucional uniforme, com a estabilidade jurisprudencial e com a criação de regras de deliberação ou arranjos institucionais capazes de atingir tal finalidade.[23]

Nesse sentido, parece ser bastante elucidativa a sua defesa de uma "regra de prudência", para que os julgamentos de inconstitucionalidade ocorressem apenas pela maioria absoluta de todos os membros dos tribunais, tal como se encontra atualmente previsto pela cláusula de reserva de plenário do art. 97 da CF/1988, e não pela maioria de um quórum acidental, conforme inclusive vinha ocorrendo no Supremo em relação a julgamentos de especial relevância sobre o estado de sítio, no qual Amaro afirma que a maioria de votos era inferior a um terço do total de membros do Tribunal.[24]

Também deve ser ressaltada a decisiva participação de Amaro Cavalcanti na aprovação do § 10 do art. 13 da Lei 221, de 20 de novembro de 1894, o qual atribuiu aos juízes e tribunais federais o poder de apreciar a validade das leis e regulamentos, com a sua não aplicação nos casos de "leis manifestamente inconstitucionais" e de "regulamentos

---

22. CAVALCANTI, Amaro. *Regimen federativo e a republica brazileira.* Rio de Janeiro: Imprensa Nacional, 1900. p. 238-239. Sobre o princípio da divisibilidade da lei no controle de constitucionalidade, Cf.: MENDES, Gilmar Ferreira; BRANCO, Paulo Gustavo Gonet. *Curso de direito constitucional.* 16. ed. São Paulo: Saraiva Educação, 2021. p. 1.532.

23. CAVALCANTI, Amaro. *Regimen federativo e a republica brazileira.* Rio de Janeiro: Imprensa Nacional, 1900. p. 233-234, 242-245. Ao defender de forma mais enfática a uniformidade e estabilidade da jurisprudência, Amaro Cavalcanti escreveu que "A justiça, como a verdade, ou subsiste, sempre idêntica e uniforme, ou então deixa de ser a expressão real do direito" (p. 242). Em outro trecho, ele afirma que o "Hoje sim, e amanhã não, ditos sobre idêntica matéria pelo poder que tem o encargo privativo de dizer o que é a lei, para ser ou não aplicada às espécies determinadas, é o pior dos males para o bem público e o particular". (p. 243).

24. CAVALCANTI, Amaro. *Regimen federativo e a republica brazileira.* Rio de Janeiro: Imprensa Nacional, 1900. p. 234.

manifestamente incompatíveis com as leis e com a Constituição", de modo a integrar e especificar a forma de exercício do controle difuso no âmbito da Justiça Federal que se encontrava previsto de forma genérica nas normas do art. 59, § 1º e art. 60, "a", da Constituição de 1891.[25]

Com efeito, Nelson Jobim destaca o signo distintivo de Amaro Cavalcanti na redação desse dispositivo e a acolhida do ilustre jurista por parte da Comissão Especial instituída para apreciá-lo.[26] Anote-se que a inovação do controle de constitucionalidade a partir da Constituição de 1891 causou certa perplexidade e inúmeras dúvidas na esfera política, jurídica e social, o que demonstra a importância da aprovação desse dispositivo específico e esclarecedor.[27]

Nesse sentido, tal como ressaltado por Nelson Jobim, a aprovação da norma supratranscrita na lei que complementou a organização da Justiça Federal na Primeira República contribuiu de forma decisiva para a ampliação do controle de constitucionalidade, de modo a promover o rompimento da concepção imperial do poder judiciário e

25. JOBIM, Nelson. A República, o Federalismo e o STF. *In*: SEEFELDER FILHO, Claudio Xavier; AZEVEDO, Daniel Coussirat de (ed.). *Teori na prática*: uma biografia intelectual. Belo Horizonte: Fórum, 2022. p. 37. O art. 59, § 1º, da Constituição de 1891 previa o seguinte: "Das sentenças das Justiças dos Estados, em última instância, haverá recurso para o Supremo Tribunal Federal: a) quando se questionar sobre a validade, ou a aplicação de tratados e leis federais, e a decisão do Tribunal do Estado for contra ela; b) quando se contestar a validade de leis ou de atos de Governos dos Estados em face da Constituição, ou das leis federais, e a decisão do Tribunal do Estado considerar válido esses atos, ou essas leis impugnadas". Já o art. 60, "a", da Constituição de 1891 estabelecia ser competência dos Juízes ou Tribunais Federais, processar e julgar "as causas em que alguma das partes fundar a ação, ou a defesa, em disposição da Constituição federal". BRASIL. [Constituição (1891)]. *Constituição da República dos Estados Unidos do Brasil.* Rio de Janeiro: Congresso Nacional, 1891.

26. JOBIM, Nelson. A República, o Federalismo e o STF. *In*: SEEFELDER FILHO, Claudio Xavier; AZEVEDO, Daniel Coussirat de (ed.). *Teori na prática*: uma biografia intelectual. Belo Horizonte: Fórum, 2022. p. 37.

27. MENDES, Gilmar Ferreira; BRANCO, Paulo Gustavo Gonet. *Curso de direito constitucional.* 16. ed. São Paulo: Saraiva Educação, 2021. p. 1.292.

a consolidação desse novo sistema que foi incorporado e aperfeiçoado até chegar aos dias atuais.

Dessarte, é possível observar a forte influência dos ideais republicanos, federativos e liberais de Amaro Cavalcanti na elaboração da Constituição de 1891 e na criação e consolidação do sistema de controle difuso e concreto de constitucionalidade que subsiste até os dias atuais.

3. A contribuição de Amaro Cavalcanti para a proteção dos direitos e garantias fundamentais e para o estabelecimento da responsabilidade civil do Estado

No que se refere à proteção dos direitos e garantias fundamentais e ao estabelecimento da responsabilidade civil do Estado, Amaro Cavalcanti possuía ideias similares a Ruy Barbosa,[28] outro ilustre político e jurista de sua época, ao aduzir que toda violação a um direito individual deveria ser tutelada por um remédio jurídico, não como um favor, mas como uma questão de direito e justiça que o notável seridoense aplicou no exercício prático de suas funções.[29]

Com efeito, no exercício do cargo de Ministro do STF, Amaro Cavalcanti participou do julgamento e compôs a corrente majoritária no histórico Habeas Corpus (HC) 2.990, no qual a Corte concedeu a ordem para garantir o direito à manutenção nos cargos e o acesso ao edifício do Conselho Municipal do Distrito Federal a um grupo de intendentes

---

28. Atribui-se a Ruy Barbosa a ideia de que se existe um direito fundamental violado, há de existir no ordenamento jurídico um remédio processual à altura da lesão. Cf.: LEWANDOWSKI, Ricardo. O habeas corpus coletivo. *In*: ARABI, Abhner Youssif Mota; MALUF, Fernando; MACHADO NETO, Marcelo Lavenère (org.). *Constituição da República 30 anos depois*: uma análise prática da eficiência dos direitos fundamentais: estudos em homenagem ao Ministro Luiz Fux. Belo Horizonte: Fórum, 2019. p. 57.

29. CAVALCANTI, Amaro. The federal judiciary in Brasil and the United States of America. *University of Pennsylvania Law Review and American Law Register*, v. 60, n. 2, p. 122, 1911.

eleitos, que se encontrava ameaçado por um decreto Presidencial que havia marcado novas eleições, razão pela qual *é possível dizer que ele* integrou a corrente que adotou a doutrina brasileira do *habeas corpus* para a tutela de direitos fundamentais que iam além da liberdade de locomoção, de forma absolutamente inédita na experiência jurídica nacional ou estrangeira.[30]

Além disso, diante da mensagem do Presidente Hermes da Fonseca, que comunicava o descumprimento da ordem com base em escritos do próprio Amaro sobre a teoria departamentalista da interpretação, por meio da qual cabe a cada um dos poderes promover a sua própria definição do sentido dos dispositivos da Constituição, o Ministro norte-riograndense se somou às palavras do Ministro Pedro Lessa e criticou a postura do Poder Executivo, tendo assentado a condição do Supremo como intérprete final da Constituição e das leis federais.[31]

Outro caso de *habeas corpus* para a garantia de direitos políticos que deve ser relembrado se refere *à situação d*e dualidade das Assembleias Estaduais no Rio de Janeiro, no qual a Corte concedeu a ordem para a garantia do acesso à Assembleia e ao exercício das funções políticas para o grupo oposicionista liderado por Monteiro da Costa.[32]

30. RODRIGUES, Lêda Boechat. *História do Supremo Tribunal Federal.* Rio de Janeiro: Civilização Brasileira, 1991. v. 3, p. 55-60; BRASIL. Supremo Tribunal Federal. HC 2.990. Rel. Min. Pedro Lessa. Data do julgamento: 25.01.1911; FAGUNDES, M. Seabra. Amaro Cavalcanti e as liberdades públicas. *Archivo Judiciario*, v. XCI, p. 29-30, 1949; NOBRE JUNIOR, Edilson Pereira. Amaro Cavalcanti, formulador do Direito Público brasileiro. *Revista Acadêmica da Faculdade de Direito do Recife*, Recife, v. 95, n. 1, p. 174-175.

31. FAGUNDES, M. Seabra. Amaro Cavalcanti e as liberdades públicas. *Archivo Judiciario*, v. XCI, p. 30, 1949; LESSA, Pedro. *Reforma constitucional.* Rio de Janeiro: Editora Brasileira Lux, 1925. p. 223.

32. RODRIGUES, Lêda Boechat. *História do Supremo Tribunal Federal.* Rio de Janeiro: Civilização Brasileira, 1991. v. 3, p. 61; FAGUNDES, M. Seabra. Amaro Cavalcanti e as liberdades públicas. *Archivo Judiciario*, v. XCI, p. 30, 1949.

O fato relevante em relação a esse precedente é que, após a concessão da ordem, o Presidente Hermes da Fonseca editou decreto de estado de sítio e reconheceu a legitimidade do grupo político adversário dos pacientes, circunstância que resultou em uma decisão da própria Corte de inexequibilidade do acórdão pela resolução do conflito pelo Poder Executivo, sob veementes protestos de Amaro Cavalcanti, o qual restou vencido na companhia do Ministro Pedro Lessa.[33]

Há ainda outros casos emblemáticos que são relembrados pelo igualmente ilustre norte-riograndense Seabra Fagundes, como o voto vencedor proferido por Amaro no *habeas corpus* concedido a padres jesuítas expulsos de Portugal e impedidos de desembarcar no Brasil e o voto vencido no salvo conduto impetrado em favor do ex-príncipe da casa imperial do Brasil, Dom Luiz de Orleans e Bragança.[34]

No caso dos padres jesuítas, Cavalcanti promoveu uma adequada ponderação, como era de seu feitio, entre o poder político do Estado de proibir a entrada de estrangeiros que pudessem comprometer a segurança nacional ou ameaçar a tranquilidade pública e a necessidade de se controlar eventuais abusos ou ilegalidades governamentais que pudessem resultar em coação ou violência à liberdade individual.[35]

Ao concluir pela ilegalidade da postura do governo no caso concreto, o então Ministro se utiliza de fundamentos que demonstram a sua forte influência republicana e liberal que dissociam o Estado da Igreja, em evidente sintonia

---

33. RODRIGUES, Lêda Boechat. *História do Supremo Tribunal Federal.* Rio de Janeiro: Civilização Brasileira, 1991. v. 3, p. 60-66; FAGUNDES, M. Seabra. Amaro Cavalcanti e as liberdades públicas. *Archivo Judiciario*, v. XCI, p. 30, 1949.

34. FAGUNDES, M. Seabra. Amaro Cavalcanti e as liberdades públicas. *Archivo Judiciario*, v. XCI, p. 31-32, 1949.; BRASIL. Supremo Tribunal Federal. HC 2.437. Relator: Min. Lúcio Mendonça. Data do julgamento: 29.05.1907.

35. FAGUNDES, M. Seabra. Amaro Cavalcanti e as liberdades públicas. *Archivo Judiciario*, v. XCI, p. 31-32, 1949.

com as novas diretrizes da Constituição 1891 (p. ex.: art. 11, 2º, art. 72, §§ 3º e 5º), pois faz questão de registrar que concedia a ordem "não a padres ou frades, qualidades que, juridicamente, não podiam ser tomadas como razões de decidir, mas aos indivíduos que se diziam violentados na sua liberdade pessoal, por ilegalidades e abuso de poder resultantes de atos do Govêrno".[36]

No julgamento do salvo-conduto pleiteado por Dom Luiz de Orleans e Bragança, no qual se buscava evitar eventual cerceamento no desembarque do ex-príncipe no Rio de Janeiro, Amaro Cavalcanti demonstrou mais uma vez que a defesa de seus ideais liberais e republicanos não eram influenciados pelas convicções políticas imediatas ou pelo clamor popular desfavorável aos monarquistas, razão pela qual restou vencido na companhia de Alberto Torres ao votar pela concessão da ordem, a qual foi negada pela maioria dos Ministros do STF[37].

Essa marca da isenção no julgamento e na análise imparcial e objetiva dos fatos também pode ser vista no exercício de sua atividade política e é demonstrada por inúmeros exemplos, como quando protestou contra a violação das imunidades parlamentares e a prisão de senadores e deputados com os quais não tinha qualquer tipo de relação, ao contrário do que sucedia com as lideranças do então governo de Floriano Peixoto, com o qual colaborou e cooperou para a sua implantação.[38]

---

36. FAGUNDES, M. Seabra. Amaro Cavalcanti e as liberdades públicas. *Archivo Judiciario*, v. XCI, p. 31-32, 1949. Sobre a separação entre o Estado e a Igreja e o caráter secular e laico da Constituição de 1891, Cf.: SOUZA NETO, Cláudio Pereira de; SARMENTO, Daniel. *Direito Constitucional*: teoria, história e métodos de trabalho. 2. ed. Belo Horizonte: Forum, 2014. p. 112-113.

37. FAGUNDES, M. Seabra. Amaro Cavalcanti e as liberdades públicas. *Archivo Judiciario*, v. XCI, p. 32, 1949.

38. FAGUNDES, M. Seabra. Amaro Cavalcanti e as liberdades públicas. *Archivo Judiciario*, v. XCI, p. 33, 1949.

No que se refere à contribuição de Amaro Cavalcanti para o estabelecimento da responsabilidade civil do Estado, deve-se destacar que a obra escrita pelo autor é considerada como uma das mais relevantes sobre o tema.[39] Ao realizar uma ampla análise de diversas doutrinas e do direito comparado a partir da análise da legislação e da jurisprudência na França, na Bélgica, na Alemanha, na Itália, na Inglaterra e nos Estados Unidos, Amaro Cavalcanti refuta as correntes que defendiam a irresponsabilidade jurídica do Estado e passa a sustentar a responsabilidade enquanto medida de justiça.[40]

Além disso, ele estabelece a possibilidade de responsabilidade civil do Estado com base na relação de causalidade entre o comportamento do agente público e a lesão à esfera do atingido, com a dispensa de prova da culpa, exemplificando o seu posicionamento a partir de situações concretas como a desapropriação por utilidade pública ou a prática de outras medidas legais na área da saúde ou da segurança que possam causar danos ou prejuízos específicos aos administrados[41].

Nesse sentido, Edilson Pereira Nobre *Júnior*, Fabiano Mendonça e Ivan Lira de Carvalho ressaltam que Amaro Cavalcanti já defendia a aplicação da teoria do risco administrativo, de forma semelhante à regra atualmente prevista

---

39. Nesse sentido, Cf.: NOBRE JÚNIOR, Edilson Pereira; MENDONÇA, Fabiano André de Souza; CARVALHO, Ivan Lira. Amaro Cavalcanti: vida e obra. *In*: MONTEIRO FILHO, Carlos Edison do Rêgo; MORSELLO, Marco Fábio; ROSENVALD, Nelson (ed.). *Protagonistas da responsabilidade civil*. Indaiatuba: Foco, 2022.

40. CAVALCANTI, Amaro. *Responsabilidade civil do Estado*. Rio de Janeiro: Laemmert & C, 1905. p. 120.

41. CAVALCANTI, Amaro. *Responsabilidade civil do Estado*. Rio de Janeiro: Laemmert & C, 1905. p. 217; NOBRE JÚNIOR, Edilson Pereira; MENDONÇA, Fabiano André de Souza; CARVALHO, Ivan Lira. Amaro Cavalcanti: vida e obra. *In*: MONTEIRO FILHO, Carlos Edison do Rêgo; MORSELLO, Marco Fábio; ROSENVALD, Nelson (ed.). *Protagonistas da responsabilidade civil*. Indaiatuba: Foco, 2022. p. 44.

pelo art. 37, § 6º, da CF/1988, antes mesmo da consolidação dessa corrente pelo Conselho de Estado francês.[42]

Cavalcanti também demonstra toda a sua capacidade de inovação e sofisticação intelectual, aliado a uma sensibilidade sobre o drama humano e um aguçado senso de justiça, ao defender a possibilidade de responsabilidade civil pela declaração de inconstitucionalidade de atos legislativos ou nos casos de injusta prisão dos indivíduos, circunstâncias que também encontra semelhança com a atual previsão do art. 5º, LXXV, da CF/1988 ("O Estado indenizará o condenado por erro judiciário, assim como o que ficar preso além do tempo fixado na sentença").[43]

Ao defender a possibilidade de indenização pela prisão injusta em comparação com a ampla reparação de atos lesivos à propriedade, o autor se permite inclusive um raro momento de fina ironia e pessoalidade, ao aduzir que

> ficaremos furiosos a não mais poder se nos vierem dizer que o Estado se apoderou de um canteiro de batatas sem prestar a respectiva indenização; – mas acharemos razoável, inteiramente correto, se virmos o Estado, depois de deter na prisão a um inocente durante longos meses, manda-lo em paz, sem cogitar de dar-lhe a menor indenização.[44]

---

42. NOBRE JÚNIOR, Edilson Pereira; MENDONÇA, Fabiano André de Souza; CARVALHO, Ivan Lira. Amaro Cavalcanti: vida e obra. *In*: MONTEIRO FILHO, Carlos Edison do Rêgo; MORSELLO, Marco Fábio; ROSENVALD, Nelson (ed.). *Protagonistas da responsabilidade civil.* Indaiatuba: Foco, 2022. p. 45.

43. CAVALCANTI, Amaro. *Responsabilidade civil do Estado.* Rio de Janeiro: Laemmert & C, 1905. p. 510-517; NOBRE JÚNIOR, Edilson Pereira; MENDONÇA, Fabiano André de Souza; CARVALHO, Ivan Lira. Amaro Cavalcanti: vida e obra. *In*: MONTEIRO FILHO, Carlos Edison do Rêgo; MORSELLO, Marco Fábio; ROSENVALD, Nelson (ed.). *Protagonistas da responsabilidade civil.* Indaiatuba: Foco, 2022; CAVALCANTI, Amaro. Indemnisação aos injutamente presos. *O Direito*, v. 94, 1904.

44. CAVALCANTI, Amaro. Indemnisação aos injutamente presos. *O Direito*, v. 94, p. 477, 1904.

Dessarte, conclui-se que Amaro Cavalcanti também promoveu uma decisiva contribuição para a proteção dos direitos e garantias fundamentais com base nos votos que proferiu no STF e em sua atuação parlamentar, tendo idealizado, ainda, uma moderna teoria da responsabilidade civil do Estado independentemente da prova da culpa e com a admissão da indenização em hipóteses de declaração de inconstitucionalidade das leis e da prisão injusta dos indivíduos.

4. Conclusão

O presente trabalho buscou analisar a contribuição de Amaro Cavalcanti para a formação do direito constitucional brasileiro, a partir da reconstrução e análise das principais ideias do autor sobre o sistema constitucional instaurado a partir de 1891 e em temas relevantes como o controle de constitucionalidade, a proteção de direitos e garantias fundamentais e a responsabilidade civil do Estado.

Nesse sentido, foi possível observar a forte influência dos princípios republicano, liberal e federalista no pensamento constitucional de Amaro Cavalcanti, os quais foram incorporados à Constituição de 1891, da qual participou como Senador Constituinte. Ressalte-se que na concepção de Amaro Cavalcanti, os princípios republicanos seriam flexíveis, razão pela qual não deveriam ser aplicados de forma fixa e rígida por parte dos tribunais.

No que se refere à influência na relação entre os poderes, o autor adotava uma perspectiva dinâmica e moderna de freios e contrapesos (*checks and balances*), ao contrário da estática e estanque concepção europeia de separação de poderes e de funções, possuindo ainda uma visão mais centralizadora do federalismo que foi inaugurado com a Primeira República.

Em relação ao controle de constitucionalidade, Amaro era tributário da tradição norte-americano do controle difuso e concreto em que juízes e tribunais poderiam declarar a nulidade de uma lei considerada inconstitucional no julgamento de casos específicos, tendo demonstrado uma relevante preocupação em impedir que tais instrumentos asfixiassem o legítimo espaço de atuação das instâncias políticas. Além disso, a sua preocupação com a uniformidade e estabilidade da jurisprudência o levaram a propor uma regra de "prudência" em que a declaração de inconstitucionalidade somente deveria ser pronunciada pelo voto da maioria absoluta dos membros dos tribunais, tal como previsto atualmente com base na norma de reserva de plenário estabelecida pelo art. 97 da CF/1988.

No que se refere à sua contribuição para a defesa dos direitos e garantias fundamentais dos cidadãos, demonstrou-se como Amaro Cavalcanti participou e se alinhou ao bloco de Ministros do STF que criou a doutrina brasileira do *habeas corpus*, a qual expandiu o uso dessa ação para a proteção de direitos fundamentais que ia além da mera defesa da liberdade de ir e vir. Amaro também participou de outros julgamentos relevantes nos quais esteve comumente alinhado à proteção das liberdades fundamentais, tendo mantido a mesma postura no período em que atuou como parlamentar no Congresso Nacional.

Em relação à sua contribuição para a responsabilidade civil do Estado, foi possível verificar a defesa de uma moderna teoria da responsabilização com base na ocorrência do dano imputável a atos praticados pelo poder público, com a dispensa da prova da culpa, de forma semelhante à teoria do risco administrativo que seria consolidada pelo Conselho de Estado francês anos depois, e em evidente sintonia com a atual regra prevista pelo art. 37, § 6º, da CF/1988.

Além disso, ele defendeu, de forma criativa, inovadora e com uma aguçada sensibilidade, a possibilidade de indenização pela declaração de inconstitucionalidade das leis e nas hipóteses de prisão injusta dos indivíduos, também de forma semelhante ao que consta atualmente no art. 5º, LXXV, da CF/1988.

Pelo que se observa, Amaro Cavalcanti pode ser facilmente considerado como um dos pais fundadores do constitucionalismo brasileiro, de forma comparável aos juristas e políticos norte-americanos que ele parecia admirar, tamanha é a magnitude, a importância e atualidade das ideias, teorias e decisões que ele nos deixou.

A riquíssima história de vida do jurista, do político e do diplomata brasileiro que, com todas as suas nuances e detalhes, saiu como um menino pobre do Seridó do Rio Grande do Norte e chegou ao Congresso Nacional, ao Supremo Tribunal Federal e à Corte Internacional de Haia, poderia certamente ser um roteiro do realismo fantástico latino-americano.

É uma enorme honra participar, ainda que de forma sucinta, desta justa homenagem à vida e à obra de Amaro Cavalcanti, o intelectual brasileiro que saiu de Caicó/RN, e não de Apodi/RN, para o mundo.

Referências

BALEEIRO, Aliomar. *O Supremo Tribunal Federal, esse outro desconhecido*. Rio de Janeiro: Forense, 1968.

BRANDÃO, Rodrigo. *Supremacia judicial versus diálogos constitucionais*: a quem cabe a última palavra sobre o sentido da Constituição? Rio de Janeiro: Lumen Juris, 2012.

BRASIL. [Constituição (1891)]. *Constituição da República dos Estados Unidos do Brasil.* Rio de Janeiro: Congresso Nacional, 1891.

BRASIL. Senado Federal. *Senador Amaro Cavalcanti.* Disponível em: https://www25.senado.leg.br/web/senadores/senador/-/perfil/1400. Acesso em: 2 jul. 2024.

CAVALCANTI, Amaro. Indemnisação aos injustamente presos. *O Direito*, v. 94, 1904.

CAVALCANTI, Amaro. *Regimen federativo e a Republica brazileira*. Rio de Janeiro: Imprensa Nacional, 1900.

CAVALCANTI, Amaro. *Responsabilidade civil do Estado*. Rio de Janeiro: Laemmert & C, 1905.

CAVALCANTI, Amaro. The federal judiciary in Brasil and the United States of America. *University of Pennsylvania Law Review and American Law Register*, v. 60, n. 2, 1911

FAGUNDES, M. Seabra. Amaro Cavalcanti e as liberdades públicas. *Archivo Judiciario*, v. XCI, 1949.

FISHER, Louis. *Constitutional dialogues*: interpretation as a political process. Princeton: Princeton University Press, 1988.

JOBIM, Nelson. A República, o Federalismo e o STF. *In*: SEEFELDER FILHO, Claudio Xavier; AZEVEDO, Daniel Coussirat de (ed.). *Teori na prática*: uma biografia intelectual. Belo Horizonte: Fórum, 2022.

LESSA, Pedro. *Reforma constitucional.* Rio de Janeiro: Brasileira Lux, 1925.

LEWANDOWSKI, Ricardo. O *habeas corpus* coletivo. *In*: ARABI, Abhner Youssif Mota; MALUF, Fernando; MACHADO NETO, Marcelo Lavenère (org.). *Constituição da República 30 anos depois*: uma análise prática da eficiência dos direitos fundamentais: estudos em homenagem ao Ministro Luiz Fux. Belo Horizonte: Fórum, 2019.

LYNCH, Christian Edward Cyril; SOUZA NETO, Cláudio Pereira de. O constitucionalismo da inefetividade: a Constituição de 1891 no cativeiro do estado de sítio. *Quaestio Iuris*, Rio de Janeiro, v. 5, n. 2, 2012.

MACIEL, Adhemar Ferreira. O acaso, John Marshall e o controle de constitucionalidade. *Revista de Informação Legislativa*, Brasília, v. 43, n. 172, p. 42, 2006.

MEDEIROS, José Augusto Bezerra de. *Amaro Cavalcanti*. Rio de Janeiro: Dasp, 1956. p. 7 (Pequenos estudos sôbre grandes administradores do Brasil).

MENDES, Gilmar Ferreira; BRANCO, Paulo Gustavo Gonet. *Curso de direito constitucional*. 16. ed. São Paulo: Saraiva Educação, 2021.

NOBRE JUNIOR, Edilson Pereira. Amaro Cavalcanti, formulador do Direito Público brasileiro. *Revista Acadêmica da Faculdade de Direito do Recife*, Recife, v. 95, n. 1, p. 174-175.

NOBRE JÚNIOR, Edilson Pereira; MENDONÇA, Fabiano André de Souza; CARVALHO, Ivan Lira. Amaro Cavalcanti: vida e obra. *In*: MONTEIRO FILHO, Carlos Edison do Rêgo; MORSELLO, Marco Fábio; ROSENVALD, Nelson (ed.). *Protagonistas da Responsabilidade Civil*. Indaiatuba: Foco, 2022.

RODRIGUES, Lêda Boechat. *História do Supremo Tribunal Federal*. Rio de Janeiro: Civilização Brasileira, 1991.

SILVA, Virgílio Afonso da. *Direito constitucional brasileiro*. São Paulo: Universidade de São Paulo, 2021.

SOUZA NETO, Cláudio Pereira de; SARMENTO, Daniel. *Direito constitucional*: teoria, história e métodos de trabalho. 2. ed. Belo Horizonte: Forum, 2014.

WHITTINGTON, Keith E. *Political foundations of judicial supremacy*: the President, the Supreme Court, and constitutional leadership in U.S. history. Princeton: Princeton University Press, 2007.

REVISITANDO A TEORIA DE AMARO CAVALCANTI: RESPONSABILIDADE CIVIL POR ATOS ILÍCITOS OMISSIVOS E POR ATOS LÍCITOS

Fabio Luiz de Oliveira Bezerra[1]

1 Introdução; 2 Evolução da responsabilidade civil do Estado; 2.1 Irresponsabilidade do Estado; 2.2 Responsabilidade do Estado por atos de gestão; 2.3 Responsabilidade geral do Estado; 3 A causalidade e a culpabilidade enquanto pressupostos da responsabilidade civil; 3.1 Da responsabilidade subjetiva para objetiva no direito civil; 3.2 Causalidade como pressuposto da responsabilidade do Estado por ato comissivo; 3.3 Culpabilidade ainda persiste na responsabilidade por omissão; 4 Da ilicitude à responsabilidade civil por atos lícitos; 4.1 Presunção de culpa na ilicitude; 4.2 Responsabilidade do Estado por ato lícito e indenização por sacrifício; 5 Considerações finais; Referências.

Resumo: Amaro Cavalcanti destacou a importância da causalidade na responsabilidade civil do Estado. Este estudo investiga, usando uma abordagem qualitativa e método hipotético-dedutivo, se a causalidade é aplicável em todo tipo de responsabilidade estatal. Conclui que a causalidade é pressuposto necessário da responsabilidade por atos ilícitos comissivos e por atos lícitos, mas a culpabilidade ainda é imprescindível na responsabilidade por atos omissivos.

Palavras-chave: Responsabilidade civil; causalidade; ato ilícito; ato omissivo; Amaro Cavalcanti.

---

1. Doutor em Direito pela Universidade de Coimbra. Professor Adjunto do Curso de Direito da UFRN. Juiz Federal, 7ª Vara Federal/RN. Juiz do TRE/RN, biênio 2023/2025. fabio.bezerra@ufrn.br

Keywords: Civil liability; causality; unlawful act; omissive act; Amaro Cavalcanti.

1. Introdução

Amaro Cavalcanti foi pioneiro no Brasil ao tratar doutrinariamente a responsabilidade civil do Estado, de maneira sistemática e completa, trazendo ampla fundamentação teórica, aprofundada comparação com legislações estrangeiras e extenso apanhado jurisprudencial pátrio, em seu clássico livro *Responsabilidade civil do Estado*, publicado em 1905.

Seus ensinamentos sobre a responsabilidade civil ecoam até os dias de hoje. Foram extremamente valiosos no início do século XX, em face do caráter inovador naquele momento, e continuaram relevantes para a evolução da responsabilidade civil no cenário jurídico brasileiro.

Suas reflexões sobre a responsabilidade civil do Estado independentemente de culpa e sobre interação entre a responsabilidade da pessoa jurídica de direito público e a de seu funcionário, por exemplo, continuam atuais na sociedade contemporânea brasileira, sendo debatido na doutrina, utilizado pelo legislador e aplicado pelo Poder Judiciário.

Uma das grandes ideias de Amaro Cavalcanti foi fundamentar a responsabilidade civil do Estado na causalidade entre a conduta do agente público e o dano causado à vítima, em vez de culpabilidade. Muitos textos já foram escritos ressaltando essa precursora contribuição para a responsabilidade objetiva do Estado. Contudo, há outra perspectiva do doutrinador que é visualizada em bem menor extensão, qual seja, os desdobramentos de sua doutrina na responsabilidade por ato lícito e na responsabilidade por omissão.

Nesse cenário, a pergunta que move este estudo consiste em saber qual a efetiva contribuição de Amaro

Cavalcanti para a evolução da responsabilidade por ato lícito e da responsabilidade por ato ilícito omissivo. De modo específico, pretende-se verificar se a causalidade também se aplica à responsabilidade civil por omissão, e se está sendo acolhida pela doutrina e jurisprudência brasileira na atualidade. E quanto à responsabilidade por ato lícito, almeja-se identificar os novos institutos que surgiram desde então e verificar se confirmam a aplicação da causalidade, em autêntica responsabilidade objetiva.

A hipótese a ser testada é no sentido de que a causalidade é pressuposto necessário da responsabilidade por ato lícito, em todo caso, e da responsabilidade por ato ilícito comissivo, mas na responsabilidade por ato ilícito omissivo ainda prepondera a culpabilidade.

Para realizar esta pesquisa, quanto à metodologia, adotou-se uma abordagem qualitativa e exploratória, com método hipotético-dedutivo, a partir da análise documental bibliográfica, jurisprudencial e de atos legislativos nacionais e estrangeiros. O enfoque da investigação é dogmático, nas dimensões analítica e normativa.

A relevância da pesquisa reside no potencial que uma revisitação da teoria precursora de Amaro Cavalcanti sobre a responsabilidade civil do Estado pode trazer para desenvolvimento de novas ideias e possíveis críticas ao conceito atual. Além disso, a pesquisa, ao procurar identificar os desdobramentos dos entendimentos de Amaro Cavalcanti, contribui para manter a memória desse ilustre jurista potiguar.

O presente texto, enquanto resultado do estudo, em termos de estruturação, avança no tópico 2 com o exame da evolução da responsabilidade civil do Estado, a partir da doutrina de Amaro Cavalcanti; em seguida, no tópico 3, apontam-se os pressupostos da responsabilidade civil, avaliando a questão da causalidade; tópico 4, discorre-se sobre a responsabilidade civil por atos ilícitos e a indenização por sacrifício; culminando com as considerações finais.

2. Evolução da responsabilidade civil do Estado

O instituto da responsabilidade civil do Estado pelos danos decorrentes de sua atuação foi uma relevante conquista civilizatória, que ocorreu de maneira progressiva. É considerado, nas palavras de Gomes Canotilho,[2] um instrumento de legalidade e de justiça material.

Amaro Cavalcanti,[3] após analisar a doutrina estrangeira e a legislação de vários países, constatou que os sistemas jurídicos assentam a responsabilidade civil do Estado, em distinções, "mais ou menos sutis", tais como, entre os atos legais e ilegais, lícitos e ilícitos, de império e de gestão, ou ainda, entre atos praticados sem ou com culpa do agente público.

Enquanto no âmbito das relações particulares sempre se aplicou o princípio geral do direito consistente na obrigação de se reparar o dano; no direito público, houve uma evolução que partiu da inexistência de responsabilidade até uma situação atual quase equivalente a de outras pessoas jurídicas.[4] Agrupou assim Amaro Cavalcanti os sistemas jurídicos de responsabilidade civil encontrados na época em três modelos: a) modelo de irresponsabilidade; b) modelo misto (responsabilidade por atos de gestão); c) modelo de responsabilidade geral.

---

2. CANOTILHO, J. J. Gomes. *O problema da responsabilidade do Estado por actos lícitos*. Coimbra: Almedina, 1974. p. 13.

3. CAVALCANTI, Amaro. *Responsabilidade civil do Estado*. Rio de Janeiro: Laemmert & Cia, 1905. p. I.

4. BEZERRA, Fabio Luiz de Oliveira. As diferenças de regime indenizatório nas modalidades de expropriação no âmbito da responsabilidade civil do estado. *In*: VELOSO, Roberto Carvalho; SILVA, Fernando Quadros da. (org.). *Justiça Federal:* estudos doutrinários em homenagem aos 45 anos da Ajufe. Belo Horizonte: D´Plácido, 2017. p. 52.

2.1 Irresponsabilidade do Estado

O Estado, segundo Amaro Cavalcanti,[5] é a "associação política, a mais elevada, e a única compreensiva de todos os fins da sociedade humana", possuindo, "na qualidade de força moral e material organizada, a autoridade suprema sobre os indivíduos e as demais associações, quaisquer que elas sejam, em determinado território".

No modelo de irresponsabilidade, descrito por Amaro Cavalcanti,[6] o Estado, enquanto ente abstrato, é incapaz de fazer o mal, e, por ser instituído com um caráter superior, em face do interesse público, não está sujeito às obrigações extracontratuais do direito privado. Não que o Estado não pudesse provocar danos, muitas vezes o fazia, mas, pelo fato de defender o interesse da coletividade, entendia-se que não poderia ser responsabilizado civilmente por tais danos.

No período imperial, poderia se vislumbrar aplicável essa teoria da irresponsabilidade, com base em uma leitura literal do art. 179, inciso XXIX, da Constituição de 1824, segundo o qual "os empregados públicos são estritamente responsáveis pelos abusos, e omissões praticadas no exercício das suas funções, e por não fazerem efetivamente responsáveis aos seus subalternos". Cuida-se da denominada teoria regalista.

Pimenta Bueno,[7] ao comentar esse dispositivo constitucional, apregoa que "a responsabilidade civil dos agentes do poder constitui, pois, uma das condições e necessidades essenciais da ordem e liberdade pública" sendo, assim, "uma das garantias indispensáveis dos governos constitucionais".

---

5. CAVALCANTI, Amaro. *Regimen federativo e a República brazileira*. Rio de Janeiro: Imprensa Nacional, 1900. p. 2.

6. CAVALCANTI, Amaro. *Responsabilidade civil do Estado*. Rio de Janeiro: Laemmert & Cia, 1905. p. 103.

7. BUENO, José Antônio Pimenta. *Direito público brazileiro e analyse da Constituição do Império*. Rio de Janeiro: Typ. Imp. e Const. de J. Villeneuve e C., 1857. p. 438.

Contudo, o renomado constitucionalista do Império não se referiu à responsabilidade civil do Estado, em grande parte porque no art. 179, inciso XXIX, da Constituição de 1824, não havia menção a essa responsabilidade.

A Constituição da República de 1891 basicamente repetiu a teoria regalista, conforme se observa do art. 82: "os funcionários públicos são estritamente responsáveis pelos abusos e omissões que incorrerem no exercício dos seus cargos, assim como pela indulgência ou negligência em não responsabilizarem efetivamente a seus subalternos". Da mesma forma que a Constituição do Império, não há indicação expressa sobre a responsabilidade do Estado.

Não obstante tais disposições constitucionais, Amaro Cavalcanti,[8] em 1905, já constatava, examinando a doutrina e a jurisprudência brasileira, que "nunca se ensinou ou prevaleceu a irresponsabilidade do Estado pelos atos lesivos dos seus representantes". Com efeito, a ausência de uma norma expressa na Constituição não inviabilizava a responsabilidade civil do Estado. Por isso mesmo, Rui Barbosa[9] afirmou que declarar a responsabilidade do preposto (no caso, o agente público), como consta no art. 82, não é excluir a responsabilidade do preponente (o Estado), assim como "declarar a do proponente não seria negar a do preposto".

Muito antes da conclusão do jurista baiano, Amaro Cavalcanti, ao analisar a responsabilidade dos funcionários do Estado por seus atos, seja no âmbito civil, seja no âmbito criminal, já tinha consignado que as disposições normativas aplicáveis ao funcionário público, quanto à satisfação do dano, devem recair também sobre o Estado, pois, segundo ele, "a isenção da responsabilidade penal (a qual não pôde ser imposta ao

8. CAVALCANTI, Amaro. *Responsabilidade civil do Estado*. Rio de Janeiro: Laemmert & Cia, 1905. p. 518.

9. BARBOSA, Rui. *Commentários à Constituição Federal brasileira*. São Paulo: Saraiva, 1932. v. 6, p. 399.

Estado, como pessoa jurídica) não implica a da responsabilidade civil".[10] Assim, ao contrário do que sugere a interpretação literal do art. 82 da Constituição de 1891, a doutrina e a jurisprudência da época jamais compreenderam "este dispositivo como consagrador apenas da responsabilidade pessoal do funcionário, ao mesmo tempo em que declarava a irresponsabilidade estatal", conforme destaca Gonçalves.[11]

E, com o passar dos anos, surgiram leis ordinárias, como rememora Zanella Di Pietro,[12] deixando assente a responsabilidade civil do Estado por danos causados na operação de estradas de ferro, na implantação de linhas telegráficas e no funcionamento dos serviços de correio, "prevendo a responsabilidade do Estado, como sendo solidária com a dos funcionários".

Em relação à interação entre responsabilidade do Estado e a do seu agente, Rui Barbosa,[13] naqueles tempos, concluíra com razão que, "entre preponente e preposto, a responsabilidade é solidária". Assim, entendia-se que a norma constitucional em comento traduzia uma responsabilidade solidária entre o Estado e seus agentes. Contudo, é de se salientar que essa compreensão não dispensava a vítima de comprovar em juízo a culpa do funcionário.

Para Amaro Cavalcanti,[14] a soberania, que é o principal fundamento para o modelo de irresponsabilidade, enquanto

10. CAVALCANTI, Amaro. *Responsabilidade civil do Estado*. Rio de Janeiro: Laemmert & Cia, 1905. p. 520.

11. GONÇALVES, Priscila Petereit de Paola. Responsabilidade civil do estado na primeira República: um estudo de caso. *Revista da Seção Judiciária do Rio de Janeiro*, Rio de Janeiro, n. 23, p. 264, 2008.

12. DI PIETRO, Maria Sylvia Zanella. *Direito administrativo*. 33. ed. Rio de Janeiro: Gen Forense, 2020. p. 846.

13. BARBOSA, Rui. *Commentários à Constituição Federal brasileira*. São Paulo: Saraiva, 1932. v. 6, p. 400.

14. CAVALCANTI, Amaro. *Responsabilidade civil do Estado*. Rio de Janeiro: Laemmert & Cia, 1905. p. I a IX.

"função mais elevada e compreensiva de todas as mais, que se manifestam na ordem jurídica", não é "absoluta, ou menos sujeita ao direito do que qualquer outra forma de função social", e, com essas razões, defendeu nova teoria que, "mantendo todas as prerrogativas do poder soberano, que o Estado simboliza, não sacrificasse os direitos individuais, pelo menos, do modo ilimitado ou incondicional, como outrora se pretendia", passando, assim, a analisar o modelo misto ou de responsabilidade do Estado por atos de gestão.

2.2 Responsabilidade do Estado por atos de gestão

O modelo de irresponsabilidade do Estado cedeu espaço para o reconhecimento de responsabilidade do Estado por atos de gestão, remanescendo imunes ao controle judicial apenas os atos de império. Esse modelo, conforme assenta Amaro Cavalcanti,[15] pressupõe que "há no Estado duas pessoas distintas, agindo de per si, uma civil ou jurídica, e outra política e soberana", sendo que a primeira se submete às disposições de direito privado, respondendo por seus atos de gestão, enquanto a segunda não responde por seus atos de império.

Não havia consenso entre os adeptos desse modelo de responsabilidade mista quanto à abrangência da responsabilidade pelos atos de gestão. Conforme Amaro Cavalcanti,[16] enquanto uns aceitavam a responsabilidade pelos atos de gestão, de maneira completa, outros só admitiam quanto às obrigações contratuais, negando quanto a atos ilícitos extracontratuais, mesmo que tivesse havido culpa do funcionário.

---

15. CAVALCANTI, Amaro. *Responsabilidade civil do Estado*. Rio de Janeiro: Laemmert & Cia, 1905. p. 255.

16. CAVALCANTI, Amaro. *Responsabilidade civil do Estado*. Rio de Janeiro: Laemmert & Cia, 1905. p. 246.

Quanto aos atos de império, Amaro Cavalcanti[17] entendia naquela altura que a irresponsabilidade se mostrava "insustentável em certos casos particulares". Os atos de império são os atos essenciais à própria existência, missão e funcionamento do Estado, tais como, atos de guerra, atos relativos à ordem, à segurança e à saúde pública, atos que impõem obrigação tributária, atos de criação e provimento de cargos públicos e decisões judiciais. Aduz ainda o autor que não é porque tais atos são atos de império que devam escapar ao controle judicial visando apurar lesões a direito individual cometidos pelos agentes públicos.

A doutrina da imunidade dos atos de império, segundo Amaro Cavalcanti,[18] é "perigosa para os direitos dos particulares", pois poderia levar o Estado, "a pretexto de segurança, a impunemente violar os direitos privados mais incontestáveis, sem ter, por isto, de sujeitar-se ao exame de nenhuma outra jurisdição", chegando ao ponto de justificar abusos do poder.

Amaro Cavalcanti[19] constatou então que, "nos domínios da prática, o simples qualificativo de ato de império não basta por si só, como razão ou argumento da irresponsabilidade civil do Estado". E comprova tal circunstância com julgados em que se reconhece a responsabilidade do poder público em operações preparatórias a atos de guerra, como requisições militares.

Décadas depois, Orozimbo Nonato, ministro do STF, em julgado sobre responsabilidade civil do Estado (STF, RE 4707, Rel. Orozimbo Nonato, 26.05.1943), chegava a essa

17. CAVALCANTI, Amaro. *Responsabilidade civil do Estado*. Rio de Janeiro: Laemmert & Cia, 1905. p. 247.

18. CAVALCANTI, Amaro. *Responsabilidade civil do Estado*. Rio de Janeiro: Laemmert & Cia, 1905. p. 248.

19. CAVALCANTI, Amaro. *Responsabilidade civil do Estado*. Rio de Janeiro: Laemmert & Cia, 1905. p. 249.

mesma conclusão, que foi sumarizada por Correia e Silveira:[20] para fins de responsabilização civil são "irrelevantes as diferenças de atos praticados *iure imperii* e *iure gestionis*".

Amaro Cavalcanti[21] conclui que há até dois caracteres distintos da atuação estatal, a depender da relação jurídica que surge entre o Estado e os particulares, porém isso não significa "a existência de duas personalidades", afirmando não ser esse o modelo então vigente no Brasil.

2.3 Responsabilidade geral do Estado

Embora reconheça que o Estado no início do século XX detinha diversos privilégios no direito processual, como juízo privativo para processar suas causas, impenhorabilidade dos bens públicos e processo executivo para cobrança de seus créditos, Amaro Cavalcanti[22] assinala que no Brasil jamais houve dúvida de que as pessoas jurídicas de direito público se sujeitam às leis civis e ao direito privado quando de relações com as pessoas de direito privado.

Com efeito, o modelo misto de responsabilidade do Estado, forte na distinção entre atos de gestão e atos de império, foi se ampliando gradativamente, notadamente a partir da legislação que foi conferindo hipóteses em que o Estado assume responsabilidade também por alguns atos, antes classificados como atos de império. Se por um lado não havia uma lei geral sobre a responsabilidade civil do Estado, não faltavam disposições especiais reguladoras de serviços públicos que reconheciam expressamente essa

---

20. CORREIA, Atalá; SILVEIRA, Marilda de Paula. Orozimbo Nonato. In: MONTEIRO FILHO, Carlos Edison do Rego; MORSELLO, Marco Fábio; ROSENVALD, Nelson (Org.). *Protagonistas da responsabilidade civil*. Indaiatuba: Foco, 2022. p. 189.

21. CAVALCANTI, Amaro. *Responsabilidade civil do Estado*. Rio de Janeiro: Laemmert & Cia, 1905. p. 256.

22. CAVALCANTI, Amaro. *Responsabilidade civil do Estado*. Rio de Janeiro: Laemmert & Cia, 1905. p. 493.

responsabilidade estatal em face de lesão a direitos individuais decorrentes de atos dos agentes públicos.

Nessa toada, Amaro Cavalcanti[23] relaciona diversos atos normativos vigentes em 1905 que previam a responsabilidade civil do Estado: a) Decreto 1.930/1857, acerca da responsabilidade civil da administração de estrada de ferro, operadas pelo Estado ou por particulares, pelos danos causados pelos empregados no exercício de suas funções; b) Decreto 1.663/1894, art. 552, e Decreto 4.053/1901, art. 538, que estabelecem o dever de indenizar danos causados à propriedade particular por ocasião de colocação de linhas de telégrafos; c) Decreto 1.692/1894, art. 8º, e Decreto 2.230/1896, art. 63, que firmam a responsabilidade da União, no âmbito do serviço de Correios, pelos valores declarados em carta e encomendas, pelas quantias confiadas ao Correio para a emissão de vales ou cheques, pelas quantias cobradas de títulos por intermédio do Correio e por conta de terceiros; d) sobre indenização em caso de desapropriação por necessidade ou utilidade pública (Constituição de 1891, art. 72, § 17; Lei 85/1892, art. 15, § 9º, e art. 37; Lei 221/1894, art. 50, Lei 1.021/1903; e Decreto 4.956/1903).

Amaro Cavalcanti identificava, um século antes, o que a doutrina do século XXI, de que é exemplo Vieira de Andrade,[24] tem apontado: não há mais razão para a diferença entre responsabilidade por atos de gestão privada e por atos de gestão pública. E mais, Amaro Cavalcanti,[25] entendendo que o Estado não tem "direitos anteriores aos dos próprios indivíduos, que o compõem", defendeu que a

23. CAVALCANTI, Amaro. *Responsabilidade civil do Estado*. Rio de Janeiro: Laemmert & Cia, 1905. p. 502.

24. ANDRADE, J. C. Vieira de. A responsabilidade indemnizatória dos poderes públicos em 3D: Estado de direito, Estado fiscal, Estado social. *Revista de Legislação e Jurisprudência*, a. 140, n. 3969, p. 347, jul./ago. 2011.

25. CAVALCANTI, Amaro. *Responsabilidade civil do Estado*. Rio de Janeiro: Laemmert & Cia, 1905. p. IX.

responsabilidade jurídica do Estado é equivalente à responsabilidade das pessoas jurídicas de direito privado.

Complementa o eminente jurista que o direito é a regra de conduta e de ação tanto das pessoas quanto do Estado, razão pela qual deve responder da mesma medida pelos seus próprios atos. Assim, também para o Estado, dada a lesão de um direito objetivo, efetivamente adquirido pelo indivíduo, resulta do ato lesivo a obrigação de prestar ao lesado uma reparação equivalente.

Não obstante, Amaro Cavalcanti[26] anteviu uma peculiaridade na responsabilidade civil do Estado, ao constatar que, enquanto "a responsabilidade ordinária" procede das condições subjetivas do agente e depois se estende às condições objetivas do dano, a responsabilidade civil do Estado, pelo contrário, "parte das condições objetivas do dano, e chega indiretamente às condições subjetivas da responsabilidade ou a imputabilidade". Esse diagnóstico subsidiará a discussão que se seguiu acerca dos pressupostos da responsabilidade civil do Estado.

3. A causalidade e a culpabilidade enquanto pressupostos da responsabilidade civil

Filiando-se ao modelo de responsabilidade geral, Amaro Cavalcanti adota o regime de responsabilidade subjetiva, então vigente para o direito privado, para configurar o dever de indenizar pelo Estado, mas, simultaneamente, identifica situações em que a indenização é devida, independentemente de culpa. Reconhece o referido autor[27] que, ao contrário da seara penal, "nada repugna, entretanto, e

26. CAVALCANTI, Amaro. *Responsabilidade civil do Estado*. Rio de Janeiro: Laemmert & Cia, 1905. p. 280.

27. CAVALCANTI, Amaro. *Responsabilidade civil do Estado*. Rio de Janeiro: Laemmert & Cia, 1905. p. 214.

antes a boa razão exige, que ele seja considerado como sujeito ativo" da obrigação de reparar os danos causados por seus atos. De fato, os atos praticados pelos agentes do Estado são atos do Estado, e quando houver culpa deles, também o há por parte do próprio Estado.

Contudo, Amaro Cavalcanti[28] sustenta que o Estado responde civilmente não apenas por danos decorrentes de atos culposos de seus funcionários, como também por "mais atos prejudiciais destes, dentro de certas normas e limites, a menos que os seus efeitos ou consequências repugnem com os próprios fins do Estado". Assim, diz ele que a causalidade entre o ato do Estado e o dano causado pode, em determinadas situações, fundamentar a responsabilidade civil, não havendo necessidade de provar a culpa do funcionário.[29]

Esta defesa inovadora da responsabilidade do Estado sem prova de culpa veio na linha de doutrina civilista que, no final do século XIX, desenhava a responsabilização civil objetiva.

3.1 Da responsabilidade subjetiva para objetiva no direito civil

A legislação acerca da reparação civil do final do século XIX e início do século XX, ao exigir prova de culpa para efetivação da responsabilidade civil, inspirava-se na *lex aquilia* do direito romano. Esse sistema de responsabilidade subjetiva, antes mesmo da entrada em vigor do Código Civil de 1916, que também o consagrou no art. 159, se revelava insuficiente para amparar de maneira justa todos os danos decorrentes de atos de agentes econômicos,

28. CAVALCANTI, Amaro. *Responsabilidade civil do Estado*. Rio de Janeiro: Laemmert & Cia, 1905. p. 215.

29. CAVALCANTI, Amaro. *Responsabilidade civil do Estado*. Rio de Janeiro: Laemmert & Cia, 1905. p. 279.

numa sociedade industrial que utilizava máquinas e equipamentos na produção, os quais causavam muitos acidentes, alguns deles sem que o agente econômico tivesse uma particular culpa.

Nesse contexto, a doutrina buscou construir mecanismos de responsabilização dos causadores de danos que não dependesse da culpabilidade, sendo precursores os franceses Raymond Saleilles (*Les accidents du travail et la responsabilité civile*, 1897) e Louis Josserand (*La responsabilité du fait des choses inanimées*, 1897). Antes deles, a ideia da responsabilidade objetiva já estava sendo pensada por "Venezian (1884), Coviello (1887) e Orlando (1893) na Itália; e Merkel (1885) e Mataja (1888) na Alemanha", como aponta Bodin de Moraes.[30]

A responsabilidade objetiva no Brasil começou a ser adotada em legislação especial. O Decreto 3.724/1919 disciplinou a obrigação resultante de acidente de trabalho, prescrevendo que o empregador, seja ele pessoa jurídica, União, Estados ou Municípios, tem o dever de indenizar o trabalhador ou, em caso de morte, a sua família, salvo na hipótese de força maior, dolo da vítima ou de terceiros. Há ainda a legislação sobre mineração (Decreto-lei 227/1967), acidentes de veículos (Lei 6.194/1974, alterada pela Lei 8.441/1992, ambas revogadas pela Lei Complementar 207/2024, vigente até Lei Complementar 211/2024), atividades nucleares (Lei 6.453/1977), atividades lesivas ao meio ambiente (Lei 6.938/1981) e transporte aéreo (Lei 7.565/1986).

O regime de responsabilidade civil objetiva do Estado foi ampliado com a Constituição de 1988. Além de atribuir a responsabilidade independentemente de culpa às pessoas jurídicas de direito público, estendeu esse regime às

---

30. MORAES, Maria Celina Bodin de. A constitucionalização do direito civil e seus efeitos sobre a responsabilidade civil. *Direito, Estado e Sociedade*, Rio de Janeiro, v. 9, n. 29, p. 249, jul./dez. 2006.

pessoas jurídicas de direito privado prestadoras de serviços públicos, assegurado o direito de regresso contra o responsável nos casos de dolo ou culpa (art. 37, § 6º). Houve também a constitucionalização da responsabilidade objetiva na atividade nuclear, cujo preceito previsto na Lei 6.453/1977 passou a constar na alínea "c" do inciso XXIII do art. 21 da CF/1988. Da mesma forma ocorreu com a responsabilidade por danos ambientais, em que a responsabilidade independentemente de culpa (art. 14, § 1º, da Lei 6.938/1981) passou a constar de preceito constitucional (§§ 2º e 3º do art. 225 da CF/1988).

Como destaca Cavalieri Filho,

> o golpe final na responsabilidade subjetiva adveio com a publicação Código de Defesa do Consumidor (CDC), que, "com fundamentos e princípios próprios", transferiu "os riscos do consumo do consumidor para o fornecedor", adotando "o sistema da responsabilidade objetiva para todos os casos de acidente de consumo, quer decorrentes do fato do produto (art. 12), quer do fato do serviço (art. 14).[31]

Com o Código Civil de 2002, três cláusulas gerais sobre responsabilidade objetiva foram consagradas. A primeira consiste no art. 927, que estabelece o dever de reparar o dano decorrente de abuso do direito, quando o titular de um direito "excede manifestamente os limites impostos pelo seu fim econômico ou social, pela boa-fé ou pelos bons costumes" (art. 187). A segunda cláusula geral diz respeito ao parágrafo único do art. 927, que impõe a obrigação de reparar o dano, "independentemente de culpa, nos casos especificados em lei, ou quando a atividade normalmente desenvolvida pelo autor do dano implicar, por sua natureza, risco para os direitos de outrem". A terceira cláusula geral de responsabilidade objetiva é o art. 931, pelo qual "os empresários individuais e

31. CAVALIERI FILHO, Sergio. *Programa de responsabilidade civil.* 16. ed. Barueri: Atlas, 2023. p. 4.

as empresas respondem independentemente de culpa pelos danos causados pelos produtos postos em circulação", ressalvada a legislação especial.

Vista a progressiva evolução da responsabilidade objetiva, observa-se que Amaro Cavalcanti se inspirou no estado da arte civilista no início do século XX, para avançar na construção de um modelo não subjetivo de responsabilidade, o qual foi adotado pela legislação e jurisprudência que se seguiram.

3.2 Causalidade como pressuposto da responsabilidade do Estado por ato comissivo

Enveredando sobre os pressupostos da responsabilidade civil do Estado, Amaro Cavalcanti, em posição inovadora no direito brasileiro, preconiza que a culpabilidade não é necessário pressuposto, mas sim a causalidade. A causalidade é sempre exigida; mas a culpabilidade, por vezes, é dispensada pelo ordenamento jurídico.

Criticando posição de Jhering, segundo a qual, baseada no direito romano, não há responsabilidade sem culpa, Amaro Cavalcanti[32] aduz que esse princípio não poderia prevalecer naquele estágio, "sem o sacrifício flagrante da justiça em muitos casos", preconizando, assim, que "a satisfação civil do dano" pode ocorrer, "mesmo quando se dê ausência completa de culpa". Afirma que, se o funcionário, ao praticar um ato, se apartou do dever que lhe incumbia, agiu com culpa ou dolo, caracterizando a responsabilidade subjetiva; mas, por outro lado, essa responsabilidade civil do Estado pode resultar de atos que, embora lesivos ao direito alheio, não envolve culpa do agente público.

32. CAVALCANTI, Amaro. *Responsabilidade civil do Estado*. Rio de Janeiro: Laemmert & Cia, 1905. p. 217.

A causalidade, para Amaro Cavalcanti,[33] tem "a sua explicação natural" no princípio da representação, em que "o Estado é a causa eficiente do ato lesivo, por tê-lo querido e praticado pelo seu funcionário ou representante". Conclui, então, que o fundamento jurídico da responsabilidade é a causalidade, não a culpabilidade, além da lesão efetiva a um direito.

Seguindo essa compreensão pioneira, Orozimbo Nonato, Ministro do STF na década de 1940, defendeu em seus votos que não se aplicava a culpa na responsabilidade do Estado. No RE 4.622 (2ª Turma, julgado em 21.01.1947), por exemplo, Orozimbo Nonato, enquanto relator, sustentou a inadequação da culpabilidade, pois, rigorosamente, o resultado seria a irresponsabilidade do Estado, pela índole mesma de sua entidade e soberania, "o que entraria em conflito com os reclames imperiosos da equidade, da justiça". Tratava-se de responsabilidade civil do Estado por ato tumultuário na revolução de 1930, mas ele foi voto vencido, sendo majoritário o entendimento de que não houve culpa do Estado.

Quanto ao pressuposto do direito lesado, Amaro Cavalcanti sustenta que é importante avaliar, pelas circunstâncias do caso concreto, se há alguma justificação para o agir estatal. Após discorrer sobre várias hipóteses, Amaro Cavalcanti[34] sintetiza as possíveis justificações no seguinte rol: "a) quando se tratar de ato declarado discricionário ou isento de responsabilidade por disposições da lei"; "b) quando o lesado der causa direta ou ocasional para que suceda o dano em questão"; "c) "quando o ato for de considerar um caso de força maior"; "d) quando o dano resultante de atos, reconhecidamente essenciais à vida coletiva ou ao bem comum, como os de segurança pública e outros análogos, for de efeitos relativamente pequenos, e

33. CAVALCANTI, Amaro. *Responsabilidade civil do Estado*. Rio de Janeiro: Laemmert & Cia, 1905. p. 284.

34. CAVALCANTI, Amaro. *Responsabilidade civil do Estado*. Rio de Janeiro: Laemmert & Cia, 1905. p. 331.

não provenientes de culpa ou excesso de poder por parte do respectivo agente"; "e) quando o ato for praticado pelo agente, fora da sua qualidade de representante".

Amaro Cavalcanti andou bem em substituir a culpabilidade pela causalidade como pressuposto necessário para a responsabilidade civil do Estado por ato comissivo; e em igual medida, ao manter a culpabilidade na responsabilidade do Estado por ato omissivo, que será examinado no tópico seguinte.

3.3 Culpabilidade ainda persiste na responsabilidade por omissão

A situação jurídica na omissão estatal é diferente da ação estatal violadora de direitos. Na omissão, não havendo uma violação positiva por meio de ato ou fato, para Amaro Cavalcanti,[35] "há a necessidade de adoptar critério diferente na averiguação da responsabilidade, que porventura exista, quanto à suposta ou alegada lesão do alheio direito". E o critério diferenciado é justamente a prova de culpa na omissão do ato que deveria ser praticado.[36] Cuida-se, assim, de regime de responsabilidade subjetiva. Não há inclusive presunção de culpa.

Na linha da compreensão de Amaro Cavalcanti, o STF atualmente tem entendido que, em atos omissivos do Estado, o lesado deve comprovar o descumprimento de dever específico de agir. A propósito, fixou, quanto ao Tema 366, a seguinte tese:

> Para que fique caracterizada a responsabilidade civil do Estado por danos decorrentes do comércio de fogos de artifício, é necessário que exista a violação de um dever jurídico específico de

---

35. CAVALCANTI, Amaro. *Responsabilidade civil do Estado*. Rio de Janeiro: Laemmert & Cia, 1905. p. 284.

36. CAVALCANTI, Amaro. *Responsabilidade civil do Estado*. Rio de Janeiro: Laemmert & Cia, 1905. p. 284.

> agir, que ocorrerá quando for concedida a licença para funcionamento sem as cautelas legais ou quando for de conhecimento do poder público eventuais irregularidades praticadas pelo particular.

O caso enfrentado pelo STF no RE 136.861 (Tema 366) era de uma explosão ocorrida em loja de fogos de artifícios. O Tribunal de Justiça do Estado de São Paulo (TJSP), com fundamento na teoria do risco administrativo e com base na legislação local, concluiu que o Município de São Paulo não poderia ser responsabilizado pelos danos decorrentes desse acidente, pois não tinha ficado caracterizada omissão estatal na fiscalização da atividade, notadamente porque os proprietários do comércio desenvolviam a atividade de forma clandestina. O STF desproveu o Recurso Extraordinário, por entender que não houve violação de um dever jurídico específico de agir, validando, assim, a interpretação dada pelo TJSP.

Por conta do preceito constitucional do art. 37, § 6º, da CF/1988, o STF enquadra a responsabilidade do Estado por ato omissivo como de regime objetivo, contudo, exige o descumprimento de um dever jurídico. Embora denominando de responsabilidade objetiva, para a qual não se demanda culpa, a omissão de um dever jurídico, exigida pelo STF, corresponde à culpabilidade referida por Amaro Cavalcanti, para atos omissivos do Estado.

Percebe-se que na doutrina e na jurisprudência há uma linha tênue entre ilicitude e culpabilidade, daí a relevância de se examinar, na seção a seguir, a interação entre esses dois pressupostos da responsabilidade civil.

4. Da ilicitude à responsabilidade civil por atos lícitos

A discussão acerca da culpabilidade na responsabilidade civil por ato comissivo tem sido, muitas vezes, confundida com a questão da ilicitude. E a norma positivada no Código Civil contribui para essa névoa.

Conforme art. 159 do CC/1916, há o dever de indenizar o dano quando uma pessoa, "por ação ou omissão voluntária, negligência, ou imprudência, violar direito, ou causar prejuízo a outrem". Ao utilizar a conjunção alternativa ("ou", na expressão "ou causar prejuízo"), o Código Civil prevê hipótese de indenização por dano apenas pela violação do direito, mesmo que não haja prejuízo, o que não é adequado, pois somente se pode indenizar um dano comprovado, seja patrimonial, seja moral. Por outro lado, a doutrina entendia que o dano não era apenas pressuposto do dever de indenizar, como também do ato ilícito,[37] o que corrigia o equívoco comentado, mas criava outra disfunção, qual seja, não admitir ato ilícito sem que haja dano.

Pelo CC/2002, especificamente o art. 186, o ato ilícito não se caracteriza pela só violação ao direito, sendo imprescindível o dano. Esse conceito de ato ilícito está contrário à doutrina civilista contemporânea, que entende que a ilicitude pode ou não gerar dano. Contra o ato ilícito, o ordenamento jurídico prevê tutela judicial para a remoção do ilícito. Caso o ato ilícito gere dano, aí sim caberá o dever de indenizar esse dano.

A correção do art. 186, para desatrelar o dano do conceito de ilicitude, veio com o art. 927 do mesmo diploma legal, segundo o qual "aquele que, por ato ilícito (arts. 186 e 187), causar dano a outrem, fica obrigado a repará-lo".

4.1 Presunção de culpa na ilicitude

No que interessa mais de perto com a culpabilidade, os dois Códigos Civis referem-se à responsabilidade civil

37. LÔBO, Paulo Luiz Netto. *Direito civil*: parte geral. 10. ed. São Paulo: Saraiva Educação, 2021. v. 1, p. 567.

quando, "por ação ou omissão voluntária, negligência, ou imprudência, violar direito". Assim, a ação ou omissão contrária ao direito (ilicitude) pode ocorrer por conduta voluntária (dolo, portanto) ou por culpa (negligência, imprudência ou imperícia), dois elementos subjetivos que a doutrina civilista tem agrupado na culpa em sentido amplo.

Pela redação do art. 186, a ilicitude sempre será culposa em sentido amplo. Por isso, alguns doutrinadores, para comprovar que a responsabilidade civil pode ocorrer sem culpa, ressaltam a existência de hipóteses de responsabilização por licitude, como na desapropriação.

A ligação entre ilicitude e culpabilidade pode ser compreendida pela presunção da culpabilidade nos atos ilícitos. A propósito, no âmbito legislativo, as primeiras iniciativas de objetivação da responsabilidade civil foram no sentido de estabelecer presunção de culpa, invertendo o ônus da prova em favor da vítima. Cuida-se de responsabilidade com culpa presumida, mas, ainda subjetiva, pois admite prova contrária. Encaixa-se nesse contorno o Decreto 2.681/1912, que, regulando as estradas de ferro, estabelece a responsabilidade civil das operadoras pela perda, furto ou avaria das mercadorias, que "será sempre presumida a culpa", podendo ser elidida por meio sete situações que elenca, entre elas, caso fortuito, força maior, mal acondicionamento da mercadoria, vício intrínseco do produto.

Progressivamente, a legislação afastou "a possibilidade de o ofensor provar a sua diligência para evitar o dever de reparar, através da previsão de verdadeiros casos de responsabilidade objetiva", como pontuou Bodin de Moraes.[38]

A culpabilidade, contudo, mesmo com eventual presunção, não se identifica com a ilicitude. A ilicitude consiste

38. MORAES, Maria Celina Bodin de. A constitucionalização do direito civil e seus efeitos sobre a responsabilidade civil. *Direito, Estado e Sociedade*, Rio de Janeiro, v. 9, n. 29, p. 249, jul./dez. 2006.

numa conduta contrária ao direito. E cuidando-se de responsabilidade civil do Estado, a melhor conceituação é encontrada no ordenamento jurídico português. Conforme art. 9º, número 1, do Regime da Responsabilidade Civil Extracontratual do Estado e demais Entidades Públicas – RRCEE (aprovado pela Lei 67/2007, com alteração dada pela Lei 31/2008), consideram-se ilícitas as ações ou omissões que violem disposições ou princípios constitucionais ou legais ou que infrinjam regras de ordem técnica ou deveres objetivos de cuidado e de que resulte a ofensa de direitos ou interesses legalmente protegidos. Diz ainda, no número 2, do art. 9º, que "também existe ilicitude quando a ofensa de direitos ou interesses legalmente protegidos resulte do funcionamento anormal do serviço".

Havendo comprovação da ilicitude, a culpabilidade é presumida, visto que a ação do agente público foi contrária ao direito, e não deveria ter sido praticada. Essa presunção de culpabilidade em atos ilícitos encontra-se no pensamento de Amaro Cavalcanti, quando analisou o reflexo da atuação culposa do servidor na responsabilidade do Estado. Com efeito, ao sustentar que a causalidade é o pressuposto necessário para responsabilidade civil do Estado, Amaro Cavalcanti não descartou a culpabilidade na responsabilidade civil por atos ilícitos. O que ele apregoou foi que o sistema jurídico nacional prevê hipóteses de responsabilidade do Estado sem perquirição de culpa, ou seja, de maneira objetiva. Ao tratar da responsabilidade por ato ilícito, Amaro Cavalcanti aduz que incide em culpa o servidor que age contrariamente à norma jurídica, o que nada mais é que uma espécie de presunção de culpa quando ocorrente atuação ilícita.

A legislação portuguesa previu exatamente essa presunção de culpa nos atos ilícitos. De acordo com o número 2 do art. 10 do já referido RRCEE, presume-se a existência de culpa leve na prática de atos jurídicos ilícitos, sem prejuízo da demonstração de dolo ou culpa grave. E nos termos do número 3 do art. 10, "para além dos demais casos previstos na lei, também se presume a culpa leve, por aplicação dos princípios gerais da responsabilidade civil, sempre que tenha havido incumprimento de deveres de vigilância".

Assim, dada a presunção de culpa na ilicitude, não há necessidade de comprovação pela vítima da culpa para responsabilização do Estado, bastando a prova da causalidade entre o ato ilícito e o dano sofrido. Por exemplo, na expropriação de fato de um imóvel pelo Estado, é suficiente que a vítima demonstre que não houve qualquer procedimento de desapropriação.

A possibilidade de o Estado afastar a responsabilidade pela comprovação da ocorrência de força maior ou caso fortuito não infirma a presunção de culpa, pois, cuida-se de exclusão da própria causalidade, não da culpabilidade, o que corrobora a doutrina de Amaro Cavalcanti.

4.2 Responsabilidade do Estado por ato lícito e indenização por sacrifício

Não obstante as hipóteses de responsabilidade do Estado por ato ilícito, Amaro Cavalcanti comprova a existência de situações que, embora legais e lícitas, geram o dever de indenizar o dano pelo Estado. Referido autor[39] preconiza que o Estado não lesa somente os direitos dos indivíduos por meio de atos ilícitos, como também pode ofender "igualmente no exercício de inteira legalidade", quando, por exemplo, pratica desapropriações, executa medidas de segurança pública e de defesa sanitária, ordena a apreensão ou sequestro de bens ou valores.

39. CAVALCANTI, Amaro. *Responsabilidade civil do Estado*. Rio de Janeiro: Laemmert & Cia, 1905. p. 281.

Ancorado nas lições de Duguit, o doutrinador brasileiro[40] aduz que, "em se tratando da responsabilidade civil do Estado ou de outra qualquer da administração pública", a lesão do direito objetivo "pode ser admitida, como razão determinante de dita responsabilidade, sem indagar previamente da condição concorrente de ilegalidade ou de culpa por parte do respectivo agente". Em outras palavras, diz que a lesão de direitos individuais pode também ter lugar mesmo procedendo o funcionário dentro da mais estrita legalidade.[41]

No projeto do Código Civil de 1916, Amaro Cavalcanti fez uma proposta perante à Comissão Especial da Câmara dos Deputados, que incluía a responsabilidade civil do Estado por ato lícito.[42] Na seção sobre obrigações por atos ilícitos, propôs um artigo aditivo, pelo qual a Fazenda Pública responderia pelos atos de seus representantes ou funcionários, nas seguintes situações: 1) quando se der lesão de um direito privado efetivamente adquirido; 2) quando a administração negar fé aos contratos, ou os romper no todo ou em parte; 3) quando em consequência de medidas puramente administrativas, ou do estabelecimento e execução de serviços e obras públicas em geral, inclusive as de operações militares, resultar dano à propriedade particular; 4) quando, na guarda de bens e valores, ou na gestão e exploração de serviços de natureza industrial, a administração pública assumir os riscos que lhes são peculiares. A referida proposta, bastante inovadora e posteriormente acolhida na jurisprudência, não foi, infelizmente, aceita pela Casa Legislativa naquele momento.

40. CAVALCANTI, Amaro. *Responsabilidade civil do Estado*. Rio de Janeiro: Laemmert & Cia, 1905. p. 283.

41. CAVALCANTI, Amaro. *Responsabilidade civil do Estado*. Rio de Janeiro: Laemmert & Cia, 1905. p. 506.

42. CAVALCANTI, Amaro. *Responsabilidade civil do Estado*. Rio de Janeiro: Laemmert & Cia, 1905. p. 508.

A possibilidade de o Estado reparar o dano ao particular mesmo quando de atuação lícita foi afirmada mais tarde pelo Ministro do STF Orozimbo Nonato. Citem-se seus votos nos seguintes julgados: STF, ACi 7448, Rel. José Linhares, 21.11.1947; STF, ACi 7546, Rel. Carlos Maximiliano, 17.04.1942.

Posteriormente à publicação do livro de Amaro Cavalcanti, o CC/1916, em "processo de objetivação da responsabilidade",[43] estabeleceu que "aquele que habitar uma casa, ou parte dela responde, pelo dano proveniente das coisas, que dela caírem ou forem lançadas em lugar indevido" (art. 1.529), além de assentar a responsabilidade pelo fato de animais (art. 1.527) e a responsabilidade decorrente de ruína (art. 1.528). E em situação de licitude, determinou o dever de indenizar os danos decorrentes da deterioração ou destruição da coisa alheia, a fim de remover perigo iminente (art. 160, II), quando o dono não deu causa ao perigo (art. 1.519). E no âmbito doutrinário, convém lembrar que Pontes de Miranda, após doutrina de Amaro Cavalcanti, aduz que "há indenizabilidade – excepcionalmente, é certo – que não resulta da ilicitude".[44]

Ao defender a responsabilidade do Estado por danos decorrentes de atuação lícita, Amaro Cavalcanti desenvolve os primeiros contornos do que vem a configurar, posteriormente, como teoria do risco administrativo. Como bem captaram Edilson Nobre, Fabiano Mendonça e Ivan Lira,[45] "assim ensinou Amaro Cavalcanti antes que a teoria do risco administrativo se consolidasse na jurisprudência do

---

43. MORAES, Maria Celina Bodin de. A constitucionalização do direito civil e seus efeitos sobre a responsabilidade civil. *Direito, Estado e Sociedade*, v. 9, n. 29, p. 250, jul./dez. 2006.

44. MIRANDA, Pontes de. *Tratado de direito privado*. Rio de Janeiro: Borsoi, 1966. t. LIII, p. 197.

45. NOBRE JÚNIOR, Edilson Pereira; MENDONÇA, Fabiano André de Souza; CARVALHO, Ivan Lira de. Amaro Cavalcanti: vida e obra. *In*: MONTEIRO FILHO, Carlos Edison do Rego; MORSELLO, Marco Fábio; ROSENVALD, Nelson (org.). *Protagonistas da responsabilidade civil*. Indaiatuba: Foco, 2022. p. 45.

Conselho de Estado da França, o que veio a ocorrer com o aresto Regnault-Desrozicrs (Rec. 329, 28 de março de 1919)". Na teoria do risco administrativo, o fundamento da responsabilidade civil é o risco da atividade. A responsabilidade não incide em todas as situações lícitas, como já preconizava Amaro Cavalcanti, mas apenas em determinadas situações, quando os danos causados ao particular decorrem de atividade estatal perigosa ou de risco.

A teoria do risco administrativo, em seu desenvolvimento posterior, busca concretizar a igualdade na repartição dos encargos e a solidariedade social, mas não compreende todos os encargos gerais, sendo "compatível apenas com os encargos específicos sofridos para satisfazer um interesse público expresso (ex.: em razão de uma obra pública, a recusa de obedecer a uma ordem judicial por razões de ordem pública)".[46] Nesse aspecto particular, Otto Mayer[47] desenvolveu a teoria do sacrifício, destinada a indenizar determinados sacrifícios suportados pelo indivíduo e decorrentes de atuação lícita do Poder Público. Segundo essa teoria, para o particular fazer jus à indenização, não importa averiguar se o ato foi lícito ou ilícito, mas sim se houve um sacrifício especial, um sacrifício que onera de forma desigual o indivíduo comparativamente aos demais cidadãos. Por isso, Alves Correia[48] apregoa que a responsabilidade civil do Estado pelo sacrifício repousa no princípio da igualdade dos cidadãos perante os encargos públicos, dimensão específica do princípio da igualdade.

---

46. ARAGÃO, Alexandre Santos de. Os fundamentos da responsabilidade civil do Estado. *Boletim de Direito Administrativo*: BDA, São Paulo, a. 21, n. 2, p. 187, fev. 2005.

47. MAYER, Otto. *Le droit administratif allemand*. Lightning Source UK: Nabu Press, 2012. v. IV. Versão fac-símile da edição de 1906.

48. CORREIA, Fernando Alves. A indemnização pelo sacrifício: contributo para o esclarecimento do seu sentido e alcance. *Revista de Legislação e Jurisprudência*, a. 140, n. 3966, p. 146, 2011.

A indenização pelo sacrifício está no direito português expressamente regulada no RRCEE. Conforme art. 16, o Estado e as demais pessoas jurídicas de direito público devem indenizar os particulares a quem, "por razões de interesse público, imponham encargos ou causem danos especiais e anormais", devendo, para o cálculo da indenização, atender-se ao grau de afetação do conteúdo substancial do direito ou interesse violado ou sacrificado. O RRCEE, no art. 2º, caracteriza danos especiais os que "incidam sobre uma pessoa ou um grupo, sem afetarem a generalidade das pessoas", ao passo que considera danos anormais aqueles que, "ultrapassando os custos próprios da vida em sociedade, mereçam, pela sua gravidade, a tutela do direito".

A diferença entre a indenização por sacrifício e as modalidades de expropriação (expropriação clássica, expropriação por sacrifício) reside, na visão de Alves Correia,[49] na intencionalidade do ato lícito gerador dos danos anormais e especiais. Reforça ainda seu argumento aduzindo que, nas modalidades de responsabilidade civil por atos ablativos, o dano e a indenização formam um momento constitutivo da própria atividade estatal, e, por isso, traduz-se em pressuposto de legitimidade. Se forem intencionais, com resultados desejáveis, seriam atos ablativos de direitos privados, que estão sujeitos a um regime diferente, como a expropriação por utilidade pública (expropriação em sentido clássico), expropriação por sacrifício e nacionalização.

Alves Correia[50] assevera ainda que, na expropriação por sacrifício, a indenização é um pressuposto de validade do ato expropriativo, e, por isso mesmo, diferencia-se

49. CORREIA, Fernando Alves. A indemnização pelo sacrifício: contributo para o esclarecimento do seu sentido e alcance. *Revista de Legislação e Jurisprudência*, a. 140, n. 3966, p. 152, 2011.

50. CORREIA, Fernando Alves. A indemnização pelo sacrifício: contributo para o esclarecimento do seu sentido e alcance. *Revista de Legislação e Jurisprudência*, a. 140, n. 3966, p. 160, 2011.

da indenização por sacrifício. Como já sustentado em outra obra, "o que diferencia expropriação em sentido clássico da expropriação de sacrifício é justamente o fato de não haver um processo prévio ao fato gerador da expropriação de sacrifício", de maneira que "na expropriação por sacrifício, assim como na indenização por sacrifício, a indenização é uma consequência do ato estatal".[51]

5. Considerações finais

A responsabilidade civil do Estado é um tema de grande relevância no direito brasileiro, especialmente no contexto das contribuições de Amaro Cavalcanti. Suas ideias pioneiras sobre a causalidade e a responsabilidade objetiva marcaram um ponto de virada na compreensão do papel do Estado em reparar danos causados a indivíduos. Amaro Cavalcanti argumentou que a responsabilidade do Estado deveria basear-se na causalidade entre a ação do agente público e o dano sofrido pela vítima, em vez da culpabilidade, o que foi um avanço significativo para a época.

Ao longo do texto, explorou-se a evolução da responsabilidade civil do Estado, destacando-se a influência duradoura das teorias de Amaro Cavalcanti na doutrina e jurisprudência brasileiras. A análise dos atos lícitos e ilícitos, com destaque para a responsabilidade por omissão, revelou a complexidade e a importância da causalidade nesses casos. A pesquisa mostrou que, enquanto a responsabilidade por atos comissivos está bem estabelecida, a responsabilidade por omissões ainda apresenta desafios teóricos e práticos que demandam maior atenção.

51. BEZERRA, Fabio Luiz de Oliveira. As diferenças de regime indenizatório nas modalidades de expropriação no âmbito da responsabilidade civil do estado. *In*: VELOSO, Roberto Carvalho; SILVA, Fernando Quadros da (org.). *Justiça Federal:* estudos doutrinários em homenagem aos 45 anos da AJUFE. Belo Horizonte: D´Plácido, 2017. p. 56.

A abordagem qualitativa e exploratória deste estudo, baseada em análise documental e jurisprudencial, permitiu uma compreensão aprofundada dos desdobramentos históricos e contemporâneos da responsabilidade civil do Estado. Ao revisitar a teoria de Amaro Cavalcanti, foi possível ressaltar a importância de suas contribuições e identificar áreas onde novas interpretações e desenvolvimentos podem ocorrer.

Ao mesmo tempo em que se reafirma a relevância das ideias de Amaro Cavalcanti para o direito brasileiro, destaca-se a necessidade contínua de evolução na aplicação da responsabilidade civil do Estado, especialmente em contextos de omissão. A memória e os ensinamentos de Cavalcanti continuam a ser uma base sólida para o desenvolvimento de um sistema jurídico mais justo e eficaz na reparação de danos causados pelo Estado.

Referências

ANDRADE, J. C. Vieira de. A responsabilidade indemnizatória dos poderes públicos em 3D: Estado de direito, Estado fiscal, Estado social. *Revista de Legislação e Jurisprudência*, a. 140, n. 3969, p. 347, jul./ago. 2011.

ARAGÃO, Alexandre Santos de. Os fundamentos da responsabilidade civil do Estado. *Boletim de Direito Administrativo*: BDA, São Paulo, a. 21, n. 2, p. 183-190, fev. 2005.

BARBOSA, Rui. *Commentários à Constituição Federal brasileira*. São Paulo: Saraiva, 1932. v. 6.

BEZERRA, Fabio Luiz de Oliveira. As diferenças de regime indenizatório nas modalidades de expropriação no âmbito da responsabilidade civil do estado. *In*: VELOSO, Roberto Carvalho; SILVA, Fernando Quadros da. (org.). *Justiça Federal:* estudos doutrinários em homenagem aos 45 anos da *Ajufe*. Belo Horizonte: D´Plácido, 2017.

BUENO, José Antônio Pimenta. *Direito público brazileiro e analyse da Constituição do Império*. Rio de Janeiro: Typ. Imp. e Const. de J. Villeneuve e C., 1857.

CANOTILHO, J. J. Gomes. *O problema da responsabilidade do Estado por actos* lícitos. Coimbra: Almedina, 1974.

CAVALCANTI, Amaro. *Regimen federativo e a República brazileira*. Rio de Janeiro: Imprensa Nacional, 1900.

CAVALCANTI, Amaro. *Responsabilidade civil do Estado*. Rio de Janeiro: Laemmert & Cia, 1905.

CAVALIERI FILHO, Sergio. *Programa de responsabilidade civil*. 16. ed. Barueri: Atlas, 2023.

CORREIA, Atalá; SILVEIRA, Marilda de Paula. Orozimbo Nonato. In: MONTEIRO FILHO, Carlos Edison do Rego; MORSELLO, Marco Fábio; ROSENVALD, Nelson (Org.). *Protagonistas da responsabilidade civil*. Indaiatuba: Foco, 2022. p. 174-205.

CORREIA, Fernando Alves. A indemnização pelo sacrifício: contributo para o esclarecimento do seu sentido e alcance. *Revista de Legislação e Jurisprudência*, a. 140, n. 3966, p. 143-161, 2011.

DI PIETRO, Maria Sylvia Zanella. *Direito administrativo*. 33. ed. Rio de Janeiro: Gen Forense, 2020.

GONÇALVES, Priscila Petereit de Paola. Responsabilidade civil do estado na primeira república: um estudo de caso. *Revista da Seção Judiciária do Rio de Janeiro,* Rio de Janeiro, n. 23, p. 261-274, 2008.

LÔBO, Paulo Luiz Netto. *Direito civil*: parte geral. 10. ed. São Paulo: Saraiva Educação, 2021.

MAYER, Otto. *Le droit administratif allemand*. Lightning Source UK: Nabu Press, 2012. v. IV. Versão fac-símile da edição de 1906.

MIRANDA, Pontes de. *Tratado de direito privado.* Rio de Janeiro: Borsoi, 1966.

MORAES, Maria Celina Bodin de. A Constitucionalização do Direito Civil e seus efeitos sobre a Responsabilidade Civil. *Direito, Estado e Sociedade*, Rio de Janeiro, v. 9, n. 29, p 233-258, jul./dez. 2006.

NOBRE JÚNIOR, Edilson Pereira; MENDONÇA, Fabiano André de Souza; CARVALHO, Ivan Lira de. Amaro Cavalcanti: vida e obra. *In*: MONTEIRO FILHO, Carlos Edison do Rego; MORSELLO, Marco Fábio; ROSENVALD, Nelson (org.). *Protagonistas da responsabilidade civil.* Indaiatuba: Foco, 2022. p. 33-48.

ANÁLISE COMPARATIVA ENTRE O PERFIL FINANCEIRO E TRIBUTÁRIO DO BRASIL DE 1891 E DE 1988

Flávia Sousa Dantas Pinto[1]

Resumo: A análise comparativa do perfil financeiro e tributário do Estado de Direito Brasileiro no final do século XIX e o atual, como meio de se investigar qual importância da receita tributária para o funcionamento do Estado e em que a atividade tributante estava calcada nesses dois momentos históricos, foi realizada com amparo em pesquisa bibliográfica e análise de dados, para se concluir pela atual adoção constitucional de um forte viés social, o qual, entretanto, vem demandando novas reflexões acerca dos resultados obtidos, quando comparados aos esforços empreendidos.

Palavras-chave: Direito financeiro e tributário; perfil tributário; análise comparativa; Constituição de 1891; Constituição de 1988.

1. Doutora em Direito Tributário pela PUC-SP. Juíza do TJRN. fsouza.dp@gmail.com

1. Introdução

Quando ingressei no Curso de Direito da Universidade Federal do Rio Grande do Norte em 1993, para mim, Amaro Cavalcanti não passava do nome do nosso Centro Acadêmico. À época, é bom relembrar, a internet não estava ao nosso alcance e o Google sequer existia (só foi fundado em 1998), de modo que, ao questionar alguém acerca de quem seria esse ilustre cidadão, limitou-se o arguido a me informar que se tratava de potiguar que havia sido Ministro da Suprema Corte.

Conformei-me com a informação por achar que o título ostentado era suficiente para a homenagem feita pelo corpo discente.

Em 2019, durante o encontro de minha família (Dantas) ocorrido no Município de Jardim de Piranhas, descobri que Amaro Cavalcanti era irmão do famoso Padre João Maria, pois, do local da celebração familiar, avistava-se uma capela construída no suposto exato sítio do nascimento do conhecido religioso.

Ou seja, até ser convidada para escrever este artigo, só sabia duas coisas acerca de nosso homenageado: que tinha sido Ministro da Suprema Corte e que tinha raízes seridoenses.

E que enorme prazer foi descobrir que isso era apenas a ponta do *iceberg*! Abaixo da linha do mar, estava escondido de meu conhecimento um mundo de artigos, livros, pensamentos instigantes, reflexões atuais, estudos comparados, pesquisas sérias e detalhadas e, mais do que isso, um homem de retidão de caráter e de uma capacidade intelectual absolutamente admirável! Basta pensar como poderia uma pessoa nascida em meados do século XIX; no seio de uma família modesta do sertão de um Estado pequeno do Brasil, como o Rio Grande do Norte; sem parentes importantes; obter tamanha projeção nacional e internacional ou mesmo que pudesse escrever com tanta propriedade e sempre com o pragmatismo que lhe foi peculiar sobre uma gama variada de assuntos, como outros partícipes desse projeto exporão.

De posse do vasto material disponibilizado, minha curiosidade naturalmente recaiu sobre suas reflexões e apontamentos acerca do Direito Financeiro e Tributário encerradas, entre outras obras, no livro *Elementos de finanças – estudo theórico e prático*, escrito em 1896, no qual, a título de escrever um resumo elementar da ciência financeira, Amaro Cavalcanti traz dados relevantes sobre a situação econômico-financeira do Brasil da época, a exemplo de outros países com os quais traça perfis comparativos.

Tal análise servirá de base para a proposta ora lançada, de se proceder a uma análise comparativa do perfil (tributário) do Estado de Direito Brasileiro no final do século XIX e o atual, como forma de investigar qual importância da receita tributária e em que a atividade tributante estava calcada nesses dois momentos históricos.

Para tanto, serão abordados, inicialmente, três modelos básicos de financiamento dos gastos públicos adotados ao longo do tempo, a partir do surgimento do Estado de Direito moderno, na configuração de Estado Absolutista ou Estado Burguês.[2]

2. Perfil dos Estados de acordo com a forma de arrecadação tributária

Amaro Cavalcanti assim pontificou acerca de uma importante distinção entre a economia privada e a pública: "A regra na economia privada é: que se deve regular as despezas segundo as receitas; na economia do Estado dá-se o

2. A expressão "Estado Burguês" foi retirada de: NEVES, Marcelo. Entre subintegração e sobreintegração: a cidadania inexistente. *Dados:* Revista de Ciências Sociais, Rio de Janeiro, v. 37, n. 2, p. 256, 1994.

contrario: – primeiro se deve fixar quaes as despezas necessarias aos fins e serviços do Estado, e na medida destas, ser calculado o quantum de receitas, que é mister arrecadar sobre os haveres communs das differentes classes da nação".[3]

Em outras palavras, as tarefas assumidas pelo Estado (despesas) definem quanto e como as receitas serão arrecadadas.

Ao longo da História, em especial da era moderna, alguns modelos de Estado pautados em diferentes arranjos com vistas à equalização entre receitas e despesas surgiram e merecem nossa análise, vez que pertinentes à reflexão que se almeja fazer, entre os quais destacar-se-á três: o Estado Patrimonial ou Empresarial; o Estado Fiscal Impositivo; e o Estado Fiscal de Taxas. A opção por um desses três perfis estatais diz muito sobre as opções políticas realizadas, em determinado momento, por um povo.

2.1 Estado patrimonial ou empresarial

As origens do Estado patrimonial remontam à queda do feudalismo e assunção de Estados absolutistas, quando então a principal fonte de ingressos públicos residia na exploração de seu próprio patrimônio, ainda confundido com o do monarca, ou, ainda, nos ganhos auferidos com a exploração de atividades comerciais ou industriais desenvolvidas pelo próprio Estado.[4]

Como o patrimônio público confundia-se com o patrimônio pessoal do monarca, os gastos públicos eram os gastos do príncipe, reservando-se à cobrança de tributos um papel secundário e suplementar, somente utilizado

3. CAVALCANTI, Amaro. *Elementos de finanças*: estudo theórico e prático. Rio de Janeiro: Imprensa Nacional, 1896. p. 10.

4. NABAIS, José Casalta. *O dever fundamental de pagar imposto*. Coimbra: Almedina, 2004. p. 193.

quando insuficientes os recursos advindos do exercício do papel empresarial do Estado. Em vista disso, o sistema de cobrança de tributos era irracional e injusto, privilegiando-se os mais nobres em detrimento dos menos abastados que verdadeiramente suportavam a carga tributária, além de não se dispor de limites para a referida cobrança, a qual, por vezes, descambava para o confisco, como ocorrido com os judeus durante as guerras religiosas.[5]

Embora o contexto seja diverso do atual, o que se pode apreender da origem dos Estados Patrimoniais é que sua receita independe da cobrança de tributos.

Um pouco mais adiante na História, o Estado Empresarial esteve em voga no período pós primeira guerra mundial, defendido que fora por Rudolf Goldscheid. Vivia-se um contexto de crise econômica mundial, em que a receita tributária era insuficiente para dar conta das despesas públicas decorrentes do citado conflito, de modo que o empobrecimento do Estado, em um contexto de separação entre a riqueza estatal e a propriedade privada, tornava-o excessivamente dependente da sociedade burguesa, para o que o exercício de atividades empresariais afigurava-se como solução adequada, ao ver de Goldscheid.[6] Por isso, defendia Goldscheid a transferência para o Estado de fontes de riqueza, como propriedades territoriais, fábricas, dentre outras, como uma solução adequada.

Esta proposta liberal e capitalista em sua essência, a qual pressupunha, por óbvio, o estabelecimento de limites legais às transferências patrimoniais e à cobrança eventual de tributos, com vistas à salvaguarda da livre-iniciativa e da

---

5. TORRES, Ricardo Lobo. *A idéia de liberdade no estado patrimonial e no estado fiscal*. Rio de Janeiro: Renovar, 1991. p. 47.

6. BOBBIO, Norberto; MATEUCCI, Nicola; PASQUINO, Gianfranco. *Dicionário de política*. Tradução Carmem C. Varriale *et al.* 13. ed. Brasília: Universidade de Brasília, 2007. p. 404.

liberdade individual, foi contraditoriamente desvirtuada pela maioria dos países que abraçou essa ideia, como os de ideologia socialista ou ditatoriais, os quais, impulsionados pelo intuito de se atingir a igualdade fática ou simplesmente a manutenção do poder, apropriaram-se dos recursos privados às custas da liberdade individual, monopolizando esses meios de produção.

É bem verdade que há algumas poucas exceções a essa regra, como é o caso do Principado de Mônaco e de Macau, que se beneficiam da exploração de jogos, além de outros países que retiram grande parte de suas receitas da exploração de suas vastas reservas de gás natural, petróleo, ouro, as quais de tão poucas, são insuficientes para infirmar o fato de que os países que ostentam ou ostentaram feições Empresariais ou Patrimonialistas o fazem ou o fizeram às custas da liberdade individual de seus cidadãos.

Com a queda da "cortina de ferro" e, dessarte, de muitos países de orientação socialista, essa feição estatal é pouco observada nos dias de hoje, o que, todavia, não desmerece a abordagem ora feita, máxime considerando-se o intuito de se estabelecer uma análise comparativa entre o Brasil do final do século XIX, recém saído de um regime monárquico, e o atual.

2.2 Estado Fiscal Impositivo

Por Estado Fiscal Impositivo, deve-se entender aquele cuja principal fonte de receitas públicas advém da arrecadação tributária.[7]

7. "A passagem dos tributos de realidades esporádicas e excepcionais para expedientes recorrentes e gerais é uma das características da transição do Estado Patrimonial para o Estado Fiscal" (GODOI, Marciano Seabra de. *Justiça, igualdade e direito tributário*. São Paulo: Dialética, 1999. p. 175).

Esse perfil tributário estatal tanto se compatibiliza com um Estado Liberal, em que as tarefas estatais são pequenas, sobrelevando-se a proteção da liberdade; quanto com um Estado Social, de amplo espectro de atuação, mais comprometido com a igualdade. No primeiro caso, a cobrança neutra e legalmente regulamentada de tributos como principal fonte de ingressos abre espaços para o desenvolvimento da livre-iniciativa, já que o ente estatal não se apropria ou monopoliza os meios de produção de bens e serviços em detrimento dos interesses econômicos dos indivíduos, haja vista não ser papel do Estado a realização de lucro. Assim, a atividade tributante é neutra, arrecadando o estritamente necessário para a atuação de um Estado mínimo e deixando para a livre-iniciativa e o mercado a tarefa de incrementar o desenvolvimento econômico de um país e de seus cidadãos.[8]

Já num Estado Social, comprometido em sua origem com a promoção da equidade e, nesta toada, detentor de um leque muito mais amplo de tarefas, além de se prestar para carrear mais recursos que possam dar cabo de tantas atribuições, a tributação também adquire contornos extrafiscais condizentes com a redistribuição de rendas e promoção da justiça social por intermédio da própria incidência tributária, para o que os impostos em particular desempenham um protagonismo ímpar, na medida que são desvinculados quanto ao produto de sua arrecadação, além de se submeterem à capacidade contributiva em sua incidência, sendo flexíveis o suficiente para se compatibilizarem, mais do que outras espécies tributárias, com a possibilidade de distribuição, o mais igualitária possível, da carga tributária.[9]

---

8. Pontifica Ricardo Lobo Torres que "não existe tributo sem liberdade, e a liberdade desaparece quando não a garante o tributo" (TORRES, Ricardo Lobo. *A idéia de liberdade no estado patrimonial e no estado fiscal*. Rio de Janeiro: Renovar, 1991. p. 109).

9. SILVEIRA, Paulo Antônio Caliendo Velloso. *Direito tributário e análise econômica do direito:* uma visão crítica. Rio de Janeiro: Elsevier, 2009. p. 147.

2.3 Estado Fiscal de Taxas

Com o esgotamento da fórmula do Estado Social, não foram poucas as vozes que se levantaram a favor de um modelo de tributação mais individualista, para cujo propósito os tributos vinculados ou contraprestacionais, informados pelo princípio da equivalência, seriam mais adequados que os impostos. Seus maiores arautos foram os representantes da *public choice*, como os neoliberais James Buchanan, Gordon Tullock, Anthony Downs e Mancur Olson da Escola da Virgínia, entre outros.[10]

Atente-se para o fato de que, também neste modelo, a proposta é que as atribuições do Estado sejam reduzidas, quando comparadas as do Estado do Bem-Estar Social, podendo-se afirmar que o redesenho desse modelo de Estado de Direito perpassou pela rediscussão acerca de quais tarefas devem ser desempenhadas pelo Estado e quais deveriam ser assumidas por cada indivíduo, diante da inegável incapacidade financeira do Estado Social de dar cabo de todas as pretensões a que se propôs.

Com efeito, defendem um Estado mínimo, em que haja um decote das atribuições estatais, com reflexos na redução de suas despesas, acompanhada da correspondente diminuição da carga tributária. E mais: que os tributos que venham a ser cobrados adquiram, em sua maioria, contornos contraprestacionais, como taxas, tarifas, preços públicos e contribuições, em detrimento dos impostos.

Essa configuração permitiria o desenvolvimento, pelos cidadãos, dos princípios da autoajuda (o indivíduo sente-se incumbido de seu próprio progresso particular); da autorresponsabilidade (ao pagar proporcionalmente pelo usufruto de bens e serviços públicos, o cidadão percebe-se

10. Cf. BOUVIER, Michel. *Introduction au droit fiscal général et à la théorie de l'impôt*. 7. ed. Paris: LGDJ, 2005. p. 206.

responsável por sua preservação e conservação, uma vez ausente a sensação de gratuidade); e do autogoverno ou autoadministração (a precificação de bens e serviços públicos facilita o acompanhamento, pelos indivíduos, da gestão de receitas e despesas por eles empregadas).[11]

Seria como se o Estado funcionasse, primordialmente, a partir de demandas individuais generalizáveis, que pudessem ser custeadas pelos próprios cidadãos, reservando-se a incidência de impostos para poucas e raras atuações do Estado que não comportem individualização de custos, a exemplo da segurança pública.

Com efeito, ainda que a tributação permaneça como a principal fonte de receitas do Estado, a ideia é que ela atinja patamares mínimos, já que as tarefas estatais também deveriam ser bastante reduzidas e pautadas, majoritariamente, em tributos de natureza contraprestacional.

3. Perfil do Brasil do final do século XIX

Após o breve apanhado histórico procedido no item anterior, pergunta-se: em qual desses modelos o Brasil se enquadrava no final do século XIX, mais especificamente na primeira década após a Proclamação da República?

A resposta à provocação feita deve iniciar-se pela análise dos deveres legalmente atribuídos ao Estado pela Carta Constitucional de 1891, assim como pela investigação do orçamento público de então para, num segundo momento, contrapô-los às formas de ingresso então adotadas.

Antes da proclamação da República, o Brasil tinha sido colônia de Portugal e passado, a partir de 1822, à condição

11. De acordo com Juan Manuel Barquero Estevan, esses princípios foram enunciados em 1864 por F. W. Raiffeisen. Cf. ESTEVAN, Juan Manuel Barquero. La función del tributo en el Estado social y democrático de Derecho. *Cuadernos y Debates*, Madrid, n. 125, p. 96, 2002.

de monarquia constitucional. Assim, enquanto ainda submetido, em última análise, às vontades e decisões do "príncipe", o Brasil enquadrava-se em tudo no perfil acima denominado de Estado Patrimonial. Basta atentar para o fato de que, de acordo com a Constituição de 1824, o Poder Moderador nomeava Senadores (art. 101, I), podia suspender magistrados (art. 101, VII), aprovar e suspender interinamente resoluções dos conselhos provinciais (art. 101, IV), além de haver previsão constitucional de atribuição ao Imperador e sua família de dotação correspondente ao "Decoro de Sua Alta Dignidade" (art. 107), sem que se estabelecesse qualquer limite para tanto.[12] Ou seja, a vontade do Estado era em tudo identificada com a vontade do Imperador do Brasil, assim como as suas despesas "públicas".

Esse passado de submissão culminou com a proclamação da República em 1889, sendo absolutamente esperado que os direitos individuais tivessem um forte apelo junto à primeira Constituição Republicana de 1891, como de fato o tiveram, em razão de terem sido por bastante tempo mitigados em nome dos interesses do príncipe, ainda que travestido de Poder Moderador.

Observa-se, portanto, dentro da Seção II da Constituição de 1891, reservada à Declaração de Direitos, especificamente em seu art. 72, o compromisso da República com a proteção da liberdade, segurança individual e propriedade, como asseverado no *caput* do referido dispositivo legal e detalhadamente em seus 32 parágrafos.[13] Neles, estavam contemplados o princípio da legalidade (§1º) inclusive tributária (§ 30), o *habeas corpus* (§ 22), a laicidade do Estado (§§ 6º e 7º), a proteção da propriedade (§§ 17, 25, 26 e 27),

---

12. BRASIL. [Constituição (1824)]. *Constituição de 1824*. Disponível em: https://www.planalto.gov.br/ccivil_03/constituicao/constituicao24.htm. Acesso em: 4 jul. 2024.

13. BRASIL. [Constituição (1891)]. *Constituição da República Federativa do Brasil de 1891*. Disponível em: https://www.planalto.gov.br/ccivil_03/constituicao/constituicao91.htm. Acesso em: 26 jun. 2024.

a liberdade de culto (§ 3º) e de reunião (§ 8º), liberdade de expressão (§ 12), entre outros.

Em momento algum, faz-se qualquer menção aos direitos sociais, que sequer chamavam a atenção dos legisladores, diante da urgência em assegurar-se a liberdade individual, considerado, então, o bem maior do ser humano.

Interessante notar, por exemplo, que o orçamento de 1895 destinava ao que Amaro Cavalcanti denominou de "cultura intellectual e moral da nação", apenas 1,746% da receita pública arrecadada, a qual, por sua vez, correspondia a um total de 275.691:000$000. Estavam abrangidos pela alcunha de "cultura intellectual e moral da nação", as despesas feitas com "Faculdades Jurídicas, de Medicina, Escola Polytechnica, Escola de Minas, Pedagogium, Gymnasio nacional, Escola de Bellas Artes, os Institutos Nacionais de Música, Benjamin Constant e o de surdos-mudos, a Bibliotheca nacional, Museu nacional, Archivo público, Directoria geral de estatística, Instituições educativas subsidiadas e Culto catholico".[14] Ou seja, os gastos com educação estavam dentro dessa parcela das despesas da União.

Enquanto isso, saúde pública e assistência pública, juntas, não chegavam a 0,6% das despesas de então.[15]

O fato é que a paulatina assunção pelo Estado de maiores responsabilidades para com os direitos e garantias individuais, em detrimento do poder e das conveniências da monarquia; assim como a criação da Federação e, portanto, o reconhecimento dos Estados como entes autônomos, cobraram o seu preço, fazendo com que a despesa pública geral do Brasil experimentasse um incremento substancial entre 1822, ano da independência do Brasil, e 1895, período pós

14. CAVALCANTI, Amaro. *Elementos de finanças*: estudo theórico e prático. Rio de Janeiro: Imprensa Nacional, 1896. p. 49-51.

15. CAVALCANTI, Amaro. *Elementos de finanças*: estudo theórico e prático. Rio de Janeiro: Imprensa Nacional, 1896. p. 50.

proclamação da República, como revelado por Amaro Cavalcanti, saindo de 5.000:000$000 em 1822, para 272.180:000$000 em 1892 e chegando aos 275.691:000$000 em 1895.[16]

Assim, se o espírito que inspirou o legislador Constituinte de 1891 estava comprometido com a proteção dos direitos individuais e com o fortalecimento da soberania nacional, os gastos com a manutenção do Poder de Polícia e das forças armadas ocupavam fatia importante do orçamento da República, passando de 34.703:900$, no fim do Império, para 20,808% da Receita da União, o que correspondia em termos nominais a 57.369:000$.[17]

Esse aumento significativo, inclusive, foi ponderado por Amaro Cavalcanti, que assim se manifestou a respeito:

> *Ha ainda uma despeza federal, que no momento está infringindo a regra da* distribuição proporcional, *de que acima se fallou: é aquella que se faz com* < *Força Publica* > *nas suas especies, mais importantes, da marinha e do exercito. [...] É possível, que razões e motivos ponderosos da nova ordem de cousas politicas expliquem, ou excusem mesmo tamanho desenvolvimento; mas, sob o ponto de vista financeiro e economico, o facto apparece, como um erro manifesto e de effeitos prejudicialissimos... E como sabe-se, ao lado desta enorme despeza militar da União, ha ainda a considerar – a das* forças estadoaes, *que vão, cada dia, augmentando, e talvez, sem o devido criterio, nem com relação aos meios financeiros, nem em vista do desenvolvimento do trabalho e industrias do respectivo Estado.*[18]

Era preciso proteger o território nacional e os seus indivíduos.

---

16. CAVALCANTI, Amaro. *Elementos de finanças*: estudo theórico e prático. Rio de Janeiro: Imprensa Nacional, 1896. p. 69.

17. Os 34.703:900$ eram destinados à manutenção da Justiça e segurança pública, Exército e Marinha. Cf. CAVALCANTI, Amaro. *Elementos de finanças*: estudo theórico e prático. Rio de Janeiro: Imprensa Nacional, 1896. p. 48-49.

18. CAVALCANTI, Amaro. *Elementos de finanças*: estudo theórico e prático. Rio de Janeiro: Imprensa Nacional, 1896. p. 65-66.

Esse breve retrato das despesas do Brasil de então deixa claro que a evolução dos gastos em proporção direta com a evolução do Brasil da condição de colônia portuguesa, passando por uma Monarquia Constitucional até chegar a uma República Federativa e, portanto, com a assunção de tarefas pelo Estado direcionadas aos cidadãos como um todo e não mais centradas no interesses primordiais da Corte, fez com que os tributos fossem naturalmente ocupando o papel de protagonistas na arrecadação de receitas, principalmente pelo fato de o Brasil ainda depender visceralmente da agricultura e da exportação de matérias-primas (aguardente, café, tabaco, couro, açúcar e algodão) e, ao mesmo tempo, mostrar-se absolutamente dependente de manufaturados importados de outros países, já que a atividade industrial era ainda muito incipiente.

Por outro lado, a atividade tributante era pouco variada, concentrando-se eminentemente em impostos, com destaque para os impostos aduaneiros, cuja arrecadação correspondia a 2/3 da receita tributária do país. Para se ter uma ideia do potencial desse tributo, em 1895, a receita prevista era da ordem de 269.898:000$, dos quais 215.670:000$ advinham da receita ordinária de impostos, no que os impostos aduaneiros respondiam por 201.200:000$, equivalente a 74,5% da receita federal.[19]

Nesse contexto, Amaro Cavalcanti defendia o incremento da indústria nacional como forma não apenas de tornar o Brasil menos dependente das grandes nações, no tocante as necessidades cotidianas – já que quase tudo era importado, o que, a seu ver, de certo modo perpetuava a nossa condição de colônia, vez que a riqueza nacional deixava o país em vez de aqui circular –; ao tempo em que poderia gerar o incremento da renda geral para o próprio Estado, inclusive

19. CAVALCANTI, Amaro. *Elementos de finanças*: estudo theórico e prático. Rio de Janeiro: Imprensa Nacional, 1896. p. 96.

trazendo, com uma maior variação de fatos jurídicos tributáveis, uma maior segurança econômica decorrente da maior variabilidade de fontes de incidência tributária.[20]

No tocante à política tarifária de então, grandes divergências entre setores importantes da economia foram registradas. Do lado dos que defendiam altas alíquotas de importação, encontravam-se os poucos industriais então existentes e o próprio Estado. Os primeiros, como forma de proteção da ainda tímida indústria nacional, ao passo que o Estado estava mobilizado pela questão arrecadatória. O fato é que, sem outras alternativas, não tinha o Estado brasileiro como abrir mão da receita proveniente dos impostos aduaneiros, dos quais era absolutamente dependente.

Já do lado dos que defendiam a sua redução, encontravam-se os comerciantes, interessados em um maior controle sobre a precificação dos produtos por si importados e revendidos; e os cafeicultores, por vislumbrarem, com isso, a consequente redução do custo dos insumos utilizados em sua atividade agrícola e, portanto, o incremento de seus lucros.[21]

Afirma Fernandes, que "Amaro Cavalcanti tinha uma posição eminentemente crítica ao sistema tarifário brasileiro, exatamente porque este não tinha caráter definido, nem era liberal, nem era protecionista, mais propriamente elaborado com finalidades fiscais, para cobrir o déficit do Tesouro".[22]

A partir do até agora exposto, vislumbra-se que o Brasil de 1891 identificava-se, em tudo, com o modelo de Estado Fiscal Impositivo, já que estava comprometido eminentemente com a proteção de direitos individuais, detendo,

---

20. FERNANDES, Suzana Cristina. O pensamento industrialista de Amaro Cavalcanti. *Leituras de Economia Política*, Campinas, n. 10, p. 25-51, jun. 2002/jun. 2003. p. 32.

21. FERNANDES, Suzana Cristina. O pensamento industrialista de Amaro Cavalcanti. *Leituras de Economia Política*, Campinas, n. 10, p. 25-51, jun. 2002/jun. 2003. p. 38-39.

22. FERNANDES, Suzana Cristina. O pensamento industrialista de Amaro Cavalcanti. *Leituras de Economia Política*, Campinas, n. 10, p. 25-51, jun. 2002/jun. 2003. p. 39.

portanto, um perfil mais liberal, razão pela qual os impostos constituíam sua principal fonte de ingressos, tendo se tomado o cuidado, entretanto, já na Constituição de 1891, de se evitar a bitributação (art. 10) e de se estabelecer competências tributárias bem delineadas entre Estados e União (arts. 7º e 9º).[23] A exploração patrimonial ou empresarial por parte do Estado não era viável: seja pelo fato de a União ter aberto mão de grande parte de seu patrimônio imobiliário em prol dos Estados então criados pela Carta de 1891; seja por se identificar tal forma de ingressos com modelos colonialistas passados, dos quais se buscava distância.

4. O Brasil de 1988

A Constituição de 1988, por sua vez, concebida após longos anos de um regime ditatorial, contemplou a liberdade individual, em geral, e a econômica, em particular, em diversos dispositivos, que se estendem desde o art. 1º, inciso IV, que adota a livre-iniciativa como um dos fundamentos do Estado Democrático de Direito brasileiro; passando pelo art. 3º, inciso I, que elenca a construção de uma sociedade livre com um dos objetivos fundamentais da República Federativa do Brasil; o art. 5º, inciso XIII, que contempla a liberdade de trabalho, ofício ou profissão; até chegar à livre-iniciativa e à livre concorrência, tangenciadas no art. 170, *caput* e inciso IV, entre outros.

Esse aspecto associado à expressa reserva da atuação empresarial do Estado "quando necessária aos imperativos da segurança nacional ou a relevante interesse coletivo", previsto no art. 173 da Constituição de 1988, são indícios de que o Estado brasileiro contemporâneo não se identifica com o modelo patrimonial anteriormente mencionado,

---

23..BRASIL. [Constituição (1891)]. *Constituição da República Federativa do Brasil de 1891*. Disponível em: https://www.planalto.gov.br/ccivil_03/constituicao/constituicao91.htm. Acesso em: 26 jun. 2024.

o que automaticamente confere à tributação um papel central no custeio das despesas públicas.

Todavia, como ressaltado por Ricardo Varsano, do ponto de vista social, houve um notável desequilíbrio entre as inúmeras atribuições conferidas ao Estado concebido em 1988 e a limitada capacidade de financiá-las:

> *A Assembléia Nacional Constituinte, a despeito da amplitude do debate que promoveu, ao fracionar a discussão do papel do Estado por quase todas as comissões – enquanto em uma delas se desenhava, isoladamente, o sistema tributário –, criou um sistema de financiamento insuficiente para o tamanho do Estado implicitamente definido nas diversas comissões. Este, por sua vez, não se fundamentou em uma previsão realista da disponibilidade de recursos para o financiamento de suas ações. A situação de desequilíbrio orçamentário que já existia, ao invés de ser eliminada, consolidou-se.*[24]

Esse agigantamento do Brasil de 1988 está calcado no forte viés social que acompanhou a sua concepção, como se pode perceber a partir de manifestações explícitas no corpo da Constituição em prol da igualdade e da justiça social, de que são exemplos o acesso igualitário e universal às ações e serviços de promoção à saúde (art. 196, *caput*); a prestação da assistência social a quem dela precisar, independentemente de contribuição à seguridade social (art. 203, *caput*); assim como políticas públicas que vieram a ser implantadas desde então, igualmente vinculadas ao objetivo maior de construção de uma sociedade livre, justa e solidária (art. 3º, I), de erradicação da pobreza e redução das desigualdades sociais e regionais (art. 3º, III) e da promoção do bem estar geral (art. 3º, IV), consubstanciados no programa bolsa família (Leis 10.836/04 e 14.601/23); na criação do FIES

24..VARSANO, Ricardo. *A evolução do sistema tributário brasileiro ao longo do século:* anotações e reflexões para futuras reformas. Rio de Janeiro: IPEA, 1998. Disponível em: http://www.ipea.gov.br/agencia/images/stories/PDFs/Tds/td_0405.pdf. Acesso em: 30 jun. 2024.

(Lei 10.260/01), do PROUNI (Lei 11.096/05); na implantação de cotas para ingresso em Instituições de Ensino Superior (Lei 12.711/12); na criação de vagas de concursos públicos destinadas a portadores de deficiência (art. 37, VIII, CRF/88 e art. 5º, § 2º, da Lei 8.112/90) e candidatos negros (Lei 12.990/2014); instituição do Programa Minha Casa, Minha Vida (Lei 11.977/09), entre tantos outros programas sociais até hoje implementados.

E essa tendência social se espraiou também sobre a atividade tributante, que, por um lado, afigura-se bastante diversificada, aliando tributos não vinculados (impostos) a espécies vinculadas a uma atuação estatal específica (taxas e contribuições de melhoria), assim como a tributos cujo produto da arrecadação encontra-se associado a despesas específicas (empréstimos compulsórios, contribuições sociais gerais e específicas e contribuição para custeio do serviço de iluminação pública); enquanto que, por outro, fortemente ligada à justiça social, ao consagrar os princípios da capacidade contributiva (art. 145, § 1º), da progressividade (art. 153, § 2º, I) e da seletividade (arts. 153, § 3º, I) como norteadores da atividade tributante, assim como por prever a utilização do IPTU como instrumento para a consecução da função social da propriedade (art. 182, § 4º, II) por exemplo.

Outra constatação clara é a opção do legislador constituinte por tributos não vinculados em detrimento dos demais, como revelado pelo maior quantitativo de dispositivos destinados à regulação destes, acompanhado de maior impacto na arrecadação tributária, o que afasta igualmente a identificação do Estado brasileiro de 1988 com modelo que se denominou de Estado Fiscal das Taxas.

A partir dessas reflexões, pode-se concluir que a configuração outorgada ao Estado brasileiro pela Constituição de 1988 o identifica com um Estado Fiscal Impositivo de viés social, muito diferente do Estado concebido em 1981, o qual, embora igualmente centrado na arrecadação tributária, esta era menos diversificada quanto aos fatos jurídicos passíveis de incidência tributária, já que muito concentrada nos impostos aduaneiros e estando as despesas públicas mais comprometidas com a consolidação de direitos individuais.

5. Confronto de "gerações"

Uma confrontação entre esses dois retratos do Brasil, o de 1891 e o de 1988, bem demonstra a transformação pela qual o Estado brasileiro passou para dar cabo das necessidades sociais sempre crescentes, transformações essas que se fizeram sentir não apenas no plano normativo, a partir da constitucionalização dos direitos sociais; mas também a partir da destinação de verbas para a viabilização e materialização desses direitos, para o que uma maior sofisticação e diversificação da atividade tributante foram de suma importância.

Alguns dados reveladores, no plano fático, do desempenho nacional acerca da arrecadação de receitas tributárias e de gastos com saúde e educação:

a) desde 2002 (quando o percentual fora de 32,09% – segundo dados da Receita Federal), a arrecadação tributária tem se mantido estável entre 32% e 33% do PIB nos últimos anos, atingindo em 2022 o percentil de 33,56%,[25] correspondendo a níveis considerados satisfatórios, já que equiparados a países como o Canadá, (33,2%), Reino Unido (33,5%) e Suíça (28%) – dados de 2021 da OCDE.[26] Segundo

25. BRASIL. Ministério da Fazenda. Receita Federal. *Carga Tributária no Brasil*: 2022: análise por tributos e base de incidência. Brasília: Receita Federal. 2023. Disponível em: https://www.gov.br/receitafederal/pt-br/centrais-de-conteudo/publicacoes/estudos/carga-tributaria/carga-tributaria-no-brasil-2022. Acesso em: 4 jul. 2024. p. 1-2.

26. *Apud* BRASIL. Ministério da Fazenda. Receita Federal. *Carga Tributária no Brasil*: 2022: análise por tributos e base de incidência. Brasília: Receita Federal.

levantamento feito pelo IPEA, em 1947, era de 13,8%;[27] na década de 60, pós-reforma tributária, passou para 25%, estabilizando-se nas décadas seguintes neste patamar, até atingir, em 1994, 29,8% do PIB. Interessante notar que, em 1895, a arrecadação tributária correspondia a 79,9% das receitas do País;[28]

b) a destinação de verbas para a educação em 2021 (em torno de 6% do PIB) foi superior à média dos países da OCDE,[29] ao passo que, em 1895, correspondia a 1,746% da receita pública arrecadada, como mencionado no item 3 *supra*;

c) os gastos totais com saúde (em torno de 9,6% do PIB em 2019) são considerados relativamente altos pela OCDE, estando acima da média dos países que integram a referida organização, que é de 8,8%,[30] quando em 1895 não passavam de 0,6% das despesas de então, como também anteriormente assinalado no item 3.

Todavia, em que pesem os bons níveis arrecadatórios e uma boa alocação de recursos para setores-chave da

2023. Disponível em: https://www.gov.br/receitafederal/pt-br/centrais-de-conteudo/publicacoes/estudos/carga-tributaria/carga-tributaria-no-brasil-2022. Acesso em: 4 jul. 2024. p. 7.

27. Cf. VARSANO, Ricardo. *A evolução do sistema tributário brasileiro ao longo do século:* anotações e reflexões para futuras reformas. Rio de Janeiro: IPEA, 1998. Disponível em: http://www.ipea.gov.br/agencia/images/stories/PDFs/Tds/td_0405.pdf. Acesso em: 30 jun. 2024. p. 1.

28. CAVALCANTI, Amaro. *Elementos de finanças*: estudo theórico e prático. Rio de Janeiro: Imprensa Nacional, 1896. p. 96.

29. OCDE. *Relatórios econômicos da OCDE*: Brasil 2023. Disponível em: https://www.oecd.org/en/publications/oecd-economic-surveys-brazil-2023_a2d6acac-en.html. Acesso em: 4 jul. 2024. p. 54.

30. OCDE. *Estudos da OCDE sobre os sistemas de saúde*: Brasil 2021. Disponível em: https://www.oecd-ilibrary.org/social-issues-migration-health/estudos-da-ocde-sobre-os-sistemas-de-saude-brasil-2021_f2b7ee85-pt. Acesso em: 4 jul. 2024. p. 68.

sociedade, os resultados obtidos ainda não correspondem à altura aos esforços empreendidos, de acordo com indicadores da OCDE:

1. O Brasil é detentor de desempenho considerado ruim no PISA (Programa Internacional de Avaliação de Estudantes) da OCDE 2022 (ciências, leitura e matemática), uma vez ter ficado abaixo da média dos países que compõem a organização,[31] apesar de destinar à educação valores superiores à média dos países que compõem a organização, como salientado no item "b" *supra*, o que aponta para a ineficiência dos gastos com essa rubrica, em especial quando comparados a países que investem menos que nós na educação e que tiveram melhor desempenho, como México e Canadá.[32]
2. A despeito dos 9,6% do PIB gastos com saúde em 2019,[33] a OCDE avalia que o Brasil poderia ter melhores índices de desempenho quando comparado a outros países por ela avaliados, reflexo da baixa eficiência dos gastos, de sorte que a expectativa de vida saudável poderia estar em 5 (cinco) anos a mais, com o mesmo custo per capita.[34]

---

31. INSTITUTO NACIONAL DE ESTUDOS E PESQUISAS EDUCACIONAIS ANÍSIO TEIXEIRA. *Notas sobre o Brasil no PISA 2022*. Brasília: Inep, 2023. Disponível em: https://download.inep.gov.br/acoes_internacionais/pisa/resultados/2022/pisa_2022_brazil_prt.pdf. Acesso em: 6 jul. 2024. p. 7.

32. OCDE. *Relatórios econômicos da OCDE*: Brasil 2023. Disponível em: https://www.oecd.org/en/publications/oecd-economic-surveys-brazil-2023_a2d6acac-en.html. Acesso em: 4 jul. 2024. p. 54.

33. OCDE. *Estudos da OCDE sobre os sistemas de saúde*: Brasil 2021. Disponível em: https://www.oecd-ilibrary.org/social-issues-migration-health/estudos-da-ocde-sobre-os-sistemas-de-saude-brasil-2021_f2b7ee85-pt. Acesso em: 4 jul. 2024. p. 68.

34. OCDE. *Relatórios econômicos da OCDE*: Brasil 2018. Disponível em: https://www.oecd.org/eco/surveys/Brazil-2018-OECD-economic-survey-overview-Portuguese.pdf. Acesso em: 4 nov. 2018. Dados reafirmados nos *Estudos da OCDE sobre os sistemas de saúde*. OCDE. *Estudos da OCDE sobre os sistemas de saúde*: Brasil 2021.

3. Embora tenha havido redução da desigualdade social de forma mais contundente entre 2003 e 2012, esta voltou a subir em 2020,[35] além de continuar o Brasil dentre os dez países mais desiguais do mundo, com base em dados de 2018, de acordo com estimativas do Banco Mundial.[36]

Tais aspectos jogam luzes sobre uma necessária reflexão acerca de como está sendo feita a alocação dos recursos públicos, diante da sensação generalizada de que os cidadãos se encontram no limite de suas capacidades contributivas, sem a tão merecida resposta social equivalente e, portanto, do esgotamento das respostas que a tributação pode dar diretamente à questão da redução da desigualdade social.

6. Conclusões

Após a análise comparativa empreendida, não se pode negar a evolução positiva do Brasil, que saiu da condição de ex-colônia portuguesa para ocupar o posto da 9ª maior economia do mundo.

A transformação do Brasil de Estado fiscal impositivo liberal em 1891, vinculado à promoção e proteção das liberdades individuais, para um Estado fiscal impositivo de viés social em 1988, mantendo-se a tributação como a mais importante fonte de receitas públicas, demonstra a vontade inerente ao

---

Disponível em: https://www.oecd-ilibrary.org/social-issues-migration-health/estudos-da-ocde-sobre-os-sistemas-de-saude-brasil-2021_f2b7ee85-pt. Acesso em: 4 jul. 2024.p. 83.

35. OCDE. *Relatórios econômicos da OCDE*: Brasil 2023. Disponível em: https://www.oecd.org/en/publications/oecd-economic-surveys-brazil-2023_a2d6acac-en.html. Acesso em: 4 jul. 2024. p. 40.

36. BRASIL. Senado Federal. *Recordista em desigualdade, país estuda alternativas para ajudar os mais probres*. Brasília: Agência Senado, 2021. Disponível em: https://www12.senado.leg.br/noticias/infomaterias/2021/03/recordista-em-desigualdade--pais-estuda-alternativas-para-ajudar-os-mais-pobres. Acesso em: 7 jul. 2024.

povo brasileiro de querer alterar positivamente a realidade social de nosso país em prol do bem-estar geral, sem prejuízo das liberdades individuais até agora conquistadas.

Entretanto, a despeito do incremento significativo da arrecadação tributária ao longo dos anos (devido ao desenvolvimento industrial do país e de uma maior sofisticação e ampliação da atividade tributante), atualmente, inexiste no Brasil uma correlação eficiente entre arrecadação x finanças públicas, do ponto de vista dos ganhos sociais. Em outras palavras, os ganhos sociais não são compatíveis com os valores arrecadados e com as quantias destinadas a determinados setores sociais.

As soluções passam por uma alteração da forma com que enxergamos o Estado e suas responsabilidades, de modo a ensejar uma eventual redução da máquina administrativa e de suas atuais responsabilidades, a depender do perfil possível a ser adotado, afigurando-se mais atual do que nunca a afirmação de Amaro Cavalcanti de que "nem o Estado pode ser reduzido a um simples guarda da ordem publica (um *gendarme* ou *agente de policia*) nem tão pouco, lhe cabe a attribuição de *verdadeira providencia* dos multiplos fins e interesses do povo e territorio, que o constituem",[37] pois esse atuar do poder público, em conjunto com a iniciativa privada, em prol da prosperidade comum, nas palavras de Amaro Cavalcanti, exige "por condição, – que o faça com a intelligencia e o criterio das circumstancias, afim de que a despeza dahi resultante traga a justa e real compensação aos que fornecem, pelo imposto, os meios precisos de semelhante despeza".[38]

37. CAVALCANTI, Amaro. *Elementos de finanças*: estudo theórico e prático. Rio de Janeiro: Imprensa Nacional, 1896. p. 40.

38. CAVALCANTI, Amaro. *Elementos de finanças*: estudo theórico e prático. Rio de Janeiro: Imprensa Nacional, 1896. p. 67

Ao cabo dessas breves reflexões, orgulhosa por dividir com nosso homenageado as mesmas origens seridoenses e honrada em poder contribuir para o resgate histórico desse grande espírito irrequieto, almejo que sua incessante e honesta luta em prol do desenvolvimento de sua terra e de seu povo seja sempre a nossa luta!

Referências

BOBBIO, Norberto; MATEUCCI, Nicola; PASQUINO, Gianfranco. *Dicionário de política*. Tradução Carmem C. Varriale *et al.* 13. ed. Brasília: UnB, 2007. 2 v.

BOUVIER, Michel. *Introduction au droit fiscal général et à la théorie de l'impôt*. 7. ed. Paris: LGDJ, 2005.

BRASIL. [Constituição (1824)]. *Constituição de 1824*. Disponível em: https://www.planalto.gov.br/ccivil_03/constituicao/constituicao24.htm. Acesso em: 4 jul. 2024.

BRASIL. [Constituição (1891)]. *Constituição da República Federativa do Brasil de 1891*. Disponível em: https://www.planalto.gov.br/ccivil_03/constituicao/constituicao91.htm. Acesso em: 26 jun. 2024.

BRASIL. Ministério da Fazenda. Receita Federal. *Carga tributária no Brasil*: 2022: análise por tributos e base de incidência. Brasília: Receita Federal. 2023. Disponível em: https://www.gov.br/receitafederal/pt-br/centrais-de-conteudo/publicacoes/estudos/carga-tributaria/carga-tributaria-no-brasil-2022. Acesso em: 4 jul. 2024.

BRASIL. Senado Federal. *Recordista em desigualdade, país estuda alternativas para ajudar os mais probres*. Brasília: Agência Senado, 2021. Disponível em: https://www12.senado.leg.br/noticias/infomaterias/2021/03/recordista-em-desigualdade-pais-estuda-alternativas-para-ajudar-os-mais-pobres. Acesso em: 7 jul. 2024.

CAVALCANTI, Amaro. *Elementos de finanças*: estudo theórico e prático. Rio de Janeiro: Imprensa Nacional, 1896.

ESTEVAN, Juan Manuel Barquero. La función del tributo en el Estado social y democrático de Derecho. *Cuadernos y Debates,* Madrid, n. 125, 2002.

FERNANDES, Suzana Cristina. O pensamento industrialista de Amaro Cavalcanti. *Leituras de Economia Política*, Campinas, n. 10, p. 25-51, jun. 2002/jun. 2003.

GODOI, Marciano Seabra de. *Justiça, igualdade e direito tributário*. São Paulo: Dialética, 1999.

INSTITUTO NACIONAL DE ESTUDOS E PESQUISAS EDUCACIONAIS ANÍSIO TEIXEIRA. *Notas sobre o Brasil no PISA 2022*. Brasília: Inep, 2023. Disponível em: https://download.inep.gov.br/acoes_internacionais/pisa/resultados/2022/pisa_2022_brazil_prt.pdf. Acesso em: 6 jul. 2024.

NABAIS, José Casalta. *O dever fundamental de pagar imposto*. Coimbra: Almedina, 2004.

NEVES, Marcelo. Entre subintegração e sobreintegração: a cidadania inexistente. *Dados:* Revista de Ciências Sociais, Rio de Janeiro, v. 37, n. 2, p. 253-276, 1994.

OCDE. *Estudos da OCDE sobre os sistemas de saúde*: Brasil 2021. Disponível em: https://www.oecd-ilibrary.org/social-issues-migration-health/estudos-da-ocde-sobre-os-sistemas-de-saude-brasil-2021_f2b7ee85-pt. Acesso em: 4 jul. 2024.

OCDE. *Relatórios econômicos da OCDE*: Brasil 2018. Disponível em: https://www.oecd.org/eco/surveys/Brazil-2018-OECD-economic-survey-overview-Portuguese.pdf. Acesso em: 4 nov. 2018.

OCDE. *Relatórios econômicos da OCDE*: Brasil 2023. Disponível em: https://www.oecd.org/en/publications/

oecd-economic-surveys-brazil-2023_a2d6acac-en.html. Acesso em: 4 jul. 2024.

SILVEIRA, Paulo Antônio Caliendo Velloso. *Direito tributário e análise econômica do direito:* uma visão crítica. Rio de Janeiro: Elsevier, 2009.

TORRES, Ricardo Lobo. *A idéia de liberdade no estado patrimonial e no estado fiscal.* Rio de Janeiro: Renovar, 1991.

VARSANO, Ricardo. *A evolução do sistema tributário brasileiro ao longo do século:* anotações e reflexões para futuras reformas. Rio de Janeiro: IPEA, 1998. Disponível em: http://www.ipea.gov.br/agencia/images/stories/PDFs/Tds/td_0405.pdf. Acesso em: 30 jun. 2024.

FEDERALISMO COOPERATIVO E POLÍTICAS DE SEGURANÇA PÚBLICA NO BRASIL: UMA PROPOSTA DE APRIMORAMENTO DO SISTEMA ÚNICO DE SEGURANÇA PÚBLICA (SUSP)

Flávio Dino[1]

Resumo: No presente artigo, analisa-se a política de segurança pública brasileira sob a ótica do modelo de Estado Federal, ressaltando-se as implicações do federalismo cooperativo sobre a promoção do direito fundamental à segurança pública. O problema enfrentado consiste em identificar maneiras de fortalecimento das ações de segurança pública por meio do Sistema Único de Segurança Pública (SUSP), com ênfase na constitucionalização do Conselho Nacional de Segurança Pública e Defesa Social e na criação da Corregedoria Nacional de Segurança Pública e Defesa Social.

---

1. Ministro do STF. Mestre em Direito (UFPE). Foi Juiz Federal, Deputado Federal, Governador do Maranhão, Senador e Ministro da Justiça. gabinete.gmfd@stf.jus.br

1. Introdução

Em sua obra *Regime federativo e a República brasileira*, Amaro Cavalcanti apresenta um diagnóstico dos primeiros anos do regime republicano e do federalismo brasileiro, bem como da relação entre eles, tendo como marco a Constituição de 1891.[2] Na acepção apresentada, a noção de federalismo é essencialmente vinculada à fixação, por uma Constituição, da medida do poder a ser exercido pelos Estados federados, em sincronia com o ente central. É a Constituição que dimensiona as competências dos entes subnacionais, de modo a que o exercício delas não comprometa a unidade da federação.

No Brasil, conforme realça, os Estados federados nunca, de fato, arvoraram-se da condição de soberanos – ao contrário do federalismo norte-americano, formado por um processo de aglutinação –, o que reforça a ideia de que a extensão de suas competências é estritamente aquela disposta no texto constitucional. Além do mais – e este é o aspecto central para a análise aqui apresentada –, "como partes de um todo uno, [os estados federados] nada podem fazer ou autorisar em contrario ao poder central, a quem foi confiado o direito maior, soberano, de velar pela observância da referida Constituição e pela integridade nacional, dentro dos termos prescriptos por ella"[3] [*sic.*]. A federação imprescinde, pois, de um poder central com função de coordenação.

Tal indissociabilidade entre federalismo e unidade, a ser equilibrada com a autonomia dos entes subnacionais, serve ao presente estudo como premissa para a definição do adequado tratamento do tema da segurança pública, consideradas as características do Estado Federal cooperativo.

---

2. CAVALCANTI, Amaro. *Regimen federativo e a República brazileira*. Rio de Janeiro: Imprensa Nacional, 1900.

3. CAVALCANTI, Amaro. *Regimen federativo e a República brazileira*. Rio de Janeiro: Imprensa Nacional, 1900, p. 332.

Assim, a seguir, analisa-se a tutela jurídica da segurança pública no Brasil, sob a ótica do modelo de Estado Federal, com ênfase na criação do Sistema Único de Segurança Pública (SUSP). Entende-se, à partida, que a prestação de segurança pública de forma cooperativa pelos entes federados, sob a coordenação da União, é condição essencial para a estabilidade democrática, e, portanto, requer aprimoramento, o que pode ser alcançado por meio da constitucionalização do Conselho Nacional de Segurança Pública e Defesa Social e da criação da Corregedoria Nacional de Segurança Pública e Defesa Social.

2. Algumas linhas sobre o modelo de federalismo cooperativo

Sabe-se que o Estado Federal é uma forma de "distribuição geográfica de poder político", a qual se caracteriza pelo reconhecimento da autonomia dos entes federados em relevante proporção.[4] A rigor, sustenta-se sobre a ideia de descentralização, a fim de fortalecer os poderes locais, guiando-se, no entanto, pelo propósito de alcançar "unidade na diversidade".[5]

Para tal finalidade, associa-se ao federalismo a definição de um sistema de repartição de competências entre os entes federados, com vistas a favorecer a eficácia da ação estatal. No modelo de federalismo cooperativo, tal distribuição de competências entre a União e os demais entes federados se dá com o propósito de que todos trabalhem em conjunto para solucionar os problemas nacionais. Não há,

4. BARACHO, José Alfredo de Oliveira. *Teoria geral do federalismo.* Rio de Janeiro: Forense, 1986. p. 315.

5. ARAÚJO, Marcelo Labanca Corrêa de. Federalismo e princípio da simetria: entre unidade e diversidade. *In*: TAVARES, André Ramos; LEITE, George Salomão; SARLET, Ingo Wolfgang (coord.). *Estado constitucional e organização do poder*. São Paulo: Saraiva, 2010. p. 525.

assim, uma rígida distinção entre as esferas de responsabilidade dos entes federados quanto à oferta e à execução de políticas públicas referentes a áreas determinadas. Além disso, a cooperação dos entes subnacionais com os objetivos da política federal é fomentada por um conjunto de medidas, como a realização de transferências de receitas e a definição de padrões mínimos de satisfação de direitos.[6]

Dessa maneira, a estratégia de cooperação federativa apresenta-se como alternativa a modelos erigidos com a demarcação precisa de competências dos entes subnacionais, distinguindo-as das competências do poder central, como ocorre em Estados que adotam a configuração de federalismo dual, modelo que, para alguns, aliás, está em franco declínio.[7] A cooperação funda-se na sobreposição de competências entre o poder central e os entes subnacionais, unindo-os ao mesmo propósito de promoção de políticas públicas, sob a coordenação do ente central.

Nesse sentido, a título de definição, tem-se que

> o federalismo cooperativo se baseia, em grande parte, numa teia de relações intergovernamentais informais e contínuas e arranjos de relações institucionais que buscam adaptar a estrutura formal da Constituição para as necessidades econômicas

---

6. KINCAID, John. The eclipse of dual federalism by one-way cooperative federalism. *Arizona State Law Journal*, Phoenix, v. 49, n. 3, p. 1061-1089, Fall 2017. Disponível em: https://arizonastatelawjournal.org/wp-content/uploads/2017/11/Kincaid_Pub.pdf. Acesso em: 28 maio 2024.

7. Nesse sentido, ressalta Shapiro que "o federalismo dual está morto, mas o seu espírito continua a assombrar as discussões contemporâneas sobre o federalismo. Nem os tribunais nem os acadêmicos adotam o objetivo do federalismo dual de criar esferas exclusivas e não sobrepostas de autoridade estatal e nacional. No entanto, persiste a concepção dualista do federalismo como um exercício de definição de limites" [tradução nossa], v. SCHAPIRO, Robert A. *Toward a theory of interactive federalism*. Atlanta: Emory University School of Law, [2014]. (Public Law & Legal Theory Research Paper Series. Research Paper, n. 5-4). Disponível em: http://papers.ssrn.com/abstract=734644. Acesso em: 28 maio 2024.

e sociais e as realidades fiscais de um estado federal moderno[8] (tradução nossa).

Entende-se que o arranjo cooperativo do federalismo é essencial para a adequada promoção de políticas de segurança pública no Brasil.[9] As políticas públicas nessa seara reclamam a conjugação de esforços nos diferentes níveis da federação, a serem empregados de maneira coordenada e harmônica. É nessa conjuntura que ganha relevância a estruturação do Sistema Único de Segurança Pública.

3. O Sistema Único de Segurança Pública (SUSP) sob a ótica do federalismo

Em seu art. 5º, *caput*, a Constituição brasileira prevê a segurança pública como integrante do rol de direitos fundamentais, definindo, adiante, em seu art. 144, *caput*, que a promoção do direito constitui "dever do Estado e responsabilidade de todos". A constitucionalização da segurança pública, inaugurada pela Constituição de 1988, tem a especial consequência de legitimar a elaboração e a execução de políticas de segurança pelo Estado, nos três níveis da federação,[10] concebendo-a como autêntico serviço público.[11]

---

8. NEWMAN, J. The promise and limits of cooperative federalism as a constitutional principle. *The Supreme Court Law Review*, v. 76, 2016. Disponível em: https://digitalcommons.osgoode.yorku.ca/sclr/vol76/iss1/4/. Acesso em: 28 maio 2024.

9. Há quem considere que a Constituição de 1988 estabeleceu um padrão híbrido, combinando compartilhamento de responsabilidades em certas áreas com dispositivos que estimulam a competição em outras, v. MACHADO, José Angelo; PALOTTI, Pedro Lucas de Moura. Entre cooperação e centralização: federalismo e políticas sociais no brasil pós-1988. *RBCS*, São Paulo, v. 30, n. 88, p. 63, 2015.

10. SOUZA NETO, Cláudio Pereira. Comentário ao artigo 144. *In*: CANOTILHO, J. J. Gomes; MENDES, Gilmar F.; SARLET, Ingo W.; STRECK Lenio L. (coord.). *Comentários à Constituição do Brasil*. São Paulo: Saraiva: Almedina, 2018. posição 3013.

11. ARAGÃO, Alexandre Santos. *Direito dos serviços públicos*. 2. ed. Rio de Janeiro: Forense, 2005.

A propósito da atuação do Estado nessa seara, o Supremo Tribunal Federal (STF) já consolidou jurisprudência no sentido de que "o direito à segurança é prerrogativa constitucional indisponível, garantido mediante a implementação de políticas públicas, impondo ao Estado a obrigação de criar condições objetivas que possibilitem o efetivo acesso a tal serviço".[12] Trata-se de uma decorrência da dimensão positiva do direito, que requer, ademais, a sua satisfação progressiva, sendo vedado retrocesso.[13]

Precisamente acerca da relação entre federalismo e segurança pública, o STF reconheceu que a matéria é de competência comum e concorrente dos entes federados, com base em uma leitura combinada dos arts. 23, I; 24, I e 144 da CF),[14] razão pela qual "as atribuições dos entes federativos devem confluir para garantir a preservação da ordem pública 'de maneira a garantir a eficiência de suas atividades'".[15] Registre-se com a mesma finalidade, a apresentação da PEC n. 33/2014 do Senado Federal (PEC n. 138/2015 na Câmara dos Deputados), que visa a alterar o art. 23 e art. 24 da Constituição para inserir explicitamente a segurança pública entre as competências da União, dos Estados, do Distrito Federal e dos Municípios.[16]

Na mesma direção, na ADPF 995, o tribunal firmou o entendimento de que as guardas municipais integram o

---

12. BRASIL. Supremo Tribunal Federal. Segunda Turma. RE 559.646 AgR. Rel. Min. Ellen Gracie. *DJe*, Brasília, 24 jun. 2011.

13. BRASIL. Supremo Tribunal Federal. Tribunal Pleno. ADI 7.013. Rel. Min. Cármen Lúcia. *DJe*, Brasília, 5 set. 2023.

14. BRASIL. Supremo Tribunal Federal. Tribunal Pleno. ADI 5.356. Rel. Min. Edson Fachin. Rel. acórdão: Min. Marco Aurélio. *DJe*, Brasília, 1 ago. 2017.

15. BRASIL. Supremo Tribunal Federal. Tribunal Pleno. ADI 2.575. Rel. Min. Dias Toffoli. *DJe*, Brasília, 16 nov. 2020.

16. BRASIL. Senado Federal. *PEC n. 33/2014*. Sen. Ricardo Ferraço e outros. Brasília: Senado Federal, 2014. Disponível em: https://www25.senado.leg.br/web/atividade/materias/-/materia/118712. Acesso em: 26 maio 2024.

Sistema de Segurança Pública, uma vez que possuem, entre suas atribuições, o poder-dever de prevenir, inibir e coibir infrações penais ou administrativas e atos infracionais que atentem contra os bens, serviços e instalações municipais, atividade típica de segurança pública.[17] Na mesma ocasião, esclareceu que o exercício das competências legislativas e administrativas garantem a cooperação entre os três níveis da federação, assim como sublinhou "a necessidade de união de esforços para o combate à criminalidade organizada e violenta, não se justificando, nos dias atuais da realidade brasileira, a atuação separada e estanque de cada uma das Polícias Federal, Civis e Militares e das Guardas Municipais".[18]

Recentemente, na RCL 62.455, constatei, em decisão do STJ, afronta ao acórdão prolatado na referida ADPF 995. A decisão reclamada definiu que as Guardas Municipais não detêm competência para realizar busca pessoal de indivíduos em via pública mesmo quando em sede de fundada suspeita, exceto em situações em que a busca pessoal tenha relação clara, direta e imediata com a necessidade de proteger a integridade dos bens e instalações ou assegurar a adequada execução dos serviços municipais. Na ocasião, destaquei ser responsabilidade das guardas municipais interromper atividades criminosas ou infracionais, compreendendo que "essa atuação é fundamental para proteger a população e colaborar com os demais órgãos da segurança pública, de forma a contribuir significativamente para a manutenção da paz social".[19] Do contrário, "ou teríamos guardas municipais tolhidos na sua atuação como

17. BRASIL. Supremo Tribunal Federal. Tribunal Pleno. ADPF 995. Rel. Min. Alexandre de Moraes. *DJe*, Brasília, 9 out. 2023.

18. BRASIL. Supremo Tribunal Federal. Tribunal Pleno. ADPF 995. Rel. Min. Alexandre de Moraes. *DJe*, Brasília, 9 out. 2023.

19. BRASIL. Supremo Tribunal Federal. Decisão monocrática. RCL 62.455. Rel. Min. Flávio Dino. *DJe*, Brasília, 25 abr. 2024.

órgãos de segurança pública, frustrando as Leis 13.022/14 e 13.675/18; ou a sociedade estaria diante de atuações absolutamente díspares em situações iguais, ensejadoras de busca pessoal".[20]

Especificamente sobre a Lei 13.675/2018, o STF definiu que sua edição atende ao comando contido no § 7º do art. 144 da CF. Com ela, objetivou-se substituir a antiga fórmula de descentralização das políticas de segurança pública por um modelo de centralização do planejamento estratégico.[21]

A referida lei instituiu o Sistema Único de Segurança Pública (SUSP) e criou a Política Nacional de Segurança Pública e Defesa Social (PNSPDS), definindo, em seu art. 1º, a atuação "conjunta, coordenada, sistêmica e integrada" dos órgãos de segurança pública e defesa social dos entes federados. A proposta teve como objetivo aumentar a capacidade do governo federal de articular e coordenar as políticas de segurança pública. Concebida a cooperação federativa em matéria de segurança pública, os entes federados – integrantes estratégicos do SUSP – foram instados ao cumprimento dos objetivos e das metas instituídos no Plano Nacional de Segurança Pública e Defesa Social por intermédio do Decreto 10.822/2021.

Conforme se observa, a criação do SUSP teve como fundamento as mesmas premissas justificadoras da criação do Sistema Único de Saúde (SUS) e do Sistema Único de Assistência Social (SUAS), as quais também ensejaram a proposta de criação do Sistema Nacional de Educação (SNE),[22] a saber, a necessidade de integração das ações e

20. BRASIL. Supremo Tribunal Federal. Decisão monocrática. RCL 62.455. Rel. Min. Flávio Dino. *DJe*, Brasília, 25 abr. 2024.

21. BRASIL. Supremo Tribunal Federal. Tribunal Pleno. ADI 2.575. Rel. Min. Dias Toffoli. *DJe*, Brasília, 16 nov. 2020.

22. O SUS tem previsão expressa no art. 198 da CF, tendo sido instituído pela Lei 8.080/1999, enquanto a criação do SUAS encontra aporte no art. 204, inciso I, da CF, tendo sido expressamente referido pela Lei 12.435/2011, que alterou a Lei

políticas relacionadas ao direito à educação, levando em conta que a falta de coordenação federativa enfraquece a sua promoção.

Nos termos do art. 9º da Lei 13.675/2018, o SUSP é composto por integrantes "estratégicos" e "operacionais", tendo como órgão central o Ministério da Justiça e Segurança Pública. Elencados no § 1º do mesmo dispositivo, os integrantes estratégicos são a União, os Estados, o Distrito Federal e os Municípios, bem como os seus respectivos Conselhos de Segurança Pública e Defesa Social. Cada ente subnacional é responsável pela criação, organização e funcionamento de seu sistema de segurança pública, obedecidas as disposições contidas na lei federal (art. 9º, § 4º c/c art. 22, § 5º), cabendo à União, se for o caso, apoiar os Estados, o Distrito Federal e os Municípios na implementação do SUSP (art. 15). Trata-se de competência atribuída a todos os entes federados, a ser exercida nos limites de sua autonomia federativa.

No federalismo cooperativo, busca-se a implementação de políticas públicas por meio da integração de ações oriundas dos diferentes níveis de governo, a partir da criação de condições de cooperação. Em relação à segurança pública, observa-se, a partir da década de 1990, uma busca pela reorganização das relações intergovernamentais por meio de esforços do governo federal.[23] Nessa conjuntura,

---

8.742/1993. A criação do SNE é objeto do PLS n. 235/2019, já aprovado no Senado Federal e pendente de aprovação na Câmara dos Deputados. Em seu art. 1º, § 1º, o SNE é definido como a "articulação dos sistemas de ensino da União, dos Estados, do Distrito Federal e dos Municípios, sob a coordenação da União", em manifesta correspondência à ideia de federalismo cooperativo. O SNE ancora-se no art. 211 da Constituição.

23. NUNES, Alisson Nava; LIMA, Diana Vaz de. Transferências fundo a fundo: coordenação e cooperação federativa na segurança pública do Brasil. *Revista de Administração Pública*, São Paulo, n. 57, v. 3, p. 3, 2023, que ensinam, ainda, que, até então, as questões referentes à segurança pública compunham, precipuamente, a agenda dos governos estaduais. Um marco da mudança de tal acepção foi a criação, em 1995, da Secretaria de Planejamento de Ações Nacionais de Segurança Pública

soma-se à criação do SUSP, com a edição da Lei 13.675/2018, a instituição do Fundo Nacional de Segurança Pública (FNSP) por meio da Lei 13.756/2018.

O art. 7º, I, da Lei 13.756/2018 estabeleceu a obrigatoriedade de transferência para os Estados e o Distrito Federal de, no mínimo, 50% (cinquenta por cento) dos recursos do Fundo Nacional de Segurança Pública (FNSP), na modalidade fundo a fundo, independentemente da celebração de convênio, de contrato de repasse ou de outro instrumento. Os repasses diretos dependem de um conjunto de condições elencadas no art. 8º, com destaque para a criação de Conselho Estadual ou Distrital de Segurança Pública e Defesa Social e do Fundo Estadual ou Distrital de Segurança Pública, assim como da existência de plano de segurança e de aplicação dos recursos no âmbito dos Estados e do Distrito Federal, observadas, entre outras, as diretrizes do Plano Nacional de Segurança Pública e Defesa Social.

Além disso, com a finalidade de conferir uniformidade à aplicação dos recursos repassados, o Poder Executivo, mediante Portaria, deve estabelecer áreas temáticas para o uso dos recursos do FNSP. Assim o fez com a edição de várias portarias, sendo a mais recente a Portaria 685/2024, do Ministério da Justiça, que, em seu art. 3º, § 4º, define percentuais a serem empregados em áreas como "crime organizado", "violência contra a mulher" e "melhoria da qualidade de vida dos profissionais da segurança pública".

Merecem menção, ainda, diversos programas e projetos criados ou intensificados em 2023, no âmbito do Ministério da Justiça, visando à melhor concretização do SUSP. Neste passo, foram implementadas diversas Operações Integradas, com a atuação conjunta dos entes federados em relação a crimes contra crianças, mulheres, idosos ou

---

(Seplanseg) do Ministério da Justiça, a seguir designada Secretaria Nacional de Segurança Pública (Senasp)..

perpetrados por organizações criminosas nacionais.[24] Também lembro a presença da Força Nacional de Segurança Pública em momentos de crises estaduais, a exemplo do que ocorreu em 2023 no Rio Grande do Norte e no Rio de Janeiro. E, finalmente, como demonstração da operacionalidade do SUSP, realço a criação das FICCO (Forças Integradas de Combate ao Crime Organizado), em todos os estados federados, atendendo à Portaria MJSP 427/2023.[25]

Conforme se vê, as questões referentes à segurança pública possuem alcance nacional, ainda quando ocorrem em localidade específica,[26] cabendo à União o comando das ações de cooperação e integração referentes ao tema.

---

24. Entre tais programas e projetos, merece destaque a chamada "Operação Átria", destinada ao combate à violência contra a mulher em razão do gênero. Conforme dados oficiais, "em 2023, a Átria apurou 17.480 denúncias nos diversos canais – municipais, estaduais e federais – e lavrou 6.702 prisões em flagrante. O número de mandados judiciais de prisão cumpridos chegou a 2.639 e a quantidade de medidas protetivas de urgência solicitadas no período foi de 37.965. Ao todo, as diligências relativas à operação ocorreram em 3.463 municípios, nas 27 unidades da Federação". Em relação ao ano de 2022, os dados revelam que o volume de denúncias de violências contra mulheres foi "23% maior [...], passando de 87,7 mil para 114,6 mil", v. BRASIL. Secretaria de Comunicação Social. *Em uma semana, Operação Átria atende mais de 2,8 mil mulheres*. Disponível em: https://www.gov.br/secom/pt-br/assuntos/noticias/2024/03/em-uma-semana-operacao-atria-atende-mais-de-2-8-mil-mulheres. Acesso em: 3 jun. 2024. Em balanço realizado no mês de março de 2024, constatou-se, em relação ao mesmo período do ano anterior, que "ao todo, foram realizadas diligências em 1.765 municípios, com 10,4 mil prisões e 179 apreensões de menores infratores. O número de medidas protetivas de urgência solicitadas foi de 68 mil, contra 37,9 mil em 2023. Foram 30,8 mil denúncias apuradas, contra 17,4 mil no ano anterior", v. BRASIL. Ministério da Justiça e Segurança Pública. *Operação Átria*: atendimentos a mulheres vítimas de violência têm aumento de 63% em 2024. Disponível em: https://www.gov.br/mj/pt-br/assuntos/noticias/operacao-atria-atendimentos-a-mulheres-vitimas-de-violencia-tem-aumento-de-63-em-2024. Acesso em: 3 jun. 2024.

25. Em seu art. 1º, a Portaria MJSP n. 427/2023 determina "a expansão dos Grupos de Investigações Sensíveis – GISEs e das Forças Integradas de Combate ao Crime Organizado – FICCOs, com vistas a ampliar o enfrentamento às organizações criminosas no território nacional", definindo, em seu art. 2º, que a Polícia Federal passará a contar com 27 (vinte e sete) FICCOs.

26. A título de exemplo, menciona-se a recente condenação do Estado brasileiro no caso Tavares Pereira *vs.* Brasil, decidido pela Corte IDH. O Estado foi condenado por episódio de violência policial ocorrido no Paraná, tendo sido determinada a

4. Uma proposta de aprimoramento do Sistema Único de Segurança Pública (SUSP)

A adequada configuração do sistema federativo em matéria de segurança pública requer condições políticas e incentivos institucionais para a cooperação.[27] Entende-se que duas medidas são fundamentais, nesse contexto, para o aprimoramento da prestação de segurança pública, e, com isso, da preservação da ordem pública e proteção da incolumidade e do patrimônio das pessoas.

Em primeiro lugar, compreende-se ser primordial que o Conselho Nacional de Segurança Pública e Defesa Social, já previsto na Lei 13.675/2018, passe a receber tratamento constitucional, integrando o SUSP com os demais órgãos especificados no art. 144 da Constituição da República.

O Conselho Nacional de Segurança Pública e Defesa Social tem competência consultiva e de acompanhamento social das atividades de segurança pública e defesa social. A ele compete a) aprovar diretrizes obrigatórias para políticas públicas relacionadas à segurança pública e defesa social, para a política criminal e sobre a atuação das polícias penais; b) acompanhar e apreciar o cumprimento das metas das Políticas e do Planos de Segurança Pública e Defesa Social; e c) apoiar os entes federados no fortalecimento da atuação de seus respectivos conselhos estaduais e municipais de segurança pública e defesa social. A sua previsão constitucional tem o condão de fortalecer o papel que exerce na execução da política e do Plano Nacional de Segurança Pública, deixando claro o seu caráter mandatório,

---

realização de capacitações sobre o uso da força, dirigidas às forças de segurança do país que atuam no contexto de manifestações e protestos, v. CORTE IDH. *Tavares Pereira vs. Brasil*. Sentença de 16 de novembro de 2023.

27. GROSSI, Arthur. Relações intergovernamentais e segurança pública: uma análise do Fundo Nacional de Segurança Pública. *Revista Brasileira de Segurança Pública*, São Paulo, v. 1, n. 1, p. 9, 2007.

a exemplo do que foi feito com a EC 45/2004, que criou o Conselho Nacional de Justiça (CNJ) e o Conselho Nacional do Ministério Público (CNMP).

Além do mais, com vistas a instituir o controle nacional da atividade dos órgãos de segurança pública e garantir a proporcionalidade no uso do poder coercitivo, propõe-se a criação da Corregedoria Nacional de Segurança Pública e Defesa Social, com competência para a) receber as reclamações e denúncias, de qualquer interessado, relativas aos profissionais de segurança pública e defesa social; b) exercer funções de inspeção e de correição geral nos órgãos operacionais do Sistema Único de Segurança Pública; e c) zelar pelo resultado célere na apuração das denúncias em tramitação nas corregedorias locais. Também neste caso há simetria com o previsto no Poder Judiciário e no Ministério Público, nos quais já atuam Corregedorias Nacionais.

Em relação às duas propostas, em 2023 foram realizados estudos e debates no Ministério da Justiça, resultando na minuta de uma PEC, que, se enviada ao Congresso Nacional e aprovada, implicaria substantivos avanços na concretização do SUSP, como o melhor caminho de aperfeiçoar os serviços de segurança pública.

5. Conclusão

Já se constatou que "o 'federalismo cooperativo' não é apenas um modelo de federalismo; é um modelo de administração"[28] (tradução nossa). O reflexo disso sobre a promoção do direito à segurança pública no Brasil consiste na necessidade de envolvimento conjunto dos entes federados na execução coordenada de políticas de segurança,

28. FAHEY, Bridget A. Federalism's administrative law. *The Yale Law Journal*, New Haven, v. 132, n. 5, mar. 2023. Disponível em: https://www.yalelawjournal.org/article/coordinated-rulemaking#_ftnref1. Acesso em: 28 maio 2024.

que leve em conta as peculiaridades regionais e locais, sem descuidar da ideia de unidade.

É com tal propósito que a Lei 13.675/2018 criou o SUSP, inaugurando uma nova fase de promoção do direito à segurança pública. A relevância primordial de sua instituição consiste em propiciar a gestão coordenada das políticas de segurança pública pelo governo federal, sem deixar de observar a autonomia dos entes subnacionais na formulação de seu planejamento próprio.

Como apontado ao longo deste texto, há diferentes maneiras de promover a cooperação federativa para a promoção de direitos, merecendo destaque, no caso específico da segurança pública, a criação de mecanismo de financiamento das políticas estaduais mediante transferências de fundo a fundo. Tal possibilidade deve, inclusive, ser estendida aos Municípios, conforme propõe o PLS 4.654/2023,[29] em tramitação no Senado Federal. No entanto, em face de sua relevância, a promoção da segurança pública exige um contínuo aprimoramento. Tendo em vista tal finalidade, propôs-se a constitucionalização do Conselho Nacional de Segurança Pública e Defesa Social e a criação da Corregedoria Nacional de Segurança Pública e Defesa Social.

Afirmou Amaro Cavalcanti ser "evidente que, com a legislação e a administração particular de cada um dos membros da Federação, se poderá corresponder melhor às suas condições e necessidades, do que com as disposições legislativas e administrativas, uniformes, de um poder central único"[30] [*sic.*]. As considerações aqui apresentadas dão conta de que, em matéria de segurança pública, a "boa

---

29. BRASIL. Senado Federal. *PLS n. 4.654/2023*. Sen. Alessandro Vieira. Brasília: Senado Federal, 2023. Disponível em: https://www25.senado.leg.br/web/atividade/materias/-/materia/160178. Acesso em: 3 jun. 2024.

30. CAVALCANTI, Amaro. *Regimen federativo e a República brazileira*. Rio de Janeiro: Imprensa Nacional, 1900. p. 121.

regra da descentralização"[31] é compatível com a noção de unidade, igualmente característica do modelo de Estado Federal. Nesse cenário, a criação do SUSP e as propostas para o seu fortalecimento evidenciam as vantagens do equilíbrio entre o respeito à autonomia dos entes federados e a necessidade de coordenação, pelo governo federal, das ações voltadas à promoção do direito à segurança pública no Brasil.

Referências

ARAGÃO, Alexandre Santos. *Direito dos serviços públicos.* 2 ed. Rio de Janeiro: Forense, 2005.

ARAÚJO, Marcelo Labanca Corrêa de. Federalismo e princípio da simetria: entre unidade e diversidade. In: TAVARES, André Ramos; LEITE, George Salomão; SARLET, Ingo Wolfgang (coord.). *Estado constitucional e organização do poder*. São Paulo: Saraiva, 2010.

BARACHO, José Alfredo de Oliveira. *Teoria geral do federalismo*. Rio de Janeiro: Forense, 1986.

BRASIL. Ministério da Justiça e Segurança Pública. *Operação Átria*: atendimentos a mulheres vítimas de violência têm aumento de 63% em 2024. Disponível em: https://www.gov.br/mj/pt-br/assuntos/noticias/operacao-atria-atendimentos-a-mulheres-vitimas-de-violencia-tem-aumento-de-63-em-2024. Acesso em: 3 jun. 2024.

BRASIL. Secretaria de Comunicação Social. *Em uma semana, Operação Átria atende mais de 2,8 mil mulheres.* Disponível em: https://www.gov.br/secom/pt-br/assuntos/noticias/2024/03/em-uma-semana-operacao-atria-atende-mais-de-2-8-mil-mulheres. Acesso em: 3 jun. 2024.

31. CAVALCANTI, Amaro. *Regimen federativo e a República brazileira*. Rio de Janeiro: Imprensa Nacional, 1900. p. 116.

BRASIL. Senado Federal. *PEC n. 33/2014*. Sen. Ricardo Ferraço e outros. Brasília: Senado Federal, 2014. Disponível em: https://www25.senado.leg.br/web/atividade/materias/-/materia/118712. Acesso em: 26 maio 2024.

BRASIL. Senado Federal. *PLS n. 4.654/2023*. Sen. Alessandro Vieira. Brasília: Senado Federal, 2023. Disponível em: https://www25.senado.leg.br/web/atividade/materias/-/materia/160178. Acesso em: 3 jun. 2024.

BRASIL. Supremo Tribunal Federal. Tribunal Pleno. ADI 2.575. Rel. Min. Dias Toffoli. *DJe*, Brasília, 16 nov. 2020.

BRASIL. Supremo Tribunal Federal. Tribunal Pleno. ADI 5.356. Rel. Min. Edson Fachin. Rel. acórdão: Min. Marco Aurélio. *DJe*, Brasília, 1 ago. 2017.

BRASIL. Supremo Tribunal Federal. Tribunal Pleno. ADI 7.013. Rel. Min. Cármen Lúcia. *DJe*, Brasília, 5 set. 2023.

BRASIL. Supremo Tribunal Federal. Tribunal Pleno. ADPF 995. Rel. Min. Alexandre de Moraes. *DJe*, Brasília, 9 out. 2023.

BRASIL. Supremo Tribunal Federal. Segunda Turma. RE 559.646 AgR. Rel. Min. Ellen Gracie. *DJe*, Brasília, 24 jun. 2011.

BRASIL. Supremo Tribunal Federal. Decisão monocrática. RCL 62.455. Rel. Min. Flávio Dino. *DJe*, Brasília, 25 abr. 2024

CAVALCANTI, Amaro. *Regimen federativo e a República brazileira*. Rio de Janeiro: Imprensa Nacional, 1900.

CORTE IDH. *Tavares Pereira vs. Brasil*. Sentença de 16 de novembro de 2023.

FAHEY, Bridget A. Federalism's administrative law. *The Yale Law Journal*, New Haven, v. 132, n. 5, Mar. 2023. Disponível em: https://www.yalelawjournal.org/article/coordinated-rulemaking#_ftnref1. Acesso em: 28 maio 2024.

GROSSI, Arthur. Relações intergovernamentais e segurança pública: uma análise do Fundo Nacional de Segurança Pública. *Revista Brasileira de Segurança Pública*, São Paulo, v. 1, n. 1, p. 6-20, 2007.

KINCAID, John. The eclipse of dual federalism by one-way cooperative federalism. *Arizona State Law Journal*, Phoenix, v. 49, n. 3, p. 1061-1089, Fall 2017. Disponível em: https://arizonastatelawjournal.org/wp-content/uploads/2017/11/Kincaid_Pub.pdf. Acesso em: 28 maio 2024.

MACHADO, José Angelo; PALOTTI, Pedro Lucas de Moura. Entre cooperação e centralização: federalismo e políticas sociais no brasil pós-1988. *RBCS*, São Paulo, v. 30, n. 88, 2015.

NEWMAN, J. The promise and limits of cooperative federalism as a constitutional principle. *The Supreme Court Law Review*, v. 76, 2016. Disponível em: https://digitalcommons.osgoode.yorku.ca/sclr/vol76/iss1/4/. Acesso em: 28 maio 2024.

NUNES, Alisson Nava; LIMA, Diana Vaz de. Transferências fundo a fundo: coordenação e cooperação federativa na segurança pública do Brasil. *Revista de Administração Pública*, São Paulo, n. 57, v. 3, p. 3, 2023.

SCHAPIRO, Robert A. *Toward a theory of interactive federalism*. Atlanta: Emory University School of Law, [2014]. (Public Law & Legal Theory Research Paper Series. Research Paper, n. 5-4). Disponível em: http://papers.ssrn.com/abstract=734644. Acesso em: 28 maio 2024.

SOUZA NETO, Cláudio Pereira. Comentário ao artigo 144. *In*: CANOTILHO, J. J. Gomes; MENDES, Gilmar F.; SARLET, Ingo W.; STRECK Lenio L. (coord.). *Comentários à Constituição do Brasil*. São Paulo: Saraiva: Almedina, 2018.

REGULARIZAÇÃO FUNDIÁRIA URBANA NO BRASIL: MITO E REALIDADE?

Francisco de Queiroz Bezerra Cavalcanti[1]

1 Considerações gerais sobre os instrumentos legais para o enfrentamento da questão das moradias subnormais; 2 A figura da regularização fundiária, conceito e espécies; 3. As dificuldades de compatibilização dos projetos de regularização fundiária com as condições mínimas de habitabilidade; 4 Soluções para potenciais conflitos; 5 Conclusões; Referências.

1. Considerações gerais sobre os instrumentos legais para o enfrentamento da questão das moradias subnormais

A questão da precariedade de expressivo percentual de propriedades – ou apossamentos – urbanos nas cidades em todo o mundo e no Brasil, mormente nas grandes cidades e regiões metropolitanas, é de grande relevo e preocupação, especialmente quando se tem como objetivo a melhoria das condições de vida e a dignidade da pessoa

1. Professor Aposentado da Faculdade de Direito do Recife. Doutor em Direito pela Universidade de Lisboa. Desembargador Aposentado do Tribunal Regional Federal da 5ª Região. Tabelião.

humana.[2] A falta de moradias dignas e as edificações de habitações em áreas de risco, sujeitas a eventos naturais como enchentes e deslizamentos, configuram uma realidade em todos os rincões deste país. Exemplos como os ocorridos em Petrópolis, em Porto Alegre e em outras cidades gaúchas ceifaram milhares de vidas e deixaram grande número de desabrigados e desalojados.

Vários instrumentos foram e estão a ser delineados e criados, embora em ritmo bastante lento e insuficiente para fazer frente aos graves problemas habitacionais existentes: déficit de moradias e habitações precárias.[3]

---

2. Causas da Exclusão e Formação das Áreas de Assentamentos Precários – Mais de 3,71 bilhões de pessoas, aproximadamente 53% da população mundial vive em áreas urbanas. Segundo relatório preparatório das Nações Unidades para o Habitat III, apesar dos avanços, quase um quarto da população urbana mundial continua vivendo em favelas. Depois de 1990 estima-se 213 milhões de pessoas a mais vivendo em assentamentos precários. Em algumas capitais latino-americanas, o percentual de pessoas vivendo em assentamentos precários está acima de 50%, como é o caso de Caracas (Venezuela), Quito (Equador) e *o Recife, onde estima-se 53%.* EQUIDADE socioterritorial, habitação e regularização fundiária. Disponível em: https://l1nk.dev/BXRlZ. Acesso em: 9 jul. 2024.

3. "Em 2022, o déficit habitacional do Brasil totalizou 6.215.313 de domicílios, o que representa 8,3% do total de habitações ocupadas no país. Em termos absolutos, na comparação com 2019 (5.964.993), houve um aumento de cerca de 4,2% no total de domicílios déficit, porém o total relativo, ou seja, o percentual de domicílios em déficit em relação ao total de domicílios particulares ocupados no país permaneceu praticamente estável em relação a 2019 (8,4%). Os dados foram divulgados nesta quarta-feira, 24/4/2024, pela Fundação João Pinheiro (FJP), instituição responsável pelo cálculo do déficit habitacional do Brasil em parceria com a Secretaria Nacional de Habitação do Ministério das Cidades. A atualização dos dados para o ano de 2022 teve como base a Pesquisa Nacional por Amostra de Domicílios Contínua (PnadC), do Instituto Brasileiro de Geografia e Estatística (IBGE) e o Cadastro Único para Programas Sociais CadÚnico. *Conceito* – O déficit habitacional é um conceito que dá sustentação aos indicadores que buscam estimar a necessidade de substituição ou mesmo construção de habitações devido à grande precariedade de determinadas habitações (domicílios improvisados, rústicos), ao ônus excessivo com aluguel e à existência de coabitação (famílias habitando cômodos e unidades domésticas conviventes). Em última análise, esses indicadores têm o papel de dimensionar a quantidade de habitações que são incapazes de atender o direito de acesso, por parte de segmentos da população brasileira, a uma habitação minimamente adequada" (TAMIETTI, Gabriel. *Brasil registra déficit habitacional de 6 milhões de domicílios*. Belo Horizonte: Fundação João Pinheiro, 24 abr. 2024. Disponível em: https://l1nk.dev/LVYVP. Acesso em: 9 jul. 2024).

A Constituição de 1988 passou a prever, com o objetivo de assegurar a função social da propriedade – inclusive da propriedade urbana[4] –, entre outras ferramentas: a desapropriação por interesse social, com pagamento em títulos da dívida pública, algo que tem tido pouca efetividade em face dos elevados níveis de endividamento dos municípios e dos decorrentes entraves na emissão de títulos; a ampliação da figura da usucapião e também a da *regularização fundiária, disciplinada após muitos anos.*

---

4. Nesse sentido observe-se, entre outros:
CF/88:
Art. 182. *A política de desenvolvimento urbano*, executada pelo Poder Público municipal, conforme diretrizes gerais fixadas em lei, tem por objetivo *ordenar o pleno desenvolvimento das funções sociais da cidade e garantir o bem-estar de seus habitantes. (Regulamento) (Vide Lei n. 13.311, de 11 de julho de 2016)*
§ 1º O plano diretor, aprovado pela Câmara Municipal, obrigatório para cidades com mais de vinte mil habitantes, é o instrumento básico da política de desenvolvimento e de expansão urbana.
§ 2º A propriedade urbana cumpre sua função social quando atende às exigências fundamentais de ordenação da cidade expressas no plano diretor.
§ 3º As desapropriações de imóveis urbanos serão feitas com prévia e justa indenização em dinheiro.
§ 4º É facultado ao Poder Público municipal, mediante lei específica para área incluída no plano diretor, exigir, nos termos da lei federal, do proprietário do solo urbano não edificado, subutilizado ou não utilizado, que promova seu adequado aproveitamento, sob pena, sucessivamente, de:
I – parcelamento ou edificação compulsórios;
II – imposto sobre a propriedade predial e territorial urbana progressivo no tempo;
III – *desapropriação com pagamento mediante títulos da dívida pública de emissão previamente aprovada pelo Senado Federal, com prazo de resgate de até dez anos*, em parcelas anuais, iguais e sucessivas, assegurados o valor real da indenização e os juros legais.
Art. 183. *Aquele que possuir como sua área urbana de até duzentos e cinquenta metros quadrados, por cinco anos, ininterruptamente e sem oposição, utilizando-a para sua moradia ou de sua família, adquirir-lhe-á o domínio, desde que não seja proprietário de outro imóvel urbano ou rural*
§ 1º O título de domínio e a concessão de uso serão conferidos ao homem ou à mulher, ou a ambos, independentemente do estado civil.
§ 2º Esse direito não será reconhecido ao mesmo possuidor mais de uma vez.
§ 3º Os imóveis públicos não serão adquiridos por usucapião" (grifos nossos).

2. A figura da regularização fundiária, conceito e espécies

Ao longo desse período, inúmeras propostas e projetos vêm sendo apresentados, embora, infelizmente, parte deles voltada sobretudo no tocante à facilitação da obtenção de títulos regulares de propriedade. Por vezes, tem-se a ideia equivocada, ao menos parcialmente, que com tais medidas de concessão de títulos cartulares, alcançar-se-ia sucesso em relação ao crucial problema das moradias.

Nessa trilha, o Estatuto da Cidade (Lei 10.257 de 10 de julho de 2001), viria a ser bastante enaltecido ao prever a figura da *regularização fundiária*,[5] que ganharia concretude com a Lei federal 13.465 de 2017,[6] criadora de novos

---

5. Lei 10.257:
"Art. 2º A política urbana tem por objetivo ordenar o pleno desenvolvimento das funções sociais da cidade e da propriedade urbana, mediante as seguintes diretrizes gerais:
I – [...]
XIV – *regularização fundiária e urbanização de áreas ocupadas por população de baixa renda* mediante o estabelecimento de normas especiais de urbanização, uso e ocupação do solo e edificação, consideradas a situação socioeconômica da população e as normas ambientais; [...]".

6. Lei 13.465, de 11 de julho de 2017.
"Dispõe sobre a regularização fundiária rural e urbana, sobre a liquidação de créditos concedidos aos assentados da reforma agrária e sobre a regularização fundiária no âmbito da Amazônia Legal; institui mecanismos para aprimorar a eficiência dos procedimentos de alienação de imóveis da União; altera as Leis ns. 8.629, de 25 de fevereiro de 1993, 13.001, de 20 de junho de 2014, 11.952, de 25 de junho de 2009, 13.340, de 28 de setembro de 2016, 8.666, de 21 de junho de 1993, 6.015, de 31 de dezembro de 1973, 12.512, de 14 de outubro de 2011, 10.406, de 10 de janeiro de 2002 (Código Civil), 13.105, de 16 de março de 2015 (Código de Processo Civil), 11.977, de 7 de julho de 2009, 9.514, de 20 de novembro de 1997, 11.124, de 16 de junho de 2005, 6.766, de 19 de dezembro de 1979, 10.257, de 10 de julho de 2001, 12.651, de 25 de maio de 2012, 13.240, de 30 de dezembro de 2015, 9.636, de 15 de maio de 1998, 8.036, de 11 de maio de 1990, 13.139, de 26 de junho de 2015, 11.483, de 31 de maio de 2007, e a 12.712, de 30 de agosto de 2012, a Medida Provisória n. 2.220, de 4 de setembro de 2001, e os Decretos-Leis n º 2.398, de 21 de dezembro de 1987, 1.876, de 15 de julho de 1981, 9.760, de 5 de setembro de 1946, e 3.365, de 21 de junho de 1941; revoga dispositivos da Lei Complementar n. 76, de 6 de julho de 1993, e da Lei n. 13.347, de 10 de outubro de 2016; e dá outras providências".

instrumentos para a obtenção de titulação registral imobiliária, sendo um de seus aspectos mais relevantes a questão da *regularização fundiária*, cuja legislação possibilitou um abrandamento no tocante às rigorosas exigências legais registrais e de posturas municipais. Desde então, há esforço no sentido da implementação do instituto, embora, reconheça-se, sem a ênfase que a gravidade do caso requer e, por vezes, como se fosse um instrumento com uma amplitude e capacidade de gerar transformações, que efetivamente não tem.

3. As dificuldades de compatibilização dos projetos de regularização fundiária com as condições mínimas de habitabilidade

Observe-se o texto da Lei 13.465/2017, que fixou a moldura da regularização fundiária urbana no Brasil.

> DA REGULARIZAÇÃO FUNDIÁRIA URBANA
>
> CAPÍTULO I
>
> DISPOSIÇÕES GERAIS
>
> Seção I
>
> Da Regularização Fundiária Urbana
>
> Art. 9º Ficam instituídas no território nacional *normas gerais e procedimentos aplicáveis à Regularização Fundiária Urbana (Reurb), a qual abrange medidas jurídicas, urbanísticas, ambientais e sociais destinadas à incorporação dos núcleos urbanos informais ao ordenamento territorial urbano e à titulação de seus ocupantes* [grifos nossos].
>
> [*Comentário: o objetivo do Reurb é trazer para a moldura legal de direitos reais vigentes unidades existentes em "núcleos urbanos informais", assegurando as titulações aos seus ocupantes.*]
>
> § 1º Os poderes públicos formularão e desenvolverão no espaço urbano as políticas de suas competências de acordo com os princípios de sustentabilidade econômica, social e ambiental e ordenação territorial, buscando a ocupação do solo de maneira eficiente, combinando seu uso de forma funcional.

[*Comentário: tem-se aqui, o que tem sido corriqueiro no sistema jurídico brasileiro, a enumeração de princípios de caráter geral, muitos deles de difícil concretização e compatibilização entre si:* princípios de sustentabilidade econômica, social e ambiental e ordenação territorial, buscando a ocupação do solo de maneira eficiente, combinando seu uso de forma funcional.]

§ 2º A Reurb promovida mediante *legitimação fundiária* somente poderá ser aplicada para os *núcleos urbanos informais* comprovadamente existentes, na forma desta Lei, até 22 de dezembro de 2016 [grifos nossos].

[*Comentário: a norma fixa limites de aplicação (os núcleos urbanos informais) visando que a proliferação das normas do Reurb não implique prejuízo às normas urbanísticas, ambientais e outras imprescindíveis ao adequado desenvolvimento dos núcleos urbanos.]*

Art. 10. Constituem objetivos da Reurb, a serem observados pela União, Estados, Distrito Federal e Municípios:

I – *identificar os núcleos urbanos informais que devam ser regularizados, organizá-los e assegurar a prestação de serviços públicos aos seus ocupantes*, de modo a melhorar as condições urbanísticas e ambientais em relação à situação de ocupação informal anterior [grifos nossos];

[*Comentário: a identificação das áreas é imprescindível, para, na sequência, possibilitar a elaboração de projetos de melhoria das condições urbanísticas e ambientais, visando não reduzir o programa a uma mera entrega de títulos sem melhoria das condições das populações.]*

II – *criar unidades imobiliárias compatíveis* com o ordenamento territorial urbano e *constituir sobre elas direitos reais em favor dos seus ocupantes* [grifos nossos];

[*Comentário: essa sem dúvida é uma das ações mais relevantes e de custo mais elevado do Reurb. A OUTORGA DE TÍTULOS DE PROPRIEDADE É RELEVANTE, MAS, MAIS RELEVANTE AINDA É QUE AS UNIDADES PÓS Reurb tenham condições mínimas de salubridade, meio ambiente, segurança estrutural das construções. Essa atividade indutora demanda elevados investimentos, apoio técnico, obras de engenharia e, também, remanejamento e rearranjo das unidades, o que implica desapropriação de áreas para reassentamentos...]*

III – *ampliar o acesso à terra urbanizada pela população de baixa renda*, de modo a *priorizar a permanência dos ocupantes nos próprios núcleos urbanos informais regularizados* [grifos nossos];

[*Comentário: essas técnicas de ampliação devem estar conjugadas com a aplicação dos instrumentos contemplados na CF/88 . "Ampliar o acesso à terra urbanizada" é algo de difícil concretização, mormente em áreas de grande adensamento populacional, como ocorre nas áreas caracterizadas como* ***"núcleos urbanos informais". Ter-se-ia que deslocar populações, assegurar-lhes moradias temporariamente, posteriormente fazê-las retornar ao local de origem. Possivelmente haveria, ao final, excedentes que precisariam ser remanejados para outras localidades.***

IV – *promover a integração social e a geração de emprego e renda* [grifos nossos];

[*Comentário: outro dispositivo extremamente distante da realidade, considerando a partição das competências constitucionais. Os municípios têm poucos instrumentos para induzir integração social e para criarem mecanismos de* ***geração de emprego e renda. A capacidade indutora mais ampliada é da União Federal, incluindo mecanismos de indução fiscal e financeira***].

V – *estimular a resolução extrajudicial de conflitos*, em reforço à consensualidade e à cooperação entre Estado e sociedade [grifos nossos];

[*Comentário: esse é outro dispositivo relevante e de pouca efetividade. Esse estímulo teria que ter instrumentos efetivos, tais como compensações fiscais para eventuais titulares do direito de propriedade das áreas ocupadas, criação de câmaras de conciliação, utilização de estruturas das defensorias públicas e procuradorias municipais, ou profissionais de direito, contratados para esse fim...]*

VI – *garantir o direito social à moradia digna e às condições de vida adequadas* [grifos nossos];

[*Comentário: esse diáfano dispositivo, sem concretude, é retórico e de quase nenhuma efetividade. O relevante seria a previsão de mecanismos legais para a concretização desse direito. Poder-se-ia indagar: como assegurar-se moradia digna e condições de vida adequadas em uma área hiper adensada, sem adequadas condições de acesso, saneamento, segurança etc.? A resposta teria que ser com remanejamento do excesso para novos conjuntos habitacionais, aperfeiçoamento das condições existentes, fixação das populações com os contingentes adequados etc.]*

VII – garantir a efetivação da *função social da propriedade* [grifos nossos];

[*Comentário: o dispositivo apenas repete expressa previsão constitucional, sem nada avançar em termos de concretização dos* *direitos decorrentes da **função social da propriedade. Observe-se que tal distância entre a norma constitucional brasileira ocorre em relação à propriedade urbana e à propriedade rural.**[7]]*

VIII – ordenar o *pleno desenvolvimento das funções sociais da cidade e garantir o bem-estar de seus habitantes* [grifos nossos];

[Comentário: outro dispositivo principiológico bem como os que aqui seguem, com concretude bastante limitada, apesar da relevância principiológica.]

IX – concretizar o princípio constitucional da eficiência na ocupação e no uso do solo;

X – prevenir e desestimular a formação de novos núcleos urbanos informais;

XI – conceder direitos reais, preferencialmente em nome da mulher;

XII – franquear participação dos interessados nas etapas do processo de regularização fundiária.

Art. 11. Para fins desta Lei, consideram-se:

I – **núcleo urbano**: *assentamento humano, com uso e características urbanas, constituído por unidades imobiliárias de área inferior à fração mínima de parcelamento prevista na* Lei nº 5.868, de 12 de dezembro de 1972, *independentemente da propriedade do solo, ainda que situado em área qualificada ou inscrita como rural;* [grifos nossos]

II – núcleo urbano informal: *aquele clandestino, irregular ou no qual não foi possível realizar, por qualquer modo, a titulação de seus ocupantes, ainda que atendida a legislação vigente à época de sua implantação ou regularização;*

III – núcleo urbano informal consolidado: *aquele de difícil reversão, considerados o tempo da ocupação, a natureza das edificações, a localização das vias de circulação e a presença de equipamentos públicos, entre outras circunstâncias a serem avaliadas pelo Município;*

[*Comentário:* os incisos I, II e III cuidam dos conceitos de núcleo urbano, entre estes os de núcleo urbano informal e o núcleo urbano informal consolidado. Cuidam-se de aglomerados urbanos, sendo relevante observar-se a figura mais específica do ***núcleo***

7. Em relação à propriedade rural, cabe destacar a estagnação, quase absoluta, quanto à implementação de qualquer projeto de reforma agrária no Brasil.

urbano informal consolidado, *normalmente caracterizados como densamente povoados, hiper aglomerados e que por razões sociais tais como localização próxima a meios de transporte, de local de trabalho e consolidação das habitações, não há facilidade no deslocamento das populações, por falta de aceitação e motivação dessas e serem levadas para locais distantes, passando a depender de meios de transporte, com o pagamento de tarifas de energia elétrica, água ...]*

IV – demarcação urbanística: *procedimento destinado a identificar os imóveis públicos e privados abrangidos pelo núcleo urbano informal e a obter a anuência dos respectivos titulares de direitos inscritos na matrícula dos imóveis ocupados, culminando com averbação na matrícula destes imóveis da viabilidade da regularização fundiária, a ser promovida a critério do Município;*

V – Certidão de Regularização Fundiária (CRF): *documento expedido pelo Município ao final do procedimento da Reurb, constituído do projeto de regularização fundiária aprovado, do termo de compromisso relativo a sua execução e, no caso da legitimação fundiária e da legitimação de posse, da listagem dos ocupantes do núcleo urbano informal regularizado, da devida qualificação destes e dos direitos reais que lhes foram conferidos;*

[*Comentário:* o CFR apresenta-se como instrumento relevante para possibilitar os registros dos imóveis (unidades individualizadas) nos Registros Gerais de Imóveis.]

VI – legitimação de posse: *ato do poder público destinado a conferir título, por meio do qual fica reconhecida a posse de imóvel objeto da Reurb, conversível em aquisição de direito real de propriedade na forma desta Lei, com a identificação de seus ocupantes, do tempo da ocupação e da natureza da posse;*

[*Comentário:* o ato de legitimação de posse, apto à conversão em aquisição de direito real de propriedade na forma dessa Lei, com a identificação de seus ocupantes, do tempo da ocupação e da natureza da posse é de extremo relevo, devendo ser precedido de um regular procedimento para evitar a prática de esbulhos possessórios e apossamentos ilegais, sobre bens de terceiros.]

VII – legitimação fundiária: *mecanismo de reconhecimento da aquisição originária do direito real de propriedade sobre unidade imobiliária objeto da Reurb;*

[*Comentário:* a legitimação fundiária caracteriza-se como o meio para aquisição *originária de direito real [podendo caracterizar-se como similar à figura da usucapião], sem pagamento de ITBI, por se tratar de forma originária de aquisição de propriedade.]*

VIII – ocupante: *aquele que mantém poder de fato sobre lote ou fração ideal de terras públicas ou privadas em núcleos urbanos informais.*

[*Comentário:* o texto legal não utiliza a expressão *possuidor*, nem a de *detentor*, optando por algo mais genérico e de utilização sem raízes históricas profundas no direito brasileiro, mas, evidentemente que *ocupante* é aquele que mantem a *posse direta sobre o bem [aquele que mantém poder de fato sobre lote ou fração ideal de terras públicas ou privadas em núcleos urbanos informais.]*

§ 1º Para fins da Reurb, *os Municípios poderão dispensar as exigências relativas ao percentual e às dimensões de áreas destinadas ao uso público ou ao tamanho dos lotes regularizados, assim como a outros parâmetros urbanísticos e edilícios.*

[*Comentário:* esse dispositivo autoriza a dispensa relativa:

ao percentual e às dimensões de áreas destinadas ao uso público;

ao tamanho dos lotes regularizados;

a outros parâmetros urbanísticos e edilícios

Deve ser interpretado a partir de princípios constitucionais como da dignidade da pessoa humana; da razoabilidade e proporcionalidade entre outros relevantes, sobretudo em relação à saúde, ao bem-estar e ao meio ambiente.

Observe-se o número de habitações existentes em áreas de núcleos informais consolidados, que não contam com regular fornecimento de água, sistema de iluminação pública e de fornecimento de energia regular,8 esgotamento de dejetos para rede de saneamento, ou fossas comunitárias.

---

8. Referências antigas e novas a eventos danosos ocorridos nessas comunidades desassistidas:
"400 ficam sem teto após fogo em favela.
Um incêndio ontem à tarde em uma favela ao lado da Radial Leste, na Vila Carrão (zona sudeste de São Paulo), queimou cerca de cem barracos e deixou perto de 400 pessoas desabrigadas. O incêndio, que começou por volta das 14h, levou uma hora e meia para ser controlado pelos bombeiros. Até as 19h30 não havia confirmação de vítimas fatais. Quatro pessoas foram levadas ao pronto-socorro do Tatuapé com intoxicação leve. Os bombeiros ainda não sabem a causa do fogo. Segundo o tenente-coronel Ênio Rodrigues, do Corpo de Bombeiros, há algumas hipóteses para o incêndio: curto-circuito na rede elétrica clandestina, vela acesa, explosão de botijão de gás ou brincadeira de criança. O curto-circuito é apontado pelos moradores como a causa mais provável. "No local há muitas gambiarras (ligações elétricas clandestinas)" (INCÊNDIO: cerca barracos foram destruídos: 400 ficam sem teto após fogo em favela. *Folha de S. Paulo*, São Paulo, 19 ago. 1999. Disponível em: ht-

> *Utilizando-se o exemplo das condições sanitárias, observa-se esgoto nas vielas, que provocam, ou agudizam os danos quando da ocorrência de eventos climáticos como chuvas de grandes proporções.*

4. Soluções para potenciais conflitos

A questão é bem delineada por Vitor Carvalho, o afirmar:

> A regularização fundiária urbana tornou-se, nos últimos anos, uma espécie de unanimidade entre estudiosos, profissionais e políticos envolvidos com temas urbanos. A política de remoção de favelas, que prevalecia até a década de 1980, foi abandonada. Em seu lugar, passou-se a promover a urbanização desses assentamentos, de modo a manter a população nos bairros em que se encontram, melhorando progressivamente a infraestrutura urbana. Mais recentemente, ganhou ênfase a dimensão jurídica dessa política, voltada para a titulação dos moradores. Em lugar de "urbanização de favelas", fala-se atualmente de "regularização fundiária de assentamentos informais", abrangendo não apenas as favelas, decorrentes de ocupações espontâneas, mas os loteamentos clandestinos e irregulares, originado pela ação ilegal de proprietários ou grileiros. Apesar do consenso em torno da necessidade de regularizar os assentamentos informais, a recente Lei nº 13.465, de 11 de julho de 2017, que *dispõe sobre a regularização fundiária rural e urbana,* é objeto de acirrada

---

tps://www1.folha.uol.com.br/fsp/cotidian/ ff19089919.htm. Acesso em 8 jul. 2024).
E da atualidade:
"*Incêndio de grandes proporções destrói casas de uma das maiores favelas de Campo Grande (Recife):*
Antes da chegada dos bombeiros, moradores tentaram conter as chamas que se espalharam rápido. Mais de 35 famílias moram na comunidade que fica na região norte da capital.
Incêndio destrói barracos na comunidade do Mandela em Campo Grande. Incêndio de grandes proporções destruiu a maioria dos barracos, na favela do Mandela, no bairro Coronel Antonino, em Campo Grande-, nesta quinta-feira (16). Vídeos mostram a destruição e as chamas altas consumindo as casas. O fogo começou por volta das 11h, aos fundos da comunidade que fica na região do Norte da capital. Informações preliminares apontam que a maioria dos barracos foi consumida pelo fogo" (CÂMARA, José; RICALDE, Débora. Incêndio de grandes proporções destrói casas de uma das maiores favelas de Campo Grande. *G1*, Campo Grande, 16 nov. 2023. Disponível em: https://l1nk.dev/sry1V. Acesso em: 8 jul. 2024).

> polêmica desde a sua origem. Além de alterar diversas outras leis, a lei substituiu integralmente a legislação básica da regularização fundiária urbana então vigente. De um lado, o governo afirma que a lei beneficia milhões de moradores de áreas irregulares, que receberão o direito de propriedade sobre os terrenos que ocupam, viabilizando a obtenção de empréstimos bancários para investimentos no próprio imóvel ou em pequenos negócios. De outro, os críticos afirmam que a lei destrói a política de regularização fundiária construída a partir de 2009, desconsidera a ordem urbanística e a preservação do meio ambiente, dispensa a provisão de infraestrutura pelo poder público, estimula a expulsão dos moradores de baixa renda pelo mercado imobiliário e favorece grileiros de alta renda.[9]

O que facilmente se constata é a opção política, pela manutenção dos contingentes populacionais nas áreas onde se encontram, procurando-se regularizar suas situações jurídicas. Tal opção tem custo mais barato, atende a interesses dos ciclos eleitorais, mas não resolve a questão.

As moradias existentes, em regra, não atendem às normas ambientais, são pequenas, por vezes ínfimas, insalubres, com estrutura urbanística inadequada, sem os equipamentos necessários.

O grande esforço deveria ser no sentido da transformação dessas comunidades em localidades adequadas, com o deslocamento do excesso populacional, a reformulação ou reconstrução das habitações existentes, a retirada das edificações das áreas de risco, de desmoronamento de encostas, de alagamento por não respeitarem as margens dos cursos d'água...

Enfim, a verdadeira *regularização fundiária só ocorrerá com o assentamento populacional em localidades salubres, dignas, devidamente estruturadas.* Evidentemente que tal agir implicaria um redirecionamento de políticas públicas,

---

9. CARVALHO Pinto, Victor. Mitos e verdades sobre a nova Lei da Regularização Fundiária Urbana. *Caos Planejado*, 31 jul. 2017. Disponível em: https://encr.pw/iuqDU. Acesso em: 8 jul. 2024.

em previsões orçamentárias mais adequadas, o que é ilusório em um País como o Brasil, cujas destinações de verbas são canalizadas para pagamento, amortização de uma dívida pública "impagável", que sangra o tesouro nacional.[10]

Por outro lado, as Emendas parlamentares, embora de montante bem inferior, dispersam recursos, destinando-os às bases eleitorais dos parlamentares.[11] Em ano de eleições municipais, essa figura é relevante para os parlamentares assegurarem eleições daqueles que lhes são caros.

Sem dúvida, essa despesa vinculada, bem como as emendas orçamentárias vinculadas do Congresso Nacional enfraquecem sobremaneira a capacidade de investimento

---

10. "*Máximo, Wellington – Dívida pública fecha 2023 em R$ 6,52 trilhões:*
A Dívida Pública Federal – que inclui o endividamento interno e externo do Brasil – fechou 2023 em R$ 6,52 trilhões, informou nesta terça-feira (30) a Secretaria do Tesouro Nacional, do Ministério da Fazenda. O valor representou aumento de 9,56% em relação a 2022, quando a dívida estava em R$ 5,951 trilhões.O valor representa alta de 3,09% em relação a novembro, quando a dívida era de R$ 6,325 trilhões. Apesar do alto volume de emissões em dezembro, a dívida ficou dentro dos limites estabelecidos pelo Plano Anual de Financiamento de 2023, que estabelecia que a dívida pública poderia fechar o ano passado entre R$ 6 trilhões e R$ 6,4 trilhões" (Disponível em: https://agenciabrasil.ebc.com.br/economiaa/noticia/2024-01/).

11. Dados do Orçamento de 2024 (Lei 14.822) mostram que "66% do valor das emendas parlamentares foi direcionado para a saúde e para transferências diretas às prefeituras. Isso acontece porque 50% do total das emendas individuais, que têm o maior valor, devem ser obrigatoriamente destinadas para a saúde. Também resultado do direcionamento das emendas individuais, o total das transferências especiais para municípios vem crescendo ano a ano. Outro fator, de acordo com o Orçamento de 2024, decorre da destinação prioritária das emendas de comissões permanentes da Câmara dos Deputados e do Senado e as de bancadas estaduais para a área de saúde. Na soma geral, a outra parcela das emendas, de 44%, foi destinada para os ministérios da Integração e do Desenvolvimento Regional, Cidades, Educação, Justiça e Segurança Pública, Esporte, Agricultura e Pecuária. Esses são os ministérios que obtiveram mais de R$ 1 bilhão em emendas. O total de emendas parlamentares para 2024 é de R$ 44,67 bilhões, sendo R$ 25,07 bilhões em emendas individuais, R$ 11,05 bilhões em emendas de comissões e R$ 8,56 bilhões em emendas de bancadas estaduais. As emendas individuais e de bancadas são de execução obrigatória. As emendas de bancada são apresentadas após discussão entre os deputados e os senadores de um mesmo estado" (Fonte: AGÊNCIA CÂMARA. Emendas em 2024 foram destinadas principalmente para saúde e prefeituras. *Senadonoticias*. Disponível em: https://l1nq.com/GM8Vv. Acesso em: 9 jul. 2024).

público, inclusive nas áreas sociais, como a da efetiva e verdadeira *regularização fundiária.*

5. Conclusões

1- As cidades brasileiras, sobretudo as de grande porte, acham-se repletas de habitações edificadas sem a observância das normas adequadas em relação à estrutura urbana, às condições e habitabilidade, à segurança para as populações e à oferta de equipamentos públicos essenciais, nas áreas de educação, segurança, saúde e lazer.

2- Mesmo assim, deve-se ter uma visão moderadamente otimista em relação aos programas de *regularização fundiária*, pois, embora representem uma esperança para os segmentos esquecidos das cidades, é importante lembrar que essa medida, por si só, não altera as condições fáticas onde os núcleos familiares estão assentados. Ela atribui um título jurídico e reconhece a titularidade daquelas unidades habitacionais, quase sempre subdimensionadas e inadequadas ao exercício do direito à habitação digna.

3- As regularizações significam abrandamento de normas cogentes urbanísticas, de saneamento, de higidez de construções, bem como das normas registrais imobiliárias, entre outras representando, no modesto entender deste autor, a opção por algo com efeito político em favor do regularizador e pouco progresso na senda da dignidade habitacional.

4- Termina por ser a opção pelo menor custo. A verdadeira regularização fundiária seria a redistribuição populacional para áreas urbanizadas, desapropriadas, adquiridas, doadas com a implantação de estruturas e equipamentos urbanos adequados, tais como vias de transporte, saneamento, escolas, unidades de saúde, áreas de lazer. Sem dúvida essa opção teria um custo bem mais elevado.

5- Seria necessária uma verdadeira política de Estado para atender à necessidade de melhores condições de vida para essas populações marginalizadas.

6- Nesse contexto, seria necessário encontrar áreas disponíveis, urbanizá-las, assentar populações, destruir as habitações com condições inadequadas (evitando-se reocupações), assegurar estrutura adequada aos novos *bairros* e não apenas conceder um título de *propriedade de um imóvel inadequado. Recordando Vinicius de Moraes:*

> Era uma casa muito engraçada
> *Não tinha teto*, não tinha nada
> Ninguém podia entra nela não
> Porque na *casa não tinha chão*
>
> Ninguém podia dormir na rede
> Porque na *casa não tinha parede*
> Ninguém podia fazer pipi
> Porque *pinico não tinha ali*
>
> Mas era feita com muito esmero
> Na *Rua dos Bobos, número zero*
> Mas era feita com muito esmero
> Na Rua dos Bobos, número zero[12]

7- A regularização fundiária, na forma como está concebida, apenas transmuda o indivíduo de possuidor a proprietário dessa casa muito "engraçada" – em verdade, em nada engraçada... – de uma construção precária, em uma encosta, ou à beira de um córrego, sem saneamento, com energia precária...

---

12. MORAES, Vinicius de. A casa. *Letras*, Belo Horizonte, [2024]. Disponível em: https://www.letras.mus.br/vinicius-de-moraes. Acesso em: 8 jul. 2024.

8- Lembrando a bela musica/poesia da banda Paralamas do Sucesso:

Todo dia o Sol da manhã vem e lhes desafia
Traz do sonho pro mundo, quem já não o queria
Palafitas, trapiches, farrapos
Filhos da mesma agonia

E a cidade que tem braços abertos num cartão postal
Com os punhos fechados na vida real
Lhes nega oportunidades
Mostra a face dura do mal

Alagados, Trenchtown, Favela da Maré
A esperança não vem do mar
Nem das antenas de TV
A arte é de viver da fé
Só não se sabe fé em quê
A arte é de viver da fé
Só não se sabe fé em quê

Todo dia o Sol da manhã
Vem e lhes desafia
Traz do sonho pro mundo
Quem já não o queria
Palafitas, trapiches, farrapos
Filhos da mesma agonia

E a cidade que tem braços abertos num cartão postal
Com os punhos fechados na vida real
Lhes nega oportunidades
Mostra a face dura do mal… …[13]

---

13. OS PARALAMAS DO SUCESSO. Alagados. *Letras*, Belo Horizonte, [2024]. Disponível em: https://www.letras.mus.br/os-paralamas-do-sucesso/47924/. Acesso em: 8 jul. 2024.

Referências

AGÊNCIA CÂMARA. Emendas em 2024 foram destinadas principalmente para saúde e prefeituras. *Senadonoticias*. Disponível em: https://l1nq.com/GM8Vv. Acesso em: 9 jul. 2024.

BRASIL. Ministério da Agricultura, Pecuária e abastecimento. Instituto Nacional de Colonização e Reforma Agrária. *Manual técnico para georreferenciamento de imóveis rurais*. 2. ed. Brasília: Incra, 2022. Disponível em: https://l1nk.dev/GVuN5. pdf. Acesso em: 9 jul. 2024.

BRASIL. Supremo Tribunal Federal. *A Constituição e o Supremo*. Brasília: STF, 2024. Disponível em: https://portal.stf.jus.br/constituicao-supremo/constituicao.asp. Acesso em: 8 jul. 2024.

CÂMARA, José; RICALDE, Débora. Incêndio de grandes proporções destrói casas de uma das maiores favelas de Campo Grande. *G1*, Campo Grande, 16 nov. 2023. Disponível em: https://l1nk.dev/sry1V. Acesso em: 8 jul. 2024.

CARVALHO PINTO, Victor. Mitos e verdades sobre a nova Lei da Regularização Fundiária Urbana. *Caos Planejado*, 31 jul. 2017. Disponível em: https://encr.pw/iuqDU. Acesso em: 8 jul. 2024.

CAVALCANTI, Francisco; NOBRE, Edilson; NOBREGA, Theresa. *Comentários à Lei do Procedimento Administrativo*. São Paulo: Saraiva, 2016.

EQUIDADE socioterritorial, habitação e regularização fundiária. Disponível em: https://l1nk.dev/BXRlZ. Acesso em: 9 jul. 2024.

FERNANDES, Edesio (coord.). *Regularização fundiária de assentamentos informais urbanos*. Belo Horizonte: PUC Minas e Ministério das Cidades, 2006.

GOMES, Luiz Henrique. Grande Recife: chuvas e deslizamentos deixam 84 mortos em quase 1 semana. *Terra*, São Paulo, 28 maio 2022. Disponível em: https://www.terra.com.br. Acesso em: 8 jul. 2024.

IBGE. *Favelas e comunidades urbanas*: 2024. Brasília: IBGE, 2024. Disponível em: https:// https://l1nk.dev/1eZUb. Acesso em: 8 jul. 2024.

INCÊNDIO: cerca barracos foram destruídos: 400 ficam sem teto após fogo em favela. *Folha de S. Paulo*, São Paulo, 19 ago. 1999. Disponível em: https://www1.folha.uol.com.br/fsp/cotidian/ ff19089919.htm. Acesso em 8 jul. 2024.

JUNKES, Rodrigo V. *Obras e serviço de engenharia*: regimes de execução na Lei 14.133. Disponível em: https://encr.pw/SDOwY. Acesso em: 8 jul. 2024.

MELLO, Henrique Ferraz de. Regularização fundiária inominada urbana. *Revista de Direito Imobiliário*, São Paulo, v. 74, jan. 2013.

MORAES, Vinicius de. A casa. *Letras*, Belo Horizonte, [2024]. Disponível em: https://www.letras.mus.br/vinicius-de-moraes. Acesso em: 8 jul. 2024.

NOBRE JUNIOR, Edilson Pereira. *Paradigmas do direito administrativo sancionador no estado de direito*. São Paulo: Dialética, 2022.

OLIVEIRA, Rafael Carvalho Resende. *Licitações e contratos administrativos*: teoria e prática. 12. ed. Rio de Janeiro: Gen: Forense, 2023.

OS PARALAMAS DO SUCESSO. Alagados. *Letras*, Belo Horizonte, [2024]. Disponível em: https://www.letras.mus.br/os-paralamas-do-sucesso/47924/. Acesso em: 8 jul. 2024.

PESSOA, Robertonio. *Direito administrativo*. 4. ed. Rio de Janeiro: Lumen Juris, 2020.

TAMIETTI, Gabriel. *Brasil registra déficit habitacional de 6 milhões de domicílios*. Belo Horizonte: Fundação João Pinheiro, 24 abr. 2024. Disponível em: https://l1nk.dev/LVY-VP. Acesso em: 9 jul. 2024.

TGR TREINAMENTOS. Todos os imóveis rurais com mais de 25ha terão que ser georreferenciados. *MundoGeo*, 14 jul. 2023. Disponível em: https://encr.pw/VuPgO. Acesso em: 8 jul. 2024.

VALLE DE FIGUEIREDO, Lúcia. *Comentários à Lei Federal de Processo Administrativo*. Belo Horizonte: Fórum, 2008.

VIDA E OBRA DO MINISTRO AMARO CAVALCANTI - A INFLUÊNCIA DO PENSAMENTO DO JURISTA NA ATUAL JURISPRUDÊNCIA DO SUPREMO TRIBUNAL FEDERAL

Gilmar Ferreira Mendes[1]

1 Introdução; 2 Desenvolvimento; 2.1 Biografia - aspectos destacados; 2.2 Contribuição doutrinária; 2.3 Atuação no Supremo Tribunal Federal (STF); 2.4 A discricionariedade do Presidente da República para escolher o Reitor perante lista tríplice advinda das universidades públicas: julgamento da medida cautelar na ADI 6.565; 3 Conclusão; Referências bibliográficas.

Resumo: Considerada a notável biografia de Amaro Cavalcanti - tendo ele ocupado cargos públicos nas mais diversas esferas institucionais -, o presente artigo volta-se às suas contribuições doutrinárias ao Direito brasileiro, tratando também da atuação do magistrado perante o Supremo Tribunal Federal (STF), quando do nascimento da doutrina brasileira do *habeas corpus*, com o registro de que as reflexões do Ministro ainda servem de baliza para a atual jurisprudência da Corte, como registrado no julgamento da medida cautelar proferida na Ação Direta de Inconstitucionalidade (ADI) 6.565.

---

1. Doutor em Direito pela Universidade de Münster, Alemanha. Professor de Direito Constitucional nos cursos de graduação e pós-graduação do Instituto Brasileiro de Ensino, Desenvolvimento e Pesquisa (IDP). Ministro do Supremo Tribunal Federal (STF).

Palavras-chave: Amaro Cavalcanti; Supremo Tribunal Federal; doutrina brasileira do *habeas corpus*; Direito Constitucional; Jurisdição Constitucional.

Abstract: Considering the remarkable biography of Amaro Cavalcanti – who held public offices in various institutional spheres –, this article focuses on his doctrinal contributions to Brazilian Law, also addressing his role as a judge at the Brazilian Federal Supreme Court (STF) during the emergence of the Brazilian doctrine of *habeas corpus*. It highlights that Justice Cavalcanti's reflections continue to guide the current jurisprudence of the Court, as evidenced in the ruling of the precautionary measure issued in Direct Action for the Declaration of Unconstitutionality (ADI) 6.565.

Keywords: Amaro Cavalcanti; Brazilian Federal Supreme Court; Brazilian doctrine of *habeas corpus*; Constitutional Law; Constitutional Jurisdiction.

1. Introdução

Como forma de homenagear a trajetória e o legado de Amaro Cavalcanti, este artigo pretende demonstrar a permanência e a relevância das ideias do Ministro diante da atual jurisprudência do Supremo Tribunal Federal (STF). Para tanto, parte-se da história pessoal do jurista, revisitando parcela de sua produção doutrinária e sua atuação na Corte, no momento histórico em que debatida a doutrina brasileira do *habeas corpus*.

Ao cabo, atestando a contemporaneidade de seu pensamento, o escrito revela como as compreensões de Amaro Cavalcanti serviram de base expressa para a medida cautelar proferida na ADI 6.565. Na deliberação, a Corte reconheceu a constitucionalidade da lei que concedia ao Presidente da República discricionariedade para escolher, entre os nomes componentes da lista tríplice elaborada pela comunidade acadêmica, o reitor de universidade pública federal.

2. Desenvolvimento

2.1 Biografia – aspectos destacados

Nascido em 15.8.1849, no município de Caicó, comarca de Seridó/RN, Amaro Cavalcanti trilhou em vida caminhos bastante próprios, os quais são sempre lembrados por quem se ocupa de sua biografia: "nascido de pais relativamente humildes"[2] – seu genitor era mestre-escola[3] –, trabalhou no comércio quando residiu em Pernambuco, e, mais adiante, foi professor de latim, mediante concurso público, na cidade de Baturité/CE (ofício que, a partir de 1883, desempenharia no Colégio Pedro II, na então capital federal[4]).

Igualmente singular é sua trajetória acadêmica. Primeiro da turma e orador,[5] formou-se em direito no ano acadêmico de 1880/1881 pela Escola de Direito da *Union University,* na cidade de Albany (capital do Estado de Nova Iorque), titulação obtida quando esteve nos Estados Unidos por força de designação do então Presidente da Província do Ceará, com o encargo de reunir dados que permitissem o aperfeiçoamento do sistema de ensino local. Dita circunstância faz de Amaro Cavalcanti o único ministro na história do STF graduado por instituição estrangeira.[6]

2.SANTOS, J. M. de Carvalho. Conferência em comemoração do centenário de nascimento de Amaro Cavalcanti ocorrido em 15-8-1849. *Revista Forense*, Rio de Janeiro, ano XLVI, v. CXXV, fascículo 555, p. 297, set. 1949.

3.RODRIGUES, Lêda Boechat. *História do Supremo Tribunal Federal* – Defesa do federalismo. 2. ed. Rio de Janeiro: Civilização Brasileira, 1991. v. II, p. 215.

4.*Ibid.*, p. 215-216.

5.ESPÍNDOLA, Eduardo. Conferência em comemoração do centenário de nascimento de Amaro Cavalcanti ocorrido em 15-8-1849. *Revista Forense*, Rio de Janeiro, ano XLVI, v. CXXV, fascículo 555, p. 292, set. 1949.

6.MELLO FILHO, José Celso de. *Notas sobre o Supremo Tribunal* (Império e República). 5. ed. rev. e ampl. Brasília: STF, Secretaria de Altos Estudos, Pesquisas e Gestão da Informação, 2023. nota 53, p. 141.

Laureado, ocupou, ainda no Ceará, o cargo de Diretor-Geral da Instrução Pública, transferindo-se, em 1883, para o Rio de Janeiro (onde, além de ensinar latim, passou a advogar).

Adiante, eleito para a Assembleia Constituinte de 1890–1891 como senador pelo Estado do Rio Grande do Norte, fez parte da "Comissão dos 21", a qual, sob a relatoria de Júlio de Castilhos, tinha por propósito manifestar-se sobre o projeto constitucional do Governo Provisório elaborado por Rui Barbosa.[7]

Em 1894, foi Ministro plenipotenciário perante a República do Paraguai, tendo em seguida exercido o cargo de Ministro da Justiça e Negócios Interiores (1897–1898) e o de Consultor Jurídico do Ministério das Relações Exteriores entre 1905 e 1906.

Por indicação do Presidente Rodrigues Alves, sucedendo João Barbalho, foi nomeado Ministro do STF, em 11.5.1906, cargo que exerceu até sua aposentadoria (a pedido), conforme decreto de 30.12.1914.

Após o exercício da jurisdição constitucional, exerceu inúmeras outras funções públicas, entre as quais se destacam: (a) Delegado do Brasil na Conferência Financeira reunida em Washington (1915); (b) Prefeito do Distrito Federal (1917–1918); (c) Membro da Corte Permanente de Arbitragem em Haia entre 1917 e a data de seu falecimento;[8] e (d) Ministro de Estado da Fazenda (1918–1919), vindo a falecer, na cidade do Rio de Janeiro, em 28.1.1922.[9]

7.BONAVIDES, Paulo Paes de Andrade. *História constitucional do Brasil*. 9. ed. Brasília: OAB Editora, 2008. p. 231-233.

8.ESPÍNDOLA, Eduardo. Conferência em comemoração do centenário de nascimento de Amaro Cavalcanti ocorrido em 15-8-1849. *Revista Forense*, Rio de Janeiro, ano XLVI, v. CXXV, fascículo 555, p. 296, set. 1949.

9.Disponível em: https://portal.stf.jus.br/ostf/ministros/verMinistro.asp?periodo=STF&id=200. Acesso em: 1º maio 2024.

Fixado esse singelo resumo da trajetória de Amaro Cavalcanti, cabe concluir com o Min. Aníbal Freire "[se] há alguém que possa ser apresentado à posteridade como um exemplo dos mais sugestivos da valia do próprio esforço, é o do filho ilustre do Rio Grande do Norte, que não teve a ajudá-lo nem a projeção de família poderosa, nem a segurança da prosperidade econômica". Realmente, "[o] modesto menino de Seridó chegaria às mais altas posições no seu país, conduzido apenas por seus méritos individuais".[10]

De resto, é impossível deixar de perceber a vasta experiência político-jurídica do homenageado, sendo digna de nota sua extensa atuação, no exercício de cargos elevados, perante todos os três poderes da República, contando com projeção não apenas interna, mas também internacional.

Não há dúvidas de que essa vasta vivência influenciou sua visão em questões dogmáticas e políticas: com base em sólida formação teórica, Amaro Cavalcanti era detentor de estilo marcado pela "concisão elíptica e pelo vigor das expressões",[11] voltado a defrontar de modo certeiro os problemas postos a debate, liberto das "influências dos dogmas",[12] como se pode conferir no modo como encarou os temas debatidos.

2.2 Contribuição doutrinária

Sem pretender esgotar a extensa produção bibliográfica de Amaro Cavalcanti – J. M. de Carvalho Santos faz

10.FREIRE, Aníbal. Conferência em comemoração do centenário de nascimento de Amaro Cavalcanti ocorrido em 15-8-1849. *Revista Forense*, Rio de Janeiro, ano XLVI, v. CXXV, fascículo 555, p. 302-309, set. 1949.

11.SANTOS, J. M. de Carvalho. Conferência em comemoração do centenário de nascimento de Amaro Cavalcanti ocorrido em 15-8-1849. *Revista Forense*, Rio de Janeiro, ano XLVI, v. CXXV, fascículo 555, p. 299, set. 1949.

12.FREIRE, Aníbal. Conferência em comemoração do centenário de nascimento de Amaro Cavalcanti ocorrido em 15-8-1849. *Revista Forense*, Rio de Janeiro, ano XLVI, v. CXXV, fascículo 555, p. 303, set. 1949.

referência a trinta e cinco obras escritas[13] –, é imperioso destacar sua atuação em diversos ramos do saber, por meio de lições que levavam em conta não apenas rigores teóricos, mas ainda a experiência prática adquirida pelo homenageado em sua vida pública. A esse respeito, o mesmo J. M. de Carvalho Santos assinala:[14]

> Em todos eles [livros do autor] se percebe o mesmo sinal de origem: a habilidade do construtor de obra. Nota-se que são frutos da experiência e da cultura de um homem que sabe redigir seus ensinamentos, transmitir aos leitores, com fidelidade, as suas observações sobre finanças, sobre economia, sobre direito civil, sobre direito constitucional e sobre mil assuntos.

Para além da atenção dada por Cavalcanti à economia e à ciência das finanças,[15] seus escritos jurídicos impressionam pela gama de assuntos abordados, com publicações voltadas ao direito privado e ao direito público.

Em relação ao Direito Civil, cabe menção aos debates teóricos a respeito do direito das obrigações, quando da elaboração do Código Civil de 1916. Conforme se pode conferir do volume 2º dos trabalhos da respectiva Comissão especial da Câmara de Deputados,[16] o homenageado anali-

---

13.SANTOS, J. M. de Carvalho. Conferência em comemoração do centenário de nascimento de Amaro Cavalcanti ocorrido em 15-8-1849. *Revista Forense*, Rio de Janeiro, ano XLVI, v. CXXV, fascículo 555, p. 299, set. 1949.

14.*Ibid.*, p. 301.

15.A propósito, convém registrar estas obras: *O meio circulante no Brasil* (Rio de Janeiro, 1888); *Resenha financeira do ex-Império do Brasil em 1889* (Rio de Janeiro, 1890); *Reforma monetária* (Rio de Janeiro, 1891); *Política e finanças* (Rio de Janeiro, 1892). Disponível em: https://portal.stf.jus.br/ostf/ministros/verMinistro.asp?periodo=STF&id=200. Acesso em: 1º jul. 2024.

16.BRASIL. Parecer e relatório do Dr. Amaro Cavalcanti. *In*: *Projecto do Codigo civil brazileiro:* trabalhos da Commissão Especial da Camara dos Deputados: mandados imprimir pelo ministro do interior, Dr. Sabino Barroso Junior. Rio de Janeiro: Imprensa Nacional. 1902. p. 160-186. v. 2. Disponível em: https://bd.camara.leg.br/bd/handle/bdcamara/34560. Acesso em: 1º jul. 2024.

sou o projeto de Clóvis Beviláqua em pormenor. Ao tratar do tema, J. M. de Carvalho Santos registra:[17]

> Nada lhe escapou ao exame, desenvolvendo sempre oportunas considerações a respeito das obrigações de dar, fazer e não fazer, sobre interpretação das obrigações, obrigações alternativas, divisíveis, indivisíveis, solidárias, obrigações com cláusula penal, obrigações puras, condicionais e a prazo, pagamento, dação em pagamento, novação, compensação, transação, compromisso, confusão, remissão das dívidas, mora, perdas e danos, juros legais e cessão de crédito.
>
> Não se limitou a isso sua interferência na elaboração do Código Civil. Debateu o Projeto perante a Comissão Especial da Câmara dos Deputados, sustentando seus pontos de vista com grande erudição e brilho invulgar.

No plano do Direito Constitucional – "campo em que as faculdades primaciais de Amaro Cavalcanti mais se afirmaram"[18] –, é necessário mencionar a obra *Regime federativo e a República brasileira*,[19] de 1900, em que, debatendo com a compreensão de juristas americanos e franceses, enfrentou problemas que atormentavam a doutrina à época devotada à reflexão sobre os poderes e competências de cada um dos entes federados.

Acerca do assunto, deve-se acenar ao grande debate travado na imprensa entre Cavalcanti e Rui Barbosa sobre competência tributária dos Estados diante da União em matéria de impostos interestaduais.

17.SANTOS, J. M. de Carvalho. Conferência em comemoração do centenário de nascimento de Amaro Cavalcanti ocorrido em 15-8-1849. *Revista Forense*, Rio de Janeiro, ano XLVI, v. CXXV, fascículo 555, p. 302, set. 1949.

18.FREIRE, Aníbal. Conferência em comemoração do centenário de nascimento de Amaro Cavalcanti ocorrido em 15-8-1849. *Revista Forense*, Rio de Janeiro, ano XLVI, v. CXXV, fascículo 555, p. 307, set. 1949.

19.CAVALCANTI, Amaro. *Regimen federativo e Republica brazileira*. Rio de Janeiro: Imprensa Nacional, 1900.

A exata compreensão da querela[20] – repleta de menções a passagens doutrinárias e jurisprudenciais americanas – exige o conhecimento da posição externada pelo Supremo Tribunal Federal no Recurso Extraordinário (RE) 17, julgado em 24.11.1894, quando a Corte, por unanimidade, declarou a inconstitucionalidade de lei baiana que, sob o nome de imposto de estatística, criou, concretamente, um novo imposto de importação estadual incidente sobre mercadorias estrangeiras já alcançadas pelo respectivo tributo federal.[21]

Um ano e meio após o julgamento, em 23.5.1896, a Corte, no RE 82, por maioria, igualmente invalidou leis orçamentárias da Bahia, as quais estabeleciam imposto de exportação sobre as mercadorias nacionais saídas daquele ente federado para outros estados da federação. A tese acolhida pelo Tribunal constava de parecer entranhado aos autos de autoria de Rui.[22]

No que importa – "a decisão era certa, a matéria importantíssima, a tese sustentada relevantíssima; sumaríssima, porém, [...], era a forma do acórdão"[23] –, eis as razões de decidir da Corte:[24]

> [...] considerando que, sendo livre, isto é, isento de direitos, o comércio de cabotagem às mercadorias nacionais (art. 7.º, n. 2º da

20.RODRIGUES, Lêda Boechat. *História do Supremo Tribunal Federal.* Defesa das liberdades civis (1891-1898). 2. ed. Rio de Janeiro: Civilização Brasileira, 1991. v. I, p. 73-89.

21.SUPREMO TRIBUNAL FEDERAL. RE 17 (data do julgamento: 24.11.1894). *Jurisprudência – Acórdãos Anexos ao Relatório (proferidos em 1894).* Rio de Janeiro: Imprensa Nacional, 1897. p. 4-6.

22.RODRIGUES, Lêda Boechat. *História do Supremo Tribunal Federal.* Defesa das liberdades civis (1891-1898). 2. ed. Rio de Janeiro: Civilização Brasileira, 1991. v. I, p. 74.

23. RODRIGUES, Lêda Boechat. *História do Supremo Tribunal Federal.* Defesa das liberdades civis (1891-1898). 2. ed. Rio de Janeiro: Civilização Brasileira, 1991. v. I, p. 74.

24.SUPREMO TRIBUNAL FEDERAL. RE 82 (data do julgamento: 23.5.1896). *Jurisprudência – Acórdãos Anexos ao Relatório (proferidos em 1896).* Rio de Janeiro: Imprensa Nacional, 1897. p. 119-123.

> Constituição), não pode ser tributada por um Estado a saída de tais mercadorias de um porto seu para o de qualquer outro Estado da União, e inconstitucionais são, pois, as leis orçamentárias do Estado da Bahia que violam este preceito: acordam em dar provimento ao recurso para, julgando o recorrente desobrigado do imposto que lhe foi cobrado, mandar que lhe seja restituída a quantia de [...]

Um mês após tal *decisum*, Amaro Cavalcanti, que havia participado da elaboração do texto constitucional então vigente, publicou cinco artigos no *Jornal do Comércio*, entre 23 e 28 de junho de 1896, nos quais, ao passo que concordava com a tese exposta no primeiro aresto, tecia críticas à deliberação tomada na segunda decisão.[25] Para o homenageado:[26]

> Antes de tudo seja-nos lícito observar que, tratando de julgar a constitucionalidade de uma lei aplicável ao caso controverso, o Supremo Tribunal Federal não pode fazê-lo sempre e como bem lhe pareça. Poder Constitucional coordenado com os demais poderes da Federação, ele só deve intervir como intérprete final da Constituição, em dadas condições e guardados certos preceitos de observância indispensável nas relações recíprocas dos referidos poderes.

Em relação aos recursos julgados, dizia Cavalcanti, não havia exata correspondência entre as hipóteses analisadas, de modo que "declarar a invalidade de uma lei, promulgada pelo poder competente – por mera interpretação ampliativa – é jurisprudência perigosa, senão inadmissível, por contrária à independência dos poderes públicos entre si".[27] Indicando a possibilidade de reversão da jurisprudência, o homenageado registrou que muito se poderia esperar "das luzes, prudência e patriotismo do STF".[28]

25.CAVALCANTI. Amaro. Tributação Constitucional. *O Direito – Revista mensal de legislação, doutrina e jurisprudência*. Rio de Janeiro, anno XXXI, p. 219-259, 1903.

26.*Ibid.*, p. 229.

27.*Ibid.*, p. 231.

28.*Ibid.*, p. 258.

A resposta de Rui não tardaria: dez dias depois, entre 6 de julho e 5 de agosto, fez publicar, no mesmo jornal, vinte artigos, nos quais criticou as posições externadas por Amaro, defendendo o aresto do Supremo Tribunal Federal[29]. Nas palavras do Águia de Haia:[30]

> Ninguém diz que a Justiça Federal, em matérias constitucionais, possa obrar 'por mera interpretação ampliativa', que o Supremo Tribunal, como intérprete final da Constituição, 'possa julgar da constitucionalidade das leis sempre e como bem lhe pareça'. O meu livro sobre Os Atos Inconstitucionais do Congresso e do Executivo estuda rigorosamente as condições, as regras, os limites restritivos da função judiciária neste ramo sobre todos melindroso dos seus deveres: e ainda no meu trabalho recente acerca da aposentadoria dos magistrados em disponibilidade acumulei arestos, para mostrar que a justiça não deve pronunciar a invalidade das leis, senão quando contra esta não milite dúvida razoável. Mas daí não tolerar que a magistratura não possa reconhecer ao Governo, da União, ou dos Estados, 'limites que não foram, explicitamente, traçados pelo legislador constituinte' vai incomensurável distância.

Ainda no mesmo *Jornal do Comércio*, a tréplica de Amaro Cavalcanti veio a lume por meio de onze artigos publicados entre 6 e 17 de agosto de 1896,[31] nos quais o autor expressava suas preocupações com as consequências econômicas derivadas da compreensão esposada pelo STF no julgamento do segundo caso[32]:

29.Os vinte artigos estão reunidos em: BARBOSA, Rui. *Obras completas de Rui Barbosa* – Impostos interestaduais. Pref. e org. Temístocles Cavalcanti. Rio de Janeiro: Ministério da Educação e Cultura, 1958. v. XXIII, t. II, p. 11-212.

30.BARBOSA, Rui. *Obras completas de Rui Barbosa* – Impostos interestaduais. Pref. e org. Temístocles Cavalcanti. Rio de Janeiro: Ministério da Educação e Cultura, 1958. v. XXIII, t. II, p. 170-171.

31.Os onze artigos estão reunidos em: BARBOSA, Rui. *Obras Completas de Rui Barbosa – Impostos Interestaduais*. Pref. e org. Temístocles Cavalcanti. Rio de Janeiro: Ministério da Educação e Cultura, 1958. v. XXIII. t. II, p. 257-348.

32.BARBOSA, Rui. *Obras completas de Rui Barbosa* – Impostos interestaduais. Pref. e org. Temístocles Cavalcanti. Rio de Janeiro: Ministério da Educação e Cultura, 1958. v. XXIII, t. II, p. 335.

> A vigorar a teoria nova, ainda que amparada pela decisão suprema, – os Estados ficam sem a sua melhor parte de rendas, que é a proveniente do comércio interestadual; – e, além disto, terão que restituir o que inconstitucionalmente têm arrecadado desde 1892, – isto é, para uns centenares e para outros milhares de contos de reis! E onde iria parar a sorte da República, ao influxo de tão brilhante teoria?! Como cidadão, como homem político, preferiria errar, pondo-me ao lado do bem público, do que acertar fazendo o mal, fascinado da luz radiante de princípios teóricos, nem sempre aplicáveis aos fatos de um povo [...]

Tal discussão teve efeitos "poderosos"[33] à época, dado que, a par de outros fatores, as preocupações veiculadas por Amaro motivaram a alteração legislativa promovida pela Lei 410, de 12 de novembro de 1896, a qual, concretamente, alinhava-se às considerações do homenageado.

Mais tarde, no RE 92, julgado em 13.2.1897, mencionando a nova legislação, o STF modificou a compreensão externada nos dois julgados referidos, admitindo o tributo estadual. Das razões de decidir do acórdão, retira-se (grifo nosso):

> Não procede, porém, a arguida inconstitucionalidade das leis impugnadas.
>
> O art. 9º n. 1 da Constituição, estatuindo a competência dos Estados para decretar impostos de exportação sobre as mercadorias de sua propria producção, não exceptuou dessa competencia, nem explicitamente, nem, como sustentam os recorrentes, pela força implicita do termo, a exportação de um para outro Estado da Republica.
>
> *A idéa inherente á palavra – exportação – tomada em abstracto, é, na linguagem corrente e consoantemente com o seu valor etymologico, a de remessa de mercadorias para fóra ele certa área, cuja comprehensão territorial e cathegoria politica* só em cada caso concreto se determinam, pelo que, como bem pondera no seu parecer de 4 de setembro de 1896 a *Commissão do Senado e da Camara dos Deputados, tão verdadeiro é dizer-se – exportação da Europa, como a da nação A, a do Estado B ou a do município C.*

33.RODRIGUES, Lêda Boechat. *História do Supremo Tribunal Federal.* Defesa das liberdades civis (1891-1898). 2. ed. Rio de Janeiro: Civilização Brasileira, 1991. v. I, p. 79.

> Tratando-se no citado art. 9º n. 1 particularmente dos Estados e sendo, portanto, com referencia a estes que se ha de entender o que seja exportação, torna-se obvio que *esta se verifica para o Estado productor, desde que os productos transpõem as raias do respectivo territorio, quer sigam para o estrangeiro, quer para algum outro Estado da União.*

A propósito, em voto no qual referida a presente discussão doutrinária, observe-se a posição do Min. Macedo Soares[34] nesse mesmo julgado:[35]

> Estou hoje convencido, e sobretudo depois da luminosa discussão travada na imprensa diária desta cidade, entre os Drs. Amaro Cavalcanti, Rui Barbosa e Aristides Maia, que a Constituição Federal não instituiu a liberdade de cabotagem. Vê-se claramente do art. 13, parágrafo único, a restrição de que só pode ser feita a navegação de cabotagem por navios nacionais, em contrário das aspirações liberais, defendidas na Câmara dos Deputados do Império e em escrito, pelo eminente democrata Dr. Aureliano Cândido Tavares Bastos.
>
> A liberdade concedida à navegação de cabotagem pelo art. 7º, § 2º, da Constituição Federal, é só quanto aos direitos de entrada, estada e saída de navios, em relação as mercadorias nacionais e às estrangeiras que já tenham pago o imposto de importação. É a conclusão lógica do estudo desse artigo, em confronto com os arts. 9º, n. 1, 11, § 1º, e 13, parágrafo único. E, por isso, retratando o voto anterior, votei com o Sr. ministro relator.

Dias depois, em 17.2.1897, a mesma posição foi reafirmada no julgamento do RE 98.[36] Comentando ambos os arestos de 1897, Amaro Cavalcanti anotou: "Triunfou, portanto, a verdade das disposições constitucionais expressas,

34.Que havia tomado assento no julgamento tanto do RE 17, julgado em 24.11.1894 quanto do RE 82, julgado em 23.5.1896.

35.SUPREMO TRIBUNAL FEDERAL. RE 92 (data do julgamento: 13.2.1897). *Jurisprudência – Acórdãos Anexos ao Relatório (proferidos em 1897).* Rio de Janeiro: Imprensa Nacional, 1898, p. 111-115.

36.SUPREMO TRIBUNAL FEDERAL. RE 98 (data do julgamento: 17.2.1897). *Jurisprudência – Acórdãos Anexos ao Relatório (proferidos em 1897).* Rio de Janeiro: Imprensa Nacional, 1898, p. 115-117.

afirmamos nós; – muito embora não se contestem os grandes inconvenientes econômicos que possam resultar da aludida tributação".[37]

Ainda no âmbito do direito público, é impossível ignorar a grande importância do pensamento de Cavalcanti em matéria de responsabilidade do Estado, por meio da publicação da obra Responsabilidade Civil do Estado, em 1905[38] – "livro que é, sem exagero, o mais completo da literatura jurídica americana e um dos melhores entre os produzidos por autores de outros países".[39]

Em particular, tem destaque a posição do autor a favor da responsabilidade do Estado, concepção que, segundo o homenageado, carecia de aplicação mais coerente na jurisprudência brasileira:[40]

> Ainda que assáz conhecida em nossa litteratura jurídica, a doutrina, que distingue os actos da administração publica em actos de imperio e actos de gestão, e não se ignore, juntamente, que a significação especifica destes vocabulos tenha sido, por vezes, invocada nas discussões judiciaes e nos proprios considerandos das sentenças; é licito comtudo não afirmar, que semelhante

---

37.CAVALCANTI, Amaro. *Regimen federativo e a Republica brazileira*. Rio de Janeiro: Imprensa Nacional, 1900. p. 310. Em registro histórico, cabe ter em mente que, mais adiante, o Decreto 1.185/1904, revogando a referida Lei de 1896, declarou livre de quaisquer impostos da União ou dos Estados e municípios o intercurso de mercadorias nacionais ou estrangeiras, quando objeto de comércio dos Estados entre si e com o Distrito Federal: "Vencia, assim, a boa doutrina sustentada pelo Supremo Tribunal Federal no acórdão de 23 de maio de 1896, e por Rui Barbosa, na sua polêmica com Amaro Cavalcanti, do mesmo ano" (RODRIGUES, Lêda Boechat. *História do Supremo Tribunal Federal* – Defesa do federalismo. 2. ed. Rio de Janeiro: Civilização Brasileira, 1991. v. II, p. 98).

38.CAVALCANTI, Amaro. *Responsabilidade civil do Estado*. Rio de Janeiro: Laemmert & C., 1905.

39.FREIRE, Aníbal. Conferência em comemoração do centenário de nascimento de Amaro Cavalcanti ocorrido em 15-8-1849. *Revista Forense*, Rio de Janeiro, ano XLVI, v. CXXV, fascículo 555, p. 309, set. 1949.

40.CAVALCANTI, Amaro. *Responsabilidade civil do Estado*. Rio de Janeiro: Laemmert & C., 1905. p. 509.

> doutrina se acha recebida em nossa jurisprudencia, como criterio decisivo dos seus arestos.
>
> Pelo contrario, si alguma cousa se póde apontar, como regra da jurisprudencia brazileira sobre a questão, é, como já se disse, a admissão do principio da responsabilidade geral do Estado; sendo esta afirmada, ou negada nos casos particulares, segundo ás circumstancias e provas do respectivo facto, e nem sempre, a dizer toda a verdade, guardando-se inteira coherencia nos fundamentos das sentenças proferidas.

Assim é que, para fazer frente a esse quadro de pouca sistematicidade, a exposição de Cavalcanti minudencia os sistemas doutrinários devotados ao assunto, voltando-se à jurisprudência francesa, belga, alemã, italiana, inglesa a respeito, sem deixar de consignar a posição do autor:[41]

> E' certo, que muito embora já consagrado o novo credo do Estado de direito (Rechtsstaat), não falta, todavia, quem ainda persista em sustentar, na pratica das leis e da jurisprudencia, que o Estado, ente politico ou soberano, age em esphera superior ao proprio direito, e que, consequentemente, é irresponsavel, si, como tal, violar os direitos individuaes... Tanto póde, com effeito, a força do dogma tradicional de Estado-creador do direito!
>
> De maneira que, ainda agora, temos, bem ou mal, de escolher: ou a continuação da doutrina da irresponsabilidade, que se suppõe justificada em vista da velha concepção do Estado antigo e medieval; ou abraçar resolutamente a nova doutrina da sua responsabilidade geral conforme aos principios, sobre os quaes assenta a moderna sciencia.
>
> Por nossa parte, não podemos deixar de preferir á ultima destas doutrinas. Não compreendemos o Estado com direitos anteriores aos dos proprios individuos, que o compõem.

Em relação à temática, J. M. de Carvalho Santos reconhece a importância da compreensão de Cavalcanti na sedimentação, em definitivo, da tese da responsabilidade estatal: "Ainda agora é essa a doutrina dominante em nosso direito, graças

41.*Ibid.*, p. IX.

à influência do sábio ensinamento de Amaro, valorizado por torrencial jurisprudência dos tribunais brasileiros, que nele, igualmente, se apoiou para firmar-se em definitivo".[42]

Não por acaso, Aguiar Dias, em seu clássico *Da responsabilidade civil* (publicado, em sua primeira edição, quatro décadas depois do citado livro de Cavalcanti), assinala: "A atualidade desse trabalho nada sofreu nos quarenta anos que decorreram de sua publicação. Continua a informar os nossos juristas e a ser de máxima utilidade no estudo do problema".[43]

Por derradeiro, merece registro a atuação do homenageado no âmbito do Direito Internacional, tendo decisiva participação na formação da Sociedade Brasileira de Direito Internacional em 1914 (ainda hoje em atividade[44]), instituição de que foi o primeiro presidente.[45] A revelar a grandiosidade da associação, basta relembrar que, ao momento em que presidida por Amaro Cavalcanti (1914–1922), ela reunia em seus quadros nomes como Rui Barbosa, Epitácio Pessoa, Alberto Torres, Clóvis Beviláqua, Pedro Lessa, Pires e Albuquerque entre outros.[46]

Ademais, sem deixar de meditar de modo crítico sobre o alcance e os limites da Sociedade das Nações em exposição realizada em 1920[47] (o que viria a ser tragicamente confirmado pela deflagração da Segunda Guerra Mundial,

---

42.SANTOS, J. M. de Carvalho. Conferência em comemoração do centenário de nascimento de Amaro Cavalcanti ocorrido em 15-8-1849. *Revista Forense*, Rio de Janeiro, ano XLVI, v. CXXV, fascículo 555, p. 300, set. 1949.

43.DIAS, José de Aguiar. *Da responsabilidade civil*. Rio de Janeiro: Revista Forense, 1944. t II, p. 146 (nota 979).

44.Boletim da sociedade brasileira de direito internacional. São Paulo. issn: 0103-8451, ano cviii, v. 112, n. 171-175, jan./jun. 2022.

45.*Ibid*., p. V.

46.SANTOS, J. M. de Carvalho. Conferência em comemoração do centenário de nascimento de Amaro Cavalcanti ocorrido em 15-8-1849. *Revista Forense*, Rio de Janeiro, ano XLVI, v. CXXV, fascículo 555, p. 298, set. 1949.

47.*Ibid*., p. 296.

anos depois), o homenageado publicou vários artigos a respeito do Direito Internacional, escritos esses que tiveram reconhecimento para além de nossas fronteiras, como testemunha Aníbal Freire:[48]

> Vários internacionalistas referem-se a trabalhos de AMARO CAVALCANTI, como fonte de proveitosa consulta. Além de CRUSHAGA TOCORNAL, entre outros OPPENHEIN, 'International Law', e BUSTAMANTE, em sua obra clássica, recomendam 'A codificação do Direito Internacional de 1914', 'A neutralidade e as restrições do comércio internacional na presente guerra europeia, de 1916' e 'Restritive clauses in International Arbitration Treatries', publicada em 'The American Journal of the International Law', de 1914.

Também nessa matéria, o que se percebe é a clara conexão entre a atuação de Cavalcanti como homem público – com foco na resolução de problemas práticos – e a reflexão teórica, faceta que lhe permitiu transitar entre os grandes nomes político-jurídicos de seu tempo.

Em conclusão ao presente tópico, não é preciso maior esforço intelectivo para perceber a densidade e a amplitude dos interesses do homenageado. No ponto, impressiona a vasta produção dogmática do autor, que se ocupou de diversas disciplinas jurídicas (mesmo aquelas situadas em campos tão distintos entre si), publicando obras que alcançaram reconhecimento nacional e internacional.

2.3 Atuação no Supremo Tribunal Federal (STF)

Com assento no Supremo Tribunal, no período compreendido entre 27.6.1906 e 30.12.1914, Amaro Cavalcanti

---

48.FREIRE, Aníbal. Conferência em comemoração do centenário de nascimento de Amaro Cavalcanti ocorrido em 15-8-1849. *Revista Forense*, Rio de Janeiro, ano XLVI, v. CXXV, fascículo 555, p. 308, set. 1949.

atuou na Corte na companhia de baluartes como Alberto Torres, Epitácio Pessoa e Pedro Lessa.

Como se sabe, esse momento inicial de nossa história republicana representa período conturbado, em que, não raro, as relações entre os entes federados convolaram-se em conflitos de dificultosa resolução política, com o recorrente uso da intervenção por parte do Executivo federal. Como nota Lêda Boechat Rodrigues:[49]

> Os litígios dos Estados com a União ou dos Estados uns com os outros versaram invariavelmente sobre a cobrança de impostos e a propriedade de áreas ricas em valiosas matérias-primas – borracha no Norte, sal no Nordeste, areias monazíticas e café no Leste, erva-mate no Sul.
>
> Dentro dos Estados, as lutas entre os grupos oligárquicos começaram a gerar as dualidades de assembleias, que algumas vezes só se resolveram através da intervenção federal.
>
> [...]
>
> Respondendo a essa realidade, a evolução constitucional brasileira, excetuado o interregno de Campos Sales, se operou na prática e na letra das Constituições posteriores à de 1891, no sentido da ampliação dos casos de intervenção federal nos Estados.

Da mesma forma, o manejo de medidas de exceção – notoriamente o estado de sítio – passou a representar modo contínuo de governo, impedindo que as liberdades constitucionais pudessem ser exercidas em toda a sua extensão. É nesse contexto que o Tribunal se pôs a debater – e conceder – "os primeiros *habeas corpus* para garantir o exercício de direitos políticos e de funções legislativas"[50], tendo destaque teórico, no ponto, a discussão sobre

---

49.RODRIGUES, Lêda Boechat. *História do Supremo Tribunal Federal* – Defesa do federalismo. 2. ed. Rio de Janeiro: Civilização Brasileira, 1991. v. II, p. 4-5.

50.RODRIGUES, Lêda Boechat. *História do Supremo Tribunal Federal* – Defesa do federalismo. 2. ed. Rio de Janeiro: Civilização Brasileira, 1991. v. II, p. 5.

a natureza e o alcance da mencionada ação constitucional (doutrina brasileira do *habeas corpus*, adiante analisada).

Ante tal quadro fático-político, a atuação jurisdicional de Amaro Cavalcanti pautou-se pela prudência, mediante compreensão que, em grande medida, se esforçava em preservar as competências e atribuições privativas de cada um dos poderes ou entes federados, sendo incabíveis interferências externas no âmbito de liberdade de cada um deles. Nesse sentido, Aníbal Freire relembrou vários casos em que o homenageado assim compreendeu:[51]

> No *habeas corpus* requerido por Irineu Machado em favor do Coronel Franco Rabelo e de outros membros da Assembleia Legislativa do Ceará, denegou a ordem, por ter havido decreto de intervenção no Estado e não poder o Judiciário desfazer tal ato. O Tribunal assim decidiu, por seis votos contra dois[52].
>
> Noutro pedido, impetrado em favor de José Eduardo de Macedo Soares, para que se declarasse inconstitucional o estado de sítio, sustentou ele, contra Pedro Lessa, a incompetência do Tribunal para decidir sobre a matéria. O seu voto foi sufragado por todos os outros ministros.[53]
>
> No caso Leônidas de Resende, defrontou-se ainda com Pedro Lessa, e teve a seu lado a quase unanimidade do Tribunal.[54]
>
> Ainda no *habeas corpus* requerido pelo insigne Rui, em favor de diretores e pessoal de jornais desta capital, sendo relator Pedro Lessa, reafirmou sua convicção de não caber ao Judiciário

51.FREIRE, Aníbal. Conferência em comemoração do centenário de nascimento de Amaro Cavalcanti ocorrido em 15-8-1849. *Revista Forense*, Rio de Janeiro, ano XLVI, v. CXXV, fascículo 555, p. 306, set. 1949.

52.REVISTA DO SUPREMO TRIBUNAL. Rio de Janeiro. v.1 – Primeira Parte. Accórdãos e debates do Supremo Tribunal, 1914 (abril a julho). HC 3.513 (Data do julgamento: 1º.4.1914), p.11-24

53.REVISTA DO SUPREMO TRIBUNAL. Rio de Janeiro. v.1 – Primeira Parte. Accórdãos e debates do Supremo Tribunal, 1914 (agosto a dezembro). HC 3.527 (Data do julgamento: 15.4.1914), p. 287-293.

54.REVISTA DO SUPREMO TRIBUNAL. Rio de Janeiro. v.1 – Primeira Parte. Accórdãos e debates do Supremo Tribunal, 1914 (abril a julho). HC 3.528 (Data do julgamento: 25.4.1914), p. 211-220.

> entrar no mérito das razões que levavam o Executivo a decretar o estado de sítio. Travou então com o eminente relator memorável debate. Amaro começa por dizer que praza a Deus seja esta a última vez em que se veja na necessidade de sustentar o seu voto no Tribunal, denegando uma ordem de *habeas corpus* durante o estado de sítio. Acha que a norma traçada pelo Tribunal não é somente sábia, mas necessária para a sua própria reputação de Poder Judiciário independente e afastado das lutas políticas.[55]

Dito posicionamento não impediu, contudo, que Cavalcanti distinguisse situações que mereciam apreciação diversa.

Para ele, de um lado, não cabia ao Judiciário imiscuir-se na análise sobre a adequação de medidas tomadas pelo Executivo com base em autorização constante da Constituição (por exemplo a decretação do estado de sítio ou de intervenção federal). Por isso, uma vez tomada a providência excepcional autorizada pela Carta Magna, o Supremo Tribunal não teria competência para sindicar-lhe o mérito, devendo abster-se de cuidar de assuntos que, em sua essência, orbitassem tal atuação política. Realmente:[56]

> A inconstitucionalidade da decretação do estado de sítio pelo presidente da República é matéria que escapa á competencia do poder judiciario. Uma vez conferida a um dos poderes políticos, creados pela Constituição, uma attribuição para a pratica de dado acto, ou para o uso de dada faculdade, é elle o unico juiz competente da opportunidade e das razões determinantes do respectivo acto, ou do uso de sua faculdade; o contrario seria a negação completa da sua independência.

55. REVISTA DO SUPREMO TRIBUNAL. Rio de Janeiro. v.1 – Primeira Parte. Accórdãos e debates do Supremo Tribunal, 1914 (abril a julho). HC 3.539 (Data do julgamento: 9.5.1914), p.294-313. Confira-se ainda: RODRIGUES, Lêda Boechat. *História do Supremo Tribunal Federal*. Doutrina brasileira do *habeas corpus* (1910-1926). Rio de Janeiro: Civilização Brasileira, 1991. v. III, p. 163-168.

56. Já citado: REVISTA DO SUPREMO TRIBUNAL. Rio de Janeiro. v.1 – Primeira Parte. Accórdãos e debates do Supremo Tribunal, 1914 (agosto a dezembro). HC 3.527 (Data do julgamento: 15.4.1914). Confira-se ainda: COSTA. Edgard. *Os grandes julgamentos do Supremo Tribunal Federal*. Rio de Janeiro: Civilização Brasileira, 1964. v. I, p. 165-181.

De outro lado, se inexistente tal debate, não havia impedimento a que o Supremo, longe de apreciar o mérito do ato político, atuasse na proteção dos cidadãos sempre que houvesse clara ofensa à ordem jurídica vigente, ainda quando tal desrespeito derivasse indiretamente do ato político excepcional legitimamente tomado.[57]

Em pormenor, é o que se retira das razões de decidir expostas por Amaro Cavalcanti no já citado caso Leônidas Resende – HC 3.528.[58]

Naquele feito, no contexto do estado de sítio já decretado, o paciente encontrava-se detido por ser o responsável por artigos na imprensa críticos ao governo. Assim é que, contra o voto do Min. Pedro Lessa, o homenageado explanou sua compreensão, reconhecendo que (a) não cabia conferir as razões políticas que justificaram a tomada do estado de exceção; e (b) longe desse debate, seria, sim, possível conferir se a situação do paciente, mesmo decretada a medida excepcional, estava em conformidade com o prescrito pela ordem legal.

Ao final, concluiu que, na hipótese posta a julgamento, seria de rigor a denegação da ordem, pois (a) não competiria à Corte analisar as razões motivadoras do decreto de estado de sítio e (b) a situação fática em que se encontrava o paciente não contrastava com as prescrições

57.Nesse sentido, confira-se o HC n. 2.950, j. em 15.10.1910 (O DIREITO – *Revista Mensal de Legislação, Doutrina e Jurisprudência,* Rio de Janeiro, anno XL, p. 582-585, 1912), em que Amaro Cavalcanti, acompanhando o relator, Min. Pedro Lessa, admitiu o uso de *habeas corpus* para garantir que o governador exercesse suas funções políticas, no rumoroso caso da reposição do Governador de Amazonas, Antônio Peixoto, contra tropas federais que, mediante atos violentos, pretendiam pressioná-lo a renunciar em favor do Vice-Governador. A respeito, consulte-se: RODRIGUES, Lêda Boechat. *História do Supremo Tribunal Federal* – Defesa do federalismo. 2. ed. Rio de Janeiro: Civilização Brasileira, 1991. v. II, p. 161-174.

58.REVISTA DO SUPREMO TRIBUNAL FEDERAL. Rio de Janeiro. v. 1 – Primeira Parte. Accórdãos e debates do Supremo Tribunal, 1914 (abril a julho). HC 3.528 (Data do julgamento: 25.4.1914), p. 211-220.

jurídicas que regiam sua condição. Eis as palavras do Ministro (grifo nosso):[59]

> *E' uma verdade, que tem sustentado aqui muitas vezes, e continuará a sustentar, que o judiciario póde intervir, mesmo em questões de caracter político, para offerecer amparo ao direito individual, porventura offendido ou lesado por actos desta natureza.*
>
> *Esta doutrina foi amplamente sustentada aqui, sobretudo, no caso do Conselho Municipal;*
>
> [...]
>
> Os requerentes invocaram duas séries de argumentos; primeiro, que o Tribunal tem jurisprudencia sobre o caso, tendo já concedido habeas-corpus, em estado de sitio, a outros requerentes; segundo, que, mesmo em se tratando de materia puramente politica, o Tribunal não póde abster-se de julgar da especie.
>
> Quanto ao primeiro argumento, não ha duvida; se o requerente está nos casos em que a jurisprudencia do Tribunal está feita e assentada, e que é a mais liberal que se conhece, o argumento deve ser invocado, e tem procedencia.
>
> *O que o Tribunal tem feito, quando conhece de medidas em estado de sitio, é: umas vezes, conceder habeas-corpus a deputados e senadores, isto é,* áquelles *que gozam desta qualidade por entender que as medidas do estado de sitio não podem attingir as suas immunidades; depois, conceder igual protecção a outros individuos detentos, quando as medidas autorizadas pela Constituição são excedidas pelo Poder Executivo, tal, por exemplo, no caso de conservar os detentos em logar destinado aos presos communs, Portanto, si o requerente está em qualquer destas hypotheses, ou alega qualquer destes casos, é seu direito invocar a jurisprudencia do Tribunal.*
>
> *Está detido em logar que a Constittigio nao autoriza? Tem as immunidades que a Constituição assesura ao deputado ou senador federal, immunidade também ultimamente estendida ao deputado estadual?*
>
> *Ora, o requerente nao está em nenhuma destas condições: nao é deputado*

59.REVISTA DO SUPREMO TRIBUNAL FEDERAL. Rio de Janeiro. v. 1 – Primeira Parte. Accórdãos e debates do Supremo Tribunal, 1914 (abril a julho). HC 3.528 (Data do julgamento: 25.4.1914), p. 216-217.

> *não é senador, nem allega achar-se detido em logar reservado para réos communs.*
>
> Conseguintemente, a invocação da jurisprudencia do Tribunal não o póde socorrer no caso.
>
> *Quanto a questão de principio, tambem duvida não ha, que o Poder Judiciario, por seu orgão supremo, que é esta Côrte, é o interprete final da legalidade ou constitucionalidade dos actos dos dois outros poderes publicos. Mas, só por isto, se póde desde logo, concluir que não ha acto algum de taes poderes que deva escapar ao seu exame e julgamento?*
>
> *E' tirar uma conclusão maior do que as premissas que o legislador constituinte tivera em vista. O grande poder, justamente, deste Tribunal, é este: ser ele autoridade propria para declarar, si dado acto é, ou não, essencialmente politico, e, por conseguinte, fora, ou não da esfera judicial.*
>
> É este o grande poder do Supremo Tribunal Federal.
>
> *E, no exercicio do mesmo, quando verificar, do proprio acto, qualquer que elle seja, que elle é incapaz de constituir um caso judicial, por ser uma questão meramente politica, é dever seu assim declaral-o.*
>
> *O contrario seria desconhecer a igual independencia dos outros poderes.*

Foi em razão dessa compreensão criteriosa que o homenageado acompanhou a construção jurisprudencial ocorrida no histórico "Caso do Conselho Municipal do Distrito Federal". Foi por meio de julgamentos de processos relacionados a esse imbróglio que o Supremo Tribunal Federal pôde fixar de modo mais exato a finalidade e o alcance do *habeas corpus*.

Aqui cabe uma digressão histórica.

Como já assentei em obra doutrinária,[60] tal garantia, entre nós, não constava da Constituição de 1824, tendo sido

---

60.MENDES, Gilmar Ferreira. Ações constitucionais: o *habeas corpus* como pedra fundamental do processo constitucional brasileiro. *In*: MARINONI, Luiz Guilherme; SARLET, Ingo Wolfgang. *Processo constitucional*. São Paulo: Revista dos Tribunais, 2019.

contemplada, inicialmente, no Código de Processo Criminal, de 1832, e posteriormente ampliada com a Lei 2.033/1871.

O primeiro texto constitucional a dispor sobre o tema foi o de 1891, que estabeleceu, no art. 72, § 22: "dar-se-á *habeas corpus* sempre que o indivíduo sofrer violência, ou coação, por ilegalidade, ou abuso de poder". Vê-se, pois, que o dispositivo não fazia referência ao direito de ir e vir, historicamente protegido pelo instituto.

Por conta da ausência de meios processuais aptos a proteger direitos e garantias fundamentais, o *habeas corpus*, previsto constitucionalmente de forma bastante ampla, passou a ser utilizado como remédio constitucional para a garantia dos mais diversos direitos que não o de locomoção.

Esse entendimento, que encontrava em Rui Barbosa um de seus maiores expoentes, acabou por ser cognominado de doutrina brasileira do *habeas corpus*. Foi ele, inclusive, que redigiu o texto do art. 72, § 22, de próprio punho. O projeto original de Constituição, elaborado pelos juristas nomeados pelo Decreto 29, de 3 de dezembro de 1889, não continha o instituto no capítulo da Declaração de Direitos.[61] Sobre a configuração do *habeas corpus* na Constituição de 1891, em comparação ao modelo tradicional previsto pelo antigo ordenamento, Rui Barbosa assim explicou anos mais tarde, em discurso ao Senado:

> O constrangimento corporal era portanto, sob o Império, a condição *sine qua non* da concessão do *habeas-corpus*. Ora, se o pensamento constituinte republicano fosse o de conservar o *habeas-corpus* na sua proposição primitiva, análoga às das legislações inglesa e americana, não tinha a Constituição republicana mais do que dizer do mesmo modo que disse em relação ao júri: Fica mantida a instituição do habeas-corpus. Nesse caso não haveria questão, estaria o *habeas-corpus* definido pelas leis imperiais. Que fez, porém, o legislador constituinte neste regime? Rompeu

61.NOGUEIRA, Rubem. Concepção ampla do "habeas corpus" antecipa o mandado de segurança. *Revista de Informação Legislativa*, n. 84, out./dez. 1984.

> abertamente, pela fórmula que adotou na Carta republicana, com a estreiteza da concepção do *habeas-corpus* sob o regime antigo.
>
> (...)
>
> Não se fala em prisão, não se fala em constrangimentos corporais. Fala-se amplamente, determinadamente, absolutamente em coação e violência; de modo que, onde quer que surja, onde quer que se manifeste a violência ou a coação, por um desses meios, aí está estabelecido o caso constitucional do *habeas-corpus*. Quais são os meios indicados? Quais são as origens da coação e da violência, que devem concorrer para que se estabeleça o caso legítimo de *habeas-corpus*? Ilegalidade ou abuso do poder. Se de um lado existe a coação ou a violência e de outro lado a ilegalidade ou o abuso de poder; se a coação ou violência resulta de ilegalidade ou abuso do poder, qualquer que seja a violência, qualquer que seja a coação, desde que resulte de abuso de poder, seja qual ele for, ou de ilegalidade, qualquer que ela seja, é inegável o recurso do *habeas-corpus*.[62]

Esclarecendo o sentido da redação do texto constitucional – escrito justamente por ele –, Rui Barbosa defendeu que o *habeas corpus*, nos termos do que disciplinado pela Constituição, não estaria limitado aos casos de constrangimento corporal, mas seria cabível para defesa de qualquer direito ameaçado ou impossibilitado de ser exercido:

> O *habeas-corpus* hoje não está circunscrito aos casos de constrangimento corporal; o *habeas-corpus* hoje se estende a todos os casos em que um direito nosso, qualquer direito, estiver ameaçado, manietado, impossibilitado no seu exercício pela intervenção de um abuso de poder ou de uma ilegalidade.
>
> Desde que a Constituição, Srs. Senadores, não particularizou os direitos que, com o *habeas-corpus*, queria proteger contra a coação ou contra a violência, claro está que o seu propósito era escudar contra a violência e a coação todo e qualquer direito que elas podiam tolher e lesar nas suas manifestações. Limitar a disposição aos direitos de caráter privado é ir de encontro à boa hermenêutica nas suas regras fundamentais. (...).[63]

62.BARBOSA, Rui. *Obras completas de Rui Barbosa* – Discursos parlamentares. Rio de Janeiro: Fundação Casa de Rui Barbosa, 1981. v. XVIII, t. I, p. 94.

63.*Ibid.*, p. 97.

Tal compreensão jurídica, é certo, em tudo se relacionava com o respectivo contexto histórico do país. De fato, a configuração de momento histórico conturbado com a ausência de efetivo remédio que resguardasse o rol de direitos previstos na Constituição foi cenário fértil para o debate acerca do efetivo alcance do *writ*.

Registre-se, porém, que a ampliação do escopo do *habeas,* defendida por Rui, não era questão pacífica no cenário jurídico brasileiro. Juristas de alto gabarito, a exemplo do Ministro Godofredo Cunha, do Supremo Tribunal Federal, interpretavam o *habeas corpus* a partir de sua faceta clássica e restritiva. Segundo tal compreensão, o remédio constitucional apenas seria cabível em ocasiões nas quais envolvidas diretamente a constrição da liberdade de locomoção ou o constrangimento ilegal da pessoa.[64]

Tomado pela controvérsia em torno do *writ* constitucional, o Supremo Tribunal adotou posicionamento que não privilegiou qualquer das duas correntes – nem a de Rui Barbosa, nem a que reduzia a amplitude do *habeas corpus*. O Tribunal optou, em verdade, por interpretação intermediária em torno do remédio constitucional: caberia o *habeas corpus* para proteção de "outros direitos – que não apenas o direito de ir, vir e permanecer –, desde que aqueles outros direitos guardassem relação de dependência com a liberdade de locomoção física do indivíduo ou tivessem por fundamento ou pressuposto a prática dessa mesma liberdade".[65] A propósito, observam Ada Pellegrini, Gomes Filho e Scarance Fernandes:

64.Voto vencido prolatado em: BRASIL. Supremo Tribunal Federal (Tribunal Pleno). HC 3.536. Relator: Min. Oliveira Ribeiro, 6 de maio de 1914. Disponível em: jurisprudencia.stf.jus.br/pages/search/sjur92383/false. Acesso em: 1º.8.2024.

65.BRASIL. Supremo Tribunal Federal (2. Turma). HC 111.074. Relator: Min. Celso de Mello, j. em 12/12/2011.

> Na verdade, três posições firmaramse com o advento da Constituição republicana: alguns, como Rui Barbosa, sustentavam que a garantia deveria ser aplicada em todos os casos em que um direito estivesse ameaçado, manietado, impossibilitado no seu exercício por abuso de poder ou ilegalidade; em sentido oposto, afirmavase que o *habeas corpus*, por sua natureza e origem histórica, era remédio destinado exclusivamente à proteção da liberdade de locomoção; e finalmente, uma terceira corrente, vencedora no seio do Supremo Tribunal Federal, propugnava incluir na proteção do *habeas corpus* não só os casos de restrição da liberdade de locomoção, como também as situações em que a ofensa a essa liberdade fosse meio de ofender outro direito.[66]

A posição que prevaleceu na jurisprudência do Supremo Tribunal Federal foi a de Pedro Lessa. Em obra doutrinária, o Ministro indicou sua concepção sobre o tema da seguinte forma:

> Frequentemente, todos os dias, se requerem ordens de *habeas-corpus*, alegando os pacientes que estão presos, ou ameaçados de prisão, e pedindo que lhes seja restituída, ou garantida, a liberdade individual. Nessas condições, não declaram, nem precisam declarar, quais os direitos cujo exercício lhes foi tolhido, ou está ameaçado; porquanto, a prisão obsta ao exercício de quase todos os direitos do indivíduo. A liberdade individual é um direito fundamental, condição do exercício de um sem número de direitos: para trabalhar, para cuidar de seus negócios, para tratar de sua saúde, para praticar os atos de seu culto religioso, para cultivar seu espírito, aprendendo qualquer ciência, para se distrair, para desenvolver seu sentimento, para tudo, em suma, precisa o homem de liberdade de locomoção, do direito *de ir vir*. Além de inútil, fora difícil, se não impossível, enumerar todos os direitos que o indivíduo fica impossibilitado de exercer pela privação da liberdade individual: pela prisão, pela detenção, ou pelo exilio. A impetração do *habeas corpus* para fazer cessar a prisão, ou para a prevenir, é o que se vê diariamente.[67]

66.GRINOVER, Ada Pellegrini; GOMES FILHO, Antonio Magalhães; FERNANDES, Antonio Scarance. Recursos no processo penal. *Revista dos Tribunais*, Brasília, p. 347-348, 2011.

67.LESSA, Pedro. *Do Poder Judiciário*. Rio de Janeiro: Livraria Francisco Alves, 1915. p. 284.

E seguiu, explicando as hipóteses de cabimento do *habeas corpus:*

> Algumas vezes, entretanto, a ilegalidade de que se queixa o paciente não importa a completa privação da liberdade individual. Limita-se a coação ilegal a ser vedada unicamente a liberdade individual, *quando esta tem por fim próximo o exercício de um determinado direito*. Não está o paciente preso, nem detido, nem exilado, nem ameaçado de imediatamente o ser. Apenas o impedem de ir, por exemplo, a uma praça pública, onde se deve realizar uma reunião com intuitos políticos; a uma casa comercial, ou a uma fábrica, na qual é empregado; a uma repartição pública, onde tem de desempenhar uma função, ou promover um interesse; à casa em que reside, ao seu domicílio.
>
> Na primeira hipótese figurada, a que se realiza constantemente, cifra-se a tarefa processual do juiz em averiguar se o paciente está preso, ou ameaçado de prisão; se está condenado, ou pronunciado; se é competente o juiz que decretou a prisão, ou a pronúncia.
>
> Na segunda, expressamente consagrada no artigo 72, § 22, da Constituição Federal, que manda conceder o *habeas-corpus*, sempre que o indivíduo sofrer qualquer coação a sua liberdade individual (pois, o preceito constitucional não qualifica, nem restringe, nem distingue a coação que é destinado a impedir), assume diversa modalidade a indagação a que é obrigado o juiz: o que a este cumpre, é verificar se o direito que o paciente quer exercer, e do qual a liberdade física é uma condição necessária; um meio indispensável para se atingir o fim; um caminho cuja impraticabilidade inibe que se chegue ao termo almejado; o que cumpre verificar é se esse direito é incontestável, líquido, se o seu titular não está de qualquer modo privado de exercê-lo, embora temporariamente.
>
> (...)
>
> Pouco importa a espécie de direitos que o paciente precisa ou deseja exercer. Seja-lhe necessária a liberdade de locomoção para pôr em prática um direito de ordem civil, ou de ordem comercial, ou de ordem constitucional, ou de ordem administrativa, deve ser-lhe concedido o habeas-corpus, sob a cláusula exclusiva de ser juridicamente indiscutível este último direito, o direito escopo.[68]

68.*Ibid*., p. 286.

Fixadas essas premissas históricas, cabe retomar o célebre caso, julgado histórico no qual a compreensão da Corte acerca do *writ* foi explicitada de modo emblemático:[69] o Conselho Municipal do Distrito Federal, composto por dezesseis intendentes eleitos, era o equivalente ao Poder Legislativo da então capital do país.

Durante as eleições de 1909, após divisão de dois grandes grupos rivais que se julgavam competentes a exercer os poderes de direção do Conselho, Nilo Peçanha editou decreto que transferia sua administração ao Prefeito do Distrito Federal. Dita providência gerou a impetração de inúmeros *habeas corpus* manejados por aqueles que se sentiram prejudicados.[70] Adiante, em 1911, o Presidente Hermes da Fonseca editou o Decreto n. 8.527, de 18.1.1911, que determinava a realização de novas eleições para o Legislativo da Capital, dissolvendo-se, portanto, a configuração do Conselho decorrente das decisões do STF.

Contra esse decreto impetrou-se novo *habeas corpus*, perseguindo-se ordem judicial que, revertendo a ordem presidencial, determinasse a manutenção dos conselheiros em seus cargos.[71]

Com votos favoráveis do Ministro Pedro Lessa, relator, e de Amaro Cavalcanti, o Supremo Tribunal, por maioria, reconheceu a violação a liberdades individuais e determinou a expedição de ordem para que fosse permitido o

---

69.RODRIGUES, Lêda Boechat. *História do Supremo Tribunal Federal.* Doutrina brasileira do *habeas corpus* (1910-1926). Rio de Janeiro: Civilização Brasileira, 1991. v. III, p. 55-68. Ainda: COSTA. Edgard. *Os grandes julgamentos do Supremo Tribunal Federal.* Rio de Janeiro: Civilização Brasileira, 1964. v. I, p. 86-106.

70.De que são exemplos o RHC 2.793. Plenário. Rel. Min. Canuto Saraiva, j. em 8.12.1909, e o HC 2.794. Plenário. Rel. Min. Godofredo Cunha, j. em 11.12.1909. Confira-se ainda: HORBACH, Carlos Bastide. *Memória jurisprudencial:* Ministro Pedro Lessa. Brasília: Supremo Tribunal Federal, 2007. p. 83-90.

71.BRASIL. STF. HC 2.990. Plenário. Rel. Min. Pedro Lessa. Data do julgamento: 25.1.1911. Disponível em: https://redir.stf.jus.br/paginadorpub/paginador.jsp?docTP=AC&docID=630163. Acesso em: 1º jul. 2024.

ingresso dos intendentes no recinto do Conselho para o cumprimento de seus mandatos eletivos. O julgado recebeu esta ementa (grifo nosso):

> Na especie não se verifica nenhum desses casos. O que se deu, foi o facto de, dos 16 intendentes, oito não terem comparecido ás secções de verificação de poderes, e desses oito, sete não quizeram tomar parte dos trabalhos do conselho constituído.
>
> Nem ao poder Legislativo nem o Executivo, nem o Judiciario teem competência para annullar a verificação de poderes dos intendentes. O Senado apenas é competente para confirmar, ou rejeitar, o véto do Prefeito.
>
> A especie de que se trata é toda regulada por disposições expressas da constituição e de leis ordinarias.
>
> Não se trata de um caso de ordem politica: pois não se cogita de modificações sociaes, feitas em beneficio da collectividade e com esse intuito; de assumptos que devam ser apreciados por uma autoridade mais ou menos descricionaria.
>
> *O habeas-corpus póde ser concedido, não só aos individuos que nenhuma função publica exercem, mas aos funcionarios publicos que precisam da liberdade individual para exercer suas funcções.*

Evidenciando exato objeto do *habeas corpus* – proteção dos mais variados direitos, desde que em jogo (mesmo de modo reflexo ou indireto) a liberdade de ir e vir –, colhe-se passagem da fundamentação do *decisum*:

> O Supremo Tribunal Federal concede a ordem de *habeas corpus* impetrada, a fim de que os pacientes, assegurada a sua liberdade individual, possam entrar no edifício do Conselho Municipal e exercer suas funções até a expiração do prazo do mandato, proibido qualquer constrangimento que possa resultar do Decreto do Poder Executivo federal contra o qual foi pedida esta ordem de *habeas corpus*.

Adiante, perante mensagem do Ministro da Justiça – segundo a qual o então Presidente da República, Hermes da

Fonseca,[72] não iria dar cumprimento à decisão da Corte –, Amaro Cavalcanti ratificou suas premissas:[73]

> Tivesse o sr. Ministro da Justiça se limitado a communicar ao Supremo Tribunal Federal a resolução do sr. Presidente da Republica desacatando o accordam sob o n. 2.990, de 25 de janeiro ultimo, e eu seria de parecer que se fizesse constar da acta similhante communicação, sem nenhuma observação a respeito, desde que o acto do executivo em nada invalidava a decisão do Tribunal.
>
> Dado, porém, que o illustre Ministro, além da communicação, enviou ao Supremo Tribunal Federal – para conhecimento do mesmo – copia autentica das razões nas quaes se fundára o executivo para assim proceder, sinto-me na necessidade de fazer constar da acta declarações que reputo da maior oportunidade, sinão indispensaveis mesmos da minha parte, visto se haver invocado as minhas opiniões de escriptor em apoio da propria resolução presidencial. As declarações que tenho a fazer, aliás com o maior respeito e acatamento ao chefe do poder executivo, são as seguintes
>
> [...]
>
> Si improcedente é a primeira allegação da mensagem presidencial, por se não ter dado intrusão do Supremo Tribunal Federal em alguma das attribuições exclusivas ou discrecionarias do sr. Presidente da Republica, muito ainda procede a razão doutrinaria invocada de que o decreto annullado pela decisão judidical se referia a actos essencialmente politicos e por isso fora da acção investigativa do Poder Judiciario. Verdadeiro, sem duvida, o principio de que a questão de natureza essencialmente politica deva escapar á competencia do Judiciario, é, todavia, falsa a sua applicação ao presente caso:
>
> a) Porque, admitido que a verificação da legitimidade dos intendentes municipaes deste districto constituisse uma questão de natureza politica, a verdade é e se vê do acordam que o Tribunal, ao proferir a sua decisão, declinára de entrar no exame da dita verificação, aceitando, ao contrario, como subsistente a

---

72.A manifestação do presidente – em meneio retórico – fazia referência à doutrina de Amaro Cavalcanti como forma de, alegadamente, justificar o descumprimento da ordem judicial.

73.Revista Forense: Doutrina Legislação e Jurisprudência. Belo Horizonte: Imprensa Oficial do Estado de Minas Gerais, v. XV, fascículo 85-90, p. 338-349, 1911. As considerações do Min. Pedro Lessa, redator do acórdão, acerca do descumprimento podem ser consultadas na mesma revista, p. 349 ss.

que havia sido feita pelo Conselho Municipal, unica autoridade competente no estado actual da legislação, isto é, o Tribunal se limitara, por assim dizer, a reaffirmar ou repetir as suas decisões anteriores de 11 e 15 de dezembro de 1909, as quaes já haviam reconhecido precisamente a qualidade de intendentes dos actuaes impetrantes, e, em consequencia, mandára garantir-lhes salvo conducte expressamente para procederem á verificação de seus poderes.

[...]

c) porque o principio da exclusão do judiciário das materias meramente politicas só é, e tem sido strictamente admittido pela jurisprudencia, em se tratando de actos dos proprios poderes praticados em virtude de attribuções discricionárias, e, como taes, reservadas a esses poderes pela Constituição: nem na lição dos auctores, nem noss casos julgados, se encontram exemplos de outros actos a favor dos quaes se tenha jamais pretendido estender semelhante exclusão.

E' uma regra que se tem como indispensavel ao proprio regimen dos poderes limitados (*enumerated powers*) nas suas relações independentes e não mais.

[...]

d) Porque, no regimen de poderes instituido pela Constituição de 24 de fevereiro, quem tem autoridade constitucional para declarar que dada materia ou acto, por ser de natureza politica, deve escapar ao conhecimento do judiciario, é o proprio judiciario, isto é, o Supremo Tribunal Federal ao examinar o caso sujeito, e jámais o executivo ou mesmo o legislativo.

E' ao judiciario que, ao ter de applicar a lei, como soberano interprete da Constituição, cabe a faculdade, – ou de declarar nullo um acto dos outros poderes, por incongruente com a Constituição –, ou de declaral-o fóra da sua competencia, por consideral-o essenciaimente politico, e, como tal, da alçada exclusiva daquelles poderes; e, o que é para notar, esta regra de incontestavel prudência para a boa harmonia dos poderes não é imposta por disposição alguma constitucional ao judiciario. Tem sido obra dos proprios tribunaes, por consideral-a, em dados casos, necessaria ao fiel desempenho das suas importantes funções.

Presentes essas razões jurídicas é que, malgrado o desrespeito concreto à decisão tomada, o caso "transformou-se em um dos mais importantes precedentes da História do STF, orientando caudalosa corrente jurisprudencial que consolidou a extensão da aplicação do *writ* e possibilitou a criação posterior do mandado de segurança".[74]

Ainda com base nessas mesmas premissas jurídicas ([a] manejo da ação constitucional para proteção de outros direitos constitucionais, quando envolvido, ainda que de modo indireto, o direito de locomoção e [b] cabimento da impetração para sindicar ilegalidades, desde que não haja debate sobre conveniência do decreto de medidas excepcionais de competência do Poder Executivo), cumpre mencionar julgado da relatoria do Min. Amaro Cavalcanti, no qual se debatia negativa de acesso ao prédio da Assembleia Legislativa do Rio de Janeiro em prejuízo dos pacientes, deputados estaduais portadores de diplomas eleitorais não contestados, em típico caso de duplicata de assembleia legislativa.[75]

O requerimento formulado buscava garantir o direito de acesso ao edifício da assembleia para o fim de realizar a sessão especial em que o novo corpo dirigente seria empossado. A narrativa trazida a lume dava conta de que a força pública federal havia ocupado o prédio público, inviabilizando qualquer acesso por parte dos interessados.

No que importa, eis a fundamentação do *decisum* (note-se o destaque que o homenageado dá à circunstância de que inexistia, no caso, prova da decretação do estado de sítio – grifo nosso):[76]

> Na discussão do caso em Tribunal argüira-se, principalmente, contra o pedido dos impetrantes, o seguinte:

74.HORBACH, Carlos Bastide. *Memória jurisprudencial:* Ministro Pedro Lessa. Brasília: Supremo Tribunal Federal, 2007. p. 87.

75.COSTA. Edgard. *Os grandes julgamentos do Supremo Tribunal Federal.* Rio de Janeiro: Civilização Brasileira, 1964. v. I, p. 106-131.

76.BRASIL. STF. HC 2.984/RJ. Tribunal Pleno. Rel. Min. Amaro Cavalcanti. Data do julgamento: 4.1.1911. Disponível em: https://redir.stf.jus.br/paginadorpub/paginador.jsp?docTP=AC&docID=630162. Acesso em: 1º jul. 2024.

1) que ao Tribunal faltava competência para conhecer dele por se tratar de questão política;

[...]

Pelo que diz respeito a este Tribunal bem se pode dizer que a sua jurisprudência já se acha firmada na matéria.

Para não citar se não casos recentes, o Supremo Tribunal, a despeito da natureza política das espécies sujeitas, se tem declarado competente para conhecer de pedidos de *habeas corpus*, entre outros, nomeadamente dos seguintes: - dos *habeas corpus*, sob números diversos, em acórdãos de 27 de março de 1907, precisamente tendo por objeto a apuração da eleição e reconhecimento do governador do Estado da Bahia, e sendo requerentes diversos senadores e deputados daquele Estado; – e de três *habeas corpus* requeridos em favor dos membros do Conselho Municipal desta Capital, para o fim de poderem eles funcionar, como o poder verificador dos intendentes eleitos, perante a mesa legítima do dito Conselho, os quais foram decididos pelos acórdãos de ns. 2.793, 2.794 e 2.797, em dezembro do ano de 1909; – do *habeas corpus* de n. 2.905 e acórdão de 15 de julho de 1910, em favor de vários indivíduos que, se dizendo diplomados como deputados do Estado do Rio de Janeiro, pediam, justamente, a ordem de *habeas corpus* para se reunirem em sessões preparatórias a fim de procederem à apuração da eleição e reconhecimento de seus poderes; – do *habeas corpus*, sob n. 2.950, de 15 de outubro último, concedido em favor do governador do Estado do Amazonas, que havia sido deposto do cargo pelas forças federais da União e, em conseqüência, achando-se, empossado do dito cargo o respectivo vice governador do Estado, etc., etc.

Mesmo conhecendo do caso que não de habeas corpus, *mas envolvendo essencialmente política e, como tal, assáz debatida no Tribunal; – no agravo de petição n. 981, decidido em 30 de outubro de 1907, o Supremo Tribunal Federal não duvidou aceitar, entre os considerandos do seu acórdão, o seguinte:*

"Considerando agora, quanto à questão constitucional, levantada pelo autor agravante: Que, embora verdadeiro, como é, o princípio de que o Supremo Tribunal Federal, na sua qualidade de órgão imediato do Poder Judiciário da União, tem jurisdição para conhecer das lesões dos direitos individuais, ainda que resultantes de atos dos poderes Legislativo e Executivo, seja da União seja dos Estados, mesmo quando os atos argüidos tenham caráter político ou neles se envolve uma questão política....".

Mas qual é realmente a espécie dos autos? Pretende, acaso, o Tribunal conhecer do conteúdo ou dos efeitos do projeto de lei, que se alega achar-se no Congresso Nacional, convertendo este em verificador de poderes da assembléia legislativa do Estado do Rio de Janeiro, sob o fundamento de que ali se dá uma duplicata de tais assembléias? Certamente, não.

[...]

Depois, não se trata tão pouco, no momento, de conhecer do ato político de dito Congresso ordenando a intervenção no Estado do Rio de Janeiro, por lhe parecer que se dá a hipótese do art. 6º, n. 2º, da referida Constituição.

Nada disso pende atualmente do conhecimento do Tribunal.

Trata, porventura, este de conhecer de intervenção no mesmo Estado por parte do Sr. Presidente da República, fundado igualmente em algum dos dispositivos do artigo citado, e cujas medidas devessem ficar fora da esfera do Poder Judiciário? Também, sabidamente, não. Além de não ter havido nenhum decreto ou outro ato equivalente do Presidente da República, declaratório de dita intervenção verifica-se ao contrário, da informação prestada ao Tribunal, que o Sr. Presidente da República apenas "resolveu tomar medidas que acautelassem a ordem pública na cidade vizinha... sem o intuito de constranger os poderes locais, nem impedir o funcionamento das duas assembleias legislativas que no dia 31, deveriam dar posse, respectivamente, aos dois pretendentes à presidência do Estado..."

Donde resulta que o Tribunal não tem também agora de pronunciar-se sobre ato algum do Presidente da República, ordenado em conseqüência da sua intervenção constitucional no aludido Estado.

Com efeito, despido o presente caso de outras circunstâncias, ele se reduz a isto: "a um simples ato de coação praticado pela força federal existente em Niterói de ordem do Sr. Presidente da República, contra a liberdade individual dos impetrantes, privando-os de ingresso no edifício, em que exerciam as suas funções de deputados estaduais".

Tal é, pois, o fato, que constitui a espécie sujeita, e não outro, com o qual possa ela ter ligação próxima ou remota.

Conseguintemente, e de acordo com a sua jurisprudência anterior, razão nenhuma procedente existe para que o Supremo Tribunal deixe de julgar-se competente para conhecer do presente caso.

Proferida a decisão, o Presidente Hermes da Fonseca, também nesse caso, deu indicativos de que se negaria a cumprir o *decisum.*[77] Ante tal cenário fático, a Corte, na sessão de 11.1.1911, acolheu, por maioria, a "indicação" proposta pelo Ministro Epitácio Pessoa, para que fosse declarado inexequível o acórdão (em razão de Executivo e Legislativo já terem solucionado o conflito motivador da impetração), vencidos, no ponto, os Ministros Amaro Cavalcanti, Pedro Lessa, Canuto Saraiva, Manuel Espíndola, Manuel Murtinho.[78]

Em particular, tem destaque a informação, sublinhada por Lêda Boechat Rodrigues, de que, após a concessão inicial da ordem, havia nos autos informação acerca da formalização do decreto de intervenção, premissa que, nada obstante, não demoveu Amaro Cavalcanti de sua posição refratária à "indicação" aprovada, conforme o Ministro fez questão de assentar na sessão do dia 14 de janeiro:[79]

> O Ministro Amaro Cavalcanti pediu se inserisse na ata a declaração de que ele votara contra a Indicação do Ministro Pessoa por ser ela ilegal na forma e carecedora de razão no fundo. Não vira no Diário Oficial nenhum decreto de intervenção do Presidente da República no Estado do Rio. "Demais, intervenção não se presume, é um ato solene, de assinatura do presidente da República". Esquecia-se ou não memorizara que no ofício do Ministro

---

77.RODRIGUES, Lêda Boechat. *História do Supremo Tribunal Federal.* Doutrina brasileira do *habeas corpus* (1910-1926). Rio de Janeiro: Civilização Brasileira, 1991. v. III, p. 87.

78.A posição vencedora foi subscrita pelos Ministros Muniz Barreto, Leôni Ramos, Godofredo Cunha, Guimarães Natal, Epitácio Pessoa e André Cavalcanti. COSTA. Edgard. *Os grandes julgamentos do Supremo Tribunal Federal.* Rio de Janeiro: Civilização Brasileira, 1964. v. I, p. 127. Confira-se ainda: HORBACH, Carlos Bastide. *Memória jurisprudencial:* Ministro Pedro Lessa. Brasília: Supremo Tribunal Federal, 2007. p. 89-90.

79.RODRIGUES, Lêda Boechat. *História do Supremo Tribunal Federal.* Doutrina brasileira do *habeas corpus* (1910-1926). Rio de Janeiro: Civilização Brasileira, 1991. v. III. p. 64. O inteiro teor da manifestação do Ministro, registrada na sessão, consta de: COSTA. Edgard. *Os grandes julgamentos do Supremo Tribunal Federal.* Rio de Janeiro: Civilização Brasileira, 1964. v. I, p. 127-129.

> da Justiça já se dizia que fôra assinado o decreto de intervenção! Tudo parecia, na verdade, uma *journée-de-dupes*, de desacatos sucessivos dos quais o Ministro Cavalcanti parecia não se dar conta.

De qualquer forma, sem ignorar a grande controvérsia surgida a respeito da execução das ordens concedidas, é fora de dúvida a importância da posição desenvolvida pelo Supremo em matéria de *habeas corpus* naquele cenário institucional altamente conturbado, compreensão que, elaborada também em julgados da relatoria de Amaro Cavalcanti, "trouxe benefícios e não malefícios à vida política brasileira".[80]

Com efeito, ainda que tenha havido novo descumprimento de ordem jurisdicional, "mais um passo fora dado na construção da doutrina brasileira do *habeas corpus*, o que teria reflexos importantes na jurisprudência a partir de então".[81]

Sendo assim, inegável a importância do homenageado nesse momento crucial da história do Supremo Tribunal Federal na consolidação das garantias constitucionais no Brasil.

2.4 A discricionariedade do Presidente da República para escolher o Reitor perante lista tríplice advinda das universidades públicas: julgamento da medida cautelar na ADI 6.565

As preocupações dogmáticas do Ministro Amaro Cavalcanti – na reflexão sobre o devido alcance das atribuições de cada um dos Poderes para harmonia institucional – fizeram-se presentes em voto por mim proferido no julgamento da medida cautelar da ADI 6.565, ocorrido em outubro de 2021.[82]

80.RODRIGUES, Lêda Boechat. *História do Supremo Tribunal Federal.* Doutrina brasileira do *habeas corpus* (1910-1926). Rio de Janeiro: Civilização Brasileira, 1991. v. III, p. 66.

81.HORBACH, Carlos Bastide. *Memória jurisprudencial:* Ministro Pedro Lessa. Brasília: Supremo Tribunal Federal, 2007. p. 90.

82.BRASIL. STF. MC na ADI 6.565. Tribunal Pleno. Rel. Min. Edson Fachin. Red. do acórdão Min. Gilmar Mendes. Data do julgamento: 11.10.2021.

No caso, perseguia-se a suspensão cautelar e o reconhecimento da inconstitucionalidade de preceito legal que atribuía ao Presidente da República a escolha do Reitor e Vice-Reitor das universidades mantidas pela União, devendo o ato recair sobre nome indicado ao Chefe do Executivo por meio de lista tríplice formulada por órgão interno da instituição de ensino superior.

O comando legal combatido era este (art. 16, *caput*, I, da Lei 5.540/1968, com redação dada pela Lei 9.192/1995):

> Art. 16. A nomeação de Reitores e Vice-Reitores de universidades, e de Diretores e Vice-Diretores de unidades universitárias e de estabelecimentos isolados de ensino superior obedecerá ao seguinte:
>
> I – o Reitor e o Vice-Reitor de universidade federal serão nomeados pelo Presidente da República e escolhidos entre professores dos dois níveis mais elevados da carreira ou que possuam título de doutor, cujos nomes figurem em listas tríplices organizadas pelo respectivo colegiado máximo, ou outro colegiado que o englobe, instituído especificamente para este fim, sendo a votação uninominal;

A tese da peça inicial argumentava que, ao permitir que o Presidente escolhesse o reitor segundo critérios exclusivamente seus a partir da lista tríplice proveniente da universidade, a legislação de regência desrespeitava a autonomia universitária protegida pela Constituição da República (art. 206, II, III e IV, e art. 207, *caput*).

Defendia que o texto constitucional conferia à comunidade acadêmica autonomia para escolher seus representantes, de forma que ao Chefe do Poder Executivo federal não caberia outro proceder senão o de escolher como reitor aquele mais bem votado em lista tríplice, em concreta aplicação do princípio democrático albergado pela Constituição de 1988. Conforme consignei no relatório, eram estes os termos do pedido formulado:

> Fundamenta a necessidade de concessão de medida cautelar, à luz do dano à autonomia universitária atualmente percebido, uma vez que em menoscabo aos processos democráticos.
>
> Assim, deve-se cautelarmente garantir a nomeação de reitores escolhidos em termos democráticos pelas universidades e institutos federais. A propósito, requer: (i) suspensão das nomeações dos processos eleitorais em curso; (ii) nomeação exclusiva dos candidatos mais votados pelas comunidades acadêmicas; subsidiariamente, (iii) determinar que as nomeações obedeçam, minimamente, aos critérios técnicos exigidos do gestor público. No mérito, pede a procedência da ação para declarar a inconstitucionalidade dos dispositivos mencionados.

Perante esse cenário jurídico, registrei o cerne da questão constitucional debatida naqueles autos: "a autonomia universitária e respectiva exigência de gestão democrática dessa instituição infirmam o espaço de autoridade presidencial para escolher um dos três nomes elegíveis pela comunidade acadêmica em processo eleitoral próprio?".

Iniciei meu voto evidenciando que, mesmo antes da atual Constituição, o Supremo Tribunal Federal sempre teve atuação contundente na tutela das liberdades públicas acadêmicas, com o registro de que, de qualquer forma, a autonomia universitária não pode ser interpretada de modo irrestrito, a justificar espaço institucional infenso ao controle administrativo e democrático:

> [...] por mais valiosa que seja a atividade do Estado – e todas o deveriam ser, tendo em conta a escassez dos recursos públicos –, descabe hiperlativizar argumentos por autonomia sem as consequentes limitações, sob pena de convertemo-nos em um Estado de Corporações.
>
> Para isso, construiu-se um sistema de pesos e contrapesos, porquanto em uma República vale a máxima federalista de James Madison, contida no Escrito de n. 51: "ambição responde-se com ambição". A nomeação de reitores de universidades federais é ato complexo justamente para esse fim, por sua vez decorrente do pluralismo político.

Em prosseguimento, assinalei a existência de evidente silêncio constitucional sobre o processo de escolha para os cargos de Reitor e Vice-Reitor das universidades federais, premissa normativa que, sem dúvida, conferia ao legislador ordinário ampla liberdade de conformação.

De fato, consoante fiz ver, o inciso VI do art. 206 do texto constitucional – no que prevê como princípio a gestão democrática do ensino público, "na forma da lei" – não possui aptidão jurídica para formular regra com suficiente concretude acerca da forma de seleção de reitores. Desse modo, desde que observada a proporcionalidade, o Poder Legislativo passaria a dispor de variado leque de possibilidades normativas capazes de dar forma precisa ao modo como deve se dar a escolha então discutida.

Conforme expus, esse cenário constitucional não autorizava o reconhecimento da inconstitucionalidade dos comandos de lei combatidos, sob pena de indevida ingerência do Judiciário sobre a atribuição legislativa, principalmente se considerada a razoabilidade da legislação discutida:

> [...] compreendo que não há paradigma constitucional com aptidão a amparar pretensão de escolha obrigatória do Presidente da República a candidato mais votado para os cargos de reitor e de vice-reitor no colegiado máximo de universidade federal. Por outro lado, existe regra decorrente de legislação federal sobre o tema, justamente o objeto desta ação. Nesse contexto, principalmente pelo silêncio constitucional, não enxergo nesse arcabouço legal qualquer afronta à autonomia universitária.
>
> Essa ordem de razões me coloca em contrariedade à pretensão de valer-se da técnica da interpretação conforme à Constituição para obrigar a autoridade presidencial a obedecer a preferência de votação ocorrida no colegiado acadêmico, porquanto se sobressai completamente do texto interpretado.
>
> [...]
>
> Com a devida vênia das posições em sentido contrário, observo na espécie pretensão indevida de substituir-se ao Legislador em seu espaço normativo para aportar requisito adicional de índole extralegal à nomeação de reitor em universidade pública. Isso

> porque, conforme iterativamente apontado pelos requeridos e pelo Advogado-Geral da União, o acolhimento do pedido da agremiação autora levaria a um estado de coisas rigorosamente igual no que toca à prerrogativa presidencial e menos democrático no que é pertinente à comunidade acadêmica. Portanto, rechaça-se nesta hipótese proposta de solução jurisdicional que, ainda que não diga, cuida-se de sentença manipulativa aditiva, contudo em situação não cabível.
>
> Os requisitos atualmente fixados na legislação federal já se mostram razoáveis do ponto de vista constitucional, haja vista que garantem a qualificação técnica dos mandatários, procedimento eleitoral que ostenta legitimidade e correlação entre a docência e a reitoria. Nesse sentido, compete aos representantes periodicamente eleitos expressarem suas ideias na forma do devido processo legislativo, admitindo-se, ainda, a participação deste Tribunal como ator dialógico no tema [...]

Depois, analisando a discricionariedade presidencial para escolher docente postulante em ato administrativo complexo, enfatizei a impossibilidade de o STF intervir, sem amparo jurídico claro, em matérias reservadas aos outros poderes republicanos. Também acenei à advertência do conhecido voto vencido do *Justice* Harlan Stone, da Suprema Corte norte-americana, em *United States v. Butler* (1936), no qual se sustentou a inviabilidade de o Poder Judiciário assumir em seu raciocínio jurídico a condição de único ramo estatal capaz de governar.

Foi então que, expressamente, embasei-me nas lições de Amaro Cavalcanti, fazendo expressa menção às ideias por ele defendidas na já citada discussão com Rui Barbosa:

> Mesmo racional se verifica no pensamento jurídico-político brasileiro, desde a primeira hora da República, em consonância ao que se depreende do Ministro Amaro Cavalcanti em conhecida polêmica com Rui Barbosa sobre os impostos interestaduais na Constituição Federal de 1891:
>
> *"Antes de tudo, seja-nos lícito observar, que, tratando-se de julgar da constitucionalidade de uma lei, aplicável ao caso controverso, o Supremo Tribunal Federal não pode fazê-lo 'sempre e como bem lhe pareça'. Poder constitucional, coordenado com os demais*

poderes da Federação, ele só deve intervir, como intérprete final da Constituição, em dadas condições e guardados certos preceitos de observância indispensável nas relações recíprocas dos referidos poderes.

A primeira condição, que se requer, para legitimar a intervenção do judiciário em caso tais, é – que o ato ou disposição da lei impugnada seja uma violação clara a explícita de algum texto constitucional expresso." (CAVALCANTI, Amaro. Tributação constitucional: artigos de Amaro Cavalcanti publicados no Jornal do Comércio em junho de 1896. BARBOSA, Rui. Obras Completas de Rui Barbosa: impostos interestaduais. Organização e prefácio de Temístocles Cavalcanti. Rio de Janeiro: Ministério da Educação e Cultura, 1958, p. 224).

Com efeito, estava convicto de que as históricas lições de Cavalcanti apontavam para a melhor solução do caso: por meio de atuação contida e prudente – que se abstivesse de decidir sem lastro expresso no texto constitucional –, competia ao Supremo Tribunal permitir que o Executivo atuasse discricionariamente, para, dentro da lei de regência, proceder em conformidade com razões de oportunidade e conveniência que escapam à reflexão jurídica.

Realmente, a lei elaborada pelo legislador ordinário no regramento da "gestão democrática do ensino público" (art. 206, *caput*, VI, da Constituição da República), relativa ao modo como se deve dar a escolha dos reitores das universidades federais, não trazia consigo a "violação clara a explícita" do texto constitucional expresso, requisito decisivo para intervenção judicial em matéria de controle de constitucionalidade, como sempre defendeu Cavalcanti.

Ao revés, os comandos legais infirmados representavam proporcional escolha política realizada pelo legislador: se é certo que muitas outras poderiam ser as formas de seleção debatidas naquele caso, esse fato, por si só, não autorizava o Poder Judiciário a fazer prevalecer seu modo de encarar a questão, ignorando a razoável atuação realizada pela legislação.

Vale insistir: considerei descabido potencializar a autonomia universitária a ponto de nulificar o espaço de decisão do Chefe do Poder Executivo. Decerto, ao permitir que a nomeação de reitor derivasse de escolha do Presidente diante da lista tríplice, a lei não buscava vigiar ou punir a universidade, muito menos gerenciá-la, mas intencionava contrabalancear eventuais deficiências do sistema de seleção de agentes públicos por cooptação da própria corporação a ser chefiada. De resto, cuidava-se de mecanismo que tencionava arejar a instituição, permitindo que outra instância decisória (eleita democraticamente) participasse diretamente da definição do quadro diretivo universitário.

Por conseguinte, estava certo de que a Corte agia bem ao confirmar a constitucionalidade dos preceitos legais apreciados, reconhecendo que o ato de nomeação de reitor de universidade federal é complexo.

Desse modo, observado o procedimento previsto em lei, recairia sobre o Presidente da República o ônus político e eleitoral de contrariar o desejo majoritário expresso pela comunidade acadêmica, ao formar lista tríplice a partir de votação uninominal com pesos determinados pelas classes universitárias.

Conforme refleti, essa seara em tudo se relaciona com aspectos que nada possuem de jurídico e que, por isso, não deviam ser foco de apreciação pelo Tribunal, na exata forma como, em múltiplos votos, assentou Amaro Cavalcanti.

Eis a ementa que resume as razões de decidir motivadoras da decisão:

> DIREITO CONSTITUCIONAL E ADMINISTRATIVO. AÇÃO DIRETA DE INCONSTITUCIONALIDADE. NOMEAÇÃO DE REITORES E VICE-REITORES DE UNIVERSIDADES FEDERAIS PELO PRESIDENTE DA REPÚBLICA A PARTIR DE LISTA TRÍPLICE ELABORADA PELA COMUNIDADE ACADÊMICA. INEXISTÊNCIA DE OFENSA À AUTONOMIA UNIVERSITÁRIA (ART. 207, CF) E AOS PRINCÍPIOS DA GESTÃO

> DEMOCRÁTICA DO ENSINO (ART. 206, VI, CF), DO REPUBLICANISMO (ART. 1º, *CAPUT*) E DO PLURALISMO POLÍTICO (ART. 1º, V). AUSÊNCIA DE PLAUSIBILIDADE DO DIREITO ALEGADO. MEDIDA CAUTELAR INDEFERIDA.
>
> 1. Decorre do princípio da democracia formal a conformidade constitucional do proceder do Poder Legislativo da União consistente em legitimamente escolher como regra jurídica o concurso de vontades entre as corporações e o Poder Executivo para mitigar os eventuais perigos do sistema de cooptação para escolha dos dirigentes de órgãos com relevância constitucional.
>
> 2. Descabe confundir a qualificação de democrática da gestão do ensino público com modalidade de investidura em cargos públicos, mesmo que se trate de reitores e vice-reitores de universidades federais. Não há paradigma constitucional com aptidão a amparar pretensão de escolha obrigatória do Presidente da República a candidato mais votado para os cargos de reitor e de vice-reitor no colegiado máximo de universidade federal.
>
> 3. Não se torna possível potencializar a autonomia universitária a ponto de nulificar o espaço de decisão do Chefe do Poder Executivo. Ao realizar sua escolha vertida em nomeação de reitor, não se busca vigiar ou punir a universidade, muito menos gerenciá-la, porém se intenciona contrabalancear eventuais deficiências do sistema de seleção de agentes públicos por cooptação da própria corporação a ser chefiada. Precedente: ADPF 759 MC-Ref, Rel. Min. Edson Fachin, Redator do acórdão Min. Alexandre de Moraes, *DJe* de 15/04/2021.
>
> 4. Guarnecido o procedimento previsto em lei formal, o ônus político, eleitoral e argumentativo de contrariar o desejo majoritário expresso pela comunidade acadêmica, ao formar lista tríplice a partir de votação uninominal com pesos determinados pelas classes universitárias, recai sobre o Presidente da República, quando faz sua escolha, na forma da lei, e ao reitor escolhido que deve governança em prol de toda a universidade, incluso o grupo majoritário que preferiria o nome mais votado, caso não escolhido.
>
> 5. Ausência de plausibilidade do direito alegado. Medida cautelar indeferida.

Assim é que, em análise histórica, é possível concluir que a decisão da Corte conformava-se à antiga lição jurisprudencial registrada mais de cem anos atrás pelo homenageado, na defesa de um Poder Judiciário que, prudentemente atento à separação dos poderes, permanecesse "inteiramente independente e afastado das lutas políticas".[83]

3. Conclusão

O presente artigo, em homenagem a Amaro Cavalcanti, pretendeu sublinhar a atual importância do seu pensamento nas compreensões ainda hoje externadas pelo Supremo Tribunal Federal.

Com olhos voltados a tal objetivo, este escrito partiu de breve resumo de sua trajetória pessoal, destacando aspectos sempre lembrados por aqueles que se voltaram a descrever sua história de vida: a infância humilde, a grande capacidade intelectual, a formação jurídica alcançada nos Estados Unidos e o exercício de múltiplos cargos no arranjo institucional da Primeira República, atuando em todos os três poderes – Legislativo, Executivo e Judiciário.

Após, foi analisada a produção doutrinária do autor, momento em que, mais uma vez, vieram à tona a agudez e o refinamento técnico do homenageado, que se devotou não só a assuntos jurídicos, mas ainda a questões financeiras e econômicas, sempre com o mesmo estilo certeiro e objetivo, com foco na melhor resolução das questões enfrentadas.

Em relação ao Direito, notou-se a impressionante variedade de matérias a que se devotaram os esforços de Amaro Cavalcanti.

No Direito Privado, coube assinalar sua atuação na Comissão especial da Câmara de Deputados que analisou o projeto do Código Civil aprovado em 1916, em que

83.REVISTA DO SUPREMO TRIBUNAL. Rio de Janeiro. v.1 – Primeira Parte. Accórdãos e debates do Supremo Tribunal, 1914 (abril a julho). HC 3.539 (Data do julgamento: 9.5.1914), p. 294-313.

pode debruçar-se em amplo arrazoado sobre o Direito das Obrigações.

No Direito Público, registrou-se que Cavalcanti teve atuação proeminente ao cuidar de aspectos centrais do federalismo, tema que, em suas implicações tributárias, serviu de pano de fundo para debate travado nas páginas da imprensa entre ele e Rui Barbosa. Do mesmo modo, tem destaque célebre obra de Amaro Cavalcanti voltada à responsabilidade do Estado, sem embargo das inúmeras contribuições que o autor deu ao Direito Internacional Brasileiro, seja mediante a publicação de artigos acadêmicos, seja por meio da fundação da Sociedade Brasileira de Direito Internacional em 1914.

No âmbito do Supremo Tribunal Federal, examinou-se a atuação jurisdicional do homenageado em delicado momento político da história brasileira, quando, poucos anos após a Proclamação da República, a instabilidade institucional fazia-se presente não apenas na intranquila convivência entre os entes federados, mas ainda na conturbada relação entre os poderes.

No particular, ilustrou-se a posição de Amaro Cavalcanti em prestígio da harmonia entre Judiciário e Executivo, sobretudo quando considerado o debate, muito em voga à época, sobre o alcance da atuação do Supremo Tribunal quando o julgamento da causa dependesse da verificação sobre o mérito de medidas tipicamente políticas, como o decreto de intervenção federal ou de estado de sítio.

Assim é que, para o Ministro, ao menos em linha de princípio, não cabia ao Judiciário envolver-se em considerações relativas à adequação política de atos dessa natureza tomados com base na Constituição. Por isso, uma vez tomada a medida excepcional autorizada pela Carta Magna, o Supremo Tribunal não teria competência para sindicar-lhe os contornos. De outro lado, caso tal debate inexistisse, o

Supremo, longe de apreciar o mérito do ato político, passava a ter clara competência para apreciar a postulação tendo por base o desrespeito à ordem jurídica constituída.

Fixado esse cenário, tratou-se da participação do Ministro, ao lado da sempre lembrada compreensão do Min. Pedro Lessa, no clássico caso do Conselho Municipal do Distrito Federal, quando o Supremo Tribunal Federal deu passos decisivos para definir o alcance do *habeas corpus*. No ponto, silente o texto constitucional de 1891 a respeito de outras garantias constitucionais, a Corte entendeu que a ação deveria ser admitida como forma de combate às mais diversas ilegalidades, desde que estivesse em causa (ainda de que modo indireto ou reflexo) embaraço ao direito de ir e vir.

Por derradeiro, como forma de demonstrar que o pensamento do homenageado prossegue iluminando a atual jurisprudência do Supremo Tribunal Federal, sumariou-se o decidido no julgamento da medida cautelar da ADI 6.565, em que a Corte assentou a constitucionalidade da lei que concede discricionariedade ao Presidente da República na escolha dos reitores das universidades públicas federais, devendo a nomeação recair sobre um dos nomes constantes em lista tríplice organizada pela comunidade acadêmica.

No julgamento, o Tribunal assegurou a liberdade do chefe do Poder Executivo no particular: uma vez respeitados os rigores legais, o controle a ser feito em relação à atuação do Presidente da República, ao escolher quaisquer dos nomes componentes da lista tríplice, há de ser exercido pelas instâncias sociais e políticas próprias, sem que o Poder Judiciário deva apreciar as razões que deram base ao proceder da referida autoridade.

Sendo essa uma das razões de decidir que deram sustento à deliberação, apontou-se para o vínculo histórico entre a deliberação tomada e o pensamento de Amaro Cavalcanti, na busca por uma atuação jurisdicional imparcial pautada pelo respeito à autonomia dos demais poderes, preservando o Poder Judiciário dos embates típicos da arena política.

Referências

BARBOSA, Rui. *Obras completas de Rui Barbosa* – Discursos parlamentares. Rio de Janeiro: Fundação Casa de Rui Barbosa, 1981. v. XVIII, t. I.

BARBOSA, Rui. *Obras completas de Rui Barbosa* – Impostos interestaduais. Pref. e org. Temístocles Cavalcanti. Rio de Janeiro: Ministério da Educação e Cultura, 1958. v. XXIII, t. II.

Boletim da sociedade brasileira de direito internacional. São Paulo. issn: 0103-8451, ano cviii, v. 112, n. 171-175, jan./jun. 2022.

BONAVIDES, Paulo Paes de Andrade. *História constitucional do Brasil*. 9. ed. Brasília: OAB Editora, 2008.

BRASIL. [Constituição (1988)]. *Constituição da República Federativa do Brasil de 1988*. Brasília-DF: Presidência da República, [2016]. Disponível em: http://www.planalto.gov.br/ccivil_03/Constituicao/. Acesso em: 1º jul. 2024.

BRASIL. *Lei 5.540, de 28 de novembro de 1968*. Fixa normas de organização e funcionamento do ensino superior e sua articulação com a escola média, e dá outras providências. Brasília, DF: Presidência da República, [1996]. Disponível em: https://www.planalto.gov.br/ccivil_03/leis/l5540.htm. Acesso em: 1º jul. 2024.

BRASIL. Parecer e relatório do Dr. Amaro Cavalcanti. *In*: *Projecto do Codigo civil brazileiro:* trabalhos da Commissão Especial da Camara dos Deputados: mandados imprimir pelo ministro do interior, Dr. Sabino Barroso Junior. Rio de Janeiro: Imprensa Nacional. 1902. p. 160-186. v. 2.

Disponível em: https://bd.camara.leg.br/bd/handle/bdcamara/34560. Acesso em: 1º jul. 2024.

BRASIL. STF. *HC 3.536*. Tribunal Pleno. Rel. Min. Oliveira Ribeiro. Data do julgamento: 6.5.1914. Disponível em: jurisprudencia.stf.jus.br/pages/search/sjur92383/false. Acesso em: 1º.8.2024.

BRASIL. STF. *HC 111.074*. Segunda Turma. Rel. Min. Celso de Mello. Data do julgamento: 13.12.2011.

BRASIL. STF. *HC 2.984/RJ*. Tribunal Pleno. Rel. Min. Amaro Cavalcanti. Data do julgamento: 4.1.1911. Disponível em: https://redir.stf.jus.br/paginadorpub/paginador.jsp?docTP=AC&docID=630162. Acesso em: 1º jul. 2024.

BRASIL. STF. *HC 2.990*. Plenário. Rel. Min. Pedro Lessa. Data do julgamento: 25.1.1911. Disponível em: https://redir.stf.jus.br/paginadorpub/paginador.jsp?docTP=AC&docID=630163. Acesso em: 1º jul. 2024.

BRASIL. STF. *MC na ADI 6.565*. Tribunal Pleno. Rel. Min. Edson Fachin. Red. do acórdão Min. Gilmar Mendes. Data do julgamento: 11.10.2021.

CAVALCANTI, Amaro. *Regimen federativo e a Republica brazileira*. Rio de Janeiro: Imprensa Nacional, 1900.

CAVALCANTI, Amaro. *Responsabilidade civil do Estado*. Rio de Janeiro: Laemmert & C., 1905.

CAVALCANTI. Amaro. Tributação Constitucional. *O Direito – Revista mensal de legislação, doutrina e jurisprudência*. Rio de Janeiro, anno XXXI, 1903.

COSTA. Edgard. *Os grandes julgamentos do Supremo Tribunal Federal*. Rio de Janeiro: Civilização Brasileira, 1964. v. I.

DIAS, José de Aguiar. *Da responsabilidade civil*. Rio de Janeiro: Revista Forense, 1944. t II.

ESPÍNDOLA, Eduardo. Conferência em comemoração do centenário de nascimento de Amaro Cavalcanti ocorrido em 15-8-1849. *Revista Forense*, Rio de Janeiro, ano XLVI, v. CXXV, fascículo 555, set. 1949.

FREIRE, Aníbal. Conferência em comemoração do centenário de nascimento de Amaro Cavalcanti ocorrido em 15-8-1849. *Revista Forense*, Rio de Janeiro, ano XLVI, v. CXXV, fascículo 555, set. 1949.

GRINOVER, Ada Pellegrini; GOMES FILHO, Antonio Magalhães; FERNANDES, Antonio Scarance. Recursos no processo penal. *Revista dos Tribunais*, Brasília, 2011.

HORBACH, Carlos Bastide. *Memória jurisprudencial:* Ministro Pedro Lessa. Brasília: Supremo Tribunal Federal, 2007.

LESSA, Pedro. *Do Poder Judiciário*. Rio de Janeiro: Livraria Francisco Alves, 1915.

MELLO FILHO, José Celso de. *Notas sobre o Supremo Tribunal* (Império e República). 5. ed. rev. e ampl. Brasília: STF, Secretaria de Altos Estudos, Pesquisas e Gestão da Informação, 2023.

MENDES, Gilmar Ferreira. Ações constitucionais: o *habeas corpus* como pedra fundamental do processo constitucional brasileiro. *In*: MARINONI, Luiz Guilherme; SARLET, Ingo Wolfgang. *Processo constitucional*. São Paulo: Revista dos Tribunais, 2019.

NOGUEIRA, Rubem. Concepção ampla do "habeas corpus" antecipa o mandado de segurança. *Revista de Informação Legislativa*, n. 84, out./dez. 1984.

O DIREITO – *Revista Mensal de Legislação, Doutrina e Jurisprudência,* Rio de Janeiro, anno XL, 1912.

REVISTA DO SUPREMO TRIBUNAL. Rio de Janeiro, v. 1 – Primeira Parte. Accórdãos e debates do Supremo

Tribunal, 1914 (abril a julho). HC 3.513 (Data do julgamento: 1º.4.1914).

REVISTA DO SUPREMO TRIBUNAL. Rio de Janeiro, v.1 – Primeira Parte. Accórdãos e debates do Supremo Tribunal, 1914 (abril a julho). HC 3.528 (Data do julgamento: 25.4.1914).

REVISTA DO SUPREMO TRIBUNAL. Rio de Janeiro, v.1 – Primeira Parte. Accórdãos e debates do Supremo Tribunal, 1914 (abril a julho). HC 3.539 (Data do julgamento: 9.5.1914).

REVISTA DO SUPREMO TRIBUNAL. Rio de Janeiro, v.1 – Primeira Parte. Accórdãos e debates do Supremo Tribunal, 1914 (agosto a dezembro). HC 3.527 (Data do julgamento: 15.4.1914).

Revista Forense: Doutrina Legislação e Jurisprudência. Belo Horizonte: Imprensa Oficial do Estado de Minas Gerais, v. XV, fascículo 85-90, 1911.

RODRIGUES, Lêda Boechat. *História do Supremo Tribunal Federal* – Defesa do federalismo. 2. ed. Rio de Janeiro: Civilização Brasileira, 1991. v. II.

RODRIGUES, Lêda Boechat. *História do Supremo Tribunal Federal.* Defesa das liberdades civis (1891-1898). 2. ed. Rio de Janeiro: Civilização Brasileira, 1991. v. I.

RODRIGUES, Lêda Boechat. *História do Supremo Tribunal Federal.* Doutrina brasileira do *habeas corpus* (1910-1926). Rio de Janeiro: Civilização Brasileira, 1991. v. III.

SANTOS, J. M. de Carvalho. Conferência em comemoração do centenário de nascimento de Amaro Cavalcanti ocorrido em 15-8-1849. *Revista Forense*, Rio de Janeiro, ano XLVI, v. CXXV, fascículo 555, set. 1949.

SUPREMO TRIBUNAL FEDERAL. RE 17 (data do julgamento: 24.11.1894). *Jurisprudência – Acórdãos Anexos ao*

Relatório (proferidos em 1894). Rio de Janeiro: Imprensa Nacional, 1897.

SUPREMO TRIBUNAL FEDERAL. RE 82 (data do julgamento: 23.5.1896). *Jurisprudência – Acórdãos Anexos ao Relatório (proferidos em 1896)*. Rio de Janeiro: Imprensa Nacional, 1897.

SUPREMO TRIBUNAL FEDERAL. RE 92 (data do julgamento: 13.2.1897). *Jurisprudência – Acórdãos Anexos ao Relatório (proferidos em 1897)*. Rio de Janeiro: Imprensa Nacional, 1898.

SUPREMO TRIBUNAL FEDERAL. RE 98 (data do julgamento: 17.2.1897). *Jurisprudência – Acórdãos Anexos ao Relatório (proferidos em 1897)*. Rio de Janeiro: Imprensa Nacional, 1898.

AMARO CAVALCANTI: UM POTIGUAR NA CONSTRUÇÃO DA DOUTRINA BRASILEIRA DO "*HABEAS CORPUS*"

Gustavo de Medeiros Melo[1]

1 Introdução; 2 O Supremo Tribunal Federal no contexto da Primeira República; 3 A doutrina brasileira do "*habeas corpus*"; 4 Julgamentos históricos; 5 Outros casos emblemáticos de construção do remédio heroico; 6 Conclusões; Referências.

Resumo: Este ensaio analisa a figura emblemática de Amaro Cavalcanti como Ministro do Supremo Tribunal Federal e protagonista na construção da doutrina brasileira do "*habeas corpus*".

Palavras-chave: Amaro Cavalcanti; garantia constitucional; doutrina brasileira do *habeas corpus;* Supremo Tribunal Federal; Constituição de 1891.

Keywords: Amaro Cavalcanti; constitutional guarantee; brazilian doctrine of *habeas corpus;* Federal Supreme Court; Constitution of 1891.

---

1. Doutor e mestre em Direito Processual Civil (PUC-SP). Membro do Instituto Brasileiro de Direito Processual (IBDP), do Centro de Estudos Avançados de Processo (CEAPRO). Ex-assessor no Tribunal de Justiça do Rio Grande do Norte (TJRN). Advogado em São Paulo. gustavo.melo@cgvadvogados.com.br

1. Introdução

De tempos em tempos, para bem arejar a mente e o espírito no embalo da alta velocidade que tomou o mundo tecnológico de hoje, é preciso parar um pouco, olhar para trás e revisitar a história de certos personagens, homens e mulheres, que se notabilizaram pela perenidade de suas obras ou pela força encantadora do seu exemplo. Essa retrospectiva se torna ainda mais prazerosa quando a figura estudada é um ilustre conterrâneo, dos mais admirados, que deixou sua marca no mundo jurídico nacional e internacional.

Anos atrás, tivemos a honra de levantar a obra de Miguel Seabra Fagundes no campo do direito processual civil.[2] Dessa vez, a missão dada é tão alta quanto aquela. Entra em cena a figura icônica de Amaro Cavalcanti. O presente ensaio pretende recortar apenas um pedaço de sua imensa biografia para analisar o nosso homenageado nos domínios do processo constitucional, particularmente sua passagem como ministro do Supremo Tribunal Federal na construção da doutrina brasileira do "*habeas corpus*".

2. O Supremo Tribunal Federal no contexto da Primeira República

Amaro Bezerra Cavalcanti de Albuquerque foi nomeado ministro do Supremo Tribunal Federal por decreto do Presidente Rodrigues Alves, em 11 de maio de 1906, preenchendo a vaga de João Barbalho Uchôa Cavalcanti. Aposentou em 30 de dezembro de 1914, deixando um rastro de

---

2. MELO, Gustavo de Medeiros. A contribuição de Seabra Fagundes para o direito processual civil brasileiro: homenagem pelo centenário de seu nascimento. *Revista de Processo*, São Paulo, n. 198, p. 505-522, ago. 2011. MELO, Gustavo de Medeiros. Miguel Seabra Fagundes. *In*: HOFFMAN, Paulo; CALMON, Petronio (coord.). *Processualistas históricos do Brasil*. São Paulo: IBDP, 2010. v. 1, p. 154.

lições de sabedoria em julgamentos históricos de que participou na mais alta Corte brasileira.[3]

Naquela época, o Brasil havia iniciado o século XX com uma agenda de política externa atrasada em duas frentes. No plano regional, havia uma disputa crônica com a Bolívia sobre o território do Acre, questão de fronteira que se agravou até ser resolvida pela fina diplomacia de José Maria da Silva Paranhos Júnior – o Barão do Rio Branco, assinando o Tratado de Petrópolis (1903). No plano internacional, o Brasil atravessava um período de isolamento político e cultural, em grande parte devido à sua ausência na Primeira Conferência da Paz de Haia (1899), carregando a marca de país exótico perante os padrões de civilidade da Europa e Estados Unidos da América. Uma nação provinciana com presença externa muito aquém de suas possibilidades.[4]

Nas primeiras décadas, sob a Constituição de 1891, o Supremo foi palco de grandes julgamentos que moldaram o rumo do país no campo dos direitos e garantias fundamentais. Eram tempos conturbados naquele início de século, apesar dos novos ventos do regime republicano. Uma sociedade de estrutura econômica predominantemente colonial e agrária, onde o desenvolvimento industrial ainda não havia começado,[5] e que vinha enfrentando arroubos

---

3. SOUZA, Carlos Adel Teixeira de. *Amaro Cavalcanti*: pequena história sobre o mais notável norte-rio-grandense na fase da transição do Império para a República Brasileira. Natal: Sebo Vermelho, 2009. p. 85.

4. CARDIM, Carlos Henrique. *A raiz das coisas – Rui Barbosa*: o Brasil no mundo. Rio de Janeiro: Civilização Brasileira, 2007. p. 55-57.

5. Um retrato da República Velha pode ser visto nessa passagem de Orlando Gomes: "A esse tempo não se iniciara o processo de transformação da economia brasileira, que a guerra mundial de 14 viria desencadear. A estrutura agrária mantinha no país o sistema colonial, que reduzia a sua vida econômica ao binômio da exportação de matérias-primas e gêneros alimentares e da importação de artigos fabricados. A indústria nacional não ensaiara os primeiros passos. Predominavam os interesses dos fazendeiros e dos comerciantes, aqueles produzindo para o mercado internacional e estes importando para o comércio interno. Esses interesses eram coincidentes. Não havia, em consequência, descontentamentos que suscitassem

autoritários nos governos sucessivos à proclamação da República, com Floriano Peixoto, Prudente de Moraes e Hermes da Fonseca,[6] sobretudo este último a quem se debita um dos períodos mais conturbados da vida política brasileira.[7] Tudo isso no contexto da Política do Café com Leite, o velho acordo entre as oligarquias de São Paulo e Minas Gerais para se alternarem no poder e controlar os sistemas eleitorais dos Estados e Municípios.[8]

Os reflexos de tais arroubos não tardaram a bater à porta do Supremo Tribunal Federal pelas disputas políticas, colocando a Corte em situação de confronto institucional, o que gerou um efeito vitamínico colateral nas garantias constitucionais, em especial o "*habeas corpus*".[9] O Supremo virou uma espécie de fiador dos mais intangíveis direitos do indivíduo e do regime republicano.[10]

---

grandes agitações sociais" (GOMES, Orlando. *Raízes históricas e sociológicas do Código Civil brasileiro*. São Paulo: Martins Fontes, 2006. p. 25). Para uma visão mais profunda da sociedade patriarcal da época, o coronelismo arraigado, a política dos governadores, o patrimonialismo e o estamento burocrático do Estado: FAORO, Raymundo. *Os donos do poder*: formação do patronato político brasileiro. 3. ed. São Paulo: Globo, 2001. p. 444; COMPARATO, Fábio Konder. *Obstáculos históricos à democracia em Portugal e no Brasil*: rumo à justiça. São Paulo: Saraiva, 2010. p. 389.

6. BALEEIRO, Aliomar. *O Supremo Tribunal Federal, esse outro desconhecido*. Rio de Janeiro: Forense, 1968. p. 58-59.

7. FAGUNDES, Miguel Seabra. Amaro Cavalcanti e as liberdades públicas. *Archivo Judiciário*, Rio de Janeiro, v. XCI, p. 29, 1949..

8. FAGUNDES, Miguel Seabra. O mandado de segurança e a liberdade (determinação, recuperação e aperfeiçoamento do instituto). *In*: LIMA, Sadi (org.). *Miguel Seabra Fagundes*: guerreiro do direito. Florianópolis: OAB, 1999. p. 99-100.

9. DANTAS, Marcelo Navarro Ribeiro. *Reclamação constitucional no direito brasileiro*. Porto Alegre: S. A. Fabris, 2000. p. 170-171; BALEEIRO, Aliomar. *O Supremo Tribunal Federal, esse outro desconhecido*. Rio de Janeiro: Forense, 1968. p. 65; RODRIGUES, Lêda Boechat. *História do Supremo Tribunal Federal*. Rio de Janeiro: Civilização Brasileira, 1991.v. III, p. 32.

10. FAGUNDES, Miguel Seabra. Amaro Cavalcanti e as liberdades públicas. *Archivo Judiciário*, Rio de Janeiro, v. XCI, p. 29, 1949..

3. A doutrina brasileira do "*habeas corpus*"

O *habeas corpus* já representava uma garantia de ouro nas primeiras décadas do século passado, alçado à categoria de direito público constitucional subjetivo,[11] remédio hoje estudado pela doutrina contemporânea no rol das "ações constitucionais",[12] dos "procedimentos jurisdicionais constitucionalmente diferenciados"[13] e do "direito processual constitucional".[14]

Naquela época, era muito requisitado como remédio de combate aos atos arbitrários do governo, não necessariamente para garantir o direito de *locomoção física* do indivíduo,[15] mas para tutelar liberdades fundamentais em sentido amplo. Na linguagem da Carta de 1891, "Dar-se-á o *habeas corpus,* sempre que o indivíduo sofrer ou se achar em iminente perigo de sofrer violência ou coação por ilegalidade ou abuso de poder" (CF/1891, art. 72, § 22).

O *habeas corpus* passou a fazer as vezes daquele que só chegaria muitos anos depois – o mandado de segurança para defesa de direito, certo e incontestável, ameaçado ou violado por ato manifestamente inconstitucional ou ilegal de qualquer autoridade (CF/1934, art. 113, 33).[16]

---

11. PONTES DE MIRANDA, F. C. *História e prática do* habeas-corpus. 7. ed. Rio de Janeiro: Borsoi, 1972. t. I, p. 186.

12. DIDIER JR., Fredie (org.). *Ações constitucionais.* 5. ed. Salvador: JusPodium, 2011. p. 25.

13. BUENO, Cassio Scarpinella. *Manual de direito processual civil.* 8. ed. São Paulo: Saraiva, 2022. p. 79.

14. NERY JR., Nelson. *Princípios do processo na Constituição Federal.* 10. ed. São Paulo: RT, 2010. p. 41.

15. Comprimido à liberdade de locomoção física no direito inglês e americano: LESSA, Pedro. *Do Poder Judiciário.* Rio de Janeiro: Francisco Alves, 1915. p. 272.

16. Regulamentado pela Lei nº 191/1936, depois pela Lei nº 1.533/1951 e atualmente pela Lei nº 12.016/2009: ALVIM, Eduardo Arruda; RAMOS, Glauco Gumerato; MELO, Gustavo de Medeiros; ARAÚJO, José Henrique Mouta (coord.). *O novo mandado de segurança*: estudos sobre a Lei n. 12.016/2009. Belo Horizonte: Fórum, 2010.

Assim nasceu a famosa doutrina brasileira do "*habeas corpus*".[17] Um esforço memorável de criação da jurisprudência para preencher uma lacuna da ordem jurídica e não deixar sem remédio certas situações que não encontravam proteção adequada no sistema então vigente.[18] Esse esforço – na visão de Castro Nunes – ensejou o movimento de enorme significação na história do Poder Judiciário, comparável às duas maiores criações pretorianas de que se tem notícia: a teoria do desvio de poder pelo Conselho de Estado da França e o controle de constitucionalidade das leis pela Corte Suprema dos Estados Unidos.[19]

A história atribui a Rui Barbosa o protagonismo de haver construído essa teoria,[20] fruto de uma leitura constitucional ampla que calibrou o escudo de defesa contra qualquer arbitrariedade cometida pelos órgãos e agentes do Estado.[21] De fato, como dizia Seabra Fagundes, o advogado coopera para as grandes soluções jurisprudenciais na dinâmica de sua atividade.[22] Rui estava nesse ambiente de

---

17. BUZAID, Alfredo. *Do mandado de segurança*. São Paulo: Saraiva, 1989. v. I, p. 27-28.

18. FAGUNDES, Miguel Seabra. Amaro Cavalcanti e as liberdades públicas. *Archivo Judiciário*, Rio de Janeiro, v. XCI, p. 29, 1949.

19. NUNES, Castro. *Do mandado de segurança e de outros meios de defesa contra atos do poder público*. 5. ed. Rio de Janeiro: Forense, 1956. p. 19-20.

20. BALEEIRO, Aliomar. *O Supremo Tribunal Federal, esse outro desconhecido*. Rio de Janeiro: Forense, 1968. p. 63; MELLO FILHO, José Celso de. *Notas sobre o Supremo Tribunal (Império e República)*. 5. ed. Brasília: STF, Secretaria de Altos Estudos, Pesquisas e Gestão da Informação, 2023. p. 43; FÖPPEL, Gamil; SANTANA, Rafael. *Habeas corpus*. *In*: DIDIER JR., Fredie (org.). *Ações constitucionais*. 5. ed. Salvador: JusPodium, 2011. p. 31; TALAMINI, Eduardo. As origens do mandado de segurança na tradição processual luso-brasileira. *In*: BUENO, Cassio Scarpinella; ALVIM, Eduardo Arruda; WAMBIER, Teresa Arruda Alvim (coord.). *Aspectos polêmicos e atuais do mandado de segurança*: 51 anos depois. São Paulo: RT, 2002. p. 307.

21. RODRIGUES, Lêda Boechat. *História do Supremo Tribunal Federal*. Rio de Janeiro: Civilização Brasileira, 1991. v. III, p. 33; VELLOSO, Caio Mário da Silva. O conceito de direito líquido e certo. *In*: SARAIVA, Paulo Lopo (coord.). *Antologia luso-brasileira de direito constitucional*. Brasília: Brasília Jurídica, 1992. p. 34-35.

22. Um de seus textos primorosos: "A sua intuição profissional, a serviço da equidade e da justiça, das liberdades públicas e do respeito aos economicamente débeis,

criação dos atos postulatórios perante a Suprema Corte, no plano da argumentação. Mas não estava só. Havia mais gente nessa empreitada. Do outro lado da trincheira, os grandes Magistrados.

A jurisprudência sempre foi uma fábrica de direitos e deveres muitas vezes não aparentes no texto legal. A doutrina do *habeas corpus* não ficaria de fora dessa usina de produção, resultado de uma conjunção de fatores: a força persuasiva de Rui Barbosa[23] e a independência daqueles que – vestidos de toga – representavam o espírito republicano mais avançado. Pedro Lessa[24] e Amaro Cavalcanti[25] estavam entre seus operários mais ilustres.

4. Julgamentos históricos

Um desses precedentes clássicos da época, hoje listado no catálogo dos julgamentos históricos,[26] foi o *Habeas*

---

do apreço à sorte dos oprimidos, situa, diante do Judiciário, em termos objetivos, a sugestão e o pedido da exegese construtiva, capaz de solver, em função da utilidade social e do justo, as perplexidades a que a omissão ou o imperfeito da lei escrita podem conduzir" (FAGUNDES, Miguel Seabra. Contribuição da jurisprudência à evolução do direito brasileiro. *Revista Forense*, Rio de Janeiro, v. 126, p. 24, 1949).

23. BALEEIRO, Aliomar. *O Supremo Tribunal Federal, esse outro desconhecido*. Rio de Janeiro: Forense, 1968. p. 59.

24. Pedro Augusto Carneiro Lessa é considerado um John Marshall da Suprema Corte brasileira, tamanha sua importância para a construção da doutrina do "*habeas corpus*", autor de obras clássicas de direito, política e filosofia: SILVA, Evandro Lins e. *O salão dos passos perdidos*: depoimento ao CPDOC. Rio de Janeiro: Nova Fronteira: FGV, 1997. p. 485, 486, 507; HORBACH, Carlos Bastide. *Memória jurisprudencial*: Ministro Pedro Lessa. Brasília: STF, 2007. p. 76-80.

25. FAGUNDES, Miguel Seabra. Amaro Cavalcanti e as liberdades públicas. *Archivo Judiciário*, Rio de Janeiro, v. XCI, p. 29, 1949; NOBRE JR., Edilson Pereira; MENDONÇA, Fabiano André de Souza; CARVALHO, Ivan Lira. Amaro Cavalcanti: vida e obra. *In*: MONTEIRO FILHO, Carlos Edison do Rego; MORSELLO, Marco Fábio; ROSENVALD, Nelson (coord.). *Protagonistas da responsabilidade civil*. São Paulo: Foco, 2022. p. 37.

26. Disponível em: https://portal.stf.jus.br/textos/verTexto.asp?servico=sobreStfConhecaStfJulgamentoHistorico&pagina=STFlista1.

Corpus 2.793, o caso do Conselho Municipal do Distrito Federal.[27] O ano era 1909. Após a morte do Presidente Afonso Pena e a assunção do seu vice Nilo Peçanha, o Governo Federal baixou o Decreto 7.689, de 26 de novembro de 1909, determinando que, até ulterior deliberação do Congresso Nacional, o prefeito administrasse e governasse o Distrito Federal (Rio de Janeiro),[28] independentemente da colaboração do Conselho Municipal, que se considerava "inexistente" por conta de supostos vícios formais de constituição. O efeito prático desse ato era impedir o acesso dos membros do Conselho às dependências do prédio para não exercerem o mandato legislativo municipal.[29]

O Plenário do STF, com o Ministro Canuto Saraiva, conheceu da controvérsia por ser o *habeas corpus* o único remédio capaz de curar a lesão de direito, se houvesse. Era intuitiva – assinalou o relator – "a competência do Poder Judiciário para, no caso concreto, conhecer de todas as circunstâncias de fato e de direito relativas à organização do Conselho".

O Ministro Pedro Lessa fez críticas de mérito ao ato impugnado, porque ausente o requisito da força maior que condicionava aquela ação governamental, mas votou pelo

27. O Decreto 5.160, de 08.03.1904, consolidou a organização municipal do Distrito Federal, regulamentou a criação e funcionamento do Conselho Municipal e lhe deu atribuições executivas e legislativas.

28. O Distrito Federal foi criado pela Constituição Republicana de 1891, correspondente ao território do antigo Município Neutro, que foi a sede da monarquia brasileira na cidade do Rio de Janeiro.

29. A literatura clássica registra que o coronelismo e a falta de autonomia dos municípios continuaram a existir mesmo depois de proclamada a República. Com Victor Nunes Leal: "A atrofia dos nossos municípios tem resultado de processos vários: penúria orçamentária, excesso de encargos, redução de suas atribuições autônomas, limitações ao princípio da eletividade de sua administração, intervenção da polícia nos pleitos locais etc. Passado o período áureo das câmaras coloniais, sobrevieram a miúda interferência régia e a tutela imperial. A brisa autonomista do começo da República em breve tempo deixou de soprar, e ventos contrários passaram a impulsionar a política do municipalismo no Brasil" (LEAL, Victor Nunes. *Coronelismo, enxada e voto*: o município e o regime representativo no Brasil. 7. ed. São Paulo: Companhia das Letras, 2012. p. 68).

não cabimento do *habeas corpus* para resolver questões ligadas à investidura de cargos legislativos. Para ele, por mais que se adote um conceito dilatado de liberdade individual, referindo-se à doutrina italiana, “nunca será permitido afirmar que o habeas corpus seja o meio regular de garantir a liberdade individual, resolvendo simultaneamente outras questões, envolvidas propositalmente na decisão do *habeas corpus*, que foi o que se pretendeu nestes autos”.

Ficou vencido, porém, na preliminar. A Corte conheceu do remédio, embora *negando-o* no mérito. A justificativa apresentada foi a identificação de uma série de irregularidades formais que viciavam a constituição do Conselho Municipal, a justificar o decreto da presidência. O Ministro Amaro Cavalcanti, favorável ao processamento do remédio, ficou vencido com a proposta de deferir a segurança “para o fim de os intendentes, diplomados pela junta de pretores, poderem penetrar no edifício do Conselho Municipal, e aí exercerem as funções legais decorrentes de seus diplomas”.

Mas os problemas do Conselho Municipal do Distrito Federal não pararam por aí. Um outro remédio foi impetrado em 1909 – *Habeas Corpus 2.794* –, dessa vez com um rumo diferente. A Corte *concedeu* a ordem para os pacientes ingressarem no edifício do Conselho e exercerem os direitos decorrentes de seus diplomas de intendentes municipais. O Ministro Amaro Cavalcanti foi novamente favorável ao deferimento, desde que não se entrasse no conhecimento de outros fatos controvertidos.

O Ministro Pedro Lessa também foi favorável ao pleito, mas não sem antes apresentar extensa explicação justificando o tratamento que passou a dar ao caso à vista dos elementos que o diferenciavam do processo anterior. Para ele, a liberdade de locomoção é um meio a serviço de um fim, um caminho que leva ao exercício de outros direitos. Por isso, o juiz deve verificar se o paciente se acha em situação legal manifesta em relação ao ato que pretende realizar no exercício de sua liberdade individual. No caso concreto, os pacientes provaram essa situação legal na qualidade de intendentes devidamente eleitos.

Poucos anos depois, em 1911, houve desdobramento no caso do Conselho Municipal do Distrito Federal. Como se viu, o Poder Executivo Federal havia baixado um decreto declarando que o Conselho não se considerava devidamente constituído, a autorizar que o prefeito governasse e administrasse o município. O Supremo, no entanto, determinou que se respeitasse a reunião dos intendentes que, sob a presidência do mais velho, exerciam os direitos decorrentes de seus diplomas, entre os quais o de verificar os poderes dos intendentes eleitos. Por força dessa ordem, o grupo dos intendentes presidido pelo mais velho constituiu o Conselho Municipal e tomou posse.

O Conselho então votou o orçamento do Município, mas o Prefeito o vetou com a chancela do Senado. Esse impasse político motivou o Governo Federal, com o Presidente Hermes da Fonseca, a baixar o Decreto 8.500, de 4 de janeiro de 1911, designando data para a eleição do novo Conselho Municipal, o que significava considerar dissolvido o anterior. Daí sobreveio o *Habeas Corpus 2.990*, mais um exemplo eloquente desse movimento transformador da jurisprudência brasileira. O acórdão é uma relíquia de profundidade tanto na admissibilidade do remédio quanto na discussão em torno da competência da União, dos Estados e do Distrito Federal.

O Supremo *admitiu* a ação, mas houve intensa divergência quanto ao seu cabimento e merecimento, vencidos os Ministros Guimarães Natal, Muniz Barreto, Godofredo Cunha e André Cavalcanti. Para o primeiro, a controvérsia era tamanha que não havia direito "líquido" a ser amparado pela interpretação ampla do *habeas corpus*. Para o segundo, o STF não tinha competência para decidir *questão puramente política*, a envolver a legitimidade do Poder

Legislativo Municipal, representado pelos impetrantes, e decorrente da verificação de poderes que fizeram no desempenho de uma atribuição que reputavam de sua exclusiva competência.

O voto do Ministro Muniz Barreto terminou avançando bastante nas razões de mérito, ao mesmo tempo em que esboçou sua visão crítica quanto à leitura ampla que se vinha fazendo do *habeas corpus*, o qual, no seu entender, deveria servir exclusivamente para garantir a liberdade *pessoal, individual* e *física*, e não como sucedâneo voltado a assegurar posse de função legislativa.

Todavia, não foi esse o resultado que prevaleceu. O Ministro Pedro Lessa apresentou longo voto pelo cabimento do *habeas corpus* à vista do receio concreto de constrangimento à liberdade individual dos impetrantes, considerando que era necessário apenas verificar a legalidade da posição dos intendentes e a constitucionalidade do decreto que dissolveu o Conselho Municipal, sem prejuízo de saber também se houve violação às normas que garantem a autonomia do Distrito Federal. No mérito, foi amplamente favorável aos impetrantes.

No mesmo sentido o posicionamento do Ministro Amaro Cavalcanti. Começou ele assinalando que, tendo o Supremo já declarado em casos anteriores o direito de os intendentes exercerem as funções decorrentes de seus diplomas, era dever do Poder Judiciário reconhecer a competência do Conselho Municipal para apurar a legitimidade de seus membros. Para o Ministro Amaro, aquele segundo ato do Presidente da República era evidentemente ilegal e inconstitucional, gerador de constrangimento e coação, a desafiar "o remédio salutar do art. 72, n. 22, da Constituição Federal".

Por maioria, com a adesão dos Ministros Manoel Murtinho, Ribeiro de Almeida, Manoel Espínola e Canuto Saraiva, o Tribunal *deferiu* a ordem solicitada para que os pacientes pudessem entrar no edifício do Conselho Municipal e exercer suas funções até expirar o prazo do mandato, proibido qualquer constrangimento que pudesse resultar do decreto federal.

Observe-se que a divergência que envolveu tanto sua admissão quanto a matéria de fundo começou a impulsionar uma compreensão ampla do *habeas corpus* como instrumento vocacionado a tutelar as liberdades fundamentais do indivíduo para além do direito de ir e vir.[30] A dinâmica dos casos concretos e as circunstâncias sociais e políticas da ocasião foram aos poucos abrindo as comportas da garantia constitucional para assegurar determinados direitos que não podiam ser plenamente exercidos por algum empecilho à liberdade de locomoção.[31]

Estavam assim lançadas as sementes da doutrina brasileira do "*habeas corpus*",[32] uma leitura ampla do texto constitucional que teve o apoio expressivo de Pontes de Miranda: "o que não se pode negar é a intenção do constituinte dando-lhe mais larga esfera de aplicabilidade".[33]

---

30. É de Carlos Maximiliano a lição – sempre sábia e profunda – de que a regra de interpretação estrita não pode ser aplicada à risca no Direito Constitucional: "o *fim* para que foi inserto o artigo na lei sobreleva a tudo. Não se admite interpretação estrita que entrave a realização plena do escopo visado pelo texto. Dentro da letra rigorosa dele procure-se o objetivo da norma suprema; seja este atingido, e será perfeita a exegese" (MAXIMILIANO, Carlos. *Hermenêutica e aplicação do direito*. 14. ed. Rio de Janeiro: Forense, 1994. p. 313-314).

31. Uma resenha bastante densa desse precedente está na obra clássica: LESSA, Pedro. *Do poder judiciário*. Rio de Janeiro: Francisco Alves, 1915. p. 277.

32. FAGUNDES, Miguel Seabra. O mandado de segurança e a liberdade (determinação, recuperação e aperfeiçoamento do instituto). *In*: LIMA, Sadi (org.). *Miguel Seabra Fagundes*: guerreiro do direito. Florianópolis: OAB, 1999; p. 99.

33. PONTES DE MIRANDA, F. C. *História e prática do habeas-corpus*. 7. ed. Rio de Janeiro: Borsoi, 1972. t. I, p. 186.

5. Outros casos emblemáticos de construção do remédio heroico

Ainda no ano de 1911, ficou famoso o caso da dualidade de assembleias do Rio de Janeiro. Um grupo de deputados da Assembleia Legislativa do Estado, entre eles o candidato ao Governo do Estado (*o cargo era de Presidente do Estado*), foi impedido de ingressar no edifício da Assembleia para participar da sessão de posse. Havia duas assembleias distintas que elegeram dois candidatos ao Governo do Estado, Manoel Edwiges de Queiroz Vieira e Francisco Chaves de Oliveira Botelho, sendo que só o segundo teve acesso ao recinto da solenidade. O impedimento veio da força pública federal com fundamento no Estado de Sítio decretado na cidade de Niterói, então capital do Rio de Janeiro, pelo Presidente Hermes da Fonseca.

O candidato prejudicado então impetrou o *Habeas Corpus 2.984* no Supremo Tribunal Federal, submetido à relatoria do Ministro Amaro Cavalcanti.[34] No juízo de admissibilidade da ação, o relator foi sensível em compreender a prova do ato coator, consciente da alta relevância do *habeas corpus* até mesmo diante de petições simples desprovidas de documentos, desde que possível verificar a existência do fato pelo conjunto das circunstâncias ou por sua notoriedade.

No mérito, por maioria, o Plenário *concedeu* a ordem para garantir aos impetrantes a livre locomoção e ingresso nas dependências da Assembleia Legislativa, mas não sem antes o relator apresentar extensas razões, com base na doutrina e jurisprudência norte-americanas, que justificavam a competência do Supremo Tribunal Federal para controlar a validade dos atos do Poder Executivo à luz dos

34. BRASIL. Supremo Tribunal Federal. Habeas Corpus n. 2.984. Relator Min. Amaro Cavalcanti. *O Direito*, Rio de Janeiro, v. 40, t. 119, p. 477, 1912.

requisitos constitucionais da intervenção federal nos Estados. O Ministro Amaro Cavalcanti pontuou:

> Certamente aceitável, se não essencial ao regime da separação e independência dos poderes públicos, como é, a doutrina de que as questões *essencialmente políticas*, escapam à competência do Judiciário e devem ficar ao critério dos poderes políticos, a dizer, o Legislativo e o Executivo, respectivamente; isso não obstante, competindo, concorrentemente e como função indiscutível do judiciário, amparar os direitos individuais, garantir o seu exercício e fazer reparar qualquer lesão de tais direitos; se torna, não raro, assaz difícil bem distinguir até onde se *possa deixar livre* a ação dos poderes políticos em dados assuntos, sem o sacrifício dos direitos individuais, que ao Judiciário cumpre, privativamente, amparar.
>
> E daí sucede que, a despeito da verdade da aludida doutrina, na prática da jurisprudência a incompetência do Judiciário, nas matérias políticas, só tem sido de regra, quando o caso sujeito é, pela sua natureza e objeto, da atribuição exclusiva de dado poder político, nos termos expressos da Constituição.
>
> Na própria República Norte Americana, em cuja jurisprudência, sobretudo a datar de 1848 (Caso *Luther v. Borden*), se tem, como ponto assentado, que as questões, *essencialmente políticas*, escapam à esfera do Judiciário, isto não obstante, a Suprema Corte só tem até agora considerado como tais casos da *alçada exclusiva* dos poderes políticos a um limitadíssimo número de assuntos, como tais declarados na Constituição Federal (COOLEY, *principles*, 2º edit., pág. 146); e o que ora mais importa, em se tratando do pedido de *habeas corpus*, a dita Corte se tem julgado competente para intervir mesmo em favor de prisioneiro de guerra no estado de rebelião, caso em que se dava a suspensão do *privilégio do habeas corpus*, segundo o disposto na Constituição Norte Americana.
>
> No caso a que se alude (*Ex parte – Milligan, Supr. Coutr Report.*, vol. 70-73) se havia, precisamente, invocado contra a competência da Suprema Corte a célebre decisão e doutrina do feito – *Luther v. Bourden*, excluindo a intervenção judicial das questões políticas.
>
> Pelo que diz respeito a este Tribunal bem se pode dizer que a sua jurisprudência já se acha firmada na matéria.

Merece leitura o inteiro teor desse acórdão pela divergência travada com o Ministro Pedro Lessa, que apresentou crítica ferrenha à admissão do remédio naquele caso, mercê da dificuldade que enxergou na comprovação do ato coator.

Meses depois, o STF voltou a discutir esse mesmo episódio da dualidade de assembleias do Rio de Janeiro, no *Habeas Corpus 3.061*. A ordem foi novamente *deferida*, com bastante divergência, valendo destacar a exposição doutrinária do Ministro Godofredo Cunha, carregada de dura crítica ao posicionamento mais abrangente dos Ministros Amaro Cavalcanti e Pedro Lessa sobre o cabimento do remédio heroico.

Outro julgamento paradigmático foi o *Habeas Corpus 3.527*, apreciado em 15 de abril de 1914, também distribuído à relatoria do Ministro Amaro Cavalcanti. O debate mais uma vez girou em torno de outro ato polêmico do Presidente Hermes da Fonseca, dessa vez o Decreto 10.835, de 31 de março de 1914, que prorrogava o Estado de Sítio decretado nas Comarcas de Niterói e Petrópolis, Estado do Rio de Janeiro, e depois no Estado do Ceará.

Quatro cidadãos foram detidos por ordem do governo federal, em plena vigência do decreto, e recorreram ao Supremo colocando em pauta a questão da competência da Corte para rever a legalidade e constitucionalidade dos atos do Poder Executivo. A grande questão era: a suspensão das garantias constitucionais, como o *habeas corpus*, impede o Supremo de examinar a juridicidade da medida tomada pelo Presidente da República?

Aqui, a intervenção do STF foi comedida, até com certa curiosidade. O Ministro Amaro, que tinha uma visão abrangente da garantia constitucional, votou pela *não concessão* por entender que o STF não tinha competência para entrar no mérito das razões que motivaram a medida excepcional privativa do Presidente da República, podendo, no máximo, identificar seu caráter político ou jurídico. Nesse caso, como o fundamento da ação era a suposta inconstitucionalidade do decreto, a Corte considerou a questão puramente política, motivo pelo qual o pedido foi *denegado*.

Por outro lado, o Ministro Pedro Lessa, que tinha um perfil mais conservador e restritivo nesse assunto, ficou vencido com voto favorável à proteção dos direitos individuais afetados pelo decreto, mesmo depois de aprovado o Estado de Sítio pelo Congresso Nacional.

Aquele mesmo ano de 1914 foi palco de outra grande disputa que ficou conhecida no repertório dos julgamentos históricos como o caso Nilo Peçanha. No *Habeas Corpus 3.697*, a Suprema Corte *concedeu* a ordem para que o paciente, então Senador da República, livre de todo o constrangimento, pudesse penetrar no palácio presidencial do Estado do Rio de Janeiro, depois de empossado como presidente do mesmo Estado, e ali exercer as funções do referido cargo, por ter sido eleito pela Assembleia Legislativa.

Essa discussão foi das mais longas, profundas e eruditas sobre o cabimento do remédio constitucional e a natureza política dos atos impugnados. O protagonismo dos Ministros Pedro Lessa e Amaro Cavalcanti se fez presente na liderança dos debates, ambos vencidos por entenderem que, nesse caso, não obstante o amadurecimento da doutrina do *habeas corpus*, não havia propriamente liquidez e certeza quanto à legalidade do processo de eleição do candidato ao governo do Estado à luz do Regimento Interno da Assembleia Legislativa.

O objetivo que se pretende alcançar com a remoção do impedimento à liberdade de locomoção é o que o Ministro Pedro Lessa chamou de "*direito-escopo*", ou seja, o direito individual obstruído pela coação física. Esse "*direito-escopo*" precisa estar muito claro, líquido e certo, inequivocamente provado, sob pena de denegação da ordem solicitada: "Averiguando que o direito-escopo é questionável, incerto, ao juiz é vedado dirimir a questão relativa a esse direito no processo de *habeas corpus*, sem forma nem figura de juízo, sem as garantias judiciárias que oferece o processo contencioso".

O Ministro Amaro Cavalcanti seguiu esse mesmo fio de raciocínio, pontuando que a controvérsia instalada em torno da dualidade de candidaturas ofuscava o pleito do impetrante, não autorizando tão agressiva intervenção judiciária no processo político, a menos que fosse apenas para garantir acesso ao recinto da Assembleia.

Uma característica curiosa dos acórdãos resenhados *supra*, além de muitos outros daquela época, foi a influência marcante de autores e precedentes do direito constitucional norte-americano,[35] fruto em grande parte da euforia trazida pela atmosfera do regime republicano incipiente.[36] A própria concepção do Supremo Tribunal Federal foi inspirada[37] na Suprema Corte dos Estados Unidos,[38]

---

35. RODRIGUES, Lêda Boechat. *História do Supremo Tribunal Federal*. Rio de Janeiro: Civilização Brasileira, 1991. v. III, p. 35-36.

36. O depoimento de Nelson Saldanha reflete bem esse clima: "Na euforia da vitória, o palavreado dos discursos dava a impressão de que só agora começava a existir constitucionalmente a nação. A geração dos constituintes testemunhava a entrada dos publicistas norte-americanos nas leituras políticas brasileiras. Não que desaparecesse o predomínio francês em tais leituras, ainda: mas, aos poucos, o *ler inglês* se tornou menos raro entre nossos intelectuais; Ruy Barbosa e Joaquim Nabuco relevaram ao país muita coisa de livros ingleses. Ruy aprofundou seu conhecimento de autores europeus com fontes norte-americanas, particularmente em direito e política, chegando a um domínio bibliográfico inteiramente incomparável em seu tempo" (SALDANHA, Nelson. *O pensamento político no Brasil*. Rio de Janeiro: Forense, 1978. p. 107-108).

37. Investigando as inspirações políticas de Amaro Cavalcanti como Senador na Assembleia Constituinte de 1891: JOBIM, Nelson Azevedo. A República, o federalismo e o STF. *In*: SEEFELDER FILHO, Claudio Xavier; AZEVEDO, Daniel Coussirat de (coord.). *Teori na prática*: uma biografia intelectual. Belo Horizonte: Fórum, 2022. p. 42; MELLO, Manoel Caetano Bandeira de. *Amaro Cavalcanti*: pequenos estudos sobre grandes administradores do Brasil. Rio de Janeiro: Serviço de Documentação, 1956. p. 12.

38. VELLOSO, Carlos Mário. O Supremo Tribunal Federal, corte constitucional: uma proposta que visa a tornar efetiva a sua missão precípua de guarda da Constituição. *Revista de Informação Legislativa*, Brasília, n. 120, p. 6, 1993.

assim como o recurso extraordinário, um parente próximo do "*writ of error*", voltado a assegurar a unidade do direito federal editado pela União em âmbito nacional.[39]

Nosso homenageado era um profundo conhecedor dessas fontes, até por sua formação na *Union University*, em Albany, Nova Iorque (EUA),[40] registrado na história do STF como o único ministro com graduação em universidade estrangeira.[41]

6. Conclusões

Amaro Cavalcanti foi um personagem de absoluto destaque na história política brasileira e na defesa do Poder Judiciário como instância independente de proteção dos direitos individuais, um "sustentáculo da liberdade".[42]

Teve participação fundamental nos mais importantes julgamentos históricos do Supremo Tribunal Federal, nas duas primeiras décadas do século XX, e foi protagonista na construção da doutrina do "*habeas corpus*", tanto quanto o Ministro Pedro Lessa, essa página antológica da jurisprudência brasileira.

---

39. LESSA, Pedro. *Do poder judiciário*. Rio de Janeiro: Francisco Alves, 1915. p. 101-103; BUZAID, Alfredo. *A crise do Supremo Tribunal Federal*: estudos de direito. São Paulo: Saraiva, 1972. v. 1, p. 138-139; PASSOS, J. J. Calmon de. O recurso extraordinário e a Emenda nº 3 do Regimento Interno do Supremo Tribunal Federal. *Revista de Processo*, São Paulo, n. 5, p. 45, 1977.

40. MELLO, Manoel Caetano Bandeira de. *Amaro Cavalcanti*: pequenos estudos sobre grandes administradores do Brasil. Rio de Janeiro: Serviço de Documentação, 1956. p. 10.

41. MELLO FILHO, José Celso de. *Notas sobre o Supremo Tribunal (Império e República)*. 5. ed. Brasília: STF, Secretaria de Altos Estudos, Pesquisas e Gestão da Informação, 2023. p. 141.

42. MELLO, Manoel Caetano Bandeira de. *Amaro Cavalcanti*: pequenos estudos sobre grandes administradores do Brasil. Rio de Janeiro: Serviço de Documentação, 1956. p. 16.

O movimento – já o disse Pontes de Miranda – não foi obra de um indivíduo, mas um esforço coletivo para cristalizar o remédio de proteção das liberdades em busca de sua verdadeira vocação como instituto jurídico nacional.[43] Na análise de Aliomar Baleeiro, tudo isso aconteceu graças à presença de sangue novo que vivificou o Supremo quando passaram a integrá-lo republicanos que haviam participado da Constituinte de 1891, trazendo para a Corte não só a cultura doutrinária do Direito Público, mas sobretudo a experiência política do Parlamento e dos negócios do Estado. O nome de Amaro Cavalcanti integra a galeria que – segundo Baleeiro – honra qualquer Tribunal do mundo em qualquer tempo e lugar da história.[44]

Referências

ALVIM, Eduardo Arruda; RAMOS, Glauco Gumerato; MELO, Gustavo de Medeiros; ARAÚJO, José Henrique Mouta (coord.). *O novo mandado de segurança*: estudos sobre a Lei n. 12.016/2009. Belo Horizonte: Fórum, 2010.

BALEEIRO, Aliomar. *O Supremo Tribunal Federal, esse outro desconhecido*. Rio de Janeiro: Forense, 1968.

BRASIL. Supremo Tribunal Federal. Habeas Corpus n. 2.984. Relator Min. Amaro Cavalcanti. *O Direito*, Rio de Janeiro, v. 40, t. 119, p. 477, 1912.

BUENO, Cassio Scarpinella. *Manual de direito processual civil*. 8. ed. São Paulo: Saraiva, 2022.

BUZAID, Alfredo. *A crise do Supremo Tribunal Federal*: estudos de direito. São Paulo: Saraiva, 1972. v. 1.

---

43. PONTES DE MIRANDA, F. C. *História e prática do habeas-corpus*. 7. ed. Rio de Janeiro: Borsoi, 1972. t. I, p. 192.

44. BALEEIRO, Aliomar. *O Supremo Tribunal Federal, esse outro desconhecido*. Rio de Janeiro: Forense, 1968. p. 60.

BUZAID, Alfredo. *Do mandado de segurança*. São Paulo: Saraiva, 1989. v. I.

CARDIM, Carlos Henrique. *A raiz das coisas – Rui Barbosa*: o Brasil no mundo. Rio de Janeiro: Civilização Brasileira, 2007.

COMPARATO, Fábio Konder. *Obstáculos históricos à democracia em Portugal e no Brasil*: rumo à justiça. São Paulo: Saraiva, 2010.

DANTAS, Marcelo Navarro Ribeiro. *Reclamação constitucional no direito brasileiro*. Porto Alegre: S. A. Fabris, 2000.

DIDIER JR., Fredie (org.). *Ações constitucionais*. 5. ed. Salvador: JusPodium, 2011.

FAGUNDES, Miguel Seabra. Amaro Cavalcanti e as liberdades públicas. *Archivo Judiciário*, Rio de Janeiro, v. XCI, 1949.

FAGUNDES, Miguel Seabra. Contribuição da jurisprudência à evolução do direito brasileiro. *Revista Forense*, Rio de Janeiro, v. 126, 1949.

FAGUNDES, Miguel Seabra. O mandado de segurança e a liberdade (determinação, recuperação e aperfeiçoamento do instituto). *In*: LIMA, Sadi (org.). *Miguel Seabra Fagundes*: guerreiro do Direito. Florianópolis: OAB, 1999.

FAORO, Raymundo. *Os donos do poder*: formação do patronato político brasileiro. 3. ed. São Paulo: Globo, 2001.

FÖPPEL, Gamil; SANTANA, Rafael. *Habeas corpus*. *In*: DIDIER JR., Fredie (org.). *Ações constitucionais*. 5. ed. Salvador: JusPodium, 2011.

GOMES, Orlando. *Raízes históricas e sociológicas do Código Civil brasileiro*. São Paulo: Martins Fontes, 2006.

HORBACH, Carlos Bastide. *Memória jurisprudencial*: Ministro Pedro Lessa. Brasília: STF, 2007.

JOBIM, Nelson Azevedo. A República, o federalismo e o STF. *In*: SEEFELDER FILHO, Claudio Xavier; AZEVEDO, Daniel Coussirat de (coord.). *Teori na prática*: uma biografia intelectual. Belo Horizonte: Fórum, 2022.

LEAL, Victor Nunes. *Coronelismo, enxada e voto*: o município e o regime representativo no Brasil. 7. ed. São Paulo: Companhia das Letras, 2012.

LESSA, Pedro. *Do Poder Judiciário*. Rio de Janeiro: Francisco Alves, 1915.

MAXIMILIANO, Carlos. *Hermenêutica e aplicação do direito*. 14. ed. Rio de Janeiro: Forense, 1994.

MELLO FILHO, José Celso de. *Notas sobre o Supremo Tribunal (Império e República)*. 5. ed. Brasília: STF, Secretaria de Altos Estudos, Pesquisas e Gestão da Informação, 2023.

MELLO, Manoel Caetano Bandeira de. *Amaro Cavalcanti*: pequenos estudos sobre grandes administradores do Brasil. Rio de Janeiro: Serviço de Documentação, 1956.

MELO, Gustavo de Medeiros. A contribuição de Seabra Fagundes para o direito processual civil brasileiro: homenagem pelo centenário de seu nascimento. *Revista de Processo*, São Paulo, n. 198, p. 505-522, ago. 2011.

MELO, Gustavo de Medeiros. Miguel Seabra Fagundes. *In*: HOFFMAN, Paulo; CALMON, Petronio (coord.). *Processualistas históricos do Brasil*. São Paulo: IBDP, 2010. v. 1.

NERY JR., Nelson. *Princípios do processo na Constituição Federal*. 10. ed. São Paulo: RT, 2010.

NOBRE JR., Edilson Pereira; MENDONÇA, Fabiano André de Souza; CARVALHO, Ivan Lira. Amaro Cavalcanti: vida e obra. *In*: MONTEIRO FILHO, Carlos Edison do Rego; MORSELLO, Marco Fábio; ROSENVALD, Nelson (coord.). *Protagonistas da responsabilidade civil*. São Paulo: Foco, 2022.

NUNES, Castro. *Do mandado de segurança e de outros meios de defesa contra atos do poder público*. 5. ed. Rio de Janeiro: Forense, 1956.

PASSOS, J. J. Calmon de. O recurso extraordinário e a Emenda nº 3 do Regimento Interno do Supremo Tribunal Federal. *Revista de Processo*, São Paulo, n. 5, 1977.

PONTES DE MIRANDA, F. C. *História e prática do* habeas-corpus. 7. ed. Rio de Janeiro: Borsoi, 1972. t. I.

RODRIGUES, Lêda Boechat. *História do Supremo Tribunal Federal*. Rio de Janeiro: Civilização Brasileira, 1991. v. III.

SALDANHA, Nelson. *O pensamento político no Brasil*. Rio de Janeiro: Forense, 1978.

SILVA, Evandro Lins e. *O salão dos passos perdidos*: depoimento ao CPDOC. Rio de Janeiro: Nova Fronteira: FGV, 1997.

SOUZA, Carlos Adel Teixeira de. *Amaro Cavalcanti*: pequena história sobre o mais notável norte-rio-grandense na fase da transição do Império para a República Brasileira. Natal: Sebo Vermelho, 2009.

TALAMINI, Eduardo. As origens do mandado de segurança na tradição processual luso-brasileira. *In*: BUENO, Cassio Scarpinella; ALVIM, Eduardo Arruda; WAMBIER, Teresa Arruda Alvim (coord.). *Aspectos polêmicos e atuais do mandado de segurança*: 51 anos depois. São Paulo: RT, 2002.

VELLOSO, Caio Mário da Silva. O conceito de direito líquido e certo. *In*: SARAIVA, Paulo Lopo (coord.). *Antologia luso-brasileira de direito constitucional*. Brasília: Brasília Jurídica, 1992.

VELLOSO, Carlos Mário. O Supremo Tribunal Federal, corte constitucional: uma proposta que visa a tornar efetiva a sua missão precípua de guarda da Constituição. *Revista de Informação Legislativa*, Brasília, n. 120, p. 6, 1993.

AMARO CAVALCANTI E SUAS CONTRIBUIÇÕES PARA O DIREITO TRIBUTÁRIO BRASILEIRO: UM PRECURSOR DE IDEIAS ATUAIS DA REFORMA TRIBUTÁRIA

Humberto Martins[1]

1 Introdução; 2 Capacidade contributiva, progressividade e a reforma tributária; 3 Dever fundamental de pagar tributos e o Supremo Tribunal Federal; 4 Simplificação como vetor fundamental do sistema tributário; 5 Conclusões; Bibliografia.

Resumo: Este artigo investiga como as contribuições teóricas de Amaro Cavalcanti moldaram o Direito Tributário brasileiro. Utilizando uma revisão bibliográfica de suas obras e decisões, a pesquisa avalia a relevância de seus princípios, como a capacidade contributiva e a progressividade, no contexto da reforma tributária atual. Conclui-se que as ideias de Cavalcanti sobre justiça fiscal e simplificação tributária permanecem fundamentais para as discussões contemporâneas e aprimoramentos da Reforma Tributária.

Palavras-chave: Amaro Cavalcanti; capacidade contributiva; reforma tributária.

Abstract: This article investigates how the theoretical contributions of Amaro Cavalcanti shaped Brazilian tax law. Using a bibliographic review of his works and decisions, the research assesses the relevance of his principles, such as contributory capacity and progressivity, in the context of the current tax

1. Ministro do Superior Tribunal de Justiça.

reform. It concludes that Cavalcanti's ideas on fiscal justice and tax simplification remain fundamental to contemporary discussions and improvements in tax reform.

Keywords: Amaro Cavalcanti; contributory capacity; tax reform.

1. Introdução

Com muita alegria, participo do livro em homenagem ao Ministro potiguar Amaro Bezerra Cavalcanti de Albuquerque (1849-1922), que atuou, entre várias funções públicas de relevância, como Ministro do Supremo Tribunal Federal nos anos de 1906 a 1914. Estudou nos Estados Unidos, em Albany, no Estado de Nova York, lecionando a disciplina de latim, no Imperial Colégio D. Pedro II. Foi vice-governador do Rio Grande do Norte (1889) e senador pelo Rio Grande do Norte, tendo atuado na Assembleia Nacional Constituinte, ocasião em que discutiu e votou a Constituição de 1891. Foi Ministro da Justiça do Ministério da Justiça e Negócios Interiores do Governo de Prudente de Moraes. Atuou também como consultor jurídico do Ministério das Relações Exteriores. Em 1893, foi agente diplomático investido de plenos poderes na República do Paraguai.

Ao longo de seus anos de vida pública, dedicou-se também ao magistério, tendo sido delegado do Brasil nos trabalhos da Conferência Financeira de Washington, reunida em maio de 1915, Prefeito nomeado do Distrito Federal em 1917, acumulando o posto com o cargo na Corte Permanente de Arbitragem, em Haia e, posteriormente, entre os anos de 1918 e 1919, ocupou o cargo de Ministro da Fazenda. Ainda no Rio Grande do Norte, foi eleito deputado federal, em 1917, mas não chegou a tomar posse.

A sua atuação na judicatura teve importante influência para a formação de uma jurisprudência sólida e de ampla repercussão nas mais diversas áreas do Direito, colaborando de maneira decisiva para a evolução do Direito Administrativo, Tributário e Constitucional, consolidando entendimentos jurídicos que se tornaram referências.

Quando ministro do STF, ao lado de Alberto Torres, deferiu *Habeas Corpus* em favor de D. Luís, filho da Princesa Isabel. D. Luís pretendia desembarcar no Brasil, porém havia proibição decorrente do decreto de banimento da família imperial, ocorrido com a Proclamação da República. Cavalcanti afirmou "[...] ser a Constituição da República incompatível com as odiosidades que importavam em restrição aos direitos por ela garantidos". O STF, no entanto, por maioria, rejeitou o pedido.

Aposentou-se do cargo em 30 de dezembro de 1914. Na sua trajetória jurídica, "estudou o federalismo, então uma novidade entre nós, circunstância institucional que suscitava vários problemas na ordem tributária, evidentemente, quanto à fixação da competência entre os vários entes". É autor de diversas obras, entre as quais *Regime federativo e República brasileira* (1900), no qual critica o desenho constitucional do Texto de 1891, por projetar um sistema judiciário dual, mas um sistema jurídico unitário, opção que não encontrava paralelo nas nações mais cultas da época. Também é autor da obra seminal *Responsabilidade civil do Estado* (1905).

O homenageado não apenas participou ativamente da vida jurídica nacional como também contribuiu com valiosas obras literárias e jurídicas, deixando importantes contribuições para a evolução do Direito brasileiro.

Por ter deixado uma herança de conhecimento, integridade e compromisso com a Justiça é que as homenagens, como a deste livro, são justas e devidas.

Amaro Bezerra Cavalcanti de Albuquerque (1849-1922), ao longo de sua distinta carreira intelectual, produziu diversos trabalhos notáveis, entre eles o livro *Elementos de finanças – Estudo teórico prático*, lançado em 1896.[2] Nessa obra, ele abordou os temas fundamentais do Direito Tributário, que, na época, ainda estava em seus estágios iniciais no Brasil. Cavalcanti dedicou-se a organizar as bases de uma ciência financeira que também se encontrava em formação. A falta de definições claras e uma estrutura epistemológica sólida em áreas que hoje são distintamente reconhecidas, como Ciência das Finanças, Direito Tributário, Direito Financeiro e Economia Política, eram características da época.

Amaro Cavalcanti compilou a evolução dessas disciplinas tanto no âmbito internacional quanto nacional, destacando os autores mais influentes. Ele explorou, de forma pioneira, temas como a teoria do mínimo tributável, progressividade, a resistência cultural à arrecadação de tributos e propôs, inspirado em Adam Smith, as melhores práticas de tributação, articulando princípios gerais do Direito Tributário, como translação, repercussão e evasão.

Ele também classificou diferentes tipos de impostos e ofereceu uma visão abrangente sobre a tributação no século XIX. Seu trabalho influenciou contemporâneos como Viveiros de Castro, que forneceu uma das primeiras análises históricas da tributação no Brasil durante uma palestra no Instituto Histórico e Geográfico do Brasil, em 1915. Cavalcanti foi um dos primeiros a explicar o princípio da seletividade na tributação, sem, contudo, usar essa terminologia.[3] Abordou o imposto de renda antes mesmo de se tornar uma prática comum no Brasil, um tema que Rui Barbosa posteriormente defenderia com vigor. Amaro Cavalcanti tinha conhecimento profundo sobre os principais economistas de sua era, como Gustav Schonberg, Sydney Buxton, Albert Delatour,

2. CAVALCANTI, Amaro. *Elementos de finanças*: estudo teórico-prático. Rio de Janeiro: Imprensa Nacional, 1891.

3. CAVALCANTI, Amaro. *Elementos de finanças*: estudo teórico-prático. Rio de Janeiro: Imprensa Nacional, 1891. p. V.

além de clássicos como Adam Smith, Montesquieu e John Stuart Mill, aos quais frequentemente fazia referência.

Como ministro do STF, Amaro Cavalcanti teve uma atuação marcante no desenvolvimento da jurisprudência tributária brasileira. Suas decisões frequentemente refletiam um compromisso com a justiça fiscal e a equidade. Cavalcanti defendia que as normas tributárias deveriam ser aplicadas de maneira justa, garantindo que a carga tributária fosse proporcional[4] à capacidade econômica dos contribuintes.

Assim, sua visão avançada e suas decisões pioneiras influenciaram profundamente o sistema tributário vigente. Este artigo pretende explorar sua contribuição sob a perspectiva histórica e analisar como seus princípios ainda reverberam nas discussões contemporâneas sobre a reforma tributária.

2. Capacidade contributiva, progressividade e a reforma tributária

Amaro Cavalcanti conceituava imposto como uma contribuição monetária, ou que pode ser avaliada em termos monetários, coletada dos cidadãos do país para financiar as despesas do serviço público. Para Cavalcanti, a base racional e histórica da tributação era tão clara que ele considerava desnecessário debatê-la, assumindo como evidente a legitimidade e a origem do poder de tributação do Estado.

Ainda, elucidava uma classificação dos impostos que os segmentava em diretos e indiretos, baseando-se na forma como a incidência tributária se dava. Os impostos diretos,[5]

---

4. GODOY, Arnaldo Sampaio de Moraes; SANTOS, Julio Edstron Secundino; PAES, José Eduardo Sabo. Tributação e história: Amaro Cavalcanti, o mínimo tributável e a resistência cultural ao recolhimento de tributos. *Revista de Estudos e Pesquisas Avançadas do Terceiro Setor*, Brasília, v. 9, n. 1, p. 86-109, 2022.

5. CAVALCANTI, Amaro. *Elementos de finanças*: estudo teórico-prático. Rio de Janeiro: Imprensa Nacional, 1891. p. 188.

explicava ele, incidiam diretamente sobre o contribuinte, afetando, por exemplo, os rendimentos provenientes de atividades industriais ou profissionais. Já os impostos indiretos eram aplicados em contextos específicos como a aquisição ou transferência de bens, impactando o contribuinte de maneira ocasional.

Cavalcanti criticava os impostos indiretos por ocultarem frequentemente o montante efetivo do tributo embutido no preço de mercadorias, o que fazia com que o consumidor pagasse o imposto de forma quase imperceptível, sem clara consciência da parcela de seus recursos que era destinada ao Tesouro Público.

Para Cavalcanti, o imposto real incidia sobre as fontes de renda do contribuinte, sem considerar sua situação pessoal, sua condição econômica ou o lucro líquido obtido. O imposto pessoal, por outro lado, considerava a situação ou características pessoais do contribuinte, ajustando-se conforme esses critérios. Essa abordagem reflete um entendimento mais profundo do impacto dos impostos sobre a dinâmica econômica e social dos indivíduos e das operações comerciais.

Vale salientar também que Cavalcanti foi um dos primeiros juristas a defender a progressividade dos tributos, ou seja, a ideia de que a carga tributária deve aumentar proporcionalmente à capacidade de pagamento dos contribuintes.[6] Esse princípio está consagrado na Constituição Federal de 1988 e é um dos fundamentos da reforma tributária em discussão atualmente.

Segundo Cavalcanti, os impostos também poderiam ser proporcionais ou progressivos. Os proporcionais eram calculados mediante tarifas uniformes. Os progressivos seriam cobrados de forma progressiva, como o nome sugere.

---

6. CAVALCANTI, Amaro. *Elementos de finanças*: estudo teórico-prático. Rio de Janeiro: Imprensa Nacional, 1891. p. 188.

Insistia, no entanto, que impostos progressivos deveriam ser calculados de forma moderada.[7] Pode-se fazer alguma analogia com a compreensão contemporânea que se tem da proporcionalidade cobrada no caso das custas judiciais.

A progressividade é um princípio essencial para garantir a justiça fiscal. Amaro Cavalcanti defendia que "aqueles que possuem mais devem contribuir mais para o financiamento das necessidades públicas". Essa visão é refletida na atual Constituição Brasileira, que estabelece a progressividade como um dos pilares do sistema tributário.[8] A proposta de reforma tributária busca reforçar esse princípio, visando a uma distribuição mais equitativa da carga tributária.

Vale destacar que a progressividade é uma técnica de tributação que tem como objetivo fazer com que os tributos atendam à capacidade contributiva. Na prática, a progressividade funciona da seguinte forma: a lei prevê alíquotas variadas para o imposto, e o aumento dessas alíquotas ocorre à medida que se aumenta a base de cálculo.

---

7. GODOY, Arnaldo Sampaio de Moraes; SANTOS, Julio Edstron Secundino; PAES, José Eduardo Sabo. Tributação e história: Amaro Cavalcanti, o mínimo tributável e a resistência cultural ao recolhimento de tributos. *Revista de Estudos e Pesquisas Avançadas do Terceiro Setor*, Brasília, v. 9, n. 1, p. 86-109, 2022.

8. Nesse sentido, enuncia o art.145 da Constituição Federal:
"Art. 145. A União, os Estados, o Distrito Federal e os Municípios poderão instituir os seguintes tributos:
(...)
§ 1º Sempre que possível, os impostos terão caráter pessoal e serão graduados segundo a capacidade econômica do contribuinte, facultado à administração tributária, especialmente para conferir efetividade a esses objetivos, identificar, respeitados os direitos individuais e nos termos da lei, o patrimônio, os rendimentos e as atividades econômicas do contribuinte.
§ 3º O Sistema Tributário Nacional deve observar os princípios da simplicidade, da transparência, da justiça tributária, da cooperação e da defesa do meio ambiente. (Incluído pela Emenda Constitucional n. 132, de 2023.)
§ 4º As alterações na legislação tributária buscarão atenuar efeitos regressivos. (Incluído pela Emenda Constitucional nº 132, de 2023)".

Assim, na progressividade, quanto maior a base de cálculo, maior será a alíquota. O exemplo comum citado pela doutrina é o do imposto de renda, que é progressivo.

No imposto de renda, quanto maior for a renda (base de cálculo), maior será o percentual (alíquota) do imposto. Quanto mais a pessoa ganha, maior será a alíquota que irá incidir sobre seus rendimentos.

A Reforma Tributária (EC 132/2023) determinou que o ITCMD seja progressivo em razão do valor do "quinhão, do legado ou da doação", de modo similar ao que já foi feito em relação ao IPTU na Emenda Constitucional 29, de 2000, tributando as heranças e doações de alto valor de modo mais justo.

Vale salientar que, antes da reforma tributária, alguns estados optaram pela alíquota fixa (variando entre 2% e 8%)[9], embora a jurisprudência do STF admitisse[10] a progressividade quanto ao ITCMD.

Logo, podemos constatar que Amaro Cavalcanti já antecipou a progressividade no Direito Tributário como linha mestra, tanto para impostos pessoais quanto para impostos reais, o que vem a calhar com a jurisprudência do STF e como texto da Reforma Tributária (EC 132/2023).

---

9. MOLITERNO, Danilo. Com reforma tributária, imposto sobre heranças e doações pode aumentar em nove estados. *CNN Brasil*, São Paulo, 23 ago. 2023. Disponível em: https://encurtador.com.br/PG5PZ. Acesso em: 17 maio 2024.

10. STF. Recurso Extraordinário. Constitucional. Tributário. Lei Estadual: progressividade de alíquota de imposto sobre transmissão causa mortis e doação de bens e direitos. Constitucionalidade. Art. 145, § 1º, da Constituição da República. Princípio da Igualdade Material Tributária. Observância da capacidade contributiva. recurso extraordinário provido (BRASIL. Supremo Tribunal Federal. Tribunal Pleno. RE 562.045. Relator: Ricardo Lewandowski. Relatora p/ Acórdão: Cármen Lúcia, 6 de fevereiro de 2013. Repercussão Geral. Mérito. *DJe*, Brasília, 27 nov. 2013).

3. Dever fundamental de pagar tributos e o Supremo Tribunal Federal

Em relação aos diversos tipos de tributos, como impostos, contribuições e taxas, Cavalcanti via essas categorias como intercambiáveis, indicando que, na legislação brasileira da época, não havia uma distinção clara entre essas nomenclaturas. Diferentemente das normas atuais, Cavalcanti via as taxas como pagamentos opcionais vinculados a serviços diretamente recebidos, como os serviços postais ou educacionais, uma visão que diverge significativamente da compreensão moderna de taxas como tributos obrigatórios.

Cavalcanti também reconhecia uma resistência popular generalizada à tributação, aconselhando que o Tesouro[11] deveria realizar a arrecadação de maneira rápida para minimizar a oposição. Ele defendia que o valor dos tributos deveria ser limitado às necessidades específicas do Estado, evitando sobrecargas desnecessárias aos contribuintes.

Utilizando as diretrizes de Adam Smith sobre tributação, Cavalcanti enfatizava que os impostos deveriam ser proporcionais à capacidade econômica dos indivíduos, claros, certos e coletados de forma que minimizasse o incômodo para o pagador. Esses princípios foram adotados integralmente por ele.

Por fim, Cavalcanti discutia conceitos como a translação e a repercussão dos impostos na economia. Por exemplo, na translação, um comerciante que adiantasse o pagamento de um imposto poderia recuperar esse valor ao repassá-lo no preço dos produtos ou serviços vendidos. Já a repercussão referia-se aos efeitos econômicos dos impostos, como a redução de empregos quando um imposto sobre

11. CAVALCANTI, Amaro. *Elementos de finanças*: estudo teórico-prático. Rio de Janeiro: Imprensa Nacional, 1891. p. 171.

o capital levava os empresários a diminuir suas atividades. Esses conceitos, embora similares, não correspondem exatamente aos entendimentos modernos de contribuinte de fato e contribuinte de direito, mostrando a evolução na compreensão e aplicação dos princípios tributários ao longo do tempo.

Ao discutir a obrigatoriedade dos tributos, Cavalcanti citava Mirabeau, figura proeminente da Revolução Francesa, que via o pagamento de tributos como um dever patriótico, equivalente ao pagamento de uma dívida compartilhada por todos os cidadãos.

Ora, o dever fundamental de pagar tributos é uma concepção que se enquadra na estrutura constitucional do Brasil e reflete a obrigação de cada cidadão e empresa de contribuir para as despesas públicas, conforme suas capacidades econômicas. Essa obrigação é reconhecida e enfatizada pelo Supremo Tribunal Federal (STF) como um pilar essencial do Estado Democrático de Direito.

Nas palavras de Casalta Nabais:

> olhando para o suporte financeiro do estado contemporâneo, o que vemos é um estado fiscal, um estado que tem nos impostos o seu principal suporte financeiro. O que atenta a razão de ser do estado, que é a realização da pessoa humana, a realização da pessoa no respeito pela sua eminente dignidade humana, o estado fiscal não pode deixar de se configurar como um instrumento dessa realização. Porventura, o instrumento que mais se revelou e continua a se revelar como o mais adequado à materialização desse desiderato.[12]

O STF tem interpretado esse dever como fundamental por várias razões. Primeiramente, como sustentação do Estado. Isso porque os tributos são a principal fonte de

12. NABAIS, José Casalta. *Por um estado fiscal suportável*: estudos de direito fiscal. Coimbra: Almedina, 2005. p. 24.

receita do Estado, essenciais para financiar suas funções, incluindo saúde, educação, segurança e infraestrutura.[13]

Nesse sentido, tal ideia já era defendida por Amaro Cavalcanti. Ademais, a sua fundamentação se baseia também no princípio da solidariedade, o qual está implícito no dever de pagar tributos e reflete a ideia de que todos devem contribuir para o bem comum e para o funcionamento da sociedade.

Em decisões recentes, o STF tem sublinhado que a evasão e a elisão fiscal excessivas contrariam esse dever fundamental,[14] impactando negativamente a capacidade do Estado de cumprir suas obrigações constitucionais e prejudicando a sociedade como um todo. Portanto, o dever de pagar tributos é visto não apenas como uma obrigação legal, mas como um compromisso ético e social de cada contribuinte para com o coletivo e a manutenção das instituições democráticas.

4. Simplificação como vetor fundamental do sistema tributário

No pensamento tributário de Amaro Cavalcanti, a diversificação dos impostos é uma tese central.[15] Cavalcanti rejeitava a ideia de um imposto único, uma visão que encontra suas raízes na escola de pensamento econômico dos fisiocratas. Essa corrente, predominante no século XVIII, defendia que toda a tributação deveria recair unicamente

---

13. MESSIAS, Jorge; ALVIM, Leonardo. Coisa julgada e o dever fundamental de pagar tributos. *Jota*, São Paulo, 22 fev. 2023. Disponível em: https://encurtador.com.br/K9q6Q. Acesso em: 17 maio. 2024.

14. GODOY, Arnaldo Sampaio de Moraes; SANTOS, Julio Edstron Secundino; PAES, José Eduardo Sabo. Tributação e história: Amaro Cavalcanti, o mínimo tributável e a resistência cultural ao recolhimento de tributos. *Revista de Estudos e Pesquisas Avançadas do Terceiro Setor*, Brasília, v. 9, n. 1, p. 86-109, 2022.

15. CAVALCANTI, Amaro. *Elementos de finanças*: estudo teórico-prático. Rio de Janeiro: Imprensa Nacional, 1891. p. 15

sobre o rendimento líquido da terra, baseando-se na premissa de que a agricultura era a única fonte verdadeira de riqueza de uma nação.

Cavalcanti reconhecia certos benefícios na proposta de um imposto único, tais como a simplificação do sistema tributário, a redução dos custos administrativos associados à arrecadação e uma aplicação mais uniforme sobre os rendimentos. Contudo, ele argumentava que um regime tributário composto por múltiplos impostos apresentaria vantagens superiores, especialmente em termos de eficiência e justiça fiscal.

Ora, o princípio da simplicidade é uma inovação relevante da Emenda Constitucional 132/2023, isso porque a marca do sistema tributário nacional anterior sempre foi sua "complexidade" em razão do emaranhado de normas tributárias defendidas por cada um dos entes, o que prejudica de sobremaneira o cumprimento das obrigações tributárias e contribui para a evasão tributária. Assim, a simplicidade visa delinear que o sistema seja prático, compreensível e mais inteligível.

Obviamente, a simplicidade também pode ser traduzida numa redução de obrigações acessórias que irão minimizar o custo de conformidade. O Princípio da Simplicidade pode-se manifestar em duas situações de fácil visualização. Primeiramente, quanto à inovação do IVA Dual: em vez de ter vários impostos diferentes sobre produtos e serviços, como ICMS, IPI, ISS etc., o Brasil optou por um único imposto sobre bens e serviços (como o IBS). Isso simplifica a estrutura tributária, tornando mais fácil para os contribuintes entender o quanto devem, e para o governo coletar o imposto.

Em seguida, pela previsão de uma responsabilidade tributária mais ampla: o art. 156-A da Constituição Federal ampliou o conceito de responsabilidade tributária antes definida apenas no Código Tributário Nacional. Segundo relatório do Grupo de Trabalho[16], no contexto do IBS/CBS, as *marketplaces* podem ser consideradas responsáveis tributárias pelas operações realizadas em suas plataformas, mesmo que não sejam elas que vendam diretamente os produtos. A legislação permite que qualquer parte que contribua para a venda, execução ou pagamento seja incluída na responsabilidade tributária. Isso mostra como o sistema tributário pode adaptar-se para abranger diferentes formas de comércio e negócios na era digital.

Em resumo, a simplicidade na tributação visa tornar o processo tributário mais direto, menos burocrático e mais amigável para todos os envolvidos. Isso ajuda a aumentar a conformidade e a eficiência, além de reduzir o tempo e o esforço necessários para gerenciar as obrigações fiscais; essa ideia também foi antecipada por Amaro Cavalcanti.[17]

Por outro lado, em sua análise, Cavalcanti destacava que a implementação de diversos tipos de impostos permitiria ao sistema tributário adaptar-se melhor às complexidades econômicas e sociais. Um sistema diversificado de impostos pode, por exemplo, responder de maneira mais eficaz às diferentes capacidades contributivas dos cidadãos, alinhando-se assim ao princípio da equidade. Além disso, um regime de múltiplos impostos tem o potencial de

---

16. A Sra. Lina Santin, Advogada Tributarista, Mestre em Direito Tributário e Doutoranda pela PUC-SP, afirmou que um IBS de base ampla e alíquotas uniformes é mais eficaz perante a economia digital. Informou que, para intangíveis consumidos por meio digital, a OCDE recomenda obrigar o cadastramento dos fornecedores no país de destino, efetuar a cobrança reversa nas operações entre empresas e responsabilizar as plataformas digitais pelo recolhimento dos tributos. Concluiu que a reforma tributária não viola o pacto federativo, pois a unificação da tributação sobre o consumo não fere a autonomia financeira dos entes" (GRUPO DE TRABALHO DA REFORMA TRIBUTÁRIA. .*Relatório do grupo de trabalho destinado a analisar e debater a PEC N. 45/2019*. Brasília: Câmara dos Deputados, jun. 2023. Disponível em: https://www.camara.leg.br/proposicoesWeb/prop_mostrarintegra?codteor=2285113. Acesso em: 17 maio 2024).

17. CAVALCANTI, Amaro. *Elementos de finanças*: estudo teórico-prático. Rio de Janeiro: Imprensa Nacional, 1891. p. 179

mitigar diversas formas de desigualdades econômicas, distribuindo a carga tributária de forma mais equitativa entre diferentes setores e classes sociais.

A perspectiva de Cavalcanti reflete uma compreensão profunda de que a eficácia de um sistema tributário não reside apenas em sua capacidade de arrecadar receitas, mas também na sua habilidade de promover justiça social e econômica. Ele defendia que a tributação múltipla, ao incidir sobre diversas bases – como renda, consumo e propriedade –, poderia ser configurada de forma a corrigir iniquidades inerentes a um modelo simplista de imposto único.

Essa abordagem pluralista, segundo Cavalcanti, fortalece o sistema tributário, tornando-o mais robusto e resiliente em face das flutuações econômicas e das mudanças sociais. Portanto, enquanto a simplicidade e a eficiência administrativa do imposto único têm seu apelo, as vantagens de um sistema tributário múltiplo e adaptativo, conforme articulado por Cavalcanti, são fundamentais para alcançar um equilíbrio mais justo e eficiente na política fiscal.

5. Conclusões

Amaro Bezerra Cavalcanti de Albuquerque foi um jurista cuja obra e atuação deixaram marcas indeléveis no Direito Tributário brasileiro. Seu livro *Elementos de finanças – Estudo teórico prático*", publicado em 1896, serviu como uma das primeiras tentativas de se organizar e estruturar a nascente ciência das finanças e do Direito Tributário no Brasil. Cavalcanti explorou conceitos que estavam apenas começando a se desenvolver, oferecendo uma visão abrangente e esclarecedora sobre os princípios que deveriam nortear a tributação.

Ao longo de sua carreira, Cavalcanti defendeu a capacidade contributiva e a progressividade como fundamentos essenciais para a justiça fiscal. Ele acreditava que aqueles com maior capacidade econômica deveriam contribuir mais para o financiamento das despesas públicas, um princípio que foi consagrado na Constituição Federal de 1988 e permanece central nas discussões sobre a reforma tributária contemporânea.

Além de suas contribuições teóricas, Cavalcanti também teve uma atuação marcante como ministro do Supremo Tribunal Federal, onde suas decisões refletiam um compromisso inabalável com a equidade e a justiça fiscal. Ele defendeu a necessidade de um sistema tributário que fosse justo e proporcionasse uma distribuição equitativa da carga tributária entre os contribuintes.

O princípio da progressividade defendido por Cavalcanti é hoje um elemento crucial na proposta de reforma tributária no Brasil. A EC 132/2023, que prevê a progressividade do ITCMD e a simplificação do sistema tributário, ressoa com as ideias de Cavalcanti sobre a importância de se adaptar a carga tributária à capacidade de pagamento dos contribuintes e a necessidade de um sistema mais simples e eficiente.

A simplificação do sistema tributário, como previsto na reforma, também reflete a visão de Cavalcanti de que um sistema tributário mais direto e compreensível é fundamental para a justiça fiscal. A introdução do IVA Dual e a ampliação da responsabilidade tributária são passos na direção de um sistema mais prático e menos burocrático, alinhando-se aos princípios defendidos por Cavalcanti.

Em suma, as contribuições de Amaro Cavalcanti para o Direito Tributário brasileiro são imensuráveis. Sua obra teórica e sua atuação como Ministro do STF estabeleceram fundamentos que continuam a influenciar o sistema tributário atual. As ideias de Cavalcanti sobre progressividade, capacidade contributiva e simplificação tributária permanecem relevantes e oferecem um guia valioso para as reformas necessárias para alcançar um sistema tributário mais justo e eficiente.

A obra e a visão de Amaro Cavalcanti devem ser celebradas e estudadas, não apenas como parte da história do Direito Tributário brasileiro, mas como pilares fundamentais para a construção de um sistema tributário que promova a justiça social e o desenvolvimento econômico. As reformas em curso no Brasil que buscam simplificar e tornar mais justa a arrecadação de tributos mostram que os princípios defendidos por Cavalcanti continuam a ser de extrema importância e atualidade.

Referências

BRASIL. Supremo Tribunal Federal. Tribunal Pleno. RE 562.045. Relator: Ricardo Lewandowski. Relatora p/ Acórdão: Cármen Lúcia, 6 de fevereiro de 2013. Repercussão Geral. Mérito. *DJe*, Brasília, 27 nov. 2013.

CACHAPUZ DE MEDEIROS, Antonio Paulo (org.). *Pareceres dos Consultores Jurídicos do Itamaraty*: volume I (1903-1912). Brasília: Senado Federal, 2000.

CASTRO, Augusto Olympio. *História tributária do Brasil*. Brasília: ESAF, 1989.

CAVALCANTI, Amaro. *Elementos de finanças*: estudo teórico-prático. Rio de Janeiro: Imprensa Nacional, 1891.

CAVALCANTI, João Barbalho Uchoa. *Constituição Federal brasileira*. Brasília: Senado Federal, 1992. Edição FacSimilar.

GODOY, Arnaldo Sampaio de Moraes; SANTOS, Julio Edstron Secundino; PAES, José Eduardo Sabo. Tributação e história: Amaro Cavalcanti, o mínimo tributável e a resistência cultural ao recolhimento de tributos. *Revista de*

Estudos e Pesquisas Avançadas do Terceiro Setor, Brasília, v. 9, n. 1, p. 86-109, 2022.

MESSIAS, Jorge; ALVIM, Leonardo. Coisa julgada e o dever fundamental de pagar tributos. *Jota*, São Paulo, 22 fev. 2023. Disponível em: https://encurtador.com.br/K9q6Q. Acesso em: 17 maio. 2024.

MOLITERNO, Danilo. Com reforma tributária, imposto sobre heranças e doações pode aumentar em nove estados. *CNN Brasil*, São Paulo, 23 ago. 2023. Disponível em: https:// https://encurtador.com.br/PG5PZ. Acesso em: 17 maio 2024

NABAIS, José Casalta. *Por um estado fiscal suportável*: estudos de direito fiscal. Coimbra: Almedina, 2005.

PAULSEN, Leandro. *Curso de direito tributário completo*. 8. ed. São Paulo: Saraiva, 2017.

PIKETTY, Thomas. *Capital in the twenty-first century*. Trad. Arthur Goldhammer. Cambrigde: The Belknap Press of Harvard University Press, 2014.

SUNSTEIN, Cass R; HOLMES, Stephen. *El Costo de los derechos*: por qué la libertadad depende de los impuestos. Trad. Stella Mastrangelo. Buenos Aires: Siglo Veintiuno, 2012.

WAMBIER, Teresa Arruda Alvim *et al*. *Primeiros comentários ao Novo Código de Processo Civil*: artigo por artigo. São Paulo: Revista dos Tribunais, 2015.

O JURISTA LEGISLADOR: UMA BIOGRAFIA PARLAMENTAR DE AMARO CAVALCANTI

Jules Michelet Pereira Queiroz e Silva[1]

Resumo: Este artigo examina a atuação legislativa de Amaro Cavalcanti no Senado entre 1890 e 1893, focando na Assembleia Constituinte de 1890. Utilizando análise bibliográfica qualitativa, conclui-se que Cavalcanti teve um papel crucial na formação do Direito brasileiro, defendendo princípios liberais e resistindo a medidas autoritárias, com impacto duradouro na legislação e jurisprudência.

Palavras-chave: Amaro Cavalcanti. Legisprudência. Constituição de 1891. Eleição direta. Estado de sítio.

Keywords: Amaro Cavalcanti. Legisprudence. Constitution of 1891. Popular vote. State of emergency.

---

1. Doutor em Direito Econômico, Financeiro e Tributário pela Faculdade de Direito da Universidade de São Paulo. Mestre em Direito, Estado e Constituição pela Universidade de Brasília. Professor do IDP e da ESA/DF. Advogado da Câmara dos Deputados. jules.queiroz@idp.edu.br

1. Introdução

Este artigo analisa a atuação de Amaro Cavalcanti no Senado Federal entre 1890 e 1893, destacando sua influência na formação do direito republicano brasileiro. Conhecido principalmente por seu papel como Ministro do Supremo Tribunal Federal, Cavalcanti também foi um legislador visionário, contribuindo significativamente para a elaboração da primeira Constituição Republicana e defendendo princípios liberais em um período de grande transformação política.

O jurista foi eleito pelo Rio Grande do Norte para a Primeira Legislatura republicana do Congresso Nacional, como Senador. Inclusive, fez parte do Congresso Constituinte instalado em 1890 para votação da primeira Constituição Republicana.

Após ter atuado no serviço exterior brasileiro, Amaro Cavalcanti foi eleito como Deputado Federal do Rio Grande do Norte para a Terceira Legislatura republicana, entre 1897 e 1899. Contudo, não exerceu efetivamente o mandato de Deputado, visto que foi nomeado Ministro da Justiça do Governo Prudente de Morais.

Este artigo, portanto, concentrar-se-á no período de 1890 a 1893, especialmente na atuação legislativa de Amaro Cavalcanti como constituinte e Senador.

Pode-se dizer que há uma persistente percepção doutrinária de que a produção legislativa é um campo estranho ao Direito. Kelsen, em sua Teoria Pura do Direito adota essa concepção de ciência jurídica similar à trazida pelo Círculo de Viena como a observação e descrição do sistema jurídico. Nesse sentido, já no Prefácio da primeira edição da obra[2], assevera o autor que para elevar o Direito à cate-

---

2. KELSEN, Hans. *Teoria pura do direito*. 6. ed. Coimbra: Armênio Amado, 1984.

goria de ciência, o que importa não é a discussão de suas tendências de formação, mas sim aquelas voltadas ao seu conhecimento que o aproximem dos ideais científicos de objetividade e exatidão.

Por sua vez, Norberto Bobbio aponta que o positivismo jurídico nasce do esforço de transformar o estudo do Direito numa verdadeira e adequada ciência que tivesse as mesmas características das ciências físico-matemáticas, naturais e sociais.[3] Ao encarar o Direito como objeto dado, essa concepção empirista prega que a análise do sistema jurídico tem que ser feita à distância de juízos de valor que comportem a distinção do próprio Direito em bom e mau, justo e injusto.

Mas nem sempre foi assim. Até meados do Século XVIII, autores de Direito e Filosofia do Direito debatiam como elemento da Ciência Jurídica a elaboração de leis. Nesse período, não havia uma separação estanque entre dogmática jurídica, teoria do Direito e teoria da legislação, de maneira que juristas discutiam meios de reformar o Direito de maneira racional. É o caso, por exemplo, de Adam Smith, que em sua obra *A riqueza das nações* fala de uma "ciência do legislador" que estabelece preceitos normativos a ser observados na tomada de decisões legislativas de maneira racional e não de acordo com "a flutuação momentânea das circunstâncias"[4]. Também Jeremy Bentham dedicou boa parte de sua vida à sistematização do Direito com base no princípio da utilidade, propondo um "código completo de leis" (complete *code of laws*).[5] O jurista italiano Gaetano Filangieri constituiu uma obra que propunha a codificação do Direito como forma de extinguir o direito

3. BOBBIO, Norberto. *O positivismo jurídico*: lições de filosofia do direito. São Paulo: Ícone, 2006. p. 135-136.

4. SMITH, Adam. *An inquiry into the nature and causes of the wealth of nations*: livro 4. Chicago: University of Chicago Press, 1977. p. 610.

5. BENTHAM, Jeremy. *The works of Jeremy Bentham*. Editado por John Bowring. Edimburgo: William Tait, 1838-1843. v. 3.

jurisprudencial, garantindo a segurança jurídica e a liberdade dos indivíduos.[6]

Este trabalho, assim, buscará uma perspectiva "legisprudencial" da atuação de Amaro Cavalcanti. Além de apresentar narrativamente sua atuação, será ela também contextualizada à luz do momento histórico e da produção acadêmica do jurista.

Para fins terminológicos, "legisprudência" pode ser definida como uma abordagem de Teoria do Direito que se distingue da abordagem jurisprudencial predominante, ao não considerar mais a posição central do juiz como o principal agente jurídico. Em vez disso, a legisprudência busca ampliar o espectro da teoria do direito como a meta-teoria da Ciência Jurídica, incluindo o legislador como um agente jurídico e, assim, minimizando seu papel principalmente político na criação das leis.[7]

Assim, o que se busca no presente trabalho é a compreensão argumentativa concreta do legislador, como maneira de compreender, em uma interpretação histórica e genérica, o conteúdo de institutos jurídicos até hoje aplicados.

A metodologia do trabalho será qualitativa, de análise bibliográfica, sobretudo dos Anais do Congresso Constituinte e do Senado Federal no período entre 1980 e 1983. Na primeira parte, será analisada a atuação de Amaro Cavalcanti como constituinte. Já na segunda será analisada sua atuação na Primeira Legislatura republicana, como Senador.

---

6. FILANGIERI, Gaetano. *La scienza della legislazione*. Veneza: Andrea Santini e Figlio Editore, 1822.

7. WINTGENS, Luc J. The rational legislator revised: bounded rationality and legisprudence. *In*: WINTGENS, Luc J.; OLIVER-LALANA, A. Daniel (ed.). *The rationality and justification of legislation:* essays in legisprudence. Heidelberg: Springer, 2013. p. 4-5.

2. Atuação na Assembleia Constituinte de 1890

Proclamada a República, o Governo Provisório, liderado pelo Marechal Manoel Deodoro da Fonseca, enviou à Assembleia Constituinte um projeto de constituição elaborado por uma comissão de cinco membros, composta por Saldanha Marinho, Rangel Pestana, Américo Braziliense, Magalhães Castro e Santos Werneck, com revisão final do ministro da Fazenda, Ruy Barbosa. Este projeto visava consolidar a forma de governo republicana federativa proclamada pela revolução de 15 de novembro de 1889.[8]

A Assembleia Constituinte foi convocada em 21 de dezembro de 1889 e instalada em 15 de novembro de 1890. Para iniciar os trabalhos, foi eleita uma comissão especial de vinte e um deputados e senadores ("Comissão dos 21"), representando diversas bancadas estaduais, para dar parecer sobre o projeto de constituição enviado pelo Governo Provisório. Essa comissão tinha como tarefa principal revisar e ajustar o texto do projeto antes de ser discutido e votado pela assembleia plena.[9]

Durante os debates, diversos aspectos do projeto foram discutidos e ajustados. Por exemplo, a "Comissão dos 21" alterou a redação do art. 1º para suprimir a referência direta ao Decreto 1, de 15 de novembro de 1889, do Governo Provisório[10], mantendo, porém, a forma de governo estabelecida pela revolução de 1889. Outras emendas importantes foram discutidas, incluindo a organização federativa, a discriminação de rendas, a unidade do direito e o sistema da eleição presidencial.

8. ROUGE, Agenor de. *A constituinte republicana*. Rio de Janeiro: Imprensa Nacional, 1920. v. 1, p. 5-9.

9. ROUGE, Agenor de. *A constituinte republicana*. Rio de Janeiro: Imprensa Nacional, 1920. p. 9-11.

10. "Proclama provisoriamente e decreta como forma de governo da Nação Brasileira a República Federativa, e estabelece as normas pelas quais se devem reger os Estados Federais."

A Assembleia também decidiu que a promulgação da Constituição seria feita pela Mesa do Congresso Constituinte, sem a necessidade de sanção presidencial, para reforçar a soberania do poder constituinte sobre qualquer outro poder, incluindo o Executivo.

A atuação de Amaro Cavalcanti no Congresso Nacional começa já com sua eleição para a Mesa do Senado Federal na sessão preparatória de 4 de novembro de 1890, ocupando o cargo de 3º Secretário. Amaro Cavalcanti foi também eleito para compor a "Comissão dos 21".

Inclusive, Cavalcanti deduziu críticas a respeito do projeto de constituição encaminhado pelo Governo Provisório, dizendo que ele não seria original, mas mera cópia das constituições americana, argentina e suíça.[11]

Durante a Assembleia Constituinte, Cavalcanti foi um dos defensores da eleição direta para a Presidência da República, um marco importante que visava aumentar a representatividade democrática. Sua crítica ao projeto original do Governo Provisório e a comparação com modelos estrangeiros mostram sua capacidade de adaptar e melhorar sistemas legislativos existentes. Essa defesa pela eleição direta foi um dos pilares que ajudaram a consolidar a jovem república brasileira.

2.1 Igualdade religiosa e direitos políticos

Um dos primeiros temas abordados por Amaro Cavalcanti foram as liberdades civis e prerrogativas dos cidadãos, sobretudo a *igualdade religiosa e os direitos políticos*.[12]

11. LYNCH, Christian Edward Cyril. O caminho para Washington passa por Buenos Aires: a recepção do conceito argentino do estado de sítio e seu papel na construção da República brasileira (1890-1898). *Revista Brasileira de Ciências Sociais*, São Paulo, v. 27, n. 78, p. 157, fev. 2012.

12. BRASIL. Câmara dos Deputados. *do Congresso Constituinte da República*. 2. ed. Rio de Janeiro, 1924. v. 1, p. 984-986.

Ele apresentou um aditivo à emenda do art. 26 do projeto de Constituição, que tratava das condições de elegibilidade para o Congresso Nacional. O intuito do aditivo proposto era incluir um parágrafo único que garantisse a plena liberdade espiritual, para assegurar que indivíduos, independentemente de suas vestimentas ou posições religiosas, tivessem os mesmos direitos políticos. O Senador argumentou que todos os cidadãos brasileiros, contribuindo igualmente para as necessidades da nação, deveriam ter direitos políticos iguais.

Cavalcanti enfrentou oposição e críticas sobre a suposta falta de discussão de sua emenda, sendo acusado de agir de surpresa. Em resposta, ele detalhou o processo pelo qual sua proposta foi submetida, defendendo que seguiu os procedimentos regimentais e foi debatida na "Comissão dos 21", onde inicialmente fora rejeitada.

Para esclarecer sua posição e evitar mal-entendidos, ele apresentou um requerimento para adiar a votação de seu aditivo até a discussão do artigo 72, que tratava das liberdades fundamentais, a fim de garantir uma discussão mais ampla e aprofundada. Além disso, Cavalcanti destacou que sua emenda não favorecia nenhuma religião em particular, mas visava proteger a liberdade espiritual e a igualdade política, já prevista no Decreto de 7 de janeiro de 1890, que proibia o governo de discriminar cidadãos com base em religião ou crenças.

Todavia, o texto de Amaro Cavalcanti não prosperou. A Constituinte, inclusive, aprovou um texto diametralmente oposto: o § 29 do art. 72, segundo o qual os que alegarem motivo de crença religiosa com o fim de se isentarem de qualquer ônus que as leis da República imponham aos cidadãos perderão todos os direitos políticos.[13]

---

13. ROUGE, Agenor de. *A Constituinte republicana*. Rio de Janeiro: Imprensa Nacional, 1920. v. 1, p. 58.

2.2 Eleição direta do Presidente da República

Durante as discussões constituintes de 1890, um tema que causou polêmica foi a eleição do Presidente e do Vice-Presidente da República. O projeto original previa a eleição indireta, à moda norte-americana, de modo que cada estado e o Distrito Federal seriam uma circunscrição eleitoral, com eleitores especiais em número duplo da representação no Congresso. Além da proposta, formaram-se quatro correntes a respeito do tema:[14] (i) a Comissão dos 21, que propunha a eleição direta, mas na qual cada estado teria um único voto, sendo esse voto determinado pela maioria dos eleitores qualificados em cada estado; (ii) a bancada paulista, que propunha eleição indireta pelas legislaturas dos estados e pela municipalidade do Distrito Federal; (iii) o Deputado Muniz Freire, do Espírito Santo, e a bancada gaúcha, que enfatizavam a eleição indireta por sufrágio universal e maioria absoluta de votos.

A contribuição de Cavalcanti se deu na sessão de 30 de dezembro de 1890, na discussão do Capítulo 1º da Secção 2ª do projeto de Constituição.[15] Na oportunidade, Amaro defendeu a posição da Comissão dos 21. Em uma de suas intervenções, Cavalcanti focou na questão da *eleição presidencial e a representatividade dos estados federados*, ressaltando a importância de evitar que estados menores fossem absorvidos pelos maiores. Ele comparou a situação brasileira com a experiência dos Estados Unidos, discutindo como grandes estados como Virgínia, Massachusetts e Pensilvânia, apesar de suas populações menores em comparação aos dias atuais, influenciaram a estrutura de poder.

---

14. FREIRE, Felisbello Firmo de Oliveira. *História constitucional da República dos Estados Unidos do Brasil*. Rio de Janeiro: Typographia Moreira Maximino, Chagas & C., 1894. p. 212-230.

15. BRASIL. Câmara dos Deputados. *Annaes do Congresso Constituinte da República*. 2. ed. Rio de Janeiro: [Imprensa Nacional], 1924. p. 1043-1049.

Cavalcanti argumentou que o sistema de eleição indireta para a Presidência, que passava pelo voto de um colégio eleitoral, não garantia que o presidente fosse verdadeiramente representativo da maioria do eleitorado popular. Ele citou exemplos históricos dos EUA, onde presidentes foram eleitos com menos da maioria do voto popular, ilustrando a falha desse sistema em refletir a vontade nacional.

Ele também debateu sobre as possíveis alternativas para o sistema de eleição presidencial no Brasil, destacando a necessidade de um sistema que pudesse garantir uma representação justa tanto para os estados quanto para a população. Entre as opções discutidas, estava a eleição direta pelo voto popular, ou uma eleição baseada na representatividade dos estados, de forma a equilibrar as diferenças regionais.

Os argumentos do Senador naquela sessão foram refletidos no seu trabalho jurídico, em que defendia expressamente a eleição direta do Presidente da República:[16]

> Com efeito, sem pretendermos afirmar que a eleição presidencial pelo sufrágio popular direto seja isenta dos vícios ou defeitos, que se notam no sistema adotado na República Norte-Americana; todavia, o que também não se pode negar, é; 1) que o principal argumento invocado contra o sufrágio direto, não tem, nem pode ter, o valor que alguns lhe atribuem; 2) que o aludido sistema, embora igualmente defeituoso, baseia-se em razões especiais, que não são para desprezar, em um regime verdadeiramente democrático.

No debate da Constituinte, a corrente que prevaleceu foi a favor da eleição direta do Presidente e do Vice-Presidente da República pelo sufrágio universal. Esta decisão foi um marco importante na Constituição de 1891, refletindo a intenção de promover uma maior participação popular no

16. CAVALCANTI, Amaro. *Regimen federativo e a República brazileira*. Rio de Janeiro: Imprensa Nacional, 1900. p. 150. Adaptação nossa.

processo eleitoral e garantir que a liderança do país fosse escolhida diretamente pelo povo.

2.3 Ordem econômica

Nos debates constituintes, Amaro Cavalcanti não passou ao largo dos debates econômicos. De início, criticou duramente os erros econômicos e financeiros do Governo Provisório. Ele defendeu a necessidade de modificar as políticas econômicas para evitar problemas futuros, ressaltando a importância de uma gestão eficaz e colaborativa entre o governo e os cidadãos.

O jurista participou ativamente das discussões sobre a política monetária. Ele alertou sobre os riscos da depreciação do papel-moeda e enfatizou a necessidade de garantir a estabilidade monetária. Seu foco estava em evitar flutuações bruscas que poderiam desestabilizar a economia.[17] O Senador enfatizou que uma moeda desvalorizada poderia causar sérios problemas econômicos, incluindo a perda de confiança do público e dos investidores no sistema financeiro do país.

Ele sublinhou a importância de garantir a estabilidade do papel-moeda. A estabilidade era vista por ele como um pilar fundamental para evitar flutuações bruscas que poderiam desestabilizar a economia nacional. Cavalcanti defendia políticas monetárias que assegurassem uma moeda estável e confiável para fomentar um ambiente econômico saudável e previsível.

A síntese das ideias de Amaro Cavalcanti a respeito de política monetária, expostas tanto no Congresso Constituinte quanto na Legislatura do Senado, constou de uma

17. BRASIL. Câmara dos Deputados. *Annaes do Congresso Constituinte da República*. 2. ed. Rio de Janeiro: Imprensa Nacional, 1924. v. 2, p. 19.

obra publicada em 1891, chamada *A reforma monetária.*[18] Nessa obra, Cavalcanti critica incisivamente a política econômica do Governo Provisório, em particular a emissão desenfreada de papel-moeda par aliviar a escassez de meio circulante (encilhamento), facilitação da tomada de crédito e desvalorização cambial como forma de equilibrar a balança de pagamentos. Como alternativas, o autor propõe medidas como uma regulamentação bancária rigorosa, redução da emissão de papel-moeda, controle de gastos públicos, criação de um banco central independente e incentivo à economia real.

Outro dos temas econômicos centrais da atuação de Cavalcanti foi a luta contra o monopólio bancário. Ele propôs emendas visando a extinção do monopólio bancário, argumentando que a concentração de poder financeiro em poucas instituições era prejudicial para a economia. Ele defendia uma distribuição mais equitativa das oportunidades financeiras para promover uma economia mais justa e equilibrada[19].

Em seus discursos, ele destacou os perigos do monopólio bancário, como a criação de um ambiente econômico injusto e a falta de competição, que poderia levar a práticas abusivas e à falta de acesso a serviços financeiros por parte da população em geral. Cavalcanti defendia que a distribuição mais equitativa das oportunidades financeiras era crucial para o desenvolvimento econômico saudável e justo. Ele argumentava que a extinção do monopólio bancário permitiria uma maior concorrência e inovação no setor financeiro, beneficiando assim a sociedade como um todo.

Insta destacar que a "batalha" de Amaro Cavalcanti contra os monopólios bancário e de emissão foi registrada

---

18. CAVALCANTI, Amaro. *A reforma monetária.* Rio de Janeiro: Imprensa Nacional, 1891.

19. BRASIL. Câmara dos Deputados. *Annaes do Congresso Constituinte da República.* 2. ed. Rio de Janeiro: Imprensa Nacional, 1924. v. 3, p. 489, 495.

na obra de Agenor de Rouge sobre a Constituinte republicana de 1890.[20]

3. Atuação na Primeira Legislatura do Senado Federal

3.1 Estado de Sítio

Como já exposto, o primeiro momento da atuação legislativa de Amaro Cavalcanti se deu no âmbito do Congresso Constituinte. A partir de 1891, aprovada a Constituição Republicana, a atuação de Amaro passa a ser na Primeira Legislatura republicana, representando o Estado do Rio Grande do Norte no Senado Federal.

A atuação de Amaro Cavalcanti nesse primeiro ano foi voltada a temas orçamentários e econômicos, sobre questões locais do Rio Grande do Norte e novamente sobre a política monetária do Governo Federal.[21]

Ocorre que a atuação parlamentar do Senador potiguar seria profundamente afetada por dois atos de força do Governo de Deodoro da Fonseca. Em 3 de novembro de 1891, o Presidente Deodoro da Fonseca decreta Estado de Sítio e dissolve o Congresso Nacional. Ambas as medidas eram flagrantemente contrárias à recém promulgada Constituição, que só autorizava o Estado de Sítio na emergência de agressão por forças estrangeiras ou de comoção interna (arts. 34, § 21, e 48, § 15) e proibia textualmente a dissolução do Congresso (art. 1º, § 4º, das Disposições Transitórias). Tão inconstitucionais e autoritárias foram essas medidas que foram mais tarde revogadas pelo Vice-Presidente,

---

20. ROUGE, Agenor de. *A Constituinte republicana*. Rio de Janeiro: Imprensa Nacional, 1920. v. 1, p. 247-270.

21. BRASIL. Senado Federal. *Anais das Sessões Legislativas*: 5 de junho a 31 de dezembro de 1891. Rio de Janeiro: Imprensa Nacional, 1891.

Marechal Floriano Peixoto,[22] após a renúncia de Deodoro da Fonseca.

Durante os primeiros anos da República, o Estado de Sítio foi um instrumento político constante do Estado.[23] Após a extinção do Império e do Poder Moderador, a Primeira República Brasileira encontrou-se em um dilema sobre como garantir a estabilidade política. O Poder Moderador, que durante o Império servia para mediar conflitos e manter o equilíbrio entre os poderes, foi substituído pela jurisdição constitucional, que deveria ser exercida pelo Supremo Tribunal Federal. No entanto, essa jurisdição mostrou-se fraca e insuficiente para lidar com crises políticas.

Diante dessa fraqueza, o mecanismo institucional adotado para preservar a ordem foi o Estado de Sítio, um conceito emprestado da Constituição argentina. Esse Estado de Sítio, manejado pelo presidente da República, permitia a suspensão de garantias constitucionais em emergências. Durante a década de 1890, quatro interpretações diferentes sobre o estado de sítio emergiram: a liberal de Rui Barbosa, a jacobina de Martins Jr., a republicana puritana de Quintino Bocaiúva e a conservadora de Campos Sales. A interpretação conservadora, que prevaleceu, transformou o Estado de Sítio em um instrumento rotineiro de governo, utilizado para manter a dominação oligárquica e reprimir as oposições.

Amaro Cavalcanti foi um crítico desse tipo de emprego do Estado de Sítio. Em 1892, discutindo o projeto de lei que regulamentaria o Estado de Sítio,[24] Amaro apresentou

22. Decreto 686, de 23 de novembro de 1891.

23. LYNCH, Christian Edward Cyril. O caminho para Washington passa por Buenos Aires: a recepção do conceito argentino do estado de sítio e seu papel na construção da República brasileira (1890-1898). *Revista Brasileira de Ciências Sociais*, São Paulo, v. 27, n. 78, p. 149-163, fev. 2012.

24. BRASIL. Senado Federal. *Anais das Sessões Legislativas*: apêndice 2. Rio de Janeiro: Imprensa Nacional, 1892.

emendas que previam que a suspensão das garantias constitucionais, excetuando-se sempre a inviolabilidade da vida, da liberdade, da segurança individual e da propriedade, só pode ser decretada pelo governo com autorização do Congresso Nacional. Além disso, o Senador propôs que a suspensão das garantias constitucionais não atinja os membros do Congresso nem do Supremo Tribunal Federal, salvo em caso de flagrante delito.

No livro *Política e finanças*, Amaro Cavalcanti dedica um capítulo a transcrever seus discursos no Senado Federal sobre o Estado de Sítio.[25] Nesses discursos, Amaro Cavalcanti defende que o estado de sítio deve ser uma medida extrema e temporária, aplicada somente quando todos os recursos ordinários e leis se mostram insuficientes para manter a ordem pública. Ele enfatiza que a suspensão das liberdades é uma ação necessária para salvar a ordem pública e, assim, garantir a própria liberdade no longo prazo.

Em debate com o conservador Campos Salles, que viria a ser Presidente da República, Cavalcanti critica a ideia de um estado de sítio ser usado como uma medida preventiva. Para ele, a declaração do estado de sítio deve ser motivada por situações de extrema necessidade e deve ter um prazo determinado. Após esse prazo, todas as garantias constitucionais devem ser restauradas e qualquer extensão do estado de sítio deve ser devidamente justificada e aprovada por lei. Cavalcanti alerta sobre os riscos de abuso do estado de sítio, principalmente em contextos de motivações partidárias ou pessoais. Ele argumenta que um presidente ou governador pode facilmente fabricar uma situação de conspiração para justificar a implementação do estado de sítio, o que poderia levar a medidas arbitrárias de prisão e desterro sem devida causa. Nesse sentido, é impactante um

25. CAVALCANTI, Amaro. *Política e finanças*. Imprensa Nacional: Rio de Janeiro, 1892. p. 6-125.

trecho da fala de Amaro Cavalcanti no debate com Campos Salles:[26]

> Não faço a injustiça de dizer que os que querem a ordem não queiram também a liberdade: querem-na, certamente, como nós outros; mas querem-na partindo da ordem, para chegar à liberdade. Enquanto que nós outros queremos, antes de tudo, a liberdade, como princípio e como fim, e a ordem, tão somente, como meio de exercício da própria liberdade.
>
> [...]
>
> Senhores, a liberdade é o fim; tudo o mais - Constituição, governo e ordem - constituem apenas outros tantos meios daquele fim. Se invertermos os termos, chegaremos, fatalmente, à tirania, como sistema.

Sobre a atuação parlamentar, o Senador sustenta que o Congresso deve ter um papel central na supervisão e aprovação das medidas tomadas sob o estado de sítio. Isso inclui a necessidade de o presidente relatar ao Congresso as razões e as ações tomadas durante o estado de sítio, assegurando que qualquer medida extraordinária esteja sujeita ao escrutínio parlamentar. Cavalcanti argumenta que, mesmo durante o estado de sítio, as garantias constitucionais não devem ser completamente anuladas. Ele defende a existência de conselhos ou comissões que possam revisar as medidas tomadas, ouvindo os detidos e avaliando a legitimidade das ações do governo, evitando assim a aplicação de medidas de exceção de maneira indiscriminada e injusta.

3.2 Sucessão de Deodoro da Fonseca

Ainda em 1892, Amaro Cavalcanti se envolveu no debate a respeito da sucessão de Deodoro da Fonseca. O Vice-Presidente Floriano Peixoto assumiu a Presidência da República.

---

26. CAVALCANTI, Amaro. *Política e finanças*. Imprensa Nacional: Rio de Janeiro, 1892. p. 65-101.

Ocorre que o art. 42 da Constituição de 1891 exigia nova eleição caso a Presidência da República restasse vaga nos dois primeiros anos de mandato. Os Senadores conservadores e o próprio Governo defendiam que as novas eleições somente deveriam ocorrer se a vacância se desse tanto na Presidência quanto na Vice-Presidência da República.

Amaro Cavalcanti inicia seu discurso destacando a importância da questão da eleição presidencial e a dificuldade de manter um critério imparcial devido às circunstâncias especiais do momento.[27] Ele menciona a necessidade de resolver a dúvida sobre o texto constitucional que rege a eleição. Cavalcanti enfatiza que, embora uma conveniência política possa dispensar a eleição alegando que um bom governo está em vigor, a necessidade da eleição está inscrita no espírito da Constituição. Ele expressa sua esperança na restauração do regime constitucional e da legalidade. A respeito da interpretação do art. 42, Amaro defendeu a preservação de eficácia do texto constitucional em face das forças políticas:[28]

> Si alguma lei tem de ser interpretada, *deve-o ser de modo que a disposição antes vigore do que pereça*. Assim, todas as regras de hermenêutica, em qualquer hipótese que se levante a questão, depõem em favor do artigo constitucional, isto é, a favor da necessidade da eleição, no caso de vaga do Presidente da República (grifo nosso).

Amaro Cavalcanti defendia que a maior legitimidade decorreria da observância da Constituição com a eleição de um governo com apoio popular. Nisso foi secundado pelos Senadores Theodoro Souto, Esteves Júnior e Salvador de Mendonça. Seu opositor no discurso era novamente

---

27. CAVALCANTI, Amaro. *Política e finanças*. Imprensa Nacional: Rio de Janeiro, 1892. p. 125-152.

28. CAVALCANTI, Amaro. *Política e finanças*. Imprensa Nacional: Rio de Janeiro, 1892. p. 143.

Campos Salles, que defendia que o poder deve ser forte para enfrentar as revoluções e manter a ordem. Ele expressa que a fraqueza de um poder é o maior defeito que ele pode ter. Salles argumenta que, sem um poder forte, o país não terá estabilidade. A isso, Amaro Cavalcanti respondeu com um duro chamado de republicanismo:

> Entendo que o maior ato de patriotismo que o atual vice-presidente da República poderia praticar era assegurar ao país uma eleição livre, na qual este nomeasse o cidadão da sua escolha para o alto posto de chefe do Estado; e ele, o vice-presidente, como alta patente do exército com todo o seu prestígio, ao lado do eleito da nação, dizer-lhe: 'Faça o bem público, que a força pública garanto eu'.

3.3 Outros temas

O último ano de Amaro Cavalcanti no Senado Federal, 1893[29], envolveu, principalmente, sua intervenção no tema da fusão do Banco da República com o Banco do Brasil. demonstrando preocupação com a consolidação bancária e a criação de uma instituição financeira mais robusta. Cavalcanti propôs várias alterações no decreto original, buscando assegurar uma fusão eficiente e justa. Ainda, Amaro Cavalcanti apresentou e defendeu emendas significativas ao decreto de fusão, incluindo a conversão do lastro dos bancos emissores em apólices de capital e juro-ouro. Ele também propôs ajustes no pagamento de juros e na regulamentação das emissões de bônus, buscando um equilíbrio entre estabilidade financeira e benefícios aos acionistas.

29. BRASIL. Senado Federal. *Anais das Sessões Legislativas*: 28 de abril a 25 de setembro. Rio de Janeiro: Imprensa Nacional, 1893. p. 37-38, 40-41.

4. Considerações finais

A atuação legislativa de Amaro Cavalcanti foi notável e multifacetada, refletindo seu compromisso com princípios liberais e sua resistência a medidas autoritárias. Sua contribuição no Congresso Constituinte de 1890 foi significativa, especialmente na defesa da eleição direta para a Presidência da República, uma inovação que visava garantir maior representatividade e legitimidade democrática, e que acabou sendo incorporada na Constituição de 1891.

Cavalcanti também se destacou na defesa da igualdade religiosa e dos direitos políticos, propondo emendas que visavam garantir a liberdade espiritual dos cidadãos, embora sua proposta específica não tenha sido aprovada. No campo econômico, ele criticou as políticas do Governo Provisório, defendendo a estabilidade monetária e a extinção dos monopólios bancários como formas de assegurar uma economia mais justa e equilibrada. Sua obra *A reforma monetária* de 1891 sintetiza essas ideias, propondo medidas como a criação de um banco central independente e a regulamentação bancária rigorosa.

No Senado Federal, Cavalcanti se opôs firmemente ao uso do estado de sítio como uma ferramenta política para reprimir a oposição, argumentando que tal medida deveria ser temporária e justificada apenas em situações de extrema necessidade. Ele defendia que a suspensão das garantias constitucionais deveria sempre estar sujeita ao escrutínio parlamentar, evitando abusos de poder.

As preocupações de Amaro Cavalcanti com os direitos políticos individuais, a liberdade religiosa e a necessidade de uma economia estável e justa foram eventualmente refletidas em constituições posteriores. A garantia de manutenção de direitos políticos em virtude de escusa religiosa, embora rejeitada em 1890, foi acolhida pela Constituição de 1946 e permanece na Constituição de 1988. A eleição direta para a Presidência da República, defendida por Cavalcanti, ressurgiu como um tema central durante o movimento "Diretas Já" em 1983, quase cem anos após sua defesa inicial.

Sua defesa da efetividade constitucional em face de conveniências políticas, como demonstrado na crise sucessória após a renúncia de Deodoro da Fonseca, reforça a importância de um compromisso contínuo com os valores democráticos e a legalidade constitucional. Cavalcanti também foi um forte opositor do estado de sítio como uma panaceia para os problemas políticos do país, influenciando a prática moderna de aplicar o instituto apenas para combater ameaças concretas à paz pública.

Em suma, a memória da atuação legislativa de Amaro Cavalcanti é crucial para a compreensão dos valores políticos e jurídicos que moldam a identidade do Congresso Nacional brasileiro. Sua defesa da liberdade, da ordem e da justiça continua a ressoar na legislação e na jurisprudência modernas, destacando a importância de uma legislação que equilibre esses princípios fundamentais. Uma leitura "legisprudencial" de Cavalcanti reforça a relevância do legislador como um agente jurídico vital, cujas decisões continuam a impactar a estrutura legal e democrática do Brasil.

Referências

BENTHAM, Jeremy. *The works of Jeremy Bentham*. Editado por John Bowring. Edimburgo: William Tait, 1838-1843. v. 3.

BOBBIO, Norberto. *O positivismo jurídico*: lições de filosofia do direito. São Paulo: Ícone, 2006.

BRASIL. Câmara dos Deputados. *Annaes do Congresso Constituinte da República*. 2. ed. Rio de Janeiro: Imprensa Nacional, 1924.

BRASIL. Senado Federal. *Anais das Sessões Legislativas*: 28 de abril a 25 de setembro. Rio de Janeiro: Imprensa Nacional, 1893.

BRASIL. Senado Federal. *Anais das Sessões Legislativas*: 5 de junho a 31 de dezembro de 1891. Rio de Janeiro: Imprensa Nacional, 1891.

BRASIL. Senado Federal. *Anais das Sessões Legislativas*: apêndice 2. Rio de Janeiro: Imprensa Nacional, 1892.

CAVALCANTI, Amaro. *A reforma monetária*. Rio de Janeiro: Imprensa Nacional, 1891.

CAVALCANTI, Amaro. *Política e finanças*. Imprensa Nacional: Rio de Janeiro, 1892.

CAVALCANTI, Amaro. *Regimen federativo e a República brazileira*. Rio de Janeiro: Imprensa Nacional, 1900.

FILANGIERI, Gaetano. *La scienza della legislazione*. Veneza: Andrea Santini e Figlio Editore, 1822.

FREIRE, Felisbello Firmo de Oliveira. *História constitucional da República dos Estados Unidos do Brasil*. Rio de Janeiro: Typographia Moreira Maximino, Chagas & C., 1894.

KELSEN, Hans. *Teoria pura do direito*. 6. ed. Coimbra: Armênio Amado, 1984.

LYNCH, Christian Edward Cyril. O caminho para Washington passa por Buenos Aires: a recepção do conceito argentino do estado de sítio e seu papel na construção da República brasileira (1890-1898). *Revista Brasileira de Ciências Sociais*, São Paulo, v. 27, n. 78, fev. 2012.

ROUGE, Agenor de. *A constituinte republicana*. Rio de Janeiro: Imprensa Nacional, 1920. v. 1.

SMITH, Adam. *An inquiry into the nature and causes of the wealth of nations*: livro 4. Chicago: University of Chicago Press, 1977.

WINTGENS, Luc J. The rational legislator revised: bounded rationality and legisprudence. *In*: WINTGENS, Luc J.; OLIVER-LALANA, A. Daniel (ed.). *The rationality and justification of legislation:* essays in legisprudence. Heidelberg: Springer, 2013.

AMARO CAVALCANTI E A DUALIDADE DA JUSTIÇA NA FORMAÇÃO DA REPÚBLICA BRASILEIRA

Luciano Athayde Chaves[1]

> "[...] *a organização e funcionamento atual da justiça no Brasil são, sabidamente, incapazes de dar aos indivíduos e à coletividade uma garantia de segurança real do direito de cada um e de todos: primeira condição indispensável à existência profícua de uma República democrática*".
>
> (Amaro Cavalcanti, 1983, p. 234)

> "*Respondeu, a República, em suas linhas mestras, aos anseios de maior autonomia local ou regional, que o Império não soube ou não pudera satisfazer*".
>
> (Nequete, 1973, p. 7)

> "*No fundo, a realidade social a transformar não é uma realidade homogênea, una e coerente. É justamente o contrário. Não existe um Poder Judiciário. Existem múltiplos poderes judiciários, se o encararmos do ponto de vista organizacional, econômico,*

1. Doutor em Direito Constitucional. Mestre em Ciências Sociais. Professor da Universidade Federal do Rio Grande do Norte. Magistrado da Justiça do Trabalho. luciano.athayde@ufrn.br.

sociológico ou político. Existe uma multiplicidade quase palpável, de se pegar na mão, diria certamente Gilberto Freyre [...] Na verdade, por mais paradoxal que possa parecer, o Poder Judiciário pode ser uno e múltiplo ao mesmo tempo".

(Joaquim Falcão, 2006, p. 119)

Resumo: O objetivo do texto é a análise da obra "*Regime federativo e a República brasileira*", com o propósito de compreender o pensamento de Amaro Cavalcanti sobre o Judiciário na formação da República. Com base na pesquisa bibliográfica e com o uso do recurso histórico, foi possível concluir que a questão da administração da justiça, longe de se constituir um tema lateral ou complementar da organização política do Estado na formação da República, constituiu-se, ao revés, em substrato de grande centralidade nos debates político-constituintes.

Palavras-chave: Amaro Cavalcanti; poder judiciário; república; regime federativo; dualidade da justiça.

Keywords: Amaro Cavalcanti; judicial branch; republic federative regime; duality of judicial organization.

Introdução

Uma forma de se enxergar a trajetória institucional do Poder Judiciário brasileiro consiste em perceber o movimento pendular de centralização e descentralização do poder político, do qual a Justiça, enquanto organização pública, ocupa uma das suas dimensões, na linha da tradicional teoria da repartição, acolhida nos sucessivos processos constitucionais, ainda que preservando, cada um deles, suas particularidades.

A partir dessa compreensão dinâmica, temos que esse movimento pendular tem como efeito os (re)arranjos constitucionais e institucionais por que tem passado o Judiciário desde formação política do Estado brasileiro, nomeadamente porque, como afirmou Victor Nunes Leal,[2] não há um desenho universal para a organização política dos Poderes, constituindo os modelos adotados como tipos-experimentais, os quais passam pela fase de atritos e choques naturais entre as diversas zonas do Poder, em todas as suas variantes e origens.

A experiência brasileira permite afirmar que, na transição do Império para a República, consolidou-se um arranjo institucional para o Poder Judiciário que viria a se tornar preponderante no cenário constitucional. Refiro-me ao modelo de dualidade da Justiça, o qual implica a complexa convivência de uma Justiça da União e a Justiça dos Estados-membros, modelo umbilicalmente vinculado ao regime federativo que foi instituído no nosso país a partir de instauração da República em 1889. Até então, a Justiça do Império era una, não se reconhecendo a possibilidade das então Províncias usufruírem dessa prerrogativa político-constitucional de instituir sua própria organização judiciária, ainda que tivessem sua influência política na construção dos quadros de magistrados imperiais, como apontam os estudos de Leal[3] e Koerner.[4]

Logo, uma primeira questão que emerge desse processo consiste em compreender que não foi a Justiça Federal, organizada pelo Decreto 848, de 1890, a grande inovação institucional, porquanto, de certa forma, tratou-se de emprestar nova roupagem à estrutura judiciária vinculada ao

2. LEAL, Victor Nunes. A divisão dos poderes no quadro político da burguesia. *In:* CAVALCANTI, Themistocles Brandão; SILVA, Carlos Medeiros; LEAL, Victor Nunes. *Cinco estudos*. Rio de Janeiro: Fundação Getulio Vargas, 1955. p. 53.

3. LEAL, Victor Nunes. A divisão dos poderes no quadro político da burguesia. *In:* CAVALCANTI, Themistocles Brandão; SILVA, Carlos Medeiros; LEAL, Victor Nunes. *Cinco estudos*. Rio de Janeiro: Fundação Getulio Vargas, 1955.

4. KOERNER, Andrei. A história do Direito como recurso e como objetivo de pesquisa. *Revista Diálogos*, Maringá, v. 16, n. 2, p. 627-662, maio/ago. 2012. Disponível em: http://www.periodicos.uem.br/ojs/index.php/Dialogos/issue/view/1269. Acesso em: 17 mar. 2024.

poder central, agora representado pela União. A "estadualização da Justiça", como se referiu Damasceno[5] – que procurou assegurar maior prestígio aos poderes locais, mercê do movimento de descentralização alimentado durante boa parte do Segundo Império –, foi o elemento que demarcaria, a partir de então, uma complexidade ainda maior ao campo judiciário,[6] cuja exata dimensão constitui um desafio analítico até os dias de hoje.[7]

O objetivo deste estudo é o de contribuir para a compreensão desse processo de construção do modelo de dualidade de Justiça, destacando, em especial, o pensamento de Amaro Cavalcanti sobre o tema, uma vez que, no acervo de sua produção bibliográfica, destaca-se a obra *Regime*

5. DAMASCENO, João Batista. *Judiciário e República*. São Paulo: Estúdio Editores.com, 2014. p. 11.

6. Qualquer análise sobre o Judiciário no Brasil, a nosso ver, não pode deixar de considerar a importância que essa instituição, ainda que com funções e características diferentes, tem assumido ao longo da nossa trajetória político-institucional. Em contraste com a trajetória norte-americana, por exemplo, os juízes e tribunais desempenharam, no Brasil, a partir o marco colonial, um papel social de grande relevo, já que representaram a estrutura funcional de poder da Coroa portuguesa em todos os seus domínios ultramarinos, responsável não apenas pela administração, como também pelo enfrentamento de tensões e conflitos na relação com os povos e territórios colonizados, como enfatiza Thomas Flory: "*when a Portuguese monarch desired to regulate some crucial aspect of colonial life, he seldom sent troops, royal intendants, or tax collectors. More often he sent judges*" (na nossa tradução: quando um monarca português desejava regular alguma questão crucial da vida colonial, ele raramente enviava tropas, intendentes reais ou coletores de impostos. Frequentemente, enviava juízes). FLORY, Thomas. *Judge and jury in imperial Brazil (1808-1871)*: social control and political stability in the new State. Austin: University of Texas Press, 1981. p. 31.

7. Chaves procurou apoio na metáfora do "arquipélago", ampliando-lhe o sentido já empregado em outras análises sobre o Judiciário brasileiro, no propósito de investigar camadas mais profundas dessa complexidade do tecido organizacional dos tribunais, integrado por mais de noventa tribunais, apontando, a partir de dados empíricos, a sobrevivência de um quadro de insulamento institucional muito extenso, sobremaneira evidenciado quanto ao recorte adotado, referente ao cumprimento do estatuto da magistratura, supostamente uno e nacional (CHAVES, Luciano Athayde. O Poder Judiciário brasileiro na colônia e no império: (des)centralização, independência e autonomia. *Revista da Ajuris*, Porto Alegre, v. 44, p. 279-313, 2017. Disponível em: https://revistadaajuris.ajuris.org.br/index.php/REVAJURIS/ article/view/816. Acesso em: 21 mar. 2024).

federativo e a República brasileira, na qual apresenta, de forma bastante específica, uma visão bastante crítica sobre esse período de reorganização do Estado Brasileiro, oferecendo, portanto, uma contribuição que merece ser fonte de análise, não apenas por sua qualidade, mas também pela profundidade analítica que oferece sobre aspectos muitas vezes negligenciados nas abordagens sobre esse período de nosso itinerário político e institucional.

Sobre sua biografia e trajetória, Tavares de Lyra[8] recorda que Amaro Bezerra Cavalcanti de Albuquerque nasceu em 15 de agosto de 1849, numa pequena povoação do município de Caicó, Jardim de Piranhas, já na época uma próspera cidade, encravada na zona do alto sertão norte-rio-grandense. Destacou-se como jurista e político brasileiro, sendo amplamente reconhecido por sua notável erudição jurídica e projeção internacional. Sua atuação como membro da Corte Permanente de Arbitragem em Haia, bem como sua contribuição como Consultor Jurídico do Ministério das Relações Exteriores do Brasil e sua participação como um dos autores da Constituição brasileira de 1891, representando o Rio Grande do Norte no Senado Constituinte, solidificaram sua relevância no contexto histórico e jurídico do Brasil.

Amaro Cavalcanti deixou também um legado significativo como um dos principais intelectuais expoentes do pensamento industrialista naquele período. Cavalcanti sustentava a convicção de que a única maneira de impulsionar o crescimento econômico do país, combater seu atraso econômico e preservar a soberania nacional era incentivando o avanço da sua indústria. Na sua visão, o setor industrial era "a classe produtiva por excelência" e, portanto, necessitava ser incentivado e protegido pelo Estado.[9]

---

8. LYRA, Augusto Tavares. Conferências no Instituto: Amaro Cavalcanti. *Revista do Instituto Histórico e Geográfico Brasileiro*, Rio de Janeiro, v. 204, p. 335, 1951.

9. FERNANDES, Suzana Cristina. *Leituras de Economia Política*, Campinas, n. 10, p. 25-51, jun. 2002/jun. 2003.

Nota-se que se trata de intelectual e personagem histórico contemporâneo dos fenômenos que buscamos compreender. Além disso, sua passagem pelo Supremo Tribunal Federal, entre 1906 e 1914, coloca-o como uma das poucas figuras públicas brasileiras que transitaram pelos três Poderes da República.

Lançando-se mão do recurso histórico como metodologia,[10] o presente estudo está dividido em duas seções. Na primeira, apresenta-se uma discussão mais ampla sobre a instituição da dualidade de Justiça na República brasileira, com a apresentação de alguns antecedentes históricos e de algumas implicações institucionais já evidenciadas naquele momento histórico. Na segunda seção, o interesse repousa no diálogo entre o tema do regime federativo e a dualidade da Justiça no pensamento do jurista Amaro Cavalcanti.

1. A primeira República e a dualidade de justiça: o movimento das forças políticas descentralizadoras

Os fatos históricos raramente são fortuitos e acidentais, principalmente quando sucedem no campo político ou institucional. Comumente, os eventos históricos de transição, como se pode caracterizar a instituição da República no Brasil, decorre de um processo, de um percurso histórico mais complexo e cheio de antecedentes.

A partir dessa abordagem, é possível afirmar que a dualidade da Justiça, conquanto concretizada já no início da República, foi alimentada por importantes debates políticos anteriores, ainda no regime do Império, protagonizado por personagens representativos de correntes políticas e ideológicas, de cujos choques emergiram não apenas as

10. KOERNER, Andrei. A história do direito como recurso e como objetivo de pesquisa. *Revista Diálogos*, Maringá, v. 16, n. 2, p. 627-662, maio/ago. 2012. Disponível em: http://www.periodicos.uem.br/ojs/index.php/Dialogos/issue/view/1269. Acesso em: 17 mar. 2024.

soluções institucionais, mas modelos de Estado que iam se (re)configurando nos períodos seguintes.

Um dos aspectos mais relevantes desse debate, que interessa aos propósitos deste trabalho, diz respeito à questão da (des)centralização política no país, um assunto que ocupou a agenda das duas correntes políticas mais importantes no período pré-republicano. Referimo-nos aos pensamentos conservador e liberal,[11] preponderantes em nosso itinerário político naquele período. Para Ferreira,[12] é possível considerar que a questão da maior ou menor centralização do poder político constitui-se aspecto nuclear dos confrontos entre esses grupos e marca uma das questões mais proeminentes da história política brasileira.

Aureliano Cândido Tavares Bastos[13] representa muito bem o pensamento liberal de propósito descentralizador, com ênfase na emancipação política das então Províncias do Brasil. Em sua obra *A província*, de 1870, elabora um amplo estudo na defesa da descentralização política, para cujo propósito considerava não apenas a vasta extensão territorial, mas, principalmente, o isolamento das províncias mais distantes[14]. Além disso, afirmava que a centrali-

---

11. A emergência de confronto ideológico se torna mais evidente a partir do período regencial, quando grupos liberais que contestaram o primeiro Imperador expuseram suas rivalidades. Segundo Ferreira, esses grupos liberais eram representados pela corrente dos "moderados", que defendiam um parlamentarismo à inglesa, dentro do quadro de um regime monárquico, sendo expoentes dessa ala figuras como Padre Feijó. De outro lado, havia os denominados "exaltados", que defendiam reformas profundas em sentido federalista e, em alguns casos, em sentido republicano. Contra esses grupos, colocavam-se os restauradores (ou "caramurus") que pretendiam o retorno do Imperador ao Brasil (FERREIRA, Gabriela Nunes. *Centralização e descentralização no Império*: o debate entre Tavares Bastos e Visconde de Uruguai. São Paulo: 34, 1999. p. 26).

12. FERREIRA, Gabriela Nunes. *Centralização e descentralização no Império*: o debate entre Tavares Bastos e Visconde de Uruguai. São Paulo: 34, 1999. p. 19.

13. BASTOS, Aureliano Cândido Tavares. *A província*. Rio de Janeiro: B. L. Garnier, 1870.

14. Explorar esses eventos históricos é particularmente importante para evidenciar a fragilidade da ideia, convertida em senso comum, de que o modelo federativo

zação política brasileira era um "fato meramente oficial", com repercussões que seriam negativas, inclusive para a independência judicial[15]. Vale a pena registrar aqui fragmentos dos seus argumentos:

> A uniformidade, vício inerente à centralização, lentamente transformou o Brasil em monarquia europeia [...] A missão do atual reinado tem sido sujeitar as províncias ao freio da centralização, que as comprime e as debilita [...] A centralização é fonte perene de corrupção, que envenena as mais elevadas regiões do país [...] falta que o sufrágio se manifeste livremente e tenha toda a sua eficácia. Mas, se deixais concentrada a polícia, o juiz dependente do governo, a guarda nacional militarizada, toda a administração civil hierarquicamente montada, o governo das Províncias preso por mil liames ao governo supremo [...] Podeis ornar o pórtico do edifício, mas não deixará de ser a mesma habitação infecta, se não rasgares aberturas para o ar e a luz, se não restabeleces a circulação embaraçada.[16]

Em contraposição, o pensamento conservador não enxergava virtude nas propostas liberais, nomeadamente na defesa do *self-government* das províncias, por lhes faltar a possibilidade de coesão do sistema político, em especial diante das condições particulares brasileiras, ao tempo em que também defendia as prerrogativas do Poder Moderador, inclusive no que se referia à suspensão de magistrados

---

brasileiro, adotado desde os primeiros atos do Governo Provisório, em 1889 (cf.: Decreto 7, de 20 de novembro de 1889, que institui os Estados Provisórios), teria sido fruto de uma improvisação, de um simulacro do modelo norte-americano. Por certo que o modelo estadunidense serviu de parâmetro para o desenho de instituições públicas de muitos países, mas é relevante perceber que essa questão federativa estava presente há décadas no debate político brasileiro. E mais: por qualquer ângulo que se possa enxergar, o modelo adotado no Brasil, embora federativo, tem particularidades que o distancia daquele desenho norte-americano, aspecto que será objeto de crítica por parte de Amaro Cavalcanti, como veremos na seção seguinte deste estudo.

15. CHAVES, Luciano Athayde. *O arquipélago da Justiça*: o modelo do governo judicial e o controle do estatuto da magistratura. São Paulo: Dialética, 2022. p. 278.

16. BASTOS, Aureliano Cândido Tavares. *A província*. Rio de Janeiro: B. L. Garnier, 1870. p. 27-28.

pelo Imperador, como se colhe da seguinte passagem de Souza,[17] o Visconde de Uruguai:

> O Poder Moderador é essencialmente conservador [...] Suspende os magistrados [...] Devem, porém, ser logo responsabilizados. É o único meio, aliás, insuficiente, que temos de fiscalizar o Poder Judicial, que não tem que o fiscalize. Quem em tal caso suspende é um poder independente, o Poder Moderador. Quem responsabiliza é um outro poder independente, o judicial [...] Se o magistrado suspenso é condenado pelo Poder Judicial, ao qual é entregue, nenhum inconveniente, antes vantagem, provém do exercício do exercício do Poder Moderador. Se é absolvido, lucra o magistrado na sua independência, e pelo triunfo da sua inocência.

A referência ao pensamento liberal de Aureliano Cândido de Tavares Bastos, em face das ideias conservadoras do Visconde do Uruguai, visa ilustrar as tensões políticas da época e a importância que o debate em torno da (des) centralização política vai assumir na história brasileira, com reflexos até mesmo em períodos bem posteriores[18].

Por outro lado, percorrer esse trajeto compreensivo segue certa tradição da historiografia nacional, que vê nesses atores políticos e autores de obras sobre política como proeminentes representantes dessas correntes de pensamento (liberal e conservador). É nesse sentido de contraste entre as ideias desses dois referenciais históricos do pensamento político, por exemplo, que desenvolve Ferreira[19] sua hipótese de trabalho. Nas suas palavras:

> [...] a minha hipótese é que o debate sobre centralização e descentralização tinha um alcance mais amplo do que essas

17. SOUZA, Paulino José Soares de (Visconde de Uruguai). *Ensaio sobre o direito administrativo*. Brasília: Ministério da Justiça, 1997. p. 265-266.

18. CHAVES, Luciano Athayde. *O arquipélago da Justiça*: o modelo do governo judicial e o controle do estatuto da magistratura. São Paulo: Dialética, 2022. p. 278.

19. FERREIRA, Gabriela Nunes. *Centralização e descentralização no Império*: o debate entre Tavares Bastos e Visconde de Uruguai. São Paulo: 34, 1999. p. 20.

> explicações sugerem. Procurarei mostrar que Tavares Bastos e Uruguai apresentavam objetivos e estratégias diferentes de organização do Estado frente a desafios concretos com os quais se defrontava a elite política do Império — questões como a manutenção da unidade territorial, a acomodação da enorme diversidade regional, a escravidão e a perspectiva de seu fim, as relações com as nações estrangeiras, o desenvolvimento nacional.

O Judiciário, instituição-chave para todos os regimes políticos até então, não poderia deixar de sentir os efeitos de qualquer debate reformista do Estado. Em especial no período final do Segundo Reinado, a Reforma Judiciária de 1871 vai incorporar algumas das propostas liberais gestadas nas décadas anteriores, muitas delas voltadas à profissionalização da magistratura.[20] Nesse cenário, começam a surgir, de forma mais estruturada, elementos funcionais relevantes para a consolidação da carreira dos juízes, como, por exemplo, a irredutibilidade de vencimentos e inamovibilidade, bem como algumas regras de incompatibilidade, como a separação da função de magistrado com a da política, papéis que se entrelaçavam até então. Mais adiante, na Reforma Eleitoral de 1881, a incompatibilidade alcançou também a participação dos juízes em eleições, na qualidade de candidatos, prática comum durante todo o Império[21] e ponto estratégico na agenda do pensamento liberal para mudanças na legislação eleitoral, apoiados na expectativa de que a profissionalização da magistratura e sua distância

20. BONELLI, Maria da Glória. Os magistrados, a autonomia profissional e a resistência à reforma do Judiciário no Brasil. *In:* CONGRESSO NACIONAL DE SOCIOLOGIA JURÍDICA, 10, 2009, Córdoba. *Anais eletrônicos* [...]. Córdoba: Sociedad Argentina de Sociología Jurídica, 2009. p. 3.

21. Essa vedação, como se sabe, não foi recepcionada na Carta de 1824, o que reforçou a presença dos bacharéis em Direito – inclusive magistrados – no cenário da elite política brasileira e aprofundou o sincretismo funcional da organização política no século XIX. Ao longo do Império, segundo indica a pesquisa de Barman e Barman (1976, p. 426), 66% dos seus senadores eram graduados em Direito, grupo que também representava nada menos do que 67% dos ministros no mesmo período.

da atividade político-partidária, elevaria o grau de independência de seus juízes.

Apesar de relevantes, as reformas empreendidas no fim do Império não atenderam a outro ponto estratégico do pensamento liberal, mais adiante convertido e associado ao movimento republicano, qual seja, a descentralização do sistema judicial, com a autonomia das províncias para estruturar seus poderes políticos. Essa mudança, contudo, seria um dos aspectos-chave das reformas republicanas após 1889.

Transformado o Império brasileiro em regime decaído, em 15 de novembro de 1889, instalou-se o Governo Provisório, o qual, seguindo uma tradição de transições políticas moderadas e conservadoras, mantida até hoje na política nacional,[22] manteve os juízes em seus cargos, sem prejuízo de revisão de suas decisões por outras autoridades competentes.

Nesse mesmo período, muitas das questões que permaneceram em aberto nas décadas anteriores, frutos dos debates entre o pensamento liberal e conservador, relativamente ao desenho institucional do Estado e à arquitetura judiciária, voltarão ao centro da agenda constitucional, dentre as quais o modelo mais ou menos centralizado do Poder político.[23]

Instalado o Governo Provisório da República, teve início o processo político para a elaboração de uma nova Constituição. A Comissão designada para apresentar uma proposta de anteprojeto ao texto constitucional, a chamada "Comissão dos Cinco",[24] cumpriu sua tarefa. No entanto,

---

22. CHAVES, Luciano Athayde. *O arquipélago da Justiça*: o modelo do governo judicial e o controle do estatuto da magistratura. São Paulo: Dialética, 2022. p. 299.

23. CHAVES, Luciano Athayde. *O arquipélago da Justiça*: o modelo do governo judicial e o controle do estatuto da magistratura. São Paulo: Dialética, 2022. p. 298.

24. A comissão, nomeada pelo Governo Provisório, era assim denominada por ter sido integrada por cinco membros: Saldanha Marinho, presidente; Américo Brasiliense, Francisco Rangel Pestana, Antônio Luiz dos Santos Werneck e José Antônio

suas ideias não foram integralmente acolhidas pelo Gabinete do Governo Provisório. Coube a Rui Barbosa e Campos Sales, então ministros desse Governo, entre outros colaboradores, a reescrita da proposta, de que resultou o texto do Decreto 510, de 22 de julho de 1890, que se constitui, em grande medida, a redação da Constituição de 1891.[25]

Nesse processo, coube um importante papel a Campos Sales. Nascido em Campinas, São Paulo, sua trajetória se entrelaça com o movimento republicano e antimonarquista, elegendo-se deputado em 1885. Com instauração da República, assume o Ministério da Justiça, espaço que se mostrou catalisador para concretizar ideias descentralizadoras e de articulação com os poderes provinciais, estratégia que vai se notabilizar em seu mandato como Presidente da República (1898-1902), a instauração da chamada "política dos governadores", um sistema de trocas entre o poder central o os poderes estaduais, recebendo destes o apoio para "gerir os destinos do país".[26]

Sob a condução de Campos Sales no Ministério da Justiça, o processo constituinte descartou as propostas iniciais de unidade da Justiça, ancorado nas ideias republicanas da época, no sentido de que a dupla soberania (União e Estados) era princípio decorrente da forma federativa, e esse preceito deveria produzir efeitos sobre todos os poderes políticos constituídos, inclusive o Judiciário. A literatura considera que a atuação de Campos Sales foi decisiva para

---

Pedreira de Magalhães Castro, todos tradicionais republicanos (KOERNER, Andrei. *Judiciário e cidadania da constituição da República brasileira*. Curitiba: Juruá, 2010. p. 146).

25. BALEEIRO, Aliomar. *Constituições brasileiras*: 1891. Brasília: Senado Federal, 2001. p. 30.

26. CORRÊA, Arsênio Eduardo. O pensamento político de Campo Sales. *Revista Estudos Filosóficos*, São João del Rey, n 3, 2009. Disponível em: http://www.seer.ufsj.edu.br/ estudosfilosoficos/article/view/2371. Acesso em: 22 abr. 2024. p. 150.

a instituição da dualidade, com o Judiciário da União e os segmentos Estaduais, em coexistência.[27]

Na mesma linha, a Constituição de 1891 adotou outra medida descentralizadora no campo da organização judiciária: a dualidade de processos, reservando-se apenas à União a competência para legislar sobre o direito processual federal, o que implicou permitir aos Estados-membros a competência para dispor sobre o direito processual no âmbito de suas fronteiras.

De forma contraditória, adotou-se a unidade do direito material ou substancial (civil, comercial e criminal), no que afastou o modelo do regime de 1891 da fórmula norte-americana, que assegura a função legiferante sobre esses temas também aos Estados federados.[28] Esse modelo, defendido pelo mesmo Campos Sales, foi objeto de críticas, por ser inexplicavelmente centralizador, diante de uma fragmentação política estadualizante quanto à organização jurídica do Estado brasileiro.

Durante o processo constituinte, Tavares Bastos afirmou que o modelo proposto pelo Governo Provisório implicava reconhecer que a organização judiciária brasileira seria do tipo *sui generis*, já que não se ajustava a nenhum paradigma conhecido, nem mesmo ao da arquitetura constitucional norte-americana.[29]

A dualidade de Justiça é evento histórico, portanto, de grande relevo, na medida em que, a partir dele, é possível

27. DE ROURE, Agenor. *A constituinte republicana*. Rio de Janeiro: Imprensa Nacional, 1918. v. II, p. 78. Disponível em: https://bdlb.bn.gov.br/acervo/handle/20.500.12156.3/430685 Acesso em: 22 abr. 2024. KOERNER, Andrei. *Judiciário e cidadania da constituição da República brasileira*. Curitiba: Juruá, 2010. p. 159-161.

28. CHAVES, Luciano Athayde. *O arquipélago da Justiça*: o modelo do governo judicial e o controle do estatuto da magistratura. São Paulo: Dialética, 2022. p. 302.

29. LEAL, Aurelino. História judiciária do Brasil. *In:* DICIONÁRIO histórico, geográfico e etnográfico do Brasil. Rio de Janeiro: Imprensa Nacional, 1922. p. 1163.

analisar a complexidade que a organização judiciária vai adquirindo, em diversos níveis sobrepostos da esfera institucional, marca que caracterizará os modelos de autonomia que serão acolhidos pelos diversos regimes constitucionais a partir de então. Noutra palavras, o advento do regime republicano ganha significado para o estudo do sistema judiciário brasileiro, não apenas por superar o Antigo Regime, instituindo um modelo formalmente republicano, mas principalmente por acomodar os interesses descentralizadores das forças políticas que irromperam em 1889, impedindo um Terceiro Reinado.

2. O pensamento de Amaro Cavalcanti sobre o regime federativo e a dualidade de justiça instaurada pela República

Nesta seção, propõe-se a discussão do pensamento de Amaro Cavalcanti sobre a dualidade da Justiça – adotada pela Constituição de 1891 e, basicamente, mantida até os dias de hoje[30] –, a partir da sua obra *Regime federativo e a República brasileira* (1983), editada, originalmente, em 1900. Pela cronologia de sua produção, percebe-se que se trata de um texto contemporâneo aos fatos, sendo importante lembrar que Amaro Cavalcanti foi eleito senador constituinte pelo Estado do Rio Grande do Norte, em 1890.

A obra em referência está estruturada em duas partes. A primeira, chamada de "parte geral", é dedicada a explorar uma teoria geral do Estado, com noções de Estado e de soberania, bem como a apresentar delineamentos conceituais

30. Vale recordar que a dualidade de Justiça desaparece durante o regime do Estado Novo, a partir de 1937, ainda que a intervenção do poder político central nos Estados federados implique considerar que a extinção da Justiça Federal não resultou na descentralização da organização judiciária. Com o Ato Institucional 2, de 1965, restaura a dualidade da Justiça, com a reorganização da Justiça Federal, em 1966 (CHAVES, Luciano Athayde. *O arquipélago da Justiça*: o modelo do governo judicial e o controle do estatuto da magistratura. São Paulo: Dialética, 2022. p. 348 *et seq.*).

para a ideia de "federalismo". Em seguida, no Capítulo II, Cavalcanti apresenta uma arqueologia dos modelos de federação e confederação conhecidos, desde a antiguidade, até as experiências suíça, argentina, alemã e norte-americana. Também se dedica a analisar o modelo brasileiro de federação, reconhecendo, desde já, o caráter inovador do nosso sistema político, que pôs fim à monarquia constitucional, sem qualquer contestação ou "um só protesto em contrário".[31]

Destaca-se, nessa parte geral, o esforço do autor, ancorado na teoria política alemã, em caracterizar a federação, distinguindo-a do Estado unitário ou simples e da Confederação. Para Cavalcanti, o vínculo federativo se apoia na virtude da associação, e se origina na dualidade de governos, que coexistem em um mesmo território e nas relações dos membros associados.[32]

Ao aprofundamento do estudo sobre o regime federativo brasileiro é dedicada a segunda parte do livro, denominada de "parte especial", voltada à discussão, em sete capítulos, do regime federativo brasileiro. São elas: "a União federativa do Brasil", "o Poder federal", "o Poder estadual", "o funcionamento dos Poderes", "a administração da Justiça", "a divisão das rendas públicas", "os dois governos e suas relações" e, por fim, "os maiores males da República". Dessa parte da obra, interessa-nos, em particular, os capítulos que refletem sobre a dualidade do Poder político e, em consequência, a dualidade da Justiça.

Sobre a formação do nosso regime federativo, sublinhou Cavalcanti[33] que, diferentemente de outras expe-

31. CAVALCANTI, Amaro. *Regime federativo e a República brasileira*. Brasília: UnB, 1983. p. 44.

32. CAVALCANTI, Amaro. *Regime federativo e a República brasileira*. Brasília: UnB, 1983. p. 20.

33. CAVALCANTI, Amaro. *Regime federativo e a República brasileira*. Brasília: UnB, 1983. p. 123.

riências estrangeiras, as antigas Províncias brasileiras não desfrutavam de soberania e a sua conversão para Estados, operada já sob a condução do Governo Provisório (Decreto 1, de 1889), quando lhes foi atribuída essa qualidade ou pressuposto estatal. A propósito, comenta o referido autor, ao vocábulo "soberania", empregado naquele momento, "talvez não se deva atribuir outro valor, senão o de mero eufemismo, muito recomendado nas circunstâncias [...]".

Na visão de Cavalcanti,[34] essa fraqueza política das Províncias,[35] nesse sentido da ausência de força estatal orgânica, revela-se na ausência de seu papel ativo na "revolução política operada". Ressalta, ainda, esse autor que esse momento teria se limitado ao Rio de Janeiro, capital do ex-Império brasileiro, que a elevou à capital federal, tendo as Províncias aceitado o "ato consumado", nada mais fazendo do que obedecer e cumprir as ordens e os decretos do Governo Federal.

Refletindo, de outro lado, sobre os dez anos de experiência do novo regime – já que sua obra foi publicada no ano de 1900 – aponta Amaro Cavalcanti algumas dificuldades percebidas no período. Na sua compreensão, um dos mais importantes obstáculos consistia no "desconhecimento do regime federal", "não só para a massa do ponto em geral, como também para as próprias classes dirigentes da política".[36] E complementou:

---

34. CAVALCANTI, Amaro. *Regime federativo e a República brasileira*. Brasília: UnB, 1983. p. 123.

35. Importante sublinhar que essa visão de fraqueza precisa ser atenuada, já que, desde o período regencial, circulavam nas Províncias as ideias liberais voltadas à assegurar um regime político mais descentralizado, com fortalecimento institucional das Províncias, movimento que pode ser claramente percebido na chamada década liberal (1834-1841), ciclo de expansão centrífuga do poder político que foi estancado pela retomada do poder pelas forças políticas mais centralizadoras, que promoveram o "regresso conservador", sob a Regência Una de Araújo Lima (CHAVES, Luciano Athayde. *O arquipélago da Justiça*: o modelo do governo judicial e o controle do estatuto da magistratura. São Paulo: Dialética, 2022. p. 277 *et seq.*).

36. CAVALCANTI, Amaro. *Regime federativo e a República brasileira*. Brasília: UnB, 1983. p. 123.

> A Nação Brasileira passara, subitamente, do Estado simples, unitário, monárquico, em que se achava organizada, havia mais de dois terços do século, e funcionando sob o regime parlamentar, para o sistema composto, e mais descentralizado de todos: o Estado-Federal, u a República federativa, sob a forma presidencial.[37]

De fato, mesmo considerando que o debate pela descentralização política estava presente no seio da elite dirigente do país desde, pelo menos, o período regencial – como, aliás, evidenciam os acontecimentos da chamada "década liberal" (1827-1837)[38-39] – é possível considerar que as medidas adotadas pelo Governo Provisório, em especial aquelas voltadas ao empoderamento político das antigas Províncias, sob a liderança de figuras como Campos Sales, precipitaram uma soberania local que não foi devidamente amadurecida, em termos institucionais.

37. CAVALCANTI, Amaro. *Regime federativo e a República brasileira*. Brasília: UnB, 1983. p. 124.

38. Sobre esse quadro de debate em torno da descentralização política no Brasil, pontuou Amaro Cavalcanti: "Falando desta sorte, não ignoramos, aliás, que já em 1831, o Partido Liberal 'exaltado' apresentara um projeto à Câmara dos Deputados, convertendo o 'governo do Brasil em monarquia federativa'; que o 'Manifesto republicano' de 1870 começara justamente com estas palavras: 'No Brasil, antes ainda da ideia democrática, encarregou-se a natureza de estabelecer o princípio federativo' – o que, por si só, deixa bem ver todo o intuito desse documento; – e que, mais tarde, nos últimos tempos do Império, não faltaram, mesmo, 'políticos imperialistas' da escola liberal, espíritos superiores por sua orientação e talentos, que consideram a federação, 'meio indispensável' para conservar no Brasil a própria monarquia existente [...]'. Não se deve, porém, dar aos fatos um valor maior, do que realmente tinham. O que deles se verifica ou pode inferir-se, é a aspiração de certos espíritos cultos e adiantados, em favor de uma ideia ou plano político, e nada mais; quanto à massa do povo, quanto às classes sociais do país, em geral a sua verdadeira 'situação intelectual' sobre a matéria, ninguém ousará negar, era de completa ignorância em tudo que dizia respeito às normas e alcance real do sistema federativo, até a 'Revolução de 1889'" (CAVALCANTI, Amaro. *Regime federativo e a República brasileira*. Brasília: UnB, 1983. p. 125).

39. FLORY, Thomas. *Judge and jury in imperial Brazil (1808-1871)*: social control and political stability in the new State. Austin: University of Texas Press, 1981.

Evidencia esse diagnóstico o comentário de Oliveira Vianna[40] a respeito da descentralização política promovida pelo novo regime, em especial no campo judiciário, considerado por esse autor como um retrocesso, diante dos avanços das reformas institucionais implementadas na segunda metade do século XIX, em particular pela reforma judiciária de 1871:

> Nesse sentido, a descentralização republicana, trazida pela Constituição de 91 – estadualizando a magistratura e criando as oligarquias –, representou indiscutivelmente um passo atrás, um verdadeiro regresso neste sistema de garantias das liberdades privadas que o Império estava lentamente organizando. Com esta descentralização integral operada pela Constituição de 91, estas liberdades foram novamente postas sob ameaça daquelas "paixões do mal", a que aludia Rui. Ressurgiram então dos seus túmulos do período colonial os antigos "almotacéis", "juízes ordinários" e "capitães-mores" – e ressurgiram sob os modernos avatares do juiz "nosso" e do delegado "nosso", que são hoje – como outrora aqueles – as fontes mais fecundas dos atentados contra a liberdade civil do povo-massa do Brasil.[41]

Uma crítica tão severa não seria compartilhada por Amaro Cavalcanti, conquanto o seu pensamento não permita sugerir dúvida em torno de sua criticidade à forma como o regime federativo e suas instituições foram estabelecidos pelo Governo Provisório e pelos primeiros governos constitucionais do novo Estado. Sua crítica ao regime se assentava em quatro grandes campos temáticos, considerados como defeitos ou dificuldades da nova organização política: a) funcionamento independente, mas harmônicos, dos poderes públicos; b) dualidade da Justiça e da lei processual; c) divisão das rendas públicas entre União e

---

40. VIANNA, Oliveira. *Instituições políticas brasileiras*. Brasília: Conselho Editorial do Senado Federal, 1999.

41. VIANNA, Oliveira. *Instituições políticas brasileiras*. Brasília: Conselho Editorial do Senado Federal, 1999. p. 494.

Estados federados; (d) nas relações e obrigações dos Estados com a união, e *vice-versa*.[42]

Note-se que são temas que, conquanto propostos no início do século XX, ao cabo de pouco mais de dez anos do fim do antigo regime, continuam extremamente atuais e desafiadores. As tensões entre os Poderes permanecem na agenda política brasileira, não apenas entre os entes da federação, mas também entre os Poderes repartidos (Executivo, Legislativo e Judiciário), debate que, não raro, envolve a questão das receitas públicas. É de lembrar a discussão, por exemplo, da Reforma Tributária em 2023, que passou por uma ampla discussão do 'pacto federativo'. De igual forma, a criação do Conselho Nacional de Justiça, em 2004, por meio da Emenda Constitucional 45, não deixa de representar um momento de reorganização das forças políticas, como elemento (re)centralizador que reflete um esforço para o enfrentamento de problemas decorrentes da descentralização judiciária, mantida e ampliada no regime constitucional de 1988, inclusive com a cláusula assecuratória de autonomia administrativa, financeira e orçamentária dos tribunais.[43]

Pois bem, no que concerne à instituição da dualidade da Justiça, levada a cabo já nos primeiros raios de sol do regime republicado de 1889, temática de que se ocupa este estudo, o pensamento de Amaro Cavalcanti se encontra palmilhado no Capítulo V do seu livro *Regime federativo e a República brasileira*, tendo esse autor justificado a adoção desse modelo de dualidade da seguinte forma:

> Ao qualificativo de "Estados", com o qual as antigas províncias passaram a ser partes componentes da União Brasileira, deveu-se, em muito, à dualidade de Justiça, reconhecida

---

42. CAVALCANTI, Amaro. *Regime federativo e a República brasileira*. Brasília: UnB, 1983. p. 126.

43. CHAVES, Luciano Athayde. *O arquipélago da Justiça*: o modelo do governo judicial e o controle do estatuto da magistratura. São Paulo: Dialética, 2022.

> nos textos da Constituição Federal [de 1891] (art. 59, §§ 1º e 2º, art. 60, § 1º, arts. 61 e 62). Pareceu a muito que os Estados federados não teriam existência condigna ao título se na própria organização não tivessem os três poderes distintos, o legislativo, o executivo e o judiciário, com atribuições, relativamente completas, para os negócios estaduais.[44]

Logo, percebe-se que a dualidade de Justiça apresentou-se como aspecto que, senão decisivo, foi importante impulsionador para o desenho do regime federativo, um verdadeiro elemento essencial e qualificador da soberania dos entes da federação, ainda mais se considerarmos o peso e a tradição que os tribunais e sua magistratura sempre exerceram desde os imemoriais tempos coloniais.[45]

A discussão proposta no Capítulo V tem início com a exposição do pensamento do constituinte José Higino Duarte Pereira, Senador pelo Estado de Pernambuco, e depois ministro da Justiça e ministro do Supremo Tribunal Federal, pensamento esse considerado por Amaro Cavalcanti como "irrespondível".[46] Para Higino *apud* Cavalcanti[47], a soberania seria um atributo apenas da União, já que, no sistema federativo, não existem múltiplas soberanias. E mais: haveria uma lista de questões que deveriam ser atribuídas apenas à União, como negócios externos, moeda, exército, pesos e medidas, serviço postal e, também, a Justiça, constituindo

44. CAVALCANTI, Amaro. *Regime federativo e a República brasileira*. Brasília: UnB, 1983. p. 221.

45. CHAVES, Luciano Athayde. *O arquipélago da Justiça*: o modelo do governo judicial e o controle do estatuto da magistratura. São Paulo: Dialética, 2022. FLORY, Thomas. *Judge and jury in imperial Brazil (1808-1871)*: social control and political stability in the new State. Austin: University of Texas Press, 1981. LEAL, Aurelino. História judiciária do Brasil. *In:* DICIONÁRIO histórico, geográfico e etnográfico do Brasil. Rio de Janeiro: Imprensa Nacional, 1922.

46. CAVALCANTI, Amaro. *Regime federativo e a República brasileira*. Brasília: UnB, 1983. p. 234, nota 10.

47. CAVALCANTI, Amaro. *Regime federativo e a República brasileira*. Brasília: UnB, 1983. p. 222.

esta última, a Justiça, "um interesse eminentemente nacional, tanto quanto a moeda, os correios e os telégrafos, que facilitam as transações e as comunicações e, por isso, devem estar sujeitas a leis uniformes". Aprofunda José Higino a crítica à dualidade da Justiça, destacando a inconveniência desse modelo diante da prevalência, no regime constitucional de 1891, da unidade do Direito, ou seja, de que somente caberia à União legislar sobre os temas centrais da ordem jurídica brasileira, como o direito civil, penal, comercial, ainda que admita a dualidade de leis processuais (suprimida pelos regimes constitucionais posteriores).

Esse aspecto expõe, de fato, as contradições do modelo de dualidade de Justiça no panorama da unidade do direito, como afirmaram, de forma crítica, os constituintes José Hygino e o próprio Amaro Cavalcanti, em seus votos separados, na comissão da Constituinte onde se debateu o tema, ocasião em que prevaleceu a posição do Governo Provisório:

> Pareceu à maioria da Comissão que nesta parte a Constituição labora em uma inexplicável contradição, *admitindo ao mesmo tempo dois princípios antagônicos – o da unidade do Direito e o da dualidade do Poder Judiciário*. Como manter, praticamente, a unidade jurídica, desde que os tribunais superiores dos Estados tiverem de julgar, em última instância, aplicando e interpretando soberanamente as leis do direito privado? [...] Os códigos do Direito privado são leis federais, e, entretanto, a sua aplicação fica dependendo quase exclusivamente das justiças dos Estados, vindo assim dar-se o contrassenso de ser a União, de quem a lei emana, privada do poder de aplicá-la ou fiscalizar sua aplicação [...] Aquela contradição e essa inconsequência não se notam na Constituição Norte-Americana, que, nesta parte, serviu de modelo ao sistema ora impugnado, pela razão de que ali a pluralidade da magistratura é uma consequência lógica da diversidade de legislações civis e criminais[48] (grifo nosso).

48. LEAL, Aurelino. História judiciária do Brasil. *In:* DICIONÁRIO histórico, geográfico e etnográfico do Brasil. Rio de Janeiro: Imprensa Nacional, 1922. p. 1162.

Essa contradição da dualidade da Justiça e unidade do direito representa, no pensamento de Amaro Cavalcanti, um dos grandes problemas do novo regime federativo, e um aspecto que o afasta do sempre lembrado paralelismo com o modelo norte-americano, o qual, como se sabe, conserva a dualidade também do direito, implicando uma ordem jurídica mais complexa, mas na qual o papel das Cortes federais não apresenta as mesmas características – e dificuldades – que se nota no sistema judiciário, com efeitos sentidos até os dias de hoje.

Nesse ponto, a análise de Amaro Cavalcanti também atribui à dualidade da Justiça uma ruptura muito significativa, pois, assim como sucedia com a unidade do direito, mantida no novo regime, a administração da justiça sempre se constituiu um "serviço inteiramente nacional, desde os tempos mais remotos, e, além disso, achando-se confiado a uma magistratura, que procurou sempre mostrar-se digna da sua nobre função". Nada obstante, prossegue esse autor, optou-se por tentar então o "desconhecido, abandonando-se a tradição, aliás, consoante com nossos conhecimentos jurídicos, só porque se afigurara a alguns ser isto mais de molde com a dignidade ou a suposta soberania dos Estados federados".[49]

No que se refere ao desenho ou mesmo às características dessa nova magistratura estadual, alguns membros da Constituinte conservavam uma visão bastante crítica, inclusive no que se refere ao potencial de independência judicial. Nesse sentido, pronunciou-se o constituinte Amphilophio Carvalho:

> A aplicação do direito vai pertencer a juízes locais, só dependentes dos governos dos Estados, Estados pobres e endividados na sua maior parte; e esses *juízes, mal remunerados, sem estímulo para o dever, criatura dos governadores dos Estados, formando*

49. CAVALCANTI, Amaro. *Regime federativo e a República brasileira*. Brasília: UnB, 1983. p. 223.

> *uma magistratura secundária, desprestigiada* [...] esses juízes, Sr. presidente, vão ser, antes de tudo, agentes eleitorais, empreiteiros das eleições, instrumentos dos governos e dos partidos locais, no meio da luta intensa provocada por tantos cargos de eleição popular em cada Estado[50] (grifo nosso).

O diagnóstico do constituinte Tavares Bastos,[51] por sua vez, inclinou-se no sentido de afirmar que o modelo proposto no Projeto de Constituição, analisado pelo Congresso Constituinte, implicava reconhecer que a organização judiciária brasileira seria do tipo *sui generis*, já que não se ajustava a nenhum paradigma conhecido, nem mesmo ao da arquitetura constitucional norte-americana.

Colhe-se do pensamento de Amaro Cavalcanti que sua crítica esteve mais centrada no modelo da dualidade da Justiça, do que numa crítica antecipada e presumida quanto a uma impossibilidade de instituição de uma magistratura estadual digna de suas funções. Estampa essa consideração a seguinte passagem de sua obra em estudo:

> Não está em nosso pensamento afirmar *a priori* que, pelo fato de haver uma 'magistratura estadual', não possa esta jamais existir ou funcionar de maneira condigna; tal não é, realmente, o nosso sentir a esse respeito. O que queremos é insistir sobre a grave inconveniência dessa 'dualidade de magistrados', constitucionalmente independentes na aplicação e interpretação das leis, tratando-se, aliás, de um só povo, regido pelo mesmo direito.[52]

50. CARVALHO *apud* LEAL, Aurelino. História judiciária do Brasil. *In:* DICIONÁRIO histórico, geográfico e etnográfico do Brasil. Rio de Janeiro: Imprensa Nacional, 1922. p. 1163.

51. LEAL, Aurelino. História judiciária do Brasil. *In:* DICIONÁRIO histórico, geográfico e etnográfico do Brasil. Rio de Janeiro: Imprensa Nacional, 1922. p. 1163.

52. CAVALCANTI, Amaro. *Regime federativo e a República brasileira.* Brasília: UnB, 1983. p. 224.

Sua preocupação, que arranca dessa crítica, também se volta às condições funcionais e remuneratórias dessas múltiplas magistraturas estaduais, de modo que as "melhores habilitações" preencham as posições de juízes, em ordem a não prejudicar a administração da justiça. Essas condições, reitera Amaro Cavalcanti, não são voltadas à pessoa do magistrado, senão para assegurar a independência dos juízes e tribunais.

Essa posição de Amaro Cavalcanti não deixa de ser interessante, uma vez que, como corrobora os estudos de Chaves,[53] a trajetória republicana apresenta um grande esforço para, nada obstante a dualidade da Justiça, conservar – até de forma contraditória – a unidade do estatuto da magistratura, como, aliás, aponta o art. 93 da Constituição de 1988.[54] Em razão dessa concertação institucional – voltada a moldar, com regras únicas, as vias centrais da magistratura brasileira, e que vem sendo amadurecida desde o regime constitucional de 1934 –, fala-se hoje em uma "Justiça nacional", formada pelos diversos segmentos do Judiciário.

---

53. CHAVES, Luciano Athayde. *O arquipélago da Justiça*: o modelo do governo judicial e o controle do estatuto da magistratura. São Paulo: Dialética, 2022.

54. Esse caráter uno do Judiciário brasileiro, embora com múltiplas organizações judiciais, foi reafirmado pelo Supremo Tribunal Federal, por ocasião do julgamento da Ação Direta de Inconstitucionalidade 3367, que questionou a legitimidade constitucional da criação do Conselho Nacional de Justiça. A decisão do STF assentou a natureza "una" do Judiciário, sob o fundamento de que a Constituição Federal estabelece uma Justiça nacional, em que pese sua divisão em vários ramos: "A divisão da estrutura judiciária brasileira, sob tradicional, mas equívoca denominação, em Justiças, é só o resultado da repartição racional do trabalho da mesma natureza entre distintos órgãos jurisdicionais. O fenômeno é corriqueiro, de distribuição de competências pela malha de órgãos especializados, que, não obstante portadores de esferas próprias de atribuições jurisdicionais e administrativas, integram um único e mesmo Poder. Nesse sentido fala-se em Justiça Federal e Estadual, tal como se fala em Justiça Comum, Militar, Trabalhista, Eleitoral etc., sem que com essa nomenclatura ambígua se enganem hoje os operadores jurídicos" (BRASIL. Supremo Tribunal Federal. *Ação Direta de Inconstitucionalidade n. 3.367/DF*. Relator: Min. Cezar Peluso, 13 de abril de 2005. Disponível em: http://redir.stf.jus.br/paginadorpub/paginador.jsp?docTP=AC&docID=363371. Acesso em: 10 maio 2024).

Contudo, como sustenta Chaves,[55] essa imagem de "unidade" sombreia a complexidade da organização judiciária brasileira, que tem na dualidade da Justiça característica de potencial mais fragmentador.

É importante ressaltar que, ao tempo em que Amaro Cavalcanti analisou o modelo da dualidade da Justiça, essas questões não estavam postas no debate político-constitucional. Somente nas décadas seguintes se ergueria a crítica à fragmentação estatutária formal da carreira da magistratura, que sequer era profissionalizada na chamada República Velha. Apenas a partir das décadas de 1930/1940, começa-se a se delinear as linhas gerais da unidade estatutária dos juízes, instituição ainda cheia de porosidades e fragilidades, precisamente em razão da fragmentação organizacional da Justiça, em dois amplos segmentos: a Justiça da União e a dos Estados. Essa fragmentação também implicava diferentes níveis de garantias funcionais aos magistrados, que foram percebidas, com o desenvolvimento das teorias da independência judicial, como uma ameaça à integridade da administração da justiça no país.[56] Logo, é compreensível que os riscos percebidos pela dualidade, ao tempo da atuação intelectual de Amaro Cavalcanti, gravitassem em torno do modelo em si, na sua experimentação ainda inicial, e não nas suas deficiências dinâmicas, que somente seriam identificadas nas décadas seguintes, e que ainda estão sendo objeto de ajustes constitucionais, movimento de que é exemplo a Emenda Constitucional 45.

Ainda sobre o pensamento de Amaro Cavalcanti, depreende-se que sua crítica ao modelo judiciário não parou na dualidade da Justiça. Investiu também sua produção intelectual contra a dualidade da lei processual, assegurada,

---

55. CHAVES, Luciano Athayde. *O arquipélago da Justiça*: o modelo do governo judicial e o controle do estatuto da magistratura. São Paulo: Dialética, 2022.

56. CHAVES, Luciano Athayde. *O arquipélago da Justiça*: o modelo do governo judicial e o controle do estatuto da magistratura. São Paulo: Dialética, 2022.

como visto, pelo regime federativo de 1891, como um pressuposto para a dualidade de Justiça. Também vislumbrou Amaro Cavalcanti grandes inconvenientes nessa fórmula experimental. Constituindo o Brasil uma só nação, e com o direito substantivo ou material uno, a multiplicidade de fontes do direito adjetivo ou processual implicará dezenas de praxes ou modos diferentes de se considerar atos, prazos e provas no âmbito do processo. Exemplificou esse inconveniente da dualidade de processo com o caso de atos praticados por meio de precatórias, ou seja, ordens a serem cumpridas com o concurso de Juízos localizados em outros Estados, cujos procedimentos poderiam estar sujeitos a regras diferentes, a depender da localidade do juízo deprecado. Até mesmo diferenças de período de férias forenses poderiam causar prejuízos à administração da justiça.[57]

Essa posição de Amaro Cavalcanti seria, mais adiante, adotada pela Assembleia Constituinte de 1933-1934, que estabeleceu a unidade do processo, apesar de ter conservado a dualidade da Justiça, embora não tenha faltado naquele processo constituinte vozes em favor da unidade da Justiça. Ao final, a solução agasalhada na Constituição de 1934 mostrou-se porosa o bastante para acomodar os interesses das forças políticas naquela altura. A dualidade de Justiça permaneceu, mas a moldura do Judiciário e de sua magistratura sofreu algumas mudanças importantes. Em primeiro lugar, explicitaram-se as garantias funcionais e institucionais da Magistratura, amalgamadas, no âmbito federal, desde o regime de 1891 (art. 63). Em segundo lugar, estabeleceu-se a unidade do processo, sendo de competência exclusiva da União legislar sobre o tema (art. 5º, XIX, "a", da Constituição de 1934), o que representou uma importante ferramenta no processo de centralização do Estado.[58]

---

57. CAVALCANTI, Amaro. *Regime federativo e a República brasileira*. Brasília: UnB, 1983. p. 229.

58. CHAVES, Luciano Athayde. *O arquipélago da Justiça*: o modelo do governo judicial e o controle do estatuto da magistratura. São Paulo: Dialética, 2022. p. 323.

Conclui Amaro Cavalcanti o seu capítulo sobre a "administração da justiça", no regime federativo brasileiro, com uma discussão sobre soluções de aprimoramento do modelo institucional. Na sua visão, posta de forma bem peremptória, "o remédio, verdadeira e completamente eficaz, seria a 'unificação' do Poder Judiciário em toda a República, regido exclusivamente pela lei federal, e, como tal, sem dependência alguma dos poderes estaduais". Mas, prossegue, se isso não for possível, sugere três medidas que atenuariam os problemas por ele identificados no modelo da época: a) a ampliação dos poderes do Supremo Tribunal Federal, "fazendo entrar na sua competência o direito de rever os julgados dos tribunais superiores dos Estados;[59] b) adoção de uma lei federal orgânica, segundo a qual fosse uniformemente organizada a justiça estadual em todos os Estados-federados; e c) aplicação no Brasil do instituto da *removal of causes*, ou seja, a remoção de causas propostas na justiça estadual, feita a requerimento de uma parte, para tribunais da justiça federal, nas condições previstas em lei.[60]

É surpreendente perceber o pioneirismo do pensamento de Amaro Cavalcanti nos pontos de melhoria que sugere para o sistema de Justiça no Brasil, em particular para a organização judiciária brasileira. Todas as suas sugestões acabaram sendo incorporadas à ordem constitucional, ainda que em momento muito posterior.

Sem promover grandes aprofundamentos na evolução com que suas propostas foram sendo amalgamadas – o que escaparia ao nosso propósito deste estudo –, é bastante

---

59. Quanto a esse aspecto, vale ressaltar as críticas que circulam nos dias de hoje sobre a hipertrofia das atribuições do STF. Como se pode ver, as raízes desse problema podem ser muito profundas e a análise do pensamento de Amaro Cavalcanti autoriza pensar que tal hipertrofia pode estar relacionada precisamente com o modelo da dualidade da Justiça, entre outros fatores não estudados aqui.

60. CAVALCANTI, Amaro. *Regime federativo e a República brasileira*. Brasília: UnB, 1983. p. 232-233.

ilustrar, quanto à primeira sugestão, as atribuições do Supremo Tribunal Federal (STF) e do Superior Tribunal de Justiça (STJ), contidas na Constituição Federal de 1988 (CF). No caso do STF, o art. 102 da CF estampa a sua competência para julgar, originariamente, por exemplo, conflitos entre a União e os Estados; bem como julgar, em recurso extraordinário, causas decididas em única ou última instância, quando a decisão recorrida, julgar válida lei ou ato local contestado em face da CF, ou julgar válida lei local contestada em face de lei federal (art. 102, inciso III, alíneas 'c' e 'd', CF).

A sugestão de Amaro Cavalcanti, no sentido da edição de uma lei federal, com a finalidade de padronizar a organização judiciária dos Estados-federados, revolve um tema de grande complexidade e pouco estudado pela literatura constitucional brasileira.[61] Sempre houve grandes resistências para se reduzir o "arquipélago da Justiça" e, portanto, reduzir a fragmentação da organização judiciária brasileira, muito em razão da dispersão das forças locais e da dificuldade de construção de consensos, em ambientes democráticos, em torno de uma legislação com tal finalidade. Como se sabe, somente após a Emenda Constitucional 7/1977, e no contexto de um regime autoritário, houve um vetor político mais centralizador, em meio a uma discussão de reforma judiciária, articulada, originariamente, com o Poder Executivo e o STF, cuja discussão no Congresso Nacional precipitou a adoção das medidas integrantes do chamado "pacote de Abril". Em meio a uma crise política, foi elaborada a Lei Orgânica da Magistratura Nacional (Loman), a qual, embora não regule, por completo o funcionamento de todos os corpos judiciários brasileiros, estabeleceu, de outra parte, linhas e parâmetros que emprestaram, desde então, as convergências que conhecemos quanto à

---

61. CHAVES, Luciano Athayde. *O arquipélago da Justiça*: o modelo do governo judicial e o controle do estatuto da magistratura. São Paulo: Dialética, 2022.

gestão da magistratura e o funcionamento dos tribunais, em um panorama conservado de dualidade de Justiça.[62]

Por fim, a Emenda Constitucional 45/2004 acabou incorporando ao texto constitucional um dispositivo que trata do tema sugerido por Amaro Cavalcanti, concernente à "remoção de causas" (*removal of causes*) da justiça estadual para a federal. Trata-se do § 5º do art. 109,[63] que estabelece a possibilidade de suscitação do incidente de deslocamento de competência para a Justiça Federal, mais conhecido como a "federalização dos crimes de direitos humanos",[64] nas hipóteses de grave violação de direitos humanos, por provocação do Procurador-Geral da República.

Considerações finais

Temas de grande atualidade foram sentidos, percebidos e refletidos por Amaro Cavalcanti há mais de cem anos, o que torna o seu pensamento uma importante referência para os estudos de temas constitucionais e da teoria do direito em geral. Por outro lado, o interesse deste estudo centrou sua atenção no livro *Regime federativo e a República brasileira*, e, mais precisamente, na discussão em torno do modelo de organização judiciária inaugurado pela República, com a dualidade da Justiça, a unidade do direito

62. Para maiores aprofundamentos sobre esse período e sobre o processo de elaboração da Loman, ver: CHAVES, Luciano Athayde. *O arquipélago da Justiça*: o modelo do governo judicial e o controle do estatuto da magistratura. São Paulo: Dialética, 2022. p. 342 e ss.

63. "Nas hipóteses de grave violação de direitos humanos, o Procurador-Geral da República, com a finalidade de assegurar o cumprimento de obrigações decorrentes de tratados internacionais de direitos humanos dos quais o Brasil seja parte, poderá suscitar, perante o Superior Tribunal de Justiça, em qualquer fase do inquérito ou processo, incidente de deslocamento de competência para a Justiça Federal".

64. BREGA FILHO, Vladimir. Federalização das violações de direitos humanos. *Revista de Informação Legislativa*, Brasilia, ano 44, n. 175, p. 68, jul./set. 2007. Disponível em: https://www12.senado.leg.br/ril/edicoes/44/175/ril_v44_n175_p67.pdf. Acesso em: 10 maio 2024

substantivo ou material (civil, penal, comercial, entre outras dimensões da ordem jurídico-positiva) e a dualidade do direito adjetivo ou processual. São todos temas que transcendem a época da obra, tornando-a, por essa razão, fonte importante para o estudo da formação da organização do Estado brasileiro.

A análise da obra selecionada, para compreensão do pensamento constitucional de Amaro Cavalcanti, em articulação com outras fontes trazidas para a discussão, permite concluir que a questão da administração da justiça, longe de se constituir um tema lateral ou mesmo complementar da organização política do Estado na formação da República, constituiu-se, ao revés, em substrato de grande centralidade nos debates político-constituintes.

A compreensão de Amaro Cavalcanti sobre a opção pela dualidade da Justiça no Brasil, dentre outros aspectos, apresenta alto grau de criticidade, apontando esse autor vários inconvenientes decorrentes das ações dessa fórmula descentralizada de administração da justiça pelo Governo Provisório, iniciado a 15 de novembro de 1889, e, em seguida, pelo Governo constitucional, após a promulgação da Constituição de 1891.

Esse arsenal intelectual e teórico oferecido por Amaro Cavalcanti se soma ao conjunto importante de esforços analíticos e compreensivos do Judiciário brasileiro, instituição complexa e ainda muito pouco estudada, mas que, como o próprio autor em exame afirma, "é indispensável à existência profícua de uma República democrática".

Referências

BALEEIRO, Aliomar. *Constituições brasileiras*: 1891. Brasília: Senado Federal, 2001.

BARMAN, Roderick; BARMAN, Jean. The role of the law graduate in the political elite of Imperial Brazil. *Journal of Interamerican Studies and World Affairs*, London, v. 18, n. 4, p. 423-450, nov. 1976.

BASTOS, Aureliano Cândido Tavares. *A província*. Rio de Janeiro: B. L. Garnier, 1870.

BONELLI, Maria da Glória. Os magistrados, a autonomia profissional e a resistência à reforma do Judiciário no Brasil. *In:* CONGRESSO NACIONAL DE SOCIOLOGIA JURÍDICA, 10, 2009, Córdoba. *Anais eletrônicos* [...]. Córdoba: Sociedad Argentina de Sociología Jurídica, 2009.

BRASIL. Supremo Tribunal Federal. *Ação Direta de Inconstitucionalidade n. 3.367/DF*. Relator: Min. Cezar Peluso, 13 de abril de 2005. Disponível em: http://redir.stf.jus.br/paginadorpub/paginador.jsp?docTP=AC&docID=363371. Acesso em: 10 maio 2024.

BREGA FILHO, Vladimir. Federalização das violações de direitos humanos. *Revista de Informação Legislativa,* Brasília, ano 44, n. 175, jul./set. 2007. Disponível em: https://www12.senado.leg.br/ril/edicoes/44/175/ril_v44_n175_p67.pdf. Acesso em: 10 maio 2024.

CAVALCANTI, Amaro. *Regime federativo e a República brasileira*. Brasília: UnB, 1983.

CHAVES, Luciano Athayde. O poder judiciário brasileiro na colônia e no império: (des)centralização, independência e autonomia. *Revista da Ajuris*, Porto Alegre, v. 44, p. 279-313, 2017. Disponível em: https://revistadaajuris.ajuris.org.br/index.php/REVAJURIS/ article/view/816. Acesso em: 21 mar. 2024.

CHAVES, Luciano Athayde. *O arquipélago da justiça*: o modelo do governo judicial e o controle do estatuto da magistratura. São Paulo: Dialética, 2022.

CORRÊA, Arsênio Eduardo. O pensamento político de Campo Sales. *Revista Estudos Filosóficos*, São João del Rey, n 3, 2009. Disponível em: http://www.seer.ufsj.edu.br/ estudosfilosoficos/article/view/2371. Acesso em: 22 abr. 2024.

DAMASCENO, João Batista. *Judiciário e República*. São Paulo: Estúdio Editores.com, 2014.

DE ROURE, Agenor. *A constituinte republicana*. Rio de Janeiro: Imprensa Nacional, 1918. v. II. Disponível em: https://bdlb.bn.gov.br/acervo/handle/20.500.12156.3/430685 Acesso em: 22 abr. 2024.

FALCÃO, Joaquim. O múltiplo Judiciário. *In:* SADEK, Maria Tereza (org.). *Magistrados*: uma imagem em movimento. Rio de Janeiro: FGV, 2006.

FERREIRA, Gabriela Nunes. *Centralização e descentralização no Império*: o debate entre Tavares Bastos e Visconde de Uruguai. São Paulo: 34, 1999.

FERNANDES, Suzana Cristina. *Leituras de Economia Política*, Campinas, n. 10, p. 25-51, jun. 2002/jun. 2003.

FLORY, Thomas. *Judge and jury in imperial Brazil (1808-1871)*: social control and political stability in the new State. Austin: University of Texas Press, 1981.

KOERNER, Andrei. *Judiciário e cidadania da constituição da República brasileira*. Curitiba: Juruá, 2010.

KOERNER, Andrei. A história do direito como recurso e como objetivo de pesquisa. *Revista Diálogos*, Maringá, v. 16, n. 2, p. 627-662, maio/ago. 2012. Disponível em: http://www.periodicos.uem.br/ojs/index.php/Dialogos/issue/view/1269. Acesso em: 17 mar. 2024.

LEAL, Aurelino. História judiciária do Brasil. *In:* DICIONÁRIO Histórico, Geográfico e Etnográfico do Brasil. Rio de Janeiro: Imprensa Nacional, 1922.

LEAL, Victor Nunes. A divisão dos poderes no quadro político da burguesia. *In:* CAVALCANTI, Themistocles Brandão; SILVA, Carlos Medeiros; LEAL, Victor Nunes. *Cinco estudos*. Rio de Janeiro: Fundação Getulio Vargas, 1955.

LYRA, Augusto Tavares. Conferências no Instituto: Amaro Cavalcanti. *Revista do Instituto Histórico e Geográfico Brasileiro*, Rio de Janeiro, v. 204 [1949], 1951.

NEQUETE, Lenine. *O Poder Judiciário no Brasil a partir da independência*. Porto Alegre: Sulina, 1973. v. II. República.

SOUZA, Paulino José Soares de (Visconde de Uruguai). *Ensaio sobre o direito administrativo*. Brasília: Ministério da Justiça, 1997.

VIANNA, Oliveira. *Instituições políticas brasileiras*. Brasília: Conselho Editorial do Senado Federal, 1999.

AMARO CAVALCANTI E O SISTEMA FEDERATIVO ESTADUNIDENSE DE PRECEDENTES JUDICIAIS

Marcelo Alves Dias de Souza[1]

1 O federalista; 2 O comparatista e historiador; 3 A formação do federalismo estadunidense; 4 As diferenças entre o Direito inglês e o Direito estadunidense quanto aos precedentes judiciais; 5 A organização judiciária estadunidense: a Justiça Federal e as Justiças Estaduais; 6 A organização judiciária estadunidense e o precedente judicial; 7 A vinculação vertical ao precedente dentro do sistema judicial federal; 8 A vinculação vertical ao precedente dentro de um sistema judicial estadual; 9 A inter-relação entre o sistema judicial federal e os sistemas judiciais estaduais; 10 A inter-relação entre os vários sistemas judiciais estaduais; 11 Os tribunais estadunidenses e os seus próprios precedentes (o plano horizontal).

Resumo: Sob inspiração do federalista Amaro Cavalcanti, faz-se uma cuidadosa análise da organização judicial federativa estadunidense e do funcionamento da teoria dos precedentes dentro da sua estrutura dual, na qual coexistem o sistema judicial federal (*Federal Court System*) e os diversos sistemas judiciais estaduais (*State Court Systems*).

---

1. Procurador Regional da República. Doutor em Direito (PhD in Law) pelo King's College London - KCL. Mestre em Direito pela PUC/SP. Bacharel em Direito pela UFRN. Cadeira 19 da Academia Norte-rio-grandense de Letras - ANRL. Cadeira 28 da Academia de Letras Jurídicas do Rio Grande do Norte - ALEJURN. Articulista dos jornais Tribuna do Norte (Natal/RN) e Diario de Pernambuco (Recife/PE). marceloads@hotmail.com / marceloalves@mpf.mp.br

Palavras-chave: Amaro Cavalcanti; federação; EUA; organização judiciária; precedentes judiciais.

Keywords: Amaro Cavalcanti; Federation; *USA; judicial system; judicial precedents.*

1. O federalista

Amaro Cavalcanti (1849-1922) foi provavelmente o maior dos juristas nascidos na província/estado do Rio Grande do Norte. Muito cedo ele ganhou o mundo. Foi estudar, ensinar e exercer o jornalismo e a advocacia nas províncias do Maranhão e do Ceará. Foi mandado aos Estados Unidos da América para aprender ainda mais. Ali, mais precisamente no estado de New York, cursou e diplomou-se em Direito, habilitando-se ao exercício profissional na famosa Federação. Voltou ao Brasil e não parou mais de prestar serviços ao nosso país. Já residindo no Rio de Janeiro, ainda no Império, foi professor (no Colégio Pedro II), jornalista e advogado. Pelo seu Rio Grande do Norte, já na República, foi vice-Governador, Senador e Deputado Federal. Prestigiado, foi nosso Ministro Plenipotenciário no Paraguai. No governo de Prudente de Morais, foi Ministro da Justiça e Negócios Interiores. Como ministro, chegou ao Supremo Tribunal Federal em 1906, aposentando-se em 1914. Foi prefeito do Distrito Federal (então o território do município do Rio de Janeiro). Foi por muitos anos membro/juiz da Corte Permanente de Arbitragem em Haia. E exerceu ainda o sempre prestigiado cargo de Ministro de Estado da Fazenda. Após uma vida tão profícua, faleceu no belo Rio de Janeiro, onde se acha sepultado.

Segundo nota biográfica no sítio do Supremo Tribunal Federal,[2] Amaro Cavalcanti é o autor, entre outros,

2. Que, por sua vez, traz como referência: LAGO, Laurenio. *Supremo Tribunal de Justiça e Supremo Tribunal Federal:* dados biográficos 1828-2001. 3. ed. Brasília: Supremo Tribunal Federal, 2001. p. 235-238.

dos seguintes títulos: *A Religião* (1874), *A meus discípulos, polêmica religiosa* (1875), *Livro popular: Miscelânea de conhecimentos úteis* (1879), *Educação elementar nos Estados Unidos da América do Norte* (1883), *Ensino Moral e Religioso nas escolas públicas* (1883), *Notícia cronológica da educação popular no Brasil* (1883), *Meios de desenvolver a instrução primária nos municípios* (1884), *The brazilian language and its agglutination* (1884), *O meio circulante no Brasil* (1888), *Finances (du Brésil)* (1890), *Resenha financeira do ex-Império do Brasil em 1889* (1890), *Reforma Monetária* (1891), *Política e finanças* (1892), *Projeto de Constituição de um estado, com várias notas e conceitos políticos* (1890), *O meio circulante nacional* (1893), *Elementos de finanças* (1896), *Tributação Constitucional, polêmica na Imprensa* (1896), *Regime federativo e a República brasileira* (1900), *Breve relatório sobre direito das obrigações, arts. 1011-1227* (1901), *Responsabilidade civil do Estado* (1905), *Revisão das sentenças dos tribunais estaduais pela Suprema Corte dos Estados Unidos* (1910), *O caso do Conselho Municipal perante o Supremo Tribunal Federal* (1911), *Pan-american questions means looking to the mutual development of american republics* (1913) e *A vida econômica e financeira do Brasil* (1915).

Dessa multiplicidade de obras, é fundamental destacar *Regime federativo e a República brasileira* (1900),[3] composto de uma Parte Geral, belo exercício de historiografia jurídica e de direito comparado, e uma Parte Especial, que trata especificamente da Federação brasileira de então. Nesse clássico das nossas letras jurídicas, escrito no estilo da época, a virada do século XIX para o XX, constatando a ignorância da maior parte do nosso público sobre o sistema político-administrativo federativo e a necessidade de se "firmar, enquanto é tempo, a boa regra e doutrina contra certas ideias preconcebidas e a continuação de práticas

---

3. Cuja edição que utilizamos é: CAVALCANTI, Amaro. *Regime federativo e a República brasileira*. Brasília: UnB, 1983.

abusivas" na nossa jovem República, o autor promete o seu "sincero empenho de concorrer para a satisfação da necessidade apontada". E, de fato, ele bem estabelece uma "teoria do regime federativo, tão completa quanto possível nos limites traçados", servindo-se, para isso, "da melhor lição dos autores, que no estudo da matéria são reputados os mais proficientes e abalizados".[4]

2. O comparatista e historiador

Como entusiasta do direito comparado, sobretudo quando misturado com o conceptualismo jurídico (que visa a sistematizar e esclarecer os conceitos e termos do direito), chamamos a atenção para a busca do autor em estabelecer conceitos precisos acerca das expressões/termos Estado unitário, confederação e federação, o que não era de todo comum em sua época.

Amaro Cavalcanti afirma ser o Estado unitário ou simples quando a "organização política de um povo em determinado território é a de um governo geral, único, com autoridade exclusiva sobre o todo". Já a situação de um Estado simples "ligar-se a um outro ou a vários outros, e, então, sem perder cada um sua personalidade jurídica, estipularem cláusulas, de cuja aceitação mútua resulte uma nova entidade governamental com direitos próprios independentes, não só, vis-à-vis dos governos dos Estados unidos, como também, em relação a quaisquer outros Estados estranhos",[5] é o que se entende por vínculo federativo, como gênero a englobar as espécies confederação e federação.

4. CAVALCANTI, Amaro. *Regime federativo e a República brasileira*. Brasília: UnB, 1983. p. 3.

5. CAVALCANTI, Amaro. *Regime federativo e a República brasileira*. Brasília: UnB, 1983. p. 19.

Como explica Amaro, "apesar da consonância dos vocábulos e da similitude dos caracteres e dos atos" que se oferecem à primeira vista, o fato é que "confederação e federação, no atual momento significam coisas sabidamente distintas, ou mesmo regimes políticos diferentes, assim considerados no direito público dos povos modernos". Segundo ele, "coube à rica terminologia da língua alemã e às condições históricas da vida política desse povo ocasião memorável para o emprego de vocábulos, que fixassem a significação especial do que se devia entender por confederação e federação; designando-se a primeira pela expressão '*Staatenbund*', e a segunda por '*Bundesstaat*'".[6]

Amaro tem a confederação de Estados como meio mais precário, muitas vezes temporário, de segurança e defesa comum dos membros confederados, com uma mínima renúncia de poder em prol da confederação pactuada. E afirma: "Quando, porém, os Estados soberanos, que se ligam, querem dar-se uma coesão e homogeneidade, renunciando em favor do poder federal a maior ou melhor parte das suas prerrogativas, a união, ora instituída, é uma federação ou Estado-federal. Este pressupõe, não, um simples pacto, mas uma constituição federal, com um governo, dotado de todos os poderes, legislativo, executivo e judiciário, cuja ação estende-se, em maior ou menor escala, sobre os próprios negócios e interesses de cada um dos Estados federados",[7] tanto no que diz respeito aos negócios internos, como às relações externas do país.[8]

---

6. CAVALCANTI, Amaro. *Regime federativo e a República brasileira*. Brasília: UnB, 1983. p. 21.

7. CAVALCANTI, Amaro. *Regime federativo e a República brasileira*. Brasília: UnB, 1983. p. 22.

8. Ensina Maria Clara Lucena Dutra de Almeida em excelente trabalho comparativo sobre a temática: "O Federalismo é uma forma de governo caracterizada pela descentralização política, existindo, no mesmo território, uma ordem jurídica central e várias ordens jurídicas parciais. Essas ordens jurídicas parciais, dotadas de autonomia política, constituem os entes federativos da ordem total que, reunidos,

É também interessantíssimo o passeio que Amaro Cavalcanti faz pela história, nos mostrando onde estão as origens assim como a evolução do que hoje chamamos de federação.

Ele trata do federalismo na Antiguidade e nos ensina:

> organizações políticas, possuindo os caracteres, às vezes, de uma simples aliança ou liga temporária, e outras vezes, as condições de uma verdadeira confederação de Cidades ou Estados, são fatos, pode-se dizer, comuns ou frequentes nas histórias dos diversos povos antigos. Não querendo remontar além do berço da nossa civilização – Grécia, só esta oferece numerosas provas do nosso acerto; e, nomeadamente, a *Amphyctionia*, composta dos doze povos principais da raça grega, podia talvez ser mesmo invocada, como uma das origens históricas das uniões federativas dos Estados modernos[9].

Amaro também descreve fenômenos aglutinativos mais recentes, em forma de confederação ou federação, a exemplo das idas e vindas da história alemã e da Confederação Suíça, até chegar na Federação Brasileira. Mas não sem antes passar pelo clássico exemplo dos Estados Unidos da América, para quem ele, a meu ver, tendo ali vivido e estudado, dedica o seu mais sincero entusiasmo.

3. A formação do federalismo estadunidense

A conformação do Direito estadunidense remonta à fundação, pelos ingleses, nos albores do século XVII, de

---

formam a unidade. As ordens jurídicas parciais são chamadas de Estados (Brasil, Estados Unidos), Províncias (Canadá, Argentina), Cantões (Suíças) ou *Laender* (Alemanha) e cada qual das unidades federadas deve participar, com sua manifestação, da vontade federal". ALMEIDA, Maria Clara Lucena Dutra de. *Federalismo*: estudo comparado entre os sistemas brasileiro, canadense e norte-americano no âmbito da participação dos entes federativos na formação da vontade nacional. *Revista Jurídica In Verbis,* Natal, ano IX, n. 17, p. 184, ago./dez. 2004.

9. CAVALCANTI, Amaro. *Regime federativo e a República brasileira*. Brasília: UnB, 1983. p. 27.

colônias independentes no chamado novo mundo (a primeira, em 1607, foi Virginia[10]). Então, a partir do processo *Calvin*, de 1608, é o *common law* que vigora nas treze colônias inglesas a partir de 1607 até 1722. Em conjunto com o *common law* inglês, desenvolveu-se um direito primitivo nas colônias americanas, no qual a Bíblia tinha também papel de fonte do direito. Surgiram codificações, tais como a de Massachusetts de 1634, que ajudavam na administração da justiça. E a presença de colonos vindos de outros países explica a coexistência, nesse período, do *common law* com um esboço, mesmo que rudimentar, de codificação.[11] *Já o século XVIII, o Século das Luzes e da secularização do conhecimento, vem lançar a luz que originará a especificidade do direito americano, sobretudo porque as normas do common law* importadas da Inglaterra já não ofereciam, para todos os casos, as soluções idôneas aos problemas jurídicos da futura nação.[12]

Em 1776, veio a Declaração de Independência das primeiras colônias americanas, emancipação que se consumou com a Constituição de 1787 e o *Bill of Rights* de 1789. A

---

10. Em princípio treze colônias: além de Virginia, Massachusetts, New Hampshire, New York, Connecticut, Maryland, Rhode Island, Delaware, Pennsylvania, North Carolina, New Jersey, South Carolina e Georgia.

11. Cf. FRADIN, Dennis B. *The Declaration of Independence*: a new true book. Chicago: Children's Press, 1988.

12. Como afirma Roland Séroussi, "desde o processo de Calvin, de 1608, é o *common law* que vigora nas treze colônias inglesas a partir 1607 até 1722. É, entretanto, o século XVIII o Século das Luzes e da secularização do conhecimento, e isso vai lançar a luz que originará a especificidade do Direito americano, sobretudo porque as normas do *common law* importadas da Inglaterra não ofereciam, em todos os casos, as soluções idôneas aos problemas jurídicos desta nova nação". "*desde el proceso de Calvin de 1608, es el Common Law el que rige en las trece colonias inglesas desde 1607 hasta 1722. Es, sin embargo, el siglo XVIII, el Siglo de las Luces e de la secularización del saber; el que va a arrojar la luz que cree la especificidad del Derecho norteamericano debido, fundamentalmente, a que las normas del Common Law importadas de Inglaterra no ofrecían en todos los casos las soluciones idóneas a los problemas jurídicos de este pueblo*". SÉROUSSI, Roland. *Introducción al Derecho inglés y norteamericano*. Tradução Enrique Alcaraz Varó. Barcelona: Ariel, 1998. p. 81. Tradução de: Introduction aux droits anglais et américain.

independência dos Estados Unidos fez com que, apesar de mantida a filiação ao *common law*, fossem elaboradas leis novas que, ocasionalmente, divergiam da tradição pura do sistema inglês. Foi nesse período tumultuado da independência dos Estados Unidos da América que os representantes dos estados (antigas colônias), em congresso de delegados na Filadélfia, no Independence Hall, optaram pela criação da célebre e modelar Federação.

Segundo Amaro Cavalcanti – e aqui já se mostra o entusiasmo do autor de *Regime federativo e a República brasileira* com a Federação estadunidense –, era o caso, "nada mais, nada menos, do que, no dizer de um escritor, – 'salvar os Estados confederados da bancarrota, da desordem e da anarquia, e dar a todos uma existência nacional'". Mas "a tarefa era por demais difícil, em vista dos interesses encontrados nos Estados", que, "antes de tudo, não queriam abrir mão dos seus antigos privilégios e direitos soberanos, mantidos na Confederação". Triunfou "o querer patriótico e a habilidade de alguns chefes proeminentes da Convenção" e "foi adotada a Constituição Federal da República Americana".[13]

Amaro nos dá, pela ótica de então, à luz da Constituição estadunidense, a conformação do Estado federal criado, com seus ramos do poder público completos e bem definidos: (*i*) o poder legislativo foi confiado a um Congresso, composto da Câmara dos Representantes e do Senado; (*ii*) o poder executivo foi confiado ao Presidente dos Estados Unidos, eleito para um período de quatro anos, pelo povo, mediante sufrágio de dois graus, isto é, o povo de cada Estado elege os eleitores presidenciais, e estes, o Presidente da República. Conjuntamente com o Presidente é também eleito um vice-presidente, para servir-lhe de substituto, e tanto um como outro podem ser reeleitos; (*iii*) o poder judiciário

13. CAVALCANTI, Amaro. *Regime federativo e a República brasileira*. Brasília: UnB, 1983. p. 32.

foi confiado a uma Corte Suprema e às cortes inferiores, que por lei forem criadas. Os membros deste poder são nomeados pelo Presidente da República, mediante assentimento do Senado, e são conservados nos seus lugares, enquanto bem servirem (*during good behaviour*); (*iv*) a Constituição federal investiu os três poderes ditos de todas as atribuições e faculdades necessárias, de modo a constituir o governo federal a autoridade soberana da Nação, tanto nos negócios interiores, como nas relações exteriores da República; (*v*) e, talvez o mais importante, já que estamos tratando da conformação de um Estado federal, quanto aos estados federados, conservaram eles, sem dúvida, a mais completa autonomia nas matérias de legislação, administração e justiça local; mas, em todo o caso, dependentes do poder central, segundo os princípios da nova organização feita.[14]

Ao finalizar sua "história" da formação da Federação estadunidense, Amaro não fez a menor questão de esconder o seu entusiasmo com a obra comentada: "desta sorte, começou a ter efetivo vigor esse documento memorável que, sob o título de '*Constitution of the United States of America*', subsiste há mais de século [ele escreveu por volta do ano 1900, lembremos], fazendo a prosperidade de um grande povo, e provocando a admiração dos estadistas do mundo inteiro".[15-16]

De toda sorte, como a maioria dos colonos era de origem inglesa – e, por isso, falava esse idioma – o Direito estadunidense acabou optando, incontestavelmente, pela

14. Cf. CAVALCANTI, Amaro. *Regime federativo e a República brasileira*. Brasília: UnB, 1983. p. 32-33.

15. CAVALCANTI, Amaro. *Regime federativo e a República brasileira*. Brasília: UnB, 1983. p. 33.

16. E, de fato, como lembra Almeida: "A Constituição norte-americana de 1787 é o marco inicial do moderno federalismo" (ALMEIDA, Maria Clara Lucena Dutra de. *Federalismo*: estudo comparado entre os sistemas brasileiro, canadense e norte-americano no âmbito da participação dos entes federativos na formação da vontade nacional. *Revista Jurídica In Verbis*, Natal, ano IX, n. 17, p. 185, ago./dez. 2004).

filiação à tradição do *common law* inglês.[17] Hoje, com a honrosa exceção do Estado da Luisiana, o Direito estadunidense está identificado com a grande maioria dos princípios do *common law* inglês. Tem, por isso, o precedente judicial, apesar da importância dos *statutes* (leis em sentido estrito), grande campo de atuação e relevância.

4. As diferenças entre o Direito inglês e o Direito estadunidense quanto aos precedentes judiciais

O fato de pertencer à mesma família jurídica (*common law*) faz com que o Direito estadunidense tenha vários pontos em comum com o Direito inglês: conceitos semelhantes do Direito e de suas funções, divisões similares quanto aos ramos do Direito, desenvolvimento de institutos jurídicos idênticos (*torts, trust* etc.) e um papel fundamental para o precedente judicial, entre outros.

Todavia, como se intui ao observar a evolução histórica do Direito estadunidense, ele tem características próprias que o fazem diferir do Direito inglês. A existência de uma Constituição escrita e rígida, o princípio da supremacia da constituição,[18] o fato de ser uma federação, a forte descentralização do poder judicial, a existência de códigos, para citar apenas as mais importantes, são diferenças que fazem o Direito estadunidense substancialmente diferente.

---

17. Nesse sentido, por exemplo: RÁO, Vicente. *O direito e a vida dos direitos*. 3. ed. São Paulo: RT, 1991. v. 1, p. 106: "O direito norte-americano, por sua origem histórica e por motivos de ordem étnica, filia-se ao direito inglês, do qual, na substância e na forma, é um desenvolvimento adaptado às condições peculiares do povo norte-americano".

18. Acerca da rigidez constitucional e do princípio da supremacia da Constituição como características do Estado federal, consultar: ALMEIDA, Maria Clara Lucena Dutra de. *Federalismo*: estudo comparado entre os sistemas brasileiro, canadense e norte-americano no âmbito da participação dos entes federativos na formação da vontade nacional. *Revista Jurídica In Verbis,* Natal, ano IX, n. 17, p. 187-188, ago./dez. 2004.

Compreende-se isso perfeitamente quando se faz uma comparação direta entre alguns pontos fundamentais dos dois sistemas. Victoria Iturralde Sesma nos poupa esse trabalho:

> Em primeiro lugar, a fundamentação do Direito do *common law* (isto é, que o Direito está baseado na autoridade não escrita do costume) é rejeitada nos EUA, onde está claro que a Constituição é a fonte fundamental e superior do sistema jurídico dos EUA. [...]. Além disso, a Constituição americana prevalece sobre qualquer lei, enquanto que na Inglaterra o poder do Parlamento é ilimitado. Isto tem levado a que (devido à frequente necessidade de interpretação de preceitos constitucionais) os juízes dos EUA tenham enfrentado muito mais que os ingleses problemas de política pública (*public policy*), em particular no conflito entre direitos inalienáveis (*vested rights*) e política do estado social (*social state policy*). [...]. Em segundo lugar, os EUA (diferentemente da Inglaterra) têm uma estrutura federal em que há dois sistemas de tribunais: estaduais e federais. Aqui não somente existem jurisdições próprias em cada Estado, como também há uma multiplicidade de jurisdições federais ao longo de todo o território dos EUA e não somente na Capital Federal. A dispersão da organização judicial nos EUA acarreta problemas que não se apresentam na Inglaterra, e se tende a adotar atitudes mais flexíveis a respeito da autoridade das decisões judiciais. Em terceiro lugar, a necessidade de uma sistematização do direito se sentiu antes e mais urgente nos EUA que na Inglaterra, devido à quantidade de material jurídico, que é tanta, que se tornou praticamente inviável administrá-la.[19]

---

19. SESMA, Victoria Iturralde. *El precedente en el common law*. Madrid: Civitas, 1995. p. 135: "En primer lugar, la fundamentación del derecho del common law (esto es, que el derecho está baseado en la autoridad no escrita de la costumbre), es rechazada en los EE.UU. donde está claro que la Constitución es la fuente fundamental y superior del sistema jurídico de lso EE.UU. [...]. Además, la Constitución estadounidense prevalece sobre cualquier ley, mientras que na Inglaterra el poder del Parlamento es ilimitado. Esto ha llevado a que (dada la frecuente necesidad de interpretación de preceptos constitucionales) los jueces estadounidenses se hayan enfrentado mucho más que los ingleses a problemas de política pública (public policy), en particular al conflicto entre derechos inalienables (vested rights) y política del Estado social (social state policy). [...]. En segundo término, los EE.UU. (a diferencia de Inglaterra) tienen una estructura federal en la que hay dos sistemas de tribunales: estatales y federales. Aquí no sólo existen jurisdicciones propias en cada Estado, sino que hay una multiplicidad de jurisdicciones federales a lo largo de todo el territorio de los EE.UU. y no sólo en la capital federal. La dispersión de la organización judicial en EE.UU. plantea problemas que no se presentan en

No que tange especificamente à doutrina do *stare decisis*, o Direito estadunidense possui uma visão peculiar. Se bem que a função do precedente seja basicamente a mesma, os conceitos dos institutos sejam os mesmos, ele é mais flexível, mais pragmático e menos conservador que o Direito inglês.

Como regra geral, os precedentes devem ser seguidos porque, no interesse da sociedade, o Direito deve ser estável e uniforme[20]. Normalmente, os precedentes estabelecidos pelos tribunais superiores são seguidos pelos tribunais inferiores da mesma "jurisdição", assim como os tribunais seguem os seus próprios precedentes. E, por óbvio, em regra, os precedentes da Suprema Corte americana são seguidos por todos os demais tribunais.[21-22]

Todavia, como consta da decisão da *U.S. Supreme Court* em *Hertz v. Woodman* 218 US 205 [1910], a regra do *stare*

Inglaterra, y se tiende a adoptar actitudes más flexibles respecto a la autoridad de las decisiones judiciales. En tercer lugar, la necesidad de una sistematización del derecho se ha sentido antes y más urgentemente en los EE.UU. que en Inglaterra, debido a la cantidad de material jurídico que ha llegado a ser inmanejable".

20. SESMA, Victoria Iturralde. *El precedente en el common law*. Madrid: Civitas, 1995. p. 138.

21. Esse ponto, referente às decisões da Suprema Corte dos Estados Unidos, será explicitado com detalhes a seguir.

22. Evidentemente, além de precedentes de seguimento obrigatório, existem precedentes meramente persuasivos. Nesta última categoria estão as decisões de tribunais de outras "jurisdições" e as decisões de tribunais de mesma hierarquia na mesma "jurisdição". O grau de persuasão, nas palavras de Sesma, vai depender: "a) de se o mesmo tem sido seguido em outras jurisdições, de forma que, quando há um conflito entre uma série de jurisdições sobre uma determinada questão, é comum falar-se de uma regra da 'maioria' e uma regra da 'minoria' seguindo-se a primeira porque sua aceitação é maior; b) da importância do tribunal que tem decidido a questão e do juiz que redige a sentença; c) da semelhança do direito aplicável em ambas jurisdições [...]". "*a) de si el mismo ha sido seguido en otras jurisdicciones, de forma que cuando hay un conflicto entre una serie jurisdicciones sobre una determinada cuestión, es común hablar de una regla de la 'mayoría' y una regla de la 'minoría' siguiéndose la primera porque su aceptación es mayor; b) de la importancia del tribunal que ha decidido la cuestión y del juez que redacta la sentencia; c) de la semejanza del derecho aplicable en ambas jurisdicciones* [...]" (SESMA, Victoria Iturralde. *El precedente en el common law*. Madrid: Civitas, 1995. p. 140).

decisis não é inflexível. Na verdade, mesmo em se tratando de um precedente *a priori* obrigatório, os tribunais estadunidenses não se consideram estritamente obrigados a segui-lo se ele não prima pela correção e razoabilidade; ademais, a validade de um precedente está condicionada a sua adequação à situação política, econômica e social presente.[23]

Não que sejam os tribunais estadunidenses completamente livres para se afastar de um precedente. Para tanto, devem estar presentes os mencionados pressupostos. Em outras palavras, segundo Sesma, a regra é a aplicação do precedente. Entretanto,

> o tribunal é livre e está inclusive obrigado a afastar-se do precedente se, por causa de uma mudança nas circunstâncias ou nas necessidades sociais, a adesão ao precedente for prejudicial aos interesses públicos que, em um determinado caso, podem ser mais importantes que a estabilidade do Direito. A avaliação da questão se um precedente deve ser seguido ou não tem que estar baseada em critérios de utilidade social. O desejo de tomar uma

23. De fato, como explica E. Allan Farnsworth: "mesmo uma decisão com autoridade imperativa não é absolutamente compulsória. Raramente um Tribunal se defronta com situação na qual não possa proferir a decisão que considera justa e permanecer diante dos limites impostos pela doutrina do precedente. Pode resolver o problema adotando o precedente, apesar da sua injustiça no caso particular, com o fundamento de que os motivos que justificam a doutrina são mais relevantes do que os que falam em favor da decisão contrária. Poderá argumentar, também, que cabe ao Legislativo, não ao Tribunal, fazer qualquer alteração. Essa solução não é de surpreender em casos de direito comercial ou de propriedade, em que a previsibilidade é especialmente importante e é geralmente viável a ação corretiva do Legislativo. Por outro lado, o Tribunal pode não querer seguir o precedente. Pode ocorrer que a decisão tenha sido obviamente errônea ao ser dada, que seja tão antiga que as novas condições a tenham tornado inadequada, ou, finalmente, tenha sido alterada a composição do Tribunal, de modo que o que era anteriormente a opinião de uma minoria enérgica seja agora a da maioria. Por qualquer dessas razões, ou por outras, o Tribunal pode recusar-se a seguir o precedente e reformar sua anterior decisão. Isso não seria de surpreender numa questão constitucional, em que não é possível recorrer a uma solução através do Legislativo, ou em uma questão processual, em que são usuais as alterações retroativas" (FARNSWORTH, E. Allan. *Introdução ao sistema jurídico dos Estados Unidos*. Tradução Antônio Carlos Diniz de Andrada. Rio de Janeiro: Forense, [196-]. p. 69).

> decisão justa num caso concreto não deve considerar-se uma justificativa suficiente para derrogar um precedente.[24]

As diferenças existentes são, mais uma vez, plenamente justificáveis. Primeiramente, o número de precedentes nos Estados Unidos, acerca de qualquer matéria, é bem maior. Um desenvolvido sistema de Justiça Federal, ao lado de dezenas de sistemas estaduais, faz com que se tenham comumente precedentes contraditórios. E isso dá aos juízes, muitas vezes, a possibilidade de escolha do precedente mais adequado. Em segundo lugar, a rápida expansão econômica estadunidense implica constantes mudanças políticas e sociais e isso sugere, comparando-se com a gradual evolução da Inglaterra, que a estrita adoção da doutrina do *stare decisis* seja mais difícil e problemática.[25] Por derradeiro, as questões constitucionais têm um papel bem mais preponderante nos Estados Unidos. Como se sabe, a interpretação do Direito constitucional – Direito eminentemente político – deve ser caracterizada pela flexibilidade. E essa flexibilidade, quando da aplicação dos precedentes

---

24. "*El tribunal es libre y está incluso obligado a apartarse del precedente si, a causa de un cambio en las circunstancias o en las necesidades sociales, la adhesión al precedente sería perjudicial a los intereses* públicos que, en un determinado caso, pueden ser más importantes que la *estabilidad del derecho. La valorización de si un precedente debe ser seguido o no tiene que estar basado en criterios de utilidad social. El deseo de tomar una decisión justa en un caso concreto no debe considerarse una justificación suficiente para derogar un precedente*" (SESMA, Victoria Iturralde. *El precedente en el common law*. Madrid: Civitas, 1995. p. 138-139).

25. No mesmo sentido: "Por várias razões, a doutrina do precedente nunca desfrutou nos Estados Unidos da autoridade absoluta que tem atingido na Inglaterra. O grande volume de decisões, com conflitos de precedentes em diferentes jurisdições, reduziu a autoridade das decisões individuais. A rapidez do desenvolvimento enfraqueceu a aplicabilidade de precedentes a casos posteriores surgidos depois de as condições sociais e econômicas se terem alterado com a passagem dos anos. Não obstante, a doutrina do precedente, ainda que aplicada com menos rigor do que na Inglaterra, está firmemente estabelecida nos Estados Unidos" (FARNSWORTH, E. Allan. *Introdução ao sistema jurídico dos Estados Unidos*. Tradução Antônio Carlos Diniz de Andrada. Rio de Janeiro: Forense, [196-]. p. 62).

judiciais constitucionais, necessariamente contamina as outras áreas do Direito.[26]

5. A organização judiciária estadunidense: a Justiça Federal e as Justiças Estaduais

O sistema judicial estadunidense, como foi visto, é dual. Coexistem, lado a lado, o sistema judicial federal (*Federal Court System*) e os diversos sistemas judiciais estaduais (*State Court Systems*).

O *Federal Court System* é formado pela:

1) *U. S. Supreme Court*:[27-28] Conhecida em todo o mundo, trata-se, nas palavras de Séroussi, da "instância judicial mais alta dos Estados Unidos da América do Norte, que tem grande prestígio tanto no território americano como no estrangeiro. Tem competências múltiplas e é beneficiária de prerrogativas excepcionais que favorecem o fortalecimento das disposições constitucionais".[29] Está sediada

---

26. Cf. SESMA, Victoria Iturralde. *El precedente en el common law*. Madrid: Civitas, 1995. p. 141.

27. Como explica Jane C. Ginsburg: "A *Supreme Court* é o único tribunal federal diretamente criado pela própria Constituição. Os outros tribunais no sistema judicial federal são criados por Atos do Congresso promulgados em conformidade com o Artigo III". "*The Supreme Court is the only federal court directly created be the Constitution itself. The other courts in the federal judicial system are created by Acts of Congress enacted pursuant to Article III*" (GINSBURG, Jane C. *Legal methods*. Westbury: The Fundation Press, 1996. p. 29. No mesmo sentido: CAVALCANTI, Amaro. *Regime federativo e a República brasileira*. Brasília: UnB, 1983. p. 33).

28. É interessante notar que, ao contrário do que ocorre no Brasil, a Suprema Corte dos Estados Unidos é sempre inserida pelos autores como parte do *Federal Court System*. Nesse sentido: SCHWARTZ, Bernard. *Direito constitucional americano*. Rio de Janeiro: Forense, 1966. p. 160 e ss.; SÉROUSSI, Roland. *Introducción al derecho inglés y norteamericano*. Tradução Enrique Alcaraz Varó. Barcelona: Ariel, 1998. p. 96. Tradução de: *Introduction aux droits anglais et américain* e SESMA, Victoria Iturralde. *El precedente en el common law*. Madrid: Civitas, 1995. p. 150.

29. SÉROUSSI, Roland. *Introducción al Derecho inglés y norteamericano*. Tradução Enrique Alcaraz Varó. Barcelona: Ariel, 1998. p. 96: "*instancia judicial más alta de los Estados Unidos de Norteamérica, la cual goza de gran prestigio tanto en este país*

na capital do país, Washington DC, e é composta por um presidente (*chief justice*) e mais oito ministros (*justices*).

2) *U.S. (Circuit) Courts of Appeal*: Atualmente existem treze *Circuits* ou Tribunais Federais de Apelação. Esse número corresponde à divisão geográfica do país em doze regiões (incluindo, assim, o tribunal para o *District of Columbia*) e mais o tribunal denominado *Court of Appeal for the Federal Circuit*, cuja competência é nacional e está estabelecida em razão da matéria.[30]

3) *U.S. District Courts:*[31] Corresponde ao primeiro grau de jurisdição da Justiça Federal americana, havendo pelo menos um em cada Estado da Federação.

Quanto às *Justiças Estaduais* (*State Court Systems*), cada Estado, em princípio, tem seu próprio sistema de tribunais. Mas, como explica Sesma, "mesmo sendo independentes uns dos outros, os cinquenta sistemas estaduais *têm muito em comum; todos têm tipos e níveis de tribunais* similares, com funções equivalentes".[32] No geral, os sistemas judiciais estaduais são organizados da seguinte forma:

---

con en el extranjero. Tiene múltiples competencias y es beneficiaria de prerrogativas excepcionales que favorecen el reforzamiento de las disposiciones constitucionales".

30. Segundo Sesma: "Resumidamente, sua competência consiste em apreciar apelações em casos perante cortes distritais federais sobre questões de patentes ou contratos contra o governo federal; todas as apelações dos *Claims Courts* e a *Court of International Trade*, e apelações em alguns outros casos". "*Resumidamente, su jurisdicción consiste en apelaciones en casos de tribunales de distrito federal sobre cuestiones de patentes o contratos contra el Gobierno federal; todas las apelaciones de los Claims Courts y el Court of International Trade, y apelaciones en algunos otros casos*". SESMA, Victoria Iturralde. *El precedente en el common law*. Madrid: Civitas, 1995. p. 149.

31. Se desejarmos, sob a denominação *trial courts*, mais ampla, podemos, além das chamadas *district courts*, incluir: a *U.S. Court of International Trade* e a *U.S. Court of Federal Claim*.

32. "*aunque son independientes unos de otros, los cincuenta tribunales estatales tienen mucho en común; todos tienen tipos y niveles tribunales similares, con funciones comparables*" (SESMA, Victoria Iturralde. *El precedente en el common law*. Madrid: Civitas, 1995. p. 143).

1) *Courts of Ultimate Appelation*: Todos os Estados, pelas suas Constituições ou por Lei, possuem um *Tribunal Supremo*, no ápice de suas organizações judiciárias. Na maioria dos Estados, a mais alta corte é chamada de *Supreme Court*, mas pode ser também denominada de *Court of Appeals* ou *Supreme Court of Appeals*. No que tange à interpretação da Constituição e da Legislação estadual, têm a última palavra.

2) *Intermediate Appellate Courts*: Cerca da metade dos Estados possuem tribunais de apelação intermediários, com competência em regra recursal. A competência desses tribunais varia de Estado para Estado (em determinado Estado, podem ser competentes, em última instância, para apreciar apelações sobre certas matérias; noutro, podem ser apenas uma etapa intermediária entre o primeiro grau e o "tribunal de última apelação"). Recebem os mais variados nomes: *Appellante Division, State Appellate Court, Superior Court* ou *Intermediate Court of Appeals*.

3) *Trial Courts of General Jurisdicion*: Cada Estado tem certo número de *trial courts of general jurisdiction*, distribuídos geograficamente por todo o Estado (por isso, às vezes, são classificados como *County Courts* – Tribunais de Condado[33]). Seus nomes variam de Estado para Estado: *Superior Court* (o que presume a existência de uma corte abaixo dela), *District Court* ou ainda *Circuit Court*. Por derradeiro, apesar da expressão "*General Jurisdiction*" aqui usada, há que se ressaltar ainda a existência de alguns tribunais especializados, que estão na mesma posição hierárquica: *Family Courts, Probate Courts*, por exemplo.[34]

---

33. Cf. SESMA, Victoria Iturralde. *El precedente en el common law*. Madrid: Civitas, 1995. p. 145.

34. De acordo com Ginsburg: "Um inventário completo dos órgãos jurisdicionais de qualquer Estado terá que levar em conta também os órgãos especializados que são encontrados em quase todos eles: *Family Courts, Probate Courts*, e assemelhados. Alguns Estados têm um órgão jurisdicional separado, com juízes especialmente

4) *Trial Courts of Inferior Jurisdition*: Primeiramente, em muitas áreas rurais, encontram-se as *Justice of the Peace Courts*, que, em regra, estão no ponto mais baixo da estrutura judicial. Nas cidades, os juízes de paz são os *Magistrates*,[35] cuja existência hoje é uma exceção dentro da regra. De fato, nas cidades, em regra, como tribunal de instância inferior, aparecem as *Municipal Courts* ou *City Courts* (há muitas outras denominações: *Traffic Court, Night Court, General District Court* ou *Police Court*, a depender do Estado). Na verdade, como explica Ginsburg, "todo Estado tem suas cortes de julgamento 'inferiores' ou para questões triviais (*'petty'*) com competência limitada a processos civis envolvendo, relativamente, pequenas quantias de dinheiro e violações menores da lei criminal".[36]

6. A organização judiciária estadunidense e o precedente judicial

Sesma resume, da seguinte maneira, os contornos da doutrina do *stare decisis* nos Estados Unidos:

---

nomeados ou eleitos, para legitimação de testamento, divórcio ou questões criminais. Em outros Estados, existe em cada distrito somente um órgão jurisdicional com competência geral e com vários juízes, mas a especialização é obtida ao se determinar um ou mais juízes dessa corte para uma tarefa particular (*e.g.* a *Family Court*) no início de cada período judicial". "*A complete inventory of any state's trial courts will have to take account, also, of the specialized trial courts that are found in almost every state: Family Courts, Probate Courts, and the like. Some states have separate court, with specially appointed or elected judges, for probate, divorce or criminal matters. In other states, only the one multi-judge trial court of general jurisdiction exists in each district but specialization is achieved by assigning one or more judges of that court to a particular task (e.g. the Family Court) at the beginning of each judicial term*" (GINSBURG, Jane C. *Legal methods*. Westbury: The Fundation Press, 1996. p. 27).

35. Cf. SESMA, Victoria Iturralde. *El precedente en el common law*. Madrid: Civitas, 1995. p. 144.

36. "*every state has its 'inferior' 'petty' trial courts with jurisdiction limited to civil suits involving relatively small amounts of money and to minor violations of the criminal law*" (GINSBURG, Jane C. *Legal methods*. Westbury: The Fundation Press, 1996. p. 26).

> 1) A Suprema Corte nunca se considera estritamente obrigada por suas próprias decisões, e os demais tribunais federais e estaduais têm seguido esta mesma regra em relação à suas próprias decisões. 2) Uma decisão da Suprema Corte é obrigatória em questões federais em todos os demais tribunais (federais e estaduais). 3) Uma decisão de um tribunal federal, sobre uma matéria federal, pode ter um efeito persuasivo em um tribunal estadual, mas não é obrigatória já que o tribunal estadual só deve obediência a um tribunal federal: a Suprema Corte. E inversamente: uma decisão de um tribunal estadual sobre uma questão federal pode ser persuasiva em assuntos federais, mas não é obrigatória. 4) As decisões dos tribunais federais (com exceção das decisões da Suprema Corte) não são obrigatórias para outros tribunais federais de classe igual ou inferior, a menos que o tribunal posterior deva obediência ao tribunal que decidiu a questão.[37]

Entretanto, a coisa não é tão simples assim.[38] Isso, sobretudo, por dois aspectos: a estrutura dual da organização judicial estadunidense, com um complexo sistema de tribunais federais e vários (e também complexos) sistemas judiciais estaduais; e a enorme quantidade de precedentes existentes (sobretudo se comparamos com a Inglaterra).

Há, assim, problemas específicos que devem ser enfrentados, como o valor do precedente de um tribunal federal para os outros tribunais federais, o valor do precedente de um tribunal federal para os tribunais estaduais, o valor

37. "*1) El Tribunal Supremo nunca se ha considerado a sí mismo estrictamente obligado por sus propias decisiones, y los demás tribunales federales y tribunales estatales han seguido esta misma regla en relación a sus propias decisiones. 2) Una decisión del Tribunal Supremo de los EE.UU. es obligatoria en cuestiones federales en todos los demás tribunales (federales y estatales). 3) Una decisión de un tribunal federal, sobre una materia federal, puede tener un efecto persuasivo en un tribunal estatal, pero no es obligatoria puesto que el tribunal estatal sólo debe obediencia a un tribunal federal: el Tribunal Supremo. Y a la inversa: una decisión de un tribunal estatal sobre una cuestión federal puede ser persuasiva en materias federales pero no es obligatoria. 4) Las decisiones de los tribunales federales (además de las del Tribunal Supremo) no son obligatorias para otros tribunales federales de igual o inferior rango, a menos que el tribunal posterior deba obediencia al tribunal que aplica la decisión*" (SESMA, Victoria Iturralde. *El precedente en el common law*. Madrid: Civitas, 1995. p. 154).

38. A própria Sesma assim o admite. SESMA, Victoria Iturralde. *El precedente en el common law*. Madrid: Civitas, 1995. p. 154.

de um precedente de um tribunal estadual dentro do seu próprio sistema, o valor de um precedente de um tribunal estadual para os tribunais federais e o valor de um precedente de um tribunal estadual de um Estado em relação aos tribunais de outros Estados.[39]

Uma *norma* que imponha generalizações para estas e outras questões, mas que também atenda às exceções ou retrações, somente pode ser encontrada se o estudo do assunto for sistematizado. A sistematização aqui proposta é a seguinte: a) a vinculação vertical ao precedente dentro do sistema judicial federal; b) a vinculação vertical ao precedente dentro de um sistema judicial estadual; c) a inter-relação entre o sistema judicial federal e os sistemas judiciais estaduais; d) a inter-relação entre os vários sistemas judiciais estaduais; e) e a vinculação dos tribunais americanos aos seus próprios precedentes.

7. A vinculação vertical ao precedente dentro do sistema judicial federal

Os precedentes da *U.S. Supreme Court* são obrigatórios para as *U.S. (Circuit) Courts of Appeal* e *U.S. District Courts*. Nada mais simples: apenas corolário da regra de que os precedentes de um tribunal superior são vinculantes para os tribunais inferiores. Resta tão só lembrar que, na hipótese de existirem decisões contraditórias do Supremo Tribunal, deve prevalecer, como de seguimento obrigatório, a última, cronologicamente falando.

Pelo mesmo motivo, os precedentes de uma *Court of Appeal* são obrigatórios para as *District Courts* da mesma jurisdição. Entretanto, não são obrigatórios para as demais *Courts of Appeals* ou para as *District Courts* de

39. Cf. POMORSKI, Stanislaw. *American Common Law and the Principle Nullum Crimen Sine Lege*. 2. ed. Paris: Mouton/The Hague, 1975. p. 53.

outra jurisdição, apesar de guardarem o devido grau de persuasão.

As decisões de uma *District Court* não são vinculantes para as demais *District Courts*.

8. A vinculação vertical ao precedente dentro de um sistema judicial estadual

Dentro de um sistema judicial estadual, em virtude da regra geral, as decisões de uma *Court of Ultimate Appelation*, que está no ápice da organização judiciária, são obrigatórias para os demais tribunais a ela inferiores. Quanto a isso, não há maiores dificuldades.

Todavia, não está de todo definido qual é o *status* das decisões dos vários tribunais intermédios de um sistema judicial estadual (como se sabe, na maioria dos Estados americanos, há vários tribunais de apelação intermediários).

Não se discute que as decisões dos tribunais intermédios são vinculantes para as instâncias inferiores da mesma circunscrição judicial. Atendendo a regra geral, mostra-se óbvio.

O problema surge quando se têm em mira as instâncias inferiores de outras circunscrições judiciais do mesmo Estado. Aqui, a depender do Estado, uma das duas opiniões seguintes prevalece: "segundo uma linha jurisprudencial, uma decisão de um tribunal de apelação inferior é obrigatório em todo o Estado, a menos que seja derrogado; segundo outra (representada pelos tribunais de Ohio), uma decisão de um tribunal de apelação inferior é obrigatória somente no seu distrito e, portanto, nos outros, seria meramente persuasiva".[40]

40. "*según una línea jurisprudencial, una decisión de un tribunal de apelación inferior es obligatoria en todo el Estado a menos que sea derogado; según otra (representada por los tribunales de Ohio), una decisión de un tribunal de apelación inferior es obligatoria sólo en un distrito, y por tanto en los otros sería meramente persuasiva*" (SESMA, Victoria Iturralde. *El precedente en el common law*. Madrid: Civitas, 1995).

Por fim, as decisões das cortes de primeira instância não são de seguimento obrigatório pelas demais cortes de igual categoria do mesmo Estado.

9. A inter-relação entre o sistema judicial federal e os sistemas judiciais estaduais

No que tange à doutrina do precedente, a regra é a independência entre a Justiça Federal e as várias Justiças Estaduais. Se dentro de um mesmo sistema judicial, uma linha clara de autoridade prevalece, devendo a corte inferior seguir o precedente da corte superior, o mesmo não se dá quando se inter-relacionam cortes de sistemas judiciais diversos (uma corte federal e uma corte estadual, por exemplo).[41-42]

Entretanto, a regra da independência, para ser completamente entendida, há de ser encarada tendo-se em mente a existência de um Direito federal e de vários Direitos estaduais.

Levando-se em conta a existência dessas duas espécies de Direitos, é seguro afirmar que os tribunais estaduais não estão obrigados pelas decisões das *U.S. (Circuit) Courts of Appeal* e das *U.S. District Courts* em matéria de Direito não federal. E mesmo no que diz respeito às decisões das *U.S. (Circuit) Courts of Appeal* e das *U.S. District Courts* em matéria de Direito Federal, apesar de certas exceções, prevalece,

41. De logo, nesse sentido, afirma Ginsburg: "é suficiente observar agora que a decisão tem completo status e efeito de precedente somente na circunscrição da corte que a prolatou". "*it is sufficient to note now that a decision has the full status and effect of precedent only on the deciding court's home grounds*" (GINSBURG, Jane C. *Legal methods*. Westbury: The Fundation Press, 1996. p. 3).

42. Aqui chamamos também a atenção para a seguinte obra de Amaro Cavalcanti: *Revisão das sentenças dos tribunais estaduais pela Suprema Corte dos Estados Unidos* (1910).

na maioria dos tribunais estaduais, o entendimento de que também não estão eles vinculados a tais decisões.[43]

É também digno de nota que até mesmo uma decisão da Suprema Corte dos Estados Unidos pode não ser obrigatória, por exemplo, para uma corte do Estado de Maryland ou da Flórida, ao menos que essa decisão da Suprema Corte cuide de matéria constitucional ou da interpretação de Legislação Federal.

Aqui, representa uma exceção o fato de a Suprema Corte dos Estados Unidos ser, conforme Sesma,

> o único tribunal federal cujos precedentes podem ser obrigatórios para tribunais dos Estados. Mesmo que se possa encontrar diferentes formulações nas decisões dos tribunais dos EUA a respeito da autoridade dos precedentes da Corte Suprema dos EUA, de fato sua autoridade obrigatória limita-se aos precedentes relativos às questões federais. Quando surge um conflito entre um precedente de um tribunal estadual e um da Corte Suprema a respeito de uma questão federal, o precedente da Corte Suprema é obrigatório. Esta é a razão por que uma decisão da Corte Suprema dos EUA relativa à conformidade das leis estaduais com a Constituição Federal é obrigatória nos tribunais estaduais.[44]

Mas frise-se que, a bem da verdade, nesses casos em que existe a obrigatoriedade de seguimento da decisão da Suprema Corte americana, não se tem, propriamente, uma inter-relação entre cortes de dois sistemas judiciais diversos.

---

43. Cf. SESMA, Victoria Iturralde. *El precedente en el common law*. Madrid: Civitas, 1995. p. 157-158.

44. "*el único tribunal federal cuyos precedentes pueden ser obligatorios en los tribunales de los Estados. Aunque pueden encontrarse diferentes formulaciones en las decisiones de los tribunales estadounidenses acerca de la autoridad de los precedentes del Tribunal Supremo de los EE. UU., de hecho su autoridad obligatoria se limita a los precedentes relativos a cuestiones federales. Si surge un conflicto entre un precedente de un tribunal estatal y uno del Tribunal Supremo respecto a una cuestión federal, el del Tribunal Supremo es obligatorio. Esta es la razón de por qué una decisión del Tribunal Supremo de los EEUU. relativa a la conformidad de las leyes estatales con la Constitución Federal es obligatoria en los tribunales estatales*" (SESMA, Victoria Iturralde. *El precedente en el common law*. Madrid: Civitas, 1995. p. 155).

Como explica Reynolds: "a decisão da *Supreme Court* deve ser seguida pela *Maryland Court* ao lidar com um problema de Direito federal, pois a *Maryland Court*, no caso, está, de fato, operando dentro do sistema federal"[45] [46].

No que tange ao sentido contrário da aplicação do precedente, ou seja, a vinculação ou não das cortes federais aos precedentes das cortes estaduais, a regra, em princípio, é a mesma. É preciso, mais uma vez, ter-se em mente a existência de Direito federal e de Direito estadual. E mais: como registra Sesma, "de acordo com a doutrina de *Erie v. Tompkins*, o único *common law* substantivo é o *common law* dos Estados. De acordo com isso, os tribunais estaduais são os únicos órgãos que têm o poder de criar o *common law* de um determinado Estado e interpretar a Constituição e as leis deste Estado. O Tribunal Supremo do Estado resolve de forma final e obrigatória as questões jurídicas do Estado"[47].

10. A inter-relação entre os vários sistemas judiciais estaduais

45. REYNOLDS, William L. *Judicial process in a nutshell*. 2. ed. St. Paul: West Publishing Co., 1991. p. 7: "*the decision of the Supreme Court must be followed by the Maryland Court dealing with a problem of federal law, for the Maryland court then is, in effect, operating within the federal system*".

46. O fato de uma corte estadual atuar como corte federal não é estranho a nós brasileiros. A nossa Constituição Federal dispõe, expressamente, no art. 109 que: "§ 3º Lei poderá autorizar que as causas de competência da Justiça Federal em que forem parte instituição de previdência social e segurado possam ser processadas e julgadas na justiça estadual quando a comarca do domicílio do segurado não for sede de vara federal" (Redação dada pela Emenda Constitucional n. 103, de 2019); e "§ 4º Na hipótese do parágrafo anterior, o recurso cabível será sempre para o Tribunal Regional Federal na área de jurisdição do juiz de primeiro grau".

47. "*de acuerdo con la doctrina Erie v. Tompkins el único common law substantivo es el common law de los Estados. De acuerdo con esto, los tribunales estatales son los únicos órganos que tienen el poder de crear al common law en un Estado dado e interpretar la Constitución y las leyes del Estado. El Tribunal Supremo del Estado resuelve de manera final y obligatoria las cuestiones jurídicas del Estado*" (SESMA, Victoria Iturralde. *El precedente en el common law*. Madrid: Civitas, 1995. p. 157).

Ginsburg, ao cuidar da influência de uma decisão judicial em "jurisdições" diferentes daquela de onde advém esta decisão, pede-nos licença para notar "um tipo de limitação territorial: uma decisão judicial é um precedente no sentido completo da palavra somente dentro do mesmo sistema judicial ou 'jurisdição'".[48]

Em outras palavras, no que tange à doutrina do precedente, como foi visto, a regra é a independência entre as várias "Justiças", e uma decisão judicial de uma corte superior só é vinculante para as cortes inferiores do seu próprio sistema.

Como exemplo disso, tem-se que "uma decisão da *Supreme Court of California* é um precedente e é assim obrigatória para futuros casos 'similares' no próprio tribunal e em cortes inferiores da Califórnia, mas não é um precedente pleno que transcenda para futuros casos que surgirem nas cortes de Ohio ou Vermont ou de algum outro Estado".[49]

Todavia, não se pode deixar de lembrar que as decisões de outros Estados, sobretudo das suas *Court of Ultimate Appelation*, podem ter – e frequentemente têm – forte poder de persuasão. Nesse sentido, como bem arremata Ginsburg:

> A *Supreme Court of Tenessee*, em apoio a um resultado que alcançou em um caso, pode citar ou mencionar decisões de tribunais de última apelação de Massachusetts, Oregon, Virgínia e meia dúzia de outros Estados – até mesmo eventuais decisões da Inglaterra e de outras jurisdições filiadas à tradição do '*common law*'. Tais decisões de outros Estados não são precedentes no sentido pleno, mas devem ser considerados de acordo com

48. "*a kind of territorial limitation: a judicial decision is a precedent in the full sense of word only within the same judicial system or 'jurisdiction'*" (GINSBURG, Jane C. *Legal methods*. Westbury: The Fundation Press, 1996. p. 3).

49. "*a decision of the Supreme Court of California is a precedent and so generally binding in future 'like' cases in that court and in 'lower' California courts, but it is not a full-fledged precedent for future cases arising in the courts of Ohio or Vermont or some other state*" (GINSBURG, Jane C. *Legal methods*. Westbury: The Fundation Press, 1996. p. 3).

> o *status* e o peso de *persuasive authority*, o que significa que eles não são 'vinculantes' em qualquer sentido, mas podem ter influência, frequentemente, grande influência, em casos em que não haja precedentes locais ou eles sejam conflitantes ou confusos.[50]

11. Os tribunais estadunidenses e os seus próprios precedentes (o plano horizontal)

Como já foi dito, diferentemente do que ocorre na Inglaterra (onde se dá uma necessária vinculação às próprias decisões, com a honrosa exceção da antiga *House of Lords*, hoje *Supreme Court of the United Kingdom*), nos Estados Unidos, como regra aceita, nenhum tribunal está estritamente vinculado às suas próprias decisões anteriores. Em outras palavras, contanto que não o façam em descompasso com uma linha de precedente de um tribunal superior (isso é importante ser ressaltado), podem os tribunais americanos decidir em contrário aos seus próprios precedentes.

Uma exposição clássica da doutrina dos *stare decisis* nos Estados Unidos, no que tange à vinculação das cortes às suas próprias decisões, pode ser encontrada, como fez Sesma, na decisão da Suprema Corte americana em *Hertz v. Woodman 218 US 205 (1910)*. Nela, o *justice* Lurton afirmou: "A regra do *stare decisis*, embora recomende a consistência e uniformidade das decisões, não é inflexível. Se deve ou não ser seguida é uma questão totalmente sujeita

50. "*The Supreme Court of Tennessee, in support of the result it has reached in a case, may quote from or cite decisions form the courts of last resort of Massachusetts, Oregon, Virginia and a half-dozen other states-even perhaps decisions from England and other 'common law' jurisdictions. Such outstate decisions are not full-fledged precedents, but they are accorded the status and weight of persuasive authority, which means that they are not 'binding' in any sense but may have influence, often very great influence, in cases where is no local precedent or the local precedents are conflicting or unclear*" (GINSBURG, Jane C. *Legal methods*. Westbury: The Fundation Press, 1996. p. 5-6).

à discrição do tribunal, que é chamado novamente a considerar uma questão que já foi decidida anteriormente"[51].

Por fim, para que não haja um falso entendimento da questão, é necessário deixar claro que, apesar de não haver a necessária obediência aos seus próprios precedentes, os tribunais americanos, sobretudo por uma questão de política (busca da estabilidade, da uniformidade etc.), normalmente os têm seguido.

Referências

ALMEIDA, Maria Clara Lucena Dutra de. Federalismo: estudo comparado entre os sistemas brasileiro, canadense e norte-americano no âmbito da participação dos entes federativos na formação da vontade nacional. *Revista Jurídica In Verbis*, Natal, ano IX, n. 17, ago./dez. 2004.

CAVALCANTI, Amaro. *Regime federativo e a República brasileira*. Brasília: UnB, 1983.

FARNSWORTH, E. Allan. *Introdução ao sistema jurídico dos Estados Unidos*. Tradução Antônio Carlos Diniz de Andrada. Rio de Janeiro: Forense, [196-].

FRADIN, Dennis B. *The Declaration of Independence:* a new true book. Chicago: Children's Press, 1988.

GINSBURG, Jane C. *Legal Methods*. Westbury: The Fundation Press, 1996.

LAGO, Laurenio. *Supremo Tribunal de Justiça e Supremo Tribunal Federal*: dados biográficos 1828-2001. 3. ed. Brasília: Supremo Tribunal Federal, 2001.

---

51. "*La regla stare decisis, aunque tendente a la consistencia y uniformidad de la decisión, no es inflexible. Si debe ser seguida o no es una cuestión totalmente a discreción del tribunal, que es llamado otra vez a considerar una cuestión ya decidida*". SESMA, Victoria Iturralde. *El precedente en el common law*. Madrid: Civitas, 1995. p. 136-137.

POMORSKI, Stanislaw. *American Common Law and the Principle Nullum Crimen Sine Lege*. 2. nd. Paris: Mouton/ The Hague, 1975.

RÁO, Vicente. *O direito e a vida dos direitos*. 3. ed. São Paulo: RT, 1991. v. 1.

REYNOLDS, William L. *Judicial process in a nutshell*. 2nd. St. Paul: West Publishing Co., 1991.

SCHWARTZ, Bernard. *Direito Constitucional Americano*. Rio de Janeiro: Forense, 1966.

SÉROUSSI, Roland. *Introducción al Derecho inglés y norteamericano*. Tradução Enrique Alcaraz Varó. Barcelona: Ariel, 1998. Tradução de: *Introduction aux droits anglais et américain*.

SESMA, Victoria Iturralde. *El precedente en el common law*. Madrid: Civitas, 1995.

AMARO CAVALCANTI SOARES DE BRITO

Marcelo Navarro Ribeiro Dantas[1]

Tatiana Barroso de Albuquerque Lins[2]

> "[D]o *menino* se fez o *homem;* como do *homem* se fez o *cidadão;* como do *discípulo* se fez o *mestre;* como do *mestre* se fez o *publicista;* como do *publicista* se fez o *advogado;* como do *advogado* se fez o orador *parlamentar;* como do *parlamentar* se fez o *político;* como do *político* se fez o *diplomata;* como do diplomata se fez o *Estadista!*"[3]

---

1. Doutor em Direito pela Pontifícia Universidade Católica de São Paulo. Ministro do Superior Tribunal de Justiça.

2. Pós-graduanda em Produção Editorial pela LabPub. Bibliotecária do Superior Tribunal de Justiça.

3. GUEDES, Pelino. *Biographia de Amaro Cavalcanti*: Ministro da Justiça e Negocios Interiores. Rio de Janeiro: Typ. Leuzinger, 1897. p. 17.

1. Introdução

Amaro Cavalcanti foi o único norte-rio-grandense a chegar ao Supremo Tribunal Federal. Foi, até hoje, o único Ministro do Supremo que não se formou no Brasil. Provavelmente será o primeiro daquela Casa a ter um irmão nos altares, venerado como santo[4].

Vamos contar aqui um pouco de sua história de singularidades e tentar mostrar por que ele – que, além de Juiz da Suprema Corte, foi, entre outras coisas, Senador, Deputado Federal, Diplomata, Ministro da Justiça, Ministro da Fazenda e Prefeito do Distrito Federal – é um dos juristas que formaram nosso País.

2. Dados biográficos (15/08/1849-28/01/1922)

Amaro Cavalcanti nasceu em uma fazenda às margens do Rio Piranhas (ou Açu[5]), numa parte do município de Caicó que dele depois se desmembrou e atualmente se chama Jardim de Piranhas.[6 e 7]

De acordo com Carlos Adel Teixeira de Souza, quiçá seu mais completo biógrafo, o grande jurista potiguar era filho de Amaro Soares Cavalcanti de Brito e Ana de Barros Cavalcanti, tinha como irmãs Militana Cavalcanti de Brito, Ana Cavalcanti e Josefina Cavalcanti. Não há, a respeito, que se tenha encontrado, registros históricos dignos de

4. Alguém poderá dizer que não são méritos do biografado as virtudes do irmão. Todavia, elas aqui são mencionadas não apenas por serem tão especiais, mas para mostrar que a família e o entorno de Amaro – a região potiguar do Seridó – eram capazes de gerar pessoas tão diferenciadas.

5. Muitos defendem a grafia *Assu*.

6. DEPARTAMENTO ADMINISTRATIVO DO SERVIÇO PÚBLICO. *Amaro Cavalcanti*. Rio de Janeiro: DASP, 1956. p. 8.

7. Deveria ser Jardim *do* (Rio) Piranhas.

nota, afinal, viviam em uma sociedade patriarcal onde cabiam às mulheres as tarefas domésticas[8]. Mas seu irmão, o Padre João Maria, assim como o próprio Amaro, desde cedo, tiveram destaques nos estudos.

Casou-se com Henriqueta Ferreira Catão, filha do juiz Ferreira Catão, com quem teve uma filha, Luzia Cavalcanti Linhares, ex-primeira-dama do Brasil.[9] Ficou viúvo em 1888.

Novamente se casou, agora em 8 de novembro de 1890, com Eponina de Souza Ferreira, com quem teve a filha Vera Cavalcanti de Caracas.[10]

A morte da filha, depois, tornaria seu sorriso raro e o deixaria menos comunicativo. Ela faleceu pela manhã, no dia 28 de janeiro de 1922, em sua residência.[11]

"Essas questões fúnebres mereceram sua preocupação. Em relação à própria morte, Amaro Cavalcanti solicitou por escrito à família que seu enterro fosse em caixão de 3ª classe e que se efetuasse em sepultura rasa, no cemitério de São João Batista, às 3 horas da tarde."[12] Nessa data, o presidente do STF determinou luto de três dias, registro em ata de um voto de pesar, unanimemente aprovados,

---

8. SOUZA, Carlos Adel Teixeira de. *Amaro Cavalcanti*. Natal: Sebo Vermelho, 2009. p. 29-30.

9. GUEDES, Ciça; MELO, Murilo Fiuza de. *Todas as mulheres dos presidentes*: a história pouco conhecida das primeiras-damas do Brasil desde o início da República. Rio de Janeiro: Máquina de Livros, 2019.

10. PROCLAMAS. *Jornal do Commercio*, Rio de Janeiro, 18 set. 1890. Disponível em: https://memoria.bn.br. Acesso em: 9 jun. 2023. DR. AMARO Cavalcanti: o fallecimento, hontem, do illustre brasileiro. *Jornal do Commercio*, Rio de Janeiro, 29 jan. 1922. Disponível em: http://memoria.bn.br. Acesso em: 9 jun. 2023.

11. LAMARTINE, Juvenal. Amaro Cavalcanti: homem de pensamento e ação. *Revista da Academia Norte-Riograndense de Letras*, Natal, v. 1, p. 16-29, 1951. Juvenal Lamartine ocupou a cadeira 12, que era de Amaro Cavalcanti, na ANRL (patrono da cadeira).

12. LYRA, Anderson Tavares de. *Dr. Amaro Cavalcanti*. [*S. l.*], 2016. Disponível em: http://www.historiaegenealogia.com/2016/11/dr-amaro-cavalcanti.html. Acesso em: 21 mar. 2023.

e o envio de três ministros para representar a Corte no funeral.[13]

Seu irmão mais velho era o Padre João Maria, considerado "o santo de Natal", capital do Rio Grande do Norte[14].

---

13. DR. AMARO Cavalcanti. *O Paiz*, Rio de Janeiro, 29 jan. 1922. Disponível em: http://memoria.bn.br. Acesso em: 12 jun. 2023.

14. *"João Maria era um sacerdote integral: zeloso pela salvação das almas, desprendido do que era da terra, para pregar melhor o que era do céu, ele o fez sempre com a palavra, com o exemplo e, até mesmo, com a pena de jornalista, disse o Monsenhor Landim. João Maria* nasceu em 23 de junho de 1848, véspera de São João, na Fazenda Logradouro do Barro, que na época pertencia a Caicó. Seu nome foi escolhido por sua avó por ter nascido na véspera do dia de são João (Documentário do jornal televisivo RN1 sobre o Padre João Maria: https://globoplay.globo.com/v/11527472/?s=0s. Acesso em: 9 jun. 2023). Ingressou aos 12 anos no seminário de Olinda. Além da escolarização, cursou Filosofia, Direito Canônico e Teologia. Recebeu o Subdiaconato no dia 6, o Diaconato no dia 19, e a Ordenação Presbiteral – em ordenação geral, pela imposição das mãos de Dom Luís Antônio dos Santos, primeiro Bispo do Ceará –, na Capela de Nossa Senhora da Conceição da Prainha, no dia 30 de novembro de 1871 (MARINHO, Francisco Fernandes. O Monsenhor Landim e "um perfil de sacerdote". *Gazeta de Natal*, Natal, 3 jul. 2022. Disponível em: https://www.gazetadenatal.com.br/noticia/2262/o-monsenhor-landim-e-aum-perfil-de-sacerdote. Acesso em: 20 mar. 2023). A primeira missa foi por ele rezada no dia 10 de dezembro do mesmo ano, na igreja Matriz de Sant'Ana, em Caicó. Seu lema eclesiástico era *omnia in omnibus*, isto é, "ser tudo para todos". "2) Em 10 de maio de 1901, na Igreja Bom Jesus das Dores, Pe. João Maria batizou Luís da Câmara Cascudo, que foi apadrinhado pelo então governador do RN, Joaquim Ferreira Chaves e sua esposa Alexandrina Barreto Ferreira Chaves. 3) Fundou o jornal 8 de Setembro (jornal católico), onde defendia a causa da abolição dos escravos. Fundou também a Sociedade Libertadora Norte-Riograndense (Fundada por Padre João Maria, Pedro Velho de Albuquerque Maranhão e Alberto Frederico de Albuquerque Maranhão. Ficou conhecido como "Pai dos negros forros". CICCO, Januário. Padre João Maria. *Revista da Academia Norte-Riograndense de Letras*, Natal, v. 1, p. 39, 1951) em 1° de janeiro de 1888, sendo seu primeiro presidente. 4) Em 1905, Natal sofreu com uma epidemia de varíola. Pe. João Maria, então pároco da principal paróquia de Natal, Nossa Senhora de Apresentação, cuidava dos doentes pessoalmente e terminou por contrair a doença, que depois o levou à morte. Tinha 57 anos. 5) Quase toda a população de Natal, cerca de 20.000 habitantes, participou do enterro. Desde então, foi batizado pelo próprio povo como o Santo de Natal. Por causa dele, o nome João Maria é mais comum em Natal do que em qualquer outro lugar. (DUTRA, Arthur. *10 fatos sobre o Padre João Maria, o Santo de Natal*. Natal, 19 ago. 2021. Disponível em: https://arthurdutra.medium.com/10-fatos-sobre-o-padre-jo%C3%A3o-maria-o-santo-de-natal-964014aa77e. Acesso em: 21 mar. 2023). "[A] Diocese de Natal incentivou a construção de uma identidade católica pautada na figura do padre João Maria e que no processo dessa elaboração os escritos do monsenhor José Alves Landim desempenharam um papel fundamental." O Padre João Maria "6) Foi sepultado no cemitério do Alecrim, mas em 1979 uma parte dos seus

3. A vida pública multifacetada de Amaro Cavalcanti

De seu local de nascimento, ele se mudou para Caicó, então sede do município, onde estudou latim. Trabalhou como comerciante e caixeiro ainda na adolescência.

Depois, foi professor, por concurso público, de latim, no Maranhão e em Baturité, importante cidade do Ceará. Envolveu-se então em lutas partidárias, foi filiado ao partido conservador e fundou jornais nos quais escrevia.[15 e 16]

---

restos mortais foi transportada para a Igreja de Nossa Senhora de Lourdes, situada no Alto do Juruá, em Petrópolis. O altar desta igreja está localizado no local exato onde ele faleceu. 7) Possui o título canônico de Servo de Deus desde 2004, conferido pela Igreja Católica aos que estão com processo de beatificação aberto. O postulador oficial da causa da beatificação do Pe. João Maria junto ao Vaticano é o Monsenhor José Mário. 8) Em sua homenagem foi confeccionado um busto, que está fixado num pedestal que fica na Praça Padre João Maria, na Cidade Alta, atrás da Igreja Matriz, onde foi pároco por vários anos. Todo dia 16 é celebrada uma Missa nesta praça em honra do Santo de Natal. A praça se chamava Praça da Alegria e foi rebatizada como Praça Padre João Maria. 9) É o Patrono da cadeira nº. 11 da Academia Norte Riograndense de Letras. 10) O historiador Luís Eduardo Brandão Suassuna, o Kokinho, está organizando uma nova edição da biografia do Padre João Maria, escrita em 1935 pelo Monsenhor José Alves Landim." DUTRA, Arthur. *10 fatos sobre o Padre João Maria, o santo de Natal.* Natal, 19 ago. 2021. Disponível em: https://arthurdutra.medium.com/10-fatos-sobre-o-padre-jo%C3%A3o-maria-o--santo-de-natal-964014aa77e. Acesso em: 21 mar. 2023. O padre faleceu em 16 de outubro de 1905. NAVARRO, Jurandyr. Padre João Maria, o Santo de Natal. *Tribuna do Norte*, Natal, 22 de maio de 2022. Disponível em: http://www.tribunadonorte.com.br/noticia/padre-joa-o-maria-o-santo-de-natal/539046. Acesso em: 22 mar. 2023. Na igreja do Alto do Juruá, no bairro de Petrópolis, em Natal, foi organizado um pequeno mausoléu, onde foram depositados seus restos mortais e objetos de uso pessoal, um livro de Teologia Moral, por ele feita a transcrição manuscrita, trasladado do Cemitério do Alecrim.

15. DEPARTAMENTO ADMINISTRATIVO DO SERVIÇO PÚBLICO. *Amaro Cavalcanti.* Rio de Janeiro: DASP, 1956. p. 9. Para a historiadora Fabiana Sena, a imprensa da época contribuiu muito para a consagração de Amaro Cavalcanti. Divulgavam toda a transição de sua carreira, suas ideais e resultados dos seus trabalhos. Essas publicações demonstravam a sociabilidade de Amaro (casamento e amigos) e suas ações no campo da instrução, firmando-o como intelectual. SENA, Fabiana. O professor Amaro Cavalcanti e a imprensa do Ceará: uma leitura do intelectual no Império Brasileiro. *Revista História da Educação* (online), [*s. l.*], v. 23, p. 17, 26-27, 2019. DOI: http://dx.doi.org/10.1590/2236-3459/82321.

16. *O Cearense* publicou em janeiro de 1881 a propaganda do jornal "Libertador" e divulgou a lista de acionistas com o nome de Amaro Cavalcanti entre eles. "Esse

A pedido de Pedro Leão Veloso[17], foi aos Estados Unidos "para estudar a organização do ensino primário na América do Norte"[18]. Lá estudou Direito na *Union University,* em Albany, Nova Iorque,[19] entre 1876 e 1881. "Recebeu o honroso qualificativo de *Prophet*, criado para o aluno mais distinto e instruído da turma".[20]

Foi o primeiro aluno Da turma de 1880 a 1881 e o primeiro advogado brasileiro credenciado a atuar na Suprema Corte dos Estados Unidos, que lhe conferiu o título de *Counsellor at Law*.

> A graduação na Universidade de Albany, no estado de Nova York, na época da sua fundação, em 1844, era uma escola normal, com o objetivo de formar professores para uma população em rápido crescimento. Por quase 50 anos, a Escola Normal proporcionou uma educação de dois anos a estudantes de todo o estado. Possivelmente, em razão deste tipo de educação, Amaro Cavalcanti, professor de Latim, se sentiu atraído pela rápida formação em Direito.[21]

dado revela que a imprensa foi utilizada por ele como estratégia de propagação das suas ideias, sendo assegurada sua participação como um dos membros do referido jornal, mesmo estando distante fisicamente." SENA, Fabiana. O professor Amaro Cavalcanti e a imprensa do Ceará: uma leitura do intelectual no Império Brasileiro. *Revista História da Educação* (online), [*s. l.*], v. 23, p. 16, 2019. DOI: http://dx.doi.org/10.1590/2236-3459/82321.

17. Pedro Leão Veloso era Presidente da Província do Ceará, Conselheiro e Senador do Império.

18. DEPARTAMENTO ADMINISTRATIVO DO SERVIÇO PÚBLICO. *Amaro Cavalcanti*. Rio de Janeiro: DASP, 1956. p. 10.

19. JUNQUEIRA, Eduardo. Cavalcanti, Amaro [verbete]. *In*: ABREU, Alzira Alves de. *Dicionário histórico-biográfico da Primeira República*: 1889-1930. Rio de Janeiro: FGV, [2001].

20. LAMARTINE, Juvenal. Amaro Cavalcanti: homem de pensamento e ação. *Revista da Academia Norte-Riograndense de Letras*, Natal, v. 1, p. 20, 1951.

21. SENA, Fabiana. O professor Amaro Cavalcanti e a imprensa do Ceará: uma leitura do intelectual no Império Brasileiro. *Revista História da Educação* (online), [*s. l.*], v. 23, p. 10-11, 2019. DOI: http://dx.doi.org/10.1590/2236-3459/82321.

Regressou ao Brasil em 1881, revalidou seu título de doutor na Faculdade de Direito do Recife e pediu exoneração da função de professor de latim.

Foi, a seguir, nomeado Diretor Geral da Instrução Pública do Ceará[22], cargo similar a Secretário de Educação, e teve uma atuação muito destacada. Seguiu a tendência do modelo educacional americano, enfatizando o ensino religioso e a educação moral na grade curricular.[23] Simultaneamente, atuou como advogado.

Amaro Cavalcanti era, à época, declaradamente abolicionista, causa que, então, havia duas décadas ganhava mais simpatia a cada dia. Sua identificação com a política se estreitava à medida que se aproximava dos dirigentes nacionais.

Fixou-se no Rio de Janeiro, onde foi nomeado pelo Conde D'Eu para a cadeira de Latim do tradicional colégio Pedro II. Nada obstante, engajou-se na defesa da abolição da escravatura e na luta contra a Monarquia, fato que o favoreceu anos depois.

Com a assinatura da Lei Áurea, em 13 de maio de 1888, Amaro pôde se dedicar inteiramente às teses republicanas e federativas.

> Ao longo da década de 1880, Amaro Cavalcanti dedicou-se a analisar a economia brasileira de modo comparativo com a economia norte-americana, procurando elaborar alternativas para colocar o Brasil na via do desenvolvimento. Para ele, tudo aproximava o Brasil dos Estados Unidos, pois ambos tinham características históricas e geográficas semelhantes: eram possuidores de vastos territórios com uma grande diversidade de recursos naturais, e

22. Luziel Silva destaca a importância de Amaro Cavalcanti para a educação naquele estado e no Brasil. SILVA, Luziel Augusto da. *Amaro Cavalcanti e a instrução pública da província do Ceará (1881-1883)*. 2019. Trabalho de Conclusão de Curso (Licenciatura Plena em Pedagogia)-Universidade Federal da Paraíba, João Pessoa, 2019.

23. SOUZA, Carlos Adel Teixeira de. *Amaro Cavalcanti*. Natal: Sebo Vermelho, 2009. p. 41.

> eram ambos ex-colônias; no entanto, a realidade mostrava que o Brasil encontrava-se muito mais atrasado. Enquanto que os Estados Unidos trilhavam o caminho do desenvolvimento industrial, o Brasil seguira um caminho inverso, especializando-se na produção de bens primários de baixo valor agregado. Contudo, ainda estava em tempo de o País reverter este quadro, superar a condição de produtor estritamente agrícola e lançar-se rumo ao desenvolvimento econômico, percorrendo a trilha do exemplo norte-americano. Mas, isto só seria possível através do desenvolvimento industrial. Engajou-se, então, na luta pela industrialização.[24]

Grande parte da obra econômica de Amaro Cavalcanti[25] está concentrada na década de 1890. São trabalhos extensos, bastante descritivos e baseados em documentação primária.

Nacionalista e otimista, sempre encontrava soluções sem deixar de reconhecer as deficiências e dificuldades brasileiras.[26]

> Como Freidrich List, Amaro Cavalcanti defendia uma política protecionista a favor da indústria nascente, nos setores onde esta se mostrasse lucrativa. Cavalcanti acreditava que a proteção era indispensável para a industrialização de um país pobre, mas defendia um protecionismo moderado, seletivo, circunstancial e limitado. Em outros termos, pensava que o moderno protecionismo, em contraste com aquele que vigorara na época mercantilista, não visava criar monopólios, mas garantir o progresso industrial da nação, isto é, a política econômica era vista por ele como parte integrante de uma política nacionalista.[27]

---

24. SILVA, Ligia Osório; FERNANDES, Suzana Cristina. Amaro Cavalcanti e os caminhos da industrialização brasileira. *História Econômica & História de Empresas*, [*s. l.*], v. 1, n. 1, p. 38, 2003.

25. Cf. VIERA, Dorival Teixeira. *A obra econômica de Amaro Cavalcanti*. São Paulo: USP, Faculdade de Filosofia, Ciências e Letras, 1960.

26. SILVA, Ligia Osório; FERNANDES, Suzana Cristina. Amaro Cavalcanti e os caminhos da industrialização brasileira. *História Econômica & História de Empresas*, [*s. l.*], v. 1, n. 1, p. 35-63, 2003.

27. SILVA, Ligia Osório; FERNANDES, Suzana Cristina. Amaro Cavalcanti e os caminhos da industrialização brasileira. *História Econômica & História de Empresas*, [*s. l.*], v. 1, n. 1, p. 35-63, 2003. p. 48.

A publicação de "*Finances du Brésil*", em 1889, mostrou uma nova vocação de Amaro Cavalcanti. Após análises de relatórios governamentais e estudo de bibliografia especializada tornou-se "ativo crítico e doutrinador" dos assuntos econômicos da República Velha.[28]

Foi premiado na Exposição Internacional de Trabalhos Jurídicos, de 1894, pela publicação da "Resenha Financeira do Ex-Imperio", no Rio de Janeiro, em 1890.[29]

Dentre vários trabalhos, escreveu "A reforma monetária", obra que não está entre suas mais destacadas, mas, de acordo com Almir Pazzianotto, é "digna de meditação por todos aqueles que administram negócios de economia".[30] Considerava que o bem-estar comum não estava na baixa e no controle dos preços e sim, no trabalho abundante e bem remunerado.[31] Pazzianotto credita a posição de Amaro, em contraponto com o conservadorismo do período imperial, a sua vivência nos Estados Unidos. Trazia em si resistência a qualquer política econômica não pautada no mercado forte e no desenvolvimento com manutenção, ao máximo possível, de justiça social e volume de emprego.

> O pensamento de Amaro Cavalcanti seria atualizado mais de século e meio depois, nas lições de outro ilustre nordestino, o professor Celso Furtado, para quem é falsa a alternativa entre

28. SOUZA, Carlos Adel Teixeira de. *Amaro Cavalcanti*. Natal: Sebo Vermelho, 2009. p. 47.

29. SANTOS, Deodato C. Vilela dos. *Relatorio da exposição de trabalhos jurídicos*. Rio de Janeiro: Imprensa Nacional, 1985. Disponível em: https://www2.senado.leg.br/bdsf/handle/id/ 242808. Acesso em: 10 jun. 2023. A NOTICIA. Rio de Janeiro, 19 mar. 1900, p. 2. Disponível em: http://memoria.bn.br. Acesso em: 10 jun. 2023.

30. PINTO, Almir Pazzianotto. Amaro Cavalcanti. *Direito & Justiça*, Brasília, 1 mar. 1999. p. 6

31. PINTO, Almir Pazzianotto. Amaro Cavalcanti. *Direito & Justiça*, Brasília, 1 mar. 1999. p. 6.

> crescimento comprometido pela espiral inflacionária ou estabilidade combinada com estagnação.[32]

Algumas ideias de Amaro Cavalcanti resistiram ao tempo e comprovam seu profundo conhecimento sobre assuntos econômicos.

Amaro Cavalcanti era integrante formal do movimento antimonarquista e prestava total apoio aos republicanos e à liderança do Marechal Deodoro da Fonseca. Aos 40 anos, participou da transição da monarquia para a República.

Os jornais da época publicaram debates de Amaro com defensores da Monarquia, como Joaquim Nabuco.[33]

Por ser poliglota, Amaro tinha acesso à leitura de clássicos mundiais que traziam ideias avançadas aos intelectuais do hemisfério sul. "Era discreto e atuava nos bastidores, articulando, convencendo e convertendo possíveis opositores". Preferia a palavra escrita, mas não se furtava a se pronunciar em defesa dos seus entendimentos.

Nos primeiros anos da República, Amaro Cavalcanti diz:

> em vez de estarmos a repetir que 'não era esta a República que sonhávamos', devemos todos, os amigos e crentes sinceros do regime, — dar-lhe o melhor do nosso saber e esforços, para que [...] se torne, quanto antes, verdadeiramente digna, verdadeiramente grande, verdadeiramente próspera."
>
> — República, que inspire fé e segurança a todos, e que, como governo instituído da Nação, seja garantia certa do direito e da liberdade em qualquer parte do território nacional.[34]

---

32. PINTO, Almir Pazzianotto. Amaro Cavalcanti. *Direito & Justiça*, Brasília, 1 mar. 1999. p. 6.

33. SOUZA, Carlos Adel Teixeira de. *Amaro Cavalcanti*. Natal: Sebo Vermelho, 2009. p. 44.

34. SOUZA, Carlos Adel Teixeira de. *Amaro Cavalcanti*. Natal: Sebo Vermelho, 2009. p. 52-53.

Amaro Cavalcanti iniciou sua vida política como candidato a deputado provincial em 1884. Porém, ainda que vitorioso, não tomou posse. Continuava no Rio de Janeiro, dedicado ao jornalismo e ao Direito.[35]

Foi nomeado primeiro vice-governador (à época, vice-presidente) do Estado do Rio Grande do Norte em 26 de abril de 1890. O ato foi tornado sem efeito em junho, em razão de ter que morar no território potiguar para deter tal cargo.[36]

Floriano Peixoto assumiu a presidência da República, após uma sutil interpretação constitucional da perspicácia de Amaro Cavalcanti. É que a Constituição de 1891, em seu art. 42, determinava que o Vice-Presidente só sucederia o Presidente, em caso de vaga, se já tivessem decorrido dois anos do mandato presidencial. E Deodoro renunciara à presidência com menos de um ano de mandato (não se computa aí, como é lógico, o tempo que exercera o cargo provisoriamente, entre a proclamação da República e sua eleição pelo Congresso Constituinte). O Vice apenas presidiria o país até a posse de quem viesse a ser eleito numa nova eleição que a Carta impunha. Mas ocorre que o art. 47 da mesma Constituição dizia que o Presidente e o Vice eram escolhidos na mesma eleição. Então, o mandato de ambos era de quatro anos... Além disso, alegou-se que o art. 42 só se aplicaria a presidentes eleitos pelo povo e não por aqueles escolhidos pelo Congresso.

De toda forma, Floriano Peixoto agarrou-se ao mandato. Assinava os atos como Vice-Presidente (no exercício da presidência). Nessa condição, dirigia-se ao Congresso.

---

35. JUNQUEIRA, Eduardo. Cavalcanti, Amaro [verbete]. *In*: ABREU, Alzira Alves de. *Dicionário histórico-biográfico da Primeira República*: 1889-1930. Rio de Janeiro: FGV, [2001].

36. SOUZA, Carlos Adel Teixeira de. *Amaro Cavalcanti*. Natal: Sebo Vermelho, 2009. p. 55.

O Marechal de Ferro, como Floriano ficou conhecido, reagiu com enorme violência aos opositores para se manter no comando do País. Seu mandato, marcado por conflitos e rebeliões, consolidou a República nascente.

Por esse tempo, Amaro se elegeu Senador em 1890, pelo Rio Grande do Norte, na primeira legislatura republicana, e participou da comissão que formulou a primeira Constituição.[37] A comissão era formada por 21 membros e foi Amaro Cavalcanti que iniciou os debates acerca do projeto constitucional.[38]

Em 1894 manifestou-se acerca de acórdão do STF que tornava inconstitucional a Lei de 25 de agosto de 1892, do estado da Bahia que criou, "sob a denominação de imposto de estatística, [...] imposto de importação estadual sobre as mercadorias estrangeiras já tributadas pela União". Amaro publicou uma série de artigos, no Jornal do Commercio, onde alegava que o Supremo já havia declarado a inconstitucionalidade do imposto de estatística. Disse que

> declarar a invalidade de uma lei promulgada, por poder competente — por mera interpretação ampliativa — é jurisprudência perigosa, senão inadmissível, por contrária à independência dos poderes públicos entre sí; e, no caso sujeito, nem essa interpretação serve de argumento, porque a simples redação ou forma do texto repele-a de modo claríssimo.[39]

Afirmou que a decisão não fora tomada pela maioria do tribunal e que, por isso, não poderia ser considerada um

37. JUNQUEIRA, Eduardo. Cavalcanti, Amaro [verbete]. *In*: ABREU, Alzira Alves de. *Dicionário histórico-biográfico da Primeira República*: 1889-1930. Rio de Janeiro: FGV, [2001]. Carlos Adel Souza, em *Amaro Cavalcanti*, registra o ano de 1891.

38. GUEDES, Pelino. *Biographia de Amaro Cavalcanti*: Ministro da Justiça e Negocios Interiores. Rio de Janeiro: Typ. Leuzinger, 1897. p. 20.

39. CAVALVANTI apud RODRIGUES, Lêda Boechat. *História do Supremo Tribunal Federal*: tomo 1: 1891-1898: defesa das liberdades civis. 2. ed. Rio de Janeiro: Civilização Brasileira, 1991. p. 76.

acórdão. Disse ainda que se podia esperar "luzes, prudência e patriotismo do STF".

Rui Barbosa respondeu a Amaro Cavalcanti numa série de vinte artigos, também publicados no Jornal do Commercio, e os abriu dizendo "Não! A Justiça Federal não recuará; porque não é ela que está em erro". Alegou que Amaro Cavalcanti enumerara julgados que só conhecera por resumidas citações. Ao mesmo tempo, Rui Barbosa utilizou resumos e fez alusões em relação ao que considerava mau gosto em relação a Amaro: "para o meu adversário a constitucionalidade dos impostos interestaduais é palpável. Para mim, é palpável a sua inconstitucionalidade. Quem decidirá entre nós, senão a hermenêutica judicial?"[40]

Amaro Cavalcanti publicou onze artigos em tréplica e criticou Rui Barbosa por citar o advogado W. Draper Lewis – que sustentava o direito prévio e exclusivo do Congresso Federal em relação ao comércio. Amaro argumentou que Rui Barbosa utilizou habilmente, e de acordo com a sua tese, as citações de decisões da Suprema Corte ali contidas. Amaro Cavalcanti acentuou que a jurisprudência americana sobre a regulação do comércio era diversa e apresentava contradições:

> Com certeza, todo respeito e acatamento é devido às decisões do judiciário supremo; mas, trata-se de uma questão política de vida ou de morte, para a própria federação, não é de supor que os outros poderes desta se julguem por al forma obrigados, *detidos*, — que deixem de procurar o caminho, pelo qual possa evitar a *ruína inevitável*, porventura, proveniente de interpretação judicial. Nenhum poder público tem o direito de levar o exercício de suas faculdades até ao extremo, de concorrer para fazer paralisar o funcionamento do próprio organismo em geral de que é parte; o supremo tribunal é o primeiro a não ignorar, que há consequência fatal da sua recente decisão (falo com todo o respeito) seria impossibilitar a vida financeira dos Estados... A

40. RODRIGUES, Lêda Boechat. *História do Supremo Tribunal Federal*: tomo 1: 1891-1898: defesa das liberdades civis. 2. ed. Rio de Janeiro: Civilização Brasileira, 1991. p. 77.

vigorar a *teoria nova*, ainda que amparada pela decisão suprema, - os Estados ficam sem a sua melhor parte de rendas, que é a proveniente do comércio interestadual; - e, além disto, terão que restituir o que inconstitucionalmente têm arrecadado desde 1892, - isto é, para uns centenares e para outros milhares de contos de reis! E onde iria parar a sorte da República, ao influxo de tão brilhante teoria?! Como cidadão, como homem político, preferiria errar, pondo-me ao lado do bem público, do que acertar fazendo o mal, fascinado da luz radiante de princípios teóricos, nem sempre aplicáveis aos fatos de um povo...[41]

Sobre o assunto, bem dissertou Arnaldo Godoy:

Quando ministro do Supremo Tribunal Federal Cavalcanti polemizou com Ruy Barbosa a respeito de impostos interestaduais. Publicou cinco artigos no Jornal do Comércio, reiterando decisão do STF sobre a inconstitucionalidade de um imposto de estatística criado pelo estado da Bahia. Esse imposto incidiria sobre o valor dos gêneros de produção nacional que fossem exportados e sobre as mercadorias que fossem comercializadas no estado, inclusive estrangeiras.

No entanto, sustentava que a decisão não continha o poder de firmar jurisprudência, que não poderia ser interpretada de modo analógico e que, principalmente, não fora tomada pela maioria dos juízes do STF *(full bench);* foram sete votos contra três. A decisão fora orientada com base na jurisprudência norte-americana, e afirmou-se no voto condutor que o conteúdo decidido formava precedente para discussões vindouras. Cavalcanti questionou a extensão do aresto do STF. Previa desastrosas consequências para as economias estaduais, se vingasse uma interpretação analógica e extensiva da decisão do STF, então criticada. No artigo, revelou esperança em mudança jurisprudencial, esperando luzes, prudência e patriotismo da Corte Suprema.

Rui Barbosa respondeu a essa intervenção jornalística de Amaro Cavalcanti com 20 artigos publicados no mesmo Jornal do Comércio. Rui insistia no acerto da decisão do STF. Alegava que a declaração de inconstitucionalidade do imposto de estatística militava em favor das unidades federadas, garantindo estabilidade e prosperidade, prestigiando interesses mútuos e fulminando a avidez de autonomia. Ruy foi agressivo com Cavalcanti,

41. CAVALCANTI apud RODRIGUES, Lêda Boechat. *História do Supremo Tribunal Federal*: tomo 1: 1891-1898: defesa das liberdades civis. 2. ed. Rio de Janeiro: Civilização Brasileira, 1991. p. 78-79.

> acusando-o de meramente amontoar precedentes que conhecia por resumos e citações rapidíssimas.
>
> A jurisprudência do STF foi posteriormente alterada. A Lei 410/1896 esvaziou a discussão, porquanto se reconheceu, expressamente, que os estados poderiam tributar a exportação de outros estados. O caso ilustra, no entanto, a atuação de Amaro Cavalcanti, que polemizou com Rui, então reputado como o jurista de maior expressão nacional. Cavalcanti foi uma personalidade combativa e atuante.[42]

Na segunda legislatura, não se elegeu. Voltou como deputado federal na terceira legislatura. Participou como relator da parte que trata das "Obrigações" do Código Civil Brasileiro (de 1916), de Clóvis Bevilaqua.[43] O projeto tramitou por mais de quinze anos no Congresso e foi muito criticado por Rui Barbosa.

Porém Amaro Cavalcanti também foi diplomata.[44] "*[...] a intervenção diplomática a todo propósito é, quando menos, uma desatenção para com a ordem judiciária do País*"[45] (Parecer de 15 de março de 1906).

Em 7 de fevereiro de 1894 foi nomeado ministro plenipotenciário no Paraguai.[46] Foi, além disso, o segundo

---

42. GODOY, Arnaldo Sampaio de Moraes. *Amaro Cavalcanti, um jurista da República Velha*. Disponível em https://www.conjur.com.br/2022-mar-27/amaro-cavalcanti--jurista-republica-velha. Acesso em: 9 jun. 2023. Ver também, sobre esse ponto, RODRIGUES, Lêda Boechat. *História do Supremo Tribunal Federal*: tomo 1: 1891-1898: defesa das liberdades civis. 2. ed. Rio de Janeiro: Civilização Brasileira, 1991.

43. Cf. CAVALCANTI, Amaro. *Breve relatório sobre Direito das Obrigações*: arts. 1011-1227. Rio de Janeiro: Imprensa Nacional, 1901. Disponível em: https://bibliotecadigital.stf.jus.br/ xmlui/handle/123456789/414. Acesso em: 9 jun. 2023.

44. Como Presidente da Sociedade Brasileira de Direito Internacional, publicou a primeira revista especializada em Direito Internacional, o *Boletim da Sociedade Brasileira de Direito Internacional*.

45. CAVALCANTI, Amaro. Parecer de 15 de março de 1906. *In*: MEDEIROS, Antônio Paulo Cachapuz de. *Pareceres dos Consultores Jurídicos do Itamaraty*: volume I (1903-112). Brasília: Senado Federal, 2000. Edição fac-similar. p. 21.

46. No Dicionário histórico-biográfico da Primeira República: 1889-1930 consta 1893. Carlos Adel indica o Decreto de 7 de fevereiro de 1894.

Consultor jurídico do Ministério das Relações Exteriores, haja vista que o cargo ocupado anteriormente por Pimenta Bueno (Marquês de São Vicente) e por José Maria da Silva Paranhos (Visconde e Marquês de Mauá) foi extinto em 1890 e somente reestabelecido em 1905. O primeiro consultor foi Carlos Augusto de Carvalho, que faleceu dois meses depois. Seu sucessor foi Amaro Cavalcanti (1905-1906).[47]

Mas não é só. Amaro Cavalcanti marcou a história do Direito Internacional. Sua atuação no Itamaraty impactou temas como a responsabilidade internacional e a internacionalização de tratados. Via o Direito Internacional como prática, com os olhos e a experiência de quem ocupou relevantes cargos públicos nessa esfera.[48]

Amaro retornou ao Brasil em 1894, no governo de Prudente de Morais. Foi Ministro da Justiça e Negócios Interiores de 18 de janeiro de 1897 a 15 de novembro de 1898.[49]

Destacam-se, nessa sua gestão, seus despachos sobre a instrução pública, a magistratura, a guarda nacional e a saúde pública, incluindo medidas sanitárias em portos.[50]

Ainda, representou o Brasil na Terceira Conferência Internacional Americana como Delegado do Governo Brasileiro, em 1906. Seus trabalhos sobre arbitramento e

---

47. MEDEIROS, Antônio Paulo Cachapuz de. *Pareceres dos Consultores Jurídicos do Itamaraty*: volume I (1903-112). Brasília: Senado Federal, 2000. Edição fac-similar. A obra reproduz os pareceres de Amaro Cavalcanti durante o período em que foi consultor. Amaro Cavalcanti foi fundador e presidente da Sociedade Brasileira de Direito Internacional. Rui Barbosa foi o Presidente de honra.

48. GALINDO, George Rodrigo Bandeira. Um cauteloso jurista: Amaro Cavalcanti e sua obra internacionalista. *In*: GALINDO, George Rodrigo Bandeira (org.). *Direito Internacional no Brasil*: pensamento e tradição. Rio de Janeiro: Lumen Juris, 2021. v. 1, p. 276-277.

49. JUNQUEIRA, Eduardo. Cavalcanti, Amaro [verbete]. *In*: ABREU, Alzira Alves de. *Dicionário histórico-biográfico da Primeira República*: 1889-1930. Rio de Janeiro: FGV, [2001].

50. GUEDES, Pelino. *Biographia de Amaro Cavalcanti*: Ministro da Justiça e Negocios Interiores. Rio de Janeiro: Typ. Leuzinger, 1897. p. 45.

codificação estão publicados em edição fac-similar editada pelo Senado Federal.[51]

Amaro Cavalcanti foi nomeado, em 11 de maio de 1906, Ministro do Supremo Tribunal Federal na vaga de João Barbalho Uchoa Cavalcanti.

Ali relatou *habeas corpus* de grande repercussão, tais como os que foram "impetrados pelos intendentes do Distrito Federal, impedidos de entrar no prédio do Conselho por ato do governo da União". Foi atribuída a esse processo a "doutrina brasileira do *habeas corpus*". Outro *habeas corpus* de muita importância foi o impetrado por José Eduardo Soares, oficial da Marinha e membro de influente família carioca. Amaro Cavalcanti entendeu que a decisão deveria ser favorável ao impetrante. Contudo, a maioria dos ministros entendeu que o STF não era competente para o caso.[52]

> Quando ministro do STF, ao lado de Alberto Torres, deferiu Habeas Corpus em favor de D. Luís, filho da Princesa Isabel. D. Luís pretendia desembarcar no Brasil, porém havia proibição decorrente do decreto de banimento da família imperial, ocorrido com a proclamação da República. Cavalcanti afirmou "(...) ser a Constituição da República incompatível com as odiosidades que importavam em restrição aos direitos por ela garantidos". O STF, no entanto, por maioria, rejeitou o pedido.[53]

Aposentou-se da Suprema Corte, a pedido, em 1914.

---

51. Seus trabalhos sobre arbitramento e codificação estão publicados em edição fac-similar editada pelo Senado Federal. MEDEIROS, Antônio Paulo Cachapuz de. *Pareceres dos Consultores Jurídicos do Itamaraty*: volume I (1903-112). Brasília: Senado Federal, 2000. Edição fac-similar.

52. JUNQUEIRA, Eduardo. Cavalcanti, Amaro [verbete]. *In*: ABREU, Alzira Alves de. *Dicionário histórico-biográfico da Primeira República*: 1889-1930. Rio de Janeiro: FGV, [2001].

53. GODOY, Arnaldo Sampaio de Moraes. *Amaro Cavalcanti, um jurista da República Velha*. Disponível em https://www.conjur.com.br/2022-mar-27/amaro-cavalcanti-jurista-republica-velha. Acesso em: 9 jun. 2023.

Em 12 de janeiro de 1917 foi nomeado, pelo Presidente Venceslau Brás, Prefeito do Distrito Federal, permanecendo no cargo até 15 de novembro de 1918.[54]

Sua gestão foi marcada por grandes problemas: na saúde, o mundo enfrentava a gripe espanhola. Até então, era foi a maior mortalidade registrada na história do Rio de Janeiro; a região nordeste passava por uma grande estiagem, o que fazia nordestinos migrarem para outros pontos do Brasil, como o Rio; greves eclodiram, gerando desconfortos e inquietações ao governo.

Teve especial atenção para as obras de melhorias das áreas dos subúrbios e zonas rurais, onde morava a maioria da população, principalmente em relação ao urbanismo e a educação.

Assinou o Decreto n. 1.143, de 1º de maio de 1917, que regulamenta o banho de mar nas praias do Leme e de Copacabana. Ainda que criticado, era a primeira norma sobre a atuação da defesa civil. A ideia era proteger as pessoas das ressacas comuns nas praias cariocas. O decreto teve enorme impopularidade e foi citado em marchinhas de carnaval[55]. Como Prefeito, Amaro criou também o primeiro corpo de salva-vidas do Brasil.

Uma obra marcante de Amaro foi a urbanização da Estrada Real de Santa Cruz. Nomeou a Rua da Ligação como Rua Oswaldo Cruz, homenagem ao pesquisador falecido durante sua administração. Ainda que criticado, ficou reconhecido como o administrador municipal mais dinâmico das duas primeiras décadas do século XX.[56]

---

54. SOUZA, Carlos Adel Teixeira de. *Amaro Cavalcanti.* Natal: Sebo Vermelho, 2009. p. 95-115.

55. Letra e áudio disponíveis em: JORNAL RETRÔ. Disponível em: http://www.jornalretro.com/edicoes/15/acredite-se-puder.html. Acesso em 9 jun. 2023.

56. SOUZA, Carlos Adel Teixeira de. *Amaro Cavalcanti.* Natal: Sebo vermelho, 2009.

Amaro Cavalcanti foi membro da corte Permanente de Arbitragem de 1918 a 1919, em concomitância com os cargos de Prefeito do Distrito Federal e de Ministro da Fazenda.

Em artigo publicado na *Restrictive Clauses in International Arbitration Treaties,* em 1914, propôs algumas medidas para a Terceira Conferência da Paz da Haia (não ocorrida). São elas:

> (1) a sustentação de que nenhuma declaração de guerra seria feita sem antes buscar-se resolver as diferenças por arbitragem; (2) o acordo em torno de uma lista de casos - os mais numerosos possíveis, que deveriam ser levados à arbitragem obrigatória; (3) uma Corte Internacional de Justiça Arbitral deveria ser definitivamente organizada e posta em operação; (4) a assinatura de um acordo para a limitação dos armamentos.[57]

Um ano após a I Guerra Mundial, em encontro da Sociedade Brasileira de Direito Internacional, Amaro Cavalanti deu uma conferência sobre o tema "Os meios de assegurar a paz mundial". O discurso enfatizava as ideias apresentadas nas conferências da paz de 1906 e 1907 e que trouxeram avanços ao Direito Internacional, avanços questionados com a eclosão da Primeira Grande Guerra.

Em "A neutralidade e as restrições do comércio internacional na presente guerra europeia", Amaro critica as tentativas do governo britânico de impor restrições comerciais ao Brasil por meio de autoridades consulares. Para ele, tratava-se de violação de direitos de países neutros e feria os princípios de humanidade.

A partir de 1914, os escritos de Amaro Cavalcanti se voltam para encontrar meios de assegurar a paz no mundo. Seu pensamento pacifista fica claro no trecho: "Nações

57. CAVALCANTI apud GALINDO, George Rodrigo Bandeira. Um cauteloso jurista: Amaro Cavalcanti e sua obra internacionalista. *In*: GALINDO, George Rodrigo Bandeira (org.). *Direito Internacional no Brasil*: pensamento e tradição. Rio de Janeiro: Lumen Juris, 2021. v. 1, p. 247.

civilizadas não existem nem vivem da guerra e para a guerra, mas que são organizações permanentes da paz e pelos meios da paz, da qual somente lhes poderá resultar a verdadeira grandeza e a fidelidade dos povos".[58]

Ele retornou ao cargo de Ministro de Estado durante o governo de Delfim Moreira. Foi Ministro da Fazenda em 1919.[59]

4. Por que Amaro foi um dos juristas que formaram o Brasil

> *"[...] a atualidade do pensamento de Amaro Cavalcanti, mais do que isso, a perenidade da sua obra e a integração da jurisprudência, apesar da resistência dos juízes à audácia e à livre inspiração, na sua doutrina".*[60]

Para Edilson Pereira Nobre, Fabiano André de Souza Mendonça e Ivan Lira de Carvalho, calcados em considerações de José de Aguiar Dias, ele é "o mais atual dos nossos juristas"[61]

Como vimos, Amaro atuou na educação, na advocacia, na política, na gestão pública, na diplomacia e na magistratura.

58. CAVALCANTI, Amaro. *A neutralidade e as restrições do comércio internacional na presente guerra europeia*. Rio de Janeiro: Imprensa Nacional, 1916. p. 2 apud GALINDO, George Rodrigo Bandeira (org.). *Direito Internacional no Brasil*: pensamento e tradição. Rio de Janeiro: Lumen Juris, 2021. v. 1, p. 253.

59. JUNQUEIRA, Eduardo. Cavalcanti, Amaro [verbete]. *In*: ABREU, Alzira Alves de. *Dicionário histórico-biográfico da Primeira República*: 1889-1930. Rio de Janeiro: FGV, [2001].

60. DIAS, José de Aguiar. Prefácio. *In*: CAVALCANTI, Amaro. *Responsabilidade Civil do Estado*. Nova edição atualizada por José de Aguiar Dias. Rio de Janeiro: Bolsoi, 1956. t. 1, p. vii.

61. NOBRE JÚNIOR, Edilson Pereira; MENDONÇA, Fabiano André de Souza; CARVALHO, Ivan lira de. Amaro Cavalcanti: vida e obra. *In*: MONTEIRO FILHO, Carlos Edison do Rêgo; MORSELLO, Marco Fábio; ROSENVALD, Nelson (coord.). *Protagonistas da Responsabilidade Civil*. Indaiatuba: Foco, 2002. p. 33-48. Item à p. 38.

"Amaro Cavalcanti não era um puro doutrinador, mas, acima de tudo, um homem de ação, de visão prática, de alta capacidade administrativa, ao lado do pregador, do teórico, do homem da cultura, estava sempre o estadista, na mais alta acepção do termo".[62]

Viveu nos Estados Unidos numa época em que a luta civil pela libertação dos escravos ainda era muito viva. No Brasil, não deixou de acompanhar o movimento abolicionista e o movimento republicano.

Reuniu o mais seleto grupo de juristas, diplomatas e estadistas que o Brasil possuía para fundar, em 1915, a Sociedade Brasileira de Direito Internacional. Amaro atingiu autoridade no meio político e intelectual. Nas suas reuniões viam-se nomes como "Rui Barbosa, Urbano dos Santos, então Vice-presidente da República, Pedro Lessa, Epitácio Pessoa, Lauro Müller, Rodrigues Alves, Rodrigo Octavio, José Carlos Rodrigues, Inglez de Souza, Manoel Cícero. Pires e Albuquerque, Tavares de Lyra, James Darcy, Monso Celso."[63]

Amaro Cavalcanti apresentou questões jurídicas importantes de seu tempo, e dos tempos atuais como: educação popular, poderes do estado, finanças públicas e os impactos dos conflitos internacionais.

Por possuir profundo conhecimento político, era cauteloso nas questões efervescentes da época – e que até hoje o são –, como a educação popular, o pacifismo, a codificação jurídica internacional e a solução judicial de conflitos internacionais. Trabalhos de sua lavra foram publicados em pelo menos duas revistas internacionais: o *American Journal of Internacional Law64* e a *Revue Générale de*

62. AMARO Cavalcanti: mais um grande centenário este ano. *Archivo Judiciario*, Rio de Janeiro, v. 91, n. 1, p. 27-28, 5 jul. 1949.

63. AMARO Cavalcanti: mais um grande centenário este ano. *Archivo Judiciario*, Rio de Janeiro, v. 91, n. 1, p. 28, 5 jul. 1949.

64. O título era: *Restrictive Clauses in International Arbitration Treaties*.

Droit International Public[65], feito até então inédito para um autor brasileiro.

Grande parte das fontes indica somente o título e a data de publicação das obras de Amaro Cavalcanti. Para obter um resultado mais completo do quanto ele produziu, e assim propiciar maiores avanços de outros biógrafos e estudiosos de seus trabalhos, realizamos pesquisa em documentos históricos digitalizados na Biblioteca Nacional, em trabalhos acadêmicos, e em bibliotecas do Brasil e do exterior. O resultado dessa pesquisa está em anexo, e constitui um levantamento detalhado do quanto Amaro publicou.

Seu livro mais célebre tratou de um tema que era e continua a ser importantíssimo no mundo jurídico: a responsabilidade civil estatal.

> *Amaro Cavalcante permanece, apesar das circunstâncias do tempo, tão corrosiva, em geral, para as obras de direito — notadamente após as transformações operadas pelos conflitos mundiais — como o nosso mais jovem, mais atual e mais completo especialista da matéria.*[66]

Sua obra "Da responsabilidade civil do Estado" foi concluída em 15 de agosto de 1904 e lançada em 1905. A segunda edição foi publicada em 1956, com prefácio e atualização de José de Aguiar Dias[67].

---

65. GALINDO, George Rodrigo Bandeira. Um cauteloso jurista: Amaro Cavalcanti e sua obra internacionalista. *In*: GALINDO, George Rodrigo Bandeira (org.). *Direito Internacional no Brasil*: pensamento e tradição. Rio de Janeiro: Lumen Juris, 2021. v. 1, p. 233-235.

66. DIAS, José de Aguiar. Prefácio. *In*: CAVALCANTI, Amaro. *Responsabilidade Civil do Estado*. Nova edição atualizada por José de Aguiar Dias. Rio de Janeiro: Bolsoi, 1956. t. 1, p. vii.

67. Magistrado, jurista e professor, ascendeu ao cargo de desembargador do Tribunal de Justiça do Estado da Guanabara em 1960. Dois anos mais tarde, veio a ser nomeado ministro do Tribunal Federal de Recursos. Destacou-se igualmente nas letras jurídicas e no magistério superior. O Fórum Regional da Ilha do Governador recebeu o seu nome, consoante o disposto na Resolução nº 15/2002, do Órgão Especial do Tribunal de Justiça do Estado do Rio de Janeiro.

Buscou ele a sistematização do tema, pautado em três linhas principais:

> a) o Estado, ente abstrato, e, como tal, incapaz de fazer o mal, mas, ao contrário, sendo instituído com uma natureza superior, em razão do interesse público, não deve ser alvo de obrigações extracontratuais; b) numa posição radicalmente diversa, há aqueles que sustentam que a responsabilidade jurídica do Estado deve ser idêntica àquelas a que estão sujeitas as pessoas jurídicas de direito privado; c) um sistema misto, consoante o qual os atos dos poderes públicos ou dos representantes do Estado devem acarretar ou não a sua responsabilidade, conforme uma classificação especial à qual os atos danosos devem ser submetidos.[68]

Na obra, Amaro Cavalcanti discute a responsabilidade civil do Estado por atos lesivos dos seus representantes, aponta discordâncias quanto à compreensão dessa responsabilidade e seus fundamentos, se regidas pelo Direito Público ou pelo Direito Privado, e oferece conclusões avançadas para sua época.

Não se pode deixar de pontuar duas singularidades apontadas por Amaro ao Direito positivo brasileiro:

1. "Mesmo sem positivar uma regra geral sobre a matéria, era de se notar que a responsabilidade estatal estava consignada em inúmeras disposições legai esparsas". [...] 2. "a Constituição de 1891 assegurou aos juízes, notadamente à Justiça Federal, no sentido de controlar a constitucionalidade das leis, permitiu que se pudesse cogitar". [69]

---

68. NOBRE JÚNIOR, Edilson Pereira; MENDONÇA, Fabiano André de Souza; CARVALHO, Ivan Lira de. Amaro Cavalcanti: vida e obra. *In*: MONTEIRO FILHO, Carlos Edison do Rêgo; MORSELLO, Marco Fábio; ROSENVALD, Nelson (coord.). *Protagonistas da Responsabilidade Civil*. Indaiatuba: Foco, 2002. p. 42-43.

69. NOBRE JÚNIOR, Edilson Pereira; MENDONÇA, Fabiano André de Souza; CARVALHO, Ivan lira de. Amaro Cavalcanti: vida e obra. *In*: MONTEIRO FILHO, Carlos Edison do Rêgo; MORSELLO, Marco Fábio; ROSENVALD, Nelson (coord.). *Protagonistas da responsabilidade civil*. Indaiatuba: Foco, 2002. p. 46.

Outra seara para a qual Amaro Cavalcanti muito contribuiu foi a do Direito Tributário. Na época, o Direito Tributário ainda não era um ramo específico do Direito; era tratado como parte da Ciência das Finanças.

Amaro sintetizou a história do Direito Tributário, do Direito Financeiro e da Economia Política no Direito nacional. Estudou e elencou autores importantes. Inovou ao cogitar um modelo sistematizado de tributação, ainda randômico na época.

> Estudou de modo inovador teoria do mínimo tributável, a resistência cultural à cobrança de tributos a curva de Láfer, discorreu (com base em Adam Smith) sobre as melhores fórmulas de tributação, enunciou princípios gerais do direito tributário, a exemplo de translação, repercussão e evasão.[70]

Viu que a política aduaneira não poderia ser a única alternativa para a obtenção de recursos.

> Amaro Cavalcanti construiu uma primeira exposição sistemática do direito tributário brasileiro. Não contávamos, ainda, com uma construção doutrinária da tributação, que era errática. Cavalcanti, lido hoje, revela esforço de síntese das finanças, da tributação e da economia política da transição do Império para a República.
>
> Cavalcanti adiantou-se na especulação e na discussão em torno de vários temas tributários contemporâneos, a exemplo do mínimo tributável, da seletividade, da importância da tributação sobre a renda, da resistência cultural que há ao Fisco. Transpôs para a realidade brasileira o pensamento aplicado de Adam Smith e de Montesquieu.
>
> Em matéria tributária, Cavalcanti explicitou o objeto, as vantagens, os fundamentos, as qualidades, as incidências, as

---

70. GODOY, Arnaldo Sampaio de Moraes; SANTOS, Júlio Edstron Secundino; PAES, José Eduardo Sabo. Tributação e história: Amaro Cavalcanti, o mínimo tributável e a resistência cultural ao recolhimento de tributos. *REPATS*: Revista de Estudos e Pesquisas Avançadas do Terceiro Setor, Brasília, v. 8, n. 1, p. 87, jan./jul. 2021.

> classificações e os vários sistemas de impostos. Em sua obra há também importante resgate histórico da tributação, o que nos permite avaliar o tamanho do Estado em fins do século XIX. Cavalcanti enfatizava a legitimidade de o Estado tributar. Há em seu livro informações históricas sobre a privatização da cobrança da dívida ativa, o que nos lembra de algum modo formas contemporâneas de securitização. No núcleo, Amaro Cavalcanti defendeu intransigentemente o princípio da legalidade em matéria tributária, enunciando-o como cardeal no sistema do direito público.[71]

Como se isso não bastasse,

> Explicou pioneiramente o princípio da seletividade, sem utilizar-se dessa expressão. Tratou do imposto de renda, quando ainda não conhecíamos essa exação, que terá em Rui Barbosa um grande defensor.[72]

Enfim, Amaro Cavalcanti foi mais do que um grande jurista. Foi um grande brasileiro que orgulha o Rio Grande do Norte, na dimensão nacional, e o Brasil, no plano internacional. Sua vida e seus méritos precisam ser mais conhecidos e sua obra merece ser mais profundamente estudada.

Este artigo é uma pálida tentativa de não os deixar esquecidos.

Na capital do seu Estado, infelizmente pouca coisa o relembra, mas pelo menos seu nome é conhecido por muitos dos estudantes de Direito potiguares, pois honra o Centro Acadêmico da Universidade Federal do Rio Grande do Norte.

Ele é o patrono da Cadeira 12 da Academia Norte-Rio-Grandense de Letras (seu irmão, o Padre João Maria, da

---

71. GODOY, Arnaldo Sampaio de Moraes. *Amaro Cavalcanti, um jurista da República Velha.* Disponível em: https://www.conjur.com.br/2022-mar-27/amaro-cavalcanti-jurista-republica-velha. Acesso em: 9 jun. 2023.

72. GODOY, Arnaldo Sampaio de Moraes; SANTOS, Júlio Edstron Secundino; PAES, José Eduardo Sabo. Tributação e história: Amaro Cavalcanti, o mínimo tributável e a resistência cultural ao recolhimento de tributos. *REPATS*: Revista de Estudos e Pesquisas Avançadas do Terceiro Setor, Brasília, v. 8, n. 1, p. 87, jan./jul. 2021.

11) e também é patrono da Cadeira 2 da Academia de Letras Jurídicas do Rio Grande do Norte. E dá nome ao Fórum Municipal de Caicó.

Mas merece mais do que isso.

5. Linha do tempo

Como a vida de Amaro Cavalcanti foi muito rica e ele atuou em muitos campos, consideramos que, para enfeixar este texto, seria útil ao leitor acompanhar uma linha do tempo que sintetize e situe cronologicamente tudo o que ele fez ou de relevante que lhe ocorreu:

1849 Nasce no município de Caicó, Rio Grande do Norte, na parte que hoje pertence a Jardim de Piranhas.

1872 Aprovado, em concurso, como professor de Latim de Baturité, no Ceará.

1873 Nomeado Inspetor da Instrução Pública do Ceará.

1876 O jornal *Constituição*, de 17 de agosto 1876, informa, na primeira página, por meio da Lei n. 1721, de 2 de agosto deste ano, que o professor tem sua licença concedida por um ano, com vencimento, para tratar da sua saúde.

1880 Comissionado para ir aos Estados Unidos da América para estudar a instrução pública desse país.

1881 Forma-se em Direito em Albany (NY), nos Estado Unidos. Regressa ao Brasil. Casa-se com Henriqueta Catão. Pede exoneração do cargo de professor de latim da cidade de Baturité. Assume a Direção Geral da Instrução Pública da província do Ceará.

1883 Muda-se para o Rio de Janeiro. É nomeado professor regente da cadeira de Latim do 2º ano do Colégio Pedro II.

1884 Eleito deputado, mas não toma posse.

1888 Fica viúvo.

1890 Casa-se com Eponina de Souza Ferreira. É nomeado vice-governador do RN. Eleito Senador (RN). Legislatura 1890-1893.

1894 Premiado na Exposição Internacional de Trabalhos Jurídicos pela obra "*Resenha financeira do ex-Imperio do Brasil em 1889*". Nomeado Ministro Plenipotenciário no Paraguai e Consultor jurídico do Ministério das Relações Exteriores (primeiro potiguar a ser ministro no governo republicano).

1897 Eleito Deputado Federal (RN). Nomeado Ministro da Justiça e Negócios Interiores, onde permanece até 1898.

1901 Conclui seu relatório sobre a parte das Obrigações no Código Civil de 1916.

1906 Representa o Brasil na Terceira Conferência Internacional Americana como Delegado do Governo Brasileiro. Nomeado Ministro do Supremo Tribunal Federal.

1912 Membro honorário do Instituto Histórico e Geográfico do RN.

1914 Aposenta-se, a pedido, do STF.

1915 Funda a Sociedade Brasileira de Direito Internacional. É delegado do Brasil nas Conferências Pan-Americanas em Washington.

1917 Nomeado Prefeito do Distrito Federal, onde permanece até 1918. Foi Juiz do Tribunal Arbitral de Haia.

1918 Torna-se Membro da corte Permanente de Arbitragem, Ministro da Fazenda e Prefeito do Distrito Federal.

1919 Nomeado Ministro da Fazenda.

1922 Faleceu no Rio de Janeiro.

Referências

A NOTICIA. Rio de Janeiro, 19 mar. 1900, p. 2. Disponível em: http://memoria.bn.br. Acesso em: 10 jun. 2023.

AMARO Cavalcanti: mais um grande centenário este ano. *Archivo Judiciario*, Rio de Janeiro, v. 91, n. 1, p. 27-28, 5 jul. 1949.

CAVALCANTI, Amaro. *Breve relatório sobre Direito das Obrigações*: arts. 1011-1227. Rio de Janeiro: Imprensa Nacional, 1901. Disponível em: https://bibliotecadigital.stf.jus.br/xmlui/handle/123456789/414. Acesso em: 9 jun. 2023.

CICCO, Januário. Padre João Maria. *Revista da Academia Norte-Riograndense de Letras*, Natal, v. 1, p. 30-45, 1951.

DEPARTAMENTO ADMINISTRATIVO DO SERVIÇO PÚBLICO. *Amaro Cavalcanti*. Rio de Janeiro: DASP, 1956.

DIAS, José de Aguiar. Prefácio. *In*: CAVALCANTI, Amaro. *Responsabilidade Civil do Estado*. Nova edição atualizada por José de Aguiar Dias. Rio de Janeiro: Bolsoi, 1956. t. 1, p. vii.

DR. AMARO Cavalcanti. *O Paiz*, Rio de Janeiro, 29 jan. 1922. Disponível em: http://memoria.bn.br. Acesso em: 12 jun. 2023.

DR. AMARO Cavalcanti: o falecimento, hontem, do illustre brasileiro. Jornal do Commercio, Rio de Janeiro, 29 jan. 1922. Disponível em: http://memoria.bn.br/pdf/030015/per030015_ 1922_00025.pdf. Acesso em: 9 jun. 2023.

DUTRA, Artur. *10 fatos sobre o Padre João Maria, o santo de Natal*. Natal, 19 ago. 2021. Disponível em: https://arthurdutra.medium.com/10-fatos-sobre-o-padre-jo%C3%

A3o-maria-o-santo-de-natal-964014aa77e. Acesso em: 21 mar. 2023.

GALINDO, George Rodrigo Bandeira. Um cauteloso jurista: Amaro Cavalcanti e sua obra internacionalista. *In*: GALINDO, George Rodrigo Bandeira (org.). *Direito Internacional no Brasil*: pensamento e tradição. Rio de Janeiro: Lumen Juris, 2021. v. 1, p. 231-278.

GALINDO, George Rodrigo Bandeira (org.). *Direito Internacional no Brasil*: pensamento e tradição. Rio de Janeiro: Lumen Juris, 2021. v. 1.

GODOY, Arnaldo Sampaio de Moraes. *Amaro Cavalcanti, um jurista da República Velha.* Disponível em https://www.conjur.com.br/2022-mar-27/amaro-cavalcanti-jurista-republica-velha. Acesso em: 9 jun. 2023.

GODOY, Arnaldo Sampaio de Moraes; SANTOS, Júlio Edstron Secundino; PAES, José Eduardo Sabo. Tributação e história: Amaro Cavalcanti, o mínimo tributável e a resistência cultural ao recolhimento de tributos. *REPATS*: Revista de Estudos e Pesquisas Avançadas do Terceiro Setor, Brasília, v. 8, n. 1, p. 86-109, jan./jul. 2021.

GUEDES, Ciça; MELO, Murilo Fiuza de. *Todas as mulheres dos presidentes*: a história pouco conhecida das primeiras-damas do Brasil desde o início da República. Rio de Janeiro: Máquina de Livros, 2019.

GUEDES, Pelino. *Biographia de Amaro Cavalcanti*: Ministro da Justiça e Negocios Interiores. Rio de Janeiro: Typ. Leuzinger, 1897.

JORNAL DO COMMERCIO. Rio de Janeiro, 9 ago. 1888, p. 2. Disponível em: http://memoria.bn.br. Acesso em: 9 jun. 2023.

JORNAL DO COMMERCIO. Rio de Janeiro, 18 set. 1888, p. 4. Disponível em: http://memoria.bn.br. Acesso em: 9 jun. 2023

JORNAL RETRÔ. Disponível em: http://www.jornalretro.com/edicoes/15/acredite-se-puder.html. Acesso em 9 jun. 2023.

JUNQUEIRA, Eduardo. Cavalcanti, Amaro [verbete]. *In*: ABREU, Alzira Alves de. *Dicionário histórico-biográfico da Primeira República*: 1889-1930. Rio de Janeiro: FGV, [2001].

LAMARTINE, Juvenal. Amaro Cavalcanti: homem de pensamento e ação. *Revista da Academia Norte-Riograndense de Letras*, Natal, v. 1, p. 16-29, 1951.

LYRA, Anderson Tavares de. *Dr. Amaro Cavalcanti*. [*S. l.*], 2016. Disponível em: http://www.historiaegenealogia.com/2016/11/dr-amaro-cavalcanti.html. Acesso em: 21 mar. 2023.

MARINHO, Francisco Fernandes. O Monsenhor Landim e "um perfil de sacerdote". *Gazeta de Natal*, Natal, 3 jul. 2022. Disponível em: https://www.gazetadenatal.com.br/noticia/2262/o-monsenhor-landim-e-aum-perfil-de-sacerdotea. Acesso em: 20 mar. 2023.

MEDEIROS, Antônio Paulo Cachapuz de. *Pareceres dos Consultores Jurídicos do Itamaraty*: volume I (1903-112). Brasília: Senado Federal, 2000. Edição fac-similar.

MELO JUNIOR, Antonio Ferreira de. Um sacerdote integral: o padre João Maria na narrativa do monsenhor Alves Landim. *Espacialidades:* Revista de História, [Natal], v. 6, n. 5, p. 216-233, 2013. Disponível em: https://cchla.ufrn.br/espacialidades/v6n5/Espacialidades_v6n5_11.pdf. Acesso em: 2 jun. 2023.

MENDONÇA, Antonio Pinto de. Documento n. 3. *Annaes do Parlamento Brasileiro*, Rio de Janeiro, n. 5 p. 29-31, 1883. Disponível em: http://memoria.bn.br. Acesso em: 9 jun. 2023

NAVARRO, Jurandyr. Padre João Maria, o Santo de Natal. *Tribuna do Norte*, Natal, 22 maio 2022. Disponível em: http://www.tribunadonorte.com.br/ noticia/

padre-joa-o-maria-o-santo-de-natal/539046. Acesso em: 22 mar. 2023.

NOBRE JÚNIOR, Edilson Pereira; MENDONÇA, Fabiano André de Souza; CARVALHO, Ivan lira de. Amaro Cavalcanti: vida e obra. *In*: MONTEIRO FILHO, Carlos Edison do Rêgo; MORSELLO, Marco Fábio; ROSENVALD, Nelson (coord.). *Protagonistas da responsabilidade civil*. Indaiatuba: Foco, 2002. p. 33-48.

PINTO, Almir Pazzianotto. Amaro Cavalcanti. *Direito & Justiça*, Brasília, 1 mar. 1999.

PROCLAMAS. *Jornal do Commercio*, Rio de Janeiro, 18 set. 1890. Disponível em: https://memoria.bn.br. Acesso em: 9 jun. 2023.

RODRIGUES, Lêda Boechat. *História do Supremo Tribunal Federal*: tomo 1: 1891-1898: defesa das liberdades civis. 2. ed. Rio de Janeiro: Civilização Brasileira, 1991.

SANTOS, Deodato C. Vilela dos. *Relatorio da exposição de trabalhos jurídicos*. Rio de Janeiro: Imprensa Nacional, 1985. Disponível em: https://www2.senado.leg.br/ bdsf/handle/id/242808. Acesso em: 10 jun. 2023.

SENA, Fabiana. O professor Amaro Cavalcanti e a imprensa do Ceará: uma leitura do intelectual no Império brasileiro. *Revista História da Educação* (online), [*s. l.*], v. 23, p. 16, 2019. DOI: http://dx.doi.org/10.1590/2236-3459/82321.

SILVA, Ligia Osório; FERNANDES, Suzana Cristina. Amaro Cavalcanti e os caminhos da industrialização brasileira. *História Econômica & História de Empresas*, [*s. l.*], v. 1, n. 1, p. 35-63, 2003.

SILVA, Luziel Augusto da. *Amaro Cavalcanti e a instrução pública da província do Ceará (1881-1883)*. 2019. Trabalho de Conclusão de Curso (Licenciatura Plena em Pedagogia)--Universidade Federal da Paraíba, João Pessoa, 2019.

SOUZA, Carlos Adel Teixeira de. *Amaro Cavalcanti*. Natal: Sebo Vermelho, 2009.

VIERA, Dorival Teixeira. *A obra econômica de Amaro Cavalcanti*. São Paulo: USP, Faculdade de Filosofia, Ciências e Letras, 1960.

Anexo A – Produção Bibliográfica de Amaro Cavalcanti (ordem cronológica)

CAVALCANTI, Amaro. *A religião*. Ceará: [*s. n.*], 1874.

CAVALCANTI, Amaro. *A meus discípulos* (polêmica religiosa). Ceará: [*s. n.*], 1875.

CAVALCANTI, Amaro. *Livro popular*: miscellanea de conhecimentos uteis. Ceará: [*s. n.*], 1879.

CAVALCANTI, Amaro. *Is education a legal obligation*? Albany, 1881. Tese apresentada à Universidade de Albany.

CAVALCANTI, Amaro. *Educação elementar nos Estados Unidos da América*. Ceará: [*s. n.*], 1881.

CAVALCANTI, Amaro. *Livro popular*: miscellanea de conhecimentos uteis. New York: [*s. n.*], 1881.

CAVALCANTI, Amaro. *Ensino moral e religioso nas escolas públicas*. Rio de Janeiro: [*s. n.*], 1883.

CAVALCANTI, Amaro. *Notícia chronológica da educação popular no Brazil*: o meio circulante no Brasil. Rio de Janeiro: [*s. n.*], 1883.

CAVALCANTI, Amaro. *The brasilian language and its agglutinations*. Rio de Janeiro: Thypografia Nacional, 1883. Disponível em: https://archive.org/details/brasilianlanguag00cavauoft/page/n3/mode/2up?ref=ol&view=theater. Acesso em: 9 jun. 2023.

CAVALCANTI, Amaro. *Meios de desenvolver a instrucção primária nos municípios ruraes*. Rio de Janeiro: [*s. n.*], 1884.

CAVALCANTI, Amaro. *Finances du Brésil*. Paris: [*s. n.*], 1890.

CAVALCANTI, Amaro. *Projecto de Constituição de um Estado*. Rio de Janeiro: [*s. n.*], 1890. Com o pseudônimo de Agonates.

CAVALCANTI, Amaro. *Resenha financeira do ex-Império do Brasil em 1889*. Rio de Janeiro: Imprensa Nacional, 1890.

CAVALCANTI, Amaro. *A reforma monetária*: projectos n. 3 e 27 do Senado. Rio de Janeiro: Imprensa Nacional, 1891.

CAVALCANTI, Amaro. *Reforma monetária e bancária*. [*S. l.*: *s. n.*], 1891.

CAVALCANTI, Amaro. *Política e finanças*. Rio de Janeiro: Imprensa Nacional, 1892. Disponível em: https://www2.senado.leg.br/bdsf/handle/id/222288. Acesso em: 9 jun. 2023.

CAVALCANTI, Amaro. *Elementos de finanças*: estudo theorico-pratico. Rio de Janeiro: Imprensa Nacional, 1893. Disponível em: https://www2.senado.leg.br/bdsf/handle/id/179453. Acesso em: 9 jun. 2023.

CAVALCANTI, Amaro. *O meio circulante nacional*: resenha e compilação chronologica de legislação e de factos. Rio de Janeiro: Imprensa Nacional, 1896. Disponível em: https://www2.senado.leg.br/bdsf/handle/id/222256. Acesso em: 9 jun. 2023.

CAVALCANTI, Amaro. *Tributação constitucional*. Rio de Janeiro: [*s. n.*], 1896.

BRASIL. Ministério da Justiça e Negócios Interiores. Decreto 2.693, de 27 de novembro de 1897. Dá instrucção para a eleição de Presidente e Vice-presidente da República. *O Direito*: Revista Mensal de Legislação, Doutrina e Jurisprudência, Rio de Janeiro, v. 25, n. 74, p. 618-629, set./dez.

1897. Decreto assinado pelo Presidente Prudente de Moraes Barros e pelo Ministro do Estado da justiça e Negócios Interiores Amaro Cavalcanti.

BRASIL. Ministério da Justiça e Negócios Interiores. *Relatório apresentado ao presidente da Republica dos Estados Unidos do Brazil*. Autor do relatório: Dr. Amaro Cavalcanti. Rio de Janeiro: Imprensa Nacional, 1897.

CAVALCANTI, Amaro. *A situação política ou a intervenção do Governo Federal nos Estados da União*. Rio de Janeiro: [*s. n.*], 1898.

BRASIL. Ministério da Justiça e Negócios Interiores. *Notícia histórica dos serviços, instituições e estabelecimentos pertencentes a esta repartição*. Elaborada por ordem do respectivo Ministro Dr. Amaro Cavalcanti. Rio de Janeiro: Imprensa Nacional, 1898.

BRASIL. Ministério da Justiça e Negócios Interiores. *Relatório apresentado ao presidente da República dos Estados Unidos do Brazil*. Autor do relatório: Dr. Amaro Cavalcanti. Rio de Janeiro: Imprensa Nacional, 1898.

CAVALCANTI, Amaro. *Regimen federativo e a República brazileira*. Rio de Janeiro: Imprensa Nacional, 1900. Disponível em: https://bdjur.stj.jus.br/jspui/handle/2011/21888. Acesso em: 9 jun. 2023.

CAVALCANTI, Amaro. Situação jurídica das ordens religiosas brazileiras: pareceres. *O Direito*: Revista Mensal de Legislação, Doutrina e Jurisprudência, Rio de Janeiro, v. 28, n. 82, p. 447-461, maio/ago. 1900.

CAVALCANTI, Amaro. *Sobre a unidade de Direito Processual*. Rio de Janeiro: Imprensa Nacional, 1901.

CAVALCANTI, Amaro. *Breve relatório sobre direito das obrigações*: arts. 1011-1227. Rio de Janeiro: Imprensa Nacional, 1901. Disponível em: https://bibliotecadigital.stf.jus.br/xmlui/handle/123456789/414. Acesso em: 9 jun. 2023.

CAVALCANTI, Amaro. *O arbitramento no direito internacional*. Rio de Janeiro: Imprensa Nacional, 1901.

CAVALCANTI, Amaro. *A justiça internacional*. Rio de Janeiro: [*s. n.*], 1902.

CAVALCANTI, Amaro. Interpretação do art. 506 do Regulamento 737, de 1850: pareceres. *O Direito*: Revista Mensal de Legislação, Doutrina e Jurisprudência, Rio de Janeiro, v. 30, n. 88, p. 160-191, maio/ago. 1902. Parecer de Amaro Cavalcanti: p. 457-459.

CAVALCANTI, Amaro. Tributação constitucional. *O Direito*: Revista Mensal de Legislação, Doutrina e Jurisprudência, Rio de Janeiro, n. 91, p. 219-259, maio/ago. 1903.

CAVALCANTI, Amaro. Taxas protectoras nas tarifas aduaneiras. *Boletim da Sociedade Auxiliadora da Indústria Nacional*, p. 3-39, jan./jun. 1903.

CAVALCANTI, Amaro. Indemnisação aos injustamente presos. *O Direito*: Revista Mensal de Legislação, Doutrina e Jurisprudência, Rio de Janeiro, n. 94, p. 476-482, maio/ago. 1904.

CAVALCANTI, Amaro. Tributação internacional. *O Direito*: Revista Mensal de Legislação, Doutrina e Jurisprudência, Rio de Janeiro, n. 93, p. 182-214, jan./abr. 1904. Parecer de Amaro Cavalcanti: p. 174-175.

CAVALCANTI, Amaro. *Responsabilidade Civil do Estado*. Rio de Janeiro: Laemmert and C., 1905. Disponível em: https://bdjur.stj.jus.br/jspui/handle/2011/17686. Acesso em: 9 jun. 2023.

CAVALCANTI, Amaro. *Trabalhos na Terceira Conferência Internacional Americana*. Rio de Janeiro: Imprensa Nacional, 1906. Disponível em: https://bibliotecadigital.stf.jus.br/xmlui/handle/123456789/729. Acesso em: 9 jun. 2023.

CAVALCANTI, Amaro. Revisão das sentenças dos tribunaes estadoaes pela Suprema Corte dos Estados Unidos. *Revista Forense*: Doutrina, Legislação e Jurisprudência, Belo Horizonte, n. 14, p. 127-143, jul./dez. 1910.

CAVALCANTI, Amaro. Revisão das sentenças dos tribunaes estadoaes pela Suprema Corte dos Estados Unidos. *O Direito*: Revista Mensal de Legislação, Doutrina e Jurisprudência, Rio de Janeiro, n. 112, p. 529-547, maio/ago. 1910. Conferência do Dr. Amaro Cavalcanti no Instituto da Ordem dos Advogados Brasileiros.

CAVALCANTI, Amaro. Conceito constitucional de <<habeas corpus>> (Crônica). *Revista Forense*, Rio de Janeiro, v. XV, n. 85-90, p. 330-362, jan./jun. 1911.

CAVALCANTI, Amaro. The federal judiciary in Brazil and the United States of America. *University of Pennsylvania Law Review and American Law Register*, Philadelphia, v. 60, p. 103-418, 1911. Disponível em: https://www.jstor.org/stable/3313790?seq=3. Acesso em: 9 jun. 2023.

CAVALCANTI, Amaro. Declarações do Sr. Ministro Amaro Cavalcanti na sessão do Supremo Tribunal Federal de 1 de abril de 1911. *In*: O CASO do Conselho Municipal perante o Supremo Tribunal Federal. Rio de Janeiro: Imprensa Nacional, 1911.

CAVALCANTI, Amaro. *Pan-American questions*: mean looking to the mutual developmentof american republics. Rio de Janeiro: Typ. Annexa a Directoria do Serviço de Estatistica, 1913.

CAVALCANTI, Amaro. A Vida econômica e financeira do Brasil. *Annaes da Bibliotheca Nacional do Rio de Janeiro*, Rio de Janeiro, v. 38, 1920. Conferência realizada em 1914.

CAVALCANTI, Amaro. La codification du droit international americain. *Revue Générale de Droit International Public*, Paris, v. 21, p. 183-204, 1914.

CAVALCANTI, Amaro. The restrictive clauses in international arbitration treaties. *The American Journal of International Law*, New York, v. 8, n. 4, p. 723-737, Oct. 1914.

CAVALCANTI, Amaro. *A vida econômica* e *financeira do Brasil*. Rio de Janeiro: [*s. n.*], 1914. 76 f.

JAMES, Francis B *et al.* Report of the Committee on Commercial Law. *American Bar Association Journal*, [*s. l.*], v. 1, n. 3, p. 220-257, July 1915. Disponível em: https://www.jstor.org/stable/25699746?searchText=%28au%3A%22amaro+cavalcanti%22%29&searchUri=%2Faction%2FdoAdvancedSearch%3Fq0%3Damaro%2Bcavalcanti%26f0%3Dau%26c1%3DAND%26f1%3Dall%26acc%3Don&ab_segments=0%2Fbasic_phrase_search%2Fcontrol&refreqid=fastly-default%3Abae832c040e68f1cdfbacbc11ec0dfbd. Acesso em: 9 jun. 2023.

CAVALCANTI, Amaro. *A neutralidade e as restrições do comércio internacional na guerra europeia*. Rio de Janeiro: Imprensa Nacional, 1916.

CAVALCANTI, Amaro. *Natureza e forças econômicas do Rio Grande do Norte*. [*S. l.: s. n.*], 1916.

CAVALCANTI, Amaro. *Sociedade Brasileira de Direito Internacional*. Rio de Janeiro: Imprensa Nacional, 1916.

CAVALCANTI, Amaro. *Mensagem do prefeito do Districto Federal lida na sessão do Conselho Municipal de 1 de junho de 1918*. Rio de Janeiro: Jornal do Commercio, 1918.

CAVALCANTI, Amaro. *Pro Pace*. Conferência pronunciada em reunião da Sociedade Brasileira de Direito Internacional (SBDI), em agosto de 1919. Publicada posteriormente no Boletim da Sociedade Brasileira de Direito Internacional, v. 47, n. 91/92, p. 9-12, jul./dez. 1994.

CAVALCANTI, Amaro. *A sociedade das nações*. Rio de Janeiro: Imprensa Nacional, 1920. Exposição lida na Sociedade Brasileira de Direito Internacional. 67 p.

CAVALCANTI, Amaro. A renovação do Direito Internacional. *Revista de Direito Público e de Administração Federal, Estadual e Municipal*, Rio de Janeiro, v. 1, n. 3, p. 503-528, maio/jun. 1921.

CAVALCANTI, Amaro. *Responsabilidade civil do Estado*. Atualizado por José de Aguiar Dias. Rio de Janeiro: Borsoi, 1956.

CAVALCANTI, Amaro. *Senhores de engenho de Pernambuco*. Rio de Janeiro: [*s. n.*], 1971. Separata de Jurídica: Revista da Divisão Jurídica do Instituto do Açúcar e do Álcool.

CAVALCANTI, Amaro. *O meio circulante nacional*. Brasília: Universidade de Brasília, 1983. v. 1: 1808-1835. (Coleção temas brasileiros; v. 53).

CAVALCANTI, Amaro. *Regime federativo e a República brasileira*. Universidade de Brasília, 1983. (Coleção temas brasileiros; v. 48).

Anexo B – Manuscritos de Amaro Cavalcanti catalogados na Biblioteca Nacional

CAVALCANTI, Amaro. *Carta a Salvador de Mendonça referindo-se ao término do curso de Direito que fizera em Nova York, e solicitando conseguisse no Rio de Janeiro uma carta de apresentaçao para o novo Presidente da Província do Ceará, visto ter desempenhado nos Estados Unidos uma Comissao que trabalhou em prol daquela Província*. Pará, 6 de julho de 1881.

CAVALCANTI, Amaro. *Carta a Artur Vieira Peixoto enviando 20 coleçoes de livros para serem distribuidas a biblioteca pública e aos gabinetes de leitura, alem de recomendar a promoçao do telegrafista de Maceio, Aristides Casas*. [*S. l.*], 9 jan. 1893. Manuscrito.

CAVALCANTI, Amaro. *Carta a Artur Vieira Peixoto sobre as armas do tipo oficial aceitas para a polícia do Rio de Janeiro e a política partidária de Alagoas*. Rio de Janeiro, 4 jul. 1896. 4 p.

CAVALCANTI, Amaro. *Carta a Artur Vieira Peixoto fazendo comentários acerca dos deputados alagoanos no Congresso Nacional que se dividiram na votaçao do protocolo pelo qual a Italia exigia uma indenização*. Rio de Janeiro, 23 ago. 1896. 4 p.

CAVALCANTI, Amaro. *Carta a Domingos Jaguaribe Filho, comentando sôbre a opinião do diretor da Escola Politécnica a respeito do seu invento*. [*S. l.*], 5 jan. 1897.

CAVALCANTI, Amaro. *Circulares ao diretor da Biblioteca Nacional, José Alexandre Teixeira de Melo, comunicando sua posse no cargo de ministro da Justiça e Negócio Interiores*. Rio de Janeiro, 8 jan. 1897 – 19 jan. 1897. 2 p. Papel timbrado do Ministério da Justiça e Negócios Interiores.

CAVALCANTI, Amaro. *Ofícios ao diretor da Biblioteca Nacional, José Alexandre Teixeira de Melo, remetendo o exemplar da tabela explicativa do orçamento das despesas do Ministério para 1897, solicitando o envio o orçamento das despesas e remetendo também a cópia do contrato entre o Ministério e a companhia Belmiro Rodrigues*. Rio de Janeiro: 21 jan. 1897 – 28 jan. 1897. 9 p.

CAVALCANTI, Amaro. *Bilhete a [Antônio Felisardo] Cupertino [do Amaral] solicitando que o represente em uma solenidade*. [*S. l.*], 16 mar. 1897.

CAVALCANTI, Amaro. *Ofícios ao diretor da Biblioteca Nacional, José Alexandre Teixeira de Melo, autorizando o envio do original da obra "Roteiro da Costa do Araguary até o rio vicente Perison [...]", e remetendo o livro "Progetto del Codice Penale Ac", e comunicando o agradecimento de Manuel Vitorino Pereira a essa diretora pelo tempo que esteve na seprema Administraçao dos negócios públicos*. Rio de Janeiro, 4 mar. 1897 – 24 mar. 1897.

CAVALCANTI, Amaro. *Ofícios ao diretor da Biblioteca Nacional, José Alexandre Teixeira de Melo, solicitando a ajuda na consulta de alguns documentos a ser feita por Oliveira Figueredo e comunicando o teto para as despesas a serem feitas*. Rio de Janeiro, 17 maio 1897 – 19 maio 1897.

CAVALCANTI, Amaro. *Carta a Domingos Jaguaribe Filho, comunicando ter recebido os dois volumes de sua Biblioteca Brasileira*. Rio de Janeiro, 26 jun. 1897.

CAVALCANTI, Amaro. *Ofícios ao diretor da Biblioteca Nacional, José Alexandre Teixeira de Melo, determinando que se entregue a Julieta Penna de Araújo Guimaraes os manuscritos inéditos de seu finado pai, Martins Penna*. Rio de Janeiro, 31 jul. 1897. 30 p. Em anexo, documentos referentes a autorização dada a Stephane Marie Etienne Lassalle, procurador do livreiro H. Garnier, de copiar e imprimir os referidos manuscritos, e a entrega acima referida.

CAVALCANTI, Amaro. *Bilhete a Amaro Cavalcanti devolvendo duas minutas e solicitando que o destinatário opte por uma*. Rio de Janeiro, 29 out. 1897.

CAVALCANTI, Amaro. *Circulares ao diretor da Biblioteca Nacional, José Alexandre Teixeira de Melo, solicitando o envio do orçamento das despesas a serem feitas pela Biblioteca Nacional*. Rio de Janeiro: 17 nov. 1897 – 9 dez. 1897. 2 p. Papel timbrado do Ministério da Justiça e Negócios Interiores.

CAVALCANTI, Amaro. *Carta a Domingos Jaguaribe, comentando sôbre a nova descoberta e que o auxiliaria no que pudesse*. [*S. l.*], 9 dez. 1897.

CAVALCANTI, Amaro. *Circulares ao diretor da Biblioteca Nacional, José Alexandre Teixeira de Melo, informando a necessidade de se fazer economia, devido a situaçao financeira do país, e autorizando o engenheiro do Ministério a fazer obras no edificio da Biblioteca Nacional*. Rio de Janeiro, 27 dez. 1897 – 29 dez. 1897. 2 p. Papel timbrado do Ministério da Justiça e Negócios Interiores.

CAVALCANTI, Amaro. *Ofícios ao diretor da Biblioteca Nacional, José Alexandre Teixeira de Melo, marcando o dia para que a comissao organizadora comece a escolher o amanuensse desta Biblioteca, e remetendo 63 exemplares do ultimo relatorio do Ministério da Justiça e Negócios Interiores*. Rio de Janeiro, 6 jun. 1898 – 28 set. 1900.

CAVALCANTI, Amaro. *Bilhete a [Antônio Felisardo] Cupertino [do Amaral] solicitando que atenda, na sua ausência, as pessoas que o procurarem*. [S. *l*.: *s. n*.], 14 ago. 1898.

CAVALCANTI, Amaro. *Cartao a Roldolfo Garcia, agradecendo-lhe a remessa de uma obra de sua autoria*. Rio de Janeiro, 22 out. 1914.

PRESIDENTE Prudente de Moraes e seus Ministros. Rio de Janeiro: Lith. Imprensa Nacional, [1898]. 1 foto. Disponível em: http://objdigital.bn.br/objdigital2/acervo_digital/div_iconografia/icon556859/icon556859.jpg. Acesso em: 2 jun. 2023.

AMARO CAVALCANTI E A CODIFICAÇÃO DO DIREITO INTERNACIONAL AMERICANO

Marco Bruno Miranda Clementino[1]

Letícia Lopes Borja[2]

1 Introdução; 2 Da codificação do Direito Internacional; 3 A proposta de Amaro Cavalcanti sobre a codificação do Direito Internacional Americano; 4 A atual codificação do Direito Internacional Americano à luz do gradualismo de Amaro Cavalcanti; 5 Conclusão; Referências.

Resumo: Durante sua atuação como consultor jurídico do Ministério das Relações Exteriores, o jurista potiguar Amaro Cavalcanti tornou-se membro da delegação brasileira no III Congresso Internacional Americano, ocasião em que apresentou uma proposta relativa ao tema da codificação do direito internacional, sugerindo a sistematização parcial e gradual das regras e princípios internacionais das repúblicas americanas. Desse modo, tendo em vista a contínua relevância da codificação internacionalista no âmbito da comunidade americana, a presente pesquisa elegeu como problemática o seguinte questionamento: a abordagem codificadora do direito internacional proposta por Amaro Cavalcanti se expressa no atual sistema internacional americano? Para responder tal pergunta, foram traçados três objetivos específicos: (i) averiguar os principais aspectos relacionados à codificação do direito internacional; (ii) examinar

1. Doutor em Direito (UFPE). Mestre em Direito (UFRN). Professor Associado da UFRN. Juiz Federal. marcobruno@jfrn.jus.br

2. Mestranda e Bacharel em Direito (UFRN). Assessora Jurídica Ministerial. leticialborja@gmail.com

a proposta de Amaro Cavalcanti sobre a codificação do direito internacional americano; (iii) verificar o atual estado de codificação do direito internacional americano e seu alinhamento ou desalinhamento quanto às propostas do jurista. Metodologicamente, foi desenvolvida pesquisa dedutiva e qualitativa, baseada em revisão narrativa de literatura. Ao final, foi possível concluir que a abordagem codificadora gradualista de Amaro Cavalcanti encontra nítida expressão no atual sistema internacional americano, uma vez que, embora se tenha constatado um esforço inicial dos Estados americanos na tentativa de se criar um código completo de direito internacional, prevalece até os dias de hoje o método da "codificação parcial", no sentido de que se privilegia a confecção de tratados restritos a matérias específicas, fato que revela a precisão dos argumentos cavalcantianos e a nitidez de sua interpretação sobre a maturidade codificadora dos Estados americanos até os dias atuais.

Palavras-chave: Direito Internacional americano; Amaro Cavalcanti; codificação.

1. Introdução

Amaro Cavalcanti, por vezes considerado "o mais notável norte-riograndense na fase da transição do Império para a República brasileira",[3] nasceu em 15 de agosto de 1849, no sítio Logradouro, no povoado de Jardim de Piranhas, então província do Rio Grande do Norte. Apesar dos poucos recursos familiares, sua "sede de saber" o levou a ganhar notoriedade política e acadêmica, e a conquistar o título de bacharel em direito pela Universidade de Albany, nos Estados Unidos da América.[4]

Hoje, o jurista potiguar é destinatário de homenagens de várias instituições, sendo patrono da cadeira nove da Academia Norte-rio-grandense de Letras, além de batizar uma Escola Estadual na cidade do Rio de Janeiro/RJ e o

---

3. SOUZA, Carlos Adel Teixeira de. *Amaro Cavalcanti*: pequena história sobre o mais notável norte-riograndense na fase da transição do Império para a República brasileira. Natal: Sebo Vermelho, 2009.

4. SILVA, Luziel Augusto da. *Amaro Cavalcanti e a instrução pública da província do Ceará (1881-1883)*. 2019. 79 f. Trabalho de Conclusão de Curso (Graduação em Direito) – Universidade Federal da Paraíba, João Pessoa, 2019.

Centro Acadêmico do Curso de Direito (CAAC) da Universidade Federal do Rio Grande do Norte (UFRN).

Além de professor, Amaro Cavalcanti atuou como delegado, advogado, jornalista, senador, ministro do Supremo Tribunal Federal (STF), membro do Tribunal Arbitral de Haia e diplomata. Em 1905, foi nomeado consultor jurídico do Ministério das Relações Exteriores (MRE), tornando-se membro da delegação brasileira no III Congresso Internacional Americano. Nessa ocasião, apresentou uma proposta relativa ao tema da codificação do direito internacional, sugerindo a sistematização *parcial* das regras e princípios internacionais, a fim de constituir, aos poucos, um direito comum, regulador das relações das repúblicas americanas.

Dessa forma, considerando as opiniões emitidas pelo jurista, bem como a contínua relevância da codificação internacionalista no âmbito da comunidade americana, a presente pesquisa elege como problemática o seguinte questionamento: a abordagem codificadora do direito internacional proposta por Amaro Cavalcanti se expressa no atual sistema internacional americano?

A fim de responder tal pergunta, são eleitos três objetivos específicos: (i) averiguar os principais aspectos relacionados à codificação do direito internacional, incluindo seu conceito, vantagens e empecilhos; (ii) examinar a proposta de Amaro Cavalcanti sobre a codificação do direito internacional americano por ocasião da III Conferência Internacional Americana; (iii) verificar o atual estado dc codificação do direito internacional americano e seu alinhamento ou desalinhamento quanto às propostas de Amaro Cavalcanti.

Tomando por base a problemática posta e os objetivos traçados, a pesquisa é desenvolvida com base em raciocínio dedutivo, isto é, aquele em que o estudo parte de princípios já reconhecidos como verdadeiros a fim de atingir uma conclusão particular.[5] A abordagem empregada, por sua vez, é qualitativa, uma vez que o trabalho não visa medir numericamente os resultados, senão identificar, coletar e analisar as principais contribuições e publicações sobre o tema escolhido.

Nesse sentido, o artigo desenvolve uma revisão narrativa de literatura, mapeando-se o conhecimento existente acerca do objeto de pesquisa por meio da análise de textos acadêmicos, nacionais e estrangeiros. As bases de dados utilizadas para a busca do material bibliográfico incluíram o *Google* Acadêmico, o *Scientific Electronic Library Online* (*Scielo*) e repositórios institucionais de universidades brasileiras.

A seleção da bibliografia leva em conta os trabalhos que efetivamente se relacionam ao tema proposto e contribuem à resolução da problemática estabelecida, desconsiderando-se os que não contemplam os objetivos da pesquisa. Nesse ponto, vale ressaltar que não se objetiva exaurir todos os estudos teóricos já promovidos sobre o assunto, senão apenas indicar se o atual estado de codificação do sistema internacional americano reflete a proposta apresentada por Amaro Cavalcanti. Da mesma forma, não se pretende analisar todo o pensamento do autor, mas apenas suas contribuições ao tema em foco.

Para isso, o marco central do trabalho consiste na exposição e proposta de Amaro Cavalcanti na IV Comissão da III Conferência Internacional Americana, realizada em 28 de julho de 1906, no Rio de Janeiro. Ademais, dá-se preferência a textos que abordam a evolução histórica da codificação do direito internacional no continente americano e apresentam o atual panorama de tratados e sistematização de normas internacionalistas nesse âmbito.

---

5. OLIVEIRA, Maria Marly de. *Como fazer pesquisa qualitativa*. Petrópolis, RJ: Vozes, 2007.

A realização da presente pesquisa se justifica, inicialmente, pela relevância de se estudar a contribuição da obra intelectual de Amaro Cavalcanti à codificação do direito internacional. Por um lado, é inegável que as reflexões em torno da sistematização das normas internacionais têm sido alvo de histórica – e renovada – atenção acadêmica, tanto em âmbito global, quanto hemisférico, o que demanda o desenvolvimento de atualizações e elaborações científicas constantes. Por outro, deve-se considerar que a revisitação da obra intelectual de um célebre jurista brasileiro implica, ao fim e ao cabo, a revalorização da obra jurídica nacional e desperta a consciência coletiva de sua contribuição à construção do sistema jurídico doméstico e internacional, algo de extremo valor em um país que tradicionalmente privilegia autores e obras estrangeiras.

Outro aspecto justificador do texto se refere à escassez de pesquisas relativas ao tema. Com efeito, observa-se que os estudos em torno da obra jurídica de Amaro Cavalcanti – e, especialmente, no que diz respeito às suas contribuições ao direito internacional – ainda são exíguos e tendem a se limitar à mera descrição dos textos do jurista, sem aprofundar seus reflexos ou impactos na ordem atual.

Ademais, ao longo do levantamento bibliográfico inicial, não se localizou nenhuma pesquisa científica que abordasse, de forma específica e problematizada, a proposta do jurista de codificação do direito internacional americano. Assim, vislumbra-se uma lacuna científica que merece ser preenchida a partir desta proposta de investigação.

2. Da codificação do direito internacional

Em linhas gerais, a codificação do direito internacional consiste na transformação de normas costumeiras em regramentos escritos, calcada numa busca pela certeza e segurança jurídica. Visa-se, nesse sentido, compensar o caráter vago e impreciso dos costumes internacionais, muitas vezes incertos e difíceis de provas, por meio de um processo de formulação e sistematização de normas.[6]

Estritamente falando, é comum a suposição de que a codificação apenas traduz regras consuetudinárias já existentes. Contudo, tal processo costuma envolver um certo grau de efeito criativo no processo, daí por que se observa um "desenvolvimento progressivo" do direito internacional associado a esse fenômeno.[7] Afinal, o direito internacional não se resume a uma mera soma aritmética de normas, sendo necessário garantir a articulação harmoniosa e coerente entre elas.[8]

A codificação internacional, contudo, difere da codificação interna, pois esta, como consequência da unidade política, realiza-se por meio de um processo legislativo cuja finalidade é clarificar ou sistematizar as regras existentes.[9] A codificação internacional, por outro lado, somente é possível se forem levadas em consideração as decisões políticas, de modo que, longe de ser uma simples tarefa técnica, trata-se de uma obra de criação da lei, na qual o conteúdo dos códigos não poderá ser estabelecido senão se os estados estiverem de acordo sobre o mesmo.[10]

---

6. RAMA-MONTALDO, Manuel. La codification du droit international comme instrument de la justice internationale. *Les Cahiers de Droit*, [*s. l.*], v. 42, n. 3, p. 711-723, 2001.

7. CORTEN, Olivier. Les aspects idéologiques de la codification du droit international. *In*: VANDERLINDEN, Mélanges Jacques (org). *Le Code Civil, bicentenaire d'un ancêtre vénéré*. Bruxelas: Bruylant, 2004. p. 495-520

8. GONZÁLEZ, Amalia Rodríguez; DIÉGUEZ la O., Tanieris. Aproximación histórica a la crisis de la codificación del Derecho Internacional. *Revista Política Internacional*, Havana, v. 5, n. 2, p. 135-150, 2023.

9. MACABU, Adilson Vieira. A soberania dos estados na codificação e desenvolvimento do direito internacional. *Revista de Ciência Política*, Rio de Janeiro, v. 6, n. 2, p. 3-33, abr./jun. 1972.

10. MACABU, Adilson Vieira. A soberania dos estados na codificação e desenvolvimento do direito internacional. *Revista de Ciência Política*, Rio de Janeiro, v. 6, n. 2, p. 3-33, abr./jun. 1972.

Nas suas origens, no século XVII, o processo de codificação internacional teve uma evolução lenta, atingindo a sua maior precisão apenas ao longo dos séculos XIX e XX.[11] Contudo, é somente após a Segunda Guerra Mundial que se testemunha o início de uma verdadeira "era de ouro" da codificação, especialmente em domínios como o direito humanitário, o direito da guerra e a resolução pacífica de litígios.

Mais tarde, com a edição da Carta das Nações Unidas, o respectivo art. 13 passou a prever expressamente a competência da Assembleia Geral de iniciar estudos e promover recomendações, destinados a "incentivar o desenvolvimento progressivo do direito internacional e a sua codificação",[12] o que subsidiou a criação da Comissão de Direito Internacional (CDI), um órgão permanente – embora não exclusivo – de peritos dedicados à tarefa de codificar as normas internacionais.

Nos primeiros anos da CDI, tumultuados pelos conflitos e pela divisão da Guerra Fria, as preocupações políticas acabaram criando numerosos e relevantes obstáculos ao seu funcionamento. Ao mesmo tempo em que se tornava questionável a viabilidade e o alcance de tentativas de codificação de caráter universal, também se tornava evidente a necessidade de consolidação de bases comuns para evitar o agravamento das tensões internacionais.[13]

---

11. GONZÁLEZ, Amalia Rodríguez; DIÉGUEZ LA O., Tanieris. Aproximación histórica a la crisis de la codificación del Derecho Internacional. *Revista Política Internacional*, Havana, v. 5, n. 2, p. 135-150, 2023.

12. BRASIL. Decreto n. 19.841, de 22 de outubro de 1945. Promulga a Carta das Nações Unidas, da qual faz parte integrante o anexo Estatuto da Corte Internacional de Justiça, assinada em São Francisco, a 26 de junho de 1945, por ocasião da Conferência de Organização Internacional das Nações Unidas. *Diário Oficial da União*, Rio de Janeiro, Seção 1, p. 17097, 5 nov. 1945.

13. CASELLA, Paulo Borba; ACCIOLY, Hildebrando; SILVA, G. E. do Nascimento. *Manual de Direito Internacional Público*. 20. ed. São Paulo: Saraiva, 2012.

Embora, inicialmente, a CDI tenha centralizado o processo de codificação do direito internacional, a partir da década de 1980 se iniciou uma diversificação dos atores participantes, bem como uma especialização das matérias envolvidas.[14] Assim, numerosos entes privados (como o Instituto de Direito Internacional) ou públicos (como instituições que trabalham em domínios mais especializados) passaram a estabelecer textos com vocação codificadora.[15]

Nessa linha, áreas inteiras do direito internacional foram assim codificadas, como o direito do mar, o direito das relações diplomáticas, o direito das relações consulares, o direito dos tratados e o direito do espaço exterior. Contudo, alguns temas apresentam legados mais problemáticos, impondo limites a qualquer pretensão de regulação jurídica internacional.[16]

Há, em linhas gerais, duas formas de se codificar o direito internacional. A primeira delas é a produção paulatina de convenções sem liame entre si, a fim de se constituir uma base para a futura codificação. Já a segunda é a criação imediata de um Código de Direito Internacional, pela reunião, de uma vez e em um só momento, das regras de direito internacional.[17]

---

14. GONZÁLEZ, Amalia Rodríguez; DIÉGUEZ LA O., Tanieris. Aproximación histórica a la crisis de la codificación del Derecho Internacional. *Revista Política Internacional*, Havana, v. 5, n. 2, p. 135-150, 2023.

15. CORTEN, Olivier. Les aspects idéologiques de la codification du droit international. *In*: VANDERLINDEN, Mélanges Jacques (org). *Le Code Civil, bicentenaire d'un ancêtre vénéré*. Bruxelas: Bruylant, 2004. p. 495-520.

16. CASELLA, Paulo Borba; ACCIOLY, Hildebrando; SILVA, G. E. do Nascimento. *Manual de Direito Internacional Público*. 20. ed. São Paulo: Saraiva, 2012.

17. ARRUDA, Brás de Sousa. Estrutura do direito internacional. *Revista da Faculdade de Direito da Universidade de São Paulo*, São Paulo, v. 34, n. 2, p. 497-635, 1938.

Todavia, autores como Martin,[18] González e Diéguez[19] apontam no sentido de existir uma crise de codificação do direito internacional atual, motivada por fatores como a forte politização das questões, a desconfiança em face das propostas normativas, a multiplicação dos agentes codificadores, a dificuldade de unir e negociar diante de interesses opostos. Dessa forma, adaptar as atividades da CDI à realidade do século XXI se torna cada vez mais necessário, considerando a heterogeneidade do sistema internacional contemporâneo.[20]

3. A proposta de Amaro Cavalcanti sobre a codificação do direito internacional americano

Entre 1905 e 1906, Amaro Cavalcanti atuou como consultor jurídico do Ministério das Relações Exteriores, tendo sido nomeado delegado do Governo Brasileiro no III Congresso Internacional Americano, realizado no Rio de Janeiro entre 21 de julho e 27 de agosto de 1906, o qual tinha por ponto focal os mecanismos de entendimento entre as nações.

No âmbito da IV Comissão, Cavalcanti inicia sua proposta sobre a codificação do direito internacional discorrendo sobre o crescente interesse dos juristas de se criar um código comum de leis aplicável às relações internacionais dos diversos "Estados civilizados". Embora reconheça a utilidade máxima desse propósito, o jurista potiguar é

18. MARTÍN, Ana Gemma López. La codificación del derecho internacional en el umbral del siglo XXI: luces y sombras en la labor de la CDI. *Anuario Hispano-Luso-Americano de Derecho Internacional*, [*s. l.*], v. 15, p. 367-390, 2001.

19. GONZÁLEZ, Amalia Rodríguez; DIÉGUEZ LA O., Tanieris. Aproximación histórica a la crisis de la codificación del Derecho Internacional. *Revista Política Internacional*, Havana, v. 5, n. 2, p. 135-150, 2023.

20. ABASHIDZE, Aslan Kh.; SOLNTSEV, A. M. Codificação do Direito Internacional: o fim da bela era? *Universitas:* Relações Internacionais, Brasília, v. 12, n. 1, p. 27-35, 2014.

cauteloso sobre a conversão desse desiderato em realidade efetiva na então conjuntura jurídica dos Estados.

Estabelece, nesse panorama, que a elaboração de um Código de Direito Internacional Público e Privado pressupõe a aceitação geral pelos Estados de regras e princípios comuns, o que não seria, na visão dele, o então estado atual de consciência jurídica de todas as repúblicas americanas. Isso porque subsistem controvérsias sobre questões importantíssimas de direito internacional, além de não haver uma definição sobre o âmbito de aplicação do pretenso código, no sentido de este ser aplicável apenas às nações do continente americano ou também às relações com nações de outros continentes.

Quanto a este último aspecto, Amaro Cavalcanti destaca que o direito, como fenômeno social, não é apenas americano, europeu ou asiático, senão humano e universal. Nessa lógica, afirma que a ideia de codificação deve considerar as relações jurídicas americanas com todos os povos, o que acrescenta um grau a mais de dificuldade à tarefa, porquanto as nações de outros continentes provavelmente continuariam a ignorar o direito codificado americano na sustentação de seus direitos e interesses em qualquer dos Estados da América.

O jurista potiguar também ressalta que, embora o progresso mundial tenha estendido cada vez mais os vínculos da vida internacional, fazendo sentir aos povos a necessidade de uma comunhão jurídica, cada Estado ainda mantém seu direito particular, que lhe dá vida e feição próprias. E, por maior que seja o esforço dos juristas, existem particularidades que estão sujeitas a profunda divergência – como condições econômicas, diversidade de instituições e política interna –, o que dificulta a elaboração de um código único. Nesse cenário, o autor entende que uma codificação jurídica completa poderia mais facilmente ter um valor doutrinário do que figurar como uma autoridade legislativa internacional.

Cavalcanti deixa claro, todavia, que não é avesso à ideia de uma codificação. Pelo contrário, também a deseja e reconhece as vantagens dela, mas duvida da possibilidade de sua realização como um todo, embora admita essa mesma possibilidade caso ela se proceda em partes. Salienta, assim, uma questão de método, reconhecendo a maior facilidade de se obter acordos entre as nações sobre institutos específicos do direito do que sobre todos eles, de uma só vez, isto é, sobre um código completo de ambos os ramos de direito internacional, público e privado.

Feitas tais considerações, ele apresenta sua proposta, sugerindo que, em vez de se elaborar desde logo um código completo de direito internacional, público e privado, seja adotado o método de escolher, entre as regras ou princípios já admitidos nas práticas internacionais, tratados e conferências anteriores, aqueles que pareçam capazes de ser convertidos em projetos de convenções, para o fim de ser constituído, aos poucos, um direito comum, regulador das relações das repúblicas americanas.

Cavalcanti chega até mesmo a propor alguns assuntos de direito internacional público sobre os quais já se poderia deliberar: o reconhecimento da obrigação de mútua garantia sobre integridade do território de cada uma das repúblicas; a declaração expressa de que a ocupação *manu militari* de qualquer porção do território pertencente a um Estado jamais constituirá título legítimo de aquisição; a declaração dos direitos do estrangeiro; regras e princípios uniformes sobre imunidade dos diplomatas e as isenções reconhecidas aos cônsules; a exterritorialidade dos navios de guerra e dos corpos de tropas estrangeiras que atravessam ou acampam no território de um Estado.

Embora sintética, a proposta é precisa do ponto de vista jurídico, a partir da assunção de uma posição crítica à codificação. Em linhas gerais, é possível perceber a preferência de Cavalcanti por uma codificação vagarosa, gradual e parcial, construída por meio da coleta dos usos e costumes já existentes e da elaboração de tratados específicos.

O exame da proposta também revela um esforço de compreensão do direito internacional como uma realidade universal, e não regional, além de um realismo político característico do autor, que deixa claro que os projetos de criação de um código para todo o direito internacional eram marcados por um otimismo exacerbado.[21] Nesse aspecto, expressa-se no sentido de que a codificação gradual e parcial seria uma obra longa, mas certa, que levaria a um direito que iria além do meramente teórico, estando dotado de real autoridade legislativa.

Desse modo, pode-se afirmar que essa posição gradualista acerca da codificação do direito internacional, que se projeta sobre quaisquer desenvolvimentos no âmbito do direito internacional, demonstra uma abordagem cautelosa e realista do jurista potiguar sobre o tema.

4. A atual codificação do direito internacional americano à luz do gradualismo de Amaro Cavalcanti

A América foi, indiscutivelmente, a precursora do movimento de codificação do direito internacional. A primeira tentativa de codificação sistemática dessa matéria surgiu por ocasião do Congresso do Panamá, em 1826, que sugeriu o estudo do problema como uma das formas de estreitar os vínculos existentes entre os países da região. Foi, aliás, em

21. GALINDO, George Rodrigo Bandeira. Um cauteloso jurista: Amaro Cavalcanti e sua obra internacionalista. *In*: GALINDO, George Rodrigo Bandeira (org.). *Direito Internacional no Brasil:* pensamento e tradição. Rio de Janeiro: Lumen Juris, 2021. v. 1, p. 231-278.

consequência das identidades de origem, culturais e jurídicas, que a codificação do direito internacional se desenvolveu mais acentuadamente no continente americano do que em outras partes do mundo[22].

Além disso, no início do século XX, dominava no mundo um certo sentimento de insegurança, de modo que a codificação do direito internacional se impôs como expressão de uma aspiração primordial por segurança, mediante uma regulamentação mais precisa e mais completa das relações internacionais.[23]

Na II Conferência Interamericana, ocorrida na Cidade do México entre 1901 e 1902, o delegado brasileiro José Hygino Duarte Pereira propôs a criação de uma comissão de juristas para a confecção de dois códigos para regular as relações entre os Estados americanos, sendo um de direito internacional público e outro de direito internacional privado.[24] A proposta brasileira foi aprovada, sendo criada uma Comissão Internacional de Jurisconsultos, constituída por um representante de cada um dos Estados signatários e encarregada de preparar um projeto de Código de Direito Internacional Privado e outro de Direito Internacional Público, que seriam submetidos posteriormente para apreciação da Quarta Conferência Internacional Americana.[25] O Governo Brasileiro enviou dois projetos de código, um

---

22. MACABU, Adilson Vieira. A soberania dos estados na codificação e desenvolvimento do direito internacional. *Revista de Ciência Política*, Rio de Janeiro, v. 6, n. 2, p. 3-33, abr./jun. 1972.

23. RIBEIRO, Renato. Breve história da Comissão Jurídica Americana e de sua obra. *Revista de Ciência Política*, Rio de Janeiro, v. 33, n. 2, p. 85-99, 1990.

24. MACABU, Adilson Vieira. A soberania dos estados na codificação e desenvolvimento do direito internacional. *Revista de Ciência Política*, Rio de Janeiro, v. 6, n. 2, p. 3-33, abr./jun. 1972.

25. LACERDA, Matheus de Medeiros. *Diplomacia presidencial de Epitácio Pessoa*: análise da política externa do presidente eleito: da Conferência da paz à volta ao Brasil. 2012. 157 f. Dissertação (Mestrado) – Programa de Pós-graduação em Relações Internacionais – PPGRI, Universidade Estadual da Paraíba, João Pessoa, 2020.

de direito internacional público, elaborado pelo jurista Epitácio Pessoa, e outro de direito internacional privado, de autoria de Lafayette Pereira, os quais foram apreciados na reunião de 1912.[26]

Mais tarde, em 1927, na reunião da Comissão de Jurisconsultos, no Rio de Janeiro, aprovou-se um projeto de código, de autoria do cubano Sánchez de Bustamante, que foi em seguida apresentado à VI Conferência Interamericana de 1928, em Havana, que o adotou com o nome de Código de Bustamante, contendo um grande número de normas de direito internacional privado.[27] Nessa mesma conferência também foram sancionadas convenções de direito internacional público, versando sobre temas como condição dos estrangeiros; direitos e deveres dos estados em caso de guerra civil; neutralidade marítima; direito de asilo; tratados internacionais; funcionários diplomáticos e agentes consulares; asilo político; direitos e deveres dos estados; extradição e nacionalidade.[28]

Em 1942, na Terceira Reunião de Consulta dos Ministros das Relações Exteriores, realizada no Rio de Janeiro, a Comissão de Jurisconsultos assumiu o nome de "Comissão Jurídica Interamericana", tendo como uma de suas funções a de desenvolver e coordenar o trabalho de codificação do direito internacional, sem prejuízo da competência das organizações existentes.[29]

---

26. MACABU, Adilson Vieira. A soberania dos estados na codificação e desenvolvimento do direito internacional. *Revista de Ciência Política*, Rio de Janeiro, v. 6, n. 2, p. 3-33, abr./jun. 1972.

27. MACABU, Adilson Vieira. A soberania dos estados na codificação e desenvolvimento do direito internacional. *Revista de Ciência Política*, Rio de Janeiro, v. 6, n. 2, p. 3-33, abr./jun. 1972.

28. MACABU, Adilson Vieira. A soberania dos estados na codificação e desenvolvimento do direito internacional. *Revista de Ciência Política*, Rio de Janeiro, v. 6, n. 2, p. 3-33, abr./jun. 1972.

29. VIZCARRA, Ana Elizabeth Villalta. La contribución de América al Derecho Internacional. *In*: CURSO DE DERECHO INTERNACIONAL, 33., 2006, Rio de Janeiro. *Anais do*... Rio de Janeiro: Comité Jurídico Interamericano, 2006. p. 59-94.

Mais tarde, na Quarta Conferência, em 1948, foi elaborada a Carta da Organização dos Estados Americanos (OEA) e o Tratado Americano de Soluções Pacíficas, denominado Pacto de Bogotá, que reorganizou a União Pan-Americana e criou como órgão permanente um Conselho Interamericano de Jurisconsultos, cuja finalidade principal era promover a codificação, assessorado pela Comissão Jurídica Interamericana, com sede no Rio de Janeiro e formada por nove estados.[30]

Com a reforma da Carta da OEA pelo Protocolo de Buenos Aires de 1967,[31] o Conselho Interamericano de Jurisconsultos foi substituído pelo Comitê Jurídico Interamericano, o qual foi elevado ao nível de um dos órgãos principais da organização internacional, segundo o art. 51, *d*, daquele documento normativo. O art. 105, por sua vez, detalhava a finalidade consultiva da Comissão em assuntos jurídicos, bem como a de promover o desenvolvimento progressivo e a codificação do direito internacional, além de estudar os problemas jurídicos referentes à integração dos países em desenvolvimento do continente, como também a possibilidade de uniformizar suas legislações no que parecer conveniente.[32]

Tendo em vista a delimitação formal do presente texto, este se restringe a mencionar a existência de centenas de trabalhos – incluindo pareceres, resoluções, convenções,

---

30. MACABU, Adilson Vieira. A soberania dos estados na codificação e desenvolvimento do direito internacional. *Revista de Ciência Política*, Rio de Janeiro, v. 6, n. 2, p. 3-33, abr./jun. 1972.

31. BRASIL. Decreto Legislativo nº 2, de 1968. Aprova o texto do Protocolo de Reforma da Carta da Organização dos Estados Americanos, denominado "Protocolo de Buenos Aires", assinado em Bueno Aires, em 27 de fevereiro de 1967. *Diário do Congresso Nacional*, Brasília, Seção 1, p. 417, 30 jan. 1968.

32. BRASIL. Decreto Legislativo nº 2, de 1968. Aprova o texto do Protocolo de Reforma da Carta da Organização dos Estados Americanos, denominado "Protocolo de Buenos Aires", assinado em Bueno Aires, em 27 de fevereiro de 1967. *Diário do Congresso Nacional*, Brasília, Seção 1, p. 417, 30 jan. 1968.

entre outros – desenvolvidos pela Comissão, cujos títulos são parcialmente listados por Ribeiro,[33] agrupando-os em quatro fases distintas. Muito embora tais trabalhos institucionais nem sempre tenham logrado obter a ratificação de todos os Estados-membros, os resultados atingidos pelo movimento codificador no continente americano certamente se mostram bastante superiores aos alcançados pela sociedade internacional.[34]

Diante desta breve exposição acerca do desenvolvimento histórico da codificação do direito internacional na América, é possível perceber que a proposta de codificação gradual de Amaro Cavalcanti terminou sendo derrotada a curto prazo,[35] tendo em vista que, a despeito das opiniões do jurista potiguar, o projeto de codificação completa do direito internacional público e privado foi levado adiante. Entretanto, a longo prazo, é notório que tal posição gradualista se adequou com mais vigor aos interesses dos Estados, fato evidenciado pelo fracasso dos projetos de criação de um código de direito internacional americano e pela percepção de diversos internacionalistas de que tal empreendimento seria muito difícil ou mesmo inalcançável.[36]

Nesse panorama, é possível extrair certa adoção desse gradualismo da própria Carta das Nações Unidas, uma vez

33. RIBEIRO, Renato. Breve história da Comissão Jurídica Americana e de sua obra. *Revista de Ciência Política*, Rio de Janeiro, v. 33, n. 2, p. 85-99, 1990.

34. MACABU, Adilson Vieira. A soberania dos estados na codificação e desenvolvimento do direito internacional. *Revista de Ciência Política*, Rio de Janeiro, v. 6, n. 2, p. 3-33, abr./jun. 1972

35. GALINDO, George Rodrigo Bandeira. Um cauteloso jurista: Amaro Cavalcanti e sua obra internacionalista. *In*: GALINDO, George Rodrigo Bandeira (org.). *Direito Internacional no Brasil:* pensamento e tradição. Rio de Janeiro: Lumen Juris, 2021. v. 1, p. 231-278.

36. GALINDO, George Rodrigo Bandeira. Um cauteloso jurista: Amaro Cavalcanti e sua obra internacionalista. *In*: GALINDO, George Rodrigo Bandeira (org.). *Direito Internacional no Brasil:* pensamento e tradição. Rio de Janeiro: Lumen Juris, 2021. v. 1, p. 231-278.

que a redação do seu art. 13, já mencionado neste trabalho, aponta na direção de uma política de codificação progressiva e gradual, de acordo com as possibilidades e circunstâncias,[37] em alinhamento às propostas de Amaro Cavalcanti.

Com efeito, torna-se evidente hoje a existência de setores do direito internacional nos quais as divergências e os diversos interesses em jogo tornam praticamente impossível um trabalho de codificação. Macabu,[38] nessa lógica, também assume a posição de que "[...] a codificação gradual e progressiva será um dos pilares do direito internacional, mas ela só deverá ser realizada quando corresponder ao desenvolvimento do direito internacional num dado setor".

Nesse ponto, é possível afirmar, em certa medida, que a atual sociedade americana ainda não atingiu um grau de harmonização normativa e cultural capaz de oferecer bases suficientes à formulação de um código total de direito internacional. E questiona-se se tal harmonização, um dia, sequer será capaz de acontecer. Afinal, embora a globalização torne mais fácil o intercâmbio de ideias, costumes e modos de agir, o lugar, mesmo imerso numa comunhão com o mundo, torna-se exponencialmente diferente dos demais, ou, em outras palavras, a maior globalidade corresponde também a maior individualidade.[39]

Nessa linha, o atual arrefecimento dos ímpetos de criação de um código total de direito internacional e a preferência – não apenas americana, como também mundial – pela elaboração de tratados e convenções sobre matérias

---

37. MACABU, Adilson Vieira. A soberania dos estados na codificação e desenvolvimento do direito internacional. *Revista de Ciência Política*, Rio de Janeiro, v. 6, n. 2, p. 3-33, abr./jun. 1972.

38. MACABU, Adilson Vieira. A soberania dos estados na codificação e desenvolvimento do direito internacional. *Revista de Ciência Política*, Rio de Janeiro, v. 6, n. 2, p. 3-33, abr./jun. 1972. p. 33.

39. SANTOS, Milton. *A natureza do espaço*: técnica e tempo, razão e emoção. São Paulo: Hucitec, 1997.

específicas acerca das quais já se tornou possível alcançar certa dose de consenso regional expressa um alinhamento à abordagem codificadora proposta por Amaro Cavalcanti há mais de cem anos, o que evidencia o caráter preciso e projetivo da posição do jurista potiguar sobre o desenvolvimento do direito internacional.

5. Conclusão

Diante dos resultados expostos, é possível concluir que a abordagem gradualista de codificação do direito internacional, proposta por Amaro Cavalcanti por ocasião da III Conferência Internacional Americana de 1906, encontra nítida expressão no atual sistema internacional americano.

Embora se tenha constatado um esforço inicial dos Estados americanos na tentativa de se criar um código completo de direito internacional, as divergências entre aqueles se sobrepuseram a essa ousada ideia, prevalecendo até os dias de hoje a "codificação parcial", no sentido de que se privilegia a confecção de tratados restritos a matérias específicas. Tal tendência dialoga intimamente, portanto, com a opinião cautelosa de Amaro Cavalcanti, que propõe um método de codificação lenta e gradual, a partir da escolha, entre as regras ou princípios já admitidos nas práticas internacionais, daquelas que pareçam capazes de ser convertidas em projetos de convenção, para o fim de ser constituído, aos poucos, um direito comum das repúblicas americanas.

Essa constatação lança luzes sobre a visão pragmática de Amaro Cavalcanti acerca do sistema internacional, bem como evidencia o eco de suas ideias sobre o direito internacional americano até os dias de hoje, revelando a precisão de seus argumentos e a nitidez de sua interpretação sobre a maturidade codificadora dos Estados americanos. Nesse cenário, impõe-se revisitar a larga obra internacionalista do jurista potiguar que, não obstante o curto período de tempo em que atuou junto ao Ministério das Relações Exteriores, deixou escritos e ideias que mantêm sua atualidade, mesmo mais de cem anos depois.

Referências

ABASHIDZE, Aslan Kh.; SOLNTSEV, A. M. Codificação do Direito Internacional: o fim da bela era? *Universitas:* Relações Internacionais, Brasília, v. 12, n. 1, p. 27-35, 2014.

ARRUDA, Brás de Sousa. Estrutura do direito internacional. *Revista da Faculdade de Direito da Universidade de São Paulo*, São Paulo, v. 34, n. 2, p. 497-635, 1938.

BRASIL. Decreto n. 19.841, de 22 de outubro de 1945. Promulga a Carta das Nações Unidas, da qual faz parte integrante o anexo Estatuto da Corte Internacional de Justiça, assinada em São Francisco, a 26 de junho de 1945, por ocasião da Conferência de Organização Internacional das Nações Unidas. *Diário Oficial da União*, Rio de Janeiro, Seção 1, p. 17097, 5 nov. 1945.

BRASIL. Decreto Legislativo n. 2, de 1968. Aprova o texto do Protocolo de Reforma da Carta da Organização dos Estados Americanos, denominado "Protocolo de Buenos Aires", assinado em Bueno Aires, em 27 de fevereiro de 1967. *Diário do Congresso Nacional*, Brasília, Seção 1, p. 417, 30 jan. 1968.

CASELLA, Paulo Borba; ACCIOLY, Hildebrando; SILVA, G. E. do Nascimento. *Manual de direito internacional público*. 20. ed. São Paulo: Saraiva, 2012.

CORTEN, Olivier. Les aspects idéologiques de la codification du droit international. *In*: VANDERLINDEN, Mélanges Jacques (org). *Le Code Civil, bicentenaire d'un ancêtre vénéré*. Bruxelas: Bruylant, 2004. p. 495-520.

GALINDO, George Rodrigo Bandeira. Um cauteloso jurista: Amaro Cavalcanti e sua obra internacionalista. *In*: GALINDO, George Rodrigo Bandeira (org.). *Direito Internacional no Brasil:* pensamento e tradição. Rio de Janeiro: Lumen Juris, 2021. v. 1, p. 231-278.

GONZÁLEZ, Amalia Rodríguez; DIÉGUEZ la O., Tanieris. Aproximación histórica a la crisis de la codificación del Derecho Internacional. *Revista Política Internacional*, Havana, v. 5, n. 2, p. 135-150, 2023.

LACERDA, Matheus de Medeiros. *Diplomacia presidencial de Epitácio Pessoa*: análise da política externa do presidente eleito: da Conferência da paz à volta ao Brasil. 2012. 157 f. Dissertação (Mestrado) – Programa de Pós-graduação em Relações Internacionais – PPGRI, Universidade Estadual da Paraíba, João Pessoa, 2020.

MACABU, Adilson Vieira. A soberania dos estados na codificação e desenvolvimento do direito internacional. *Revista de Ciência Política*, Rio de Janeiro, v. 6, n. 2, p. 3-33, abr./jun. 1972.

MARTÍN, Ana Gemma López. La codificación del derecho internacional en el umbral del siglo XXI: luces y sombras en la labor de la CDI. *Anuario Hispano-Luso-Americano de Derecho Internacional*, [s. l.], v. 15, p. 367-390, 2001.

OLIVEIRA, Maria Marly de. *Como fazer pesquisa qualitativa*. Petrópolis, RJ: Vozes, 2007.

RAMA-MONTALDO, Manuel. La codification du droit international comme instrument de la justice internationale. *Les Cahiers de Droit*, [s. l.], v. 42, n. 3, p. 711-723, 2001.

RIBEIRO, Renato. Breve história da Comissão Jurídica Americana e de sua obra. *Revista de Ciência Política*, Rio de Janeiro, v. 33, n. 2, p. 85-99, 1990.

SANTOS, Milton. *A natureza do espaço*: técnica e tempo, razão e emoção. São Paulo: Hucitec, 1997.

SILVA, Luziel Augusto da. *Amaro Cavalcanti e a instrução pública da província do Ceará (1881-1883)*. 2019. 79 f. Trabalho de Conclusão de Curso (Graduação em Direito) – Universidade Federal da Paraíba, João Pessoa, 2019.

SOUZA, Carlos Adel Teixeira de. *Amaro Cavalcanti*: pequena história sobre o mais notável norte-rio-grandense na fase da transição do Império para a República brasileira. Natal: Sebo Vermelho, 2009.

VIZCARRA, Ana Elizabeth Villalta. La contribución de América al Derecho Internacional. *In*: CURSO DE DERECHO INTERNACIONAL, 33., 2006, Rio de Janeiro. *Anais do...* Rio de Janeiro: Comité Jurídico Interamericano, 2006. p. 59-94.

SOBRE OS OMBROS DO GIGANTE INTELECTUAL AMARO CAVALCANTI: DA RESPONSABILIDADE CIVIL ÀS TUTELAS DO ILÍCITO E ESTRUTURAL EM FACE DO ESTADO

Marcus Aurélio de Freitas Barros[1]

1 O gigante intelectual Amaro Cavalcanti, formulador do Direito Público brasileiro e desbravador do controle judicial dos atos políticos (à guisa de introdução); 2 Um apoio na inteligência de Amaro Cavalcanti: da irresponsabilidade à responsabilidade civil do Estado; 3 Sobre os ombros do gigante intelectual Amaro Cavalcanti: da responsabilidade civil às tutelas do ilícito e estrutural em face do Estado; 4 Considerações finais; Referências.

Resumo: O presente trabalho, a par de render justas homenagens à trajetória e ao legado de Amaro Cavalcanti, um homem com estatura intelectual de um gigante e jurista potiguar de *escol* que, entre outras tantas funções de relevo, exerceu o cargo de Ministro do Supremo Tribunal Federal, tem por escopo, a

---

1. Mestre em Direito, Sociedade e Estado pela Universidad del País Vasco/Espanha. Mestre em Direito Constitucional pela UFRN. Professor Adjunto IV da UFRN. Membro do Instituto Brasileiro de Direito Processual (IBDP), do Instituto Potiguar de Processo Civil (IPPC) e da Associação Norte-Nordeste de Professores de Processo (ANNEP). Ex-Presidente do Colégio de Diretores de Escolas e Centros de Estudos e Aperfeiçoamento Funcional dos Ministérios Públicos do Brasil - CDEMP (ano de 2020). Membro titular atual do Comitê Nacional de Fomento à Atuação Resolutiva (CONAFAR) do Conselho Nacional do Ministério Público - CNMP. Promotor de Justiça do Rio Grande do Norte. marcus.aurelio@mprn.mp.br

partir de suas lições imorredouras sobre a responsabilidade civil do Estado, demonstrar a evolução da irresponsabilidade, passando pela tutela contra o dano, até chegar nas tutelas do ilícito e estrutural em face do Poder Público. O assunto é atual, sobretudo diante do teor do recente Tema 698/STF, que buscou definir limites ao controle judicial de políticas públicas no Brasil. O trabalho, portanto, a partir da evolução histórica do controle judicial dos atos políticos, tema presente nas preocupações de Amaro Cavalcanti, a partir da utilização do método lógico-dedutivo e de pesquisa bibliográfica e jurisprudencial, busca responder uma indagação: que parâmetros devem nortear, na atual quadra histórica, as tutelas do ilícito e estrutural em face do Estado? O trabalho conclui que o horizonte visualizado é de assentamento de parâmetros mais firmes para se manejar com segurança, no Brasil, a par da tutela do dano, as tutelas do ilícito e estruturais em face do Estado, o que abre espaço para o controle judicial de políticas públicas (atos políticos), sem que se deixe de levar em conta as possibilidades financeiras, organizativas e executórias dos entes federados e os desafios de quem tem a altíssima responsabilidade de administrar a *res publica*.

1. O gigante intelectual Amaro Cavalcanti, formulador do Direito Público brasileiro[2] e desbravador do controle judicial dos atos políticos (à guisa de introdução)

Acomodado na esquina do Brasil, o Estado do Rio Grande do Norte tem sido um celeiro de grandes juristas, muitos deles, por suas valiosas contribuições ao Direito pátrio, com inolvidável valor histórico na construção do Direito Público brasileiro. Para não deixar de lembrar alguns dos prestigiados juristas potiguares, com dedicação especial ao que se tinha como Direito Público, é possível citar: Seabra Fagundes, Amaro Cavalcanti, Raimundo Nonato Fernandes, José Augusto Delgado etc.

O destaque no trabalho atual é dado ao educador, advogado, político, gestor público, digno magistrado com

2. Esse qualificativo, que dimensiona um pouco do tamanho de Amaro Cavalcanti para o publicismo brasileiro, constou do título do seguinte trabalho: NOBRE JÚNIOR, Edilson Pereira. Amaro Cavalcanti, formulador do direito público brasileiro. *Revista Acadêmica da Faculdade de Direito do Recife*, Recife, v. 95, n. 1, anno CXXXII, p. 170-181, 2023.

assento no Supremo Tribunal Federal, internacionalista consagrado e ambientado com a diplomacia, Amaro Cavalcanti, que, nascido em 15 de agosto de 1849,[3] numa povoação do alto sertão potiguar, hoje conhecida como Jardim de Piranhas, foi figura de alto relevo no início de nossa República, tendo se destacado como senador constituinte pelo Rio Grande do Norte à época que se edificou a Constituição de 1891, a primeira da fase republicana, como Ministro do Supremo Tribunal Federal e membro do Tribunal de Haia.

Percebe-se o valor intelectual de Amaro Cavalcanti tanto pelas funções que exerceu quanto pela forma como reconhecido por tantos baluartes do Direito e da Política no Brasil. Para dar um exemplo eloquente, o genial Seabra Fagundes alude que Amaro Cavalcanti, constituinte, senador, deputado, ministro de Estado duas vezes, governador da capital da República, juiz da Suprema Corte, consultor do país para as delicadas questões internacionais, membro do Tribunal de Haia, a mais alta instância da justiça mundial, está não pelos títulos, mas pelo modo por que os honrou, entre aqueles que mais leal e patrioticamente contribuíram para a grandeza do Brasil na fase aguda dos primeiros tempos da República.[4]

Como lembra Tavares de Lyra, Amaro Cavalcanti foi homenageado pelo Ministro Pires e Albuquerque como um filho do seu próprio esforço, galgando, a poder de talento, de tenacidade e de trabalho todos os graus de uma brilhante e fecunda carreira – professor, advogado, diplomata, político, administrador, jurisconsulto e magistrado do Supremo Tribunal Federal –, tendo sido um raro e nobre exemplo do

3. Amaro Cavalcanti, mesmo não tendo nascido em família abastarda, foi irmão do conhecido Padre João Maria, um homem coberto de virtudes, verdadeiro apóstolo da caridade, sendo consagrado pela história como santo popular de Natal.

4. FAGUNDES, M. Seabra. Amaro Cavalcanti e as liberdades públicas: conferência pronunciada no Tribunal de Justiça do Rio Grande do Norte. *Archivo Judiciario*, Rio de Janeiro, v. XCI, jul./set. 1949.

poder da inteligência quando servido pelo amor ao trabalho e dedicação à causa pública. Tavares de Lyra, no mesmo trabalho, referencia Amaro Cavalcanti como tendo o perfil de um grande *Self man made*, que foi, em seu tempo e sem favor, uma das mais culminantes expressões da intelectualidade brasileira.[5]

Importante lembrar o momento histórico em que Amaro Cavalcanti, exímio conhecedor do direito de outras plagas, sobretudo o direito norte-americano, além de ser um intelectual engajado, pois utilizou suas ideias numa vida pública rica de realizações, seguiu sua trajetória de sucesso. Vivia-se, nos estertores da nossa República, um período pujante do Estado Liberal, onde havia preocupação em formatar os poderes do juiz e garantir a não interferência do Estado na vida dos cidadãos. Como não se falava em atividade promocional do Estado, havia pouco ambiente para pensar nas políticas públicas como objeto de atenção do Direito.

Não obstante, à frente do seu tempo, Amaro Cavalcanti já demonstrava acesa preocupação com a afirmação das liberdades públicas e o correto delineamento de um controle judicial de atos políticos não discricionários. Curial lembrar que, como atento Ministro da Excelsa Corte, a pretexto de enfrentar a admissibilidade do *habeas corpus*, contribuiu com temas históricos ligados ao valor das liberdades públicas, à autonomia municipal e a uma visão adequada da harmonia entre os poderes e o controle judicial dos atos políticos.[6]

---

5. LYRA, A. Tavares de. Amaro Cavalcanti. *Revista do Instituto Histórico e Geográfico brasileiro*, Rio de Janeiro, v. 204, p. 335-342, jul./set. 1949.

6. Conferir: FAGUNDES, M. Seabra. Amaro Cavalcanti e as liberdades públicas: conferência pronunciada no Tribunal de Justiça do Rio Grande do Norte. *Archivo Judiciario*, Rio de Janeiro, v. XCI, jul./set. 1949; NOBRE JÚNIOR, Edilson Pereira. Amaro Cavalcanti, formulador do direito público brasileiro. *Revista Acadêmica da Faculdade de Direito do Recife*, Recife, v. 95, n. 1, anno CXXXII, p. 170-181, 2023.

Diante de suas preocupações, sobretudo com os limites da responsabilidade do Estado pelos atos de seus agentes, no ano de 1905, publica um clássico do direito administrativo brasileiro, sua obra sobre responsabilidade civil do Estado, onde firma as bases científicas, com forte amparo no direito alienígena, para os limites de tal responsabilização estatal.

O presente trabalho, iluminado pelas lições imorredouras constante dessa obra seminal, busca investigar mais sobre o controle judicial da atividade do Estado, sobretudo diante de atos ilícitos e de políticas públicas, a fim de, com um olhar mais detido nas tutelas do ilícito e estrutural, perscrutar se há parâmetros mais seguros para o controle judicial em face do Poder Público, dando sequência às preocupações de Amaro Cavalcanti, agora diante de um novo modelo de Estado e novos desafios, próprios de um Estado Democrático de Direito.

2. Um apoio na inteligência de Amaro Cavalcanti: da irresponsabilidade à responsabilidade civil do Estado

Na merecida homenagem que se faz ao grande homem público potiguar Amaro Cavalcanti, cabem, em capítulo à parte, as premissas do seu pensamento, que se materializaram em trabalho de fôlego sobre a responsabilidade civil do Estado – consequência das preocupações já antes anunciadas do autor com a garantia das liberdades públicas dos cidadãos e o controle judicial dos atos danosos praticados por funcionários estatais.

O pensamento do autor, naturalmente influenciado por ideias republicanas, por um modelo de Estado Liberal de Direito, fincado na proteção-mor a direitos como liberdade e propriedade (de primeira dimensão), apoiado, assim, nas premissas do individualismo e do patrimonialismo, não poderia aceitar uma visão de mundo em que o Estado estivesse numa esfera superior ao Direito e que inúmeros atos danosos praticados por agentes do ente estatal ficassem imunes à reprimenda judicial pela via da responsabilidade civil.

Já nos elementos pré-textuais de sua obra original, em excerto dirigido a título de alerta ao leitor, aponta as premissas de um trabalho cuja base de pensamento ainda se apresenta como leitura obrigatória aos que pretendem se dedicar de modo mais profundo ao tema da responsabilidade civil do Estado e seus limites.

São premissas importantes da obra: a) não se pode admitir, sem protesto, a velha doutrina da irresponsabilidade absoluta do Estado, de modo que se deve privilegiar uma teoria que, sendo capaz de observar as prerrogativas do poder soberano, que o Estado simboliza, contudo, não leva ao sacrifício dos direitos individuais de modo ilimitado e incondicional, como se pretendia; b) única tese possível de ser afirmada é a de que, dada a lesão a um direito objetivo, efetivamente adquirido pelo indivíduo, do próprio ato lesivo resulta a obrigação de prestar ao lesado uma obrigação que seja equivalente ao dano; c) poder soberano é o que não está sob às ordens ou fiscalização de um outro; mas, não, poder juridicamente irresponsável, isto é, que não deva responder pelas lesões do alheio direito; d) no novo credo atual do Estado de Direito (*Rechtsstaat*), o Estado, ente político ou soberano, não age em esfera superior ao Direito; e) o direito é a regra de conduta e proceder, tanto dos indivíduos, como do Estado e, consequentemente, assim como sucede com indivíduos, assim também o Estado deve, em princípio, responder por seus atos.[7]

Impressionante do exame da obra clássica de Amaro Cavalcanti, a preocupação notável em descrever as teorias

---

7. CAVALCANTI, Amaro. *Responsabilidade civil do Estado*. Rio de Janeiro: Laemmert & Cia., 1905. p. VII-XII.

da personalidade jurídica, destacando a do Estado, além de passear sobre forte doutrina, de modo descritivo, mas sobremaneira crítico, que defendia e buscava fundamento para uma não aceitável, para o autor, irresponsabilidade absoluta do Estado.

Traça, com o fim de rebater, inúmeros argumentos então expostos favoravelmente à ideia de irresponsabilidade Estado, conforme se colhe da doutrina germânica (*Richelmann* e *Bluntschi*) e italiana (*Gabba, Mantellini* e *Saredo*). Como indicam Nobre Júnior, Mendonça e Carvalho, suas conclusões são diversas, advogando a responsabilidade civil estatal, seja pelo fato de o conceito de soberania não poder ultrapassar ao ponto de excluir a ideia de justiça, seja pelo fato de os próprios partidários da teoria da irresponsabilidade, na sua quase maioria, não deixar de admitir, na prática, hipóteses em que não se pode negar a responsabilidade estatal.[8]

A bem da verdade, partindo dos modelos de então, sistematiza três sistemas então vigentes, a saber: a) o Estado, ente abstrato e, como tal, incapaz de fazer o mal, não devendo, por sua natureza superior, ser alvo de obrigações extracontratuais; b) há, em posição radicalmente diversa, os que sustentam ampla responsabilidade do Estado, bem idêntica àquelas a que estão sujeitas as pessoas jurídicas de direito privado; e, c) um sistema misto, consoante o qual os atos dos poderes públicos ou dos representantes do Estado devem acarretar ou não sua responsabilidade, conforme especial classificação à qual os atos danosos devam se submeter.[9] É a esse terceiro sistema que se apega, em sua

8. NOBRE JÚNIOR, Edilson Pereira; MENDONÇA, Fabiano André de Souza; CARVALHO, Ivan Lira de. Amaro Cavalcanti – vida e obra. *In:* MONTEIRO FILHO, Carlos Edison do Rêgo; MORSELLO, Marco Fábio; ROSENVALD, Nelson. *Protagonistas da responsabilidade civil*. São Paulo: Foco, 2022. p. 33-48.

9. CAVALCANTI, Amaro. *Responsabilidade civil do Estado*. Rio de Janeiro: Laemmert & Cia., 1905.

emblemática obra, Amaro Cavalcanti.[10] Tal autor, após incursão no direito francês, alemão, belga, italiano, inglês e o dos Estados Unidos da América, deixa claro que, mesmo à míngua de positivação de uma regra geral à época, a responsabilidade civil do Estado se dessumia de esparsas legislações, além do reconhecimento pelo Conselho de Estado e jurisprudência de tribunais.[11]

Fica clara, portanto, a ideia que está subjacente ao seu pensamento, naturalmente, voltado ao olhar do seu tempo, de que deve haver um compromisso do Estado com os direitos fundamentais, que concebia apenas como individuais e patrimoniais, de modo que deve ser um elemento indutor da proteção a tais direitos, responsabilizando-se civilmente em caso de danos provocados por seus agentes públicos.

O legado deixado por Amaro Cavalcanti, em outros tempos, a partir da lógica de um novo modelo: o Estado Democrático de Direito, da ampliação dos direitos da cidadania, onde se passa a conceber, sem maior espaço para questionamentos sérios, direitos fundamentais promocionais, que somente se efetivam se forem implementadas políticas públicas, exigindo obrigações de fazer e não fazer de várias ordens por parte de diversos entes federados, deve ser compreendido, mas ampliado, ou seja, deve permitir a investigação se o controle judicial dos atos políticos e de gestão deve se dar para além da responsabilidade civil, da tutela judicial em casos de danos provocados por agentes estatais, para alcançar o escrutínio judicial em casos de ilícitos praticados quanto à inobservância dos deveres de conduta ou mesmo diante de graves problemas estruturais,

10. NOBRE JÚNIOR, Edilson Pereira; MENDONÇA, Fabiano André de Souza; CARVALHO, Ivan Lira de. Amaro Cavalcanti: vida e obra. *In:* MONTEIRO FILHO, Carlos Edison do Rêgo; MORSELLO, Marco Fábio; ROSENVALD, Nelson (coord.). *Protagonistas da responsabilidade civil.* São Paulo: Foco, 2022. p. 33-48.

11. CAVALCANTI, Amaro. *Responsabilidade civil do Estado.* Rio de Janeiro: Laemmert & Cia., 1905.

que muitas vezes atingem políticas públicas legisladas e normatizadas.

Um ponto proveniente da própria evolução jurídica nos permite dar esse passo para além dos ensinamentos de Amaro Cavalcanti: a distinção, atualmente feita em níveis mais precisos, entre ilícito e dano.

De início, o que ocorria no tempo de Amaro Cavalcanti, havia a unificação das categorias da ilicitude e da responsabilidade civil, o que é reflexo da ideia de que toda violação de direito pode ser valorada em pecúnia[12], abrindo espaço apenas para a tutela do dano. Florescia, à época, apenas a doutrina da responsabilidade civil, uma vez que o ilícito (ato contrário ao direito) somente possuía relevância jurídica se dele adviessem danos.[13-14]

No início do período republicano, portanto, foi um forte avanço superar a irresponsabilidade absoluta do Estado e admitir a possibilidade de tutela do direito material em face dos danos que adviessem dos funcionários públicos, definindo, para tal fim, o campo da soberania estatal, que não era motivo suficiente para o Estado não se submeter ao Direito. À época, contudo, o que se reflete na doutrina consagrada de Amaro Cavalcanti, não havia espaço para distinguir tutelas judiciais voltadas apenas para combater

---

12. MARINONI, Luiz Guilherme. *Técnica processual e tutela dos direitos*. 5. ed. São Paulo: Thomson Reuters Brasil, 2018.

13. A confusão entre ilícito e dano, ainda que atualmente injustificável, encontra-se presente na redação do art. 186 do Código Civil brasileiro, que preceitua: "Aquele que, por ação ou omissão voluntária, negligência ou imprudência, violar direito e causar dano a outrem, ainda que exclusivamente moral, comete ato ilícito".

14. A diferenciação entre ilícito e dano exsurge no direito italiano na disciplina da concorrência desleal. O Código Civil italiano, ao tratar do tema, nos arts. 2.599 e 2.600, prevê três espécies de tutela: a inibitória, a de remoção do ilícito e a ressarcitória (MARINONI, Luiz Guilherme. *Técnica processual e tutela dos direitos*. 5. ed. São Paulo: Thomson Reuters Brasil, 2018).

o ato ilícito, independentemente do dano, até porque o ilícito civil só adquiria substantividade se fosse fato danoso.[15]

No momento em que se percebe que a prática de um ato contrário ao direito não implica necessariamente o surgimento de um dano, o que torna inconfundíveis os conceitos de ilícito e de dano,[16] abre-se espaço para construir a tutela contra o ilícito civil, que é considerada, por Marinoni, a mais importante forma de tutela jurisdicional do Código de Processo Civil de 2015, constando no seu art. 497, parágrafo único, de forma expressa.[17]

Percebe-se, portanto, que o controle judicial em face do Estado avança das tutelas contra o dano, que envolvem discussão sobre responsabilidade civil e ressarcimento de danos, diante dos deveres promocionais dos entes federados, para as tutelas judiciais contra o ilícito, de modo que, por força da lei e outras normativas, são impostas obrigações de fazer, não fazer e entregar coisa, a fim de garantir proteção de direitos fundamentais contra o ente público.

Atualmente, a doutrina do século XXI tem dado um passo a mais e reconhecido o valor de se formatar também uma modalidade de tutela judicial, muitas vezes manejada em face do Estado, diante de ofensas a direitos fundamentais que não nascem propriamente de um ilícito ou mesmo de um dano, mas de uma situação mais ampla de desconformidade, algumas vezes um estado de coisas inconstitucional,[18] que revela a existência de um problema estrutural.

---

15. MARINONI, Luiz Guilherme. *Tutela inibitória*: (individual e coletiva). 3. ed. São Paulo: Revista dos Tribunais, 2003.

16. DIDIER JR., Fredie; CUNHA, Leonardo Carneiro da; BRAGA, Paula Sarno; OLIVEIRA, Rafael Alexandria de. *Curso de direito processual civil*: execução: vol. 5. 11. ed. Salvador: JusPodivm, 2021.

17. MARINONI, Luiz Guilherme. Tutela contra o ilícito (art. 497, parágrafo único, do CPC/2015). *Revista de Processo RePro*, São Paulo, ano 40, v. 245, p. 313-329, jul. 2015.

18. CAMPOS, Carlos Alexandre de Azevedo. *Estado de coisas inconstitucional*. Salvador: JusPodivm, 2016.

O problema coletivo estrutural, conforme já tivemos oportunidade de esclarecer alhures, pode ser compreendido como um estado de coisas (ilícito ou até inconstitucional) policêntrico, que decorre de uma falha estrutural estável no modo como opera uma entidade burocrática (uma instituição, política pública ou um programa público) pública ou privada, a exigir reestruturação ampla, dinâmica, complexa e voltada para o futuro, a qual não prescinde da participação dos grupos de interesses atingidos e de um regime de transição.[19]

No Brasil, em diversas áreas da tutela coletiva dos direitos, em matéria de saúde, educação, meio ambiente, assistência social, segurança pública, sistema penitenciário, sistema socioeducativo etc., existem problemas concretos que exigem, muito mais do que uma simples tutela do ilícito ou a responsabilidade por danos, tutela estrutural de direitos.[20]

Diante das constatações antes realizadas, cumpre passar – sem perder a perspectiva do valor da contribuição de Amaro Cavalcanti para o controle judicial dos atos políticos e dos atos em geral do Poder Público – a investigar os parâmetros atuais para, com segurança, emoldurar as tutelas contra o ilícito e a tutela estrutural no Brasil, abrindo veredas, sobretudo, para um controle de políticas públicas com limites bem estabelecidos ao sistema de justiça.

---

19. BARROS, Marcus Aurélio de Freitas. Dos litígios estruturais à negociação coletiva: a fase de planejamento em perspectiva. *Revista de Processo RePro*, São Paulo, ano 47, v. 334, dez. 2022.

20. BARROS, Marcus Aurélio de Freitas. Tutela (estrutural) do direito e caso George Floyd: lições da Corte Constitucional colombiana. *Revista de Direito Constitucional e Internacional RDCI*, São Paulo, ano 29, v. 124, p. 189-209, mar./abr. 2021.

3. Sobre os ombros do gigante intelectual Amaro Cavalcanti: da responsabilidade civil às tutelas do ilícito e estrutural em face do Estado

A partir de premissas fixadas por Amaro Cavalcanti e desenvolvidas pela doutrina do direito administrativo, é possível, para além da tutela ressarcitória, estudar mais de espaço as tutelas contra o ilícito e a tutela estrutural, com o objetivo mais específico de anunciar os parâmetros atuais para tais tutelas do direito material e das políticas públicas no Brasil.

Após fixados os limites e as premissas da responsabilidade civil do Estado por atos danosos de seus agentes,[21] o caminho passa a ser aberto para a percepção da possibilidade de tutela judicial contra o ilícito e estrutural em face do Estado quando o constitucionalismo do Estado Democrático de Direito passa a proteger os chamados "novos direitos",[22] que exigem atuação judicial preventiva e uma série de deveres legais de conduta, a fim de que sejam promovidos direitos fundamentais ou implementadas políticas públicas vinculantes.

A compreensão da dimensão e dos desafios dos "novos direitos", portanto, permite que o estudioso do fenômeno jurídico passe a olhar sobre os ombros de gigantes intelectuais, como Amaro Cavalcanti, e compreenda algo que era praticamente impossível diante do modelo de Direito de sua época: as tutelas do ilícito e a tutela de reestruturação.

---

21. CAVALCANTI, Amaro. *Responsabilidade civil do Estado*. Rio de Janeiro: Laemmert & Cia., 1905.

22. O conceito de "novos direitos" é abrangente, envolvendo direitos não patrimoniais estranhos ao modelo liberal de Estado de Direito que somente protegia os direitos patrimoniais e as liberdades públicas (direitos fundamentais de primeira dimensão). São exemplos de "novos direitos": os direitos personalíssimos, os direitos sociais (de segunda dimensão) e os direitos difusos e coletivos (de terceira dimensão em diante).

Possível, portanto, traçar parâmetros e diretrizes para o controle judicial dos atos contrários ao direito (ilícitos) do Poder Público, mesmo à míngua de dano, bem como sustentar, diante, por exemplo da desestruturação de políticas públicas, a possibilidade de tutela de reestruturação, o que não deixa de ser controle judicial de atos políticos. Tal ocorre pela adoção da tutela específica no CPC/2015, que é a que melhor corresponde à expectativa da realização dos direitos materiais por meio da jurisdição estatal e da negociação direta.

Quanto às tutelas contra o ilícito, os avanços na direção da responsabilidade mais ampla do Estado são mais evidentes, até porque expressamente admitidas no art. 497, parágrafo único[23], do CPC/2015, sensível que foi às exigências dos "novos direitos"[24] e à preocupação com a primazia da tutela específica (art. 497, *caput*, do CPC).

Em verdade, o art. 497, parágrafo único, do CPC de 2015 consagra a necessidade de tutela jurisdicional contra o ato contrário ao direito, ou melhor, da tutela jurisdicional contra o ilícito. Tal norma elenca duas modalidades de tutela jurisdicional contra o ilícito: a) tutela inibitória, que pode ser voltada contra a prática, a repetição ou a continuação de um ilícito; e, b) tutela de remoção do ilícito, direcionada à remoção dos efeitos concretos da conduta ilícita.[25] Deixa

---

23. Art. 497, parágrafo único, do CPC: "Para a concessão da tutela específica destinada a inibir a prática, a reiteração ou a continuação de um ilícito, ou a sua remoção, é irrelevante a demonstração da ocorrência de dano ou da existência de culpa ou dolo".

24. A esse respeito, valiosa a lição de Cristina Rapisarda, no sentido de que, a respeito dos novos direitos, assume: "[...] particolare rilievo la possibilitá di far ricorso ad una tutela preventiva di tipo inibitorio" (RAPISARDA, Cristina. *Profili dela tutela civile inibitoria*. Padova: Cedam, 1987).

25. MARINONI, Luiz Guilherme. Tutela contra o ilícito (art. 497, parágrafo único, do CPC/2015). *Revista de Processo RePro*, São Paulo, ano 40, v. 245, p. 313-329, jul. 2015.

cristalino, ademais, que tais espécies de tutela independem de dano,[26] dolo ou culpa.[27]

Tem-se, portanto, que a tutela inibitória é uma tutela dirigida contra o ilícito. Ela impede que o ilícito ocorra, atuando no intuito de obstar, evitar, prevenir a prática do ato contrário ao direito ou, quando antes praticado, impedir sua reiteração ou continuação. Trata-se de tutela preventiva do ilícito. Já a tutela de remoção do ilícito (também chamada de reintegratória) se volta contra ilícito já praticado, esteja ele em andamento ou não, com o objetivo-mor de removê-lo, apagá-lo, fazê-lo desaparecer. Como na inibitória, pouco importa se há a culpa ou o dano. A tutela reintegratória é repressiva do ilícito passado.[28] Já há, portanto, parâmetros suficientes, inclusive legislativos, para a utilização prática de tutelas judiciais contra o ilícito!

Curial observar, por fim, que as tutelas contra o ilícito podem ser utilizadas tanto a favor quanto contra o Poder Público (podem ser manejadas em face do Estado). Tome-se, como exemplo, casos de tutelas judiciais para impedir

---

26. A confusão entre dano e ilícito ainda se percebe em países da América do Sul, como Argentina e Chile, que estudam a tutela inibitória dentro do chamado "direito de daños", como se sua finalidade fosse a prevenção de danos e não do ilícito. Confira-se, a respeito, lição de Valdés: "Tutela inhibitoria o preventiva es el nombre que la doctrina comparada ha dado, para tratar en forma general como eje fundamental del derecho de daños, a los mecanismos jurídicos que tienen por objeto la prevención del daño; es decir, 'aquelllos mecanismos o instituciones cuya finalidad es la de influir en la prevención y aquellas que aunque persiguen otras finalidades, pueden ejercer certa influencia en ella, remarcando la importancia de aquellas que tienden a evitar un daño en concreto o paralisar sus efectos'" (VALDÉS, Aldo Molinari. *De la responsabilidad civil al derecho de daños y tutela preventiva civil.* Santiago: LexisNexis, 2004).

27. Além do dano ser consequência meramente eventual do ilícito, podendo-se destacar uma tutela apenas do ilícito, é preciso pontuar também que dolo ou culpa só são importantes quando se pretende responsabilizar alguém pelos danos que ocasionou a outrem, o que é estranho à tutela contra o ilícito. No mesmo sentido, consultar: MARINONI, Luiz Guilherme. Tutela contra o ilícito (art. 497, parágrafo único, do CPC/2015). *Revista de Processo RePro*, São Paulo, ano 40, v. 245, p. 313-329, jul. 2015.

28. DIDIER JR., Fredie; CUNHA, Leonardo Carneiro da; BRAGA, Paula Sarno; OLIVEIRA, Rafael Alexandria de. *Curso de Direito Processual Civil*: execução: vol. 5. 11. ed. Salvador: JusPodivm, 2021.

(inibitória) ou demolir (remoção do ilícito) prédios públicos ou prédios privados construídos em desatenção à legislação urbanística. Se o ilícito for praticado por um particular, a tutela judicial favorecerá o Estado. Em situação diversa, em que o próprio Poder Público resolve construir em área ilícita, poderão ser manejadas a tutela inibitória ou mesmo a de remoção do ilícito contra o Estado.

Os parâmetros de atuação do Poder Judiciário, contudo, não são assim tão evidentes quando se está diante da necessidade de uma ampla tutela de (re)estruturação, sobretudo diante de políticas públicas desorganizadas, como sói acontecer no Brasil, que, desde os tempos de Amaro Cavalcanti, não avança suficientemente nos limites da tutela judicial sobre atos políticos.

Vale consignar que a tutela estrutural ou de reestruturação é mais ampla, não podendo se confundir com a tutela contra o ilícito ou aquela contra o dano. A primeira (contra o ato contrário ao direito) pressupõe o combate específico a um ato ilícito concreto ou sua ameaça. Já a segunda (contra os efeitos danosos do ato) envolve o ressarcimento de danos a título de responsabilidade civil. A tutela estrutural, por sua vez, combate uma situação mais ampla, já consolidada, de violação de direitos, ou seja, um estado real de desconformidade estruturado, algumas vezes um estado de coisas inconstitucional, que precisa ser superado.[29]

Tendo como pano de fundo a desestruturação da política ambiental e de litigância climática no Brasil, aprofundada sobremaneira no governo passado, como revelado na ADPF 708/STF,[30] Barros e Nobre defendem que o problema

---

29. BARROS, Marcus Aurélio de Freitas. Tutela (estrutural) do direito e caso George Floyd: lições da Corte Constitucional colombiana. *In:* FLINKELSTEIN, Cláudio; PIOVESAN, Flávia; GARCIA, Maria (coord.). *Revista de Direito Constitucional e Internacional RDCI*, São Paulo, ano 29, v. 124, p. 189-209, mar./abr. 2021.

30. BRASIL. Supremo Tribunal Federal. Tribunal Pleno. ADPF 708/DF. Relator: Min. Roberto Barroso, maioria, 24 de junho a 1 de julho em sessão virtual. *DJE*, Brasília, 29 ago. 2022.

estrutural, que possui como causa o funcionamento de uma estrutura social (exemplo: a desestruturada política ambiental e de mudança climática), que gera violação de direitos fundamentais, além de não nascerem da noite para o dia, sendo complexos, dinâmicos e estáveis, é um desafio posto pelo direito material, que exige uma tutela de natureza estrutural do direito.[31]

Embora nem sempre a tutela estrutural envolva a reestruturação de políticas públicas, sendo lícito que alcance entidades burocráticas, públicas ou privadas, em situação ampla de desordem ou desorganização, é certo que toca no desafiador tema do controle de políticas públicas!

Interessa ao presente trabalho – a partir da premissa de que, desde os tempos em que Amaro Cavalcanti ousou limpar o terreno do intrigante tema da responsabilidade civil do Estado por atos danosos, superou-se as teorias que pregavam a irresponsabilidade absoluta do Estado – perscrutar se, na quadra atual, tal qual ocorreu com as tutelas do ilícito contra o Estado, já há parâmetros mais firmes para a tutela estrutural de políticas públicas?

Para responder a citado questionamento, mister colocar em debate o Tema 698/STF que, além de fazer expressa referência ao incentivo à tutela estrutural dos direitos, avança bastante no tema do controle judicial dos atos políticos ao definir limites mais objetivos para o controle judicial de políticas públicas no Brasil.

A bem da verdade, o Tema 698 do Supremo Tribunal Federal aborda especificamente a questão da intervenção do Poder Judiciário em políticas públicas e tem sido meticulosamente analisado. O julgamento do Recurso

31. BARROS, Marcus Aurélio de Freitas; NOBRE, Ricardo José Elias. *Além da ADPF 708/DF*: litigância climática, políticas públicas e desafios da preservação ambiental. Belo Horizonte: D'Plácido, 2024. No prelo.

Extraordinário (RE) 684612/RJ,[32] com repercussão geral, foi marcante ao estabelecer parâmetros importantes para essa intervenção. Ele superou a simples omissão e delegação de execução de políticas públicas ao Executivo, sem a possibilidade de intervenção judicial, ao mesmo tempo em que não concedeu um "cheque em branco" ao Judiciário. Em vez disso, estabeleceu critérios e limites para a indução responsável de ações da Administração Pública, por meio de intervenção do Judiciário, garantindo uma abordagem equilibrada que preserva a harmonia entre os poderes e a efetividade das políticas públicas, a partir de um procedimento menos invasivo da autoridade judicial.

O voto vencedor foi da lavra do Ministro Roberto Barroso e merece breves considerações. São premissas do voto vencedor: a) a intervenção do Poder Judiciário em políticas públicas, em caso de ausência ou de grave deficiência do serviço público, não afronta a separação de poderes; b) o sistema atual vem apresentando sintomas de que, diante de excessos voluntaristas e da falta de critérios objetivos, pode "morrer da cura"; c) o Judiciário, ao intervir em políticas públicas, não deve ser menos do que deve ser, nem mais do que pode ser; d) os problemas de *policies* exigem um olhar sobre possibilidades financeiras, organizativas e executórias das entidades federativas; e) é preciso estabelecer parâmetros para que a atuação do Judiciário possa se pautar por critérios de racionalidade e de eficiência.

Diante dessas premissas, passou – tal qual Amaro Cavalcanti no limiar no século passado – a fazer a limpeza do terreno do controle de atos políticos no Brasil. O ponto alto do voto do Ministro Roberto Barroso foram os parâmetros que estabeleceu, de modo mais objetivo, para uma atuação estrutural que envolva controle judicial de políticas

---

32. BRASIL. Supremo Tribunal Federal. Plenário. *RE 684.612/RJ*. Relator: Min. Ricardo Lewandoswski. Redator do acórdão: Min. Roberto Barroso, maioria, julgado em 23 a 30 de junho de 2023 em sessão virtual.

públicas no Brasil. São eles: a) necessidade de comprovação nos autos judiciais da ausência ou grave deficiência do serviço, decorrente da inércia ou morosidade do Poder Público; b) possibilidade de universalização das medidas requeridas na ação judicial; c) o Judiciário pode determinar a finalidade a ser atingida, mas não as providências concretas a serem adotadas, que se encontram no limite da administrativa discricionariedade; d) parâmetros técnicos devem balizar a decisão, em razão da falta de capacidade institucional do Poder Judiciário; e) processo democrático de deliberação judicial.

Com esses parâmetros definidos no RE 684.612/RJ,[33] foi estabelecido o precedente vinculante identificado a partir do Tema 698/STF, cuja tese foi a seguinte: 1. A intervenção do Poder Judiciário em políticas públicas voltadas à realização de direitos fundamentais, em caso de ausência ou deficiência grave do serviço, não viola o princípio da separação dos poderes. 2. A decisão judicial, como regra, em lugar de determinar medidas pontuais, deve apontar as finalidades a serem alcançadas e determinar à Administração Pública que apresente um plano e/ou os meios adequados para alcançar o resultado. 3. No caso de serviços de saúde, o déficit de profissionais pode ser suprido por concurso público ou, por exemplo, pelo remanejamento de recursos humanos e pela contratação de organizações sociais (OS) e organizações da sociedade civil de interesse público (Oscip).

Tem-se, portanto, que ainda que não se tenha, como à época de Amaro Cavalcanti, normas que tratem da tutela estrutural dos direitos, a presente decisão limpa mais uma vez o terreno jurídico e, a partir de precedente vinculante, deixa claro que, se forem seguidos determinados parâmetros, é possível o escrutínio judicial diante de graves

33. BRASIL. Supremo Tribunal Federal. Plenário. *RE 684.612/RJ*. Relator: Min. Ricardo Lewandoswski. Redator do acórdão: Min. Roberto Barroso, maioria, julgado em 23 a 30 de junho de 2023 em sessão virtual.

omissões ou deficiência do Estado em relação a políticas públicas já legisladas e normatizadas, que são impostas constitucionalmente como meios essenciais para a proteção a direitos fundamentais.

Assim, sobre os ombros do gigante Amaro Cavalcanti, iluminados pelos desafios de "novos direitos" e do Estado Democrático de Direito, é possível olhar mais à frente e concluir que a lei e a Excelsa Corte, para além da responsabilidade civil, promoveram nova limpeza do terreno jurídico a ponto de parametrizar as tutelas contra o ilícito e estrutural em face do Estado.

Espera-se, portanto, que as tutelas do ilícito e estrutural possam ser compreendidas e bem utilizadas na prática como meio de proteção a direitos!

4. Considerações finais

A título de remate, pode-se dizer que, a partir do conhecimento da trajetória e legado de Amaro Cavalcanti, que honrou todos os notáveis cargos que exerceu no início de nossa República e que, como doutrinador ilustre e sensível às liberdades públicas e ao controle judicial dos atos estatais, nos legou uma obra seminal, uma verdadeira limpeza do terreno sobre a responsabilidade civil do Estado, foram abertas importantes portas para que o legislador, notadamente com o Código de Processo Civil de 2015, e o Supremo Tribunal Federal, pelo labor destacado do Ministro Roberto Barroso, pudessem continuar, em outro tempo, sob novo modelo de Estado Democrático de Direito, o trabalho de limpeza do terreno, criando parâmetros firmes para que o jurista de hoje possa pisar, com segurança, num terreno até então movediço que era o da tutela judicial contra o ilícito e, muito mais ainda, a tutela estrutural diante de políticas públicas.

Não tenho como expressar o tamanho da honra de poder, com esse breve escrito, participar da justa homenagem, passados pouco mais de cem anos de sua morte, ao inesquecível homem público potiguar Amaro Cavalcanti. Se o célebre personagem a que este livro é dedicado já se fez imortal, uma vez que foi patrono da cadeira 9 da Academia Norte-rio-grandense de Letras, foi membro de Instituto Histórico e Geográfico Brasileiro e emprestou seu nome a uma instituição que congrega os estudantes de Direito da Universidade Federal do Rio Grande do Norte: o Centro Acadêmico Amaro Cavalcanti, também permanece vivo nas memórias jurídicas brasileiras por suas ideias imorredouras, sobretudo sobre a responsabilidade civil do Estado e, agora, por mais essa homenagem expressa em livro absolutamente essencial tanto pelo registro histórico como por seu valor para as presentes e futuras gerações de juristas brasileiros.

Todas as honras, pois, ao gigante intelectual potiguar Amaro Cavalcanti!

Referências

BARROS, Marcus Aurélio de Freitas. Dos litígios estruturais à negociação coletiva: a fase de planejamento em perspectiva. *Revista de Processo RePro*, São Paulo, ano 47, v. 334, p. 207-228, dez. 2022.

BARROS, Marcus Aurélio de Freitas; NOBRE, Ricardo José Elias. *Além da ADPF 708/DF*: litigância climática, políticas públicas e desafios da preservação ambiental. Belo Horizonte: Editora D'Plácido, 2024. No prelo.

BARROS, Marcus Aurélio de Freitas. Tutela (estrutural) do direito e caso George Floyd: lições da Corte Constitucional colombiana. *Revista de Direito Constitucional e Internacional RDCI*, São Paulo, ano 29, v. 124, p. 189-209, mar./abr. 2021.

BRASIL. Supremo Tribunal Federal. Tribunal Pleno. ADPF 708/DF. Relator: Min. Roberto Barroso, maioria, 24 de junho a 1º de julho em sessão virtual. *DJE*, Brasília, 29 ago. 2022.

BRASIL. Supremo Tribunal Federal. Tribunal Pleno. *RE 684.612/RJ*. Relator: Min. Ricardo Lewandoswski. Redator do acórdão: Min. Roberto Barroso, maioria, julgado em 23 a 30 de junho de 2023 em sessão virtual.

CAMPOS, Carlos Alexandre de Azevedo. *Estado de coisas inconstitucional*. Salvador: JusPodivm, 2016.

CAVALCANTI, Amaro. *Responsabilidade civil do Estado*. Rio de Janeiro: Laemmert & Cia., 1905.

DIDIER JR., Fredie; CUNHA, Leonardo Carneiro da; BRAGA, Paula Sarno; OLIVEIRA, Rafael Alexandria de. *Curso de direito processual civil*: execução: vol. 5. 11. ed. Salvador: JusPodivm, 2021.

FAGUNDES, M. Seabra. Amaro Cavalcanti e as liberdades públicas: conferência pronunciada no Tribunal de Justiça do Rio Grande do Norte. *Archivo Judiciario*, Rio de Janeiro, v. XCI, jul./set. 1949.

LYRA, A. Tavares de. Amaro Cavalcanti. *Revista do Instituto Histórico e Geográfico brasileiro,* Rio de Janeiro, v. 204, p. 335-342, jul./set. 1949.

MARINONI, Luiz Guilherme. *Técnica processual e tutela dos direitos*. 5. ed. São Paulo: Thomson Reuters Brasil, 2018.

MARINONI, Luiz Guilherme. Tutela contra o ilícito (art. 497, parágrafo único, do CPC/2015). *Revista de Processo RePro*, São Paulo, ano 40, v. 245, p. 319-329, jul. 2015.

MARINONI, Luiz Guilherme. *Tutela inibitória:* (individual e coletiva). 3. ed. São Paulo: Revista dos Tribunais, 2003.

NOBRE JÚNIOR, Edilson Pereira. Amaro Cavalcanti, formulador do direito público brasileiro. *Revista Acadêmica da Faculdade de Direito do Recife*, Recife, v. 95, n. 1, anno CXXXII, p. 170-181, 2023.

NOBRE JÚNIOR, Edilson Pereira; MENDONÇA, Fabiano André de Souza; CARVALHO, Ivan Lira de. Amaro Cavalcanti – vida e obra. *In:* MONTEIRO FILHO, Carlos Edison do Rêgo; MORSELLO, Marco Fábio; ROSENVALD, Nelson (coord.). *Protagonistas da responsabilidade civil.* São Paulo: Foco, 2022. p. 33-48.

RAPISARDA, Cristina. *Profili dela tutela civile inibitoria.* Padova: Cedam, 1987.

VALDÉS, Aldo Molinari. *De la responsabilidad civil al derecho de daños y tutela preventiva civil.* Santiago: LexisNexis, 2004.

AMARO CAVALCANTI, QUANDO SE ENTRELAÇARAM A EDUCAÇÃO E O DIREITO

Maria do Perpetuo Socorro Wanderley de Castro[1]

1 Introdução; 2 Registros da vida de Amaro Cavalcanti; 3 Amaro Cavalcanti e a educação pública; 4 Conclusão; Referências.

Resumo: O objetivo do presente artigo é compreender a trajetória de Amaro Cavalcanti em sua formação jurídica e contribuição para a educação como um direito da pessoa e dever do Estado.

Palavras-chave: Educação; direito subjetivo; dever; Estado.

1. Introdução

Amaro Cavalcanti figura entre os grandes nomes do direito brasileiro, destacadamente pelas obras *Responsabilidade civil do Estado* e *O regime federativo*. Mas atuou em diversas áreas, como a área política e administrativa e prestou relevante contribuição à educação, como administrador, ao dar alento à criação da Escola Normal do Ceará,

---

1. Desembargadora Federal do Trabalho. Mestre em Direito, Processo e Cidadania, pela Unicap, Recife/PE, 2012. Professora (aposentada) da UFRN (departamento de direito privado).

e como estudioso, ao formular sua tese de a educação ser um direito da criança.

2. Registros da vida de Amaro Cavalcanti

Narra Carlos Adel que o casal Amaro Cavalcanti Soares de Brito e Anna de Barros Cavalcanti possuía boa educação e razoáveis conhecimentos nos padrões da época, tendo o pai associado sua atividade de fazendeiro à de mestre-escola, e se dedicado a superar a situação da ampla ignorância no Seridó, naquela época da segunda metade do século XIX.[2]

É desse casal que nasceu, em 15 de agosto de 1849, Amaro Cavalcanti Soares de Brito,[3] que se faz estudioso do latim,[4] matéria de que se tornou professor em um colégio particular em São Luiz, MA, e depois em Baturité, CE. Na cidade cearense, ocupou a cadeira de Latim após participar de concurso no qual foi aprovado, passando a residir e trabalhar nessa cidade.[5]

Narra Fabiana Sena sobre os primeiros tempos da vida profissional como professor e provisionado de Amaro Cavalcanti:

---

2. SOUZA, Carlos Adel Teixeira de. *Amaro Cavalcanti*. Natal: Sebo Vermelho, 2009. Coleção João Nicodemos de Lima.

3. Também é mencionado como Amaro Bezerra Cavalcanti ou Amaro Bezerra Cavalcanti de Albuquerque.

4. Essa disciplina foi obrigatória no Brasil até 1964, quando em razão do acordo MEC/USAID entre Brasil e Estados Unidos, foi retirada do currículo por ser obsoleta.

5. Pedro Catão relatou, em Baturité – subsídio geográfico, histórico e estatístico, publicado em *Revista do Instituto do Ceará*, que de 1876 a 1878 circulou naquela cidade o jornal *O Baturité*, que foi dirigido por Amaro Cavalcanti, "advogado e professor de Latim", o qual publicou naquela oficina, quando era diretor, "sua primeira obra, um compêndio didático intitulado 'Livro Popular' que teve adoção no ensino público primário" (indisponível em: https://memoria.br.gov.br/pdf/166774/per 166774_1937. Acesso em: 30 maio 2024.

> Em 1880 foi comissionado pelo presidente da Província do Ceará, senador André Augusto de Pádua Fleury, conforme o ofício n. 1993, de 29 de julho de 1880, para ir aos Estados Unidos da América para estudar a instrução pública desse país. Contava, então, 31 anos de idade.
>
> Enquanto cumpria a missão, cursou Direito na Universidade de Albany, graduando-se em 1881 (IHGB, 2017). A graduação na Universidade de Albany, no estado de Nova York, na época de sua fundação em 1844, era uma escola normal, com o objetivo de formar professores para uma população em rápido crescimento. Por quase 5 anos, a Escola normal proporcionou uma educação de dois anos a estudantes de todo o estado (UNIVERSIDADE DE ALBANY, 217).
>
> Possivelmente em razão deste tipo de educação, Amaro Cavalcanti, professor de Latim, se sentiu atraído pela rápida formação em Direito.[6]

A esse respeito, anota-se a informação de Carlos Adel de que Amaro Cavalcanti já atuava como advogado provisionado e decidiu que, durante o período nos Estados Unidos – ao mesmo tempo da realização do trabalho de obter subsídios para a elaboração de um programa educacional a ser adotado pelo governo cearense – frequentaria um curso que o habilitasse ao exercício da advocacia.

Fabiana Sena transcreve carta de Amaro Cavalcanti, por ela localizada na Biblioteca Nacional do Rio de Janeiro, na qual ele certifica seu curso de direito, nos seguintes termos:

> Minha formatura realizou-se e não só isto: a Suprema corte do Estado dc N.Y. mandou passar me certificar de Consels at Law em três cortes do Estado. Isto creio foi devido ao professor Learned que era ao mesmo tempo cheaf Justice daquela corte. Me disse que a lei não me excluía sendo estrangeiro. De sorte que sou aprovado no estado de N.Y.[7]

---

6. SENA, Fabiana. Artigo. O professor Amaro Cavalcanti e a Imprensa do Ceará: uma leitura do intelectual no Império Brasileiro. *Revista História da Educação (Online)*, v. 23, p. 1-31, 2019. Disponível em: https://seer.ufrgs.br/asphe/article/view/82321. Acesso em: 15 abr. 2024.

7. SENA, Fabiana. Artigo. O professor Amaro Cavalcanti e a Imprensa do Ceará:

O fato é destacado pelo próprio Amaro Cavalcanti, na dedicatória de sua obra *Responsabilidade civil do Estado*, dizendo:

> Dos 58 alunos graduados da turma de 1880-1881 era eu o único estrangeiro; mas isso não obstante, além de generosamente distinguindo na Cláss. Organization, coube-me ainda a honra de ser o primeiro orador do ato solene da colação dos graus. Apenas recebido o diploma acadêmico, fui apresentado pelo Diretor da Escola à Corte Suprema, a qual por sua vez, me conferiu o título de "Counsellor at law.[8]

O título de doutor foi revalidado, por Amaro Cavalcanti, na Faculdade de Direito do Recife.

Após ter ocupado numerosos cargos na administração federal, tendo sido Ministro da Justiça, de 18 de janeiro de 1897 a 15 de novembro de 1898, e Consultor Jurídico do Ministério das Relações Exteriores, de 18 de setembro de 1905 a 27 de junho de 1906, foi nomeado Ministro do Supremo Tribunal Federal, cargo que ocupou até 31 de dezembro de 1914, quando completou 65 anos de idade. Faleceu em 28 de janeiro de 1922, no Rio de Janeiro.

A seu respeito, disse Juvenal Lamartine que "foi a maior figura intelectual do Rio Grande do Norte". José Augusto de Medeiros afirmou: "A sua inteligência era polimorfa, abrangia não sei quantas províncias do saber. Na Pedagogia era mestre; no Direito Internacional, também autoridade das mais conceituadas; na Economia e nas Finanças, dos maiores cultores que o Brasil já possuiu".[9]

---

uma leitura do intelectual no Império Brasileiro. *Revista História da Educação (Online)*, v. 23, p. 16, 2019. Disponível em: https://seer.ufrgs.br/asphe/article/view/82321. Acesso em: 15 abr. 2024

8. CAVALCANTI, Amaro. *Responsabilidade civil do estado*. Rio de Janeiro: Laemmert, 1905.

9. José Augusto de Medeiros *apud* VERÍSSIMO DE MELO. *Patronos e acadêmicos*: volume I: patronos. Rio de Janeiro (Guanabara): Pongetti, 1972. p.70.

3. Amaro Cavalcanti e a educação pública

Na Tese apresentada à Escola de Direito de Albany, Amaro Cavalcanti suscitou tema e enfoque de sua predileção. Propôs a questão: 'É a educação uma obrigação legal?'

Comentam Nobre, Mendonça e Carvalho[10] que a literatura produzida por Amaro Cavalcanti é marcada "pela própria carreira numa reciprocidade instigante", sendo o reflexo de suas etapas profissionais. Bem se percebe o acerto dessa afirmação, quando se verifica que, no momento inicial de sua trajetória, ele voltou o olhar crítico para a educação. Com efeito, nessa época, ele fora comissionado para realizar estudos sobre a instrução pública.

Ao retornar da missão nos Estados Unidos, Amaro Cavalcanti publicou no jornal *O Cearense* relatório, no qual expôs, discorrendo sobre educação (em geral), que o meio de viver completo não em sentido meramente material mas em todas as direções e debaixo de todas as circunstâncias possíveis é "a grande materia que devemos apreender, é consequente q'é esta a grande matéria que a educação tem de ensinar", dizendo serem fins da educação:[11] "Ela deve elevar ao maior gráo de possível perfeição os dois elementos constitutivos da individualidade humana – o corpo e o espírito – em ordem a que esta possa proporcionar a si, à família e à sociedade os mais valiosos benefícios".

Na linha dos estudos feitos, ele empreendeu esforços pela modernização da instrução de cuja ideia resultou a

---

10. NOBRE JR., Edilson Pereira; MENDONÇA, Fabiano André de Souza; CARVALHO, Ivan Lira de. Amaro Cavalcanti: vida e obra. *In*: MONTEIRO FILHO, Carlos Edison do Rego; MORSELLO, Marco Fábio; ROSENVALD, Nelson (coord.). *Protagonistas da responsabilidade civil*. Indaiatuba: Foco, 2022. p. 39.

11. SILVA, Maria Goreti Lopes Pereira e. *Escola normal do Ceará*: luzes e modernidade contra o atraso na terra da Seca (1884-1922). 2001. Dissertação (Mestrado) – Programa de Pós-Graduação em Educação brasileira da Universidade Federal do Ceará. Fortaleza, CE, 2001. p 73-87. Disponível em: https//:repositorio.ufc.br_2002_dos_mglpsilva. Acesso em: 30 maio 2024.

Escola Normal do Ceará e foi Diretor Geral da Instrução Pública na província do Ceará do qual se afastou para residir no Rio de Janeiro após aprovado para ensinar Latim no Colégio Pedro II.

Ao mesmo tempo, Amaro Cavalcanti estava direcionado para o Direito Público, ao qual dedicou seus estudos mais relevantes e pelos quais granjeou sua merecida fama. Na tese, que foi sua obra inicial na área do Direito, ele propõe a questão da interferência do Poder Público no âmbito privado, na esfera da família, para assegurar a educação para menores.

O cenário da educação pública, em que Amaro Cavalcanti traçou sua obra, fora delineado com a revogação pelo Ato Adicional do ano de 1834, da disposição do art. 179 da Constituição de 1824, do Império do Brasil, de que "a instrução primária é gratuita a todos os cidadãos". Com a revogação dessa norma, foi transferido para as províncias o encargo de financiar a criação de escolas primárias e gratuitas a todos os cidadãos.

Merecem registros os fatos de, em 1823, o Imperador Dom Pedro I ter lançado um concurso para fomentar a criação de um plano educacional que não teve prosseguimento, e da outorga, no ano de 1827 em 15 de outubro, da primeira lei educacional do Brasil, que determinava a criação de Escolas de Primeiras Letras.[12] Nessa lei, era estabelecido que: "Em todas as cidades, villas e logares mais populosos, haverão as escolas de primeiras letras que forem necessarias", nas quais os professores "ensinarão a ler, escrever as quatro operações de arithmetica, pratica de quebrados, decimaes e proporções, as nações mais geraes de geometria pratica, a grammatica de língua nacional e os principios da moral christã e da doutrina da religião catholica e apostolica romana,

12. SOUZA, Everton Aparecido Moreira de. História da educação no Brasil: o elitismo e a exclusão no ensino. *Cadernos da Pedagogia*, São Carlos, ano 12, n. 23, jul./dez. 2018.

proporcionandos à comprehensão dos meninos; preferindo para as leituras a Constituição do Imperio e a História do Brazil". Dispunha mais, no art. 11, sobre escolas de meninas nas cidades e vilas mais populosas, em que os Presidentes julgarem necessário o estabelecimento em que seriam ensinadas as quatro operações aritméticas e "também as prendas que servem à economia domestica".

É oportuno lembrar que a atuação de Amaro Cavalcanti teve início nos últimos tempos do império. Vinculado à instrução pública por seu cargo e sua condição de professor, escreveu sua tese sob uma visão ampla da educação, partindo da noção de obrigação para indagar a quem competiria prover sua efetividade, perscrutando o dever do Estado e o dever da família.

Em sua tese, o grande intelectual do direito escreveu:

> *Compreende-se por educação obrigatória a obrigação imposta por lei ao pai ou tutor, de dar instrução elementar aos filhos ou pupilos que vivam sob seu controle.*
>
> *Em primeiro lugar, encontramos a questão capital: "É a educação um dos direitos da criança?"*
>
> *Se a educação não é um direito da criança, a instrução compulsória é uma interferência ilegal do Poder Público na competência privada da família, porque a lei deve ser somente a expressão do direito. Se, ao contrário, a educação é um direito da criança, então a obrigação correspondente imposta ao pai ou tutor é, sem dúvida, uma obrigação legal; quer dizer, — uma tal obrigação deve ser reconhecida em lei pelo Poder Público ou Governo. A missão especial da lei é realizar o direito para todas as pessoas. Consequentemente, se a educação é uma obrigação legal, um direito estabelecido, deve ser imposto sob alguma sanção ou penalidade, porque a lei deve ser obedecida em qualquer tempo e circunstâncias. Mas, tal é a questão a ser resolvida: "se a educação é ou não um direito da criança..."*
>
> [...] *É, entretanto, claro e manifesto que, no nosso estado presente da civilização geral, não há meios para alcançar convenientemente qualquer das finalidades humanas acima especificadas, exceto através de uma educação suficiente. O homem ignorante é, quase irresistivelmente, desviado do caminho legítimo de seu verdadeiro*

destino. A instrução, na verdade, reúne aos vários objetos da vida humana a relação entre um meio e um fim...

Onde não há nenhuma instrução, não há, consequentemente, arte, nem ciência, nem religião, nem moralidade, nem vida civil ou política. Em vez de tudo isso, haverá, ai de nós, o caos da ignorância cega.

Pensamos que a veracidade de nossa proposição não necessita de prova ou demonstração ulterior.

Igualmente para a vida civil ou política, em particular, educação é a condição capital para que todos os homens possam gozar seus importantes direitos de cidadãos. Aquele que não pode ler e escrever, vive na ignorância das leis, a que deve sempre obedecer e que pode, em qualquer tempo, ser chamado a executar: e, assim, depende de seus concidadãos para o exercício de todos os seus deveres e direitos na sociedade. Permanece incapaz de tirar proveito dos melhoramentos que são introduzidos para facilitar o movimento diário de negócios e para alargar a esfera do bem público. Em resumo, um cidadão sem instrução é quase inútil na sociedade moderna; é de nenhum préstimo para suas finalidades, mas antes constitui um obstáculo ao seu progresso.

[...]

Nenhum progresso pode ser feito em qualquer carreira sem a sua influência poderosa; daí a sociedade, como um todo, tornar-se interessada na difusão da educação entre todos os indivíduos. E, portanto, podemos evidentemente concluir que a educação é um direito da criança, porque é uma condição manifesta e indispensável para sua própria vida.

A esse direito, entretanto, se reconhecido, deve corresponder uma obrigação legal de proporcionar educação.

[...] *"A educação é um interesse social, uma medida de ordem pública, como qualquer outra, e, entretanto, se o pai de livre vontade negligencia o cumprimento de uma obrigação legal para com o filho o governo precisa compeli-lo a fazer isso."*

"Em resumo, desde que a educação é reconhecida como um direito da criança torna-se consequentemente compulsória: porque a coerção é o característico essencial do direito.

A educação obrigatória compreende, portanto: "direito de instrução para a criança; obrigação legal de executar esse direito, sobre o pai ou o seu representante; controle do Governo ou Poder Público sobre a execução dos direitos da criança."

> *Agora encaremos a questão sob ponto de vista diferente, isto é, consideremos a educação compulsória não como um direito da criança, mas, simplesmente como um direito inerente ao próprio Governo.*
>
> [...]
>
> *De acordo, portanto, com tais razões, como apresentadas até aqui, podemos chegar à conclusão final: "Que a educação é uma necessidade para a administração pública, tanto quanto para os indivíduos e, portanto, precisa ser reconhecida pelo Governo como uma obrigação legal."*

Eis o descortínio de seu pensamento, ao afirmar a importância da educação, reconhecê-la como um direito para os indivíduos e propor seu cumprimento como uma obrigação legal do Estado.[13]

Amaro Cavalcanti não chegou a ver as disposições da Lei Orgânica do Ensino Primário, Decreto-Lei 8.529, de 2 de janeiro de 1946. Nessa lei, o capítulo da obrigatoriedade de matrícula e frequência escolar, que compreende os arts. 41 a 44, enuncia a obrigatoriedade do ensino primário elementar para todas as crianças nas idades de sete a doze anos, quanto à matrícula e frequência regular às aulas, com regulamentação pela administração dos Estados, Territórios e Distrito Federal e organização, em cada município de serviços de cadastro escolar para dar efetividade à obrigatoriedade. Sobre os questionamentos feitos em sua tese, encontra-se no art. 43 a disposição: "Os pais ou responsáveis pelos menores de sete a doze anos que infringirem os preceitos da obrigatoriedade escolar, estarão sujeitos às penas constantes do art. 246 do Decreto-lei nº 2.848, de 7 de dezembro de 1840 (Código Penal)", figura delituosa que

13. Na numerosa obra que produziu, foram dedicados à educação: Educação Elementar nos Estados Unidos, Ceará, 1881; Ensino Moral e Religioso nas Escolas Públicas, Rio, 1883; Notícia cronológica da educação no Brasil, 1883; Meios de desenvolver a instrução primária nos municípios rurais, 1884 relacionados por: VERÍSSIMO DE MELO. *Patronos e acadêmicos*: volume I: patronos. Rio de Janeiro (Guanabara): Pongetti, 1972.

subsiste no direito atual. Desse modo, ficava incorporado ao direito positivo o entendimento do ilustre estudioso do direito administrativo e da instrução pública de que a educação é uma medida de ordem pública, cabendo, na negligência dos pais, a atuação do Estado. Fica evidenciado que Amaro Cavalcanti interligava as áreas de sua atuação e estudos na elaboração de suas obras.

A afirmação de a educação ser um direito é atual e importante. Observa-se que nessa linha está consagrada na Constituição da República de 1988, que a educação está incluída no rol dos direitos sociais: "Art. 6º São direitos sociais a educação, a saúde, a alimentação, o trabalho, a moradia, o transporte, o lazer, a segurança, a previdência social, a proteção à maternidade e à infância, a assistência aos desamparados, na forma desta Constituição".

Em capítulo específico, são tratadas educação, cultura e desporto, e o enunciado sobre a educação, no art. 205, se dispõe em correspondência ao conceito e à visão de Amaro Cavalcanti a respeito: "Art. 205. A educação, direito de todos e dever do Estado e da família, será promovida e incentivada com a colaboração da sociedade, visando ao pleno desenvolvimento da pessoa, seu preparo para o exercício da cidadania e sua qualificação para o trabalho".

Adiante, no art. 208, a Constituição enuncia a existência de um dever do Estado com a educação, e proclama o acesso ao ensino obrigatório e gratuito como direito público subjetivo (§ 1º). Ingo Sarlet afirma, em face dessa disposição, a existência perante o Estado de um direito subjetivo originário a prestações em matéria educacional, especialmente no campo do ensino fundamental, o qual se situa na esfera da garantia do mínimo existencial oficial.[14]

14. SARLET, Ingo Wolfgang; MARINONI, Luiz Guilherme; MITIDIERO, Daniel. *Curso de direito constitucional*. Ed. rev. atual. e ampl. São Paulo: Revista dos Tribunais, 2014. p. 612.

É oportuno mencionar a afirmação, entre os princípios, da igualdade de condições para acesso e permanência na escola, da liberdade de aprender, ensinar, pesquisar e divulgar o pensamento, a arte e o saber, o pluralismo de ideias, da gratuidade do ensino em estabelecimentos oficiais, da gestão democrática do ensino público.[15] E, também, as disposições constitucionais sobre o cumprimento desse dever, pelo Estado, mediante garantias como: educação básica obrigatória e gratuita dos 4 aos 17 anos de idade, progressiva universalização do ensino médio gratuito, atendimento especial para as pessoas com deficiência, oferta de ensino noturno regular.[16]

Afirmou Amaro Cavalcanti que a educação obrigatória compreende a obrigação de o pai da criança promover o direito de instrução para ela. Seu pensamento se encarta nos arts. 227[17] e 229 da Constituição Federal: – "Os pais

---

15. "Art. 206. O ensino será ministrado com base nos seguintes princípios: I – igualdade de condições para o acesso e permanência na escola; II – liberdade de aprender, ensinar, pesquisar e divulgar o pensamento, a arte e o saber; III – pluralismo de ideias e de concepções pedagógicas, e coexistência de instituições públicas e privadas de ensino; IV – gratuidade do ensino público em estabelecimentos oficiais; V – valorização dos profissionais da educação escolar, garantidos, na forma da lei, planos de carreira, com ingresso exclusivamente por concurso público de provas e títulos, aos das redes públicas; VI – gestão democrática do ensino público, na forma da lei; VII – garantia de padrão de qualidade; VIII – piso salarial profissional nacional para os profissionais da educação escolar pública, nos termos de lei federal; IX – garantia do direito à educação e à aprendizagem ao longo da vida."

16. "Art. 208. O dever do Estado com a educação será efetivado mediante a garantia de: I – educação básica obrigatória e gratuita dos 4 (quatro) aos 17 (dezessete) anos de idade, assegurada inclusive sua oferta gratuita para todos os que a ela não tiveram acesso na idade própria; II – progressiva universalização do ensino médio gratuito; III – atendimento educacional especializado aos portadores de deficiência, preferencialmente na rede regular de ensino; IV – educação infantil, em creche e pré-escola, às crianças até 5 (cinco) anos de idade; V – acesso aos níveis mais elevados do ensino, da pesquisa e da criação artística, segundo a capacidade de cada um; VI – oferta de ensino noturno regular, adequado às condições do educando; VII – atendimento ao educando, em todas as etapas da educação básica, por meio de programas suplementares de material didático escolar, transporte, alimentação e assistência à saúde."

17. "Art. 227. É dever da família, da sociedade e do Estado assegurar à criança, ao adolescente e ao jovem, com absoluta prioridade, o direito à vida, à saúde, à

têm o dever de assistir, criar e educar os filhos menores, e os filhos maiores têm o dever de ajudar e amparar os pais na velhice, carência ou enfermidade". Sobre esse ponto, Ingo Sarlet aduz que se trata de uma obrigação da família, à qual a Constituição confere especial atenção, com repercussão nas normas infraconstitucionais, que preveem a possibilidade de responsabilização civil e penal dos pais e responsáveis que deixarem de zelar pelo acesso de seus filhos ao ensino fundamental. Isso evidencia, sem margem de dúvida, que há um direito fundamental originário e subjetivo à prestação estatal do ensino fundamental gratuito em estabelecimentos oficiais.[18]

4. Conclusão

A atualidade do entendimento de Amaro Cavalcanti de a educação ser um direito da criança e dever do Estado é tão clara e precisa que pode ser encontrada na legislação brasileira atual. Assim, está nas disposições da Lei 8.069, de 13 de julho de 1990, ao assegurar à criança e ao adolescente igualdade de condições para o acesso e permanência na escola, o acesso à escola pública e gratuita; ao enunciar o dever do Estado de assegurar ensino fundamental, obrigatório e gratuito, com responsabilidade da autoridade competente em caso de não oferecimento do ensino ou sua oferta irregular; ao impor aos pais ou responsáveis a obrigação de matricular os filhos ou pupilos na rede regular de ensino e aos dirigentes de estabelecimentos de ensino

---

alimentação, à educação, ao lazer, à profissionalização, à cultura, à dignidade, ao respeito, à liberdade e à convivência familiar e comunitária, além de colocá-los a salvo de toda forma de negligência, discriminação, exploração, violência, crueldade e opressão."

18. SARLET, Ingo Wolfgang; MARINONI, Luiz Guilherme; MITIDIERO, Daniel. *Curso de direito constitucional*. Ed. rev. atual. e ampl. São Paulo: Revista do Tribunais, 2014. p. 611.

fundamental o dever de comunicar faltas às aulas, evasão escolares e elevados níveis de repetência (arts. 53 a 56).

O pensamento de Amaro Cavalcanti, múltiplo e profundo, repercutiu nas mais diversas áreas. Ao ligar educação e Estado, com um vínculo de responsabilidade pelo seu atendimento, como obrigação legal, ele apontou subsídios que se refletem, ao longo do tempo. Assim, eles podem ser divisados em recente julgado do Tribunal Superior do Trabalho em que foi determinado ao Município priorizar, no prazo de 180 dias, a educação e a formação profissional de crianças e adolescentes, mediante o oferecimento de cursos profissionalizantes; criar um plano de trabalho, que inclua entre seus objetivos: matrícula escolar dos infantes, oferecimento de cursos de qualificação profissional aos adolescentes, aos pais e responsáveis para fins de reinserção destes últimos no mercado de trabalho, acompanhamento e cadastro das famílias em programas governamentais de assistência social, quando preenchidos os requisitos, entre outras medidas que forem necessárias, com registro dos seguintes fundamentos:[19]

> Para coibir a prática do trabalho infantil, tão corriqueiro em países emergentes, além da necessária profissionalização dos adolescentes e jovens, é imprescindível o acesso das crianças e adolescentes a todos os níveis de educação, proporcionando uma vivência digna a sua família, a fim de que o trabalho das crianças e adolescentes não se torne a única maneira de garantir renda e sustento àquele núcleo familiar.
>
> A realização de políticas públicas efetivas no sentido de diminuir a evasão escolar, incentivar a matrícula e manutenção das crianças nas escolas é medida que deve ser tomada pelos Estados-membros da ONU, como parte de um programa que, além da educação, proporcionará trabalho decente para presentes e futuras gerações, reduzindo o ciclo de miséria e a revitimização, até porque estatisticamente verificado que àqueles submetidos

19. RR-AIRR-959-34.2015.5.02.0302, 8ª Turma, Relator Ministro Alexandre de Souza Agra Belmonte, *DEJT* 19/12/2023.

ao trabalho infantil têm maior probabilidade de permanecer na zona de pobreza, na marginalização e no subemprego.

Logo, a eliminação do trabalho infantil é questão social que perpassa pela elevação dos níveis de educação e aprendizagem, sendo que tal preocupação não se restringe ao território brasileiro, mas afeta e mobiliza a ONU e todos os líderes mundiais, resultando em pactos internacionais firmados, como por exemplo, a Declaração de Incheon e a Agenda de Ação de Adis Abeba, que somados à Agenda 2030, demonstram a preocupação global com a educação, o trabalho decente e a eliminação progressiva do trabalho infantil.

Ora, o objetivo mundial de eliminar o trabalho infantil resulta de estudos científicos e sociais que demonstram a ausência de desenvolvimento completo das crianças e adolescentes, colocando-os em situação de hipervulnerabilidade, quer pela dificuldade de compreender as consequências dos seus atos e decisões tomadas nessa fase da vida, quer pelas mudanças físicas, hormonais e emocionais resultantes da puberdade. Logo, na infância e adolescência há vulnerabilidade física, moral, psicológica e cultural.

E nem se argumente no sentido de que não cabe aos Municípios organizar, manter e executar a fiscalização do trabalho (art. 21, XXIV), tampouco legislar sobre direito do trabalho (art. 22, I, do CLT), na medida em que o autor apenas postula medidas a serem adotadas pelo Município, a fim dar efetividade à norma constitucional de proteção ao menor e ao adolescente, por meio de políticas públicas que inibam o trabalho nas situações descritas, buscando a inserção desses menores em programas que valorizem o aprendizado. Tal competência material decorre ainda da municipalização do atendimento, prevista no art. 88 do Estatuto da Criança e do Adolescente (Lei nº 8.069/90).

Ademais, *não se trata de ferir o princípio da limitação dos poderes,* tal como entendeu o Regional, ao fundamento de que não cabe ao Poder Judiciário estabelecer como o Município deve dispor do seu orçamento e organizar sua ação governamental. Isso porque o Poder Judiciário detém competência para, em situações excepcionais determinar a implantação de políticas públicas, com vistas a assegurar a concretização de direito fundamental essencial, sem que isso implique violação ao princípio da separação dos poderes.

Até mesmo porque as políticas públicas não se tratam de simples programas governamentais, mas de ações e programas que são desenvolvidos pelo Estado para garantir e colocar em prática direitos previstos na Constituição Federal e em outras leis, donde

> advém a sua responsabilidade de observância, residindo a sua discricionariedade em matéria de políticas públicas, apenas nos limites das prioridades constitucionais.
>
> [...]
>
> No entanto, o caso dos autos não trata apenas da determinação de políticas públicas em prol da concretização de direitos fundamentais, mas sim da constatação e declaração de que o Brasil experimenta um problema estrutural, uma fissura em seu tecido social, decorrente da pobreza e da extrema desigualdade que refletem e naturalizam o trabalho infantil como se fosse algo bom, necessário à formação profissional e do caráter dos jovens, quando em verdade, representa um estado de inconstitucionalidade flagrante, ou, nos dizeres do Supremo Tribunal Federal, um estado de coisas inconstitucionais, que avilta nossa sociedade.
>
> Logo, a atuação do judiciário para determinar a implementação de políticas públicas afetas aos entes federados, quando omissos, não implica em ofensa ao princípio da separação dos poderes.

O acórdão proferido pelo Supremo Tribunal Federal, no julgamento do ARE 639337, 2ª T., Rel. Min. Celso de Mello, *DJE* 15/9/2011, que versa sobre a obrigatoriedade de o Município de São Paulo matricular crianças em unidades de ensino infantil próximas de sua residência ou do endereço de trabalho de seus responsáveis legais, que foi citado no acórdão do TST, tem pertinência e relevância na análise ora empreendida no sentido de a educação ser um dever do Estado. É o que se verifica do trecho destacado da ementa, a seguir transcrito:

> - INVOCAÇÃO EM SEDE DE APELO EXTREMO - IMPOSSIBILIDADE - RECURSO DE AGRAVO IMPROVIDO. POLÍTICAS PÚBLICAS, OMISSÃO ESTATAL INJUSTIFICÁVEL E INTERVENÇÃO CONCRETIZADORA DO PODER JUDICIÁRIO EM TEMA DE EDUCAÇÃO INFANTIL: POSSIBILIDADE CONSTITUCIONAL. - A educação infantil representa prerrogativa constitucional indisponível, que, deferida às crianças, a estas assegura, para efeito de seu desenvolvimento integral, e como primeira etapa do processo de educação básica, o atendimento em creche e o acesso à pré-escola (CF, art. 208, IV). - Essa prerrogativa jurídica, em conseqüência, impõe, ao Estado, por

> efeito da alta significação social de que se reveste a educação infantil, a obrigação constitucional de criar condições objetivas que possibilitem, de maneira concreta, em favor das "crianças até 5 (cinco) anos de idade" (CF, art. 208, IV), o efetivo acesso e atendimento em creches e unidades de pré-escola, sob pena deconfigurar-se inaceitável omissão governamental, apta a frustrar, injustamente, por inércia, o integral adimplemento, pelo Poder Público, de prestação estatal que lhe impôs o próprio texto da Constituição Federal. – A educação infantil, por qualificar-se como direito fundamental de toda criança, não se expõe, em seu processo de concretização, a avaliações meramente discricionárias da Administração Pública nem se subordina a razões de puro pragmatismo governamental. – Os Municípios – que atuarão, prioritariamente, no ensino fundamental e na educação infantil (CF, art. 211, § 2º) – não poderão demitir-se do mandato constitucional, juridicamente vinculante, que lhes foi outorgado pelo art. 208, IV, da Lei Fundamental da República, e que representa fator de limitação da discricionariedade político-administrativa dos entes municipais, cujas opções, tratando-se do atendimento das crianças em creche (CF, art. 208, IV), não podem ser exercidas de modo a comprometer, com apoio em juízo de simples conveniência ou de mera oportunidade, a eficácia desse direito básico de índole social. – Embora inquestionável que resida, primariamente, nos Poderes Legislativo e Executivo, a prerrogativa de formular e executar políticas públicas, revela-se possível, no entanto, ao Poder Judiciário, ainda que em bases excepcionais, determinar, especialmente nas hipóteses de políticas públicas definidas pela própria Constituição, sejam estas implementadas, sempre que os órgãos estatais competentes, por descumprirem os encargos político-jurídicos que sobre eles incidem em caráter impositivo, vierem a comprometer, com a sua omissão, a eficácia e a integridade de direitos sociais e culturais impregnados de estatura constitucional. [...]".

O nome de Amaro Cavalcanti avulta nos estudos administrativos e nas questões financeiras e tributárias. Mas não pode ser esquecido que, ao fazer seus estudos de direito, quando seguiu para os Estados Unidos, estudando ali aspectos materiais e metodológicos da instrução pública, formulou um pensamento crítico e construtivo sobre a educação como um direito da criança, questão que qualificou como fundamental condição indispensável da própria vida e como uma obrigação legal do Estado de proporcionar educação, como interesse social.

Referências

CAVALCANTI, Amaro. *Responsabilidade civil do estado.* Rio de Janeiro: Laemmert, 1905.

DANTAS, Marcelo Navarro Ribeiro; LINS, Tatiana Barroso de Albuquerque. *Amaro Bezerra Cavalcanti de Albuquerque*. 2024. No prelo.

NOBRE JR., Edilson Pereira; MENDONÇA, Fabiano André de Souza; CARVALHO, Ivan Lira de. Amaro Cavalcanti: vida e obra. *In*: MONTEIRO FILHO, Carlos Edison do Rego; MORSELLO, Marco Fábio; ROSENVALD, Nelson (coord.). *Protagonistas da responsabilidade civil.* Indaiatuba: Foco, 2022.

SARLET, Ingo Wolfgang; MARINONI, Luiz Guilherme; MITIDIERO, Daniel. *Curso de direito constitucional.* Ed. rev. atual. e ampl. São Paulo: Revista do Tribunais, 2014.

SENA, Fabiana. Artigo. O professor Amaro Cavalcanti e a Imprensa do Ceará: uma leitura do intelectual no Império Brasileiro. *Revista História da Educação (Online),* v. 23, p 1-31, 2019. Disponível em: https://seer.ufrgs.br/asphe/article/view/82321. Acesso em: 15 abr. 2024.

SILVA, Maria Goreti Lopes Pereira e. *Escola Normal do Ceará*: luzes e modernidade contra o atraso na terra da Seca (1884-1922). 2001. Dissertação (Mestrado) – Programa de Pós-Graduação em Educação brasileira da Universidade Federal do Ceará. Fortaleza, CE, 2001. p 73-87. Disponível em: https//:repositorio.ufc.br_2002_dos_mglpsilva. Acesso em: 30 maio 2024.

SOUZA, Carlos Adel Teixeira de. *Amaro Cavalcanti*. Natal: Sebo Vermelho, 2009. Coleção João Nicodemos de Lima.

SOUZA, Everton Aparecido Moreira de. História da educação no Brasil: o elitismo e a exclusão no ensino. *Cadernos da Pedagogia*, São Carlos, ano 12, n. 23, jul./dez. 2018.

TRIBUNAL SUPERIOR DO TRABALHO. RR-AIRR-959-34.2015.5.02.0302, 8ª Turma, Relator Ministro Alexandre de Souza Agra Belmonte, DEJT 19/12/2023. Disponível em: https//:tst.jus.br/jurisprudencia.

VERÍSSIMO DE MELO. *Patronos e acadêmicos*: volume I: patronos. Rio de Janeiro (Guanabara): Pongetti, 1972.

A CONSTITUIÇÃO REPUBLICANA DE 1891, O *HABEAS CORPUS* E O MINISTRO AMARO CAVALCANTI

Messod Azulay Neto[1]

Felipe Resende Sabino[2]

1 Introdução; 2 Amaro Cavalcanti, Ministro do Supremo Tribunal Federal; 3 A garantia do *habeas corpus* e a Constituição Republicana de 1891; 4 *Habeas Corpus* 2.984, Supremo Tribunal Federal; 5 Considerações finais; Referências.

Resumo: O ensaio parte da biografia de Amaro Cavalcanti, com destaque ao exercício do cargo de Ministro do Supremo Tribunal Federal, e do exame do *habeas corpus* no contexto histórico e constitucional vivido à época, especialmente a partir das alterações trazidas no texto da Constituição Republicana de 1891, para, no caso concreto do *Habeas Corpus* 2.984, julgado em 1911,[3] mostrar a aplicação dos paradigmas e as construções jurídicas sobre aquele instrumento de garantia no período em que o Brasil experimentou grande avanço na proteção normativo-constitucional de direitos e liberdades individuais.

---

1. Ministro do Superior Tribunal de Justiça. gab.min.mazulay@stj.jus.br

2. Assessor de Ministro do Superior Tribunal de Justiça. rsabino@stj.jus.br

3. BRASIL. Supremo Tribunal Federal. Tribunal Pleno. Habeas Corpus n. 2.984. Relator: Amaro Cavalcanti, 4 de janeiro de 1911, Colac vol-00980-01. *Revista O Direito*, Rio de Janeiro, v. 40, t. 119, p. 477, 1912.

Palavras-chave: Amaro Cavalcanti; direito constitucional, *habeas corpus*; Constituição Brasileira de 1891; Supremo Tribunal Federal.

Keywords: Amaro Cavalcanti; constitucional law; habeas corpus; Brazilian Constitution of 1891. Supreme Court.

1. Introdução

A Constituição de 1891, influenciada por ideais liberais, consagrou, em seu texto, uma *Declaração de Direitos* de natureza individual e instituiu o *habeas corpus* como instrumento de garantia pela primeira vez, no Brasil, no texto constitucional.

A partir desse contexto histórico, este trabalho, em homenagem a Amaro Cavalcanti, tem por objetivo o estudo de um *habeas corpus* de sua relatoria como Ministro do Supremo Tribunal Federal, julgado no dia 4 de janeiro de 1911: o *Habeas Corpus* 2.984.

A impetração teve como paciente o Presidente da Mesa e demais membros da Assembleia Legislativa do Rio de Janeiro e como autoridade coatora o, então, Presidente da República, Hermes da Fonseca – cargo que exerceu de 1910 a 1914. A ação constitucional tratava da garantia de funções políticas de membros eleitos para a efetividade do exercício de mandato de deputado estadual. A situação girava em torno da realização de uma sessão especial que tinha por finalidade dar posse ao novo presidente eleito do Estado, Manoel Edwiges de Queiroz Vieira, mas o ato não se realizou porque, no dia, a força pública federal ocupou o edifício e vedou o ingresso dos participantes. O incidente se deu em razão de estado de sítio decretado na cidade de Niterói. E, assim, o único instrumento à disposição para fazer cessar o constrangimento era o *habeas corpus*.[4]

---

4. BRASIL. Supremo Tribunal Federal. Tribunal Pleno. Habeas Corpus n. 2.984.

Motivado por esses elementos históricos, o ensaio conta com uma abordagem da biografia de Amaro Cavalcanti com destaque para sua passagem como Ministro do Supremo Tribunal Federal. E, para dar suporte aos comentários sobre o *Habeas Corpus* 2.984, o texto conta, também, com uma breve contextualização da visão da doutrina e da jurisprudência da garantia do *habeas corpus* no momento vivido à época.

Assim, o estudo busca contribuir para a memória do homenageado, Ministro Amaro Cavalcanti, e do caminho percorrido, historicamente, pela garantia constitucional do *habeas corpus* no Brasil.

2. Amaro Cavalcanti, Ministro do Supremo Tribunal Federal

Natural da província do Rio Grande do Norte, Amaro Cavalcanti nasceu em 15 de agosto de 1849, no município de Caicó, e faleceu em 28 de janeiro de 1922, na cidade do Rio de Janeiro. Em sua vida acadêmica, cursou Humanidades em São Luís no Maranhão, ocupou a cadeira de Latim na cidade de Baturité, município no Estado do Ceará. Foi, ainda, designado para viagem aos Estados Unidos da América, onde estudou, no período de 1880 a 1881, na Escola de Direito da *Union University (Albany)*, no Estado de Nova Iorque. Naquele mesmo país, com a sua diplomação em Direito, recebeu o título de *Consellor at Law*, que lhe conferia o direito de exercício da profissão jurídica.[5]

Durante sua vida, Amaro Cavalcanti presenciou a ascendência do regime republicano no Brasil e a respectiva transição constitucional da Constituição Política do

Relator: Amaro Cavalcanti, 4 de janeiro de 1911, Colac vol-00980-01. *Revista O Direito*, Rio de Janeiro, v. 40, t. 119, p. 477, 1912.

5. LAGO, Laurenio. *Supremo Tribunal de Justiça e Supremo Tribunal Federal*: dados biográficos 1828-2001. 3. ed. Brasília: Supremo Tribunal Federal, 2001. p. 235-238.

Império de 1824 para a Constituição de 1891. Não só presenciou, mas atuou, de modo ativo. Isso porque o Estado do Rio Grande do Norte conferiu a Amaro Cavalcanti mandato de representante no Congresso Constituinte como Senador. E, nessa condição, foi escolhido como membro da Comissão que formulou o projeto definitivo da Constituição Republicana.[6]

A Constituição de 1891, nos arts. 55 e 56, estabelecia o Supremo Tribunal Federal como órgão de cúpula do Poder Judiciário, composto por quinze ministros, em substituição ao Supremo Tribunal de Justiça existente no regime constitucional anterior.[7] E para ser Ministro da Suprema Corte, a Constituição Republicana exigia a qualidade de cidadão de notável saber e reputação, elegíveis para o Senado.[8] Por sua vez, para ser elegível para o Senado, o texto constitucional previa a necessidade de o candidato ser cidadão brasileiro há mais de seis anos e ter mais de trinta e cinco anos de idade, conforme os arts. 26 e 30 do texto. A indicação era feita pelo Presidente da República com posterior aprovação do Senado, nos termos dos artigos 48, 12º, da Constituição.

Entre vários outros cargos de grande relevância, Amaro Cavalcanti foi nomeado Ministro do Supremo Tribunal Federal, em 11 de maio, e empossado, em 27 de junho de 1906 – na vaga deixada pelo Ministro João Barbalho Uchôa

---

6. LAGO, Laurenio. *Supremo Tribunal de Justiça e Supremo Tribunal Federal*: dados biográficos: 1828-2001. 3. ed. Brasília: Supremo Tribunal Federal, 2001. p. 235-238.

7. CARNIELE, Eduardo Vieira. Suprema Corte Americana e o Supremo Tribunal Federal na Constituição de 1891. *Direito, Estado e Sociedade*, Rio de Janeiro, n. 30, p. 24-25, jan./jun. 2007.

8. Constituição de 1891, art. 56: "O Supremo Tribunal Federal compor-se-á de quinze Juízes, nomeados na forma do art. 48, n. 12, dentre os cidadãos de notável saber e reputação, elegíveis para o Senado" (BRASIL. [Constituição (1891)]. Constituição da República dos Estados Unidos do Brasil. *Diário Oficial da União*, Rio de Janeiro, 24 fev. 1891. Disponível em: https://www.planalto.gov.br/ccivil_03/constituicao/constituicao91.htm. Acesso em: 24 fev. 2024).

Cavalcanti –, cargo que ocupou até sua aposentadoria em 31 de dezembro de 1914.[9]

E, em sua atuação como Ministro do Supremo Tribunal Federal, na vigência da Carta Republicana brasileira, Amaro Cavalcanti participou do julgamento de alguns *habeas corpus* a partir da perspectiva de garantia constitucional, entre os quais o exemplo trazido neste trabalho: o *Habeas Corpus* 2.984.

3. A garantia do *habeas corpus* e a Constituição Republicana de 1891

A manifestação legal mais antiga que se teria notícia de

> *garantia da liberdade humana, pelo menos a do homem livre, encontra-se no Direito romano, inserta no Livro 43, título 29, do Digesto, representada pelo interdito de De homine libero exhibendo: Air Praetor – Quem libertum dolo malo retines, exhibeas: Hoc interdictum proponitor tuende libertatis causa; videlicet, ne homines liberi reineauntur a quoquam. Por êsse interdito, o pretor protegia a liberdade do cidadão, de qualquer modo que fôsse violada, sem prejuízo do respectivo processo criminal.*[10]

A doutrina aponta, assim, as raízes do *habeas corpus* no Direito Romano e sua origem, com a conotação de *writ*, na Inglaterra, "na 'Magna Carta', de 15 de junho de 1215, então denominada Magna Charta, seu Concordia iter regem *Johannem et Barones preconcessione libertarum ecclesiae et regni Angliae*, outorgada por João Sem Terra, ou Johannes Lackland, sob a constante pressão dos nobres e do clero".[11]

---

9. LAGO, Laurenio. *Supremo Tribunal de Justiça e Supremo Tribunal Federal:* dados biográficos: 1828-2001. 3. ed. Brasília: Supremo Tribunal Federal, 2001. p. 235-238.

10. SABINO, Vicente Júnior. *O* habeas corpus *e a liberdade pessoal.* São Paulo: Revista dos Tribunais, 1964. p. 19.

11. SABINO, Vicente Júnior. *O* habeas corpus *e a liberdade pessoal.* São Paulo: Revista dos Tribunais, 1964. p. 17.

O *writ* – mandado ou ordem escrita – tem origem, pois, no *Common Law*.

Mais tarde, reflexo da contradição, ou incompatibilidade, entre a monarquia absolutista e a tutela da liberdade pelo *habeas corpus*[12], houve "a aprovação do *Bill of Rights*, que tornou vitoriosa a tese de ser inadmissível prisão imotivada, a pretexto de razões de Estado".[13] Já, em 26 de maio de 1679, o Parlamento inglês editou o *Habeas Corpus Amendment Act*, instrumento que regulamentou o *writ* em relação às prisões decorrentes de acusações criminais e conferiu maior efetividade ao *habeas corpus*. Em 1º de junho de 1816, mais um *Habeas Corpus act* estendeu a proteção do *writ* para outras hipóteses que não relativas a prisões em razão de acusações de natureza criminal.[14]

Nesse caminho, a partir da experiência e da influência inglesa, seguiram declarações de direitos pelo mundo. Nos Estados Unidos da América do Norte, mais precisamente na cidade de Williamsburg no Estado da Virgínia, em 12 de junho de 1776, foi proclamada a *Declaração de Direitos de Virgínia*. E, em 1789, produto da Revolução Francesa, a *Declaração dos Direitos do Homem e do Cidadão*.[15]

No Brasil, a primeira manifestação de uma ordem de *habeas corpus* teria ocorrido em 1821 por meio de um

---

12. Apesar de, desde 1215, na Inglaterra, a liberdade física constituir direito absoluto da natureza humana, a lei era "desrespeitada, esquecida e postergada a cada passo. Sem garantias sérias, sem remédios irretorquíveis, estava exposta, ora às decisões cobardes de certos juízes, ora às interpretações tortuosas dos partidários das 'prerrogativas'. Mesmo depois da Petição de Direitos, as ordens de habeas corpus eram denegadas a cada momento. Muitas vezes, o que era bem pior, desobedecidas. Os sofismas, a trapaça e a timidez conspiravam de mãos dadas ao rei, contra o inestimável remédio processual" (MIRANDA, Francisco Cavalcanti Pontes de. *História e prática do* habeas corpus. 3 ed. Campinas: Brookseller, 2007. v. 1, p. 83).

13. BUSANA, Dante. *O* habeas corpus *no Brasil*. São Paulo: Atlas, 2009. p. 15.

14. BUSANA, Dante. *O* habeas corpus *no Brasil*. São Paulo: Atlas, 2009. p. 16.

15. SABINO, Vicente Júnior. *O* habeas corpus *e a liberdade pessoal*. São Paulo: Revista dos Tribunais, 1964. p. 22.

alvará – que tinha por finalidade assegurar a liberdade de locomoção – emitido pelo, então, Imperador Dom Pedro I.[16]

No campo constitucional, a Constituição do Império de 1824, embora contivesse a previsão de que "ninguém poderá ser preso sem culpa formada, exceto nos casos declarados em lei [...]",[17] em seu art. 179, inciso VIII, não continha previsão do *habeas corpus*.

Por outro lado, ainda sob a égide do texto constitucional de 1824, no Código Penal de 1830, alguns tipos penais foram relacionados à ordem de *habeas corpus*, mesmo que ainda não houvesse nenhuma previsão legal do instituto.[18] Por sua vez, o Código do Processo Criminal de 1832, nos arts. 340 a 355,[19] consagrou, pela primeira vez, o *habeas corpus* no campo infraconstitucional. E, em 1871, o *writ* foi estendido aos estrangeiros e passou a comportar concessão de ordem de natureza preventiva.[20]

O decreto de 15 de novembro de 1889 instituiu o Governo Provisório da Nova República. Um ano após a Proclamação da República, foi instalado o Congresso Constituinte e, em 24 de fevereiro de 1891, foi promulgada a *Constituição dos Estados Unidos do Brazil*. A primeira Constituição republicana do Brasil, com noventa e um artigos e oito dispositivos transitórios.

---

16. HUGO, Icaro; REBOUÇAS, Luciana Guimarães. Breve histórico do Habeas Corpus no ordenamento jurídico brasileiro. *In*: REIS, Anna Maria; LEMOS, Bruno Espiñeira; COLAVOLPE, Luís Eduardo; MATTOS FILHO, Mauricio (org.). *Habeas corpus:* teoria e prática: estudos em homenagem ao Ministro Nilson Naves. Belo Horizonte, São Paulo: D´Plácido, 2023.

17. PELUSO, Antonio Cezar. AMORIM, José Roberto Neves. *As Constituições do Brasil*: 1824, 1891, 1934, 1937, 1946, 1967 e 1988. Barueri: Manole, 2011. p. 180.

18. NUCCI, Guilherme de Souza. *Habeas corpus*. 4 ed. Rio de Janeiro: Forense, 2022. p. 4.

19. CAVALCANTI, João Barbalho Uchôa. *Constituição Federal brasileira, 1891*: comentada. Ed. fac-similar. Brasília: Senado Federal, Conselho Editorial, 2002. p. 328.

20. NUCCI, Guilherme de Souza. *Habeas corpus*. 4. ed. Rio de Janeiro: Forense, 2022. p. 4.

Além da instituição da República – como forma de governo – do federalismo – como forma de estado – e do presidencialismo – como sistema de governo –, com caráter substancialmente mais democrático, a Constituição de 1891, a partir de influências liberais e constitucionalistas, trouxe uma Seção destinada a uma *Declaração de Direitos* individuais e instituiu o *habeas corpus*, expressamente, como instrumento de garantia. Como visto, até então, o *habeas corpus* não estava previsto no texto constitucional.

O *habeas corpus* foi, portanto, a primeira ação constitucional de garantia ativa – isto é, instrumento cujo objeto é a defesa e a implementação de direitos – consagrada em sede constitucional.[21] E, também, a única no contexto da República instituída. Assim, muito embora a Constituição de 1891 contivesse prescrição de uma série de direitos individuais previa, apenas, um instrumento de garantia: o *habeas corpus.*[22]

Aqui, sobre a natureza jurídica de *garantia constitucional* do *habeas corpus*, vale um registro relevante:

> *(p)redominou na doutrina do Império a opinião de que o habeas corpus era recurso propriamente dito, de rito peculiar, o que permitia caracterizá-lo como extraordinário. A principal consequência do entendimento foi subordiná-lo às regras que regem os recursos em geral e, tratando-se de 'recurso extraordinário' não admitir seu cabimento quando previsto outro recurso para a hipótese.*[23]

---

21. Como se sabe, atualmente, a Constituição de 1988 prevê, expressamente, ao lado do *habeas corpus*, o mandado de segurança, o mandado de injunção, o *habeas data*, a ação popular e a ação civil pública.

22. SOUZA, Luiz Henrique Boselli de. A doutrina brasileira do *habeas corpus* e a origem do mandado de segurança: análise doutrinária de anais do Senado e da jurisprudência histórica do Supremo Tribunal Federal. *Revista de Informação Legislativa*, Brasília, v. 45, n. 177, p. 75, jan./mar. 2008.

23. BUSANA, Dante. *O* habeas corpus *no Brasil*. São Paulo: Atlas, 2009. p. 30.

Já na República Velha, a previsão do *habeas corpus* na *Declaração de Direitos* da Constituição de 1891 alterou substancialmente a visão da doutrina, que passou a classificar o remédio como "garantia constitucional, distinguindo garantias e direitos constitucionais".[24]

O art. 72, na redação original, da Constituição Republicana de 1891, tinha a seguinte redação:[25] "(a) Constituição assegura a brasileiros e a estrangeiros residentes no País a inviolabilidade dos direitos concernentes à liberdade, à segurança individual e à propriedade, nos termos seguintes: [...] § 22 – Dar-se-á o *habeas corpus*, sempre que o indivíduo sofrer ou se achar em iminente perigo de sofrer violência ou coação por ilegalidade ou abuso de poder".

Como se vê da literalidade do artigo 72, em sua redação original, o Constituinte não fez nenhuma menção expressa ou restrição ao direito de ir e vir ou à liberdade de locomoção, muito menos, vinculou o *habeas corpus* à ideia de liberdade física ou prisão.

Por conseguinte, ante a singularidade do *habeas corpus* como instrumento constitucional para garantia de direitos fundamentais, no período da Primeira República,

> o tempo e a prática judiciária evidenciaram a carência de instrumentos para a defesa de inúmeros direitos. A consequência foi uma reinterpretação do instituto do habeas corpus decorrente dos esforços doutrinários e da jurisprudência do Supremo

24. BUSANA, Dante. *O* habeas corpus *no Brasil*. São Paulo: Atlas, 2009.

25. Posteriormente, a Emenda Constitucional, de 3 de setembro de 1926, alterou a redação do dispositivo: "Art. 72 – A Constituição assegura a brasileiros e a estrangeiros residentes no paiz a inviolabilidade dos direitos concernentes á liberdade, á segurança individual e á propriedade, nos termos seguintes: [...] § 22. Dar-se-ha o *habeas-corpus* sempre que alguém soffrer ou se achar em imminente perigo de soffrer violencia por meio de prisão ou constrangimento illegal em sua liberdade de locomoção" (BRASIL. [Constituição (1891)]. Emenda Constitucional de 3 de setembro de 1926. *Diário Oficial da União*, Rio de Janeiro, 24 set. 1926. Disponível em: https://www.planalto.gov.br/ccivil_03/constituicao/Emendas/Emc_anterior1988/emc%20de%203.9.26.htm#art4. Acesso em: 27 maio 2024).

> Tribunal Federal, dando origem à doutrina brasileira do habeas corpus, que conferiu, em nossa terra, ao antigo instrumento processual inglês, maior extensão. Segundo alguns, a maior do mundo.[26]

Inclusive, a ampliação da utilização do *habeas corpus*, que ficou conhecida como *Doutrina Brasileira do Habeas Corpus*, foi amplamente defendida, na época, por Rui Barbosa porque, para o jurista, o Constituinte teria, intencionalmente, atribuído ao *habeas corpus* amplitude para a tutela de direitos contra ilegalidade e abusos de poder e, assim, afastava a vinculação do instrumento com restrições de caráter meramente corporal. A tese, todavia, encontrava resistência, daqueles que entendiam, em contraposição, que o *habeas corpus* servia, apenas, para defesa do direito de locomoção. Até que se chegou, então, a uma posição intermediária, aplicada pela jurisprudência do Supremo Tribunal Federal, que passou a fundamentar a possiblidade de elastecimento da utilização do *habeas corpus* a partir da compreensão de que a liberdade de locomoção era condição para o exercício de outros direitos e, portanto, por via reflexa, era juridicamente viável sua tutela pela via do *habeas corpus*.[27] O idealizador da posição, Pedro Lessa, sustentava que "o *writ* não se prestava a defender outros direitos que não o de liberdade, mas que, todavia, deveria ser concedido sempre que este, de alguma maneira, mesmo como condição de outros direitos, fosse ofendido".[28]

---

26. SOUZA, Luiz Henrique Boselli de. A doutrina brasileira do habeas corpus e a origem do mandado de segurança: Análise doutrinária de anais do Senado e da jurisprudência histórica do Supremo Tribunal Federal. *Revista de Informação Legislativa*, Brasília, v. 45, n. 177, p. 76-79, jan./mar. 2008.

27. SOUZA, Luiz Henrique Boselli de. A doutrina brasileira do habeas corpus e a origem do mandado de segurança: Análise doutrinária de anais do Senado e da jurisprudência histórica do Supremo Tribunal Federal. *Revista de Informação Legislativa*, Brasília, v. 45, n. 177, p. 76-79, jan./mar. 2008.

28. SOUZA, Luiz Henrique Boselli de. A doutrina brasileira do habeas corpus e a origem do mandado de segurança: Análise doutrinária de anais do Senado e da

Era esse, portanto, o contexto vivido à época de Amaro Cavalcanti como Ministro do Supremo Tribunal Federal. A utilização do *habeas corpus* de forma ampliada a partir da doutrina e da jurisprudência brasileira.

Vale, ainda, deixar a menção de que, mais tarde, a Emenda Constitucional, de 3 de setembro de 1926, alterou a redação do art. 72, § 22, da Constituição de 1891, que passou a prever a vinculação direta da violência a ser tutelada pelo *habeas corpus* aos conceitos de prisão e liberdade de locomoção.[29] Assim, "a jurisprudência ainda tentou resistir, mantendo a interpretação de que o writ poderia ser utilizado sempre que a liberdade de locomoção fosse um direito condição para o exercício de outros direitos, mas certamente a posição restou enfraquecida pela alteração constitucional".[30] E, a discussão jurídica da necessidade de assegurar outros direitos não relacionados à liberdade de ir e vir foi, mais tarde, a origem de outro *writ*: o mandado de segurança, como se sabe, de caráter residual, destinado à proteção de direito líquido e certo não amparado pelo *habeas corpus*.

A análise do contexto histórico do *writ*, portanto, mostra que o momento exigia a existência de mecanismos constitucionais republicanos de garantia de direitos individuais

---

jurisprudência histórica do Supremo Tribunal Federal. *Revista de Informação Legislativa*, Brasília, v. 45, n. 177, p. 76-79, jan./mar. 2008.

29. CF/1891. "Art. 72 - A Constituição assegura a brasileiros e a estrangeiros residentes no paiz a inviolabilidade dos direitos concernentes á liberdade, á segurança individual e á propriedade, nos termos seguintes: [...] § 22. Dar-se-ha o *habeas-corpus* sempre que alguém soffrer ou se achar em imminente perigo de soffrer violencia por meio de prisão ou constrangimento illegal em sua liberdade de locomoção" (BRASIL. [Constituição (1891)]. Constituição da República dos Estados Unidos do Brasil. *Diário Oficial da União*, Rio de Janeiro, 24 fev. 1891. Disponível em: https://www.planalto.gov.br/ccivil_03/constituicao/constituicao91.htm. Acesso em: 24 fev. 2024).

30. SOUZA, Luiz Henrique Boselli de. A doutrina brasileira do *habeas corpus* e a origem do mandado de segurança: Análise doutrinária de anais do Senado e da jurisprudência histórica do Supremo Tribunal Federal. *Revista de Informação Legislativa*, Brasília, v. 45, n. 177, p. 80, jan./mar. 2008.

e o Supremo Tribunal Federal ocupava, por óbvio, posição de garantidor das garantias nos julgamentos dos *habeas corpus* que eram submetidos àquela Corte.

4. *Habeas Corpus* 2.984, Supremo Tribunal Federal[31]

O *Habeas Corpus* 2.984, de relatoria *ad hoc* do Ministro Amaro Cavalcanti, foi julgado em 1911. Teve como paciente o Presidente da Mesa e demais membros da Assembleia Legislativa do Rio de Janeiro e como autoridade coatora o, então, Presidente da República Hermes da Fonseca – cargo que exerceu de 1910 a 1914.

A impetração tinha por objeto a garantia de funções políticas de membros eleitos para o devido exercício do mandato de deputado estadual e conta com a seguinte ementa:

> (a)o Poder Executivo compete resolver a questão de dualidade de Presidente e Assembléia legislativa de um Estado, ficando sem objeto qualquer decisão tomada pelo judiciário antes de conhecida a resolução do Governo. *Habeas corpus* para garantia de funções políticas, isto e da execução do mandato de deputado estadual.[32]

A situação girava em torno da realização de uma sessão especial que tinha por finalidade dar posse ao novo presidente eleito do Estado, Manoel Edwiges de Queiroz Vieira, mas o ato não se realizou porque, no dia, a força pública federal ocupou o edifício e vedou o ingresso dos participantes. O incidente se deu em razão de estado de sítio decretado na cidade de Niterói. E, assim, o único instrumento

---

31. BRASIL. Supremo Tribunal Federal. Tribunal Pleno. *Habeas Corpus* n. 2.984. Relator: Amaro Cavalcanti, 4 de janeiro de 1911, Colac vol-00980-01. *Revista O Direito*, Rio de Janeiro, v. 40, t. 119, 1912. p. 477.

32. BRASIL. Supremo Tribunal Federal. Tribunal Pleno. *Habeas Corpus* n. 2.984. Relator: Amaro Cavalcanti, 4 de janeiro de 1911, Colac vol-00980-01. *Revista O Direito*, Rio de Janeiro, v. 40, t. 119, 1912. p. 1.

à disposição para fazer cessar o constrangimento seria o *habeas corpus*.

O acórdão dá conta de que, ouvido, o Presidente da República, por meio de seu Ministro da Justiça e Negócios Interiores, prestou informações nos autos em que sustentou

> a) que, nas medidas tomadas [...] com relação à cidade de Niterói, 'o Sr. Presidente da República não fora movido por outro intuito que o da conservação da ordem, tendo ordenado ao inspetor da região militar que limitasse a sua ação àquele objetivo e que quanto às duas assembléias e aos dois pretendentes à presidência, lhes desse amplas garantias, não permitindo que fosse impedida, de qualquer forma, a reunião das mesmas assembléias e a entrada em palácio dos dois pretendentes à presidência; "b) que, com surpresa, porém, apesar das garantias que foram dadas ao presidente Dr. Manoel Edwiges de Queiroz Vieira e à assembléia que o devia empossar ... somente o Dr. Francisco Chaves de Olivira Botelho se apresentou, no dia marcado pela Constituição do Estado, para tomar posse do cargo de presidente do Estado, etc., etc.[33].

E, na discussão do caso no Tribunal, contra o pedido, apresentou quatro arguições: "1) que ao Tribunal faltava competência para conhecer dele por se tratar de questão política; 2) que os impetrantes não provaram a coação alegada; 3) que não provaram igualmente a sua qualidade de deputados; 4) que havia cessado a coação de que se queixavam".[34]

As arguições foram, uma a uma, afastadas com fundamentos que merecem a leitura da íntegra do acórdão e, ao final, por maioria, a ordem foi concedida para que fossem "facultados e garantidos aos impetrantes a livre locomoção e ingresso no lugar onde já funcionava a Assembleia

---

33. BRASIL. Supremo Tribunal Federal. Tribunal Pleno. *Habeas Corpus* n. 2.984. Relator: Amaro Cavalcanti, 4 de janeiro de 1911, Colac vol-00980-01. *Revista O Direito*, Rio de Janeiro, v. 40, t. 119, 1912. p. 2.

34. BRASIL. Supremo Tribunal Federal. Tribunal Pleno. *Habeas Corpus* n. 2.984. Relator: Amaro Cavalcanti, 4 de janeiro de 1911, Colac vol-00980-01. *Revista O Direito*, Rio de Janeiro, v. 40, t. 119, 1912.

Legislativa, de que fazem parte, – fazendo-se cessar e proibir toda e qualquer coação a esse respeito".[35]

No julgamento, é possível se extrair alguns elementos que concretizam o tratamento normativo-constitucional do *habeas corpus* próprio do momento histórico.

O primeiro ponto que é relevante está logo na justificativa apresentada para a impetração de *habeas corpus*. Conforme relatado no acórdão, "que essa coação não podendo encontrar justificativa no ato pelo qual fora decretado o estado de sítio para a cidade de Niterói – o remédio único, que lhes restava invocar, era o habeas corpus impetrado a este Tribunal a fim de fazer cessar semelhante violência".[36] Aqui, fica evidente a aplicação da conotação do *habeas corpus* como *instrumento genérico* para proteção de direitos fundamentais, própria do que se denominou *doutrina brasileira do habeas corpus*, isto é, por ser o único instrumento de garantia de direitos previsto na Constituição, era invocado para a proteção em face da violência de caráter, como o próprio acórdão menciona, semelhante. Além disso, é clara a influência do elastecimento da garantia para assegurar direito que, embora espécie de liberdade individual, não tinha vinculação direta com restrição do direito de locomoção. E, nesse ponto, houve, inclusive, divergência que, preliminarmente, não recebia o pedido porque sustentava que o *habeas corpus* não constituiria "meio idôneo para assegurar a efetividade de funções legislativas, mas tão somente para garantir a autonomia individual, a liberdade física, em si mesma, condição imediata do exercício dos direitos em

---

35. BRASIL. Supremo Tribunal Federal. Tribunal Pleno. *Habeas Corpus* n. 2.984. Relator: Amaro Cavalcanti, 4 de janeiro de 1911, Colac vol-00980-01. *Revista O Direito*, Rio de Janeiro, v. 40, t. 119, 1912. p. 6.

36. BRASIL. Supremo Tribunal Federal. Tribunal Pleno. *Habeas Corpus* n. 2.984. Relator: Amaro Cavalcanti, 4 de janeiro de 1911, Colac vol-00980-01. *Revista O Direito*, Rio de Janeiro, v. 40, t. 119, 1912. p. 1.

geral; a Constituição Federal não alterou o conceito jurídico desse instituto".[37]

Outra questão interessante é a constatação de que, no caso, o *habeas corpus* foi utilizado como instrumento de garantia. Da forma como foi impetrado e julgado, fica evidente de que o *writ* possuía natureza jurídica de *garantia constitucional*, concepção inaugurada pela doutrina a partir da previsão do *habeas corpus* na *Declaração de Direitos* da Constituição de 1891, em clara superação, como visto anteriormente, do entendimento que vigia, até então, no Império, de que sua natureza seria de recurso extraordinário.

Sobre a questão de fundo, mais especificamente em relação à primeira arguição – *de que ao Tribunal faltava competência para conhecer dele por se tratar de questão política* – vale o registro de interessantíssima passagem do julgado que faz alusão à jurisprudência norte americana:[38]

> (n)a própria República Norte Americana, em cuja jurisprudência, sobretudo a datar de 1848 (Caso *Luther v. Borden*), se tem como ponto assentado, que as questões, essencialmente políticas, escapam à esfera do Judiciário, isto não obstante, a Suprema Corte só tem até agora considerado com tais casos da alçada exclusiva dos poderes políticos a um limitadíssimo número de assuntos, como tais declarados na Constituição Federal (COOLEY, *principles*, 2º edit., pág. 146); e o que ora mais importa, em se tratando do pedido de *habeas corpus*, a dita Corte tem julgado competente para intervir mesmo em favor de prisioneiro de guerra no estado de rebelião, caso em que se dava a suspensão do privilégio do habeas corpus, segundo disposto na Constituição Norte Americana. No caso a que se alude (*Ex parte* – Milligan, Supr. Court Report., vol. 70-73) se havia precisamente, invocado contra a competência da Suprema Corte a célebre decisão

37. BRASIL. Supremo Tribunal Federal. Tribunal Pleno. *Habeas Corpus* n. 2.984. Relator: Amaro Cavalcanti, 4 de janeiro de 1911, Colac vol-00980-01. *Revista O Direito*, Rio de Janeiro, v. 40, t. 119, 1912. p. 13.

38. Como se viu, a formação jurídica de Amaro Cavalcanti se deu nos Estados Unidos na Escola de Direito da *Union University (Albany)*, no Estado de Nova Iorque.

e doutrina do feito – Luther v Bourden, excluindo a intervenção judicial em questões políticas.[39]

Isso para, no caso concreto, estabelecer que o Supremo Tribunal não estava conhecendo de conteúdo restrito ao poder político da Assembleia do Estado do Rio de Janeiro – no que se denominou no acórdão *verificador de poderes* –, mas "a um simples ato de coação praticado pela força federal existente em Niterói de ordem do Sr. Presidente da República, contra a liberdade individual dos impetrantes, privando-os de ingresso no edifício, em que exerciam as suas funções de deputados estaduais".[40]

5. Considerações finais

O ensaio, como proposto, teve o objetivo de identificar, a partir do estudo do *Habeas Corpus* 2.984, de relatoria *ad hoc* do Ministro Amaro Cavalcanti, as construções e paradigmas doutrinários e jurisprudenciais acerca do instituto do *habeas corpus* à época.

Como se observou ao longo do trabalho, a Constituição de 1891 representou um importante marco para a compreensão do *writ* como *garantia* e, a partir de sua singularidade como instrumento dessa natureza no texto constitucional, foi entendido como meio para proteção de diversos direitos individuais, não só àqueles relacionados à liberdade de locomoção, o que, inclusive, foi denominado de *doutrina brasileira do habeas corpus*.

---

39. BRASIL. Supremo Tribunal Federal. Tribunal Pleno. *Habeas Corpus* n. 2.984. Relator: Amaro Cavalcanti, 4 de janeiro de 1911, Colac vol-00980-01. *Revista O Direito*, Rio de Janeiro, v. 40, t. 119, 1912. p. 3.

40. BRASIL. Supremo Tribunal Federal. Tribunal Pleno. *Habeas Corpus* n. 2.984. Relator: Amaro Cavalcanti, 4 de janeiro de 1911, Colac vol-00980-01. *Revista O Direito*, Rio de Janeiro, v. 40, t. 119, 1912. p. 4.

E, no objeto de exame – o *Habeas Corpus* 2.984 –, foi possível se extrair os traços característicos da doutrina e jurisprudência da época no tratamento do tema, em caso emblemático, julgado em 1911, por uma Corte, também, instituída como órgão de cúpula do Poder Judiciário brasileiro pela Constituição Republicana de 1891.

Referências

BONAVIDES, Paulo. *A história constitucional do Brasil*. 6. ed. Brasília: OAB Editora, 2004.

BUSANA, Dante. *O* habeas corpus *no Brasil*. São Paulo: Atlas, 2009.

BRASIL. [Constituição (1891)]. Constituição da República dos Estados Unidos do Brasil. *Diário Oficial da União*, Rio de Janeiro, 24 fev. 1891. Disponível em: https://www.planalto.gov.br/ccivil_03/constituicao/constituicao91.htm. Acesso em: 27 maio 2024.

BRASIL. [Constituição (1891)]. Emenda Constitucional de 3 de setembro de 1926. *Diário Oficial da União*, Rio de Janeiro, 24 set. 1926. Disponível em: https://www.planalto.gov.br/ccivil_03/constituicao/Emendas/Emc_anterior1988/emc%20de%203.9.26.htm#art4. Acesso em: 27 maio 2024.

BRASIL. Supremo Tribunal Federal. Tribunal Pleno. Habeas Corpus n. 2.984. Relator: Amaro Cavalcanti, 4 de janeiro de 1911, Colac vol-00980-01. *Revista O Direito*, Rio de Janeiro, v. 40, t. 119, 1912.

CARNIELE, Eduardo Vieira. Suprema Corte Americana e o Supremo Tribunal Federal na Constituição de 1891. *Direito, Estado e Sociedade*, Rio de Janeiro, n. 30, jan./jun. 2007.

CAVALCANTI, João Barbalho Uchôa. *Constituição Federal brasileira, 1891*: comentada. Ed. fac-similar. Brasília: Senado Federal, Conselho Editorial, 2002.

HUGO, Icaro; REBOUÇAS, Luciana Guimarães. Breve histórico do Habeas Corpus no ordenamento jurídico brasileiro. *In*: REIS, Anna Maria; LEMOS, Bruno Espiñeira; COLAVOLPE, Luís Eduardo; MATTOS FILHO, Mauricio (org.). *Habeas corpus:* teoria e prática: estudos em homenagem ao Ministro Nilson Naves. Belo Horizonte, São Paulo: D´Plácido, 2023. p. 249-254.

LAGO, Laurenio. *Supremo Tribunal de Justiça e Supremo Tribunal Federal:* dados biográficos: 1828-2001. 3. ed. Brasília: Supremo Tribunal Federal, 2001.

MAXIMILIANO, Carlos. *Comentários à Constituição brasileiro de 1891.* Ed. fac-similar. Brasília: Senado Federal, Conselho Editorial, 2005.

MEIRA, Silvio. A Constituição brasileira de 1891. *Revista da Academia Brasileira de Letras Jurídicas*, Rio de Janeiro, v. VI, n. 3, 1992.

NUCCI, Guilherme de Souza. *Habeas corpus.* 4. ed. Rio de Janeiro: Forense, 2022.

PELUSO, Antonio Cezar; AMORIM, José Roberto Neves. *As Constituições do Brasil*: 1824, 1891, 1934, 1937, 1946, 1967 e 1988. Barueri: Manole, 2011.

PONTES DE MIRANDA, Francisco Cavalcanti. *História e prática do* habeas corpus. 3. ed. Campinas: Brookseller, 2007.

SABINO, Vicente Júnior. *O* habeas corpus *e a liberdade pessoal*. São Paulo: Revista dos Tribunais, 1964.

SILVA, Clovis V. do Couto e. As idéias fundamentais da Constituição de 1891. *Revista de Informação Legislativa*, Brasília, v. 18, n. 69, jan./mar. 1981.

SOUZA, Luiz Henrique Boselli de. A doutrina brasileira do habeas corpus e a origem do mandado de segurança: análise doutrinária de anais do Senado e da jurisprudência histórica do Supremo Tribunal Federal. *Revista de Informação Legislativa*, Brasília, v. 45, n. 177, p. 75-82, jan./mar. 2008.

A EVOLUÇÃO DOS DIREITOS DA MULHER E A APLICAÇÃO DA LEI MARIA DA PENHA

Homenagem ao Jurista e Ministro Amaro Cavalcanti

Paulo Dias de Moura Ribeiro[1]

1 O Código Bevilaqua; 2 O triste Recurso Especial 1.416.580-RJ – A difícil aplicação da Lei Maria da Penha; 3 Conclusões; Referências.

Agradecimento

Convidado que fui pelo estimado colega, Ministro Marcelo Navarro Ribeiro Dantas, para participar de obra coletiva em homenagem ao Jurista e Ministro Amaro Cavalcanti, desde logo arregacei as mangas para prestigiar importante figura da história do mundo jurídico nacional.

Impossível esquecer que o Jurista e Ministro Amaro Cavalcanti (1849-1922), natural da província do Rio Grande

---

1. Ministro do Superior Tribunal de Justiça. Conselheiro do Conselho da Justiça Federal. Pós-Doutor em Direito pela Universidade de Lisboa. Doutor honoris causa da Universidade da Amazônia. Doutor em Direito Civil pela PUC-SP. Mestre em Direito Civil pela PUC-SP. Coordenador Científico do Curso de Direito da UNISA. Professor Titular da FDSBC. Professor do Curso de Pós-Graduação da UNINOVE.

do Norte, atou na Assembleia Nacional Constituinte que discutiu e votou a Constituição de 1891.

O homenageado viveu no período da República Velha, época em que a mulher, ao se casar, passava à condição de relativamente capaz, consagrando a superioridade masculina que vigorou por vários séculos.

Com este norte, busquei dar uma pincelada na situação da mulher sob a égide do Código Civil de 1916, e selecionei um acórdão de quando ainda integrava a Quinta Turma do Superior Tribunal de Justiça, em que foi julgado um caso de agressão contra a mulher por seu namorado em público.

1. O Código Bevilaqua

Como nos pondera a Desembargadora Maria Berenice Dias, no Código Civil de 1916, consagrada a superioridade masculina com a autoridade sobre o comando da família, a mulher, ao casar, perdia sua plena capacidade, tornando-se relativamente capaz, como os índios, os pródigos e os menores. E mais, para trabalhar precisava de autorização do marido.[2]

Outras distorções poderiam ser acrescentadas, segundo a mesma autora na obra citada, mas a evolução afastou a necessidade de autorização marital para o trabalho e foi instituído o que se chamou de bens reservados, que se constituía no patrimônio adquirido pela esposa com o produto do seu trabalho.[3]

2. DIAS, Maria Berenice. A mulher no Código Civil. *Berenice Dias*: o afeto merece ser visto como realidade digna de tutela. Porto Alegre, 23 mar. 2019. p. 1. Disponível em: https://berenicedias.com.br/a-mulher-no-codigo-civil/. Acesso em: 16 abr. 2024.

3. DIAS, Maria Berenice. A mulher no Código Civil. *Berenice Dias*: o afeto merece ser visto como realidade digna de tutela. Porto Alegre, 23 mar. 2019. p. 2. Disponível em: https://berenicedias.com.br/a-mulher-no-codigo-civil/. Acesso em: 16 abr. 2024.

Já com a Constituição Federal de 1988, o conceito de família recebeu tratamento igualitário, albergando neste conceito de entidade familiar tanto a união estável entre o homem e a mulher quanto a comunidade formada por qualquer dos pais e seus descendentes (art. 226).

Por seu turno, José Augusto Delgado, ex-Ministro do Superior Tribunal de Justiça, no estudo feito sobre o "Estatuto da Mulher Casada: efeitos da Lei 4.121/62", a então nova lei colocou a mulher na sua verdadeira função familiar no instante em que a reconheceu como colaboradora e substituta do marido.[4]

Por fim, vale trazer à baila os ensinamentos de Maureen Lessa Matos e de Raquel Rosan Christino Gitahi no estudo intitulado "A evolução dos direitos da mulher". Os autores lembram que o objetivo do princípio da igualdade não é extinguir privilégios e propiciar a garantia individual contra possíveis perseguições, mas instrumento regulador da vida social que necessita tratar equitativamente todos os cidadãos.[5]

Tudo se encerra vitorioso no caminhar ainda difícil da mulher por plenos direitos. Felizmente, no art. 3º, IV, da Constituição Federal de 1988 foi consagrado como um dos objetivos fundamentais da República Federativa do Brasil o princípio da igualdade:

> Art. 3º Constituem objetivos fundamentais da República Federativa do Brasil:
>
> [...]

4. DELGADO, José Augusto. Estatuto da mulher casada: efeitos da Lei 4.121/62. *Revista dos Tribunais*, São Paulo, v. 69, n. 539, p. 20-24, set. 1980. Disponível em: http://bdjur.stj.jus.br/dspace/handle/2011/16157. Acesso em: 16 abr. 2024.

5. MATOS, Maureen Lessa; GITAHI, Rosan Christiano. A evolução dos direitos da mulher. *Colloquium Humanarum*, Presidente Prudente, v. 4, n. 1, p. 74-90, jun. 2007. Disponível em: https://journal.unoeste.br/index.php/ch/article/view/223. Acesso em: 16 abr. 2024.

> IV – promover o bem de todos, sem preconceitos de origem, raça, sexo, cor, idade e quaisquer outras formas de discriminação.

2. O triste Recurso Especial 1.416.580-RJ – A difícil aplicação da Lei Maria da Penha

Apesar de todos os avanços em prol da igualdade neste longo caminhar da dignidade e cidadania da mulher, chegou no Superior Tribunal de Justiça o caso em questão que retratava uma agressão praticada contra mulher, artista de renome na classe artística, que namorava um artista, também renomado, que acabou condenado pelo Juízo do 1º Juizado da Violência Doméstica e Familiar contra a Mulher, da Capital fluminense, como incurso nos arts. 129, § 9º e 129, § 1º, inciso I, c.c. o art. 61, inciso II, alínea *h*, na forma do art. 71, todos do Código Penal, às penas de 2 (dois) anos e 9 (nove) meses de detenção, em regime inicial aberto.

Inconformada, a defesa do réu interpôs apelação. A Quarta Câmara Criminal do Tribunal de Justiça fluminense, por maioria, rejeitou as preliminares, vencido o Des. Francisco José de Asevedo, que acolhia a preliminar de incompetência do Juizado da Violência Doméstica e Familiar; e, no mérito, por unanimidade, negou provimento ao apelo, nos termos do voto da Desembargadora Relatora. Eis a ementa do julgado:

> APELAÇÃO – Art. 129 § 9º e 129, § 1º, I, c/c 61, II, "h", na forma do art. 71, § único, todos do CP. – Pena total de 02 anos de reclusão e 09 meses de detenção, fixada da seguinte forma: (vítima Luana): 09 meses de detenção; – (vítima Esmeralda): 02 anos de reclusão. – Apelante com vontade livre e consciente de lesionar, ofendeu a integridade física de Luana Elidia Afonso Piovani, desferindo um tapa em seu rosto, fazendo com que a mesma caísse ao solo e causou-lhe as lesões corporais descritas no laudo carreado aos autos. No momento das agressões, o ora apelante em novo desígnio criminoso, agrediu Esmeralda de Souza Honório, de 62 anos, que tinha se aproximado para socorrer a vítima

Luana. Narra, ainda a denúncia, que o ora apelante agarrou Esmeralda pelos ombros e a jogou ao chão, causando-lhe lesões corporais. – Preliminar de nulidade em razão da unificação dos processos descreverem fatos distintos nas denúncias rejeitada: a defesa, tendo sido cientificada, não fez qualquer reclamação com relação à unificação dos processos. E foi o ora apelante que, em fase de instrução, requereu a união dos processos. Decisão esta proferida pela 5ª Câmara Criminal deste E. Tribunal. – Preliminar de incompetência do Juízo da Violência Doméstica e Familiar rejeitada: existente, na presente hipótese, a figura elementar de violência de gênero. A lei Maria da Penha exige uma qualidade especial do sujeito passivo e, o autor do delito era companheiro da vítima, caracterizando o vínculo de relação doméstica, familiar ou de afetividade. – No mérito, impossível a absolvição: materialidade e autoria plenamente demonstradas pelo conjunto probatório. – Totalmente improcedente a alegação de ter sido um acidente ocasionado com o movimento do braço do apelante e que Luana, ao tentar se desvencilhar, teria se desequilibrado e caído ao chão. – Os testemunhos foram claros e inequívocos: as vítimas foram categóricas no sentido de terem sido agredidas e uma das testemunhas afirmou ter visto o momento em que o ora apelante desferiu um tapa no rosto de Luana, comprovando o crime de lesão corporal. O delito em relação à outra vítima, Esmeralda também restou comprovado, sendo incabível a alegação de atipicidade da conduta, eis que evidenciado pelo auto de exame de corpo de delito e pela prova oral. – Dosimetria da pena que é correta. – A fixação da pena base acima do mínimo legal foi suficientemente fundamentada em relação à vítima Luana: "...a agressão praticada pelo acusado, num local público em que se realizava um evento em homenagem à vítima Luana, causou a esta não só lesão à sua integridade física, como abalo à sua imagem. A presente vítima *é atriz, cuja profissão depende da imagem que tem perante o público. Além disto, a dinâmica dos fatos demonstrou que Luana, em razão do tapa, chegou a cair no meio da pista de dança, ocasionando hematomas, conforme apurado no AECD. No dia dos fatos ocorreu a estreia de um espetáculo em que a* vítima era atriz principal, sendo certo que o espetáculo prosseguiu nos meses seguintes, havendo necessidade de que Luana se maquiasse para esconder os hematomas (...) Diante destas circunstâncias, é inequívoco que as consequências do crime praticado pelo acusado excederam ao normal do tipo em questão." Assim a pena-base foi fixada em 09 meses de detenção, tornada definitiva pois ausentes quaisquer causas especiais de diminuição ou aumento de pena. – Quanto à vítima Esmeralda: a pena foi fixada no mínimo legal em 01 ano de reclusão. A seguir, presente a agravante do art. 61, II, "h" do CP, na medida em que "a

> vítima já era idosa na época dos fatos, conforme dispõe o artigo 1º da Lei 10.741/2003. Outrossim, a situação é ainda mais grave, posto que não bastasse a maior vulnerabilidade em razão da idade, a compleição física da vítima Esmeralda perante ao porte físico do acusado, lhe tornou muito mais frágil. (...) a vítima tinha aproximadamente 42 quilos e 1,58 metros de altura, o que fez com que a mesma, com o empurrão, tivesse um deslocamento de quase três metros, conforme apurado na instrução criminal." Assim, a pena foi aumentada em 01 ano, para o patamar definitivo de 02 anos de reclusão, pois ausentes quaisquer causas especiais de diminuição ou aumento de pena. Fixado o regime aberto e acertadamente não foi substituída a pena privativa de liberdade por restritivas de direitos, "por se tratar de crime perpetrado com violência". E também não foi concedida a suspensão condicional da pena, tendo em vista a conduta social e a personalidade. Ademais, tais benefícios são vedados pelo art. 41 da Lei 11.340/06. – Manutenção da sentença. – REJEIÇÃO DAS PRELIMINARES – DESPROVIMENTO DO RECURSO.

Ainda renitente, a defesa opôs embargos infringentes, os quais foram acolhidos, por maioria, pela Sétima Câmara Criminal do Tribunal de Justiça do Estado do Rio de Janeiro, nos termos da seguinte ementa:

> EMBARGOS INFRINGENTES. Alegação de incompetência do Juizado da Violência Doméstica e Familiar. Sem ingresso na prova meritória, a imputação de agressão de namorado contra namorada, pode, dentro conceito lógico legal, ser tutelado pela referida Lei Maria da Penha. Entretanto, a *ratio legis*, requer sua aplicação contra violência intrafamiliar, levando em conta a relação de gênero, diante da desigualdade socialmente constituída. O campo de atuação e aplicação da respectiva lei está traçado pelo binômio hipossuficiência e vulnerabilidade em que se apresenta culturalmente o gênero mulher no conceito familiar, que inclui relações diversas movidas por afetividade ou afinidade. Entretanto, uma simples análise dos personagens do processo, ou mesmo da notoriedade de suas figuras públicas, já que ambos são atores renomados, temos que a indicada vítima além de não conviver em uma relação de afetividade estável com o réu ora embargante, não pode ser considerada uma mulher hipossuficiente ou em situação de vulnerabilidade. Embargos Infringentes que se conhece e no mérito dá-se provimento.

Aqui no Superior Tribunal de Justiça, a Quinta Turma, por unanimidade, deu provimento ao recurso especial para, cassando o acórdão dos embargos infringentes, restabelecer o acórdão da apelação que confirmou a sentença penal condenatória. Outrossim, foi declarada, de ofício, a extinção da punibilidade do réu em relação ao crime de lesão corporal cometido contra a primeira vítima, em face da superveniente prescrição da pretensão punitiva estatal, remanescendo a condenação contra a segunda vítima.

A hipótese recebeu a seguinte ementa:

> RECURSO ESPECIAL. PROCESSUAL PENAL. CRIMES DE LESÃO CORPORAL PRATICADOS CONTRA NAMORADA DO RÉU E CONTRA SENHORA QUE A ACUDIU. NAMORO. RELAÇÃO ÍNTIMA DE AFETO. CARACTERIZAÇÃO. INCIDÊNCIA DA LEI MARIA DA PENHA. ART. 5.º, INCISO III, E ART. 14 DA LEI N. 11.340/06. PRECEDENTES DO STJ. VÍTIMA MULHER DE RENOME DA CLASSE ARTÍSTICA. HIPOSSUFICIÊNCIA E VULNERABILIDADE AFASTADA PELO TRIBUNAL *A QUO* PARA JUSTIFICAR A NÃO-APLICAÇÃO DA LEI ESPECIAL. FRAGILIDADE QUE É ÍNSITA À CONDIÇÃO DA MULHER HODIERNA. DESNECESSIDADE DE PROVA. COMPETÊNCIA DO I JUIZADO DE VIOLÊNCIA DOMÉSTICA E FAMILIAR CONTRA A MULHER DA CAPITAL FLUMINENSE. RECURSO PROVIDO. DECLARAÇÃO, DE OFÍCIO, DA EXTINÇÃO DA PUNIBILIDADE, EM RELAÇÃO AO CRIME COMETIDO CONTRA A PRIMEIRA VÍTIMA, EM FACE DA SUPERVENIENTE PRESCRIÇÃO DA PRETENSÃO PUNITIVA ESTATAL.
>
> 1. Hipótese em que, tanto o Juízo singular quanto o Tribunal *a quo*, concluíram que havia, à época dos fatos, uma relação de namoro entre o agressor e a primeira vítima; e, ainda, que a agressão se deu no contexto da relação íntima existente entre eles. Trata-se, portanto, de fatos incontestes, já apurados pelas instâncias ordinárias, razão pela qual não há falar em incidência da Súmula n. 07 desta Corte.
>
> 2. O entendimento prevalente neste Superior Tribunal de Justiça é de que "O namoro é uma relação íntima de afeto que independe de coabitação; portanto, a agressão do namorado contra a namorada, ainda que tenha cessado o relacionamento, mas que ocorra em decorrência dele, caracteriza violência doméstica" (CC

96.532/MG, Rel. Ministra JANE SILVA – Desembargadora Convocada do TJMG, TERCEIRA SEÇÃO, julgado em 05/12/2008, *DJe* 19/12/2008). No mesmo sentido: CC 100.654/MG, Rel. Ministra LAURITA VAZ, TERCEIRA SEÇÃO, julgado em 25/03/2009, *DJe* 13/05/2009; HC 181.217/RS, Rel. Ministro GILSON DIPP, QUINTA TURMA, julgado em 20/10/2011, *DJe* 04/11/2011; AgRg no AREsp 59.208/DF, Rel. Ministro JORGE MUSSI, QUINTA TURMA, julgado em 26/02/2013, *DJe* 07/03/2013.

3. A situação de vulnerabilidade e fragilidade da mulher, envolvida em relacionamento íntimo de afeto, nas circunstâncias descritas pela lei de regência, se revela *ipso facto*. Com efeito, a presunção de hipossuficiência da mulher, a implicar a necessidade de o Estado oferecer proteção especial para reequilibrar a desproporcionalidade existente, constitui-se em pressuposto de validade da própria lei. Vale ressaltar que, em nenhum momento, o legislador condicionou esse tratamento diferenciado à demonstração dessa presunção, que, aliás, é ínsita à condição da mulher na sociedade hodierna.

4. As denúncias de agressões, em razão do gênero, que porventura ocorram nesse contexto, devem ser processadas e julgadas pelos Juizados de Violência Doméstica e Familiar contra a Mulher, nos termos do art. 14 da Lei n. 11.340/2006.

5. Restabelecida a condenação, cumpre o reconhecimento, de ofício, da extinção da punibilidade do Recorrido, em relação ao crime cometido contra a primeira vítima, em face da prescrição da pretensão punitiva estatal, a teor do art. 110, § 1º, c.c. o art. 119, c.c. o art. 109, inciso VI (este com a redação anterior à Lei n. 12.234, de 5 de maio de 2010, já que o crime é de 23/10/2008), todos do Código Penal.

6. Recurso especial provido para, cassando o acórdão dos embargos infringentes, para restabelecer o acórdão da apelação que confirmara a sentença penal condenatória. Outrossim, declarada, de ofício, a extinção da punibilidade do Recorrido, em relação ao crime de lesão corporal cometido contra a primeira vítima, em face da superveniente prescrição da pretensão punitiva estatal, remanescendo a condenação contra a segunda vítima.[6]

Tal a importância do caso e sua delicadeza jurídica, que ousei lançar um voto-vogal que ficou assim redigido:

---

6. BRASIL. Superior Tribunal de Justiça. Quinta Turma. REsp 1.416.580/RJ. Relatora Ministra Laurita Vaz, julgado em 1 de abril de 2014. *DJe*, Brasília, 15 abr. 2014.

Pedi vênia para lançar este voto-vogal, em razão da delicadeza jurídica do caso, cirurgicamente destacado no voto condutor da Relatora, Ministra LAURITA VAZ, o que também ficou realçado no voto do e. Ministro Presidente, MARCO AURELIO BELLIZZE.

E o faço pela repercussão que o caso permite, na medida em que envolve protagonistas de destacada atividade cultural, já que são artistas da Rede Globo de Televisão e que por isso mesmo também são pessoas de alto relevo no mundo social e que permitem exemplos à sociedade.

Aqui não está em furo o namoro dos artistas. As instâncias inferiores assim o proclamaram.

Por outro lado, a relação íntima de forte convivência afetiva, como sabido, não exige coabitação.

Vivemos direitos de terceira geração, lastreados na solidariedade e na fraternidade. Por isso, não há mais espaço para separar mulheres em fortes e hipossuficientes, como se voltássemos ao início do século passado ao tempo da Constituição da mandioca, em que alguns produtores mais abastados podiam votar, outros, não.

Por isso, ao caso tem inteira aplicação a Lei Maria da Penha, sem outros questionamentos.

Afinal, diz o preâmbulo da nossa Constituição, com todas as letras, que o nosso Estado Democrático foi instituído para assegurar o exercício dos direitos sociais e individuais, dentre eles o bem-estar, a sociedade fraterna, fundada na harmonia social e comprometida com a ordem interna e internacional.

Em suma, o nosso Estado Democrático encontra lastro na dignidade humana que não permite que alguém seja agredido em público, mormente uma mulher pelo seu namorado e em público.

E os Direitos Humanos são prevalecentes no nosso mundo jurídico por força do art. 4º, inciso II, da nossa CF. Por isso, há plena vigência entre nós do Pacto de San José da Costa Rica desde 1992.

Se todo esse arcabouço jurídico não bastasse, vale a pena lembrar que o art. 5º, da nossa CF diz que todos nós temos direito à segurança, o que redunda reconhecer, mais uma vez, que ninguém pode ser agredido em público, sem razão legal que permita o uso da repulsa a injustos maus-tratos.

Vai daí que o argumento de que a vítima é uma mulher de mais de um metro e oitenta de altura não vinga, *já que dignidade não se afere por extensão de medida e*, sem dúvida alguma, ela não é uma atleta.

> Resumindo, acompanhando o brilhante voto da Ministra LAURITA VAZ e as luzes dos suplementos trazidos pelo Ministro MARCO AURELIO BELLIZZE, firme na tese de que os direitos de terceira geração orientam o intérprete para os fins sociais da Lei Maria da Penha e para o contexto em que ela foi lançada, para preservar a dignidade humana que foi aviltada pela agressão pública e injustificada do recorrido contra a sua namorada.
>
> Assim, pelo meu voto, também DOU PROVIMENTO ao recurso especial para cassar o acórdão dos embargos infringentes e restabelecer o acórdão da apelação que confirmou a sentença penal condenatória.

A sutileza maior reside na situação fática de que, enquanto se discutia a questão da competência do foro, porque se debatia a questão se o namoro permitiria ou não a decisão da hipótese sob o ângulo da Lei Maria da Penha, acabou por ser reconhecida a extinção da punibilidade por ocorrência da prescrição, o que ensejou a lamentável perpetuidade da não aplicação dos direitos humanos.

Uma pena tal constatação no âmbito do Tribunal da Cidadania.

3. Conclusões

O recurso trazido à apreciação do leitor demonstra que a Lei Maria da Penha, sinal eloquente da dignidade humana, teve, ao início da sua vigência, algumas dificuldades para se impor numa sociedade que se diz solidária, fraterna.

Cabe, pois, ao Judiciário e, em especial, ao Tribunal da Cidadania, proteger e fazer realizar os direitos humanos, como nos ensinou Norberto Bobbio.[7]

Espero, feliz, que a homenagem destacada feita ao Jurista e Ministro Amaro Cavalcanti produza bons frutos em seus leitores.

---

7. BOBBIO, Norberto. *A era dos direitos*. 25. tir. Rio de Janeiro: Elsevier, 2004. p. 44.

Afinal, *os que ouvem são os ouvidos, os que ouvem bem ou mal, são os corações*, como nos ensinou o Padre Antônio Vieira.[8]

Referências

BOBBIO, Norberto. *A era dos direitos*. 25. tir. Rio de Janeiro: Elsevier, 2004.

BRASIL. Superior Tribunal de Justiça. Quinta Turma. REsp 1.416.580/RJ. Relatora Ministra Laurita Vaz, 1 de abril de 2014. *DJe*, Brasília, 15 abr. 2014.

DELGADO, José Augusto. Estatuto da mulher casada: efeitos da Lei 4.121/62. *Revista dos Tribunais*, São Paulo, v. 69, n. 539, p. 20-24, set. 1980. Disponível em: http://bdjur.stj.jus.br/dspace/handle/2011/16157. Acesso em: 16 abr. 2024.

DIAS, Maria Berenice. A mulher no Código Civil. *Berenice Dias*: o afeto merece ser visto como realidade digna de tutela. Porto Alegre, 23 mar. 2019. p. 1. Disponível em: https://berenicedias.com.br/a-mulher-no-codigo-civil/. Acesso em: 16 abr. 2024.

MATOS, Maureen Lessa; GITAHI, Rosan Christiano. A evolução dos direitos da mulher. *Colloquium Humanarum*, Presidente Prudente, v. 4, n. 1, p. 74-90, jun. 2007. Disponível em: https://journal.unoeste.br/index.php/ch/article/view/223. Acesso em: 16 abr. 2024.

VIEIRA, Pe. Antônio. *Migalhas de Padre Antônio Vieira*. São Paulo: Migalhas, 2017.

8. VIEIRA, Pe. Antônio. *Migalhas de Padre Antônio Vieira*. São Paulo: Migalhas. 2017. Contracapa.

RESPONSABILIDADE CIVIL DO ESTADO REVISITADA

Ricardo Marcondes Martins[1]

1. Introdução

Em 1904 Amaro Cavalcanti publicou seu magistral *Responsabilidade civil do Estado*, em dois volumes. Na reedição da obra, cinquenta anos depois, José Aguiar Dias reclamou da ingratidão para com o autor, e observou que, apesar do tempo decorrido, a obra continuava atual.[2] Verdade seja, a portentosa obra de Amaro Cavalcanti marcou, de modo indelével, o estudo do tema na doutrina brasileira. Pretende-se homenagear o autor com um esforço de revisitação

---

1. Doutor em Direito Administrativo pela PUC-SP. Professor de Direito Administrativo da PUC-SP. ricmarconde@uol.com.br. ORCID: //orcid.org/0000-0002-4161-9390

2. AMARO CAVALCANTI. *Responsabilidade civil do Estado:* tomos I e II. Rio de Janeiro: Borsoi, 1957. p. VIII.

da teoria. Considera-se, hoje, em cima dos ombros do eterno mestre, aplicável à responsabilidade civil do Estado a teoria da imputação objetiva, nos termos a seguir expostos.

2. Nexo causal

Muitas normas jurídicas imputam efeitos jurídicos a uma conduta, desde que ela seja causa de um resultado. Daí a pergunta: quando uma conduta pode ser considerada causa de um resultado? A teoria da equivalência das condições ou da *conditio sine qua non*, formulada pelo processualista austríaco Julius Glaser e desenvolvida por Maximiliam v. Buri, tenta responder à questão.[3] Adota-se um procedimento hipotético eliminatório: com a supressão mental do evento o, resultado deve desaparecer; se não desaparece é porque há relação causal entre eles. Essa fórmula – observam Hans-Heinrich Jescheck e Thomas Weigend – importa um duplo erro: primeiro, somente quando se sabe que uma ação é causa de um resultado pode-se dizer que sem ela o resultado não ocorreria; segundo, conduz a resultados errôneos quando, mesmo na falta da ação, outra causa produz o resultado tempos depois (*causalidade por adiantamento*), ou teria produzido idêntico resultado (*causalidade hipotética*).[4] Spendel tentou contornar este último obstáculo afirmando que somente se devem ter em conta no procedimento hipotético eliminatório os eventos que realmente ocorreram.[5] A teoria, ainda assim, mostrou-se insuficiente: em não raras vezes, do ponto de vista naturalístico, a

---

3. JESCHECK, Hans-Heinrich; WEIGEND, Thomas. *Tratado de derecho penal*: parte general. Tradução Miguel Olmedo Cardenete. 5. ed. Granada: Comares, 2002. p. 299. Na doutrina brasileira vide, por todos: CRUZ, Gisela Sampaio da. *O problema do nexo causal na responsabilidade civil*. Rio de Janeiro: Renovar, 2005. p. 35-52.

4. Cf. JESCHECK, Hans-Heinrich; WEIGEND, Thomas. *Tratado de derecho penal*: parte general. Tradução Miguel Olmedo Cardenete. 5. ed. Granada: Comares, 2002. p. 301-302.

5. JESCHECK, Hans-Heinrich; WEIGEND, Thomas. *Tratado de derecho penal*: parte general. Tradução de Miguel Olmedo Cardenete. 5. ed. Granada: Comares, 2002. p. 302-303.

conduta é considerada causa do resultado, mas a ela não devem ser imputados os efeitos normativos previstos.

Formularam-se, então, *teorias causais restringentes*: já que nem todas as condutas que causam o resultado podem servir de hipótese aos efeitos normativos previstos, era preciso delimitar, entre as diversas "causas", aquelas que seriam aptas a dar ensejo à imputação. A teoria restritiva mais famosa é a da *causalidade adequada*, formulada pelo médico Johannes v. Kries, segundo a qual somente é causa de um resultado a conduta que comumente leve à sua ocorrência. Adota-se o procedimento da *prognose póstuma objetiva*: o julgador, posteriormente ao evento, procura o ponto de vista de um observador objetivo que julga antes do fato e disponha tanto dos conhecimentos de um homem médio como dos conhecimentos especiais que o autor possuía.[6] Se, do ponto de vista abstrato, a ligação entre o efeito e a causa é incomum, efetua-se a desqualificação da causa. Essa não é a única teoria restringente; várias teorias foram formuladas: da causa próxima, da causa eficiente, da causa preponderante, do escopo da norma jurídica violada, da ação humana.[7] Tornou-se corrente na doutrina brasileira a *teoria do dano direto e imediato*, mais precisamente a subteoria da *necessariedade*, pela qual uma conduta só é causa de um efeito se este decorre *diretamente* dela – vale dizer:

6. Cf. JESCHECK, Hans-Heinrich; WEIGEND, Thomas. *Tratado de derecho penal*: parte general. Tradução Miguel Olmedo Cardenete. 5. ed. Granada: Comares, 2002. p. 304-306; ROXIN, Claus. *Derecho penal*: parte general. Tradução Diego-Manuel Luzón Peña *et al.* 2. ed. Madri: Civitas, 2003. t. 1, p. 359-361; CRUZ, Gisela Sampaio da. *O problema do nexo causal na responsabilidade civil*. Rio de Janeiro: Renovar, 2005. p. 64-85.

7. Sobre elas, vide, por todos: CRUZ, Gisela Sampaio da. *O problema do nexo causal na responsabilidade civil*. Rio de Janeiro: Renovar, 2005. p. 53-96; Jescheck e Weigend fazem referência à teoria da relevância; também mencionada por ROXIN, Claus. *Derecho penal*: parte general. Tradução Diego-Manuel Luzón Peña *et al.* 2. ed. Madri: Civitas, 2003. t. 1, p. 361-362. JESCHECK, Hans-Heinrich; WEIGEND, Thomas. *Tratado de derecho penal*: parte general. Tradução Miguel Olmedo Cardenete. 5. ed. Granada: Comares, 2002. p. 307.

se nenhum evento posterior configurar novo vínculo de necessariedade com o referido efeito.[8]

Logo a doutrina percebeu que essas teorias restringentes não eram teorias causais. Elas não identificam – ao contrário do que faz a teoria da equivalência – quando, do ponto de vista naturalístico, um evento é causa de outro, mas, sim, estabelecem, a despeito de um evento ser causa de outro, se os efeitos juridicamente previstos devem, ou não, ser imputados a esse evento. Quer dizer: são teorias de *imputação*, e não teorias de *nexo causal*.[9] Seja no direito penal, seja no direito civil, seja no direito administrativo, a verdade é que essas teorias restringentes, todas elas, mostraram-se insuficientes.

Apesar de uma conduta ser, por todas as teorias até então existentes, causa de um resultado, os penalistas em muitas hipóteses convenceram-se de que ela não deveria ser considerada *típica*, e isso independentemente do exame subjetivo, quer dizer, do exame do *dolo* ou da *culpa*. No direito privado, apesar de uma conduta ser, por todas as teorias existentes, causa de um dano, os civilistas em muitas hipóteses convenceram-se de que o dever de reparar o

8. Sobre ela vide: TEPEDINO, Gustavo. Notas sobre o nexo de causalidade. *In*: TEPEDINO, Gustavo. *Temas de direito civil*. Rio de Janeiro: Renovar, 2006. t. 2, p. 68-81; CRUZ, Gisela Sampaio da. *O problema do nexo causal na responsabilidade civil*. Rio de Janeiro: Renovar, 2005. p. 96-111.

9. Afirma Roxin: "A teoria da adequação persegue um objetivo justificado. Mas, ao contrário do que seus defensores inicialmente pensavam, ela não é uma teoria da causalidade, mas da imputação. Isto significa: ela não diz quando uma circunstância é causa de um resultado, mas ela procura responder à pergunta quanto a que circunstâncias causais têm importância para o Direito e podem ser imputadas ao autor. Não é um problema terminológico falar de exclusão da causalidade ou da imputação nos cursos causais inadequados. Com efeito, a confusão entre causalidade e causalidade adequada acaba por esconder que se trata de duas etapas diversas do pensamento: primeiramente, deve-se verificar se há um nexo de condições conforme uma lei, depois, se este nexo tem importância para o tipo. Por isso, ao contrário do que correspondia inicialmente à opinião dos seus defensores, a teoria da adequação não é uma alternativa à teoria da equivalência, mas uma complementação" (ROXIN, Claus. *Funcionalismo e imputação objetiva no direito penal*. Tradução e introdução de Luís Greco. Rio de Janeiro: Renovar, 2002. p. 304).

dano não deveria ser a ela imputado. No direito administrativo, da mesma forma, apesar de uma conduta de um agente público ser, por todas as teorias existentes, causa de um dano, os administrativistas se convenceram em muitas hipóteses de que não deveria ser imputado ao Estado o dever de reparar o dano. Quer dizer: mesmo as teorias restringentes tornaram-se insuficientes.

3. Responsabilidade civil do Estado na teoria tradicional

Este estudo tem por objeto a responsabilidade *civil* do Estado – vale dizer: a responsabilidade do Estado por danos causados ao administrado.[10] Ela pode ser dividida em dois grandes grupos: a responsabilidade comissiva ou por ação e a responsabilidade omissiva ou por omissão. Nesta, é imputado ao Estado o dever de evitar o resultado; ocorrido o

---

10. A denominação "responsabilidade *civil* do Estado" é controversa na doutrina. Afirma Agustín Gordillo: "Se la llama a veces responsabilidad 'civil', pero ello es un eufemismo, porque ni se trata de la clásica 'responsabilidad' del derecho privado, ni es tampoco 'civil' en el sentido de regirse por las normas de dicho Código (estas normas son invocadas, pero con una constante modificación en atención a los principios del derecho público, lo que hace ya inexacto que podamos hablar en rigor de 'responsabilidad civil')" (GORDILLO, Agustín. *Tratado de derecho administrativo*: v. 2: la defensa del usuario y del administrado. 1. ed. colombiana. Medellín: Biblioteca Jurídica Diké, 1998. p. XVII-23). É acompanhado por ZANCANER, Weida. *Da responsabilidade extracontratual da administração pública*. São Paulo: Revista dos Tribunais, 1981. p. 23.
Não há como lhes negar razão: a responsabilidade do Estado pelos danos causados ao administrado é regida pelo *direito público*, e não pelo direito privado – e, por isso, não é *civil*. Sem embargo, reconhece-se uma função importante à expressão "responsabilidade civil": a tradição já consagrou a divisão da responsabilidade em três espécies, a "civil", a "penal" e a "administrativa", sendo que a primeira não é a regida pelo direito privado, é a relativa à reparação dos danos. A *jurisdição* é dividida em "jurisdição penal" e "jurisdição civil", e ninguém afirma que a segunda se restringe às causas regidas pelo direito privado (Cf. ARAÚJO CINTRA, Antônio Carlos de; GRINOVER, Ada Pellegrini; DINAMARCO, Cândido Rangel. *Teoria geral do processo*. 11. ed. São Paulo: Malheiros, 1995. §69, p. 137-138). Há aí uma *armadilha linguística*: se, em rigor, ela não é civil, também não é patrimonial. Nega-se hoje, tanto no direito privado como no direito público, a absoluta vinculação da responsabilidade por danos ao pagamento de pecúnia (Cf. MARTINS, Ricardo Marcondes. *Efeitos dos vícios do ato administrativo*. São Paulo: Malheiros, 2008. cap. X-3, p. 574 *et seq.*).

dano, descumprido o dever de evitá-lo, imputa-se ao Estado o dever de repará-lo. Não há que se falar em nexo causal na responsabilidade omissiva, há apenas imputação: primeiro, do dever de evitar o dano; depois, conexo ao primeiro, do dever de reparar o dano. O tema da responsabilidade omissiva não é objeto deste estudo.

Volta-se aqui à responsabilidade comissiva. Pela teoria tradicional, são três os pressupostos para configuração dessa responsabilidade: (a) a atuação do Estado; (b) o dano; (c) o nexo casual. O dever de reparar o dano é imputado ao Estado não porque houve o descumprimento de outra imputação – o dever de evitar o dano –, como ocorre na responsabilidade omissiva, mas porque o dano foi causado pela atuação estatal, ou, mais precisamente, pela atuação de um agente público,[11] ou em decorrência dessa atuação. Na responsabilidade comissiva – perceba-se – a causalidade aparece.

O tema é caro ao direito administrativo: a origem da disciplina reside, justamente, em um caso de responsabilidade comissiva do Estado. Trata-se do *arrêt Blanco*, julgado pelo Tribunal de Conflitos francês em 8.2.1873. Em resumo: uma menina chamada Agnès Blanco, com cinco anos e meio, foi atropelada, em 3.11.1871, em uma via pública da cidade de Bordeaux, por uma vagonete da Cia. Nacional de Manufatura de Fumo. O pai da menina, Jean Blanco, ingressou com uma ação de indenização. Pelas regras de

---

11. O Estado é *pessoa jurídica*, e, como tal, não possui vida anímica própria: "sua vontade e sua ação se constituem na e pela vontade e atuação dos seres físicos prepostos à condição de seus agentes, na medida em que se apresentam revestidos desta qualidade" (Cf. BANDEIRA DE MELLO, Celso Antônio. *Apontamentos sobre os agentes e órgãos públicos*. 2. tir. São Paulo: Revista dos Tribunais, 1975. p. 61). Pouco adiante o emérito professor esclarece: "A relação existente entre a vontade dos órgãos e dos agentes, ou até, para nos expressarmos com maior rigor, entre a vontade do Estado e de seus agentes, é uma relação de *imputação direta* dos atos dos agentes ao Estado. Esta é, precisamente, a peculiaridade da chamada relação orgânica. A vontade do agente é *imputada diretamente* ao Estado, ou seja, é havida como sendo própria do Estado e não de alguém diferente dele, distinto dele" (grifo do autor). BANDEIRA DE MELLO, Celso Antônio. *Apontamentos sobre os agentes e órgãos públicos*. 2. tir. São Paulo: Revista dos Tribunais, 1975. p. 71.

direito privado a ação seria julgada improcedente, pois, pelo que constou, o motorista da vagonete não foi culpado pelo atropelamento. Nem o Conselho de Estado nem o Poder Judiciário consideraram-se competentes, instaurando-se um conflito negativo de competência. A decisão do Tribunal de Conflitos foi revolucionária ao assentar que a responsabilidade, imputada ao Estado, pelos danos causados aos particulares em decorrência da atuação das pessoas que exploram o serviço público não pode ser regida pelos princípios estabelecidos no Código Civil para as relações entre os particulares.[12] A responsabilidade estatal não seria regida pelas normas privadas, mas por normas especiais; seria objetiva e não subjetiva, independente da culpa do agente: o direito administrativo se origina de um caso de responsabilidade comissiva por danos.

Pela teoria tradicional, configurado um *dano*, a responsabilidade civil do Estado por atuação comissiva só é excluída se não estiver presente o *nexo causal*. Preliminarmente, exige-se um *dano*, e não um mero *prejuízo*. Para que haja, do ponto de vista jurídico, um dano, deve ser afetado um bem jurídico do administrado, protegido pelo Direito. Enquanto o *prejuízo* é uma mera perda econômica, material, a *lesão* ou *dano* é um conceito jurídico: há um *prejuízo antijurídico*[13] quando o titular do patrimônio (em sentido lato) afetado não tem o dever jurídico de suportar o prejuízo. Eduardo García de Enterría distingue, com precisão, o prejuízo causado antijuridicamente do prejuízo antijurídico

---

12. Constou do acórdão: "*la responsabilité, qui peut incomber à l'Etat, pour les dommages causés aux particuliers par le fait des personnes qu'il emploie dans le service public, ne peut être régie par les principes qui sont établis dans le Code civil, pour les rapports de particulier à particulier*".

13. Discorda-se de Heraldo Garcia Vitta, para quem seria inadequada a expressão "antijurídico", porque o ilícito está dentro do Direito e, por isso, seria jurídico (VITTA, Heraldo Garcia. *A sanção no direito administrativo*. São Paulo: Malheiros, 2003. p. 25-26). Por óbvio, o signo "antijurídico" não quer dizer fora do mundo jurídico, mas contrário ao juridicamente estabelecido.

em si:[14] para que haja dano não se faz necessário que a conduta seja antijurídica, mas que o prejuízo seja antijurídico; a antijuridicidade do prejuízo é um pressuposto da caracterização do dano. Perceba-se: mesmo pela teoria tradicional, a responsabilização pressupõe um prévio juízo de imputação. Ademais, nem todo dano é passível de reparação: para que haja dever de reparar, o dano deve ter algumas características: deve ser certo, anormal e, em relação às atividades lícitas, especial.[15] Caracterizado o *dano reparável*, a responsabilidade estatal é excluída, pela teoria tradicional, apenas pelas chamadas *excludentes de nexo causal*.

Três são as excludentes de nexo causal: *força maior*; *fato exclusivo da vítima*; *fato exclusivo de terceiro*. Nessas três hipóteses o dano não é causado pela atuação do Estado, vale dizer, pela atuação de um agente público que o

---

14. GARCÍA DE ENTERRÍA, Eduardo. *Los principios de la nueva ley de expropiación forzosa*. 2. reimpr. Madri: Civitas, 2006. p. 174-175. Explicamos em outra oportunidade: "O ordenamento jurídico – ou, melhor, o conjunto de princípios e de regras constitucionais e legais – determina, em abstrato, a esfera jurídica dos administrados. Em outras palavras, da análise da Constituição e das leis vigentes extraem-se quais são os bens jurídicos pertencentes à esfera jurídica de cada indivíduo; o constituinte e o legislador fixam os limites da circunferência, vale dizer, são as normas constitucionais e legais que definem o que pertence e o que não pertence a essa esfera, quais são, enfim, os bens jurídicos do administrado que são protegidos pelo Direito. Pois bem: para que haja dano, deve haver a diminuição ou a supressão de um bem da esfera jurídica do administrado. Para apurar se há dano, deve-se visualizar diante do ordenamento jurídico a esfera jurídica do indivíduo e apurar se houve diminuição ou subtração de algum bem dessa esfera" (MARTINS, Ricardo Marcondes. *Efeitos dos vícios do ato administrativo*. São Paulo: Malheiros, 2008. cap. X-1.2, p. 558-559). Um exemplo didático: a penhora do patrimônio do administrado em decorrência da cobrança de uma sanção pecuniária corretamente aplicada importa prejuízo financeiro, mas não configura dano ou lesão.

15. Dano certo é o que não é meramente eventual ou meramente possível. A especialidade e a anormalidade do dano serão retomadas adiante. Sobre as *características do dano reparável* vide: MARTINS, Ricardo Marcondes. *Efeitos dos vícios do ato administrativo*. São Paulo: Malheiros, 2008. cap. X-1.2, p. 560-562. Nesse texto referimo-nos ao dano indenizável. Melhor é a expressão "dano reparável", pois, conforme ali explicado, a reparação nem sempre deve dar-se pela indenização (MARTINS, Ricardo Marcondes. *Efeitos dos vícios do ato administrativo*. São Paulo: Malheiros, 2008. p. 574-577, 591-596).

presenta ou em decorrência dessa atuação.[16] Na primeira hipótese, o dano não é causado por uma conduta, por uma atuação humana, mas por um evento da Natureza. Pode haver responsabilidade por omissão, se o Estado tinha o dever de evitar o dano; jamais por ação, pois a causa do dano não foi a atuação de um agente estatal, mas a tempestade, a inundação, o raio, o abalo sísmico etc. Na segunda hipótese, o dano não é causado pela atuação de uma agente do Estado nem decorre dessa atuação, mas é causado única e exclusivamente pela conduta da própria vítima. Pela terceira, o dano nem é causado pela conduta do agente estatal, nem pela conduta da vítima, mas pela conduta de um terceiro.[17] São três hipóteses em que o prejuízo antijurídico não é causado pelo Estado, por alguém que o presenta ou por algo afetado às atividades estatais. Pela teoria tradicional, havendo dano ou lesão e não estando presentes umas dessas três excludentes, nos casos de atuação estatal comissiva, haverá inexorável imputação ao Estado do dever de reparar o dano.[18]

4. Crítica de Marçal Justen Filho

O notável administrativista Marçal Justen Filho apresenta um ótimo exemplo de atuação comissiva em que, apesar de os três pressupostos indicados pela doutrina

16. A atuação do Estado no caso não se dá apenas com a efetiva *conduta do agente*. Os danos decorrentes de máquinas estatais ou de qualquer coisa afetada às atividades estatais são também imputados ao Estado, pois também decorrem, em rigor, da atuação dos agentes públicos. "Atuação do Estado" refere-se, portanto, a todo evento diretamente decorrente da atuação dos agentes públicos.

17. A chamada *culpa exclusiva da vítima* e a *culpa exclusiva de terceiro* são, na verdade, *fato exclusivo da vítima* e *fato exclusivo de terceiro*. Típicas hipóteses de *exclusão de nexo causal*. Por todos: CRUZ, Gisela Sampaio da. *O problema do nexo causal na responsabilidade civil*. Rio de Janeiro: Renovar, 2005. p. 165-206.

18. É o que se extrai da lição de: BANDEIRA DE MELLO, Celso Antônio. *Curso de direito administrativo*. 33. ed. São Paulo: Malheiros, 2016. cap. XX, p. 77-82, 1056-1057.

tradicional estarem presentes, não há a imputação do dever de reparar o dano: um criminoso aponta uma arma de fogo para um policial; este, antes de ser alvejado pelo criminoso, atira. Há atuação do Estado (o tiro foi dado pelo policial), dano (o criminoso foi alvejado) e o nexo causal entre o dano e a atuação estatal (todas as teorias causais indicam o nexo). Não há, contudo, o dever de reparar o dano: nenhuma indenização é devida. Marçal Justen Filho, evidenciada a insuficiência dos três elementos, sustenta a existência de um quarto pressuposto: a *antijuridicidade* – só existe responsabilidade civil do Estado se a ação ou a omissão estatal forem contrárias ao Direito.[19]

Por um lado, a constatação de Marçal Justen Filho está corretíssima: o *nexo causal* é insuficiente para a imputação da responsabilidade civil ao Estado; ela não se exclui apenas pelas chamadas "excludentes de nexo causal". Isso já havia sido percebido por José Joaquim Gomes Canotilho, que, após precioso exame, afirmou a "impossibilidade de os critérios conceituais resolverem todos os problemas concretos".[20] Por outro lado, a redução sugerida por Justen Filho contraria as bases ideológicas da disciplina. Nos

19. JUSTEN FILHO, Marçal. A responsabilidade do Estado. *In*: FREITAS, Juarez (org.). *Responsabilidade civil do Estado*. São Paulo: Malheiros, 2006. p. 226-248, 230-231. Na primeira edição de seu *Curso*, o autor era mais enfático: "na ausência de dispositivo legal institutivo da responsabilidade civil objetiva do Estado, faz-se sempre necessária a existência de um elemento subjetivo de cunho reprovável para a responsabilização estatal. Esse elemento subjetivo pode ser presumido, tal como acima exposto, em virtude da consumação do evento danoso numa situação em que a adoção de cautelas e providências teria impedido que tal se passasse" (JUSTEN FILHO, Marçal. *Curso de direito administrativo*. São Paulo: Saraiva, 2005. p. 798). Hoje, ele enfatiza a possibilidade de a lei expressamente imputar ao Estado a responsabilidade por atos lícitos: "Não se configura a responsabilidade civil do Estado por ato lícito, ressalvada a hipótese de solução distinta ser adotada por determinação legal. Não se admite que um ato jurídico conforme ao direito, praticado pelo Estado de modo regular e perfeito, acarrete sua responsabilização civil – exceto quando essa for a opção explícita de uma lei" (JUSTEN FILHO, Marçal. *Curso de direito administrativo*. 12. ed. São Paulo: Revista dos Tribunais, 2016. p. 1203).

20. CANOTILHO, José Joaquim Gomes. *A responsabilidade do Estado por actos lícitos*. 2. ed. Belo Horizonte: Fórum, 2019. p. 184.

termos expostos, o direito administrativo foi concebido a partir do "caso Blanco", em que se evidenciou a insuficiência do regime de direito privado para as relações de direito público. Pelo princípio da igualdade – perceba-se – as lesões ocasionadas por atividades desempenhadas no interesse de todos não devem ser suportadas apenas por alguns. A atividade estatal sempre visa ao interesse público, ao interesse de toda coletividade; é justo que os prejuízos decorrentes da atividade estatal – exercida, insiste-se, em prol do interesse de todos – sejam suportados por todos. Daí, conclui-se: ainda que a atividade estatal seja jurídica, lícita, conforme ao Direito, é possível a imputação do dever de reparar o dano (e isso ainda que falte regra legislativa expressa). Com efeito: o atropelamento da criancinha que corre ensandecida pela rua não é desconforme ao Direito, pois este não exige dos condutores de veículos automotores o impossível. Nada há de antijurídico no atropelamento da Agnès Blanco. É justo, contudo, que o Estado indenize pelo atropelamento, por força do *princípio da repartição dos encargos públicos.*[21]

---

21. Sobre esse princípio, afirmam Jean Rivero e Jean Waline: "*Du point de vue théorique, un grand nombre d'auteurs voient, dans la responsabilité de la puissance publique, une conséquence nécessaire du principe de l´égalité des citoyens devant les charges publiques. L'action administrative s'exerce dans l'intérêt de tous: si les dommages qui en résultent pour quelques-uns n´étaient pas réparés, ils seraient sacrifiés à la collectivité, sans que rien puisse justifier pareille discrimination; l'indemnisation rétablit l'équilibre rompu à leur détriment*" (RIVERO, Jean; WALINE, Jean. *Droit administratif*. 18. ed. Paris: Dalloz, 2000. §273, p. 262).
Francis-Paul Bénoit também associa a responsabilidade estatal à ideia de igualdade: "*Ce régime de responsabilité administrative s'avère être en harmonie avec la base politique fondamentale de notre société, à savoir l'égalité des individus entre eux. Les usagers ont tous également droit au même fonctionnement correct des services publics. Les tiers ont droit à la réparation des dommages anormaux, qui ne sont en définitive rien d'autre que les dommages rompant l'égalité des individus au sein de la vie en société. Le droit à la prudence reconnu aux égaux n'est rien d'autre encore qu'une forme de respect des autres impliquée par l'égalité de tous les individus; et le droit, plus fort, à la sécurité absolue, a précisément pour objet de rétablir une égalité atteinte avant tout dommage du seul fait de l'usage d'un véhicule source de danger pour les autres particuliers*" (BÉNOIT, Francis-Paul. *Le droit administratif français*. Paris: Dalloz, 1968. §1254, p. 692-693).

Pela teoria tradicional, no exemplo dado por Justen Filho, a responsabilidade civil do Estado é afastada pela descaracterização da antijuridicidade do prejuízo. Quer dizer: o ferimento causado no criminoso não seria, tecnicamente, um dano ou uma lesão. Daí a pergunta: como saber se um prejuízo é antijurídico ou não? A teoria tradicional não apresenta critérios doutrinários seguros: tudo depende do caso concreto.[22] A função primordial da doutrina é a sistematização de conceitos, a elaboração de critérios prévios e objetivos redutores da subjetividade da interpretação e da aplicação do Direito, de modo a lhes atribuir maior segurança, tornando possível a previsão da solução. A Ciência Jurídica é *operativa* e tem a magna função de reduzir a imprevisão da aplicação jurídica, aumentando a segurança da sociedade. A teoria tradicional, ao não fornecer critérios relativamente seguros, tornou-se, por isso, insuficiente.

5. Imputação objetiva

Com o desenvolvimento da Física moderna, a causalidade, antes considerada o princípio epistemológico fundamental das ciências naturais, entrou em crise.[23] As descobertas científicas no campo da Física importaram, ainda que tardiamente, em significativos avanços na seara jurídica: a aplicação do Direito passou a ser considerada um processo complexo de subsunção e ponderação. Em relação ao tema específico da causalidade, os juristas inicialmente

---

22. É justamente essa a conclusão de José Joaquim Gomes Canotilho: "A adesão a um pensamento concreto, prático, funcional, teleológico que, longe de aprioristicamente deduzir do círculo cerrado de conceitos as posições jurídicas dos cidadãos merecedoras de protecção ressarcitória, nos possibilite uma 'punctualizada' fixação de interesses com relevância indemnizatória, parece ser o caminho a seguir nesta difícil problemática" (CANOTILHO, José Joaquim Gomes. *A responsabilidade do Estado por actos lícitos*. 2. ed. Belo Horizonte: Fórum, 2019. p. 173).

23. Sobre o tema, por todos: GRIBBIN, John. *Fique por dentro da física moderna*. Tradução de Thomás A. S. Haddad. São Paulo: Cosac & Naify, 2001.

perceberam a insuficiência das teorias causais: apesar de estabelecido o liame causal descrito na hipótese normativa, não seria justo imputar os efeitos previstos no consequente normativo. A crise da causalidade nas ciências naturais foi, sem dúvida, o estímulo decisivo para a consagração de uma nova teoria, chamada *teoria da imputação objetiva*. Nos casos em que há descrição normativa de vínculo causal, os juristas abandonaram definitivamente a crença na suficiência do nexo causal para a configuração do vínculo de imputação.

A origem remota da teoria da imputação objetiva encontra-se na Filosofia do direito de Hegel, para quem a responsabilidade decorre de uma imputação, e somente pode ser imputado a alguém aquilo que decorre de sua vontade.[24] O aclamado civilista Karl Larenz escreveu, em 1927, um trabalho marcante, intitulado "A doutrina da imputação de Hegel e o conceito de imputação objetiva": nele afirmou que, ao lado de juízos subjetivos, relativos à culpa do agente, a responsabilização exigiria juízos objetivos; não juízos sobre as qualidades individuais do autor, mas sobre o fato, se este é, do ponto de vista objetivo, ato de um sujeito; e, seguindo o pensamento de Hegel, considerou a "previsibilidade" o critério fundamental da imputação.[25] Três anos depois, em 1930, o assunto foi retomado pelo penalista Richard Honig, que, em clássico trabalho, considerou ser o critério fundamental da imputação a "dirigibilidade objetiva a um fim", e não a "previsibilidade".[26] A teoria, porém,

24. HEGEL, Georg Wilhelm Friedrich. *Princípios da filosofia do direito*. Tradução Orlando Vitorino. São Paulo: Martins Fontes, 1997. p. 103-104, §§ 115-117.

25. Cf. GARCÍA-RIPOLL MONTIJANO, Martín. *Imputación objetiva, causa próxima y alcance de los daños indemnizables*. Granada: Comares, 2008. p. 3-5; GRECO, Luís. Imputação objetiva: uma introdução. *In*: ROXIN, Claus. *Funcionalismo e imputação objetiva no direito penal*. Tradução e introdução de Luís Greco. Rio de Janeiro: Renovar, 2002. p. 15-20.

26. Cf. GARCÍA-RIPOLL MONTIJANO, Martín. *Imputación objetiva, causa próxima y alcance de los daños indemnizables*. Granada: Comares, 2008. p. 5-6; GRECO, Luís. Imputação objetiva: uma introdução, op. cit., p. 20-22.

somente se consagrou com o penalista Claus Roxin, a partir do trabalho intitulado "Reflexões sobre a problemática da imputação em direito penal", publicado em 1970: nele afirmou a insuficiência, para que haja a tipicidade, do nexo causal entre a conduta e o resultado; se a conduta não cria um *risco considerável* ao bem jurídico protegido pela norma penal, o resultado não pode ser imputado ao agente.[27]

Roxin estabeleceu nesse estudo os quatro princípios fundamentais de sua teoria: (a) se a conduta do agente diminuiu o risco em relação ao bem jurídico protegido, não é imputável como ação típica; (b) se a conduta não criou um risco juridicamente relevante ao bem jurídico protegido, também não pode ser imputada como ação típica; (c) ainda que tenha criado um risco, se a conduta não importou um aumento do risco permitido pelo Direito, também não pode ser imputada como ação típica; (d) ainda que o resultado se produza como consequência de um risco não permitido, não haverá imputação se o Legislador não desejar fazer responsável a pessoa que atua e, assim, resolva excluir a conduta da esfera de proteção da norma. Em síntese, eis os quatro critérios inicialmente apresentados por Roxin: falta de diminuição de risco, criação de um risco juridicamente relevante, aumento do risco permitido e esfera de proteção da norma ou falta de exoneração do risco.[28]

Em outra obra Roxin, desenvolve sua teoria com mais profundidade: para os delitos de lesão enuncia o que considera os dois princípios fundamentais da imputação objetiva: (a) o resultado causado pelo autor só deve ser imputado ao tipo objetivo se a conduta do autor criar um perigo ao

---

27. ROXIN, Claus. Reflexões sobre a problemática da imputação em direito penal. *In*: ROXIN, Claus. *Problemas fundamentais de direito penal*. 3. ed. Lisboa: Vega, 2004. p. 148.

28. ROXIN, Claus. Reflexões sobre a problemática da imputação em direito penal. *In*: ROXIN, Claus. *Problemas fundamentais de direito penal*. 3. ed. Lisboa: Vega, 2004. p. 162.

bem jurídico não acobertado por um risco permitido, e esse perigo também se realizar no resultado concreto; (b) se o resultado se apresenta como realização de um perigo criado pelo autor, ele será, em regra, imputável, configurando-se o tipo objetivo; excepcionalmente, contudo, a imputação pode ser excluída se o alcance do tipo não compreender o impedimento de tais perigos e de suas consequências.[29] A teoria da imputação objetiva se tornou prevalente no direito penal e vem, dia a dia, conquistando novos adeptos, tanto na doutrina alienígena como na doutrina nacional.[30]

---

29. ROXIN, Claus. *Derecho penal*: parte general. Tradução Diego-Manuel Luzón Peña *et al.* 2. ed. Madri: Civitas, 2003. t. 1. p. 363-364; ROXIN, Claus. *Funcionalismo e imputação objetiva no direito penal.* Tradução e introdução de Luís Greco. Rio de Janeiro: Renovar, 2002. p. 308-309. Desses dois princípios, Roxin extrai três diretrizes: (1) a imputação exige a criação de um risco não permitido. Dessa diretriz extrai quatro desdobramentos: (1.1) exclui-se a imputação no caso de diminuição do risco; (1.2) exclui-se a imputação no caso de falta de criação do risco; (1.3) os cursos causais hipotéticos, como regra, não excluem a imputação; (1.4) exclui-se a imputação nos casos de riscos permitidos; (2) a imputação exige a realização de um risco não permitido. Dessa diretriz extrai mais quatro desdobramentos: (2.1) exclui-se a imputação se falta a realização do perigo; (2.2) exclui-se a imputação se falta a realização do risco não permitido; (2.3) exclui-se a imputação quando os resultados não estão cobertos pelo fim de proteção da norma de cuidado; (2.4) a imputação não é excluída se, diante do incremento do risco, uma conduta alternativa conforme ao direito evitaria o resultado; (3) a imputação exige que o tipo alcance o resultado produzido. Dessa diretriz extrai mais três desdobramentos: (3.1) na cooperação em uma autocolocação em perigo dolosa, em que alguém contribui para que outrem voluntária e conscientemente pratique ações perigosas, o resultado não é abrangida pelo tipo; (3.2) na heterocolocação em perigo consentida, em que alguém se deixa voluntária e conscientemente colocar em perigo por outrem, o resultado também não é abrangida pelo tipo; (3.3) finalmente, quando o evitamento do resultado cai dentro da esfera de responsabilidade de outrem, o resultado também não é abrangido pelo tipo (ROXIN, Claus. *Derecho penal*: parte general. Tradução Diego-Manuel Luzón Peña *et al.* 2. ed. Madri: Civitas, 2003. t. 1. p. 365-402; ROXIN, Claus. *Funcionalismo e imputação objetiva no direito penal.* Tradução e introdução de Luís Greco. Rio de Janeiro: Renovar, 2002. p. 313-383). A diretriz "3.1" encontra um obstáculo: o direito brasileiro tipifica como crime no art. 122 do CP as condutas de induzimento, instigação e auxílio ao suicídio.

30. Na doutrina alienígena citam-se, entre tantos: JESCHECK, Hans-Heinrich; WEIGEND, Thomas. *Tratado de derecho penal*: parte general. Tradução de Miguel Olmedo Cardenete. 5. ed. Granada: Comares, 2002. p. 307-310; JAKOBS, Günther. *A imputação objetiva no direito penal.* Tradução de André Luís Callegari. São Paulo: Revista dos Tribunais, 2000. Farta é a doutrina brasileira sobre o tema. Cita-se a excelente monografia de: GRECO, Luís. *Um panorama da teoria da imputação*

Essa teoria, hoje consagrada na doutrina penal, vem lentamente sendo estendida ao direito privado: os civilistas também perceberam as insuficiências das teorias causais para justificar a imputação do dever de reparar o dano. Vivencia-se, por isso, lentamente, a construção de uma teoria da imputação objetiva para a responsabilidade civil.[31] Sem embargo, não se deve perder de mira a profunda diferença entre a imputação de responsabilidade penal e a imputação de responsabilidade civil. Primeiro, o direito penal rege-se pelo princípio da responsabilidade subjetiva: a imposição de uma pena criminal exige a presença de dolo ou culpa.[32] O sistema jurídico não tolera a responsabilidade penal objetiva, e não há exceção a essa regra. Segundo, rege-se, também, pelo chamado "princípio da intervenção mínima": somente os bens jurídicos mais relevantes merecem a tutela penal e somente os ataques mais intoleráveis é que devem ser punidos penalmente.[33] Trata-se de um ramo

---

objetiva. Rio de Janeiro: Lumen Juris, 2005. E também: JESUS, Damásio E. de. *Imputação objetiva*. 2. ed. São Paulo: Saraiva, 2002; MASCARENHAS JR., Walter Arnaud. *Aspectos gerais do risco na imputação objetiva*. Porto Alegre: Nuria Fabris, 2008. Há quem critique a teoria. Na doutrina brasileira, são seus opositores, entre outros: SANTORO FILHO, Antonio Carlos. *Teoria da imputação objetiva*: apontamentos críticos à luz do direito positivo brasileiro. São Paulo: Malheiros, 2007; PRADO, Luiz Regis; CARVALHO, Érika Mendes de. *Teorias da imputação objetiva do resultado*: uma aproximação crítica a seus fundamentos. São Paulo: Revista dos Tribunais, 2002.

31. Gisele Sampaio da Cruz, em sua dissertação de mestrado, pontua, citando o civilista português António Menezes Cordeiro: "na imputação objetiva, entretanto, reside uma área importante de evolução juscientífica da responsabilidade civil nos próximos tempos" (CORDEIRO, António Menezes Cordeiro. *Tratado de direito civil português*. Coimbra: Almedina, 1999. t. 1, p. 220 *apud* CRUZ, Gisela Sampaio da. *O problema do nexo causal na responsabilidade civil*. Rio de Janeiro: Renovar, 2005. p. 122). No direito estrangeiro registra-se a excelente monografia de: GARCÍA-RIPOLL MONTIJANO, Martín. *Imputación objetiva, causa próxima y alcance de los daños indemnizables*. Granada: Comares, 2008.

32. Por todos: GOMES, Luiz Flávio; GARCÍA-PABLOS DE MOLINA, Antonio; BIANCHINI, Alice. *Direito penal*: introdução e princípios fundamentais. São Paulo: Revista dos Tribunais, 2007. v. 1, p. 531-533.

33. GOMES, Luiz Flávio; GARCÍA-PABLOS DE MOLINA, Antonio; BIANCHINI, Alice. *Direito penal*: introdução e princípios fundamentais. São Paulo: Revista dos

jurídico subsidiário: só deve funcionar quando os outros ramos jurídicos não solucionam satisfatoriamente o conflito.[34] E isso porque as sanções penais são as mais graves: importam, como regra, a privação da liberdade. Logo, é de obviedade ululante: a responsabilidade aquiliana pelos danos não segue a disciplina normativa da responsabilidade penal. Seria erro técnico grosseiro pretender aplicar integralmente à responsabilidade civil a teoria penal da imputação objetiva. O próprio Roxin enfatiza a diferença.[35] Faz-se, por isso, necessária a construção de uma teoria da imputação objetiva para a responsabilidade civil.

Em relação ao direito administrativo, a diferenciação é mais acentuada. Como regra geral – regra essa cada vez mais enfraquecida, mas, ainda hoje, mantida –,[36] a responsabilidade civil no direito privado é subjetiva. A regra é oposta no direito administrativo: pelos atos comissivos a responsabilidade estatal independe de culpa. Estender uma teoria desenvolvida para um sistema assentado no princípio da responsabilidade subjetiva a um sistema assentado no princípio da responsabilidade objetiva é, por óbvio, acentuadamente problemático. No presente momento histórico, tornou-se inquestionável que a responsabilidade civil do Estado por atuação comissiva não pressupõe apenas a conduta, o dano e o nexo causal. A imputação objetiva é um

---

Tribunais, 2007. v. 1, p. 443-445.

34. GOMES, Luiz Flávio; GARCÍA-PABLOS DE MOLINA, Antonio; BIANCHINI, Alice. *Direito penal*: introdução e princípios fundamentais. São Paulo: Revista dos Tribunais, 2007. v. 1, p. 443-445.

35. "Por outro lado, a doutrina civilista, que tem apreciado este tipo de casos onde surgem dúvidas de responsabilidade por danos indirectos causados adequadamente, não poderá ser de grande ajuda para o penalista; de facto, decidir se o sujeito 'A' do nosso exemplo deve responder pelas despesas hospitalares da mãe do morto, é algo muito diferente de se decidir pela punição ou não de tal indivíduo" (ROXIN, Claus. Reflexões sobre a problemática da imputação em direito penal. *In*: ROXIN, Claus. *Problemas fundamentais de direito penal*. 3. ed. Lisboa: Vega, 2004. p. 156).

36. Os arts. 927, parágrafo único, 931, 932, 933, 936 e 938, todos do CC de 2002, estabelecem a responsabilidade civil objetiva nas relações privadas.

pressuposto autônomo de toda responsabilização, seja civil, seja penal, seja administrativa. Sem embargo, não é possível estender ao direito privado e, com mais razão, ao direito administrativo, a teoria penal da imputação objetiva. Exige-se a elaboração de uma teoria própria, enfim, para a responsabilidade civil – e, mais especificamente, para a responsabilidade civil do Estado.

6. Imputação objetiva do dever estatal de reparar o dano

A reparação do dano causado pela atuação comissiva do Estado é a este imputada – segundo Eduardo García de Enterría – em *quatro* hipóteses distintas, chamadas pelo notável administrativista espanhol de "causas de imputação":[37] (1) *realização lícita*; (2) *risco criado*; (3) *enriquecimento sem causa*; (4) *realização ilícita.*[38] Passa-se a um rápido exame de cada uma delas. Em relação à primeira, não há que confundir a *realização lícita* com o *sacrifício de direito.*[39]

37. Nas palavras dele: "*Llamamos causas de imputación a aquellas circunstancias en virtud de las cuales es posible establecer una relación entre el daño y el sujeto imputado que justifica atribuir a éste el deber de reparación que la antijuridicidad del daño impone. En este sentido la imputación es un concepto jurídico y no físico*" (GARCÍA DE ENTERRÍA, Eduardo. *Los principios de la nueva ley de expropiación forzosa*. 2. reimpr. Madri: Civitas, 2006. p. 199).

38. GARCÍA DE ENTERRÍA, Eduardo. *Los principios de la nueva ley de expropiación forzosa*. 2. reimpr. Madri: Civitas, 2006. p. 201-211.

39. Renato Alessi considera que a chamada responsabilidade administrativa por atos lícitos diz respeito aos sacrifícios de direito. Responsabilidade, em rigor, decorreria sempre da violação de um direito subjetivo. Daí a distinção entre a *indenização*, devida em face do sacrifício, e o *ressarcimento*, devido em face da responsabilidade (ALESSI, Renato. *La responsabilità della pubblica amministrazione*. 2. ed. Milano: Giuffrè, 1951. p. 217 *et seq.*). Celso Antônio Bandeira de Mello, a partir da doutrina de Alessi, efetuou uma distinção fundamental: sacrifícios de direito só se configuram quando a ordem jurídica estabelece em prol da Administração um poder cujo conteúdo reside especificamente em estruir um direito subjetivo; quando o Estado é autorizado pelo Direito a praticar atos que não têm por conteúdo próprio o sacrifício de direitos subjetivos, mas, eventualmente, o exercício desses atos pode vir a atingir direitos alheios, violando-os, como mero subproduto, resultado

Muitas vezes, em um conflito entre o interesse privado e o público o sistema jurídico faz prevalecer o interesse público: permite à Administração afetar total ou parcialmente o núcleo essencial do direito,[40] de modo que o dano é o efeito típico da atuação administrativa. Para tanto, em contrapartida ao sacrifício, o sistema exige o pagamento de uma indenização. A desapropriação é o caso mais paradigmático: a indenização não é imputada à Administração a título de reparação; não há, propriamente, uma responsabilização pelos danos; a indenização é a compensação que o sistema jurídico impõe ao sacrifício de direito. Nos casos de atuação administrativa lícita o efeito típico da atuação não é causar o dano, este é reflexo. Um exemplo é o dano decorrente da retirada de um ato pelo decaimento ou caducidade, quando esta frustre além do razoavelmente tolerado a expectativa de estabilidade do ato.[41]

---

colateral ou reflexo da atuação legítima, há sim que se falar em responsabilidade civil (BANDEIRA DE MELLO, Celso Antônio. *Curso de direito administrativo*. 33. ed. São Paulo: Malheiros, 2016. p. 1026-1029). A distinção entre responsabilidade por atos lícitos e sacrifício, apresentada por Celso Antônio, também é efetuada por Eduardo García de Enterría, que distingue *responsabilidade* de *expropriação*: "*en la expropiación se presenta como negocio jurídico dirigido directamente al despojo patrimonial, en la responsabilidad como hecho jurídico, incidental por relación a la posición del administrado, que ocasiona un daño no directa e inmediatamente procurado*" (GARCÍA DE ENTERRÍA, Eduardo. *Los principios de la nueva ley de expropiación forzosa*. 2. reimpr. Madri: Civitas, 2006. p. 173).

40. Explica Renato Alessi: "La pubblica amministrazione, come si sa, deve tendere al soddisfacimento di interessi della collettività, interessi *pubblici*, interessi perciò di natura prevalente nei confronti con gli interessi privati. Avviene perciò frequentemente che essa debba dare soddisfacimento ad un interesse pubblico con il sacrificio non soltanto di meri interessi privati, ma anche di interessi tutelati: con sacrificio, perciò, di diritti soggettivi privati, nel che si estrinseca appunto la supremazia della pubblica amministrazione" (ALESSI, Renato. *La responsabilità della pubblica amministrazione*. 2. ed. Milano: Giuffrè, 1951. p. 219).

41. A revogação não gera direito à indenização. Cf. MARTINS, Ricardo Marcondes. Ato administrativo. *In*: BACELLAR FILHO, Romeu Felipe; MARTINS, Ricardo Marcondes. *Tratado de direito administrativo*: v. 5: ato administrativo e procedimento administrativo. 3. ed. São Paulo: Revista dos Tribunais, 2022. p. 33-409, em especial p. 323-324. Quando essa regra é afastada, de duas, uma: ou a revogação é inválida, ou não se trata, propriamente, de revogação. Dessarte: ou o Direito, de fato, não exigia a retirada do ato, e houve sacrifício inválido do direito, pois deveria

Em relação à segunda hipótese, deve-se distinguir a realização lícita do risco criado, pois, ao contrário da força maior, o caso fortuito não exclui a responsabilidade civil do Estado. Casos há em que a atuação administrativa não é ilícita, nem gera, por si, como efeito direto ou indireto, um dano; este decorre do chamado *caso fortuito*. Enquanto a força maior se caracteriza pela *determinação irresistível* e pela *exterioridade*, o caso fortuito se caracteriza pela *indeterminação* e pela *interioridade*. A força maior pode ser prevista (determinação), mas é inevitável (irresistível); e não está associada ao atuar da Administração ou a qualquer conduta, e sim a um evento da Natureza (exterioridade). O caso fortuito é sempre *imprevisível* (indeterminação) e está sempre associado ao atuar da Administração (interioridade).[42] São exemplos de caso fortuito: danos decorrentes de obras públicas, sem que haja nenhuma irregularidade na realização da obra; pane em máquinas da Administração, devidamente vistoriadas e submetidas a regular manutenção. Perceba-se: o dano decorrente de caso fortuito é imputado à atuação comissiva da Administração;[43] o dano,

---

a Administração tê-lo expropriado mediante prévia e justa indenização; ou o Direito exigia a retirada do ato e não se tratou de revogação, mas de decaimento ou caducidade.

Em sentido contrário, afirma Daniele Coutinho Talamini: "Embora se possa, então, conceber esta hipótese de indenizabilidade decorrente da revogação de atos administrativos (precários ou não), deve-se ressaltar que a situação é de configuração bastante restrita, assim como a indenização se restringe apenas às despesas realizadas pelo particular que visem à execução do ato. Evidentemente, não é qualquer despesa que será passível de compensação. Além disto, o dano deve ter a configuração já mencionada: deve ser especial e anormal. Por isto, a hipótese é excepcional; e a regra, portanto, é de que a revogação, quando legítima, em princípio não gera o dever de indenizar" (TALAMINI, Daniele Coutinho. *Revogação do ato administrativo*. São Paulo: Malheiros, 2002. p. 239).

42. A distinção entre *caso fortuito* e *força maior*, adotada no direito administrativo, foi pioneiramente efetuada por Hauriou (note au S., 1912. III. 161 sous C. E., 10 mai 1912, *Ambrosini*, R. p., 549, J.A., I, 510). Sobre o tema, por todos, vide: GARCÍA DE ENTERRÍA, Eduardo. *Los principios de la nueva ley de expropiación forzosa*. 2. reimpr. Madri: Civitas, 2006. p. 207-209.

43. Nas palavras de Celso Antônio Bandeira de Mello: "O caso fortuito não é utilmente invocável, pois, sendo um acidente cuja raiz é tecnicamente desconhecida,

por exemplo, foi causado pelo veículo da administração que quebrou durante o tráfego na via pública. A imputação do dever de reparar decorre, nesses casos, do *risco criado* pela atividade administrativa.[44] O atropelamento de Agnès Blanco é um típico *caso fortuito*, e o fundamento da imputação nesses casos, como já antecipado, é o princípio da repartição dos encargos públicos.

A terceira causa de imputação do dever de reparar o dano por atuação comissiva da Administração decorre do princípio da *proibição do enriquecimento sem causa*. Diferentemente das outras três hipóteses, a imputação não se apoia na relação causal entre a produção do dano e a atividade do sujeito imputado, mas no *benefício* resultante ao imputado do fato do dano sofrido pelo prejudicado.[45] Segundo Celso Antônio Bandeira de Mello, "enriquecimento sem causa é o incremento do patrimônio de alguém em detrimento do patrimônio de outrem, sem que, para supeditar tal evento, existe uma causa juridicamente idônea".[46] Por força desse

---

não elide o nexo entre o comportamento defeituoso do Estado e o dano assim produzido" (BANDEIRA DE MELLO, Celso Antônio. *Curso de direito administrativo*. 33. ed. São Paulo: Malheiros, 2016. cap. XX-81, p. 1057).

44. Cf. GARCÍA DE ENTERRÍA, Eduardo. *Los principios de la nueva ley de expropiación forzosa*. 2. reimpr. Madri: Civitas, 2006. p. 209-211.

45. GARCÍA DE ENTERRÍA, Eduardo. *Los principios de la nueva ley de expropiación forzosa*. 2. reimpr. Madri: Civitas, 2006. p. 211.

46. BANDEIRA DE MELLO, Celso Antônio. *Grandes temas de direito administrativo*. São Paulo: Malheiros, 2009. p. 318. Enuncia o benemérito professor paulista: "o certo é que não se pode admitir que a Administração se locuplete à custa alheia; e, segundo nos parece, o enriquecimento sem causa – que é um princípio geral do Direito – supedaneia, em casos que tais, o direito do particular indenizar-se pela atividade que proveitosamente dispensou em prol da Administração, ainda que a relação jurídica se haja travado irregularmente ou mesmo ao arrepio de qualquer formalidade, desde que o Poder Público haja assentido nela, ainda que de forma implícita ou tácita, inclusive a ser depreendida do mero fato de havê-la boamente incorporado em seu proveito, salvo se a relação irrompe de atos de inquestionável má-fé, reconhecível no comportamento das partes ou mesmo simplesmente do empobrecido" (BANDEIRA DE MELLO, Celso Antônio. *Grandes temas de direito administrativo*. São Paulo: Malheiros, 2009. p. 326). Sobre o tema, registra-se também a preciosa monografia de: NANNI, Giovanni Ettore. *Enriquecimento sem causa*. São

princípio que veda o enriquecimento sem causa, o administrado que trabalhou irregularmente para a Administração deve, apesar da irregularidade, ser indenizado.

Finalmente, a quarta hipótese de imputação é a decorrente da *antijuridicidade* da atuação estatal, em que o dano é causado pela *atuação ilícita* da Administração. A clássica doutrina de Paul Duez diz respeito justamente a essa hipótese de imputação. Ele diferencia três casos: o serviço funcionou mal (*culpa in committendo*), o servido não funcionou (*culpa in omittendo*), o serviço funcionou tardiamente.[47] Evidentemente que esses casos não esgotam as possibilidades de imputação por atuação ilícita. Sempre que a Administração contrariar o Direito, globalmente considerado, e essa contrariedade causar um dano ao administrado, estará presente a quarta causa de imputação de responsabilidade. O fundamento da imputação, no caso, é o princípio do Estado de Direito e a irrestrita submissão do Poder Público à juridicidade.[48]

Paulo: Saraiva, 2004. Informa o autor que, na esteira da jurisprudência francesa, a doutrina exige cinco pressupostos para a caracterização do enriquecimento sem causa: (1) o enriquecimento; (2) o empobrecimento; (3) o nexo causal entre eles; (4) a ausência de justa causa; (5) a subsidiariedade da ação de enriquecimento (BANDEIRA DE MELLO, Celso Antônio. *Grandes temas de direito administrativo*. São Paulo: Malheiros, 2009. p. 223-277).

47. "*On peut les grouper sous trois chefs qui, dans une certaine mesure, correspondent aux étapes marquées par le développement chronologique de la faute du service public: 1º le service a mal fonctionné (culpa in commitendo); 2º le service n'a pas fonctionné (culpa in omittendo); 3º le service a fonctionné tardivement*" (DUEZ, Paul. *La responsabilité de la puissance publique en dehors du contrat*. Paris: Dalloz, 1927. p. 15). Como bem adverte Celso Antônio Bandeira de Mello, a responsabilidade por *faute du service* é indubitavelmente uma responsabilidade subjetiva, pois não basta a relação causal entre o acontecimento e o efeito produzido, exige-se a ilicitude (BANDEIRA DE MELLO, Celso Antônio. *Curso de direito administrativo*. 33. ed. São Paulo: Malheiros, 2016. cap. XX-30-33, p. 1036-1037).

48. Nas palavras de Celso Antônio Bandeira de Mello, "não teria sentido ou alcance jurídico algum o princípio da legalidade se a responsabilidade do Estado, em matéria de atos administrativos, não fosse o seu reverso" (BANDEIRA DE MELLO, Celso Antônio. *Curso de direito administrativo*. 33. ed. São Paulo: Malheiros, 2016. cap. 1-66, p. 83).

Enfim, eis as quatro causas de imputação, à atuação comissiva da administração, do dever de reparar o dano: (1) *atuação lícita*; (2) *risco criado*; (3) *enriquecimento sem causa*; (4) *atuação ilícita*. Na primeira, o dano antijurídico é reflexamente produzido por uma atuação da Administração autorizada pelo Direito; um exemplo é o decaimento ou caducidade que atente além do razoável contra a expectativa de estabilidade do ato, e o fundamento da imputação, nesse caso, é o *princípio da segurança jurídica* e, corolário dele, o da *confiança legítima*. Na segunda, o dano advém de um caso fortuito decorrente da atuação administrativa; um exemplo é o dano gerado por uma obra pública realizada de forma regular, e o fundamento da imputação é o *princípio da repartição dos encargos públicos*. Na terceira hipótese, o dano é a causa de enriquecimento não justificado da Administração; um exemplo é o trabalho realizado por administrado ilicitamente nomeado ou contratado, e o fundamento da imputação é o *princípio da proibição do enriquecimento sem causa*. Na quarta hipótese, o dano é causado por atuação administrativa ilícita; um exemplo é a edição de um ato inválido, e o fundamento da imputação é o *princípio do Estado de Direito* e, corolário dele, o da *juridicidade*.

7. Excludentes de imputação

A dificuldade não está na apresentação das causas de imputação, já discriminadas pela boa doutrina. O difícil é enunciar as hipóteses de *excludentes de imputação*, teoria ainda em fase de construção. Adotou-se a teoria da equivalência das condições para caracterização da causa: tudo aquilo que contribui para a ocorrência de um resultado é causa dele. Há três *excludentes* de *nexo causal*: a força maior, o fato exclusivo da vítima e o fato exclusivo de terceiro. Nessas três hipóteses, não há responsabilidade civil do Estado por atuação comissiva porque inexiste um dos pressupostos da responsabilização: a atuação estatal. Poderá haver responsabilidade pela atuação omissiva se o sistema jurídico imputar ao Estado o dever de evitar o dano. Em relação à responsabilidade comissiva, os problemas surgem quando o dano não decorre exclusivamente de uma dessas três hipóteses, mas conjuntamente com a atuação estatal, que se configura uma concausa. Podem estar presentes a atuação do Estado, o dano e o nexo causal, pode estar perfeitamente caracterizada uma das quatro causas de imputação, e mesmo assim ela não ocorrer. Eis a pergunta fundamental: quais são as *excludentes de imputação*?

(1) A *participação do administrado na produção do vício* exclui a imputação de responsabilidade civil estatal. A doutrina afirma em coro uníssono que a má-fé do administrado exclui a imputação. A excludente não é propriamente a má-fé, mas a participação na produção do vício. Dão-se dois exemplos: (a) Suponha-se que o particular, de boa-fé, apresente documentos falsos para a obtenção de uma licença ambiental; após, com a descoberta da falsidade, a licença é invalidada. Não se imputa ao Estado o dever de indenizar o particular, não por causa da má-fé, que inexiste no caso, mas em decorrência do concurso do administrado para a prática do vício. (b) Suponha-se que o administrado não acredite na juridicidade do seu pedido e mesmo assim formule a pretensão perante a Administração. Se esta defere o pleito e depois invalida o ato, o administrado faz jus ao ressarcimento dos prejuízos que teve. Não em decorrência da boa-fé, que inexistiu no caso, mas por não ter concorrido para a prática do vício.

Em relação aos contratos administrativos, vem ganhando força na doutrina brasileira a admissibilidade de uma exceção a essa regra. Passou-se a defender que, mesmo diante da má-fé do administrado (*rectius*, mesmo tendo ele contribuído para prática do vício), por força da *proibição de enriquecimento ilícito*, ele deve ser ressarcido dos benefícios que sua atuação proporcionou à Administração. Quer dizer: a participação na produção do vício exclui a imputação, mas não a exclui quando há enriquecimento sem causa da Administração.[49] A Administração deve ressarcir o administrado apenas e tão somente da vantagem que ela auferiu.

Há, porém, uma *exceção* a essa *exceção*. Entre duas interpretações possíveis, o intérprete, em decorrência da missão institucional da disciplina, deve escolher a mais desfavorável à *corrupção*. Por certo, o direito administrativo é um conjunto normativo que tem a magna missão de impedir a corrupção. Impedir que o corrupto tenha prejuízo é, por óbvio, facilitar e até estimular a desonestidade. Logo, no caso de conluio com a Administração, a imputação é excluída mesmo em relação aos benefícios auferidos pelo Poder Público. Noutras palavras: a participação na produção do vício exclui a imputação mesmo na hipótese de enriquecimento sem causa da Administração quando o vício decorra de corrupção, vale dizer, de um conluio entre o administrado e os agentes administrativos.[50]

---

49. Esse entendimento foi difundido por Marcelo Meireles Lobão, em preciosa monografia: "Desta sorte, ainda que o contratado tenha concorrido, dolosamente ou de má-fé, para a invalidação do contrato, terá direito ao ressarcimento das prestações já efetuadas que não puderem ser restituídas, com fundamento no postulado da proibição do enriquecimento sem causa" (LOBÃO, Marcelo Meireles. *Responsabilidade do Estado pela desconstituição de contratos administrativos em ração de vícios de nulidade*. São Paulo: Malheiros, 2008. p. 115). A teoria foi acolhida por Celso Antônio Bandeira de Mello a partir da 17ª edição de seu curso (BANDEIRA DE MELLO, Celso Antônio. *Curso de direito administrativo*. 33. ed. São Paulo: Malheiros, 2016. cap. X-73, p. 683, com a ressalva a seguir exposta).

50. É a posição de Celso Antônio Bandeira de Mello: "Sem embargo, *salvo se esteve conluiado com a Administração na ilegalidade*, não sendo possível repor o *status quo ante*, terá de ser acobertado pelas despesas que fez em relação ao que a Administração haja aproveitado e incorporado em seu proveito. O princípio do enriquecimento sem causa abona esta solução, até mesmo nos casos em que tenha havido má-fé" (BANDEIRA DE MELLO, Celso Antônio. *Curso de direito administrativo*. 33. ed. São Paulo: Malheiros, 2016. cap. X-73, p. 673, grifo nosso).

(2) A *diminuição do risco* exclui a imputação da responsabilidade civil estatal: não há imputação do dever de reparar os danos causados pelas ações estatais necessárias à proteção do bem jurídico do administrado. Por isso, como regra geral, a atuação médica *não culposa* e *malsucedida* não gera responsabilidade civil do Estado, ainda que seja causa do dano.[51] O Conselho de Estado Francês inicialmente exigia uma falta grave para responsabilização do serviço público hospitalar, mas no "caso *Epoux*" afastou a exigência da *faute lourde* e passou a considerar suficiente a ocorrência de uma *faute simple*. Apesar de também adotar a teoria da responsabilidade objetiva, afasta a responsabilidade do Estado nos casos de atuação médica não culposa.[52]

51. Foi o que decidiu a 8a Câmara de Férias "B" de Direito Privado do TJSP nos autos da ACi n. 27033214: "Em toda cirurgia corporal há um risco inerente à mesma, e para que seja possível indenizar-se a paciente por sequelas danosas irreversíveis, impõe-se a comprovação do erro médico, evidenciando a culpa na modalidade de imperícia". O STF, ao julgar o recurso extraordinário interposto pela autora, afastou esse posicionamento. Afirmou o Min. Néri da Silveira, Relator do acórdão: "É, portanto, inquestionável a imprevisibilidade do ocorrido, tanto que surpreendeu os cirurgiões envolvidos no processo operatório. Decorre que em momento algum ficou comprovada a total falta de causalidade entre a sequela deixada e a intervenção cirúrgica. A natureza fortuita da consequência, do resultado, não afasta em momento algum a sua causalidade, ao contrário cria exponencial liame entre a cirurgia perpetrada e a perda da visão do olho esquerdo da paciente. Figurada, na situação vertente, a presença da responsabilidade objetiva do Estado, posto que o risco na cirurgia não exime o Estado no dever de ressarcimento, tal qual preconizado no art. 37, § 6° da lei Fundamental" (BRASIL. Supremo Tribunal Federal. Segunda Turma. RE 217.389-7/SP. Rel.: Min. Néri da Silveira, 2 de abril de 2002, *DJ*, Brasília, 24 maio 2002. p. 69).
Discorda-se da decisão da Corte Suprema: a responsabilidade, de fato, não decorre da ausência de culpa, pois é objetiva; também não se pode negar a existência de nexo causal entre a atuação estatal e o dano; porém não há *imputação*. Não se está afirmando que a cegueira causada à paciente é estranha ao Estado: a Constituição obriga o Estado a cuidar dos deficientes físicos, nos termos dos incisos IV e V do art. 203, garantindo-lhes o pagamento mensal de salário-mínimo. Em outras palavras: em termos rigorosamente científicos, o dano cirúrgico causado por atuação médica não culposa diz respeito à assistência social, não à responsabilidade civil.

52. "*Par l'arrêt du 10 avril 1992, le Conseil d'État a abandonné l'exigence d'une faute lourde en la matière et a considéré que, en l'espèce, les erreurs commises constituaient une faute médicale de nature à engager la responsabilité de l'hôpital. [...] Toutefois, en abandonnant l'exigence de faute lourde, il n'a pas entendu dorénavant sanctionner toutes les erreurs médicales. En effet, toute erreur n'est pas nécessairement fautive,*

Pode-se estender essa solução a todas as *obrigações de meio* realizadas pelo Estado.[53] É o que ocorre também na atuação da Defensoria Pública: as postulações judiciais que não obtenham êxito, apesar de acolhidas pela jurisprudência majoritária ou pelos tribunais superiores, não geram, inexistindo culpa do defensor, o dever de indenizar. Em suma: as intervenções cirúrgicas e jurídicas, típicas obrigações de meio, e não de resultado, não culposas, quando causem danos, não acarretam a imputação de responsabilidade civil, pois ambas, em uma perspectiva *ex ante*, são benéficas ao bem jurídico protegido. A falta de culpa, nesses casos, exclui a imputação.

(3) A *assunção consciente de um risco* exclui a imputação da responsabilidade civil do Estado. Não há como cogitar indenizar a família de um suicida que salta à frente de um veículo público que trafega em velocidade regular. A exclusão da responsabilidade civil do Estado não se dá pelo fato exclusivo da vítima: o deslocamento do veículo é indiscutível *concausa*. Trata-se de *exclusão de imputação* pela assunção do risco consciente e voluntária do administrado: o Estado não é responsabilizado pela conduta suicida. Do mesmo modo, os danos sofridos por alguém que avista um alagamento e, consciente e voluntariamente, direciona-se para ele não são

sauf à imposer aux médecins non plus une obligation de moyens mais une véritable obligation de résultats" (Conseil d'Etat, Assemblé, 10 avril 1992, 79027, Publié au Recueil Lebon. Disponível em: http://www.conseil-etat.fr/ce/jurisp/index_ju_la45.shtml e http://www.legifrance.gouv.fr. Acesso em: 16 de set. 2005). Na França, conforme adverte Weida Zancaner, apesar de ser o berço da responsabilidade objetiva, vigora na enorme maioria das vezes a teoria subjetiva. No Brasil a teoria objetiva é a regra, mas no exercício da Medicina a imputação da responsabilidade é afastada quando inexistir culpa. Perceba-se: para configuração da responsabilidade não importa a gravidade do erro médio, basta a culpa, pela negligência, imprudência ou imperícia (ZANCANER, Weida. *Da responsabilidade extracontratual da administração pública*. São Paulo: Revista dos Tribunais, 1981. p. 31).

53. Sobre o conceito de obrigações de meio e de resultado, vide, por todos: GOMES, Orlando. *Obrigações*. 10. ed. Rio de Janeiro: Forense, 1995. §12, p. 16-17. Nas obrigações de resultado, ao contrário das de meio, o cumprimento só se verifica se o resultado é atingido.

imputados ao Estado, ainda que o alagamento decorra do não funcionamento do serviço estatal ou do funcionamento inadequado. O exemplo dado por Marçal Justen Filho encaixa-se aqui: o Estado não responde pelos danos causados em decorrência da legítima defesa do agente público (própria ou de terceiro), tendo em vista que o administrado, ao ameaçar o bem jurídico alheio, assume o risco de sofrer o dano decorrente da reação defensiva estatal.[54]

O caso da Agnès Blanco não se encaixa nessa hipótese. Uma criança que corre ao encalço de um veículo em circulação não é considerada suicida, e não o é porque não é considerada responsável por seus atos. A excludente de imputação só se configura quando a assunção do risco se dê por alguém plenamente cônscio da assunção. Crianças e portadores de enfermidade ou deficiência mental não têm discernimento para assumir um risco. Por isso, no caso do atropelamento da criança, o Estado deve indenizar, mas não deve indenizar no caso do atropelamento do suicida.

(4) O *domínio da situação jurídica* exclui a imputação da responsabilidade civil: quando o direito atribui ao Estado o total domínio da situação jurídica, a reparação dos danos decorrentes de sua modificação não é imputada ao Estado. Por exemplo: quando o Legislador altera o regime jurídico dos servidores públicos, desde que respeitada a irredutibilidade de vencimentos, também não há que se falar em indenização, pois o sistema garante ao Estado o domínio da situação jurídica do servidor.[55] Outro exemplo: quan-

---

54. Evidentemente que haverá imputação se a atuação estatal for desproporcional, tendo em vista as possibilidades fáticas. Por exemplo: se o policial pode alvejar o criminoso que empunha um revólver de calibre 38 com um revólver de calibre igual ou próximo, mas, sem justificativa plausível, prefere alvejá-lo com um tiro de canhão, a reação estatal é desproporcional, e não há exclusão da responsabilidade civil. Caso o canhão seja a única arma disponível, diante das circunstâncias, a desproporcionalidade não tem o condão de afastar a excludente de imputação.

55. Explica Eduardo García de Enterría: "*Pongamos un ejemplo característico: una devaluación de moneda, un cambio de regulación de una profesión, una rebaja en la*

do a Administração outorga uma permissão de uso e, posteriormente, decide revogar a permissão e retomar o imóvel, não há que se falar em indenização, pois a permissão de uso garante à Administração o domínio da situação jurídica do bem. Mais um exemplo: quando a Administração altera a localização de um de seus estabelecimentos, não há que se falar em indenização dos comerciantes lindeiros, pois é garantido ao Estado o total domínio sobre a localização de seus estabelecimentos.[56]

(5) A *generalidade* da atuação lícita exclui a imputação da responsabilidade civil do Estado. Essa hipótese de excludente há muito é afirmada pela doutrina.[57] No caso de atividade estatal lícita, só *danos especiais* – quer dizer –, *individualizados, concretos* – são reparados pelo Estado. Ora,

---

remuneración de los funcionarios. En todas estas hipótesis no es la nota de generalidad la que evita la calificación de lesión o daño indemnizable, sino precisamente la circunstancia de no cumplirse el carácter esencial de la antijuridicidad, en el sentido en que lo hemos precisado más atrás; pues, en efecto, al poseer el Estado la disponibilidad sobre estas materias, que en el caso más señalado de reforma de status objetivos deriva de su misma potestad legislativa, y de la esencial libertad de su ejercicio, ocurre que frente a tales decisiones no pueden ser opuestos por los interesados 'derechos adquiridos' a la permanencia en la situación anterior, es decir, no puede esgrimir frente al Estado el derecho a su integridad patrimonial tal como resaltaba del status anterior. No se trata, pues, de medidas de limitación de los derechos, sino de cambios de status legislativos, de medidas de organización social cuya adopción corresponde libremente al Estado" (GARCÍA DE ENTERRÍA, Eduardo. *Los principios de la nueva ley de expropiación forzosa*. 2. reimpr. Madri: Civitas, 2006. p. 181-182).

56. Respeitável doutrina descaracteriza nesse caso a juridicidade do dano: "Por isso, a mudança de uma escola pública, de um museu, de um teatro, de uma biblioteca, de uma repartição, pode representar para comerciantes e profissionais instalados em suas imediações evidentes prejuízos, na medida em que lhes subtrai toda a clientela natural derivada dos usuários daqueles estabelecimentos transferidos. Não há dúvida de que os comerciantes e profissionais vizinhos terão sofrido um dano patrimonial, inclusive o 'ponto' ter-se-á destarte desvalorizado. Mas não haverá dano jurídico" (BANDEIRA DE MELLO, Celso Antônio. *Curso de direito administrativo*. 33. ed. São Paulo: Malheiros, 2016. cap. XX-71, p. 1053). Não há dano *jurídico*, perceba-se, justamente pela *exclusão da imputação objetiva*.

57. Por todos: ZANCANER, Weida. *Da responsabilidade extracontratual da administração pública*. São Paulo: Revista dos Tribunais, 1981. p. 44-47, 67; BANDEIRA DE MELLO, Celso Antônio. *Curso de direito administrativo*. 33. ed. São Paulo: Malheiros, 2016. cap. XX-74-75, p. 1055.

se, por um princípio de justiça distributiva, os prejuízos sofridos por um administrado em decorrência da atividade pública devem ser repartidos por todos, pois a atividade é exercida em benefício de todos (repartição dos encargos públicos), quando os prejuízos são sofridos pela *generalidade das pessoas*, não há o dever de reparti-los. Do ponto de vista prático essa repartição seria problemática: o Estado não tem condições de arcar com esses prejuízos.[58]

Essa hipótese diz respeito ao tormentoso problema da *responsabilidade civil do Estado por atos legislativos*. Não se nega a imputação de responsabilidade quando os danos decorrem de lei *inconstitucional*. Quando a lei é *constitucional*, a imputação, como regra geral, é excluída em decorrência da *generalidade*. Sem embargo, se a lei *geral* importar num prejuízo *especial* para um ou alguns administrados, haverá direito de reparação.[59]

(6) Finalmente, a *normalidade* do dano exclui a responsabilidade civil do Estado: o dano próprio dos dissabores do cotidiano, inerente à vida em sociedade, também não gera direito à indenização.[60] Suponha-se que a Administração

---

58. Como bem observa Eduardo García de Enterría, a reparação nesses casos poderia configurar-se impossível para as finanças públicas. O insigne jurista dá como exemplo as alterações urbanísticas (GARCÍA DE ENTERRÍA, Eduardo. *Los principios de la nueva ley de expropiación forzosa*. 2. reimpr. Madri: Civitas, 2006. p. 183-185).

59. Foi o que defendeu Maria Emília Mendes Alcântara: "não há que se proceder à indagação da constitucionalidade ou inconstitucionalidade da lei para fins de se promover a indenização do lesado, mas sim do prejuízo especial infligido a uns poucos da coletividade, que são onerados de forma desigual" (ALCÂNTARA, Maria Emília Mendes. *Responsabilidade do Estado por atos legislativos e jurisdicionais*. São Paulo: Revista dos Tribunais, 1988. p. 65). Pouco adiante, com acerto, pontua: no caso de lei inconstitucional, não se faz necessária a *especialidade* do dano (ALCÂNTARA, Maria Emília Mendes. *Responsabilidade do Estado por atos legislativos e jurisdicionais*. São Paulo: Revista dos Tribunais, 1988. p. 68).

60. Weida Zancaner e Celso Antônio Bandeira de Mello defendem que a exigência de anormalidade se restringe à atuação lícita (ZANCANER, Weida. *Da responsabilidade extracontratual da administração pública*. São Paulo: Revista dos Tribunais, 1981. p. 35-36, 44-45, 66-67; BANDEIRA DE MELLO, Celso Antônio. *Curso de*

cobre do particular tributo inconstitucional e, assim, edite ato administrativo inválido de lançamento. O exemplo merece esclarecimentos: muitas pessoas não gostam de ter uma dívida pendente, mantêm suas contas domésticas em dia; uma cobrança indevida gera um dissabor, um tormento, um desgaste psicológico. Suponha-se que o administrado exerça seu direito de petição e este seja atendido pela Administração, ou seja, que ela reconheça a inconstitucionalidade do tributo cobrado e invalide o ato de lançamento. Perceba-se: o simples recebimento da notificação de cobrança gera em muitas pessoas um dano moral;[61] e mais: o simples deslocamento do administrado à repartição pública gera um dano patrimonial. Esses danos, porém, apesar de decorrerem de ato ilícito, são *normais*, próprios da vida em sociedade, e, assim, não geram direito à indenização.

A *normalidade* do dano, portanto, exclui a imputação tanto em relação à atuação estatal *lícita* como em relação à

---

direito administrativo. 33. ed. São Paulo: Malheiros, 2016. cap. XX-76, p. 1055). Também adota essa posição CANOTILHO, José Joaquim Gomes. *A responsabilidade do Estado por actos lícitos*. 2. ed. Belo Horizonte: Fórum, 2019. p. 159-160. Apesar dessas respeitáveis opiniões, discorda-se. Há uma diferença semântica relevante entre anormalidade, gravidade e pequenez do dano. A lição de Canotilho e Zancaner parece indicar que *normalidade* se confunde com *reduzido prejuízo*. Não é verdade: o dano pode ser *anormal*, mas de pequena monta, como a cobrança de uma taxa inconstitucional de reduzido valor econômico. Enfim, dano *anormal* não se confunde com dano *grave* ou dano *extenso*. Dano anormal é o que não é normal, o que não faz parte da expectativa das pessoas que vivem em sociedade, o que não é considerado próprio do dia a dia da vida.

61. É pacífico que pequenos dissabores, ainda que causados por atividade ilícita, não geram direito à indenização. Nesse sentido, são precisas as considerações de Sergio Cavalieri Filho: "Nessa linha de princípio, só deve ser reputado como dano moral a dor, vexame, sofrimento ou humilhação que, *fugindo à normalidade*, interfira intensamente no comportamento psicológico do indivíduo, causando-lhe aflições, angústias e desequilíbrio em seu bem-estar. Mero dissabor, aborrecimento, mágoa, irritação ou sensibilidade exacerbada estão fora da órbita do dano moral, porquanto, *além de fazerem parte da normalidade do nosso dia a dia*, no trabalho, no trânsito, entre os amigos e até no ambiente familiar, tais situações não são intensas e duradouras, a ponto de romper o equilíbrio psicológico do indivíduo" (grifo nosso) (CAVALIERI FILHO, Sergio. *Programa de responsabilidade civil*. 4. ed. São Paulo: Malheiros, 2003. p. 99).

atuação estatal *ilícita*. Sem embargo, o sistema é mais exigente na caracterização da imputação da responsabilidade pela atividade lícita do que pela atividade ilícita, e, por conseguinte, impõe para a primeira um grau mais acentuado de anormalidade. Vale dizer: é correto exigir um grau maior de anormalidade para a responsabilização por atos lícitos do que o exigido para a responsabilização por atos ilícitos.

Referências

ALCÂNTARA, Maria Emília Mendes. *Responsabilidade do Estado por atos legislativos e jurisdicionais*. São Paulo: Revista dos Tribunais, 1988.

ALESSI, Renato. *La responsabilità della pubblica amministrazione*. 2. ed. Milano: Giuffrè, 1951.

ARAÚJO CINTRA, Antônio Carlos de; GRINOVER, Ada Pellegrini; DINAMARCO, Cândido Rangel. *Teoria geral do processo*. 11. ed. São Paulo: Malheiros, 1995.

BANDEIRA DE MELLO, Celso Antônio. *Apontamentos sobre os agentes e órgãos públicos*. 2. tir. São Paulo: Revista dos Tribunais, 1975.

BANDEIRA DE MELLO, Celso Antônio. *Curso de direito administrativo*. 33. ed. São Paulo: Malheiros, 2016.

BANDEIRA DE MELLO, Celso Antônio. *Grandes temas de direito administrativo*. São Paulo: Malheiros, 2009.

BÉNOIT, Francis-Paul. *Le droit administratif français*. Paris: Dalloz, 1968.

BRASIL. Supremo Tribunal Federal. Segunda Turma. RE 217.389-7/SP. Rel.: Min. Néri da Silveira, 2 de abril de 2002, *DJ*, Brasília, 24 maio 2002. p. 69.

CANOTILHO, José Joaquim Gomes. *A responsabilidade do Estado por actos lícitos*. 2. ed. Belo Horizonte: Fórum, 2019.

CAVALCANTI, AMARO. *Responsabilidade civil do Estado:* tomos I e II. Rio de Janeiro: Borsoi, 1957. p. VIII.

CAVALIERI FILHO, Sergio. *Programa de responsabilidade civil*. 4. ed. São Paulo: Malheiros, 2003.

CRUZ, Gisela Sampaio da. *O problema do nexo causal na responsabilidade civil*. Rio de Janeiro: Renovar, 2005.

DUEZ, Paul. *La responsabilité de la puissance publique en dehors du contrat*. Paris: Dalloz, 1927.

GARCÍA DE ENTERRÍA, Eduardo. *Los principios de la nueva ley de expropiación forzosa*. 2. reimpr. Madri: Civitas, 2006.

GARCÍA-RIPOLL MONTIJANO, Martín. *Imputación objetiva, causa próxima y alcance de los daños indemnizables*. Granada: Comares, 2008.

GOMES, Luiz Flávio; GARCÍA-PABLOS DE MOLINA, Antonio; BIANCHINI, Alice. *Direito penal*: introdução e princípios fundamentais. São Paulo: Revista dos Tribunais, 2007. v. 1.

GOMES, Orlando. *Obrigações*. 10. ed. Rio de Janeiro: Forense, 1995.

GORDILLO, Agustín. *Tratado de derecho administrativo*: v. 2: la defensa del usuario y del administrado. 1. ed. colombiana. Medellín: Biblioteca Jurídica Diké, 1998.

GRECO, Luís. Imputação objetiva: uma introdução. *In*: ROXIN, Claus. *Funcionalismo e imputação objetiva no direito penal*. Tradução e introdução de Luís Greco. Rio de Janeiro: Renovar, 2002. p. 1-180.

GRECO, Luís. *Um panorama da teoria da imputação objetiva*. Rio de Janeiro: Lumen Juris, 2005.

GRIBBIN, John. *Fique por dentro da física moderna*. Tradução Thomás A. S. Haddad. São Paulo: Cosac & Naify, 2001.

HEGEL, Georg Wilhelm Friedrich. *Princípios da filosofia do direito*. Tradução Orlando Vitorino. São Paulo: Martins Fontes, 1997.

JAKOBS, Günther. *A imputação objetiva no direito penal*. Tradução André Luís Callegari. São Paulo: Revista dos Tribunais, 2000.

JESCHECK, Hans-Heinrich; WEIGEND, Thomas. *Tratado de derecho penal*: parte general. Tradução de Miguel Olmedo Cardenete. 5. ed. Granada: Comares, 2002.

JESUS, Damásio E. de. *Imputação objetiva*. 2. ed. São Paulo: Saraiva, 2002.

JUSTEN FILHO, Marçal. A responsabilidade do Estado. *In*: FREITAS, Juarez (org.). *Responsabilidade civil do Estado*. São Paulo: Malheiros, 2006.

JUSTEN FILHO, Marçal. *Curso de direito administrativo*. São Paulo: Saraiva, 2005.

JUSTEN FILHO, Marçal. *Curso de direito administrativo*. 12. ed. São Paulo: Revista dos Tribunais, 2016.

LOBÃO, Marcelo Meireles. *Responsabilidade do Estado pela desconstituição de contratos administrativos em ração de vícios de nulidade*. São Paulo: Malheiros, 2008.

MARTINS, Ricardo Marcondes. Ato administrativo. *In*: BACELLAR FILHO, Romeu Felipe; MARTINS, Ricardo Marcondes. *Efeitos dos vícios do ato administrativo*. São Paulo: Malheiros, 2008.

MARTINS, Ricardo Marcondes. *Tratado de direito administrativo*: v. 5: ato administrativo e procedimento administrativo. 3. ed. São Paulo: Revista dos Tribunais, 2022.

MASCARENHAS JR., Walter Arnaud. *Aspectos gerais do risco na imputação objetiva*. Porto Alegre: Nuria Fabris, 2008.

NANNI, Giovanni Ettore. *Enriquecimento sem causa*. São Paulo: Saraiva, 2004.

PRADO, Luiz Regis; CARVALHO, Érika Mendes de. *Teorias da imputação objetiva do resultado*: uma aproximação crítica a seus fundamentos. São Paulo: Revista dos Tribunais, 2002.

RIVERO, Jean; WALINE, Jean. *Droit administratif*. 18. ed. Paris: Dalloz, 2000.

ROXIN, Claus. *Derecho penal*: parte general. Tradução Diego-Manuel Luzón Peña *et al*. 2. ed. Madri: Civitas, 2003. t. 1.

ROXIN, Claus. *Funcionalismo e imputação objetiva no direito penal*. Tradução e introdução de Luís Greco. Rio de Janeiro: Renovar, 2002.

ROXIN, Claus. Reflexões sobre a problemática da imputação em direito penal. *In*: ROXIN, Claus. *Problemas fundamentais de direito penal*. 3. ed. Lisboa: Vega, 2004. p. 145-168

SANTORO FILHO, Antonio Carlos. *Teoria da imputação objetiva*: apontamentos críticos à luz do direito positivo brasileiro. São Paulo: Malheiros, 2007.

TALAMINI, Daniele Coutinho. *Revogação do ato administrativo*. São Paulo: Malheiros, 2002.

TEPEDINO, Gustavo. Notas sobre o nexo de causalidade. *In*: TEPEDINO, Gustavo. *Temas de direito civil*. Rio de Janeiro: Renovar, 2006. t. 2, p. 68-81

VITTA, Heraldo Garcia. *A sanção no direito administrativo*. São Paulo: Malheiros, 2003.

ZANCANER, Weida. *Da responsabilidade extracontratual da administração pública*. São Paulo: Revista dos Tribunais, 1981.

HERMENÊUTICA CONSTITUCIONAL, LIBERDADES PÚBLICAS E O EFEITO BACKLASH: A ANTEVISÃO DE AMARO CAVALCANTI SOBRE OS MODAIS INTERPRETATIVOS CONTEMPORÂNEOS EM SEDES REFLEXIVA E EXEMPLIFICATIVA

Ricardo Tinoco de Góes[1]

Rachel Cardoso Tinoco de Góes[2]

1 Introdução; 2 Hermenêutica Constitucional: embate entre as tradições substancialista e procedimentalista às antevisões de Amaro Cavalcanti; 3 A tutela das liberdades públicas e o efeito *backlash*: sua potencial incompatibilidade democrática a partir dos casos da Vaquejada e do Marco Temporal; 4 Conclusão; Referências.

1. Doutor em Direito pela PUC-SP. Mestre em Direito pela UFRN. Professor dos cursos de graduação e mestrado em Direito - PPGD/UFRN. Juiz de Direito do Tribunal de Justiça do Rio Grande do Norte. ricardotinoco@tjrn.jus.br

2. Especialista em Direitos Humanos pelo CEI/FACICA. Juíza Federal substituta do Tribunal Regional Federal da 3ª Região. rachelcardosot@gmail.com

Resumo: O presente estudo devota-se a examinar os modais interpretativos correspondentes às tradições procedimentalista e substancialista da Hermenêutica Constitucional, às luz das antevisões contidas na contribuição de Amaro Cavalcanti. Adota-se o fenômeno do backlash como hipótese de análise, com o intuito de reafirmar o valor da interpretação constitucional em situações de grande desacordo e exemplifica essa abordagem com decisões recentes, oriundas da Suprema Corte nacional, nas quais tal postura hermenêutica se sobrelevou.

Palavras-chave: Hermenêutica constitucional; liberdades públicas; procedimentalismo; substancialismo; *Backlash*.

Abstract: The present study is devoted to examining the interpretive modalities corresponding to the proceduralist and substantialist traditions of Constitutional Hermeneutics according to the insights present in the contributions of Amaro Cavalcanti. It adopts the phenomenon of backlash as a hypothesis for analysis, reaffirming the value of constitutional interpretation in situations of great public disagreement, exemplying with recent decisions originating from the brazilian Supreme Court, in which said hermeneutic posture prevailed.

Keywords: Constitutional hermeneutics; civil liberties; proceduralism; substantialism; *Backlash*.

1. Introdução

O legado de Amaro Cavalcanti recaiu sobre diversos domínios da Ciência Jurídica. Certamente que o exercício da judicatura na mais alta Corte da República permitiu-lhe oferecer contribuições, as mais notáveis, na esfera do Direito Constitucional e mais proximamente na especificidade do que hoje, em teoria, nomina-se do segmento reservado à Tutela Constitucional das Liberdades.

Nas palavras, sempre precisas, de Seabra Fagundes, nunca lhe faltaram as principais características do magistrado à busca tenaz desse propósito: o devotamento e a impavidez.[3] Esta última inclinada à defesa da soberana missão de interpretar a Constituição, que muito se reforçou quando, não raramente, estiveram em liça as liberdades

3. FAGUNDES, Miguel Seabra. Amaro Cavalcanti e das liberdades públicas. *Jornal do Commercio,* Rio de Janeiro, p. 67-73, jul. 1949.

públicas e a constante ameaça, proveniente dos outros poderes, de lhes apoucar os seus valores que, em extensão e profundidade, encontravam-se, ainda que abstratamente, constitucionalmente assegurados.

É sua, inclusive, a doutrina nacional que capitaneou a defesa da competência da Suprema Corte ao escopo de definir os limites das atribuições constitucionais dos outros poderes, a fim de expungir os excessos que porventura pudessem ser por eles praticados. Viés inspirado no modelo do constitucionalismo norte-americano, sua adoção pelo pensamento de Amaro Cavalcanti jungida esteve à seara da Hermenêutica Constitucional, na predição de servir como *standard* interpretativo para o exercício exegético, necessário à aplicação do Direito a casos concretos que reclamavam o agir com prontidão em resguardo dessas sublimes liberdades.[4]

É então com esse objetivo que se pretende delinear, por meio deste escrito, o modo singular com que Amaro Cavalcanti pautou-se no enfrentamento das matérias conducentes à defesa das liberdades públicas.

Ocupando o centro desse labor está o exercício da atividade hermenêutica, sempre no intuito de consistir na inabdicável atividade de conferir ao texto constitucional os seus sentidos e significados, tendo em mira a concretude da situação jurídica carente de definição prática, quando em dúvida esteja o exercício juridicamente adequado das atribuições conferidas aos outros poderes.

A esse talante, buscaremos apontar exemplos extraídos da literatura que bem registram a atuação de Amaro Cavalcanti no Supremo Tribunal Federal, e relacionaremos essa ilustrativa forma de conduzir o escrito com os necessários aportes no que a contemporânea Teoria da Constituição

4. FAGUNDES, Miguel Seabra. Amaro Cavalcanti e das liberdades públicas. *Jornal do Commercio*, Rio de Janeiro, p. 67-73, jul. 1949.

nos oferece, em tom de reflexão e de prospecção para os desafios futuros.

Com esse alvitre, a pretensão que nos motiva muito se concentra no anseio de defender que a *exclusiva* competência de realizar a interpretação da Constituição, pertencente à Suprema Corte, atuando enquanto último estamento jurisdicional da organização política do Estado, retroalimenta o sistema de divisão dos poderes, servindo, a hipótese da interpretação sobre os limites das funções exercidas pelos Poderes Legislativo e Executivo, como confirmação do sentido legitimatório para que, no ponto, dê-se ao Supremo a prerrogativa de ser o porta-voz da última palavra.

Será esse o espeque a nos desafiar: a imposição normativa partida da Constituição para o exercício do reservado papel de interpretá-la, legitima, sob o viés da Hermenêutica, a atuação da Suprema Corte perante os outros poderes, para que exerça a proteção e a tutela das liberdades públicas, definindo, nos casos concretos, as linhas divisórias sobre o que, concretamente, tenha representado as ações institucionais do Parlamento e da Administração Pública.

Essa pretensão servirá, inclusive, para situar o paralelismo da atuação do Supremo Tribunal Federal, enquanto intérprete máximo da Constituição, quando caracterizado o fenômeno reativo dos outros Poderes, principalmente do Parlamento que, em ricochete, trata de impulsionar processos de produção normativa, debalde a necessária discussão junto à esfera pública, plural e democrática, apenas para oferecer contraponto e, com isso, solapar a atuação de controle advinda do STF.

Será, assim, em caráter complementar que a doutrina do *backlash* se somará ao debate aqui entronizado, a realçar que ainda mais diante dessas situações limítrofes pode e deve a Corte Suprema atuar por meio do necessário controle, valendo-se da hermenêutica constitucional para reafirmar a sua legitimidade.

2. Hermenêutica Constitucional: embate entre as tradições substancialista e procedimentalista às antevisões de Amaro Cavalcanti

No exame que se realize sobre o agir judicial, advindo da Suprema Corte, em relação à atuação dos demais poderes, a fim de estabelecer-se uma adequada limitação em favor das liberdades públicas, necessariamente floresce o tema da hermenêutica constitucional, isso porque é nela que se centra toda a discussão sobre os fundamentos decisórios e, portanto, normativos que vão conferir validade, formal e substancial, à decisão suprema advinda do órgão de cúpula da Jurisdição Nacional.[5]

Para bem delimitar o tema concernente à hermenêutica constitucional voltada à atuação interpretativa e decisória do Supremo Tribunal Federal, impõe-se que ofereçamos uma definição básica sobre o seu significado teórico, bem assim sua relação intrínseca com os modelos pós-positivistas de interpretação que a inserem num plano de comprometimento ora substancialista e, assim, intrinsecamente relacionado com o conteúdo da decisão maior, ora procedimentalista, destinado ao percurso discursivo e argumentativo voltado ao alcance de consensos em torno da questão jurídica posta à análise jurisdicional.[6]

A hermenêutica constitucional pode, assim, ser dita, enquanto conhecimento epistemológico que se destina a

---

5. GOES, Ricardo Tinoco de. Jurisdição democrática: uma visão procedimentalista para a tutela substancial de direito. *Revista Direito e Liberdade*, Natal, v. 13.2, p. 323-344, 2011.

6. GOES, Ricardo Tinoco de. Procedimentalismo e Substancialismo: uma visão aplicável à Jurisdição e ao Processo no Estado Constitucional e Democrático de Direito. *Revista Jurídica In Verbis*, Natal, v. 26, p. 237-253, 2009.

estabelecer os meios e os fins com e para os quais se realiza a interpretação da Constituição. Ao dizer-se dos meios está-se a tratar dos modelos ou paradigmas interpretativos construídos pelas teorias a serviço da hermenêutica.

Assim, propostas teóricas como a de Ronald Dworkin, nitidamente comprometidas com o conteúdo moral presente nos princípios constitucionais, compreendidos segundo uma interpretação sediada no Direito como Integridade,[7] bem como as de Robert Alexy, destinadas a favorecer a construção discursiva de decisões forjadas no viso de uma argumentação prática e geral,[8] ocupam os polos da tensão substancialismo/procedimentalismo a serviço do que se poderia depois edificar sob o ângulo de uma Teoria da Decisão Judicial de viés constitucional.

Amaro Cavalcanti, muito antes da inserção desse debate teórico no cenário acadêmico instituído no pós-positivismo, logrou reverberar, seja pela linha do substancialismo interpretativo, seja pela via do procedimentalismo exegético, forte ecoar de uma postura altiva em defesa das liberdades públicas e o fez, como dito, pelo signo da dupla influência acima apontada, pois não tergiversou quando se valeu da necessária e direta proteção a alguns valores postos em risco pelo desmedido agir parlamentar, impondo-lhe freio ao objetivo de assegurar proteção aos direitos subjetivos colocados em risco.

O mesmo se diga quando pela inobservância de regras procedimentais, que muito impunham a observância primeira das decisões judiciais esperadas sobre o tema: apressava-se o Parlamento para editar leis que pudessem, logo com antecedência, inibir os efeitos de uma decisão judicial

7. DWORKIN, Ronald. *O império do Direito*. Tradução Jefferson Luiz Camargo. São Paulo: Martins Fontes, 2003. p. 453-454.

8. ALEXY, Robert. *Teoria da argumentação*. Tradução Zilda Hutchinson. São Paulo: Landy, 2005. p. 306-314.

em sentido diverso, havendo Amaro Cavalcanti assumido postura rigorosamente comprometida com a preservação dos efeitos decisórios, compreendidos como repercussões naturais da garantia de acesso à justiça e utilidade do procedimento judicial, ancoradouro das mais lídimas expectativas nutridas pela cidadania.

Ora, numa ou noutra das situações tratadas, a Hermenêutica Constitucional já aí fez-se presente, cunhando a postura da Jurisdição para a protetividade desses interesses maiores, mediante ferramentais teóricos que pudessem guarnecer as decisões que desta fossem provenientes.

A transição desse histórico para as correntes pós-positivistas que, diretamente, influenciaram a interpretação realizada pelos órgãos de Jurisdição, entre eles as Supremas Cortes, absorveu destas últimas os principais conceitos, por exemplo, da Teoria do Direito como Integridade, centro gravitacional do Interpretacionismo Jurídico de Ronald Dworkin, bem como do procedimentalismo discursivo, na esteira de Robert Alexy e Jürgen Habermas, que creem no debate e na argumentação para o fim de absorver a interpretação jurídica e seu endereçamento à aplicação do Direito, seja em sede jurisdicional, seja, antes, para a construção procedimental dos projetos de lei, ainda na esfera parlamentar, respectivamente.

Essa dualidade, encartada no cenário teórico a partir da virada pós-positivista foi bem antes sinalizada pela contribuição advinda de Amaro Cavalcanti. A propósito, veja-se a passagem emblemática, citada por Seabra Fagundes, sobre o direito subjetivo dos Jesuítas desembarcarem em solo brasileiro, quando posta em entrave o exercício prático da predita faculdade.[9]

9. FAGUNDES, Miguel Seabra. Amaro Cavalcanti e das liberdades públicas. *Jornal do Commercio*, Rio de Janeiro, p. 67-73, jul. 1949.

Impetrada ordem de *habeas corpus* e exarado o entendimento, por ele veiculado, de que não se pode retirar do Poder Executivo a prerrogativa de sobrestar o ingresso em solo nacional de pessoas capazes de pôr em risco a segurança e a estabilidade da ordem pública, valeu-se, no mérito, da presunção de licitude do desembarque pretendido, posto que, ausentes informações da autoridade impetrada, não poderia o Judiciário presumir a exceção em detrimento da regra e, como tal, proibir o embarque propugnado.

De ver por tal exemplo o zelo em manter-se fiel ao procedimento em sua justificação ontológica: a garantia da bilateralidade da escuta, remarcadora da dialeticidade processual, a garantir dialogicidade e legitimidade para a decisão a advir. O procedimento, percebido como rito a ser seguido para o remédio heroico, segundo sua compreensão, muito revela o valor das correntes procedimentalistas e discursivas, que enxergam no plano da legalidade democrática o pano de fundo adequado para a produção de decisões dotadas de legitimidade. No caso, somente ante a ausência das informações solicitadas é que se afigurou possível a concessão da ordem.

Percebe-se, nessa passagem, o compromisso do magistrado com a preservação do aspecto teleológico contemplado pelo procedimento. Não é a forma em sua expressão maior, mas o instrumento procedimental que possui finalidades, as quais repercutem concretamente na tutela dos direitos e das liberdades públicas.

Noutro bordo, a preocupação com a proteção substancial dos direitos, quando evidenciada a lesão sem maiores estranhamentos, põe a postura interpretativa de Amaro Cavalcanti em sintonia direta com os ideais substancialistas, cuja fonte de expressão contemporânea remete ao pensamento de R. Dworkin.

Em Dworkin a percepção sobre os direitos é antes de tudo histórica. Direitos são *trunfos*, no dizer do teórico estadunidense e assim são percebidos, pois suas existências no mundo jurídico estão umbilicalmente atadas às conquistas que a história nos logrou contar, sempre assumindo a formatação de um romance em cadeia, em que as últimas decisões são epílogos de uma construção cultural e moral relacionada ao tempo e à consolidação de princípios constitucionais sempre conducentes da interpretação a ser adotada, em cada caso concreto.

Essa substancial maneira de prover a tutela dos direitos, ainda que sem a especificidade do endereçamento teórico que alcançou no pós-positivismo jurídico, já se fazia presente na inflexão filosófica adotada por Amaro Cavalcanti. Sua interpretação nunca se descurou do que, em estatura maior, expressavam os princípios. Veja-se o exemplo oferecido por Seabra Fagundes no tocante à situação que se observou no caso da coexistência de duas assembleias e de governadores no Rio de Janeiro, cuja origem se deve ao impedimento, imposto na época à facção política oposicionista, de exercer o direito fundamental de reunião.[10]

A questão se deveu à suscitação de argumento jurídico sediado na impossibilidade de a Jurisdição conhecer de dita matéria, já que inserida em seara eminentemente política, inerente aos poderes políticos constituídos, o Legislativo e o Executivo. Os fundamentos do voto de Amaro Cavalcanti, claramente apoiados na melhor doutrina norte-americana, bem delimitaram a exclusão das hipóteses que, via de regra, sugeriam a restrição da atuação do Supremo Tribunal Federal, subsistindo, à evidência, a ampla possibilidade de seu agir devotado ao resguardo das liberdades públicas, posto ser nesse âmbito, "não obstante, competindo,

10. FAGUNDES, Miguel Seabra. Amaro Cavalcanti e das liberdades públicas. *Jornal do Commercio*, Rio de Janeiro, p. 67-73, jul. 1949.

concurrentemente e como função indiscutível do Judiciário, amparar os direitos individuais, garantir o seu exercício e fazer reparar qualquer lesão de tais direitos" (*sic*).[11]

Indisfarçável a inclinação substancialista nos fundamentos postos à tona. O caso é sobremodo indicativo do compromisso com o resgate substancial de um dos direitos fundamentais que mais se compraz às democracias constitucionais: o direito de reunião. Forte, assim, a presença do sentido retrospectivo com que o interpretacionismo Dworkiano, muito tempo depois, assumiu como ponto alto de sua construção.

Defendendo a perspectiva do Direito como Integridade, Dworkin realça a protetividade conferida a tais direitos, considerando-os como conquistas históricas representativas do que a tradição jurídica de determinado país estabeleceu no evolver de progressos e retrocessos. Tais direitos se consolidam em razão da absorção, pelo sistema normativo, de regras e princípios jurídicos, estes últimos autênticos pilares deontológicos encrustados no texto constitucional. No caso citado, a interpretação que fez o Supremo posicionar-se sobre matéria, em princípio, política, alçada esteve ao resgate anterior de um direito fundamental, assim compreendido enquanto *trunfo*.[12]

O ponto de contato externado pela arguta visão de Amaro Cavalcanti, com o que hoje se atribui ao Direito como Integridade proposto por Dworkin, acentua-se pela percepção de que a tutela dos direitos mediante a preservação da interpretação que conduz à priorização dos princípios constitucionais é que, concretamente, assegura integridade ao sistema jurídico, aspecto que muito se deduz da

11. CAVALCANTI, Amaro *apud* FAGUNDES, Miguel Seabra. Amaro Cavalcanti e das liberdades públicas, *Jornal do Commercio*, Rio de Janeiro, p. 67, jul. 1949.

12. GOES, Ricardo Tinoco de. *Democracia deliberativa e jurisdição*: a legitimidade da decisão judicial a partir e para além da teoria de J. Habermas. Curitiba: Juruá, 2013. p. 181.

visão bem anterior do nosso homenageado, quando posto em testilha conflito jurídico de tamanha envergadura.

Após essas necessárias inflexões teóricas, passe-se a uma análise da práxis brasileira com base nas antevisões de Amaro Cavalcanti.

3. A tutela das liberdades públicas e o efeito *backlash*: sua potencial incompatibilidade democrática a partir dos casos da Vaquejada e do Marco Temporal

Nesse ponto, cabe apresentar uma forma prática de aplicação do que foi iniciado anteriormente, em linhas teóricas relativas à hermenêutica e à argumentação. Explicite-se, pois, que o escopo do presente trabalho é demonstrar a ligação entre um pensamento inaugurado pelo ora homenageado, Amaro Cavalcanti, quando, nas palavras de Seabra Fagundes, negou "ao Legislativo toda possibilidade de modificar ou anular as sentenças" porque "aos órgãos *da Justiça* é que cabe definir, nos casos em litígio, até onde (vão) as atribuições constitucionais dos dois outros poderes, no intuito de reprimir-lhes os excessos e contê-los dentro das órbitas que lhes são próprias".[13] Inegável resta, portanto, a ligação entre as palavras de Amaro Cavalcanti e um fenômeno crescentemente estudado na contemporaneidade jurídica: o *backlash*.

Dessa feita, não se prescinde de um exame inicial acerca do conceito, finalidades e objeto do instituto em apreço, especialmente quando se tem em conta que a caracterização em desmedida de situações concretas como sendo tradutoras de *backlash* pode ser prejudicial a uma boa aplicação do Direito.

13. FAGUNDES, Miguel Seabra. Amaro Cavalcanti e das liberdades públicas. *Jornal do Commercio*, Rio de Janeiro, p. 67-73, jul. 1949.

Isso posto, inicie-se afirmando que a conceituação de *backlash* não passou despercebida pelos juristas desde o célebre Cass Sustein,[14] até, mais recentemente e em terras brasileiras, Kozicki[15] e Araújo.[16]

Entretanto, resta latente a necessidade de um conceito tanto escorreito quanto aprofundado do tema, visto que há uma tendência de ser tomado apenas a partir das noções de *reação*, *jurisdição* e *conservadorismo* – ideias muito importantes para seu delineamento, mas insuficientes para abarcar sua real amplitude.

É nesse sentido que se posiciona Fonteles[17] em sua obra, apontando que o *backlash* pode ocorrer não apenas contra decisões judiciais, mas também contra decisões quase judiciais e não judiciais. Ademais, embora reforce se tratar de situação muito mais presente em casos de interpretações inovadoras no sistema jurídico, mediante reação das alças mais conservadoras da sociedade, não nega a possibilidade de a sociedade civil levantar bandeiras progressistas em face a decisões – judiciais – retrógradas.

Por fim, ainda no que toca à sua consideração enquanto fenômeno hábil de descrição empírica, Fonteles demonstra que a aptidão para iniciar o fenômeno reativo característico do *backlash* não se restringe à esfera do Poder Legislativo,

---

14. SUSTEIN, Cass R. *Backlash's Travels*. Chicafo: University of Chicago Public Law & Legal Theory, 2007. p. 1. (Working Paper, n. 157).

15. KOZICKI, Katya. *Backlash*: as reações contrárias à decisão do Supremo Tribunal Federal na ADPF n. 153. *In*: SOUSA JUNIOR, José Geraldo de; SILVA FILHO, José Carlos Moreira da; PAIXÃO, Cristiano; FONSECA, Lívia Gimenes Dias da; RAMPIN, Talita Tatiana Dias (org.). *O direito achado na rua v.* 7: introdução crítica à justiça de transição na América Latina. Brasília: UnB, 2015. p. 192-196.

16. ARAÚJO, Thiago Cardoso. Função pedagógica na jurisprudência do TCU e retroalimentação legislativa. *Revista Brasileira de Direito Público*, Belo Horizonte, ano 15, n. 58, p. 9-30, jul./set. 2017. p. 9-10.

17. FONTELES, Samuel Sales. *Direito e Backlash*. 2. ed. Salvador: JusPodivm, 2021.

sendo possível inclusive inverter a lógica e admitir-se uma reação judicial a um provimento de ordem legiferante.

Impende destacar, todavia, que, conquanto todas as considerações *suso* sejam relevantes ao presente estudo, não é de seu intento explorar a fundo o *backlash* em sua acepção descritiva, esgotando-o; do contrário, quer-se explicitar a correlação entre este fenômeno e uma preocupação do ora homenageado há décadas apresentada, isto é, a legitimidade *última* da cúpula do Poder Judiciário na interpretação da norma constitucional, em detrimento dos demais poderes – especialmente do Poder Legislativo.

Por essa razão, o recorte temático a ser tomado diz respeito à feição mais abordada do *backlash* até o presente momento na literatura jurídica – embora repise-se a concordância ao conceito de Fonteles, referente à sua maior amplitude –, qual seja, a de reação conservadora do Poder Legislativo a decisões vinculantes e *erga omnes* do Supremo Tribunal Federal tomadas em controle concentrado ou difuso de constitucionalidade, a fim de traçarem-se conclusões no que tange à (i)legitimidade democrática desse fenômeno, no Brasil.

Após essa introdução do tópico, pode-se iniciar uma abordagem mais aprofundada relativa ao que já foi traçado em itens anteriores, especialmente no que toca ao substancialismo e ao procedimentalismo, examinando se há compatibilidade com o *backlash*. A partir disso, será possível deter-se em dois casos nos quais o fenômeno reativo se expressou no Brasil, concluindo-se por sua possibilidade ou não.

Por conseguinte, embora não seja necessário repetir o que foi traçado no tópico precedente, é essencial perquirir se há legitimidade na reação de cunho legislativo quanto ao que foi definido pela Corte Suprema em controle de constitucionalidade, passando imprescindivelmente pelas linhas do substancialismo e do procedimentalismo.

No que toca ao primeiro desses movimentos, importa ressaltar que o enfoque de seus adeptos seria que a competência de uma Corte Constitucional passa pela análise do conteúdo da norma constitucional paradigma, isto é, deve haver uma correlação entre aquilo que está posto enquanto substância na Constituição, especialmente seus valores, e a norma objeto de controle.

Já para os procedimentalistas habermasianos, o aspecto principal diz respeito ao procedimento a ser adotado pela Suprema Corte, a fim de cabalmente discernir entre constitucionalidade ou inconstitucionalidade de um texto normativo.

Afirme-se, pois, que o exame conjunto do tópico anterior com o a seguir descrito leva à conclusão de não ser possível, numa democracia, a derrubada inconsequente de decisões de uma Corte Constitucional, seja via legislativa, seja por outro meio. Isso porque, ao menos teoricamente, o órgão de cúpula do Judiciário tem como função precípua tanto a análise substancial da norma constitucional quanto a observância do rito procedimental que legitima tal exercício. Assim, apenas um tangível desrespeito, seja à substância, seja ao procedimento, seria capaz de infirmar a legitimidade da Suprema Corte.

É por essa razão que, mesmo no Brasil, o entendimento atual do Supremo Tribunal Federal tende para a inconstitucionalidade de novos comandos normativos concretizadores de *backlash* quando enunciados por norma *infraconstitucional*, leia-se:

> No caso de reversão jurisprudencial proposta *por lei ordinária*, a lei que frontalmente colidir com a jurisprudência do STF *nasce com presunção relativa de inconstitucionalidade*, de forma que caberá ao legislador o ônus de demonstrar, argumentativamente, que a correção do precedente se afigura legítima. Assim, para ser considerada válida, o Congresso Nacional deverá comprovar que as premissas fáticas e jurídicas sobre as quais se fundou a decisão do STF no passado não mais

> subsistem. O Poder Legislativo promoverá verdadeira hipótese de mutação constitucional pela via legislativa (grifo nosso).[18]

Todavia, no mesmo julgado resta notável uma posição de deferência --questionável, segundo os parâmetros deste estudo – para com o legislador quando a sua reação se der pela via de Emenda Constitucional, só sendo possível declarar a inconstitucionalidade da norma constitucional de cunho derivado reformador, dessarte, se houver infringência ao art. 60 da Constituição Federal.[19]

Nesse ponto, é digno de nota repisar que o entendimento do Supremo Tribunal Federal na ADI 5105/DF, já supramencionada, pode ser questionado sob a ótica da legitimidade democrática, especialmente quando se tem em vista um entendimento que tenha como *única finalidade* superar o entendimento esposado em controle de constitucionalidade, embora enunciado via Emenda Constitucional.

Isso porque, conquanto seja indiscutível a legitimidade do constituinte reformador esposada no art. 60 da Constituição Federal, não há que se olvidar do espírito da Constituição,[20] de sua substância e de seus valores intrínsecos, tudo a demandar respeito ao princípio da Unidade. Consequentemente, não se pode falar de um uso desmedido do art. 60 da Carta Magna sem que sejam respeitados outros ditames constitucionais, especialmente o art. 102, I, do diploma constitucional, que se refere diretamente à legitimidade e competência do Supremo Tribunal Federal no que toca à análise de fundo da matéria constitucional.

---

18. BRASIL. Supremo Tribunal Federal. ADI 5105/DF. *Diário Oficial da União*. Brasília, 2016. Disponível em: https://portal.stf.jus.br/processos/downloadPeca.asp?id=308937289&ext=.pdf. Acesso em: 6 abr. 2024.

19. "No caso de reversão jurisprudencial (reação legislativa) proposta por meio de emenda constitucional, a invalidação somente ocorrerá nas restritas hipóteses de violação aos limites previstos no art. 60, e seus §§, da CF/88."

20. Em paráfrase ao *Espírito das leis*, de Montesquieu.

Ademais, também é possível realizar uma extensão dessa conclusão no que toca à matéria infraconstitucional. Explique-se: embora se esteja tomando por base a decisão do Supremo Tribunal Federal na ADI 5105/DF – no que toca à possibilidade ou não de reação legislativa às suas decisões, que dá maior amplitude a essa possibilidade via Emenda Constitucional quando comparada à via legislativa –, o que se defenderá a partir de agora neste trabalho é que a reação legislativa que tenha por razão *única* a supressão do entendimento *legítimo* do Supremo Tribunal Federal será, independentemente do meio tomado, ilegítima.

O raciocínio a seguir delineado, esclareça-se, tem por base a doutrina habermasiana no respeitante ao *agir democrático* e à utilização, na prática, de um *agir estratégico* para a consecução de interesses de certos estratos sociais, em detrimento dos interesses reais de uma democracia.

Nesse sentido, o primeiro exemplo de *backlash* revelador de potencial ilegitimidade do Congresso diz respeito à Emenda Constitucional 96/2017, que inseriu o § 7º ao art. 215 da Constituição Federal, em clara reação legislativa ao que havia sido decidido na ADI 4983/CE – pela inconstitucionalidade da prática da vaquejada.

Já o segundo caso diz respeito à decisão do Supremo Tribunal Federal no RE 1.107.365/SC, que alterou o entendimento anterior da própria Corte Suprema e informou a inexistência de um Marco Temporal para fins de reconhecimento do direito originário sobre as terras tradicionalmente ocupadas por indígenas. Apesar de ter sido decisão célebre e que ensejou amplo debate e diversos pedidos de vista pelos Ministros, culminando em acórdão publicado em 27/09/2023, foi logo seguida – em 20/11/2023 – pela edição da Lei 14.701/2023 que, a pretexto de regulamentar o art. 231 da Constituição, ressuscitou a tese do Marco Temporal em seu art. 4º, § 2º.

No que toca aos dois casos, embora o legislador constituinte reformador e o legislador infraconstitucional não tenham, respectivamente, inserido no texto da Emenda e da Lei Federal menção expressa à intenção primeva de superação legislativa por mera discordância com o órgão de cúpula do Poder Judiciário, trouxeram um caso que, para muitos, poderia exprimir uma "mutação constitucional via legislativa" – nos termos trazidos pela ADI 5105/DF.

Utilizando, portanto, o pensamento do homenageado Amaro Cavalcanti que, repise-se, defendeu que apenas o Poder Judiciário poderia definir, em litígios, o limite das atribuições dos demais Poderes, impedindo expressamente que o Legislativo modificasse ou anulasse sentenças, não resta alternativa senão entender que a atuação do Congresso Nacional, nos dois casos supramencionados, desbordou de sua competência.

Não se está a defender, todavia, a impossibilidade absoluta de discordância entre os Poderes que leve, finalmente, a uma decisão do Legislativo no sentido de solapar o que fora definido no Judiciário – até porque, tomando-se o conceito de *backlash* fornecido por Fonteles, é possível que a decisão *judicial* seja a retrógrada, a ensejar a necessidade de reação *legislativa* progressista.

Para isso, no entanto, é necessário que se comprove de forma cabal e escorreita que a atuação do Poder Judiciário foi de encontro aos anseios constitucionais, aos seus princípios e, finalmente, ao já citado Espírito da Constituição.

Nos casos da Vaquejada e do Marco Temporal, contudo, o que se viu foi uma interlocução profunda do Supremo Tribunal Federal com a esfera pública, inúmeros pedidos de vista, amplo debate em Sessões Públicas e votos fundamentados, tudo a indicar ter a Corte Suprema se valido do um *agir democrático*. Em contraposição, a atuação congressional foi extremamente ávida, sem respeito à necessidade pungente de audiências públicas para discussões profícuas e com reação *social* latente nas suas Sessões, especialmente na Sessão Plenária da Câmara dos Deputados de 30/05/2023, com ebulição da sociedade civil contra a ressurreição da tese do Marco Temporal.

Não se duvide, pois, do uso de um *agir estratégico* pelo Poder Legislativo nacional quando da edição da Emenda Constitucional 96/2017 e da Lei Federal 14.701/2023, a ensejar, necessariamente, a retomada dos dizeres de Amaro Cavalcanti somados ao exame substancialista e procedimentalista da Constituição, no sentido de informar ser a Corte Suprema a *única* legítima a examinar, de forma conclusiva, a interpretação constitucional, *especialmente quando denotado um agir democrático*, em oposição a um *agir estratégico*.

4. Conclusão

Em sede conclusiva, é de demasiada importância explicitar o quanto é esclarecedora a retomada das noções traçadas por Amaro Cavalcanti quando tratava das liberdades públicas. Assim, como citado ao decorrer deste estudo, o ora homenageado apresentou, no decorrer de seu agir enquanto magistrado e estudioso do Direito, diversas antevisões no que toca às visões procedimentalista e substancialista, indicando percepções extremamente avançadas inclusive no que toca à legitimidade judicial para a definição de teses constitucionais.

Em razão disso, queda clara a possibilidade de um liame entre fenômenos extremamente atuais e o pensamento de Amaro Cavalcanti, conquanto haja uma relativa distância temporal entre ambos, já que suas decisões e escritos foram aptos a revelar um pensamento vanguardista que em muito se aproxima de tendências hodiernas.

Nesse sentido, o recorte utilizado foi capaz de indicar a antecipação, realizada pelo homenageado, de uma discussão atual referente aos limites dos Poderes na derrocada de decisões judiciais, especialmente do Supremo Tribunal Federal, isto é, o *backlash* – em sua acepção estrita.

Retomando-se, pois, célebre passagem de Amaro Cavalcanti, foi possível recorrer-se à Emenda Constitucional 96/2017 – caso da Vaquejada, de *backlash* à ADI 4983/CE – e à Lei 14.701/2023 – reação legislativa ao RE 1.107.365/SC quanto ao Marco Temporal – para fins de exame da legitimidade do proceder congressional em detrimento das decisões do Supremo Tribunal Federal.

Em consequência, e tendo como base a percepção da diferença entre um agir democrático e um agir estratégico, concluiu-se que a Emenda Constitucional 96/2017 e a Lei 14.701/2023 foram frutos de um agir estratégico desvinculado de uma legitimidade democrática e, portanto, transgressoras do que Amaro Cavalcanti defendia já no século XIX.

Revela-se, por fim, ser sempre possível a retomada de célebres nomes da literatura jurídica para uma análise conjunta de novos temas, a demonstrar a indiscutível importância do estudo não focado apenas no presente, mas levando sempre em conta aquilo que foi ensinado no passado.

Referências

ALEXY, Robert. *Teoria da argumentação*. Tradução Zilda Hutchinson. São Paulo: Landy, 2005.

ARAÚJO, Thiago Cardoso. Função pedagógica na jurisprudência do TCU e retroalimentação legislativa. *Revista Brasileira de Direito Público*, Belo Horizonte, ano 15, n. 58, p. 9-30, jul./set. 2017.

BRASIL. [Constituição (1988)]. *Constituição da República Federativa do Brasil de 1988*. Brasília: Presidência da República, 1988. Disponível em: https://www.planalto.gov.br/ccivil_03/constituicao/constituicao.htm. Acesso em: 06 abr. 2024.

BRASIL. [Constituição (1988)]. Emenda Constitucional n. 96, de 6 de junho de 2017. *Diário Oficial da União*, Brasília, 7 jun. 2017. Disponível em: https://www.planalto.gov.br/ccivil_03/constituicao/emendas/emc/emc96.htm. Acesso em: 6 abr. 2024.

BRASIL. Lei n. 14.701, de 23 de março de 2023. *Diário Oficial da União*, Brasília, 24 mar. 2023. Disponível em: https://www.planalto.gov.br/ccivil_03/_ato2023-2026/2023/lei/L14701.htm. Acesso em: 06 abr. 2024.

BRASIL. Supremo Tribunal Federal. ADI 4983/CE. *Diário Oficial da União*. Brasília, 2021. Disponível em: https://portal.stf.jus.br/processos/downloadPeca.asp?id=15348351290&ext=.pdf. Acesso em: 06 abr. 2024.

BRASIL. Supremo Tribunal Federal. ADI 5105/DF. *Diário Oficial da União*. Brasília, 2016. Disponível em: https://portal.stf.jus.br/processos/downloadPeca.asp?id=308937289&ext=.pdf. Acesso em: 06 abr. 2024.

DWORKIN, Ronald. *O império do Direito*. Tradução Jefferson Luiz Camargo. São Paulo: Martins Fontes, 2003.

FAGUNDES, Seabra. Amaro Cavalcanti e das liberdades públicas. *Jornal do Commercio*, Rio de Janeiro, p. 67-73, jul. 1949.

FONTELES, Samuel Sales. *Direito e Backlash*. 2. ed. Salvador: JusPodivm, 2021.

GOES, Ricardo Tinoco de. *Democracia deliberativa e jurisdição*: a legitimidade da decisão judicial a partir e para além da teoria de J. Habermas. Curitiba: Juruá, 2013.

GOES, Ricardo Tinoco de. Jurisdição democrática: uma visão procedimentalista para a tutela substancial de direito. *Revista Direito e Liberdade*, Natal, v. 13.2, 2011.

GOES, Ricardo Tinoco de. Procedimentalismo e Substancialismo: uma visão aplicável à Jurisdição e ao Processo no Estado Constitucional e Democrático de Direito. *Revista Jurídica In Verbis*, Natal, v. 26, 2009.

KOZICKI, Katya. *Backlash*: as reações contrárias à Decisão do Supremo Tribunal Federal na ADPF nº 153. *In*: SOUSA JUNIOR, José Geraldo de; SILVA FILHO, José Carlos Moreira da; PAIXÃO, Cristiano; FONSECA, Lívia Gimenes Dias da; RAMPIN, Talita Tatiana Dias (org.). *O direito achado na rua v.* 7: introdução crítica à justiça de transição na América Latina. Brasília: UnB, 2015. p. 192-196.

SUSTEIN, Cass R. *Backlash's Travels*. Chicafo: University of Chicago Public Law & Legal Theory, 2007. p. 1. (*Working Paper*, n. 157).

O PENSAMENTO DE AMARO CAVALCANTI: UM ABALIZADO PARÂMETRO PARA ANALISAR A ESTÁTICA E A DINÂMICA DO FEDERALISMO BRASILEIRO

Robson Maia Lins[1]

Pablo Gurgel Fernandes[2]

1 À guisa de introdução; 2 Estado e organizações federativas; 2.1 O distinto predicado da soberania; 2.2 A Confederação; 2.3 A Federação; 2.4 O Estado Federal como realidade jurídica; 3 Pressupostos do Estado Federal; 3.1 Dualidade federativa; 3.2 Repartição de competências; 3.3 Representação do ente soberano por um poder central; 3.4 Autonomia dos Estados Federados; 3.5 Possibilidade

---

1. Doutor e Mestre em Direito Tributário pela PUC-SP. Graduado em Direito pela UFRN. Professor do Curso de Graduação e Coordenador do Programa de Pós-Graduação da Faculdade de Direito da PUC-SP. Professor dos Cursos de Especialização e Mestrado em Direito Tributário do IBET. Vice-Presidente do IBET. Membro Consultor da CEDT/OAB-Nacional. Membro do Conselho Superior de Direito da FECOMÉRCIO/SP. Ex-Presidente do CNE/MEC. Conselheiro do IPDT. Advogado.

2. Doutorando e Mestre em Direito Tributário pela PUC-SP. Especialista em Direito Tributário pelo IBET. Graduado em Direito pela UFRN. Professor Assistente no Mestrado em Direito Tributário do IBET. Professor no Curso de Especialização em Direito Tributário da COGEAE-PUC-SP. Coordenador da Especialização em Direito Tributário do IBET em Natal/RN. Membro do Comitê Tributário Permanente de ICMS, ISS e IBS da ABAT. Diretor-Auxiliar do IPDT. Advogado.

Resumo: O presente artigo revisita o pensamento do jurista potiguar Amaro Cavalcanti, com o objetivo de resgatar suas contribuições doutrinárias para a compreensão do federalismo brasileiro. O literato norte-rio-grandense, em sua célebre obra *Regime federativo e República brasileira*, ofertou à comunidade jurídica profundas e sofisticadas lições para o esquadrinhamento do Estado Federal do Brasil, talhado a partir da Revolução de 1889 e consagrado com a promulgação da Constituição de 1991. O estudo do pensamento do ilustre intelectual potiguar possibilitou identificar a Federação como uma realidade jurídica peculiar, analisar os pressupostos do Estado Federal com ênfase nas conformações e nos diálogos entre soberania nacional e autonomia local, destacar caras e múltiplas virtudes do modelo federativo, ressaltar os riscos à harmonia e à perenidade da Federação a partir da experiência brasileira do final do século XIX e sistematizar critérios idôneos que deverão servir de abalizado parâmetro ao escrutínio jurídico de reformas constitucionais profundas, com inquestionáveis repercussões na dinâmica federativa, como aquela recentemente introduzida pela Emenda Constitucional 132/2024.

Palavras-chave: Amaro Cavalcanti; regime federativo; soberania; autonomia; realidade jurídica brasileira; critérios de avaliação.

1. À guisa de introdução

> El Genio es un guión que pone el destino entre dos párrafos de la historia. Si aparece en los orígenes, crea o funda; si en los resurgimientos, transmuta o desorbita. En ese instante remontan su vuelo todos los espíritus superiores, templándose en pensamientos altos y para obras perennes.[3]

Inquestionavelmente, muito nos orgulha sublinhar, o potiguar Amaro Cavalcanti orbita a constelação de juristas

3. INGENIEROS, José. *El hombre mediocre*. La Habana: Imprenta Económica Integral, 1960. p. 25.

nordestinos que contribuíram decisivamente para o progresso da ciência jurídica nacional e que, com tinta indelével, marcaram a evolução do direito positivo contemporâneo, à semelhança do que distintamente fizeram Augusto Teixeira de Freitas, Tobias Barreto de Menezes, Ruy Barbosa de Oliveira, Clóvis Beviláqua, Aníbal Bruno de Oliveira Firmo, Francisco Cavalcanti Pontes de Miranda, Roberto Tavares de Lyra, Aliomar de Andrade Baleeiro, Miguel Seabra Fagundes, Evandro Lins e Silva, Lourival Vilanova, Paulo Bonavides e José Souto Maior Borges.

Para um de nós, ademais, é impossível não se envaidecer com o fato de que o homenageado, na qualidade de único potiguar a desempenhar, até então, o *munus* de Ministro do Supremo Tribunal Federal, seja um genuíno jardinense. Afinal, Amaro Cavalcanti nasceu na região às margens do Rio Piranhas, outrora distrito de Caicó, hoje pertencente à circunscrição territorial do Município de Jardim de Piranhas/RN.

Vocacionado para a vida pública e patriota na mais lídima acepção do vocábulo, desempenhou com atilada competência, invulgar esmero e probidade exemplar múltiplos cargos públicos de elevada responsabilidade, entre os quais se destacam: Inspetor-Geral da Instrução Pública do Ceará, Presidente da Viação Central do Brasil, Procurador do Banco da República, Vice-Governador do Estado do Rio Grande do Norte, Senador para a Assembleia Constituinte, integrante da "Comissão dos 21", Senador da República, Plenipotenciário na República do Paraguai, Deputado Federal, Ministro da Justiça e Negócios Interiores, Consultor Jurídico do Ministério das Relações Exteriores, Prefeito do Distrito Federal, Juiz do Tribunal Arbitral de Haia e Ministro da Fazenda.

Paralelamente, cultivou com intensidade sua vocação intelectual, legando à cultura pátria dezenas de publicações autênticas, marcadas por rica intertextualidade – própria de um jurista arguto e sobremodo versado em ciência política, economia e finanças públicas. "*I meri leggisti sono puri asini*", como sentenciava Bartolo de Sassoferrato.

Entre seus escritos, impõe-se especial destaque à obra *Regime federativo e a República brasileira*, publicada no alvorecer do século passado, com o escopo de ofertar criteriosa doutrina sobre o então novel sistema talhado a partir de 1889. Nela, buscou elucidar premissas, contextualizar institutos, salientar peculiaridades, refletir sobre práticas encampadas no primeiro decênio da experiência federativa e, sobretudo, contribuir para o aprimoramento da realidade jurídica nacional, inspirado por dois sublimes sentimentos: "o amor, que consagramos às instituições vigentes, e o receito, de que, pela má-fé ou incapacidade dos indivíduos, se mostrem elas, menos dignas da confiança de todos".[4]

Amaro Cavalcanti, frisemos, não formulava infecundas críticas administrativas, tampouco se propunha a desacreditar políticas institucionais, pois professava a fé na crença de que "não há desacertos, por maiores que sejam, que o patriotismo não possa reparar ou corrigir eficazmente".[5]

O justo homenageado compartilhava preocupações, identificava desacertos, realçava percalços, nominava erros e enfatizava abusos – não como atos de censura inférteis, mas como expedientes necessários à compreensão da problemática, sem a qual soluções idôneas não poderiam ser construídas ou corretamente interpretadas. Nesse particular, não poderíamos esperar algo diferente vindo de alguém que defendia com veemência o seguinte:

> Se, por acaso, as dificuldades ocorrentes provêm de certas disposições da própria Constituição Federal, antes reformá-las para salvar e engrandecer a instituição que ela criou, do que deixá-la

---

4. CAVALCANTI, Amaro. *Regime federativo e República brasileira*. Brasília: UnB, 1983. p. 4.

5. *Ibidem*, p. 4-5.

> desacreditar-se ou perecer, por um respeito supersticioso e injustificável para com o instrumento orgânico da mesma.
>
> Não nos iludamos, porém, com a simples esperança de melhoras futuras, quando estas têm o seu fundamento real num presente, cheio de males e incertezas.
>
> E por que não dizê-lo abertamente?
>
> A verdade do fato, que se antepõe no momento e não pode ser seriamente contestada, é: – o que se tem feito e como se tem feito, até agora, não bastam ainda para garantir-nos a satisfação imprescindível destas duas necessidades: a prosperidade comum do país e a integridade estável da União Brasileira.
>
> Em vez de estarmos a repetir que "não era esta a República que sonhávamos", devemos todos, os amigos e crentes sinceros do regime, – dar-lhe o melhor do nosso saber e esforços, para que a mesma se torne, quanto antes, verdadeiramente digna, verdadeiramente grande, verdadeiramente próspera.[6]

A leitura das passagens transcritas até então, a nosso juízo, é suficiente para evidenciar a necessidade de revisitação da obra do homenageado. Primeiro, por partilhar sentimentos populares que conservam sua atualidade, refletir objetivos ainda presentes no seio da comunidade jurídica brasileira e veicular debates políticos de grande relevo nacional. Segundo, porquanto "a leitura de todos os bons livros é como uma conversação com a gente mais honesta dos séculos passados".[7] Terceiro, uma vez que "um clássico é um livro que nunca terminou de dizer aquilo que tinha para dizer".[8] Quarto, pois até para um "gênio, e sobretudo para ele, nada há de humilhante em partir de outro autor,

---

6. CAVALCANTI, Amaro. *Regime federativo e República brasileira*. Brasília: UnB, 1983. p. 4.

7. DESCARTES, René. *Discurso sobre o método*. Tradução Paulo M. de Oliveira. 2. ed. Bauru: Edipro, 2006. p. 17-18.

8. CALVINO, Ítalo. *Por que ler os clássicos*. Tradução Nilson Moulin. São Paulo: Companhia das Letras, 1993. p. 11.

pois isso não significa fetichizá-lo, adorá-lo ou reproduzir sem crítica as suas afirmações".[9]

A essas razões, ademais, cumpre acrescer dois outros motivos, plenamente consentâneos com a pretensão central deste escrito: identificar e sistematizar critérios que possam servir de parâmetro seguro ao exame técnico das preocupações, divergências e conflitos federativos decorrentes da Emenda Constitucional – EC 132/2023, introdutora da mais profunda reforma tributária até então experienciada pela ordem constitucional em vigor. No ponto, a magnitude das mudanças de ordem competencial e financeira é tal que nos deparamos com abalizados doutrinadores sustentando a efetiva introdução de um novo desenho da dinâmica federativa nacional, de uma nova era do federalismo fiscal pátrio.

O primeiro desses motivos decorre do fato de que Amaro Cavalcanti se lançou destemidamente à tarefa de teorizar sobre o então recém-inaugurado federalismo brasileiro, refletindo acerca daquela pioneira e inédita experiência constitucional pátria, ensaiada a partir de 1889 e sacramentada em 1891. Nesse contexto, dedicou especial atenção à discriminação de receitas tributárias, um dos quatro pontos mais preocupantes da época, em suas próprias palavras:

> São de particularizar, como pontos ou fatos, nos quais se manifestam, de maneira mais sensível, os defeitos ou dificuldades do novo regime, os seguintes:
>
> 1) No funcionamento independente, mas harmônico, dos poderes públicos;
>
> 2) Na dualidade da justiça e da lei processual;
>
> 3) Na divisão feita das rendas públicas entre a União e os Estados federados;

---

9. ECO, Umberto. *Como se faz uma tese*. Tradução Gilson Cesar Cardoso de Souza. São Paulo: Perspectiva, 2016. p. 28.

> 4) Nas relações e obrigações dos Estados para com a União, e *vice-versa*.[10]

O segundo fundamento deflui da necessidade de revisitar o passado para melhor compreender o presente, evitar erros assemelhados ou análogos e, assim, poder propor ajustes, correções, complementos e redesenhos que eficazmente sirvam à construção de um futuro melhor.

Então, ao lume das lições de Amaro Cavalcanti, propomo-nos a definir categorias propedêuticas de Teoria do Estado, distinguir as duas tradicionais espécies de organização federativa, demarcar os elementos caracterizadores e os pressupostos de um Estado Federal que se pretenda harmonioso e perene, sobrelevar as virtudes do regime federativo e identificar potenciais riscos à sua virtuosa manutenção, com ilustrações a partir da realidade brasileira de época.

E, para tanto, em boa medida, pediremos licença para pôr em suspenso nossas considerações particulares e utilizar as próprias palavras do homenageado, com vistas a possibilitar que elas se revelem de modo acessível, sobretudo aos alunos de graduação e pós-graduação do Estado do Rio Grande do Norte, para os quais dedicamos este singelo escrito.

2. Estado e organizações federativas

> Aos olhos do político, como do homem da ciência, tornou-se inevitável a questão de determinar, sob o ponto de vista jurídico, qual a verdadeira posição dos Estados de uma União Federal, já entre si, e já entre eles e a nova entidade política, que surge, como poder distinto, ao seio dos mesmos. Fora mister, antes de tudo, assentar, – se os Estados de uma União Federal são, ou não, soberanos, ou em termos diferentes, a quem no Estado de composto de forma federativa pertence a soberania, – se à

10. CAVALCANTI, Amaro. *Regime federativo e República brasileira*. Brasília: UnB, 1983. p. 126.

> União, se aos Estados-membros desta, – ou se àquela e a estes, partilhadamente.[11]

Todo aquele que se lança aos estudos de Teoria do Estado ingressa em um domínio sempre propício a novas reflexões e sobremodo fecundo a divergências, como decorrência da natureza cultural do objeto investigado,[12] – a associação humana de caráter político que, nas palavras de Amaro Cavalcanti, "tem, historicamente, apresentado tipos, os mais diversos na sua forma e elementos constitutivos"[13] e cuja excelência da forma, preordenada ao progresso nacional, "depende, em muito, de ser bem ajustada às condições materiais e morais do povo, ao qual é aplicada".[14]

Não sem justo motivo, ao longo de sua ilustrada obra, o homenageado partilhou vigorosa pesquisa de direito comparado. Ao esquadrinhar experiências forâneas e contextualizar suas peculiares tramas, o jurista potiguar pôde, com mestria, sublinhar mínimos denominadores comuns e examinar, *cum grano salis*, a reprodução *tout court* de institutos e mecanismos cunhados no seio de outras realidades jurídicas, como a alemã, a argentina, a norte-americana e a suíça.

---

11. CAVALCANTI, Amaro. *Regime federativo e República brasileira*. Brasília: UnB, 1983. p. 15-16.

12. Já tivemos a oportunidade de definir em outra ocasião que: "como elemento da cultura, cuida-se de objeto real, com existência circunscrita por coordenadas de espaço e tempo, concebido pelo homem para implantar determinados valores, que somente podem ser compreendidos a partir da vivência experienciada em comunidade" (LINS, Robson Maia; FERNANDES, Pablo Gurgel. O constructivismo lógico-semântico e o direito sancionatório: uma introdução inspirada por lições de Lourival Vilanova. *In*: LINS, Robson Maia (coord.). *Direito tributário sancionatório*. São Paulo: Noeses, 2021. p. 5).

13. CAVALCANTI, Amaro. *Regime federativo e República brasileira*. Brasília: UnB, 1983. p. 13.

14. *Ibidem*, p. 337.

2.1 O distinto predicado da soberania

Filiando-se à doutrina majoritária do direito público, atualmente consolidada sem maiores dissidências de relevo, Amaro Cavalcanti enxergava a soberania como o predicado que distingue o Estado das demais outras coletividades públicas de um dado território,[15] a ponto de afirmar que "Estado e soberania ficaram sendo idéias, correlatamente, condicionais".[16]

A soberania, sob a óptica do homenageado, é a raiz da "unidade política de um povo, quaisquer que sejam as suas diferenças de raça, de linguagem, de religião, de leis e de costumes",[17] o pressuposto da personalidade autônoma do Estado e o fundamento que lhe outorga a "plenitude do poder".[18] "Por ela, o Estado é o que é: – o poder determinante da sua própria competência no território, que lhe pertence".[19]

Adotando a soberania como "elemento essencial ou característico do Estado",[20] no sentido de "poder mais elevado sobre um povo e território",[21] "poder supremo e, conseguintemente, uno na acepção rigorosa deste termo",[22] o ilustrado jardinense pôde diferenciar com precisão as duas tradicionais formas de organização ou união federativa – confederação (***Staatenbund***) e federação (***Bundesstaat***)[23] –, demarcar

---

15. *Cf.* CAVALCANTI, Amaro. *Regime federativo e República brasileira*. Brasília: UnB, 1983. p. 14.

16. *Ibidcm*, p. 15.

17. *Ibidem*, p. 14.

18. *Ibidem*, p. 15 e p. 18.

19. *Ibidem*, p. 164.

20. *Ibidem*, p. 175.

21. *Ibidem*, p. 18.

22. *Ibidem, loco citato*.

23. Nas palavras do homenageado, "a maior dificuldade de um critério constante, para distinguir as duas espécies, mais notáveis, do regime federativo, vem talvez da

as características elementares de um Estado Federal em contraposição à figura do Estado Unitário e partilhar suas reflexões críticas sobre a primeira década da experiência federativa brasileira.

2.2 A Confederação

Se, por definição, soberania pressupõe a titularidade exclusiva de um poder pleno, de Estado a confederação não se trata. "Na Confederação não há, por assim dizer, um povo comum, uma nacionalidade única, mas, ao contrário, tantos povos e nacionalidades, quantos forem os membros da mesma".[24] Cuida-se de associação de Estados independentes que, sem abdicarem de suas respectivas soberanias, celebram a criação de uma entidade central de representação, com personalidade jurídica, poderes e órgãos próprios, nos termos do pacto, convenção ou tratado, "para a defesa de seus territórios ou fronteiras, para um fim de ordem pública, ou para a gestão de certos interesses comuns".[25] Logo, "embora seja um composto de estados soberanos, não possui, ela própria, a soberania, e nem, por consequência, o caráter de Estado".[26]

Nessa espécie de união de direito internacional, os Estados confederados continuam na posse "de todos os seus

circunstância histórica, - de que a Confederação de Estados é um fato de origem jurídico-política, que data de grande antiguidade, com caracteres bem assinalados e admitidos por todas as Nações e Estados; enquanto que a Federação só teve o seu aparecimento no mundo político em fins do século passado, na organização particular de um único povo, - e, ainda então, como a resultante da evolução histórica da forma federativa anterior, isto é, da Confederação" (CAVALCANTI, Amaro. *Regime federativo e República brasileira*. Brasília: UnB, 1983. p. 96).

24. *Ibidem*, p. 51.

25. *Ibidem*, p. 21.

26. *Ibidem*, p. 49.

direitos e atribuições",[27] conservando "cada um deles inteira autonomia administrativa, militar, judiciária e diplomática"[28] e "devem ser considerados iguais nas suas relações".[29] Eventuais restrições são pontuais, contemplando, por via de regra, apenas "as faculdades necessárias, para que a Confederação possa subsistir em acordo com seus fins".[30]

Trata-se, em todo caso, de delegações específicas, dependentes "da vontade dos seus membros componentes, expressa no instrumento orgânico da mesma".[31] E "quando um Estado toma um compromisso, de livre e própria vontade, a sua soberania fica ilesa; [...] não há, portanto, uma subordinação, e, sim, restrições voluntárias de atos ou direitos, que todo soberano, como todo ente livre, pode aceitar".[32]

Nada obstante, em algumas experiências confederativas, observou-se a tendência "de aproximar, quanto possível, as atribuições do seu poder central, daquelas que, justamente, se consideram como peculiares da Federação",[33] servindo de etapa intercalar, propícia à ulterior formação de Estados Federais. A Federação Norte-americana de 1787, por exemplo, foi "historicamente, senão, a continuação, por certo, a sucessora – da Confederação de Estados de 1777, muito embora refundida e transformada pela constituição federal, ora vigente".[34]

---

27. CAVALCANTI, Amaro. *Regime federativo e República brasileira*. Brasília: UnB, 1983. p. 56.

28. *Ibidem*, p. 21.

29. *Ibidem*, p. 56.

30. *Ibidem*, *loco citato*.

31. *Ibidem*, p. 50.

32. *Ibidem*, p. 54.

33. *Ibidem*, p. 51.

34. *Ibidem*, p. 120.

2.3 A Federação

Como a soberania é una e indivisível, "não é admissível a coexistência de dois Estados soberanos num mesmo território".[35] Assim o sendo, somente uma conclusão poderia ser logicamente admitida em se tratando de Estado Federal: "ou que os membros de uma Federação são soberanos e ela não o é; ou que os mesmos carecem daquela qualidade, e conseguintemente, não são verdadeiros Estados, mas simples coletividades públicas inferiores, ainda que decoradas com aquele título".[36]

No afã de depurar sua metalinguagem científica, expurgando ambiguidades tanto quanto possível, atiladas advertências terminológicas e percucientes distinções conceituais foram envidadas por Amaro Cavalcanti relativamente aos vocábulos "União" e "Estado federado".

Em primeiro lugar, elucidou o seu emprego indistinto e indiferente das expressões "sistema federativo, regime federativo ou federal, e bem assim, união federal ou federativa, para significar o gênero de Estado composto, em cuja organização se encontra o elemento federativo, em contraposição ao Estado simples ou unitário".[37]

Mais adiante, cuidou de esclarecer:

> Fica-se, porém, sabendo – Estado federado não é um Estado; é uma coletividade, que, debaixo daquele apelativo, é parte componente de um Estado-federal. Este, e só este, personifica a unidade soberana da Nação, – e aquele, tem por sua vez os direitos e funções, que lhe são igualmente marcadas na Constituição federal, como membro e órgão da União.[38]

---

35. CAVALCANTI, Amaro. *Regime federativo e República brasileira*. Brasília: UnB, 1983. p. 49.

36. *Ibidem*, p. 175.

37. *Ibidem*, p. 25.

38. *Ibidem*, p. 78.

E, posteriormente, ainda se dignou a repisar que "quando Estados particulares se constituem em federação, só a União é soberana, perdendo aqueles, em consequência, a mesma qualidade, quando, por ventura, tivessem anteriormente".[39]

O emprego do advérbio "porventura", aliás, não se deve atribuir à mera questão de estilística. Foi uso consciente e preciso, para ressalvar que a celebração de tratados ou convenções por Estados soberanos, preexistentes à Federação, é apenas uma das possíveis fontes do Estado Federal.

Províncias de um Estado unitário também podem passar a constituir Estados federados "pelo ato pacífico de uma revisão constitucional, ou por efeito de uma revolução",[40] assim como, mesmo sem a precedência de um pacto, tratado ou convenção, Estados soberanos anteriormente existentes podem se transformar em Estado Federal "em consequência de um movimento nacional, pacífico ou revolucionário".[41]

A par das premissas assentadas até então, torna-se fácil compreender os desdobramentos de uma das precisas definições que o homenageado ofertou, ao longo de sua obra, para o conceito de federação:

> A Federação não é uma simples associação de estados; é um organismo composto, no qual os membros componentes se deixam absorver por tal forma, que perdem a qualidade essencial do Estado, a soberania, para conservarem somente os direitos de poder público, que no instrumento orgânico lhes são atribuídos, como próprios. Não são, pois, Estados na acepção rigorosa ou jurídica do vocábulo, ainda que sejam entidades políticas de um caráter particular.[42]

---

39. CAVALCANTI, Amaro. *Regime federativo e República brasileira*. Brasília: UnB, 1983. p. 163.

40. *Ibidem*, p. 65.

41. *Ibidem, loco citato.*

42. *Ibidem*, p. 175.

Na concepção do literato potiguar, o Estado Federal é a pessoa jurídica soberana em determinado território, titular do mais elevado poder sobre o povo que aglutina, composto por entidades políticas subnacionais dotadas de direitos e funções próprias de poder público, nos termos e moldes insculpidos na *Lex Legum*, "cujas disposições concernentes, para guardar a devida prudência e critério, deverão ajustar-se, o melhor possível, aos dados históricos, e às relações existentes dos interesses e condições da vida política local para com o nacional, e vice-versa".[43]

2.4 O Estado Federal como realidade jurídica

De toda sorte, engana-se quem pensa que o Estado "pode, ao seu arbítrio, criar o direito, ou que não possa sofrer limitações no exercício da sua soberania".[44] O fato de ostentar "a autoridade suprema em seu território e aí determinar a sua própria competência",[45] fazendo-se respeitar perante as demais organizações sociais e coletividades políticas internas, não permite concluir "que o mesmo possa exercer um poder, de maneira arbitrária, ou no todo ilimitado: a necessidade do direito objetivo se lhe impõe a tanto, quanto aos seres, que pela sua reunião o constituem".[46]

A Federação, na qualidade de governo nacional, tem o poder de determinar sua própria competência e, na medida das necessidades, estender o espectro de suas atribuições, mas "nos limites do direito"[47] e, eventualmente, mediante

---

43. CAVALCANTI, Amaro. *Regime federativo e República brasileira*. Brasília: UnB, 1983. p. 77.

44. *Ibidem*, p. 18.

45. *Ibidem*, *loco citato*.

46. *Ibidem*, *loco citato*.

47. *Ibidem*, p. 70.

"revisão conveniente da própria Constituição",[48] pois o Estado Federal é uma realidade jurídica e, por isso mesmo, em tudo sujeito às regras próprias do subsistema social do direito positivo, que é operativamente fechado.

Nas palavras de Raffaele De Giorgi, o direito moderno é essencialmente positivo, sendo "posto com base em decisões e pode ser continuamente transformado com base em decisões cuja produção é regulada por procedimentos de natureza jurídica, definidos, também estes, pela sua própria transformabilidade".[49]

E como Niklas Luhmman precisamente lecionou: "o próprio direito determina onde se encontram seus limites; determina também o que pertence ao direito e o que não lhe pertence",[50] "o sistema produz suas operações ao remontar suas outras operações e recorrer a elas, e só assim pode determinar o que pertence ao sistema e o que pertence ao ambiente",[51] "somente o próprio direito pode dizer o que o direito é",[52] "apenas o próprio sistema do direito pode originar seu fechamento, reproduzir suas operações, definir seus limites, e não existe nenhuma outra instância na sociedade que poderia dizer: isso é lícito, e isso é ilícito".[53] Em suma, "o direito não é um sistema de atração. Ele simplesmente declara: se se trata de se valer do direito, ou

---

48. CAVALCANTI, Amaro. *Regime federativo e República brasileira*. Brasília: UnB, 1983. p. 70.

49. GIORGI, Raffaele De. Luhmann e a teoria jurídica dos anos 70. *In*: CAMPILONGO, Celso Fernandes. *O direito na sociedade complexa*. São Paulo: Max Limonad, 2000. p. 184.

50. LUHMANN, Niklas. *O direito da sociedade*. Tradução Saulo Krieger. São Paulo: Martins Fontes, 2016. p. 19.

51. *Ibidem*, p. 60.

52. *Ibidem*, p. 67.

53. *Ibidem*, p. 93.

seja, de dispor sobre o que é lícito e ilícito, então há de sê-lo segundo minhas condições".[54]

3. Pressupostos do Estado Federal

> Não há dúvida, também pensamos nós, que é na organização toda especial do poder público, que reside o caráter distintivo da Federação ou Estado-federal, em confronto com o Estado simples ou unitário; e é igualmente de admitir, que o que dá especialidade àquela organização, é, precisamente, a participação dos Estados federados na formação da vontade soberana da União. Até aqui nada há a objetar contra semelhante tese; e, pelo contrário, já a aceitamos, como verdadeira, – na definição do Estado federal.[55]

O Estado unitário é a forma mais rudimentar de organização política, a partir de um governo geral e único sobre o povo, dotado de autoridade exclusiva em dado território. A Federação, por outro lado, em sua própria constituição orgânica, congrega coletividades públicas especiais, de natureza diversa daquelas presentes em um Estado simples, resultando em uma dualidade de relações, própria de sua condição jurídica.[56] Não há Estado Federal "senão pela dualidade desta composição, e daqui sucede logicamente, que a mesma dualidade continua na formação da sua vontade".[57]

3.1 Dualidade federativa

Em toda organização política desse jaez, a existência de uma dualidade de âmbitos é fundamental, com

---

54. LUHMANN, Niklas. *O direito da sociedade*. Tradução Saulo Krieger. São Paulo: Martins Fontes, 2016. p. 97.

55. CAVALCANTI, Amaro. *Regime federativo e República brasileira*. Brasília: UnB, 1983. p. 75.

56. *Cf. Ibidem*, p. 68.

57. *Ibidem*, p. 79.

"funções paralelas simultâneas ou, indiferentemente, sucessivas, segundo os casos e as espécies determinadas na Constituição Federal"[58], distribuídas entre "um poder central e um poder local, ou empregando os termos por nós já adotados, o poder federal e o poder estadual".[59]

É induvidoso que os domínios competenciais, os mecanismos deferidos ao exercício das atribuições institucionais e os modelos de participação dos entes federados na construção da vontade soberana da Nação variam segundo condições históricas, contextos sociais e interesses políticos que serviram de fonte material à respectiva Constituição Federal. Contudo, a participação autônoma dos Estados federados deve se apresentar de alguma maneira e em certa medida, "como essencial ao regime federativo, em contraposição ao regime de Estado simples ou unitário",[60] pois é a existência de coparticipação dos Estados federados no exercício de parcela das atribuições soberanas que distingue uma Federação.

A esse respeito, Amaro Cavalcanti talhou perfeita síntese:

> Ainda que os Estados-federados não possuam a soberania, como supomos haver assaz demonstrado, todavia, é certo que, definida a federação, com os característicos acima indicados, não é lícito confundir os mesmos com as simples províncias ou outras coletividades políticas inferiores do Estado unitário. É da própria natureza da União federativa a divisão de atribuições políticas e competências jurídicas entre o poder central (federal) e o poder local (estadual). Na verdade, semelhante divisão não importa, decerto, uma partilha da soberania, ela envolve, e nem podia deixar de envolver, coparticipação dos Estados particulares no exercício da mesma.[61]

58. CAVALCANTI, Amaro. *Regime federativo e República brasileira*. Brasília: UnB, 1983. p. 155.

59. *Ibidem, loco citato.*

60. *Ibidem*, p. 79.

61. *Ibidem*, p. 74.

E no ponto, de plano convém salientar que tal participação compartida dos Estados no exercício da soberania não se limita à dinâmica do Poder Legislativo, mesmo porque, nesse aspecto, o mais notável jurista potiguar não vislumbrou uma coparticipação federativa efetivamente distinta por meio do Senado, em sua conformação dada pela Constituição da República dos Estados Unidos do Brasil de 1891:

> O único distintivo, que se observa na Constituição federal, quanto à organização do Senado, é a igualdade de voto, que os representantes de cada Estado têm *no mesmo, sem atenção à sua população ou importância territorial (art. 30 e art. 90 § 4º). Mas, eles não deliberam aí, como se fossem a Representação direta dos Estados; ao contrário, cada um dos senadores de um mesmo Estado delibera e vota, singularmente, conforme o seu modo de ver particular na matéria. De maneira que, se mesmo, em vista de disposições constitucionais, como as das Repúblicas, Americana, Suíça e Argentina, acima mencionadas, já é muito questionável – a coparticipação real dos Estados na vontade legislativa do poder federal, por meio do Senado,* – o que agora se deve concluir, com relação à República Brasileira, é: – ou, que essa coparticipação não se dá efetivamente, ou então, que ela não tem para o caso nenhum outro valor maior, nem diferente, do que já tinha o Senado do ex-Império, semelhantemente composto dos representantes das suas antigas províncias.[62]

3.2 Repartição de competências

Um desafio corrente, como consabido, reside na repartição de competências, "muito importando não sacrificar a boa regra da descentralização pelo desejo de ver guardada maior uniformidade",[63] para outorgar aos Estados federados prerrogativas "bastantes para caracterizá-los, como coletividades distintas, sob o ponto de

62. CAVALCANTI, Amaro. *Regime federativo e República brasileira*. Brasília: UnB, 1983. p. 134-135.

63. *Ibidem*, p. 105.

vista de pessoas do direito público",[64] sem embargo da existência de um governo constitucionalmente instituído "cuja ação estende-se, em maior ou menor escala, sobre os próprios negócios e interesses de cada um dos Estados federados".[65]

Ordinariamente, "pertence aos Estados federados inteira jurisdição sobre os negócios puramente locais, tendo e exercendo o poder legislativo, executivo e judiciário, sem outras limitações, além das que forem postas na referida Constituição".[66] Na realidade norte-americana, a título ilustrativo, "quanto aos Estados federados, conservaram eles, sem dúvida, a mais completa autonomia nas matérias de legislação, administração e justiça local".[67] Segundo o homenageado, no entanto, para evitar maiores dissidências seria bastante "sujeitar à legislação federal a maior soma de matérias e objetos que interessam à vida nacional, e deixar ao poder estadual o que for, real e somente, da economia local".[68]

3.3 Representação do ente soberano por um poder central

Como unidade política de caráter nacional, rememore-se, o Estado Federal é o exclusivo titular da soberania, que a exerce "não em nome dos Estados federados, mas em seu próprio nome, ou *per se*, em virtude da Constituição ou lei fundamental da sua instituição".[69] Em outras palavras, "na

64. CAVALCANTI, Amaro. *Regime federativo e República brasileira*. Brasília: UnB, 1983. p. 74.

65. *Ibidem*, p. 22.

66. *Ibidem*, p. 81.

67. *Ibidem*, p. 33.

68. *Ibidem*, p. 105.

69. *Ibidem*, p. 69.

Federação, só a União é o Estado perfeito, e, conseguintemente, é também ela o único soberano".[70] E a soberania da Federação alberga "a totalidade das questões de ordem temporal, do mesmo modo, que o seu objeto abraça a totalidade dos fins particulares, – não para absorver todos eles, mas para dirigi-los e constrangê-los, se for necessário, a se conformarem com o fim coletivo supremo".[71]

No Brasil, identifica-se "a União, ou a nação inteira, representada pelo Governo federal",[72] incumbindo ao poder central ou federal o exercício das prerrogativas da "pessoa jurídica da União, considerada como um todo",[73] em detrimento do poder estadual ou local, que representa "cada um dos Estados particulares, – tomados na sua individualidade, como membros componentes da mesma União".[74]

3.4 Autonomia dos Estados Federados

Por não vislumbrar a possibilidade de estabelecer uma norma geral ou regra universal de ingerência do poder federal "relativamente aos meios e modos da organização dos Estados federados",[75] o homenageado admitia uma relativa liberdade de conformação do Constituinte, porém com uma categórica ressalva: "contanto que deixe os Estados, na organização prescrita, espaço bastante para o seu livre movimento".[76] Isso porque, em sua sábia concepção, a absorção das autonomias locais era uma das três principais

70. CAVALCANTI, Amaro. *Regime federativo e República brasileira*. Brasília: UnB, 1983. p. 71.

71. *Ibidem*, p. 70.

72. *Ibidem*, p. 86.

73. *Ibidem*, p. 155.

74. *Ibidem, loco citato.*

75. *Ibidem*, p. 77.

76. *Ibidem, loco citato.*

hipóteses capazes de abalar a unidade nacional e mesmo ocasionar a ruptura do vínculo federativo, senão vejamos:

> O mal-estar das relações de uma União federal, como é a República Brasileira, suscetível de quebrar a sua unidade ou desfazer a sua existência, pode manifestar-se, principalmente, por algum destes três fatos: – primeiro, o desrespeito da Constituição, das leis e atos do poder federal, por parte dos Estados, seja por fatos diretos, seja por omissão voluntária; – segundo, o predomínio de um ou mais Estados sobre os outros, em vista da sua importância política, da sua população, ou da sua força e riqueza; – terceiro, a exorbitância do poder central, procurando absorver as autonomias locais.[77]

Devemos reconhecer que, naquele contexto histórico inaugural – marcado pela instituição de um regime completamente novo, a ponto de o público ver-se, "por assim dizer, em pleno desconhecido",[78] e acentuadamente oposto ao Estado unitário monárquico e parlamentarista que até então vigorava –, Amaro Cavalcanti defendia a precedência do poder federal sobre o poder estadual e a vigência do princípio segundo o qual "a lei federal derroga ou anula lei estadual que porventura lhe for contrária, mesmo sem a necessidade de declaração expressa a este respeito",[79] mas pela "necessidade de existência de um poder superior, máximo, que responda, sempre e em qualquer emergência, pela defesa e conservação do todo referido"[80] e, posteriormente, com a ressalva terminológica de que "esse poder superior só pode ser o poder central, ou, melhor dizendo, o poder nacional, representado pela União".[81]

---

77. CAVALCANTI, Amaro. *Regime federativo e República brasileira*. Brasília: UnB, 1983. p. 290-291.

78. *Ibidem*, p. 124.

79. *Ibidem*, p. 71.

80. *Ibidem*, p. 168.

81. *Ibidem, loco citato.*

3.5 Possibilidade de intervenção federal

As preocupações centrais do insigne jardinense eram o resguardo da unidade nacional, a preservação do vínculo federativo e a tutela dos interesses comuns e gerais da Nação, a ponto de afirmar que "os casos taxativos de intervenção do poder federal nos Estados, enumerados no art. 6º da Constituição Federal, não são os únicos permitidos ou autorizados ao dito poder",[82] e defender que Governo Federal "pode intervir nos Estados para todos e quaisquer outros negócios não peculiares aos mesmos, sempre que assim o exijam os direitos e interesses da própria União".[83]

Noutros dizeres, relativamente aos negócios peculiares à União, por ele compreendidos como "todos do interesse geral da própria Nação Brasileira, em sua acepção lata, o mesmo governo poderá intervir sem outras restrições, que as da oportunidade e conveniência, deduzíveis da mesma Constituição".[84]

Eis mais uma ponderada síntese de seu pensamento federativo:

> Do contexto da Constituição Federal vê-se realmente, que o pensamento fundamental dela fora estabelecer o governo nacional e os governos locais, como dois aparelhos inteiramente distintos, – procurando, desta sorte, evitar quaisquer choques ou colisões no exercício das respectivas funções; devendo estas serem mesmo tão independentes entre si, quanto fosse compatível com a necessidade mais elevada de subordinação dos Estados à União, relativamente aos fins ou objetos de interesse nacional.[85]
>
> [...]

---

82. CAVALCANTI, Amaro. *Regime federativo e República brasileira*. Brasília: UnB, 1983. p. 173.

83. *Ibidem*, p. 174.

84. *Ibidem, loco citato*.

85. *Ibidem*, p. 156.

> Não queremos que se tire aos Estados uma só partícula dos direitos e poderes, que lhe devem caber na Federação; mas também, não admitimos que eles estorvem ou impeçam, de qualquer modo, ao governo da União, na menor partícula das suas atribuições. Se da primeira hipótese, pode resultar dano à vida local, ao *self government*; – da segunda, virá a fraqueza, o desprestígio, ou o desgoverno da Nação inteira.[86]

Em todo caso, aquilo que se combate "não é a plenitude do poder estadual, que, não se ignora, ser essencial ao regime; mas os excessos ou a falsa compreensão desse poder".[87]

3.6 Razoável equivalência entre os entes

E ao lado da autonomia dos entes federados, como prenunciado, outro pressuposto à "boa harmonia e permanência do sistema federativo"[88] defendido por Amaro Cavalcanti foi justamente a razoável equivalência entre os Estados, em termos de importância política, território, população, força e elementos de riqueza, muito embora, naquela primeva ocasião, (i) a transferência das terras devolutas não tenha se pautado no princípio de que os Estados eram sucessores iguais do "patrimônio comum deixado pelo Império";[89] e (ii) a atribuição exclusiva dos encargos dos serviços gerais e da totalidade da dívida pública interna e externa em detrimento da União tenha sido seguida pelo despojo dos "bens que constituíam a sua maior riqueza",[90]

86. CAVALCANTI, Amaro. *Regime federativo e República brasileira*. Brasília: UnB, 1983. p. 300.

87. *Ibidem, loco citato.*

88. *Ibidem*, p. 274.

89. *Ibidem, loco citato.*

90. *Ibidem, loco citato.*

reduzindo "ao extremo a fonte dos próprios rendimentos"[91] sem uma contrapartida suficiente na discriminação constitucional das rendas públicas.[92]

4. Virtudes do regime federativo

> De certo, sendo princípio admitido do sistema, que o poder estadual deve servir igualmente de contrapeso ao excesso ou desequilíbrio possível do poder federal, segue-se logicamente daí – que o Estado federado deve ter a maior autonomia possível quanto à sua própria organização e funcionamento, – queremos dizer, – a constituição política do Estado federado deve ser a obra exclusiva da vontade do próprio povo, que o habita, e vindo desta fonte, a sua autoridade é suprema dentro da sua esfera.[93]

Amaro Cavalcanti, sem sombra de dúvidas, era um entusiasta do modelo de Estado Federativo, por enxergar nesse regime caras virtudes e múltiplos benefícios.

4.1 Autonomia e heterogeneidade

Primeiramente, o jurista potiguar não admitia que se afirmasse, como regra, que a diversidade da lei e da administração são negativas. Pelo contrário, supunha que tal fato, de ordinário, "corresponde melhor às condições e circunstâncias especiais diferentes, as quais, sujeitas à uniformidade, já não seriam capazes de bem ou fim, que por ventura se pretenda".[94]

A descentralização administrativa e a autonomia local (*self-government*), na óptica do homenageado,

---

91. CAVALCANTI, Amaro. *Regime federativo e República brasileira*. Brasília: UnB, 1983. p. 274.

92. *Cf. Ibidem*, p. 278.

93. *Ibidem*, p. 156.

94. *Ibidem*, p. 105.

possibilitariam "atender, com maior conveniência, à diversidade de raça, de religião, de costumes, de tradições históricas, que porventura se deem no mesmo país".[95] Isso, por considerar óbvio que, a partir da legislação e da administração particulares de cada membro federativo, individualmente considerado, "se poderá corresponder melhor às suas condições e necessidades, do que com as disposições legislativas e administrativas, uniformes, de um poder central único, às vezes, expedidas de um ponto longínquo, para todas as zonas do território nacional".[96]

4.2 Complexidade e desenvolvimento

O escritor norte-rio-grandense não se deixava incomodar pela complexidade advinda da dualidade de legislação e de administração, justamente por vê-la como condição própria do sistema e advertir que "nem sempre a simplicidade da máquina é sinal do seu aperfeiçoamento e eficácia".[97]

Indo além, o jurista potiguar ponderou que, caso se devesse buscar um governo dotado de maior simplicidade, a melhor forma seria o despotismo "cujas peças são menos complicadas e singelas: – um indivíduo é a lei, a autoridade e a força, – e todos os mais, a obediência, a submissão, a passividade"[98] e, em seguida, concluiu: "Neste ponto, a mecânica social não difere da mecânica industrial: na maioria dos casos, a complexidade do maquinismo é condição, para que ele funcione com a maior perfeição, e dê, em menor tempo, os maiores ou melhores resultados".[99]

---

95. CAVALCANTI, Amaro. *Regime federativo e República brasileira*. Brasília: UnB, 1983. p. 108.

96. *Ibidem, loco citato.*

97. *Ibidem*, p. 106.

98. *Ibidem, loco citato.*

99. *Ibidem, loco citato.*

4.3 Dualidade de governos e cidadania

Amaro Cavalcanti também vislumbrava, na dualidade de governos no País – cada qual funcionando autonomamente, "com as suas rendas e a sua milícia própria, com os seus aparelhos de administração e justiça, – sobre matérias distintas, mas, todos movidos em vista do bem comum"[100] –, ocasião, motivo e estímulo para que os indivíduos locais "se exercitem nos misteres, e aprendam melhor os seus deveres e direitos, como coparticipantes da vida pública",[101] avigorando a política local e ensinando aos cidadãos "que a vigilância constante e o sacrifício do próprio tempo e labor são o preço, que cada um deve pagar pela liberdade individual e pela prosperidade coletiva".[102]

4.4 Descentralização e formação política

Em quarto lugar, o douto jardinense defendia que o contraste entre assuntos nacionais e negócios de ordem estadual concorre para "educar o sentimento popular, e dar ao povo um critério, que o leva a bem distinguir e julgar das necessidades ou conveniências da causa pública".[103]

A esse respeito, o homenageado partilhava o pensamento de que a descentralização faz exsurgir uma verdadeira escola prática de política:

> Não afirmamos que a excelência de um governo esteja na razão direta da sua dificuldade; mas não pomos dúvida em dizer, que quanto mais *livre* e *descentralizada* for a forma de um governo, tanto mais difícil será a sua marcha e execução; e que, no entanto,

---

100. CAVALCANTI, Amaro. *Regime federativo e República brasileira*. Brasília: UnB, 1983. p. 106.

101. *Ibidem, loco citato.*

102. *Ibidem*, p. 109.

103. *Ibidem*, p. 107.

> é essa mesma dificuldade, proveniente da *dualidade de governos*, que, prendendo a atenção de todos, converte-se em escola prática de política, donde saem os homens de governo para a União e para os Estados, dotados de energia, instruídos pela própria experiência, e capazes de decidir, acerca do bem particular em confronto com o bem geral, pela parte que lhes cabe tomar na luta dos interesses da ordem federal e estadual ao mesmo tempo.[104]

4.5 Divisão de poderes e eficiência governamental

Prosseguindo, o douto escritor potiguar não apenas via a divisão de poderes e atribuições governamentais como algo fundamental na Federação. Identificava nesse partilhamento de atribuições públicas, consequências "evidentemente vantajosas para os indivíduos e para toda coletividade nacional",[105] por reduzir o encargo do poder federal, circunscrevendo-o a assuntos de interesse geral, "e deste modo, os negócios públicos podem ser, não só, melhor estudados, como também, despachados com maior conveniência e oportunidade".[106]

4.6 Repartição de competências e focos de crise

Em sexto lugar, o ilustrado norte-rio-grandense partilhava a concepção de que a repartição de competências, ao reduzir os encargos do poder central (em termos legislativos, administrativos e judiciários), reduziria "ao mesmo tempo, as causas de responsabilidade, ou, mesmo, de crises para o referido governo e para toda nação",[107] descentralizando eventuais focos de crise institucional.

---

104. CAVALCANTI, Amaro. *Regime federativo e República brasileira*. Brasília: UnB, 1983. p. 107.

105. *Ibidem*, p. 109.

106. *Ibidem, loco citato.*

107. *Ibidem, loco citato.*

É certo que, por variados motivos, podem exsurgir acentuadas queixas ou severos descontentamentos populares em um ou mais Estados. Todavia, "desde que não afetem ao interesse geral da União, o governo central, bem como os outros Estados, em nada serão coparticipantes do mal-estar, por ventura, existentes e, zonas determinadas".[108]

4.7 Autonomia do poder estadual e contrapeso

Por fim, Amaro Cavalcanti também comungava do pensamento de Montesquieu, atinente à necessidade de distribuição efetiva e prática de poderes entre sujeitos de direito inconfundíveis, com o fito de contrapor a tendência que seus titulares apresentam para se corromper ou dele abusarem. Por isso mesmo, professava a crença segundo a qual "é, justamente, no exercício de certa soma de atribuições soberanas, confiadas aos Estados, que consiste um dos contrapesos do regime contra possíveis abusos do poder central".[109]

O homenageado, inclusive, ao longo de sua rica e profunda obra, defendeu a necessidade de organizar e dirigirmos a Federação brasileira "segundo o grau de saber de nosso povo, os hábitos contraídos da nossa vida política anterior, e, sobretudo, em nada descurar o mau vezo ou a tendência comum para o desrespeito da lei".[110]

No livro *Regime federativo e República brasileira*, o brilhante autor fez questão de envidar especial atenção ao plano da concretização normativa, essencialmente dependente da conduta humana:

---

108. CAVALCANTI, Amaro. *Regime federativo e República brasileira*. Brasília: UnB, 1983. p. 109.

109. *Ibidem*, p. 300.

110. *Ibidem*, p. 326.

> Bem sabe-se que a lei precede à sua execução; mas é também certo, que é o executor, quem dá vida, força e préstimo, se assim podemos dizer, aos dispositivos da lei. É a mão do executar, que vivifica a letra morta da lei; é o braço potente da sua autoridade, que move a adapta o meio, aos indivíduos, aos casos e às circunstâncias, as diversas peças forjadas nas oficinas do trabalho legislativo; sem o que, todas elas, por mais perfeitas que sejam, permaneceriam paradas, incapazes de menor utilidade prática.[111]

Para ele, portanto, a lei deve ser "cumprida e executada fielmente, sobretudo, no regime da República, o qual, como se sabe, consiste essencialmente em substituir o império do homem pelo império da lei".[112] E, se realmente anelamos uma federação próspera, é imprescindível que pratiquemos o regime republicano "com todo o patriotismo, e não, subordinando os princípios da democracia e da liberdade aos interesses mesquinhos da politicagem ou a outras preocupações menos dignas do momento".[113]

5. Notas sobre a experiência da última década do século XIX

> Não é nosso propósito fazer a análise ou apreciação de todas as dificuldades e defeitos, porventura apontados, ou já apurados pela experiência dos últimos 10 anos, em que o país tem vivido sob o regime federal. No limitado espaço, que nós temos traçado, o nosso intuito resume-se em chamar a atenção para certas dificuldades, que, pela sua natureza e condições, mais prejudicam, ou podem mesmo impedir a realização e o gozo das vantagens, que seriam de esperar das instituições, recentemente, implantadas no Brasil.
>
> Essas dificuldades, – umas vêm: – a) da oposição radical do novo regime político em confronto com o regime vigente até 15 de

111. CAVALCANTI, Amaro. *Regime federativo e República brasileira*. Brasília: UnB, 1983. p. 312.

112. *Ibidem, loco citato.*

113. *Ibidem*, p. 336.

> novembro de 1889; – b) da novidade ou desconhecimento do regime federal, não só para a massa do povo em geral, como também, para as próprias classes dirigentes da política. E outras tiram origem: – a) de disposições, porventura, desacertadas ou inoportunamente adotadas na Constituição federal, – da imprevidência, com que o poder constituinte consentiu, que os membros da Federação encetassem a sua vida autônoma, sem uma regra geral obrigada a respeito, – ou da omissão posterior do poder federal em desenvolver o teor de certas disposições constitucionais, para que elas possam corresponder ao seu objeto e fins; – b) das pretensões descabidas, ou da falsa fé, dos indivíduos e das autoridades – e resultantes, ora, das novas ambições, consequência fatal das revoluções políticas, – e ora, da ignorância dos princípios e práticas do regime inaugurado, a que já acima se aludiu.[114]

A partir do século XIX, Estados compostos passaram a se formar com maior frequência e, paulatinamente, tornaram-se objeto de estudo dos publicistas.

O surgimento do Estado Federal, caracterizado segundo os elementos e pressupostos já alhures assentados, remonta à experiência dos Estados Unidos da América, expressamente a partir da Constituição Federal de 17 de setembro de 1787, "e não, como talvez se pense, conjuntamente com a sua independência, proclamada a 4 de julho de 1776, ou ainda, como instituição resultante dos Artigos da Confederação adotados pelo Congresso em 15 de novembro de 1777".[115] Resultou, assim, de um processo de transição, iniciado pela celebração de um pacto federativo entre Estados independentes e soberanos, cada qual com seu próprio e autônomo governo.

---

114. CAVALCANTI, Amaro. *Regime federativo e República brasileira*. Brasília: UnB, 1983. p. 123-124.

115. *Ibidem*, p. 63.

5.1 A formação do Estado Federal brasileiro

Na realidade pátria, diversamente, os Estados federados jamais titularizaram atribuições soberanas anteriormente. O Brasil "é talvez, mesmo, o único exemplo de uma união federativa, cujos membros nunca tivessem tido em dado momento, ao menos de fato, a qualidade de soberanos",[116] posto que suas "simples províncias de um Estado-unitário, passaram à categoria de Estados federados, nos precisos termos da Constituição Federal, – recebendo, unicamente, dela as atribuições e direitos para a sua formação e consequente governo local".[117]

A Federação brasileira se originou "da própria vontade soberana da nação, que, como se disse, constituiu-se em união perpétua e indissolúvel das suas antigas províncias, sob o título de 'Estados Unidos do Brasil'",[118] a partir da Revolução de 15 de novembro de 1889, que "pôs termo ao governo monárquico-hereditário, constitucional e representativo, que existia no Brasil em virtude da Constituição Política, outorgada pelo Imperador aos 25 de março de 1824".[119]

Instituído o Governo Provisório, inúmeros e variados decretos foram promulgados, "todos com o fim manifesto de adaptar as condições e normas públicas existentes às do regime federal, agora proclamado".[120] Nesse contexto, a promulgação da Constituição da República dos Estados Unidos do Brasil em 24 de fevereiro de 1891 foi "a consagração completa e formal da Revolução de 15 de novembro de 1889",[121] como preceituaram seus próprios arts. 1º e 2º, *in verbis*:

---

116. CAVALCANTI, Amaro. *Regime federativo e República brasileira*. Brasília: UnB, 1983. p. 122.

117. *Ibidem*, p. 165.

118. *Ibidem*, p. 119.

119. *Ibidem*, p. 43.

120. *Ibidem, loco citato*.

121. *Ibidem*, p. 45.

> Art. 1º A Nação brasileira adota como forma de Governo, sob o regime representativo, a República Federativa, proclamada a 15 de novembro de 1889, e constitui-se, por união perpétua e indissolúvel das suas antigas Províncias, em Estados Unidos do Brasil.
>
> Art. 2º Cada uma das antigas Províncias formará um Estado e o antigo Município Neutro constituirá o Distrito Federal, continuando a ser a Capital da União, enquanto não se der execução ao disposto no artigo seguinte.

Na compreensão de Amaro Cavalcanti, inclusive, ao analisar sistematicamente a Carta Federativa, os Estados federados teriam sido "muito bem contemplados na partilha das competências e poderes, com que a Constituição de 24 de fevereiro os aquinhoou".[122] A rigor, aliás, em alguns capítulos materiais, o notável potiguar até vislumbrou a outorga de "faculdades um pouco maiores, do que convinha ao bom funcionamento do novo regime instituído".[123]

5.2 A discriminação de rendas tributárias

Ao contrário do que se vislumbrava no sistema tributário do ex-Império, desde muito "encoimado de injusto na sua partilha com a economia financeira das províncias, as quais, na sua maioria, senão totalidade, se achavam com efeito sem meios e recursos para as próprias despesas ordinárias",[124] o insigne jardinense passou a afirmar que os Estados federados "saíram da condição precária, em que haviam ficado as antigas províncias do ex-Império; equilibraram agora os seus orçamentos e mostraram-se mesmo com certa prosperidade financeira",[125] aquinhoados

122. CAVALCANTI, Amaro. *Regime federativo e República brasileira*. Brasília: UnB, 1983. p. 155.

123. *Ibidem, loco citato.*

124. *Ibidem*, p. 273.

125. *Ibidem*, p. 320.

pela novel divisão das rendas públicas em desfalque da União, "cujas condições financeiras de então aparentavam, – verdade seja dita, – senão prosperidade, ao menos, uma certa bastança de recursos".[126]

Ingressamos, assim, agora com maior vagar, em um daqueles quatro pontos que tocam de modo mais sensível as principais dificuldades do regime federativo: a discriminação das receitas tributárias.

O disciplinamento constitucional do poder tributário, sem sombra de dúvidas, é uma das matérias "que mais reclamam a atenção vigilante do legislador",[127] mas não apenas porque os "impostos são necessidades duras"[128] capazes de repercutir na dinâmica econômica e na vida financeira do País, levando o constituinte a trabalhar com outorgas competenciais exclusivas e vedações expressas relativamente aos impostos que "podiam ser os mais prejudiciais à liberdade e igualdade do comércio entre os Estados".[129]

A disposição do sistema tributário ao longo da Constituição Federal se deu "em artigos distintos, segundo as competências dos respectivos poderes, e bem assim, a observância de certos preceitos, que convinha, fossem guardados a respeito dessa matéria",[130] para propiciar à União e aos Estados fontes de receitas específicas e imprescindíveis ao desempenho de suas respectivas atribuições constitucionais:

> – pelo seu art. 7º foram declarados, quais os impostos e taxas de exclusiva competência da União; pelo art. 9º, quais os impostos da competência exclusiva dos Estados; pelos arts. 10 e 11, o que

---

126. CAVALCANTI, Amaro. *Regime federativo e República brasileira*. Brasília: UnB, 1983. p. 273.

127. *Ibidem*, p. 272.

128. *Ibidem*, p. 247.

129. *Ibidem*, p. 251.

130. *Ibidem*, p. 237.

> é proibido ou vedado, tanto à União como aos Estados, em matéria tributária; e pelo art. 12, o que é lícito a uma e a outros fazer, cumulativamente ou não, para aumentar as suas fontes de receita, além das discriminadas nos arts. 7º e 9º sobreditos.[131]
>
> [...]
>
> Na esperança de que, além das rendas constantes dos arts. 7º e 9º, outras fontes de receita pudessem ainda ser aproveitadas, ou, talvez, dizendo com verdade maior, – na previsão de que as rendas enumeradas e partilhadas não fossem bastantes para ocorrer às despesas, já da União e já dos Estados, o legislador constituinte autorizou, desde logo, a uma e a outros criar novas rendas, cumulativamente ou não, contanto que não contraviessem ao disposto nos citados arts. 7º, 9º e 11, nº 1º da Constituição.[132]

Esse disciplinamento do direito de tributar, ademais, deu-se de forma consciente e evidentemente articulada pelo legislador constituinte, "em vista do modo completo e positivo, pelo qual o mesmo deixou traçada a esfera da competência tributária entre a União e os Estados",[133] com "o intuito previdente de evitar a confusão e equívocos na prática ou apreciação de atos e fatos que, para o futuro, podiam respectivamente ocorrer, e que, com efeito, já constituem mais uma *lis sub judice* no atual momento".[134]

Uma ilustração dessa filosofia o norte-rio-grandense homenageado nos ofertou relativamente ao imposto sobre importação de procedência estrangeira:

> Na Federação Brasileira, como em geral se dá nas outras organizações políticas da espécie, foi o imposto de importação de procedência estrangeira declarado da competência exclusiva do poder federal. São óbvias as razões que influíram para o fato: em primeiro lugar, era indiscutível a necessidade de não privar

131. CAVALCANTI, Amaro. *Regime federativo e República brasileira*. Brasília: UnB, 1983. p. 237.

132. *Ibidem*, p. 268.

133. *Ibidem*, p. 252.

134. *Ibidem*, p. 237.

> a União da fonte de renda, da qual ela tirava a sua maior receita para os grandes encargos, que continuaram à conta do Governo Nacional; em segundo lugar, impunha-se ainda a razão, não menos atendível, que, sendo a importação estrangeira um ramo do comércio internacional, e, conseguintemente, capaz de tornar-se objeto de convênios ou tratados com as nações estrangeiras, só ao poder federal devia caber competência para legislar a respeito da mesma.[135]

É certo, entretanto, que já naquela quadra histórica verificaram-se desequilíbrios na discriminação de rendas e imprecisões redacionais no altiplano constitucional que conduziram a conflitos federativos, como Amaro Cavalcanti não se furtou de registrar:

> Reconhecendo, muito embora, os sinceros esforços do legislador constituinte para bem desempenhar-se do seu dever sobre este tão importante capítulo do direito constitucional, - a verdade é, que o contexto das disposições adotadas não parece ter sido o mais conveniente: - por um lado, não correspondeu devidamente, quer às condições financeiras do país, quer aos grandes encargos reservados à União; e, por outro, a própria redação dos dispositivos constitucionais foi feita de forma, que já tem dado ocasião para números pleitos judiciais e até conflitos entre os poderes públicos, acarretando juntamente vexames para os contribuintes e detrimento certo para a fazenda federal.[136]

Nesse peculiar quadrante, ademais, o sábio jurista potiguar ainda criticou com veemência prescrição constitucional *a priori* bem-intencionada, imbuída de espírito cooperativo, mas que findava por deferir aos Estados federados a possibilidade de interferência nas finanças públicas federais:

> Entretanto, talvez devido à grande liberalidade, com que se procurou transplantar as disposições textuais do direito federal americano para o nosso país, na esperança, sem dúvida,

135. CAVALCANTI, Amaro. *Regime federativo e República brasileira*. Brasília: UnB, 1983. p. 238.

136. *Ibidem*, p. 273.

> lisonjeira, dos mesmos resultados benéficos para a Federação Brasileira, se admitiu desde logo, ao direito exclusivo da União sobre os impostos da importação estrangeira, uma exceção explícita em favor do poder estadual. É o dispositivo constante do § 3º do art. 9º da Constituição, que reza: 'Só é lícito a um Estado tributar a importação de mercadorias estrangeiras, quando destinadas ao consumo no seu território, revertendo, porém, o produto do imposto para o Tesouro Federal.[137]

No ensejo, questionou "por que e para que reconhecer aos Estados a faculdades de tributar, em proveito do Tesouro Federal, sem prévia recomendação ou exigência deste, e podendo o tributo arrecadado vir mesmo a operar, como um mal, para as próprias rendas federais"[138] e, logo em seguida, novamente arguiu a real importância de o produto do imposto ser vertido ao Tesouro Federal "se os Estados podem, à vontade, dificultar o comércio externo, e deste modo, fazer diminuir os rendimentos fiscais da União, e, o que mais é, até criar-lhe sérios embaraços nas relações da ordem internacional".[139]

6. Considerações finais

> A audácia teórica é uma virtude intelectual que em nada compromete a modéstia do estudioso. Por isso mesmo, o ideal de erradicar erros deve ser extirpado da ciência como erva daninha. Quem se propuser à formulação de hipóteses científicas ousadas, abertas ao falseamento, deve aprender a conviver com o erro. Quanto mais ousada a teoria, maior a possiblidade de insinuação do erro, mas, em contrapartida, maior será o progresso científico se esse erro for rapidamente identificado. [...] E se não ousarmos atacar problemas tão complexos que o erro da solução seja quase inevitável, radicalmente não haverá progresso do

137. CAVALCANTI, Amaro. *Regime federativo e República brasileira*. Brasília: UnB, 1983. p. 238-239.

138. *Ibidem*, p. 239.

139. *Ibidem*, *loco citato*.

> conhecimento científico. Quem pensa profundamente não deve temer profundamente equivocar-se.[140]

Como poucos, Amaro Cavalcanti soube combinar audácia intelectual e humildade científica para produzir pesquisas socialmente relevantes, vertidas em obras antológicas.

O insigne homenageado se lançou destemidamente à tarefa de teorizar sobre um regime pioneiro e inédito na experiência brasileira da época, introduzido pela Revolução de 15 de novembro de 1889 e consolidado na Constituição da República dos Estados Unidos do Brasil promulgada em 24 de fevereiro de 1891.

A outrora novel realidade jurídica, de imediato, ostentou conformação e dinâmica acentuadamente opostas ao modelo de Estado unitário monárquico e parlamentarista que até então vigorava, de tal modo que o público nacional se viu em pleno desconhecido.

Não bastasse esse disruptivo cenário, o desafio intelectual ainda foi acirrado pela natureza do objeto cultural investigado, sobremodo fecundo a divergências e sempre aberto a novas reflexões, levando o literato potiguar a esquadrinhar experiências forâneas e contextualizar suas peculiares tramas, no afã de sublinhar mínimos denominadores comuns. Nada impossível, contudo, àquele que, ainda no final do século XIX, já discorria sobre independência e harmonia dos Poderes no Brasil,[141] lecionava sobre o estrito espectro da competência regulamentar,[142] alertava para a possibilidade de o Poder Legislativo criar embaraços ao

140. BORGES, José Souto Maior. *Ciência feliz*. 3. ed. São Paulo: Quartier Latin, 2007. p. 25-26.

141. CAVALCANTI, Amaro. *Regime federativo e República brasileira*. Brasília: UnB, 1983. p. 188, 189 e 211.

142. *Cf. Ibidem*, p. 191.

Poder Executivo pela via das leis orçamentárias,[143] refletia sobre ativismo judicial,[144] preocupava-se com o controle difuso de constitucionalidade,[145] defendia a existência de limites semânticos à interpretação jurídica,[146] partilhava preocupações acerca da insegurança jurídica que a prestação jurisdicional poderia ocasionar[147] e criticava a heterogeneidade da legislação processual.[148]

Para o jurista norte-rio-grandense, o Estado se diferencia das demais outras coletividades públicas e associações humanas essencialmente por titularizar a soberania em dado território, assim compreendida como poder mais elevado e determinante que confere unidade política a um povo, quaisquer que sejam as suas diferenças, não para absorvê-los, "mas para dirigi-los e constrangê-los, se for necessário, a se conformarem com o fim coletivo supremo".[149]

Partindo da premissa segundo a qual a soberania é una e indivisível, o notável escritor expôs que, sob a égide do Estado Federal, os membros de seu organismo composto não são genuinamente Estados, mas coletividades de caráter político particular e especial, dotadas de direitos, prerrogativas e funções públicas outorgadas pelo instrumento orgânico tradicionalmente referido como Constituição, na acepção de "expressão verbal do esquema institucional

---

143. CAVALCANTI, Amaro. *Regime federativo e República brasileira*. Brasília: UnB, 1983. p. 194 e 195.

144. *Cf. Ibidem*, p. 202.

145. *Cf. Ibidem*, p. 203.

146. *Cf. Ibidem*, p. 207, 208 e 244.

147. *Cf. Ibidem*, p. 208 e 209.

148. *Cf. Ibidem*, p. 225, 228 e 229.

149. *Cf. Ibidem*, p. 70.

básico que deve vigorar numa determinada sociedade",[150] para utilizarmos a definição de Gregório Robles.

Na qualidade de realidade jurídica, o regime federativo é talhado a partir de uma relativa liberdade de conformação do poder constituinte, que ao longo da história introduziu múltiplos e variados arranjos, mediante decisões políticas fundamentais pautadas por dados, condições, valores, interesses, práticas e horizontes culturais de determinado povo. Todavia, não se tratando de Estado Simples ou Unitário, a afirmação de uma Federação pressupõe uma dualidade integrada por entes subnacionais autônomos, coparticipantes no exercício da soberania nacional, dotados de "espaço bastante para o seu livre movimento"[151] e, por conseguinte, inconfundíveis com meras províncias ou coletividades políticas inferiores.

A partir de tudo aquilo que expomos até então, é possível concluir que a Federação genuína e ideal na obra de Amaro Cavalcanti seria aquela que:

i) prioriza a descentralização em detrimento da uniformidade, para outorgar aos Estados federados competências e prerrogativas "bastantes para caracterizá-los como coletividades distintas, sob o ponto de vista de pessoas do direito público";[152]

ii) ordinariamente assegura aos Estados federados "inteira jurisdição sobre os negócios puramente

150. ROBLES, Gregório. *O direito como texto:* quatro estudos de teoria comunicacional do direito. Tradução Roberto Barbosa Alves. Barueri: Manole, 2005. p. 55.

151. CAVALCANTI, Amaro. *Regime federativo e República brasileira*. Brasília: UnB, 1983. p. 77.

152. *Ibidem*, p. 74.

locais, tendo e exercendo o poder legislativo, executivo e judiciário, sem outras limitações";[153]

iii) não perde de vista que "a constituição política do Estado federado deve ser a obra exclusiva da vontade do próprio povo, que o habita, e vindo desta fonte, a sua autoridade é suprema dentro da sua esfera";[154]

iv) reconhece no poder estadual um contrapeso ao excesso ou desequilíbrio do poder federal, de modo que "o Estado federado deve ter a maior autonomia possível quanto à sua própria organização e funcionamento";[155]

v) previne, interdita e reprime "a exorbitância do poder central, procurando absorver as autonomias locais";[156]

vi) confere ampla distinção entre governo nacional e os governos locais, com vistas a evitar choques ou colisões nos exercícios de suas respectivas funções, que deverão ser "tão independentes entre si, quanto fosse compatível com a necessidade mais elevada de subordinação dos Estados à União, relativamente aos fins ou objetos de interesse nacional";[157]

vii) não admite que os poderes locais estorvem ou impeçam o governo da União, mediante condutas que resultem em fraqueza, desprestígio ou desgoverno da Nação como um todo;

---

153. CAVALCANTI, Amaro. *Regime federativo e República brasileira*. Brasília: UnB, 1983. p. 81.

154. *Ibidem*, p. 156.

155. *Ibidem, loco citato.*

156. *Ibidem*, p. 291.

157. *Ibidem*, p. 156.

viii) considera que a oposição radical de regime político desconhecido e a omissão federal na regulamentação de certas disposições constitucionais possam criar dificuldades de ordem político-administrativa;

ix) enxerga na diversidade da lei e da administração, em geral, uma variável assaz positiva, apta a melhor lidar com condições, tratar de circunstâncias, tutelar peculiaridades e satisfazer necessidades locais de um povo heterogêneo, se comparado com "as disposições legislativas e administrativas, uniformes, de um poder central único, às vezes, expedidas de um ponto longínquo, para todas as zonas do território nacional";[158]

x) evita a centralização de assuntos de interesse local no poder federal, para que as questões gerais possam ser melhor estudadas e despachadas pela União, assim como as eventuais causas ou focos de responsabilidade pública, tensão institucional ou crise governamental mantenham-se, na maior medida possível, difusos;

xi) apenas permite intervenções federais do poder nacional, representado pela União, quando justificadas pelo resguardo da unidade nacional, pela preservação do vínculo federativo ou pela defesa dos interesses comuns e gerais da Nação, como um todo considerada;

xii) atribui encargos, deveres e despesas proporcionais aos ativos outorgados e à discriminação constitucional das rendas públicas;

---

158. CAVALCANTI, Amaro. *Regime federativo e República brasileira*. Brasília: UnB, 1983. p. 108.

xiii) vela pela razoável equivalência entre os entes federados, em termos de importância política, território, população, força e elementos de riqueza;

xiv) bem pondera a introdução de competências constitucionais cujos exercícios sejam capazes de possibilitar interferências unilaterais ou embaraços heterônomos nas finanças públicas de outro ente federado;

xv) não se deixa inibir pela complexidade advinda da dualidade de legislação e administração, por vê-la como condição própria do sistema, voltada ao seu funcionamento com maior perfeição e preordenada ao alcance, em menor tempo, de resultados maiores ou melhores;

xvi) valoriza a dualidade de governos, por darem ocasião, motivo e estímulo para que os indivíduos locais aprendam melhor seus direitos e deveres e exercitem a cidadania, avigorando a política local pela consciência de que "a vigilância constante e o sacrifício do próprio tempo e labor são o preço, que cada um deve pagar pela liberdade individual e pela prosperidade coletiva";[159]

xvii) concebe a descentralização, para além de ensejo à educação do sentimento popular acerca das necessidades e conveniências da causa pública, como uma escola prática de política, "donde saem os homens de governo para a União e para os Estados, dotados de energia, instruídos pela própria experiência, e capazes de decidir, acerca do bem particular em confronto com o bem geral";[160]

---

159. CAVALCANTI, Amaro. *Regime federativo e República brasileira*. Brasília: UnB, 1983. p. 109.

160. *Ibidem, loco citato.*

xviii) digna-se a considerar "os hábitos contraídos da nossa vida política anterior, e, sobretudo, em nada descurar o mau vezo ou a tendência comum para o desrespeito da lei";[161] e

xix) reduz as margens para o exercício de "interesses mesquinhos da politicagem"[162] e para o cultivo "das pretensões descabidas, ou da falsa fé, dos indivíduos e das autoridades".[163]

Referências

BORGES, José Souto Maior. *Ciência feliz*. 3. ed. São Paulo: Quartier Latin, 2007.

CALVINO, Ítalo. *Por que ler os clássicos*. Tradução Nilson Moulin. São Paulo: Companhia das Letras, 1993.

CAVALCANTI, Amaro. *Regime federativo e República brasileira*. Brasília: UnB, 1983.

DESCARTES, René. *Discurso sobre o método*. Tradução Paulo M. de Oliveira. 2. ed. Bauru: Edipro, 2006.

ECO, Umberto. *Como se faz uma tese*. Tradução Gilson Cesar Cardoso de Souza. São Paulo: Perspectiva, 2016.

GIORGI, Raffaele De. Luhmann e a teoria jurídica dos anos 70. *In*: CAMPILONGO, Celso Fernandes. *O direito na sociedade complexa*. São Paulo: Max Limonad, 2000.

INGENIEROS, José. *El hombre mediocre*. La Habana: Imprenta Económica Integral, 1960.

161. CAVALCANTI, Amaro. *Regime federativo e República brasileira*. Brasília: UnB, 1983. p. 326.

162. *Ibidem*, p. 336.

163. *Ibidem*, p. 123-124.

LINS, Robson Maia; FERNANDES, Pablo Gurgel. O constructivismo lógico-semântico e o direito sancionatório: uma introdução inspirada por lições de Lourival Vilanova. *In*: LINS, Robson Maia (coord.). *Direito tributário sancionatório*. São Paulo: Noeses, 2021.

LUHMANN, Niklas. *O direito da sociedade*. Tradução Saulo Krieger. São Paulo: Martins Fontes, 2016.

ROBLES, Gregório. *O direito como texto:* quatro estudos de teoria comunicacional do direito. Tradução Roberto Barbosa Alves. Barueri: Manole, 2005.

AMARO CAVALCANTI: A CONTRIBUIÇÃO DE UM ROMANISTA COM FORMAÇÃO JURÍDICA ANGLO-SAXÃ PARA O CÓDIGO CIVIL BRASILEIRO DE 1916

Venceslau Tavares Costa Filho[1]

1 Breve excurso biográfico: de "filhote de vulcão" do Segundo Império a jurisconsulto da República recém-proclamada; 2 Romanismo, reverência a tradição e a questão da causa das obrigações no Parecer de Amaro Cavalcanti; 3 A preocupação com a interpretação das obrigações e a precisão das regras sobre inadimplemento, perdas e danos, juros de mora e cessão de crédito no Parecer de Amaro Cavalcanti; Referências.

1. Breve excurso biográfico: de "filhote de vulcão" do Segundo Império a jurisconsulto da República recém-proclamada

1. Doutor em Direito pela Universidade Federal de Pernambuco – UFPE. Professor Permanente do Programa de Pós-Graduação em Direito da UFPE. Professor Adjunto da Universidade de Pernambuco e da UniFafire. Membro da Comissão Especial de Responsabilidade Civil do Conselho Federal da Ordem dos Advogados do Brasil. Advogado. venceslau.tavares@upe.br.

Nascido em 1849 na Fazenda Logradouro, no Município de Caicó (Comarca de Seridó), Rio Grande do Norte, Amaro Cavalcanti (Amaro Bezerra Cavalcanti de Albuquerque) era filho de Amaro Cavalcanti Soares de Brito (um modesto mestre-escola, com quem iniciou seu processo de alfabetização) e de Ana Cavalcanti.

Estudos de genealogia realizados pelo autor deste breve estudo indicam que Amaro Cavalcanti provavelmente é descendente direto de Jerônimo de Albuquerque, "o torto", que teve 36 filhos e é cognominado de "Adão Pernambucano", havendo espalhado seu DNA por todo o nordeste brasileiro.[2] Cunhado de Duarte Coelho, Donatário da Capitania de Pernambuco, Jerônimo de Albuquerque chegou a Pernambuco em 1535, um ano após a concessão da referida Capitania pela Coroa Portuguesa.[3]

Como muitos jovens de famílias humildes da época, Amaro Cavalcanti fez seus estudos no Seminário de São Luís do Maranhão, onde um de seus irmãos terminou por ser ordenado padre. Não seguindo com a formação eclesiástica, muda-se brevemente para Pernambuco, onde trabalha no Comércio. Mas logo retorna ao Ceará, obtendo mediante concurso a vaga de professor de Latim na Cidade de Baturité no ano de 1872, localidade em que também exerceu a advocacia, mediante provisão concedida pelo Tribunal da Relação do Ceará, nos termos do Decreto 2.342, de 6 de agosto de 1873.[4]

Passa a escrever para a imprensa local, especialmente sobre questões relacionadas a educação, e termina por

---

2. LIMA, Cândido Pinheiro Koren de. *Albuquerque:* a herança de Jerônimo, o torto. 2. ed. Recife: Fundação Gilberto Freyre, 2014. *passim*.

3. MARANHÃO, Mário Severo de A. Os Albuquerque Maranhão. *Revista de História da USP*, São Paulo, v. 39, n. 79, p. 204, 1969.

4. PINTO, Almir Pazzianotto. Amaro Cavalcanti. *Correio Braziliense*, Brasília, 1º mar. 1999, n. 13.068. Caderno Direito e Justiça, p. 6. Disponível em: https://bit.ly/3fpEQHs. Acesso em: 1 jun. 2024.

ganhar destaque na política cearense. Em razão disto, é indicado por Leão Veloso, Presidente da Província do Ceará, a participar de missão acadêmica na América do Norte a fim de estudar o sistema de educação primária naquele País. Durante sua estadia nos Estados Unidos da América do Norte, Amaro Cavalcanti matricula-se no curso de direito da *Albany Law School*, Estado de New York, onde conclui o curso com láurea em 1881.[5]

É nomeado Inspetor-Geral da Instrução Pública e Diretor do Liceu de Humanidades por ocasião de seu retorno ao Ceará no segundo semestre de 1881. Em 1883, foi nomeado para a prestigiada cátedra de latim do Colégio Pedro II, razão de sua transferência para o Rio de Janeiro, onde voltou a advogar.[6] Apesar de não ser possível afirmar se já tinha inclinações republicanas nesta época, pode-se afirmar que Amaro Cavalcanti já era adepto do ideário positivista francês desde os primeiros anos de sua atividade pedagógica e jurídica no Ceará. Parece-nos, contudo, que suas boas relações com figuras de proa na Corte Imperial valeram-lhe a nomeação pelo então Ministro do Império, conforme aviso de 14 de março de 1883, para a regência de uma das turmas de latim do Segundo Ano do Externato do Colégio Pedro II no Rio de Janeiro.[7]

Contudo, no apagar das luzes do Segundo Império, Amaro Cavalcanti aparece entre os personagens do grupo político que se opõe ao Gabinete Ouro Preto no Ceará, e que se declararam republicanos:

---

5. NOBRE JUNIOR, Edilson Pereira. O andarilho do bem comum. *Tribuna do Norte*, Natal, 12 dez.2010. Disponível em: https://tribunadonorte.com.br/colunas/artigos/o-andarilho-do-bem-comum/. Acesso em: 1 jun. 2024.

6. CABRAL, Dilma. *Amaro Bezerra Cavalcanti de Albuquerque*. Disponível em: https://mapa.an.gov.br/index.php/assuntos/79-producao/70-biografias/544-amaro-bezerra-cavalcanti-de-albuquerque Acesso em: 1 jun. 2024.

7. LAGO, Laurenio. *Supremo Tribunal de Justiça e Supremo Tribunal Federal*: dados biográficos 1828-2001. 3. ed. Brasília: Supremo Tribunal Federal, 2001. p. 235-238.

> No Ceará são irreconciliáveis os Srs. Rodrigues Junior e Accioly. Cada qual que conte a sua história mais histórica, sendo que ahi estão os Srs. Viriato e Castro Carreira para se separarem do governo, caso este se incline para o grupo Pompeu. [...]. Rebentaram mais dois filhotes de vulcão n'essa provincia: o Sr. João Brigido e o Sr. Dr. João Metton, ambos ex-deputados geraes. Poderemos accrescentar que o Sr. Amaro Cavalcanti, que tem tambem alli muitos amigos, acaba de declarar-se republicano. Não é um nome obscuro: já veiu à camara em uma duplicata, e foi o director da instrucção pública do tempo do Sr. Senador Leão Velloso.[8]

A adoção do credo republicano não é exatamente algo surpreendente na trajetória de Amaro Cavalcanti, posto que já fizesse parte do grupo de intelectuais alinhados ao positivismo francês em meados da década de 1870 no Ceará, grupo que recebeu a denominação de "Academia Francesa" e que causou forte impressão em Clóvis Bevilaqua ao tempo de seus estudos secundários em Fortaleza, a ponto de considerá-lo semelhante ao movimento empreendido por Sílvio Romero e Tobias Barreto em Recife, conforme registro feito na *História da Faculdade de Direito do Recife*:

> Pelos anos de 1874 e 1875, houve, no Ceará, um movimento espiritual digno de apreço, que não foi meramente literário, como depois o da *padaria espiritual*, porém igualmente filosófico e religioso. [...]. Araripe Júnior, Amaro Cavalcante, Melo, João Lopes e outros eram aliados valorosos do grupo, que, em posição admirativa, acompanhavam os adolescentes do Liceu e do Ateneu.[9]

A denominação de "Academia Francesa" deve-se a Rocha Lima, que se ateve a preferência do grupo pelas leituras francesas, em contraposição ao grupo do Recife, que se baseou também em autores alemães. Além de Amaro Cavalcanti, destacam-se no grupo da "Academia Francesa"

---

8. JORNAL CONSTITUCIONAL: Órgão do Partido Conservador. Rio de Janeiro, 16 jun. 1889. p. 1.

9. BEVILAQUA, Clovis. *História da Faculdade de Direito do Recife*. 3. ed. Recife: Editora Universitária da UFPE, 2012. p. 536.

Capistrano de Abreu, Thomas Pompeu de Souza Brazil Filho, Xilderico de Faria, França Leite, Araripe Junior, Antônio José de Melo e Felino Barroso.[10]

Com o advento da República, foi eleito Senador Constituinte pelo Estado do Rio Grande do Norte em setembro de 1890, e integrou a comissão que elaborou o projeto definitivo da Constituição republicana de 1891. Após deixar o Senado em 1893, foi nomeado Ministro Plenipotenciário do Brasil junto a República do Paraguai, retornando depois ao Brasil para assumir o Ministério da Justiça durante a Presidência de Prudente de Morais (1894-1898), entre 19 de janeiro de 1897 e 15 de novembro de 1898. Depois exerceu a função de Consultor Jurídico do Itamaraty (1905-1906), e em junho de 1906 tomou posse como Ministro do Supremo Tribunal Federal, com a aposentadoria de João Barbalho Uchoa Cavalcanti.[11]

Dentro da rica trajetória profissional de Amaro Cavalcanti, pode-se destacar sua participação no processo de elaboração do Código Civil brasileiro de 1916, o Código Bevilaqua.

O Anteprojeto de Código Civil de Clóvis Bevilaqua data de 1899, e começa a ser debatido pela primeira Comissão Revisora em 1900, que solicita pareceres externos a Câmara dos Deputados. O projeto foi remetido ao Congresso Nacional em 17 de novembro de 1900, e uma alteração no Regimento da Câmara possibilitou que Faculdades de Direito, Magistrados, Jurisconsultos e Cidadãos enviassem emendas ao Projeto para a apreciação parlamentar. Um

10. COSTA FILHO, Cícero João da. *Padaria espiritual:* cultura e política em Fortaleza no final do século XIX (1892-1898). 2007. Dissertação (Mestrado) – Universidade de São Paulo, Faculdade de Filosofia, Letras e Ciências Humanas. São Paulo, 2007. p. 63-64.

11. JUNQUEIRA, Eduardo. Amaro Cavalcanti. *In*: ABREU, Alzira Alves de (org.). *Dicionário histórico-biográfico da Primeira República*: 1889-1930. Rio de Janeiro: Fundação Getulio Vargas, 2015. Disponível em: https://bit.ly/3cg6sgr. Acesso em: 1° jun. 2024.

dos pareceristas que contribuíram nesta fase inicial dos debates foi justamente Amaro Cavalcanti, que se incumbiu de analisar a matéria pertinente ao Direito das Obrigações.[12]

Talvez a sua carreira de professor latim, não obstante sua formação jurídica na América do Norte, tenham feito de Amaro Cavalcanti um defensor da tradição romanista, como se pode verificar da conclusão final de seu Parecer:

> Finalmente, ajuntei os textos do direito romano, concernentes aos diversos institutos. Ainda que outros pensem o contrário, quanto a mim, – estou convencido de que o cotejo dos preceitos do direito romano com as disposições do direito civil dos povos modernos é ainda o meio mais prompto e proficuo de apurar o acêrto ou a boa razão das mesmas. E fiz as citações em original, porque receiei diminuir ou enfraquecer o vigor e a expressão dos alludidos textos, dizendo-os em nossa língua, sabidamente escassa e pobre, em comparação com a riquíssima língua dos Romanos. – *Faciant meliora potentes*.[13]

O mestre admirado por Clovis Bevilaqua em sua mocidade na Cidade de Fortaleza dará mais uma lição ao jurista cearense.

2. Romanismo, reverência à tradição e a questão da causa das obrigações no Parecer de Amaro Cavalcanti

O Parecer de Amaro Cavalcanti analisou os arts. 1.011 a 1.227 do Projeto Bevilaqua e foi publicado pela Imprensa Nacional em 1901. Inicialmente, elogia o Projeto por conter diversas disposições que reproduzem regras e preceitos

12. SALGADO, Gisele Mascarelli. Discussões legislativas do Código Civil de 1916: uma revisão historiográfica. *Revista Eletrônica da Faculdade de Direito da Universidade Federal de Pelotas (UFPel)*, Pelotas, v. 5, n. 1, p. 45-46, jan./jul. 2019. Disponível em: https://periodicos.ufpel.edu.br/index.php/revistadireito/issue/view/897. Acesso em: 1 jun. 2024.

13. CAVALCANTI, Amaro. *Projecto do Código Civil Brazileiro*: breve relatório sobre direito das obrigações: arts. 1011-1227. Rio de Janeiro: Imprensa Nacional, 1901. p. 67.

assemelhados ou idênticos aos do direito romano, que seria o principal fundamento do moderno direito civil dos continentes europeu e americano:

> Por este lado, só tenho elogios a fazer ao Projecto. Si o contrario fosse, dar-se-ia grande desacerto; não só por abandonar-se o muito que a sabedoria dos jurisconsultos romanos já havia firmado com indiscutível razão acerca da matéria, como também, porque seria romper com a historia e a própria actualidade do direito civil pátrio, o qual ninguém ignora, baseia-se essencialmente sobre o direito romano, por isto mesmo, legalmente declarado, – direito subsidiário do País (lei de 18 de agosto de 1769 e de 20 de outubro de 1823).[14]

Tal apego de Amaro Cavalcanti ao direito romano e a tradição jurídica pode soar contraditório, ante a descrição de sua trajetória como intelectual positivista e republicano, ou seja, um partidário das "ideias novas". Talvez seja possível inserir Amaro Cavalcanti no perfil do "padre às avessas", expressão cunhada por Gláucio Veiga, que considera o bacharel em direito como um tipo de "padre às avessas", que se presta a preservação de princípios abstratos e parece crer em dogmas de fé. Contudo, ao mesmo tempo, o bacharel ri cinicamente e descrê dos dogmas revelados, apenas tomando parte naquela farsa por conveniência, em razão de sua pretensão de governar a sociedade contemporânea ao lado do soberano.[15]

Lado outro, Amaro Cavalcanti perfilha sofisticada posição doutrinária no sentido de sustentar a necessidade de distinguir as obrigações dos fatos jurídicos que lhes dão causa.[16] A redação do Enunciado 60 da Súmula de Juris-

---

14. CAVALCANTI, Amaro. *Projecto do Código Civil Brazileiro*: breve relatório sobre direito das obrigações: arts. 1011-1227. Rio de Janeiro: Imprensa Nacional, 1901. p. 4.

15. VEIGA, Gláucio. Tempo estamento e circunstância social nos últimos decênios do século XIX. *In*: VEIGA, Gláucio. *História das idéias da faculdade de direito do Recife*: volume VII. Recife: Artegrafi, 1993. p. 9.

16. CAVALCANTI, Amaro. *Projecto do Código Civil Brazileiro*: breve relatório sobre direito das obrigações: arts. 1011-1227. Rio de Janeiro: Imprensa Nacional, 1901. p. 5.

prudência dominante do Superior Tribunal de Justiça é um exemplo de má-compreensão da teoria do fato jurídico, posto que menciona uma suposta nulidade da obrigação, e não do contrato que lhe dá causa: "É nula a obrigação cambial assumida por procurador do mutuário vinculado ao mutuante, no exclusivo interesse deste". Neste aspecto, é válida a lição de Pontes de Miranda:

> Quando se diz 'crédito nulo', 'obrigação nula', em verdade se usa de elipse: 'crédito oriundo de ato jurídico nulo (ou de parte nula de ato jurídico)', 'obrigação oriunda de ato jurídico nulo [...]'. Crédito e obrigação são efeitos; efeitos são ou não são, existem ou não existem; efeitos não são válidos ou inválidos.[17]

Amaro Cavalcanti também aponta que Bevilaqua não adotou no Projeto a tradicional classificação romana quanto as causas das obrigações em obrigações *ex-contractu vel quasi, ex delicto vel quasi*, por a considerar incompleta. Em substituição, Bevilaqua diz que seria mais satisfatória a classificação das fontes das obrigações em: contrato, quase-contrato, atos ilícitos e vontade unilateral. O jurisconsulto potiguar afirma que não entende as razões apresentadas por Bevilaqua para abrir mão da classificação romana, apesar de não questionar o argumento quanto a incompletude da classificação. Considera que a classificação adotada por Bevilaqua no Projeto abrange na prática as mesmas causas relacionadas na classificação romana, que seria a posição "seguida na escola e, em geral, por todos os escriptores de direito civil. Em assumptos desta ordem, toda innovação, para ser admittida, deve provar o seu maior acerto theorico ou, ao menos, a sua superioridade pratica".[18]

---

17. MIRANDA, Pontes de. *Tratado das ações*: tomo IV. São Paulo: Revista dos Tribunais, 1973. p. 86-87.

18. CAVALCANTI, Amaro. *Projecto do Código Civil Brazileiro*: breve relatório sobre direito das obrigações: arts. 1011-1227. Rio de Janeiro: Imprensa Nacional, 1901. p. 7-8.

Trata-se de observação da maior relevância para o momento atual, em que se observa no Senado Federal a temerária iniciativa de produzir Novo Código Civil após pouco mais de 20 anos de vigência do Código Civil brasileiro de 2002. É de se registrar nossa sincera admiração a um jurista da estirpe de Amaro Cavalcanti que, conhecendo com profundidade o sistema jurídico da *Common Law*, não cai na tentação de sugerir importações de institutos estranhos a nossa tradição jurídica, no intuito de colar seu nome ao da inovação legislativa.

Mais adiante, Amaro Cavalcanti consigna em seu parecer que o Projeto procurou evitar a veiculação de definições doutrinárias, seguido a regra "o legislador prescreve, não ensina". Lição semelhante é registrada pelo Professor Marcos Bernardes de Mello: "os romanos, com sua secular prudência, já advertiam que *omnia definitio periculosa est,* lembrando que, se é complexo o objeto, a definição dificilmente abrangerá todos seus possíveis aspectos".[19]

Não obstante a cautela do legislador, Amaro Cavalcanti defende que "a verdadeira applicação do systema deve achar-se no justo meio, – *in medio tutissimus ibis*". Apesar de considerar que conceitos tais como obrigação, contrato, pagamento, perdas e danos etc. dispensam explicações ou definições; defende que outros conceitos demandam definições ante o risco da diversidade de entendimentos. É o caso de expressões tais como dolo, culpa, solidariedade, condição; posto que sem "a comprehensão clara e perfeita dos elementos que entram na formação da obrigação, é impossível bem conhecer e avaliar do conteudo e effeitos da mesma".[20]

---

19. MELLO, Marcos Bernardes de. Equívocos do legislador civil em relação a prescrição. *Conjur*, São Paulo, 11 abr. 2024. Disponível em: https://www.conjur.com.br/2024-abr-11/equivocos-do-legislador-civil-em-relacao-a-prescricao/ Acesso em: 1 jun. 2024.

20. CAVALCANTI, Amaro. *Projecto do Código Civil Brazileiro*: breve relatório sobre direito das obrigações: arts. 1011-1227. Rio de Janeiro: Imprensa Nacional, 1901. p. 12.

Uma das duas menções em seu parecer a institutos jurídicos da Common Law ocorre quando comenta sobre as disposições do Projeto (ou a ausência delas) em relação às chamadas obrigações naturais:

> Relativamente às obrigações naturaes, diz-se, e com aparente razão, que ellas, carecendo de verdadeira sancção jurídica, não devem por isto figurar no corpo da legislação. Por certo, só as obrigações, ditas civis, tem esta sancção e garantia (*jus actionis*); enquanto que as naturaes, apenas de uma maneira indirecta e em dadas circunstancias, poderão ser invocadas pelo respectivo credor (Accarias, ob. cit. p. 189). Já Papinianus, em seu tempo, considerava a obrigação natural, como um simples vínculo de equidade (D. I. 16, t. 3, 95, § 4º). Mas, isso não obstante, tanto subsiste considerações valiosas, para que as obrigações naturaes não sejam no todo riscadas da esphera do direito, que, não só há paizes, onde taes obrigações constituem matéria directa de acções judiciaes (*Equity-jurisdiction, Courts of equity*, na América do Norte e na Inglaterra), como ainda vemol-as contempladas, ainda que incidentalmente, em disposições dos codigos modernos.[21]

O Código Civil de 1916 terminou por tratar das obrigações naturais (ou direitos mutilados, na terminologia de Pontes de Miranda) nos arts. 970 e 1.187: a) "Art. 970. Não se pode repetir o que se pagou para solver dívida prescrita, ou cumprir obrigação natural"; b) "Art. 1.187. Não se revogam por ingratidão: III – As que se fizerem em cumprimento de obrigações natural". Na medida em que se trata de fenômeno relacionado a direitos que não tem ou que perderam a pretensão ou ação (direitos desprovidos de ação ou de pretensão, ou direitos mutilados), realmente parece impróprio falar em obrigação natural: "O próprio direito perfaz-se sem ação; ainda que fôsse de esperar-se a ação,

21. CAVALCANTI, Amaro. Projecto do Código Civil Brazileiro: breve relatório sobre direito das obrigações: arts. 1011-1227. Rio de Janeiro: Imprensa Nacional, 1901. p.13-14.

nem por isso seria imperfeito; se ela falta, ou se êle a perde, dir-se-ia mutilado (de *mutilus*, cortado), e não imperfeito".[22]

Manifestando filiação a doutrina causalista, Amaro Cavalcanti também pontua que o Projeto Bevilaqua não tratou da questão das causas das obrigações, que pareceu não considerar a causa um elemento necessário a análise da validade dos atos jurídicos. Ainda que a causa não necessite estar expressa sempre nos negócios jurídicos (porquanto possa ser presumida), reputa que não pode existir obrigação sem causa; que deve ser identificada com a figura da *consideration* do direito anglo-saxão: "É o que os inglezes chamam 'consideration', isto é, *the material cause which moves a contracting party to enter a into a contract* (Blackstone, comm. 443). – *The contract or obligation, for which there is no 'consideration', cannot be enforced at law* (7 Watts & Penn. 317)".[23]

No mesmo sentido da tese sustentada por Amaro Cavalcanti, pode-se mencionar também as opiniões de Torquato Castro, José Veiga e do autor deste breve estudo. Contudo, parcela relevante da doutrina nacional nega que a causa seja "elemento, requisito ou fator de eficácia do negócio jurídico", distinguindo os negócios jurídicos ditos causais em relação aos negócios jurídicos abstratos.[24] Assim, para Antonio Junqueira de Azevedo, somente os negócios jurídicos tidos como causais exigiriam a presença da causa, de modo que "apesar de expulsa pela porta (isto é, excluída do Código Civil), a causa entrou pela janela

---

22. MIRANDA, Pontes de. *Tratado de direito privado*: tomo XXII. São Paulo: RT, 2012. p. 121.

23. CAVALCANTI, Amaro. *Projecto do Código Civil brazileiro*: breve relatório sobre direito das obrigações: arts. 1011-1227. Rio de Janeiro: Imprensa Nacional, 1901. p. 22-23.

24. AZEVEDO, Antonio Junqueira de. *Estudos e pareceres de direito privado*. São Paulo: Saraiva, 2004. p. 105.

(porque o direito brasileiro abriga a diferença entre negócios abstratos e causais)".[25]

Entretanto, subscrevemos a tese que reputa a causa uma constante nos fatos jurídicos, na mesma linha de José Veiga[26] e Torquato Castro.[27] Também é neste sentido a compreensão de Amaro Cavalcanti, que mais uma vez rende homenagens a tradição jurídica nacional:

> E pois a vista do exposto, entendo que, conservando nesta parte a nossa tradição jurídica, devia-se adicionar aos requisitos da validade da obrigação o da sua causa, a qual, nesta especie de instituto precisa ser sempre verdadeira e licita, isto é, ter uma existencia real e não contraria a lei e aos costumes.[28]

A causa negocial, contudo, não deve ser confundida com o motivo, à medida que este último diz respeito às questões de ordem estritamente pessoais ou razões psicológicas e morais que nos levam a agir, mas que são (a princípio) irrelevantes para o direito; diversamente daquele primeiro elemento que alude ao fim jurídico prático visado quando da prática de um ato jurídico.[29]

---

25. AZEVEDO, Antonio Junqueira de. *Estudos e pareceres de direito privado*. São Paulo: Saraiva, 2004. p. 105.

26. VEIGA, José. *Da legitimidade de parte no contrato*. Tese (Doutorado) – Universidade de Recife. Recife, 1954. p. 10.

27. CASTRO, Torquato. *Da causa no contrato*. Recife: Imprensa Universitária, 1966.

28. CAVALCANTI, Amaro. *Projecto do Código Civil brazileiro*: breve relatório sobre Direito das Obrigações: arts. 1011-1227. Rio de Janeiro: Imprensa Nacional, 1901. p. 23-24.

29. COSTA FILHO, Venceslau Tavares; MIRANDA, Roberta Drehmer de; FLORES, Alfredo de. A causa na posse: proposta de compreensão a partir da contribuição de Torquato Castro e seus pressupostos aristotélicos-tomistas. *In*: SILVEIRA, Marcelo; BONALDO, Frederico; ARAÚJO, Marcos Paulo Fernandes de (org.). *Direito natural contemporâneo*: a renascença do jusnaturalismo no Brasil e no mundo. Londrina: Toth, 2021. p. 356.

3. A preocupação com a interpretação das obrigações e a precisão das regras sobre inadimplemento, perdas e danos, juros de mora e cessão de crédito no Parecer de Amaro Cavalcanti

Amaro Cavalcanti sugeriu a inserção de regras de interpretação das obrigações no Projeto Bevilaqua. Neste sentido, propõe a inserção de regra que pressupõe o princípio da conservação dos negócios jurídicos: "2) As expressões ou clausulas de uma obrigação, quando duvidosas, devem ser interpretadas de modo que antes mantenham, do que invalidem o acto ou os effeitos da obrigação".[30]

Nessa seara, é interessante mencionar Recurso Especial qualificado como recurso representativo de controvérsia (REsp 1.063.343/RS, j. 12.08.2009, rel. p/ o acórdão Min. João Otávio de Noronha), quanto à validade de cláusula de comissão de permanência encartada em contratos bancários sujeitos às regras do Código de Proteção e Defesa do Consumidor. Segundo o relator, o princípio da conservação do contrato – que compreende a teoria da conversão do negócio jurídico (art. 170 do Código Civil de 2002) – , exige que deve se proceder com o aproveitamento do ato, sempre que possível, desde que isso não contrarie a vontade das partes, apesar da aparente nulidade.

Por outro lado, não obstante a orientação aparentemente atual no sentido de reconhecer o princípio da conservação do negócio jurídico, Amaro Cavalcanti também propõe regra que parece reproduzir o superado brocardo *in claris cessat interpretatio*: "10) Quando a clareza e significação dos vocabulos não admittem duvida, cessa toda a razão para recorrer a interpretação".[31] Amaro Cavalcanti,

30. CAVALCANTI, Amaro. *Projecto do Código Civil brazileiro*: breve relatório sobre direito das obrigações: arts. 1011-1227. Rio de Janeiro: Imprensa Nacional, 1901. p. 25.

31. CAVALCANTI, Amaro. *Projecto do Código Civil brazileiro*: breve relatório sobre direito das obrigações: arts. 1011-1227. Rio de Janeiro: Imprensa Nacional, 1901. p. 26.

obviamente, foi um homem de seu tempo. Não se pode exigir dele a antecipação de todas as teorias atuais, sob pena de anacronismo.

Mais adiante pontua que a inexecução ou inadimplemento das obrigações pode ocorrer em razão do dolo, culpa ou "caso (fortuito) de força maior". Interessante notar que Amaro Cavalcanti parece seguir a tradição jurídica brasileira no sentido de não distinguir o caso fortuito em relação a força maior.[32] Nesse sentido, afirma que o Projeto Bevilaqua está em harmonia com as fontes romanas de modo a considerar que o devedor fica liberado da obrigação e do pagamento das perdas e danos desde que comprovada a ausência de culpa ou dolo na inexecução da obrigação. Dessarte, o devedor "não responde absolutamente pelo caso fortuito ou de força maior, salvo si elle tiver concorrido para a eventualidade do mesmo (*casus dolo vel culpa determinatus*)".[33]

Contudo, pontua que o Projeto não abordou os graus de culpa (lata, leve e levíssima), categoria tradicional na doutrina de direito romano, seja na parte relacionada aos atos jurídicos ou na que trata da inexecução das obrigações; e também não define como a culpa ocorre, ou no que a culpa consiste. É omisso o Projeto igualmente em relação a definição de dolo, de caso fortuito ou de força maior.[34]

Nessa toada, propõe a seguinte regra em relação ao caso fortuito: "Art. Dá-se o caso fortuito ou de força maior, quando a inexecução da obrigação resulta de um acto ou

---

32. Cf.: "Considerado nesta acepção, caso fortuito ou de força maior é expressão sinônima de fato excludente da causalidade". NORONHA, Fernando. *Direito das obrigações*. 4. ed. São Paulo: Saraiva, 2013. p. 1.361.

33. CAVALCANTI, Amaro. *Projecto do Código Civil brazileiro*: breve relatório sobre direito das obrigações: arts. 1011-1227. Rio de Janeiro: Imprensa Nacional, 1901. p. 57.

34.33 CAVALCANTI, Amaro. *Projecto do Código Civil Brazileiro*: breve relatório sobre direito das obrigações: arts. 1011-1227. Rio de Janeiro: Imprensa Nacional, 1901. p. 57-58.

facto necessario, cujos effeitos fora impossível impedir".[35] Tal regra foi efetivamente incorporada ao Código Bevilaqua, conforme se pode ler no parágrafo único do art. 1.058 do Código Civil de 1916: "O caso fortuito, ou de força maior, verifica-se no fato necessário, cujos efeitos não era possível evitar, ou impedir". Tal regra proposta por Amaro Cavalcanti foi reproduzida literalmente no parágrafo único do art. 393 do Código Civil de 2002.

Ademais, Amaro Cavalcanti faz a sugestão das seguintes regras relacionadas a questão da culpa ou dolo: a) "Art. – Dá-se a culpa, quando o indivíduo procede, sem o devido cuidado ou negligentemente, a respeito da prestação, a que se obrigou"; b) "Art. additivo – O devedor também não responde por prejuizos ou dannos, quando a inexecução da obrigação se der por acto ou facto do credor, ou quando a mesma tornar-se no todo impossível"; c) "Art. Entende-se por dolo o acto propositai de prejudicar a outrem – *Dolus est consilium alteri nocere*".[36]

A ideia de culpa como violação do dever de cuidado (*sem o devido cuidado ou negligentemente*) também ecoa na doutrina nacional contemporânea: "Culposo, quando, faltando a um dever de cuidado a todos imposto pelo Direito [...], o agente agride por negligência, imprudência ou imperícia e causa o dano".[37]

Também pontua que o Projeto tratou da responsabilidade pelo pagamento das perdas e danos e dos juros legais apenas em razão da inexecução de obrigações convencionais; enquanto tal responsabilidade pode ocorrer também

35. CAVALCANTI, Amaro. *Projecto do Código Civil Brazileiro*: breve relatório sobre direito das obrigações: arts. 1011-1227. Rio de Janeiro: Imprensa Nacional, 1901. p. 60

36. CAVALCANTI, Amaro. *Projecto do Código Civil Brazileiro*: breve relatório sobre direito das obrigações: arts. 1011-1227. Rio de Janeiro: Imprensa Nacional, 1901. p. 58.

37. CARRÁ, Bruno Leonardo Câmara. Aspectos das modalidades subjetiva e objetiva no sistema atual de responsabilidade civil brasileiro. *Revista Jurídica da FA7*, Fortaleza, v. 1, n. 1, p. 64, abr. 2004.

em relação a atos ou fatos de natureza diversa da convencional. O Projeto Bevilaqua não tratou das perdas e danos decorrentes de atos não convencionais; limitando-se a tratar dos danos que decorrem do descumprimento de obrigação preexistente.[38]

A doutrina contemporânea reconhece a utilidade prática da distinção entre responsabilidade civil contratual e extracontratual atualmente, e pugna inclusive pelo reconhecimento de um *tertium genus*: a responsabilidade por violação da confiança, que estaria situada entre o contato social (responsabilidade aquiliana) e o contrato (responsabilidade contratual). O reconhecimento de um terceiro gênero de responsabilidade civil evidencia o acerto do reconhecimento dos dois tipos já indicados por Amaro Cavalcanti em seu parecer, e demanda o reconhecimento de diversos níveis de contatos: "cada qual dotado de uma carga diferente de deveres. E cada situação, porque dotada de carga normativa distinta, merece tratamento diferenciado pela ordem jurídica".[39]

Como se pode extrair da leitura do Enunciado 54 da Súmula de Jurisprudência dominante do Superior Tribunal de Justiça, a Corte da Cidadania tem entendimento consolidado no sentido de distinguir a responsabilidade civil contratual em relação a responsabilidade civil extracontratual: "Os juros moratórios fluem a partir do evento danoso, em caso de responsabilidade extracontratual".

Nesse sentido, atente-se também para as razões apresentadas pela Segunda Seção do Superior Tribunal de Justiça para distinguir a prescrição do dano contratual em

38. CARRÁ, Bruno Leonardo Câmara. Aspectos das modalidades subjetiva e objetiva no sistema atual de responsabilidade civil brasileiro. *Revista Jurídica da FA7*, Fortaleza, v. 1, n. 1, p. 61, abr. 2004.

39. FRITZ, Karina Nunes. A crise na dualidade da responsabilidade civil. *Revista IBERC*, Belo Horizonte, v. 2, n. 1, p. 3, 2019. Disponível em: https://revistaiberc.responsabilidadecivil.org/iberc/article/view/17. Acesso em: 1 jun. 2024.

relação a prescrição do dano extracontratual: "Há muitas diferenças de ordem fática, de bens jurídicos protegidos e regimes jurídicos aplicáveis entre responsabilidade contratual e extracontratual que largamente justificam o tratamento distinto atribuído pelo legislador pátrio, sem qualquer ofensa ao princípio da isonomia" (EREsp 1.280.825/RJ, relatora Ministra Nancy Andrighi, Segunda Seção, julgado em 27/6/2018, *DJe* de 2/8/2018).

Em relação à questão dos juros de mora e a capitalização dos juros, Amaro Cavalcanti assinala que o Projeto Bevilaqua não deixa claro se as regras sobre juros legais aplicam-se apenas aos pagamentos em dinheiro, ou se também se aplicam a prestações de natureza diversa, e defende que os juros devem incidir em todos os casos de mora, além de advogar mais clareza em relação a permissão ou vedação da capitalização dos juros:

> Acho que elles são devidos em todos os casos de mora, sempre que não haja estipulação contrária a respeito. Si a prestação fôr dinheiro, serão contados sobre a importância conhecida da mesma; si fôr cousa diversa ou um serviço prestado, sobre o valor pecuniário, que se lhe der por arbitramento ou de outro modo (sentença judicial, accordo das partes, etc). [...]. Outra questão. – O Projecto admitte, ou não, a capitalisação dos juros – quer a destes com o próprio capital, a contar da mora (P. T. F. Art. 941), quer a dos próprios juros somente, de seis em seis mezes ou de anno a anno, segundo os usos do commercio? Talvez na mente do Projecto essa capitalisação (anatocismo) deva ser prohibida; ainda que haja codigos, que, como o Italiano (art. 1.238), a permittem expressamente. Entretanto, si o Projecto assim o quer, devia dizê-lo de modo explícito.[40]

A preocupação de Amaro Cavalcanti em relação à definição da capitalização dos juros explicava-se em um contexto em que ainda se verificava a aplicação de disposições das Ordenações Filipinas em matéria de direito civil, que

---

40. CAVALCANTI, Amaro. *Projecto do Código Civil brazileiro*: breve relatório sobre direito das obrigações: arts. 1011-1227. p. 63.

vedava expressamente a usura conforme norma constante do Livro IV, Título LXVII:

> Nenhuma pessoa, de qualquer estado e condição que seja, dê ou receba dinheiro, prata, ouro, ou qualquer outra quantidade pesada, medida, ou contada à usura, porque possa haver, ou dar alguma vantagem, assi per via de empréstimo, como por qualquer outro contracto, de qualquer qualidade, natureza e condição que seja, e de qualquer nome que possa ser chamado.

Tais disposições foram mitigadas com o advento do Código Comercial brasileiro de 1850, que passou a admitir expressamente a cobrança de juros nas relações mercantis, conforme prescrevia seu art. 248:

> Em comércio podem exigir-se juros desde o tempo do desembolso, ainda que não sejam estipulados, em todos os casos em que por este Código são permitidos ou se mandam contar. Fora destes casos, não sendo estipulados, só podem exigir-se pela mora no pagamento de dívidas líquidas, e nas ilíquidas só depois da sua liquidação. Havendo estipulação de juros sem declaração do quantitativo, ou do tempo, presume-se que as partes convieram nos juros da lei, e só pela mora (artigo n. 138).

Não obstante a advertência de Amaro Cavalcanti, o texto original do Código Civil de 1916 terminou por não trazer qualquer tipo de limitação aos juros; tal tentativa de controle dos juros só voltou a ocorrer em nosso ordenamento jurídico com o advento do Decreto 22.626, de 7 de abril de 1933. É esta a compreensão de Moreira Alves: "Ao contrário do Código Civil que não estabelecia limitação na estipulação de juros nos contratos, o Decreto n. 22.626, de 7 de abril de 1933, a veda acima do dobro da taxa legal (esta de 6% a.a.) e determina a nulidade dos contratos usuários".[41]

---

41. ALVES, José Carlos Moreira. Panorama do Direito Civil brasileiro: das origens aos dias atuais. *Revista da Faculdade de Direito da Universidade de São Paulo*, São Paulo, v. 88, p. 221-222, 1993.

Por fim, Amaro Cavalcanti ressalta em seu Parecer o acerto do Projeto quanto às disposições acerca do instituto da cessão de crédito:

> Das disposições deste título vê-se a perfeita diferença que ha entre os institutos da novação e da cessão; aquella não se pode dar sem o consentimento do devedor, visto ser uma dívida nova em substituição da anterior que fica extincta; esta, ao contrário, dá-se sem o consentimento, e até contra a vontade do devedor, porque é uma simples transferência do crédito contido na obrigação, feita pelo credor a um outro.[42]

Tal preocupação em apoiar a introdução de regras específicas para a cessão de crédito justifica-se ante a constatação que o direito luso-brasileiro contido nas Ordenações Filipinas proibia a venda, doação e o escambo de direito e ações litigiosos no Título X, §§ 3º a 6º, do Livro IV; bem como em razão da cessão nesta época ser compreendida no âmbito da compra e venda ou permuta (se onerosa), ou da doação (quando gratuita).[43]

Gustavo Haical consigna que, em relação ao debate da livre transmissão dos créditos, predominou na primeira metade do século XIX o entendimento pela intransmissibilidade do crédito. Contudo, os escritos de Otto Bähr terminaram por proporcionar as bases fundamentais para a doutrina da cessão de crédito na segunda metade do século XIX. Otto Bähr entendia que nem seria necessária a notificação do devedor para a eficácia da cessão, compreendendo-a como um "contrato, com o qual, pelo simples consenso entre as partes, dar-se-ia a translação do crédito. A

42. CAVALCANTI, Amaro. *Projecto do Código Civil Brazileiro*: breve relatório sobre direito das obrigações: arts. 1011-1227. p. 65.

43. SIMÕES, Marcel Edvar. *Transmissão em direito das obrigações*: cessão de crédito, assunção de dívida e sub-rogação pessoal. Dissertação (Mestrado) – Universidade de São Paulo, Faculdade de Direito. São Paulo, 2011. p. 13.

notificação serviria somente para dar conhecimento da cessão ao devedor, informando-o a quem deveria pagar".[44]

Dessarte, terminou por prevalecer no Código Civil alemão (BGB, 1896), bem como no Código Civil brasileiro de 1916 e no Código Civil brasileiro de 2002 o princípio da livre transmissão dos créditos. O Código Civil de 1916, contudo, afirmava que a cessão de crédito não "vale" sem notificação ao devedor (art. 1.069); e o Código Civil de 2002 parece corrigir tal impropriedade ao prescrever em seu art. 290 que a notificação ao devedor constitui pressuposto de eficácia, e não de validade do negócio jurídico da cessão de crédito.

Por fim, pode-se afirmar que a atitude de Amaro Cavalcanti foi de apoio ao Projeto de Código Civil formulado por Clóvis Bevilaqua, defendendo prudência em relação às inovações necessárias e a preservação do rico legado da tradição jurídico luso-brasileira.

Referências

ALVES, José Carlos Moreira. Panorama do Direito Civil brasileiro: das origens aos dias atuais. *Revista da Faculdade de Direito da Universidade de São Paulo*, São Paulo, v. 88, 1993.

AZEVEDO, Antonio Junqueira de. *Estudos e pareceres de direito privado*. São Paulo: Saraiva, 2004.

BEVILAQUA, Clovis. *História da Faculdade de Direito do Recife*. 3. ed. Recife: Editora Universitária da UFPE, 2012.

CABRAL, Dilma. *Amaro Bezerra Cavalcanti de Albuquerque*. Disponível em: https://mapa.an.gov.br/index.php/assuntos/79-producao/70-biografias/544-amaro-bezerra-cavalcanti-de-albuquerque Acesso em: 1 jun. 2024.

44. HAICAL, Gustavo. *Cessão de crédito*: existência, validade e eficácia. São Paulo: Saraiva, 2013. p. 19.

CARRÁ, Bruno Leonardo Câmara. Aspectos das modalidades subjetiva e objetiva no sistema atual de responsabilidade civil brasileiro. *Revista Jurídica da FA7*, Fortaleza, v. 1, n. 1, p. 61, abr. 2004.

CASTRO, Torquato. *Da causa no contrato*. Recife: Imprensa Universitária, 1966.

CAVALCANTI, Amaro. *Projecto do Código Civil brazileiro*: breve relatório sobre direito das obrigações: arts. 1011-1227. Rio de Janeiro: Imprensa Nacional, 1901.

COSTA FILHO, Cícero João da. *Padaria espiritual:* cultura e política em Fortaleza no final do século XIX (1892-1898). 2007. Dissertação (Mestrado) – Universidade de São Paulo, Faculdade de Filosofia, Letras e Ciências Humanas. São Paulo, 2007.

COSTA FILHO, Venceslau Tavares; MIRANDA, Roberta Drehmer de; FLORES, Alfredo de. A causa na posse: proposta de compreensão a partir da contribuição de Torquato Castro e seus pressupostos aristotélicos-tomistas. *In*: SILVEIRA, Marcelo; BONALDO, Frederico; ARAÚJO, Marcos Paulo Fernandes de (org.). *Direito natural contemporâneo*: a renascença do jusnaturalismo no Brasil e no mundo. Londrina: Toth, 2021.

FRITZ, Karina Nunes. A crise na dualidade da responsabilidade civil. *Revista IBERC*, Belo Horizonte, v. 2, n. 1, p. 3, 2019. Disponível em: https://revistaiberc.responsabilidadecivil.org/iberc/article/view/17. Acesso em: 1 jun. 2024.

HAICAL, Gustavo. *Cessão de crédito*: existência, validade e eficácia. São Paulo: Saraiva, 2013.

JORNAL CONSTITUCIONAL: Órgão do Partido Conservador. Rio de Janeiro, 16 jun. 1889.

JUNQUEIRA, Eduardo. Amaro Cavalcanti. *In*: ABREU, Alzira Alves de (org.). *Dicionário histórico-biográfico da Primeira República*: 1889-1930. Rio de Janeiro: Fundação

Getulio Vargas, 2015. Disponível em: https://bit.ly/3cg6sgr. Acesso em: 1 jun. 2024

LAGO, Laurenio. *Supremo Tribunal de Justiça e Supremo Tribunal Federal*: dados biográficos 1828-2001. 3. ed. Brasília: Supremo Tribunal Federal, 2001.

LIMA, Cândido Pinheiro Koren de. *Albuquerque:* a herança de Jerônimo, o torto. 2. ed. Recife: Fundação Gilberto Freyre, 2014.

MARANHÃO, Mário Severo de A. Os Albuquerque Maranhão. *Revista de História da USP*, São Paulo, v. 39, n. 79, p. 204, 1969.

MELLO, Marcos Bernardes de. Equívocos do legislador civil em relação a prescrição. *Conjur*, São Paulo, 11 abr. 2024. Disponível em: https://www.conjur.com.br/2024-abr-11/equivocos-do-legislador-civil-em-relacao-a-prescricao/ Acesso em: 1 jun. 2024.

MIRANDA, Pontes de. *Tratado das ações*: tomo IV. São Paulo: Revista dos Tribunais, 1973.

MIRANDA, Pontes de. *Tratado de direito privado*: tomo XXII. São Paulo: RT, 2012.

NOBRE JUNIOR, Edilson Pereira. O andarilho do bem comum. *Tribuna do Norte*, Natal, 12 dez.2010. Disponível em: https://tribunadonorte.com.br/colunas/artigos/o-andarilho-do-bem-comum/. Acesso em: 1 jun. 2024

NORONHA, Fernando. *Direito das obrigações*. 4. ed. São Paulo: Saraiva, 2013.

PINTO, Almir Pazzianotto. Amaro Cavalcanti. *Correio Braziliense*, Brasília, 1 mar. 1999, n. 13.068. Caderno Direito e Justiça, p. 6. Disponível em: https://bit.ly/3fpEQHs. Acesso em: 1 jun. 2024.

SALGADO, Gisele Mascarelli. Discussões legislativas do Código Civil de 1916: uma revisão historiográfica. *Revista*

Eletrônica da Faculdade de Direito da Universidade Federal de Pelotas (UFPel), Pelotas, v. 5, n. 1, p. 45-46, jan./jul. 2019). Disponível em: https://periodicos.ufpel.edu.br/index.php/revistadireito/issue/view/897. Acesso em: 1º jun. 2024.

SIMÕES, Marcel Edvar. *Transmissão em direito das obrigações*: cessão de crédito, assunção de dívida e sub-rogação pessoal. Dissertação (Mestrado) – Universidade de São Paulo, Faculdade de Direito. São Paulo, 2011.

VEIGA, Gláucio. Tempo estamento e circunstância social nos últimos decênios do século XIX. *In*: VEIGA, Gláucio. *História das idéias da faculdade de direito do Recife*: volume VII. Recife: Artegrafi, 1993.

VEIGA, José. *Da legitimidade de parte no contrato*. Tese (Doutorado) – Universidade de Recife. Recife, 1954.

O DUALISMO PROCESSUAL PENAL NA VISÃO DE AMARO CAVALCANTI

Walter Nunes da Silva Júnior[1]

1 Palavras iniciais 2 Constituição de 1891 e o modelo de federalismo; 2.1 Os códigos de processo penal estaduais e o Código do Processo Penal do Estado do Rio Grande do Norte; 2.2 Crítica de Amaro Cavalcanti ao dualismo processual, notadamente no âmbito criminal; 3 Palavras finais; Referências.

1. Palavras iniciais

Em consonância com adágio popular, *o brasileiro tem memória curta*. Esse nosso traço cultural, glosado na sabedoria popular,[2] é manipulado pelas redes sociais na

1. Juiz Federal; Corregedor do Presídio Federal em Mossoró/RN; Mestre e Doutor; Professor Titular da Universidade Federal do Rio Grande do Norte (UFRN), dos cursos de Graduação e Pós-Graduação; Professor da Escola Nacional de Formação e Aperfeiçoamento de Magistrados (ENFAM); Professor da Escola de Magistratura Federal da 5ª Região (TRF5); Coordenador dos Projetos de Pesquisa Direito processual em movimento: ótica constitucional do processo criminal; e Criminalidade violenta e diretrizes para uma política de segurança pública no Estado do Rio Grande do Norte; Conselheiro do Conselho Nacional de Política Criminal e Penitenciária (CNPCP); membro da Academia de Letras Jurídicas do Rio Grande do Norte (ALEJURN); ORCID: https://orcid.org/0000-0003-1747-9233

2. Câmara Cascudo revela que "há sempre verdade nas coisas que o povo diz [...]" (CASCUDO, Luís da Câmara. *Coisas que o povo diz*. São Paulo: Global, 2012. p. 6).

denominada era da *informação*. Nessa também denominada *Idade Mídia*, vale a narrativa do momento, ficando a verdade ou as evidências dos fatos em segundo plano.[3]

Esse estado de arte não passa do reflexo da falta de cultura de parte considerável da sociedade, das pessoas que vivem sem saber ou perceber que *passado*, *presente* e *futuro* estão todos juntos e muito misturados. Até porque não se vive o hoje sem o ontem, e não há o amanhã sem o hoje, de modo que passado, presente e futuro estão entranhados na vida e na realidade das coisas.

Para além de o Brasil ser marcado como um país em que as pessoas não têm o hábito da leitura – dados do IBGE revelam que somente 52% têm o costume de ler –, há mais de 11 milhões de brasileiros que não sabem ler e escrever, enquanto 29% são *analfabetos funcionais*. Para complicar, mesmo entre pessoas com formação de nível superior, a nossa própria história é algo pouco conhecida. Por via de consequência, muitas personalidades ficam no anonimato do silêncio.

Esse é um problema muito acentuado no Estado do Rio Grande do Norte. Os grandes personagens de nossa história, especialmente os que se destacaram na área jurídica, são ilustres desconhecidos. Pouquíssimas pessoas, o que inclui estudantes e profissionais do direito, sabem que houve um *Código do Processo Penal do Estado do Rio Grande do Norte*. Muito menos têm ciência de que o seu autor, José Theotonio Freire (1858-1944), exerceu por 13 anos seguidos a presidência do Tribunal de Justiça do nosso estado, só deixando o cargo porque aprovado, em primeiro lugar, no concurso nacional para Juiz Federal (1921), quando já

3. A questão é grave. Muitos chegam a ocupar as redes sociais até mesmo para defender que a *terra é plana*, embora desde as descobertas reveladas por Pitágoras, no século VI a.C., no ambiente científico não haja mais espaço para discussão sobre essa verdade.

tinha 63 anos.[4] Era um intelectual, com domínio das línguas e culturas italiana e francesa,[5] reconhecido e havido como um homem justo, probo e simples, um magistrado na essência da palavra.[6]

Já o nome Doutor João Chaves é do conhecimento de um considerável número de potiguares. Muitos sabem que se trata da *Penitenciária Doutor João Chaves*. Mas ignoram João Baptista de Vasconcelos Chaves (1875-1924). Pensam, inclusive, que teria sido um médico. Entretanto, ele foi jurista e político. Exerceu a advocacia e foi Promotor Público no Pará. Cumpriu mandatos de Deputado Estadual (1987-1912) e Federal (1913), pelo Pará. Foi professor da cadeira de Direito Penal da Universidade do Pará (1905-1911) e escreveu, em 1911, a obra *Sciencia penitenciaria*, publicada em Lisboa, Portugal, pela prestigiada editora *Almedina*. O livro foi embasado na melhor doutrina da época, constando da bibliografia escritos em inglês, francês e italiano, e em *tour* acadêmico pelas penitenciárias da Europa[7]. Sem favor ne-

4. Theotonio Freire foi sogro de Câmara Cascudo.

5. Era um autodidata, e traduziu para o português a obra do jurista Caetano Leto, intitulada *As nulidades do processo penal*. Conta Câmara Cascudo que Caetano Leto escrevera-lhe “carta cheia de admiração e louvor, carta que meu sogro nunca publicou e perdeu”.

6. CASCUDO, Luís da Câmara. *O tempo e eu*. Natal: EDUFRN, 1968. p. 132. Segundo Cascudo, que se referia ao sogro, com indisfarçável reverência, como “Dr. Theotonio”, ele *fora unicamente um magistrado*, homem simples, sem *insinuar importância*, “impressionante figura de Juiz, meticuloso, frio, analítico, acima das solicitações, interesses, ameaças” e suas sentenças eram invariavelmente confirmadas pelo Supremo Tribunal Federal. Ana Maria Cascudo guarda na memória “a visão sóbria do seu birô, pleno de papéis e processos; a fama da retidão e da honestidade, a certeza de que só fez justiça enquanto nessa dimensão”, além da imagem e do exemplo do “Juiz probo, Desembargador lúcido, inatacável” (CASCUDO, Ana Maria. *Teotônio Freire:* fragmentos de um legado. Natal: Instituto Câmara Cascudo, 2012. p. 44).

7. Trata-se de um clássico, pioneiro em relação ao tema, com lições traduzidas normativamente pela Lei 7.210, de 1984 (Lei de Execução Penal), editada muitos anos depois (SILVA JÚNIOR, Walter Nunes da. *Execução penal no sistema penitenciário federal*. 2. ed. Natal: OWL, 2024. p. 77). Aliás, é surpreende verificar que os seus ensinamentos foram reverberados nas *Regras Mínimas das Nações Unidos para o*

nhum, se não é o maior nome do penitenciarismo no Brasil,[8] certamente detém o título de pioneiro no estudo do tema.[9]

Com Amaro Cavalcanti o fenômeno é um tanto quanto similar. Sequer os estudantes de Direito têm noção de quem ele foi. Interessante é que se se perguntar a um aluno de Direito da Universidade Federal do Rio Grande do Norte, ele dirá que é o nome do Centro Acadêmico do referido curso, o CAAC. No entanto, o mesmo estudante não saberá contar quem foi Amaro Cavalcanti Soares de Brito (1849-1922). Muitos, especialmente os católicos, sabem quem foi o Padre João Maria, mas não têm conhecimento de que era irmão de Amaro Cavalcanti.

Esclareça-se que a homenagem com o nome do Centro Acadêmico do Curso de Direito da UFRN não é à toa. Amaro Cavalcanti, com formação jurídica em Nova Iorque, na *Albany Law* School, é o único norte-rio-grandense a ocupar o cargo de Ministro do Supremo Tribunal Federal

---

Tratamento dos Presos, editadas em Tóquio, no ano de 1971. Faleceu muito jovem, com apenas 49 anos, quando já tinha voltado a residir em Natal. Vicente Serejo, citando Câmara Cascudo, diz que João Chaves era um homem taciturno, muito sério e triste, e que calçava luvas para esconder a hanseníase (GOMES, Vicente Alberto Serejo. Um livro faz cem anos. *O Jornal de Hoje*, Natal, 21/22 jul. 2012. Cena urbana. p. 13).

8. Cascudo relata que, certa vez, no ano de 1935, ao se encontrar com Evaristo de Moraes (1871-1933), este lhe indagou a respeito de João Chaves (SILVA JÚNIOR, Walter Nunes da. O penitenciarista doutor João Chaves. *Revista da Academia de Letras Jurídicas do Rio Grande do Norte*, Natal, ano VI, n. 7, p. 28, 2022). Evaristo de Moraes foi um dos maiores criminalistas do Brasil e, na qualidade de estudioso do penitenciarismo, tendo sido presidente da Sociedade Brasileira de Criminologia e membro do Conselho Nacional de Política Criminal e Penitenciária e autor de várias obras, a exemplo de *Prisões e instituições penitenciárias no Brasil* (1923), conhecia a obra e a importância de João Chaves.

9. SILVA JÚNIOR, Walter Nunes da. O penitenciarista doutor João Chaves. *Revista da Academia de Letras Jurídicas do Rio Grande do Norte*, Natal, ano VI, n. 7, p. 25-28, 2022. Realçando esse aspecto, Cascudo diz que João Chaves é o "precursor da ciência penitenciária; a mão erudita que, por leitura e intuição admiráveis, dispôs o material ainda informe e disperso, em forma clara, disciplinada e com direção técnica" (FUNDAÇÃO JOSÉ AUGUSTO. *Personalidade histórica*: João Batista de Vasconcelos Chaves. Disponível em: http://adcon.rn.gov.br/ACERVO/secretaria_extraordinaria_de_cultura/DOC/DOC000000000108611.PDF. Acesso em: 21 jun. 2022).

(1917-1918). Foi também um político de expressão nacional. Senador Constituinte de 1890 e Deputado Federal em 1897, ambos mandatos exercidos pelo Estado do Rio Grande do Norte. Exerceu os cargos de Ministro da Fazenda (1918-1919), Ministro da Justiça e Negócios Interiores (1807-1898 e 1918-1918) e de Prefeito do Distrito Federal (1917-1918). Faleceu em 1922, no Rio de Janeiro, contando com 72 (setenta e dois) anos.

É uma honra participar desta obra, organizada pelo Ministro do Superior Tribunal de Justiça Ribeiro Dantas, pelo Desembargador Federal do Tribunal Regional Federal da 5ª Região Edilson Nobre, pelo Juiz Federal Marco Bruno e pelo Advogado Tributarista Robinson Maia, todos potiguares, professores universitários e meus amigos. Para além da satisfação em receber o convite para ser um dos autores de uma obra coletiva com tantas pessoas que admiro, fico eternamente agradecido por poder colaborar nesse resgate histórico de Amaro Cavalcanti.

O homenageado era um lídimo jurista, com domínio em todos os ramos do direito, passeando com desenvoltura pelos direitos constitucional, administrativo, financeiro, tributário, internacional, civil, penal, teoria econômica e processual. Foram muitas as suas contribuições em publicações de trabalhos acadêmicos e votos na qualidade de Ministro da Suprema Corte, lições imprescindíveis para a compreensão mais densa do sistema jurídico brasileiro.

Em compasso com os eixos temáticos orientadores desta obra, que giram em torno dessas matérias, o foco desta exposição será o direito processual, mais especificamente no ambiente criminal, explorando a visão crítica de Amaro Cavalcanti quanto ao modelo de federalismo plasmado na Constituição de 1891, diante da permissibilidade, tal qual previsto no ordenamento estadunidense, de os estados da federação editarem códigos de processo civil e penal.

Ele fora um dos constituintes, mas restou vencido nessa questão. De toda maneira, como se verá, primeiramente, a crítica de Amaro Cavalcanti se concentrou no desenho de federalismo adotado no Brasil, que, também sob a inspiração do direito americano, conferiu autonomia política aos estados-membros quanto à *criação, organização e manutenção* de órgãos jurisdicionais próprios, o que, na sua visão, comprometeu a unidade do Poder Judiciário e, consequentemente, o seu caráter nacional.

O presente texto abordará esses dois aspectos do Estado federal engendrado pela Constituição de 1891, contextualizando as censuras assacadas por Amaro Cavalcanti.

2. Constituição de 1891 e o modelo de federalismo

A primeira Constituição republicana, inspirada nos movimentos de independência americano e francês, teve o escopo de consolidar a desvinculação política do Brasil em relação a Portugal. Porém, restou mantido o regime *monárquico hereditário* como forma de governo, proclamando Dom Pedro I como Imperador e "Defensor Perpetuo do Brazil" (art. 3º da Constituição de 1824).

De toda sorte, o movimento republicano, inicialmente de feição civil, não arrefeceu e ganhou fôlego com a adesão das corporações militares, transbordando para a conspiração e consequente *golpe revolucionário* de 15 de novembro de 1889, sendo, de permeio, proclamada a República. O sistema republicano e a forma federativa, implantados no Brasil pela Constituição de 1891, seguiram o modelo americano[10], afastando-se do protótipo francês.

10. Rui Barbosa, profundo conhecedor do constitucionalismo dos Estados Unidos, com a sua genialidade e o entusiasmo, foi o ferrenho defensor da implantação desse protótipo de federalismo.

Quanto ao sistema federativo contemplado na Constituição de 1891, Amaro Cavalcanti ponderava que o *standard* americano, que restou sufragado pela maioria dos constituintes, não levou em consideração a realidade histórica e política brasileiras. No ponto, ele fazia coro com as ponderações expendidas pelo então Senador José Higino[11], no sentido de que para a configuração dessa forma de organização do Brasil não seria necessário conceber o estado-membro com autonomia quanto às três esferas de poder, notadamente a judicial, até porque não eram aquinhoados de soberania[12].

Assim, na sua visão, a formatação dos estados em um regime federativo haveria de ser feita em consonância com "as tradições históricas, a educação política, o gráo de desenvolvimento e outras circumtancias atendíveis"[13]. A atenção de Amaro Cavalcanti se atinha à federalização do Judiciário, que teve o condão de retirar o caráter unitário desse órgão, para se apresentar dual, mediante a *divisão da justiça comum em federal14 e estadual.*

Ele não concordava com a fratura do perfil nacional da magistratura, com a sua cisão em federal e estadual, o que, em últimas consequências, redundou na outorga de

---

11. Assim como Amaro Cavalcanti, além de constituinte em 1890, posteriormente, foi Ministro da Justiça e do Supremo Tribunal Federal.

12. CAVALCANTI, Amaro. *Regimen federativo e a Republica brasileira*. Rio de Janeiro: Imprensa Nacional, 1900. p. 248.

13. CAVALCANTI, Amaro. *Regimen federativo e a Republica brasileira*. Rio de Janeiro: Imprensa Nacional, 1900. p. 249.

14. A justiça federal no Brasil surgiu com o regime republicano, tratando o Decreto 848, de 11 de outubro de 1890, de criá-la e organizá-la. Assim, em verdade, o *dualismo judicial* ocorreu antes da Constituição de 1891, promulgada em 24 de fevereiro de 1891, tendo essa Carta Constitucional mantido o formato. Registre-se, ainda, que, de qualquer forma, alguns Estados só tiveram varas federais instaladas após a Constituição de 1891. No Rio Grande do Norte, por exemplo, a Justiça Federal foi instalada em 13 de março de 1891, por Manoel Dantas, o primeiro juiz federal no Estado (GOSSON, Eduardo Antonio. *Sociedade e justiça*: história do poder judiciário do Rio Grande do Norte. Natal: Departamento Estadual de Imprensa, 1998. p. 214-215).

competência aos estados para legislador sobre o direito processual. Sustentava tratar-se de um contrassenso, uma vez que, mantida a *unidade* do direito material, nada mais natural que preservar também a unidade do Poder Judiciário, cuja missão é, justamente, administrar a justiça.

Agregava que a Carta de 1891, quanto a esse aspecto, não deveria ter seguido a experiência americana, pois lá, diferentemente daqui, quando da concepção do regime federativo, os estados eram separados e autônomos, pelo que já possuíam a competência para legislar quanto aos direitos material e processual, assim como para exercer a administração da justiça em seus respectivos territórios, por meio de seus órgãos jurisdicionais. Desse modo, diante dessas peculiaridades, os federalistas americanos, acertadamente, respeitaram "o direito então vigente, os hábitos e a tradicção histórica do paiz".[15] Ele falava com a autoridade de quem concluiu o curso de Direito na *Albany Law School*, em Nova York, conhecendo, portanto, com densidade, o sistema americano.

O que ele defendia era uma magistratura nacional, sem a desintegração em órgãos estaduais. Cabe lembrar que, até a Constituição em foco, só existia uma única justiça, que era criada, organizada e mantida pelo governo central, não havendo divisão entre federal e estadual, de modo que o Poder Judiciário era nacional.

Não obstante a adoção do federalismo, Amaro Cavalcanti entendia que, diante das nossas peculiaridades históricas, sociais, políticas e jurídicas, apenas a União deveria possuir órgãos jurisdicionais, de modo que a justiça federal seria a própria justiça nacional, tendo como órgão de cúpula o Supremo Tribunal Federal.[16] E esse pensamento do ju-

---

15. CAVALCANTI, Amaro. *Regimen federativo e a Republica brasileira*. Rio de Janeiro: Imprensa Nacional, 1900. p. 252.

16. Rui Barbosa, com sua inteligência privilegiada, já ressaltava àquela época que o Supremo Tribunal Federal não era órgão do Judiciário federal nem tampouco

rista potiguar procedia, pois, com o Judiciário ostentando perfil dual, conquanto a Constituição de 1891 cuidasse de disciplinar a Justiça Federal conforme o perfil americano,[17] imaginando uma organização judiciária sem *carreirismo*, os estados-membros, vinculados ao pensamento retrógrado das oligarquias regionais dominantes, mantiveram a tradição de *organização piramidal e hierarquizada* do Poder Judiciário, herdada do sistema jurídico português, principalmente nas Ordenações *Filipinas*. Essa preferência dos estados se deu porque isso era mais conveniente e adequado à *cultura coronelista*, própria da nossa realidade político-social.[18]

Em razão dessa arquitetura do federalismo, os órgãos jurisdicionais estaduais não foram tratados na Constituição de 1981, não sendo definida, sequer, a forma de seleção de seus membros, ficando a matéria a ser pretraçada em sua inteireza em cada Constituição Estadual, embora na constituinte tivesse havido acessa discussão a respeito, com parte dos parlamentares solicitando que constasse a

---

estadual, porquanto, em verdade, tratava-se de um tribunal de federação (BARBOSA, Rui. *Comentários à Constituição Federal Brasileira*. São Paulo: Saraiva & Cia, 1933. p. 21). Inclusive, houve proposta no sentido de que a Corte Suprema fosse composta por um representante de cada Estado-membro, escolhido pelo respectivo Legislativo, entre juízes e jurisconsultos (KOERNER, Andrei. *Judiciário e cidadania na Constituição da República brasileira*. São Paulo: Hucitec: Departamento de Ciência Política, 1998. p. 153).

17. No modelo da Constituição de 1891, a Justiça Federal no Brasil foi criada e organizada pelo Decreto 848, de 11 de outubro de 1890. No Rio Grande do Norte, a Justiça Federal foi criada em 13 de março de 1891, cabendo a sua instalação a Manoel Dantas, que tomou posse no mesmo, e foi o primeiro Juiz Federal no Estado (GOSSON, Eduardo Antonio. *Sociedade e justiça*: história do poder judiciário do Rio Grande do Norte. Natal: Departamento Estadual de Imprensa, 1998. p. 214-215).

18. Andrei Koerner acrescenta que, nada obstante a Constituição de 1891 tenha se orientado no federalismo americano, no âmbito estadual, a influência da experiência estadunidense foi nula, tendo os estados, afora o Rio Grande do Sul, seguido o perfil da organização judiciária do regime imperial, que era mais consentâneo com a ideologia coronelista que imperava na época (KOERNER, Andrei. *Judiciário e cidadania na Constituição da República brasileira*. São Paulo: Hucitec: Departamento de Ciência Política, USP, 1998. p. 210-211).

proibição da escolha por meio de eleição, tal como ocorre em alguns estados norte-americanos.[19]

Esse problema da desintegração do judiciário e consequente quebra do seu tratamento unitário, somente foi em parte resolvido a partir da Constituição de 1934, a qual, a par de ter mantido a autonomia dos Estados para organizarem os seus órgãos jurisdicionais, preceituou regras gerais a serem observadas por todos eles, estabelecendo o concurso público como critério de seleção para os primeiros graus e a promoção por *antiguidade* e por *merecimento* para os graus superiores. Foram, também, prescritas diversas garantias aos membros da magistratura estadual, nomeadamente em relação à fixação dos vencimentos e à inamovibilidade.

A previsão na Constituição do concurso como forma de recrutamento para os juízes de direito teve em mira uniformizar a forma de seleção dos juízes, porque o modo de livre escolha pelo chefe do Executivo, critério da predileção dos estados, comprometia a independência da magistratura. Essa preocupação foi reforçada com a inserção de cláusulas que asseguravam as prerrogativas imprescindíveis para a imparcialidade na atuação dos juízes.

Mas a antevisão de Amaro Cavalcanti quanto ao problema gerado com a fragmentação da magistratura só foi remediada com a Emenda Constitucional 45, de 2004, mais precisamente mediante a concepção do Conselho Nacional de Justiça. A organização judiciária complexa e única – sem paralelo no cenário do direito comparado – compreendendo, ao lado dos tribunais da federação, a justiça comum dual (federal e estadual) e a justiça especializada, dividida em três ramificações (trabalhista, eleitoral e militar), cada uma delas estruturada em diferentes instâncias e

19. KOERNER, Andrei. *Judiciário e cidadania na Constituição da República brasileira*. São Paulo: Hucitec: Departamento de Ciência Política, 1998. p. 180.

autônomas entre si, impedia a adoção de diretrizes uniformes para todos os órgãos jurisdicionais.

Sem um órgão administrativo judicial central para coordenar a gestão dos 91 tribunais existentes no país, o Judiciário funcionava como um arquipélago, sem caráter nacional. Os tribunais se comportavam como se fossem ilhas, inexistindo parâmetros gerais ou o compartilhamento de experiências, técnicas e soluções alvitradas para as questões afetas ao seu funcionamento. Sentia-se a necessidade da existência de um órgão do Judiciário representativo de todos os segmentos, com a atribuição precípua e fundamental de exercer o papel de órgão medular do sistema judicial, no escopo de elaborar a sua *política-domínio*, assumindo a responsabilidade pela uniformização dos mais diversos *programas de ação*, fixando a estratégia global da instituição judiciária, com função de controle administrativo e financeiro, além do poder correicional.

Desde os primeiros instantes, o Supremo Tribunal Federal tem insistido, em diversos acórdãos, com destaque para o aresto na ADI 3367/DF, que o CNJ não compromete a autonomia dos Estados-membros nem a independência dos órgãos jurisdicionais estaduais, em razão da possibilidade de editar atos normativos primários voltados a assegurar o *caráter nacional da magistratura*, o que restou reiterado e reafirmado na liminar da alçada do Ministro Dias Toffoli, no MS 39264/DF.

Na ADI 3367/DF, na redação do acórdão, o Ministro Cezar Peluso pontuou que o referido Conselho recebeu a alta missão de atender os *antigos anseios da sociedade* pela instituição de um órgão superior para aprimorar o "autogoverno do Judiciário, cujas estruturas burocráticas dispersas inviabilizam o esboço de uma estratégia político-institucional de âmbito nacional".

Por outro lado, para a uniformização da aplicação do direito, aspecto também destacado por Amaro Cavalcanti, houve a necessidade de alvitrar mecanismos jurídicos como as súmulas vinculantes e as decisões com repercussão geral, o que, todavia, ainda se mostram insuficientes para parametrizar a atuação jurisdicional, notadamente na área criminal, na medida em que os juízes de primeiro grau e tribunais de segunda instância resistem em seguir a jurisprudência dos tribunais superiores.

Isso tanto é verdade que o Supremo Tribunal Federal, no julgamento da ADPF 347/DF, diante da recalcitrância dos órgãos jurisdicionais inferiores em se guiarem conforme a jurisprudência consolidada em súmulas vinculantes e em acórdãos com efeito vinculante na área criminal, ao declarar o *estado de coisas inconstitucional no Sistema Penitenciário Estadual*, determinou a elaboração de um *Plano Nacional de Enfrentamento da Superlotação Carcerária*, para estabelecer o controle quanto ao cumprimento da jurisprudência a respeito do encarceramento, de modo que a prisão seja reservada apenas para situações em que medidas ou penas diversas da prisão não sejam suficientes e adequadas para o problema penal.

Acertadamente, a Corte Suprema, em relação à atuação jurisdicional, atribuiu ao CNJ a missão de confeccionar o plano de erradicação da superlotação carcerária. Como se observa, ainda hoje, o sistema jurídico brasileiro, mercê do federalismo implantado e criticado por Amaro Cavalcanti, padece da necessidade de calibragem.

2.1 Os códigos de processo penal estaduais e o Código do Processo Penal do Estado do Rio Grande do Norte

O dualismo do Judiciário não foi a única novidade da Constituição de 1891 que gerou bastante polêmica e reflexos em relação ao direito processual brasileiro e que também suscitou inquietação da parte de Amaro Cavalcanti. Ainda em consonância com o sistema federativo norte-americano, a par de a União e os Estados possuírem seus órgãos jurisdicionais, no modelo brasileiro, sufragado na Carta em referência, esses entes federativos passaram a ter a competência legislativa para editar os seus códigos de processo civil e criminal. A única diferença em relação ao sistema americano é que naquele país os Estados-membros também possuíam, como ainda possuem, autonomia para legislar sobre os direitos civil e penal.

O Código de Processo Criminal de 1832, então código nacional, foi recepcionado pela nova ordem apenas como o código da União, enquanto os Estados ficaram com a alternativa de permanecerem regidos pela legislação federal ou cuidarem de elaborar os seus respectivos códigos de processo criminal e civil.

Para o ambiente cível, essa possibilidade de criar os códigos processuais estaduais foi alvissareira e trouxe muita contribuição para o aperfeiçoamento da legislação, exercendo grande influência na feitura do Código de Processo Civil de 1939. Com efeito, não havia um Código de Processo Civil federal,[20] pelo que os estados tomaram conta de elaborar a sua própria legislação. Em solo potiguar, por meio da Lei 551 de 11 de dezembro de 1922, foi publicado o Código de Processo Civil e Comercial do Estado do Rio Grande do Norte.[21]

---

20. Como não havia um código de processo civil, o Código de Processo Criminal de 1832 destinou um título único para dispor provisoriamente sobre a *administração da justiça civil*, com diversos regramentos sobre a competência, a conciliação perante o juiz de paz, as inquirições das testemunhas, os julgamentos, a sentença e os recursos. Anos depois, a União, em vez de elaborar um Código de Processo Civil, cuidou, apenas, de editar o Decreto 737, de 25 de novembro de 1850, o denominado *Regulamento* 737, disciplinando "a ordem do Juízo no Processo Comercial" (Decreto Lei 737). Posteriormente, a União tratou de fazer a consolidação das leis processuais cíveis, por meio do Decreto 763, de 25 de novembro de 1890, basicamente para determinar a aplicação do Regulamento 737, de 1850 aos processos cíveis.

21. CPP/RN foi editado antes, em 1918, como se verá adiante. Sobre o Código de Processo Civil e Comercial do Estado do Rio Grande do Norte, cf. PRESGRAVE,

Porém, no ambiente criminal, havia o Código de Processo Criminal, o qual, se ainda guardava alguns resquícios das Ordenações Filipinas, representava um significativo avanço, daí por que a permissibilidade legislativa estadual teve o condão de dar força ao movimento de *contrarreforma* que desejava um instrumento processual criminal mais autoritário, como era próprio de nossa cultura *conservadora e antiliberal*, moldada pelas práticas *coronelistas.*[22]

Em linhas gerais, os códigos de processo penal estaduais foram inseridos no movimento de crítica ao viés liberal do CPCrim de 1832.[23] Muitos consideravam o código

---

Ana Beatriz Ferreira Rebello. *Código de Processo Civil e Comercial do Estado do Rio Grande do Norte (Lei n. 551 de 11 de dezembro de 1922)*: texto legal e breves apontamentos históricos. Londrina: Thoth, 2022.

22. Os estados de São Paulo, Alagoas, Mato Grosso e Pará não cuidaram de elaborar os respectivos códigos de processo criminal, preferindo a edição de leis estaduais tópicas, continuando regidos, em linhas gerais, pelo CPCrim de 1832 (ANDRADE, Mauro Fonseca. *Código de Processo Penal do Estado do Rio Grande do Sul.* Londrina: Thoth, 2021. p. 13).

23. Os códigos estaduais criminais editados foram na seguinte sequência: (i) Código de Processo Penal do Estado do Rio Grande do Sul (Lei Estadual 24, 15 de agosto de 1898); (ii) Código de Processo Penal do Estado do Amazonas (Lei Estadual 334, de 14 de fevereiro de 1901); (iii) Código do Processo Criminal do Estado de Goyas (Lei Estadual 231, de 10 de agosto de 1901) ; (iv) Código de Processo Criminal do Maranhão (Lei Estadual 507, de 22 de março de 1909); (v) Código de Processo Criminal do Estado da Paraíba do Norte (Lei Estadual 336, de 21 de outubro de 1910); (vi) Código de Processo Penal do Estado do Rio de Janeiro (Lei Estadual 1.137, de 20 de dezembro de 1912); (vii) Código de Processo Penal do Estado do Espírito Santo (Decreto Estadual 1.891, de 26 de setembro de 1914); (viii) Código de Processo Penal do Estado da Bahia (Lei Estadual 1.119, de 21 de agosto de 1915); (ix) Código do Processo Criminal do Estado de Sergipe (Lei Estadual 753, de 7 de setembro de 1918); (x) Código do Processo Penal do Estado do Rio Grande do Norte (Lei Estadual 449, de 30 de novembro de 1918; (xi) Código de Processo Penal do Estado do Piauhy (Lei Estadual n° 962, de 4 de julho de 1919); (xii) Código de Processo Criminal do Estado do Paraná (Lei Estadual 1.915, de 23 de janeiro de 1920; (xiii) Código do Estado do Ceará (Lei Estadual 1950, de 24, de dezembro de 1921); (xiv) Código do Processo Penal para o Distrito Federal (Decreto 16.751, de 31 de dezembro de 1924); (xv) Código Judiciário do Estado de Santa Catarina (Lei Estadual 1.525, de 14 de novembro de 1925); (xvi) Código de Processo do Estado de Pernambuco (Lei Estadual 1.750, de 1925); (xvii) Código do Processo Penal do Estado de Minas Gerais (Decreto Estadual 7.259, de 14 de junho de 1926) (ANDRADE, Mauro Fonseca. *Código de Processo Penal do Estado do Rio Grande do Sul.* Londrina: Thoth, 2021. p. 11).

avançado demais para a época, além de dissociado da realidade histórica, social, cultural, política e jurídica do país. Em verdade, o inconformismo era com as ideias liberais do CPCrim, que em rigor se circunscreviam na previsão do julgamento pelo tribunal do júri, sendo a inquietação fomentada pelo pensamento *conservador, autoritário, antiliberal e punitivista* da elite brasileira. A realidade sócio-política *coronelista* não estava preparada para o *liberalismo* do CPCrim, caracterizado pela adoção do *juízo de instrução* pelo juiz de paz, no lugar da autoridade policial, e da instituição do júri, substituindo pelo voto popular dos jurados, o juiz *longa manus* do chefe do Executivo.[24]

A Lei Estadual 449, de 30 de novembro de 1918, trouxe a lume o Código do Processo Penal do Estado do Rio Grande do Norte.[25] O seu exame surpreende, pois não conservava o sentimento antiliberal e punitivista que agitava os reformistas. Com efeito, conquanto Theotonio Freire, seu autor, tivesse intimidade com os clássicos da escola positiva, a leitura do CPP/RN denota que essa codificação estadual foi idealizada como um instrumento de garantia contra possíveis abusos praticados a pretexto do exercício da persecução criminal, havendo sobradas preocupações com o efetivo exercício do direito de defesa, tendo a primazia de destinar toda uma parte para cuidar especificamente das nulidades, tema ignorado pelo CPCrim e destratado pelo CPP de 1941, só merecendo o destaque como esteio do devido processo legal com a Constituição de 1988.

De outra banda, o CPP/RN cuidou de diversos temas que não constavam do CPCrim. Para se ter ideia, enquanto

---

24. ALMEIDA JÚNIOR, João Mendes de. *O processo criminal brasileiro*. Rio de Janeiro: Freitas Bastos, 1959. p. 175.

25. Antes do CPP/RN, foi editado no RN o Decreto Estadual 297, de 1913, cujo art. 1º dizia que suas disposições, contidas ao longo de 320 artigos, vigorariam provisoriamente como o *Código do Processo Penal do Estado*, até que a Assembleia Legislativa aprovasse a lei sobre o assunto.

o CPCrim continha 355 artigos – sem contar o último título, cujos 27 artigos continham disposições sobre o processo civil –, o código potiguar possuía 554 artigos. Além disso, ao passo que o CPCrim estava dividido sob a nomenclatura *parte primeira* e *parte segunda*,[26] o CPP/RN era organizado em 3 livros, tratando o primeiro de uma parte geral, o segundo, dos procedimentos e o terceiro, da execução penal, aqui inovando substancialmente.[27] Os títulos eram divididos em capítulos, enquanto alguns capítulos em seções, modelo de sistematização perfilhado pelo atual CPP.

Em suma, a codificação criminal potiguar foi muito bem estruturada, redigida com obediência à melhor técnica legislativa, pioneira no tratamento de várias questões processuais de singular importância, colaborando para a feitura do CPP de 1941,[28] sendo pertinente notar que muitas dessas contribuições só ganharam consistência quando o processo penal passou a ser encarado sob a perspectiva de sua *instrumentalidade constitucional*, mercê da nova ordem jurídica instaurada com a Carta de 1988, arquitetada sob o domínio dos direitos fundamentais.

---

26. SILVA JÚNIOR, Walter Nunes da. O Código de Processo Criminal de 1832 e as raízes do CPP de 1941. *In*: SILVA JÚNIOR, Walter Nunes da; HAMILTON, Olavo. *O Código de Processo Criminal de 1832 e o Código de Processo Penal de 1941 em sua redação originária*. Natal: OWL, 2023. p. 71.

27. O CPCrim foi omisso quanto à execução penal, pois se entendia que se tratava de uma mera atividade administrativa e que não mereceu a atenção, nem mesmo, do CPP de 1941, que se circunscreveu a atuação do juiz à suspensão condicional da pena e ao livramento condicional (SILVA JÚNIOR, Walter Nunes da. *Execução penal no sistema penitenciário federal*. 2. ed. Natal: OWL, 2024. p. 79). Cabe acrescentar que tratava da execução penal até mesmo da *pena de suspensão ou perda do exercício de emprego*, matéria da qual não se ocupa nem mesmo a legislação atual. Diga-se, por fim, que a efetiva jurisdicionalização da execução no âmbito nacional só ocorreu com a Lei 7.210, de 1984 – a Lei de Execução Penal (SILVA JÚNIOR, Walter Nunes da. *Execução penal no sistema penitenciário federal*. 2. ed. Natal: OWL, 2024. p. 111).

28. Francisco Campos, na exposição de motivos do CPP de 1941, disse, sem meias palavras, o projeto que se apresentava para ser transformado em lei não alterava o *direito atual*, e que "Muito se respigou em vários dos códigos de processo penal estaduais [...]".

2.2 Crítica de Amaro Cavalcanti ao dualismo processual, notadamente no âmbito criminal

A despeito dos aplausos merecidos ao CPP/RN, estreme de dúvidas que o constituinte de 1891, em relação à autonomia legislativa dos estados em matéria processual, foi muito longe na imitação do arquétipo estadunidense. Nessa parte, as críticas de Amaro Cavalcanti ao federalismo brasileiro desenhado na referida Carta foram mais azedas e mesmo irrespondíveis.

Primeiro, identificava a incoerência de o direito material ser uno, enquanto a administração dos casos submetidos a deslinde se manifestava pulverizada entre órgãos jurisdicionais moldados conforme cada estado da federação, sob a regência de legislações próprias, razão pela qual arrematava:

> A multiplicidade da lei processual, por si só, é também capaz de crear as mais serias dificuldades ao bom andamento da justiça", sendo até mesmo difícil saber-se, em um determinado "canto da União, qual seja a verdadeira legalidade de um certo acto ou documento em determinado Estado, – ora pelo desconhecimento da lei respectiva, ora pela facilidade com que a lei é frequentemente alterada ou revogada [...][29].

Como se percebe com a leitura *supra*, no sentir de Amaro Cavalcanti,[30] os inconvenientes mais relevantes eram germinados da *multiplicidade* de leis processuais, o que era mais drástico no campo do processo penal. Fulcrado em comentários de jurisconsultos, censurava a possibilidade de cada estado organizar, a seu alvedrio, os seus tribunais do júri. Tal liberdade dava ensejo a distorções graves: duas

---

29. CAVALCANTI, Amaro. *Regimen federativo e a Republica brasileira*. Rio de Janeiro: Imprensa Nacional, 1900. p. 254-255.

30. CAVALCANTI, Amaro. *Regimen federativo e a Republica brasileira*. Rio de Janeiro: Imprensa Nacional, 1900. p. 255-256.

pessoas, em iguais condições e sob o império do mesmo tipo penal, poderiam receber veredictos distintos. Em um estado, o réu poderia ser considerado culpado com base em maioria simples dos votos; noutro, bastaria a adoção de regra diversa – como a exigência de maioria qualificada de 2/3, ou mesmo de unanimidade — para que outro réu, na mesma situação, fosse absolvido.

O CPP/RN, por exemplo, disciplinava exaustivamente o procedimento do Tribunal do Júri, inovando, em muitos pontos, em relação ao que dispunha o CPCrim de 1832. Ademais, definia os elementos da decisão de pronúncia, assim como exigia que o Ministério Público elaborasse o libelo e que o acusado fosse intimado pessoalmente, alvitrando a nulidade como consequência para a inobservância do prescrito na norma (arts. 307, segunda parte, e 326). O CPCrim, na redação primária, para a condenação, exigia 2/3 dos votos, mas, para a aplicação da pena de morte, impunha a unanimidade. Depois, passou a estabelecer a maioria simples como suficiente para a condenação, enquanto o quórum de 2/3 restou apenas para a pena capital.[31] Dispondo em sentido contrário, o CPP/RN previa a possibilidade de condenação com a maioria dos votos dos jurados, independentemente se fosse caso de pena de morte (art. 411).

Indo mais além, Cavalcanti sustentava que essa mesma consideração a respeito do júri se aplicava, igualmente, às prescrições normativas relacionadas à fiança, ao habeas corpus, à formação de culpa, aos processos sumários ou especiais, à execução da sentença e a muitos outros atos. Advertia que podia:

31. SILVA JÚNIOR, Walter Nunes da. O Código de Processo Criminal de 1832 e as raízes do CPP de 1941. *In*: SILVA JÚNIOR, Walter Nunes da; HAMILTON, Olavo. *O Código de Processo Criminal de 1832 e o Código de Processo Penal de 1941 em sua redação originária*. Natal: OWL, 2023. p. 121-122.

> mesmo suceder que um mesmo crime, definido e punido por um mesmo artigo do Código Penal da República, venha dar logar a que os indivíduos processantes e processados sejam tratados desigualmente perante a justiça, quanto às condições exigidas, delongas, ou despesas, – aqui fáceis de satisfazer, alli difíceis, e em outras partes, dificílimas, sinão arbitrarias e morificantes! [...].[32]

O CPP/RN também continha regramentos minuciosos quanto à fiança, ao habeas, à formação de culpa, aos processos sumários e especiais, à execução da sentença, com algumas disposições diferentes, além de muitas inovações, como a previsão da liberdade provisória, de modo que Amaro Cavalcanti, prosseguindo na sua defesa quanto à unidade processual, apontava que isso proporcionava que

> aqui, seja permitido ao réo livrar-se solto mediante fiança, ou mesmo sem essa condição – e alli, não; aqui seja licito á defesa dar testemunhos e oferecer documentos em um prazo, relativamente longo, e alli, – ou não se conceda semelhante prazo, ou se permittam certos meios de defesa, menos amplos, ou demasiado restrictos [...][33].

Portanto, para Amaro Cavalcanti, mesmo que os juízes pertencessem a organizações judiciárias distintas e pertencentes a cada estado-membro, para afastar os inconvenientes acima bastava que a lei processual fosse *uma*. A respeito, indagava: "Que importa a *unidade* da lei *substantiva*, si a sua aplicação e os meios de sua *garantia* ou *effectividade* não são os mesmos para todos?".

Esses argumentos expendidos por Amaro Cavalcanti, não tardou, foram acolhidos pelos constituintes de 1934, que fizeram constar, no art. 11 das disposições transitórias da Constituição, a determinação ao governo federal para

32. CAVALCANTI, Amaro. *Regimen federativo e a Republica brasileira*. Rio de Janeiro: Imprensa Nacional, 1900. p. 257.

33. CAVALCANTI, Amaro. *Regimen federativo e a Republica brasileira*. Rio de Janeiro: Imprensa Nacional, 1900. p. 257.

nomear uma comissão de 3 juristas com a tarefa de elaborar, no prazo de 3 meses, os códigos de processo de feição nacional, pelo que foram editados os Código de Processo Civil de 1939 e de Processo Penal de 1941.[34]

Quanto ao CPP, na exposição de motivos, escrita pelo então Ministro da Justiça Francisco Campos, foi dito que o projeto apresentado tinha o afã de realizar a "homogeneidade do direito judiciário penal no Brasil, segundo reclamava, de há muito, o interesse da boa administração da justiça, aliado ao próprio interesse de unidade nacional", despontando, assim, "a necessidade de coordenação sistemática das regras do processo penal num Código único para todo o Brasil [...]".

3. Palavras finais

Como se vê, Amaro Cavalcanti foi um político e jurista – não necessariamente nessa ordem – de expressão nacional, com formação jurídica nos EUA, sendo, até hoje, o único norte-rio-grandense a alcançar o cargo de Ministro do Supremo Tribunal Federal. Foi um homem à frente de seu tempo, cuja antevisão a respeito dos problemas decorrentes do modelo de federalismo albergado pela Carta de 1891 revelou-se precisa, à medida que tais previsões vieram a se concretizar.

Nem mesmo a edição das Constituições posteriores conseguiram equacionar os reveses institucionais germinados da fragmentação do Poder Judiciário em órgãos

34. SILVA JÚNIOR, Walter Nunes da. *Princípios da presunção de inocência e do devido processo legal no direito processual criminal.* Natal: OWL, 2023. p. 184. A missão quanto à elaboração do novo CPP foi confiada ao então Ministro da Justiça, Vicente Ráo, que chegou a elaborar um projeto, mas, em razão de divergências políticas, teve de deixar o cargo, de modo que o prazo assinalado na Carta de 1934 não foi cumprido. O CPP, de cariz punitivista, só seria promulgado em 1941, inspirado no Código de Processo Penal italiano de 1930, de cunho fascista (SILVA JÚNIOR, Walter Nunes da. *Execução penal no sistema penitenciário federal.* 2. ed. Natal: OWL, 2024. p. 2018-231).

estaduais e federais. A Reforma do Judiciário patrocinada pela Emenda Constitucional 45, de 2004, tentou solucionar essa *vexata quaestio*, porém, continua na ordem do dia do Supremo Tribunal Federal deslindar questões sobre essa temática, a exemplo da liminar deferida no MS 39264/DF, datada de 19 de dezembro de 2023.

O diagnóstico de Amaro Cavalcanti quanto ao comprometimento do *caráter nacional* da magistratura com a inovação do dualismo judicial restou corroborada no acórdão da ADI 3367/DF, quando ali foi pontuado que a razão de ser do CNJ é de atender as preocupações no sentido de que o Poder Judiciário seja efetivamente *uno*, o que é comprometido com o "autogoverno do Judiciário, cujas estruturas burocráticas dispersas inviabilizam o esboço de uma estratégia político-institucional de âmbito nacional".

Por fim, as objeções de Amaro Cavalcanti em relação a um protótipo de federalismo conferindo autonomia aos Estados-membros quanto à competência para legislar sobre os processos civil e criminal foram rapidamente assimiladas e, por conseguinte, agasalhadas logo na Constituição de 1934, diretriz seguida pelas Cartas Constitucionais posteriores.

Pelo expendido, tem-se que esta obra é mais do que necessária, a fim de que as gerações atuais e futuras tenham ciência de quão extraordinário e importante foi Amaro Cavalcanti, personagem que contribuiu decisivamente para o desenho do Estado Democrático de Direito albergado na Constituição de 1988, cuja pedra de toque são os direitos fundamentais.

Referências

ALMEIDA JÚNIOR, João Mendes de. *O processo criminal brasileiro*. Rio de Janeiro: Freitas Bastos, 1959.

ANDRADE, Mauro Fonseca. *Código de Processo Penal do Estado do Rio Grande do Sul*. Londrina: Thoth, 2021.

BARBOSA, Rui. *Comentários à Constituição Federal Brasileira*. São Paulo: Saraiva & Cia, 1933. v. 4-5.

CAVALCANTI, Amaro. *Regimen federativo e a Republica brasileira*. Rio de Janeiro: Imprensa Nacional, 1900.

CASCUDO, Ana Maria. *Teotônio Freire:* fragmentos de um legado. Natal: Instituto Câmara Cascudo, 2012.

CASCUDO, Luís da Câmara. *Coisas que o povo diz*. São Paulo: Global, 2012.

CASCUDO, Luís da Câmara. *História da cidade do Natal*. 3. ed. Natal: RN Econômico, 1999.

CASCUDO, Luís da Câmara. *O tempo e eu*. Natal: EDUFRN, 1968.

CHAVES, João Baptista de Vasconcellos. *Ciência penitenciária*. Natal: Azymuth, 2015.

CONSELHO DA JUSTIÇA FEDERAL. *Repertório biográfico da Justiça Federal 1890-1990*. Brasília: CJF, 2000.

FUNDAÇÃO JOSÉ AUGUSTO. *João Batista de Vasconcelos Chaves*. Disponível em: http://adcon.rn.gov.br/ACERVO/secretaria_extraordinaria_de_cultura/DOC/DOC000000000108611.PDF. Acesso em: 21 jun. 2022

FUNDAÇÃO JOSÉ AUGUSTO. *Personalidade histórica: José Teotônio Freire*. Disponível em: http://adcon.rn.gov.br/ACERVO/secretaria_extraordinaria_de_cultura/DOC/DOC000000000108817.PDF. Acesso em: 18 nov. 2023.

GOMES, Vicente Alberto Serejo. Um livro faz cem anos. *O Jornal de Hoje*, Natal, 21/22 jul. 2012. Cena urbana.

GOSSON, Eduardo Antonio. *Sociedade e justiça*: história do poder judiciário do Rio Grande do Norte. Natal: Departamento Estadual de Imprensa, 1998.

KOERNER, Andrei. *Judiciário e cidadania na Constituição da República brasileira*. São Paulo: Hucitec: Departamento de Ciência Política, 1998.

LETO, Caetano. *As nulidades no processo penal.* Tradução José Theotonio Freire. Natal: Typ. de Augusto Leite, 1911.

PRESGRAVE, Ana Beatriz Ferreira Rebello. *Código de Processo Civil e Comercial do Estado do Rio Grande do Norte (Lei n. 551 de 11 de dezembro de 1922)*: texto legal e breves apontamentos históricos. Londrina: Thoth, 2022.

SILVA JÚNIOR, Walter Nunes da. *Execução penal no sistema penitenciário federal.* 2. ed. Natal: OWL, 2024.

SILVA JÚNIOR, Walter Nunes da. O Código de Processo Criminal de 1832 e as raízes do CPP de 1941. *In*: SILVA JÚNIOR, Walter Nunes da; HAMILTON, Olavo. *O Código de Processo Criminal de 1832 e o Código de Processo Penal de 1941 em sua redação originária*. Natal: OWL, 2023.

SILVA JÚNIOR, Walter Nunes da. O penitenciarista doutor João Chaves. *Revista da Academia de Letras Jurídicas do Rio Grande do Norte*, Natal, ano VI, n. 7, 2022.

SILVA JÚNIOR, Walter Nunes da. *Princípios da presunção de inocência e do devido processo legal no direito processual criminal.* Natal: OWL, 2023.

Impressão e Acabamento | Gráfica Viena
Todo papel desta obra possui certificação FSC® do fabricante.
Produzido conforme melhores práticas de gestão ambiental (ISO 14001)
www.graficaviena.com.br